# 福建企业年鉴 2017

## FUJIAN ENTERPRISE YEARBOOK

福建省企业信息中心　编

中国统计出版社
China Statistics Press

图书在版编目（CIP）数据

福建企业年鉴. 2017 / 福建省企业信息中心编. —北京：中国统计出版社，2017.10
ISBN 978-7-5037-8381-4

Ⅰ. ①福… Ⅱ. ①国… Ⅲ. ①企业经济—福建—2017—年鉴 Ⅳ. ①F279.275.7-54

中国版本图书馆 CIP 数据核字（2017）第 252742 号

福建企业年鉴-2017

作　　者/ 福建省企业信息中心 编
责任编辑/ 钟　钰
责任校对/ 张　琛
封面设计/ 陈连钦
出版发行/ 中国统计出版社
地　　址/ 北京市丰台区西三环南路甲 6 号 邮政编码/100073
电　　话/ 邮购（010）63376909　书店（010）68783171
网　　址/ http://www.zgtjcbs.com
印　　刷/ 福建东南彩色印刷有限公司
经　　销/ 新华书店
开　　本/ 890mm×1240mm　1/16
字　　数/ 1595 千字
印　　张/ 28.5
版　　别/ 2017 年 10 月第 1 版
版　　次/ 2017 年 10 月第 1 次印刷
定　　价/ 380.00 元

如有印装差错，由本社发行部调换。

# 《福建企业年鉴—2017》
# 顾问及专家组成员名单

**顾　　　问**：郭恒明　陈　宁　吕进中

陈　艳　陈秀榕

**专家组成员**：（以姓氏笔划为序）

王江明　王桂秀　王银细　朱法水

李　彬　李　富　张　皓　张　燕

陈　亮　陈宝泉　林水明　赵　清

钟智华　顾志珊　徐建华　唐梅光

黄幼林　黄家述　康　君　曾金栋

谢金狮　廖燕庆　潘诗耀

# 编辑说明

一、《福建企业年鉴—2017》是一本以图文表并茂方式宣传福建省企业发展成就、多角度展示各类典型企业及优秀企业家风采、详实介绍与企业运行密切相关的政策法规的大型资料性年刊。对于社会各界全面了解福建省企业发展进程和现状，研究探索福建省企业发展环境、企业科学发展战略将发挥应有的作用；对于福建企业了解宏观经济发展态势、研究市场动向，制订可持续发展战略，亦将有所裨益。

二、《福建企业年鉴—2017》的主要内容包括闽企总览、行业概况、区域概况、中小微企业、专题研究、企业风采、附录等7篇章。

三、《福建企业年鉴—2017》引用的统计数字，均按国家统一规定，做到全面、准确、统一、可比。年鉴表中的符号使用说明："空格"表示数据不足本指标最小单位数、数据不详或无该项指标数据；"#"表示其中的主要项。

四、本书仅供查询参考。书中的一些论述仅代表本编辑部观点，统计数据由有关部门提供，少量数据系推算数。数据及相关资料若有其他用途请读者向相关单位查证，以相关单位提供的数据和资料为准，否则责任由读者自负。书中单位宣传资料均由认刊单位提供，若有不实之处，责任由认刊单位负责。

五、本书根据国家统计局福建调查总队、省经信委、省环保厅、人行福州中心支行、省国税局、省地税局联合印发的《关于做好<福建企业年鉴>组稿工作的通知》，由福建省企业信息中心、有关行文单位等政府部门，科研院校及重点企事业单位联合编辑。

六、本书编辑过程中，得到省直有关部门、省统计系统、企事业单位、有关机构及有关著作者的大力支持与帮助，参与编撰、审定的同志付出了辛勤劳动，在此一并致以诚挚的感谢。本文有关篇章在编撰过程中，参考、引用了一些专著及资料，受联系渠道的制约，我们无法与这些著作者一一取得联系，请有关作者看到本书后与我们联系，我们将赠送本书作为稿酬，并再次表示谢意。

七、《年鉴》编辑范围广、工作量大、时间短，编辑工作疏漏和错误在所难免，敬请广大读者批评指正。

# 目 录

## 一、闽企总览

2016 年福建省企业发展概述……3
1-1 福建省各类企业经济活动总量所占比重（2014-2016 年）……5
1-2 福建省各类企业单位数（2014-2016 年）……6
1-3 福建省规模以上工业分行业企业数（2014-2016 年）……10
1-4 福建省各类企业业务总量（2014-2016 年）……11
1-5 福建省规模以上工业分行业工业总产值（2014-2016 年）……14
1-6 福建省各类企业从业人员（2014-2016 年）……15
1-7 福建省规模以上工业分行业从业人员（2014-2016 年）……16
1-8 福建省内资企业工商登记注册情况（2016 年）……17
1-9 福建省内资企业工商登记注册变化情况（2015-2016 年）……21
1-10 福建省私营企业工商登记注册情况（2016 年）……22
1-11 福建省个体户工商登记注册情况（2016 年）……23
1-12 福建省外资企业工商登记注册情况（2016 年）……24

## 二、行业概况

2-1 工业……27
2-1-1 采矿业……27
2-1-2 食品加工及食品制造业……28
2-1-3 酒、饮料和精制茶制造业……31
2-1-4 纺织及纺织服装、服饰业……32
2-1-5 皮革、毛皮、羽毛及其制品和制鞋业……35
2-1-6 木材加工和木、竹、藤、棕、草制品业……37
2-1-7 家具制造业……38
2-1-8 造纸和纸制品业……39
2-1-9 印刷和记录媒介复制业……41
2-1-10 文教、工美、体育和娱乐用品制造业……42
2-1-11 化学原料和化学制品制造业……44

2-1-12 医药制造业……45
2-1-13 橡胶和塑料制品业……46
2-1-14 非金属矿物制品业……48
2-1-15 冶金行业……51
2-1-16 通用设备制造业……53
2-1-17 专用设备制造业……54
2-1-18 汽车制造业……55
2-1-19 铁路、船舶、航空航天和其他运输设备制造业……56
2-1-20 电气机械和器材制造业……58
2-1-21 计算机、通信和其他电子设备制造业……59
2-1-22 仪器仪表制造业……61
2-2 建筑业……63
2-3 服务业……65
2-3-1 批发和零售业……65
2-3-2 铁路、道路、水上、航空运输业……66
2-3-3 邮政业……69
2-3-4 住宿和餐饮业……71
2-3-5 电信业……72
2-3-6 软件和信息技术服务业……73
2-3-7 金融业……74
2-3-7-1 2016 年福建省经济金融运行分析报告……74
2-3-7-2 福建省金融机构存款余额（2016 年）……80
2-3-7-3 福建省金融机构贷款余额（2016 年）……80
2-3-7-4 福建省金融机构现金投放回笼情况（2005-2016 年）……81
2-3-7-5 福建省金融机构存、贷款余额占全国比重（2005-2016 年）……81
2-3-7-6 福建省各金融机构人民币存款余额（2012-2016 年）……82
2-3-7-7 福建省各金融机构人民币贷款余额（2012-2016 年）……83
2-3-7-8 福建省银行业发展综述……84
2-3-7-8-1 福建省部分银行发展概况……86
2-3-7-9 福建辖区证券业发展综述……101
2-3-7-9-1 福建辖区上市公司情况一览表（2016 年）……102

2-3-7-9-2 福建辖区上市公司经营效益情况（2015-2016 年）……104
2-3-7-9-3 福建辖区企业在证券市场融资情况（2015-2016 年）……104
2-3-7-9-4 福建辖区证券公司发展情况（1993-2016 年）……104
2-3-7-9-5 福建省部分证券公司发展概况……105
2-3-7-10 福建省保险业发展综述……108
2-3-7-10-1 福建省保险系统机构数（2007-2016 年）……109
2-3-7-10-2 福建省保险公司业务经济技术指标（2007-2016 年）……109
2-3-7-10-3 福建省部分保险公司发展概况……110
2-3-8 房地产业……114
2-3-9 旅行社及相关服务业……116
2-3-10 2016 年福建税收收入主要统计指标……118
2-3-10-1 福建省三大产业税收收入情况（2016 年）……118
2-3-10-2 福建省分企业类型税收收入情况（2016 年）……124
2-3-10-3 福建省企业所得税分企业类型税收收入情况（2016 年）……126
2-3-11 2016 年福建省环境状况公报……132
2-3-11-1 福建省环境统计主要指标（2014-2015 年）……141
2-3-11-2 福建省工业污染治理项目建设情况（2015 年）……142
2-3-11-3 各行业重点调查工业污染排放及处理利用情况（2015 年）……143

## 三、区域概况

3-1 工业……147
3-1-1 各设区市工业发展概况……147
3-1-2 各设区市规模以上工业主要指标（2016 年）……155
3-1-3 各设区市食品加工及制造业……157
3-1-4 各设区市酒、饮料和精制茶制造业……160
3-1-5 各设区市纺织及纺织服装、服饰业……162
3-1-6 各设区市木材加工和木、竹、藤、棕、草制品业……165
3-1-7 各设区市家具制造业……167
3-1-8 各设区市造纸和纸制品业……169
3-1-9 各设区市医药制造业……171

3-1-10　各设区市非金属矿物制品业……174
3-1-11　各设区市冶金行业……177
3-1-12　各设区市汽车制造业……180
3-1-13　各设区市计算机、通信和其他电子设备制造业……182
3-2　建筑业……184
3-3　服务业……186
3-3-1　各设区市批发和零售业……186
3-3-2　各设区市铁路、道路、水上、航空运输业……188
3-3-3　各设区市邮政业……190
3-3-4　各设区市住宿和餐饮业……192
3-3-5　各设区市电信业……193
3-3-6　各设区市软件和信息技术服务业……194
3-3-7　各设区市金融业……195
3-3-7-1　各设区市金融机构人民币各项存款情况（2012-2016 年）……195
3-3-7-1　各设区市金融机构人民币各项贷款情况（2012-2016 年）……195
3-3-8　各设区市房地产业……196
3-3-9　各设区市旅行社及相关服务业……197
3-3-10　各设区市环境保护主要指标……198
3-3-10-1　各设区市工业“三废”排放及处理率情况（2015 年）……198
3-3-10-2　各设区市工业污染排放及处理利用情况（2015 年）……199

## 四、中小微企业

2016 年度福建省中小微工业发展概述……203
4-1　福建省规模以上中小微工业主要经济指标（2012-2016 年）……208
4-2　福建省分行业规模以上小微工业主要经济指标（2015 年）……209
4-3　福建省分设区市规模以上中小微工业主要经济指标（2015 年）……211
4-4　福建省分设区市规模以上中型工业主要经济指标（2015 年）……211
4-5　福建省分设区市规模以上小微工业主要经济指标（2015 年）……211

## 五、专题研究

砥砺奋进　建设新福建谱写新篇章……215
工业经济实力增强　提质增效成果显著……220
科技发展提速明显　创新驱动作用显著……224
服务业成为福建经济增长的主动力……231
2016 年福建省产业损害预警分析报告……235
福建省重点税源行业税收效应分析……248
福建供给侧结构性改革的现状、问题及建议……263
福建工业供给侧结构性改革成效分析……268
福建企业参与“一带一路”建设情况调查……270
创新举措　推动福建科技发展……273
发展新产业　激发新动能……275
福建智能制造情况调查……279
就业结构调整优化　大众创业激发活力……282
漳州开放型经济发展的现状及对策……285
龙岩市承接沿海产业转移的思考……296
闽北零售业发展现状及问题研究……302
从“四上”企业发展看厦门经济增长……307

## 六、企业风采

6-1　福建入选中国企业 500 强名单（2014-2016 年）……315
6-2　福建入选中国民营企业 500 强名单（2014-2016 年）……316
6-3　福建企业获中国驰名商标名单（2013-2016 年）……317
6-4　福建省已注册和初步审定地理标志名单（截至 2016 年末）……329
6-5　福建省纳税百强企业名单（2015 年）……341
6-6　福建省主营业务收入前 300 家工业企业（2016 年）……343
6-7　福建省建筑业总产值前 300 家建筑企业（2016 年）……348
6-8　福建省主营业务收入前 300 家贸易企业（2016 年）……353
6-9　福建名牌产品名单（2016 年度）……358
6-10　福建省优秀企业家名单（第十六届）……367
6-11　福建省企业高级经营管理人才名单（第二批）……371

# 七、附　录


财政部　国家税务总局　发展改革委　工业和信息化部关于软件和集成电路产业企业所得税优惠政策有关问题的通知……375

工业和信息化部关于完善制造业创新体系推进制造业创新中心建设的指导意见……379

财政部　国家税务总局关于银行业金融机构存款保险保费企业所得税税前扣除有关政策问题的通知…382

工业和信息化部　发展和改革委员会　财政部　国土资源部　国家税务总局关于推动小型微型企业创业创新基地发展的指导意见……383

交通运输部　财政部　国家铁路局　中国民用航空局　国家邮政局　中国铁路总公司关于鼓励支持运输企业创新发展的指导意见……387

中国银监会关于规范银行业服务企业走出去　加强风险防控的指导意见……392

财政部　国家税务总局关于简并增值税税率有关政策的通知……397

财政部　税务总局　科技部关于提高科技型中小企业研究开发费用税前加计扣除比例的通知……399

国家工商行政管理总局关于深入推进“放管服”多措并举助力小型微型企业发展的意见……400

国家税务总局关于推广实施商业健康保险个人所得税政策有关征管问题的公告……403

财政部　税务总局关于扩大小型微利企业所得税优惠政策范围的通知……404

关于暂免征银行业监管费和保险业监管费的通知……405

国家税务总局关于实施高新技术企业所得税优惠政策有关问题的公告……406

福建省人民政府关于建立健全政策性融资担保体系的若干意见……407

福建省人民政府关于印发《福建省企业研发经费投入分段补助实施办法（试行）》的通知……410

福建省人民政府办公厅关于加快推进主辅分离积极发展服务型制造的若干意见……413

福建省人民政府关于促进 2017 年全省工业稳增长调结构若干措施的通知……416

关于印发《福建省工业企业技术改造奖励实施办法》的通知……421

福建省人力资源和社会保障厅　福建省财政厅　福建省地方税务局关于阶段性调低福建省失业保险费率有关问题的通知……424

福建省经济和信息化委员会　福建省财政厅关于印发《福建省小型微型企业创业创新示范基地建设管理办法》的通知……425

关于印发《福建省“专精特新”中小企业认定管理暂行办法》的通知……428

关于实施当前工业稳定增长正向激励的通知……431

福建省人民政府办公厅关于积极稳妥降低企业杠杆率的实施意见……433

福建省人民政府关于进一步降低实体经济企业成本的若干意见……438

福建省人民政府办公厅关于进一步促进养老机构健康发展十条措施的通知……442

1

# 闽企总览

# 2016年福建省企业发展概述

## 一、国民经济稳定增长

初步核算，2016年全省实现地区生产总值28519.15亿元，按可比价格计算，比上年增长8.4%，增幅比全国平均水平高1.7个百分点。其中，第一产业增加值2364.14亿元，增长3.6%；第二产业增加值13912.73亿元，增长7.3%；第三产业增加值12242.28亿元，增长10.7%。

## 二、工业产业结构渐趋合理

2016年，全省规模以上工业完成增加值11017.39亿元，比上年增长7.6%，增速居全国第11位，东部地区第3位。从所有制结构看，多种经济成分共同发展，多种经济类型企业竞相发展的多元化格局逐步形成。一是非公有制企业较快增长，占比提高。全省规模以上非公有制工业企业完成增加值9721.70亿元，增长8.7%，占规模以上工业的比重为88.0%，提高1.8个百分点。其中，私营企业完成增加值3704.27亿元，增长10.7%，占全部规模以上工业的比重为33.6%，提高0.2个百分点。二是股份制企业带动作用明显，占比超六成。全省股份制工业完成增加值6882.03亿元，增长9.1%，占规模以上工业增加值的比重由上年的59.4%提高到62.5%，对规模以上工业增长的贡献率为73.8%，增速、比重和贡献率均居各经济类型之首。从行业结构看，高技术行业、装备制造业稳步增长，占比提高。全省规模以上高技术制造业完成增加值1116.55亿元，增长11.7%，增幅高于规模以上工业4.1个百分点；占全省规模以上工业增加值比重为10.1%，提高0.6个百分点。全省规模以上装备制造业完成增加值2547.00亿元，增长9.7%，增幅高出规模以上工业2.1个百分点，提高0.6个百分点；占规模以上工业增加值的23.1%，提高0.8个百分点。从规模看，大型工业企业完成增加值3062.05亿元，增长5.7%；中型工业企业完成增加值3280.20亿元，增长5.4%；小微型工业企业完成增加值4675.14亿元，增长10.5%。

## 三、服务业发展速度加快

2016年，全省服务业完成增加值12242.28亿元，比上年增长10.7%，增幅比第二产业高出3.4个百分点；占GDP的比重为42.9%，比上年提高1.4个百分点，创历史新高；对国民经济增长的贡献率超过50%，达52.8%，比第二产业高出9.1个百分点。分行业看，营利性服务业带动作用突出，营利性服务业（包括信息传输、软件和信息服务业，租赁和商务服务业，居民服务、修理和其他服务业，文化、体育和娱乐业）完成增加值2692.98亿元，增长22.0%，提高1.3个百分点，对服务业增长的贡献率为41.5%，提高10.0个百分点，是服务业中增长最快、贡献最高的行业。金融业增长稳定。全省金融业完成增加值1858.10亿元，增长9.6%，增幅比GDP高1.2个百分点，占全省GDP的比重为6.5%，与上年持平。

## 四、固定资产投资结构优化

2016年，全省固定资产投资23107.49亿元，比上年增长8.5%。其中，第一产业完成投资720.62亿元，增长39.9%；第二产业完成投资7877.19亿元，增长4.9%；第三产业完成投资14509.69亿元，增长9.3%。三次产业投资结构由上年的2.4∶35.2∶62.4调整为3.1∶34.1∶62.8。

工业投资结构调整出现积极变化。一是三大主导产业投资快速增长。2016 年，全省三大主导产业完成投资 2518.14 亿元，比上年增长 10.5%，占工业投资的比重由上年的 31.3%提高到 32.2%。二是高技术产业和装备制造业投资占比均明显提高。全省高技术产业和装备制造业投资额分别比上年增长 60.6%和 15.4%，增幅均高于制造业投资平均增幅，占制造业投资的比重分别为 13.8%和 29.3%，分别提高 4.7 个百分点和 2.4 个百分点。三是改建和技术改造投资力度加大。全省工业完成改建和技改投资 1853.35 亿元，增长 27.2%，增幅比工业投资高 19.9 个百分点，占全部工业投资的 23.7%，提高 3.7 个百分点。

## 五、对外贸易增速下降

2016 年，全省进出口贸易总额 10351.56 亿元，比上年下降 1.2%。其中，出口额 6838.87 亿元，下降 2.2%；进口额 3512.69 亿元，增长 0.7%。从贸易方式看，一般贸易仍占绝对优势。全省一般贸易进出口额为 7446.26 亿元，增长 0.4%，占全省进出口贸易额的比重由上年的 70.8%提高到 71.9%。其中，一般贸易出口额为 5028.25 亿元，下降 1.6%，占出口总额的 73.5%，提高 0.5 个百分点；进口额 2418.01 亿元，增长 4.8%，占进口总额的 68.8%，提高 2.7 个百分点。从经营主体看，民营企业贡献突出。全省民营企业进出口额 5034.43 亿元，增长 2.4%，占全省进出口总额 48.6%。其中，进口额 1097.09 亿元，增长 18.8%，占全省进口总额 31.2%；出口额 3937.33 亿元，下降 1.4%，占全省出口总额 57.6%。外商投资企业进出口额 3899.34 亿元，下降 5.5%，占全省进出口总额 37.7%。国有企业进出口额 1417.79 亿元，下降 1.2%，占全省进出口总额 13.7%。从出口国别看，传统市场格局犹在，东盟保持增势。美国、欧盟、东盟、日本、韩国依旧是福建主要出口市场，出口额占全省出口总额比重超过六成，达 62.1%。全年对东盟出口 1128.17 亿元，增长 7.3%，增幅较上年同期提高 5.0 个百分点；对欧盟、日本出口扭转下滑态势，分别增长 1.0%和 2.5%；对美、韩出口则分别由上年高增长的 12.6%和 11.9%转为下降 2.6%和 3.8%。

注：本文数据均为快报数

# 1-1 福建省各类企业经济活动总量所占比重

（2014-2016 年）

| 项 目 | 2014 | 2015 | 2016 |
|---|---|---|---|
| **一、增加值（亿元）** | **24055.76** | **25979.82** | **28519.15** |
| **第一产业** | **2014.80** | **2118.10** | **2363.22** |
| **第二产业** | **12515.36** | **13064.82** | **13844.96** |
| **第三产业** | **9525.60** | **10796.90** | **12310.97** |
| #交通运输、仓储和邮政业 | 1320.35 | 1547.30 | 1685.18 |
| 批发和零售业 | 1961.18 | 2046.29 | 2204.60 |
| 金融业 | 1449.82 | 1681.33 | 1866.17 |
| 房地产业 | 1090.22 | 1077.88 | 1269.67 |
| **二、增加值构成（%）** | **100.0** | **100.0** | **100.0** |
| **第一产业** | **8.4** | **8.2** | **8.3** |
| **第二产业** | **52.0** | **50.3** | **48.5** |
| **第三产业** | **39.6** | **41.5** | **43.2** |
| #交通运输、仓储和邮政业 | 5.5 | 6.0 | 5.9 |
| 批发和零售业 | 8.2 | 7.9 | 7.7 |
| 金融保险业 | 6.0 | 6.5 | 6.5 |
| 房地产业 | 4.5 | 4.1 | 4.5 |

# 1-2 福建省各类企业单位数

（2014-2016 年）　　单位：个

| 项　目 | 2014 | 2015 | 2016 |
| --- | --- | --- | --- |
| **一、规模以上工业** | **16744** | **17240** | **17262** |
| **按轻重工业分** | | | |
| 轻工业 | 9367 | 9703 | 9825 |
| 重工业 | 7377 | 7537 | 7437 |
| **按注册类型分** | | | |
| 内资企业 | 12650 | 13286 | 13531 |
| 港澳台商投资企业 | 2604 | 2566 | 2477 |
| 外商投资企业 | 1490 | 1388 | 1254 |
| **按经济类型分** | | | |
| 国有 | 174 | 169 | 170 |
| 集体 | 179 | 163 | 137 |
| 其他经济 | 16391 | 16908 | 16955 |
| #外商及港澳台商投资 | 4094 | 3954 | 3731 |
| **按规模分** | | | |
| 大型 | 446 | 451 | 437 |
| 中型 | 2929 | 2909 | 2851 |
| 小型 | 12681 | 13105 | 13340 |
| 微型 | 688 | 775 | 634 |
| **二、建筑业** | **3734** | **4011** | **4223** |
| **按经济类型分** | | | |
| 国有经济 | 75 | 78 | 82 |
| 集体经济 | 46 | 43 | 39 |
| 外商经济 | 5 | 4 | 3 |
| 港澳台经济 | 26 | 26 | 25 |
| 其他经济 | 3582 | 3860 | 4074 |

1-2 续表 1　　（2014-2016 年）　　单位：个

| 项　目 | 2014 | 2015 | 2016 |
|---|---|---|---|
| **按资质等级分** | | | |
| #总承包 | 2033 | 2311 | 2528 |
| #一级及以上 | 199 | 226 | 244 |
| 二级 | 568 | 595 | 612 |
| 三级 | 1266 | 1490 | 1671 |
| 专业承包 | 1189 | 1180 | 1186 |
| 一级 | 147 | 154 | 161 |
| 二级 | 508 | 503 | 525 |
| 三级及不分等级 | 534 | 523 | 500 |
| **按行业分** | | | |
| 房屋建筑业 | 1603 | 1767 | 1912 |
| 土木工程建筑业 | 752 | 877 | 935 |
| 建筑安装业 | 401 | 394 | 391 |
| 建筑装饰和其他建筑业 | 978 | 973 | 985 |
| **三、限额以上批发和零售贸易、餐饮业** | | | |
| **（一）批发业** | **5137** | **5707** | **6226** |
| **按注册类型分** | | | |
| 内资企业 | 4995 | 5541 | 6039 |
| #国有企业 | 85 | 88 | 84 |
| 集体企业 | 40 | 36 | 32 |
| 有限责任公司 | 1882 | 2096 | 2187 |
| 股份有限公司 | 62 | 70 | 78 |
| 私营企业 | 2915 | 3241 | 3653 |
| 其他企业 | 8 | 7 | 4 |

1-2 续表 2　　（2014-2016 年）　　单位：个

| 项　目 | 2014 | 2015 | 2016 |
| --- | --- | --- | --- |
| 港澳台商投资企业 | 85 | 107 | 125 |
| 外商投资企业 | 57 | 59 | 62 |
| **按行业分** | | | |
| 农、林、牧产品批发 | 159 | 197 | 230 |
| 食品、饮料及烟草制品批发 | 559 | 630 | 727 |
| 纺织、服装及家庭用品批发 | 1291 | 1496 | 1566 |
| 文化、体育用品及器材批发 | 137 | 170 | 219 |
| 医药及医疗器材批发 | 164 | 185 | 237 |
| 矿产品、建材及化工产品批发 | 2037 | 2179 | 2346 |
| 机械设备、五金产品及电子产品批发 | 602 | 666 | 712 |
| 贸易经纪与代理 | 45 | 40 | 39 |
| 其他批发业 | 143 | 144 | 150 |
| **（二）零售业** | **4138** | **4847** | **5594** |
| **按注册类型分** | | | |
| 内资企业 | 4026 | 4715 | 5454 |
| #国有企业 | 36 | 28 | 23 |
| 集体企业 | 74 | 73 | 71 |
| 联营企业 | 2 | 2 | 3 |
| 有限责任公司 | 1563 | 1905 | 2087 |
| 股份有限公司 | 64 | 70 | 78 |
| 私营企业 | 2252 | 2603 | 3160 |
| 其他企业 | 33 | 33 | 31 |
| 港澳台商投资企业 | 51 | 72 | 79 |
| 外商投资企业 | 61 | 60 | 61 |
| **按行业分** | | | |

1-2 续表 3　　（2014-2016 年）　　单位：个

| 项　目 | 2014 | 2015 | 2016 |
| --- | --- | --- | --- |
| 综合零售 | 491 | 524 | 582 |
| 食品、饮料及烟草制品专门零售 | 713 | 890 | 1024 |
| 纺织、服装及日用品专门零售 | 366 | 422 | 431 |
| 文化、体育用品及器材专门零售 | 191 | 243 | 283 |
| 医药及医疗器材专门零售 | 136 | 158 | 172 |
| 汽车、摩托车、燃料及零配件专门零售 | 1203 | 1249 | 1299 |
| 家用电器及电子产品专门零售 | 482 | 529 | 576 |
| 五金、家具及室内装饰材料专门零售 | 354 | 410 | 476 |
| 货摊、无店铺及其他零售业 | 202 | 422 | 751 |
| **（三）餐饮业** | **864** | **921** | **957** |
| **按注册类型分** | | | |
| 内资企业 | 810 | 867 | 908 |
| #国有企业 | 6 | 5 | 5 |
| 集体企业 | 5 | 4 | 3 |
| 有限责任公司 | 230 | 257 | 255 |
| 股份有限公司 | 4 | 4 | 6 |
| 私营企业 | 535 | 569 | 615 |
| 其他企业 | 30 | 27 | 24 |
| 港澳台商投资企业 | 34 | 34 | 30 |
| 外商投资企业 | 20 | 20 | 19 |
| **按行业分** | | | |
| 正餐服务业 | 799 | 852 | 883 |
| 快餐服务业 | 36 | 38 | 45 |
| 饮料及冷饮服务业 | 12 | 11 | 9 |
| 其他餐饮服务业 | 17 | 20 | 20 |

# 1-3 福建省规模以上工业分行业企业数

（2014-2016 年）　　单位：个

| 行　业 | 2014 | 2015 | 2016 |
|---|---|---|---|
| **总　计** | **16744** | **17240** | **17262** |
| 煤炭开采和洗选业 | 150 | 132 | 130 |
| 黑色金属矿采选业 | 81 | 79 | 78 |
| 有色金属矿采选业 | 61 | 51 | 50 |
| 非金属矿采选业 | 161 | 158 | 158 |
| 农副食品加工业 | 1032 | 1121 | 1141 |
| 食品制造业 | 542 | 582 | 598 |
| 酒、饮料和精制茶制造业 | 563 | 602 | 610 |
| 烟草制品业 | 6 | 6 | 7 |
| 纺织业 | 907 | 904 | 891 |
| 纺织服装、服饰业 | 1198 | 1221 | 1199 |
| 皮革、毛皮、羽毛及其制品和制鞋业 | 1314 | 1282 | 1259 |
| 木材加工和木、竹、藤、棕、草制品业 | 716 | 752 | 778 |
| 家具制造业 | 320 | 328 | 330 |
| 造纸和纸制品业 | 433 | 440 | 438 |
| 印刷和记录媒介复制业 | 220 | 228 | 220 |
| 文教、工美、体育和娱乐用品制造业 | 980 | 1042 | 1039 |
| 石油加工、炼焦和核燃料加工业 | 29 | 29 | 27 |
| 化学原料和化学制品制造业 | 709 | 737 | 744 |
| 医药制造业 | 125 | 134 | 132 |
| 化学纤维制造业 | 100 | 101 | 99 |
| 橡胶和塑料制品业 | 706 | 733 | 732 |
| 非金属矿物制品业 | 1775 | 1827 | 1839 |
| 黑色金属冶炼和压延加工业 | 322 | 317 | 319 |
| 有色金属冶炼和压延加工业 | 152 | 148 | 147 |
| 金属制品业 | 556 | 590 | 589 |
| 通用设备制造业 | 551 | 593 | 588 |
| 专用设备制造业 | 481 | 505 | 510 |
| 汽车制造业 | 378 | 381 | 376 |
| 铁路、船舶、航空航天和其他运输设备制造业 | 182 | 187 | 182 |
| 电气机械和器材制造业 | 765 | 765 | 752 |
| 计算机、通信和其他电子设备制造业 | 509 | 519 | 533 |
| 仪器仪表制造业 | 138 | 143 | 147 |
| 其他制造业 | 180 | 178 | 174 |
| 废弃资源综合利用业 | 49 | 56 | 59 |
| 金属制品、机械和设备修理业 | 22 | 23 | 22 |
| 电力、热力生产和供应业 | 262 | 266 | 270 |
| 燃气生产和供应业 | 24 | 29 | 29 |
| 水的生产和供应业 | 45 | 51 | 51 |

# 1-4 福建省各类企业业务总量

（2014-2016 年）　　　　单位：亿元

| 项　目 | 2014 | 2015 | 2016 |
| --- | --- | --- | --- |
| **一、规模以上工业总产值** | **38405.32** | **41251.49** | **44544.09** |
| **按轻重工业分** | | | |
| 轻工业 | 18219.22 | 20274.38 | 22255.17 |
| 重工业 | 20186.10 | 20977.11 | 22288.92 |
| **按登记注册分** | | | |
| 内资企业 | 23605.99 | 26610.80 | 29425.83 |
| 港澳台商投资企业 | 8319.01 | 8850.19 | 9556.83 |
| 外商投资企业 | 6480.32 | 5790.50 | 5561.43 |
| **按经济组织分** | | | |
| 独资企业 | 9973.08 | 10160.17 | 10215.20 |
| 合作、合伙 | 337.29 | 467.78 | 609.78 |
| 股份有限公司 | 2600.74 | 2910.43 | 3180.85 |
| 有限责任公司 | 25494.22 | 27713.12 | 30538.26 |
| **按规模分** | | | |
| 大型 | 11171.71 | 12359.13 | 12927.84 |
| 中型 | 12656.73 | 12510.19 | 13305.05 |
| 小型 | 14094.65 | 15734.83 | 17795.30 |
| 微型 | 482.23 | 647.34 | 515.90 |
| **二、建筑业总产值** | **7056.89** | **8003.09** | **8986.78** |
| **按经济类型分** | | | |
| 国有经济 | 415.15 | 461.08 | 549.98 |
| 集体经济 | 102.31 | 103.72 | 97.01 |
| 外商经济 | 2.51 | 2.29 | 3.52 |
| 港澳台经济 | 76.36 | 89.81 | 87.20 |
| 其他 | 6460.56 | 7346.19 | 8249.08 |

1-4 续表 1　　（2014-2016 年）　　单位：亿元

| 项　目 | 2014 | 2015 | 2016 |
|---|---|---|---|
| **按资质等级分** | | | |
| #总承包 | 6110.62 | 6981.72 | 7871.82 |
| 一级及以上 | 3709.39 | 4236.04 | 4684.50 |
| 二级 | 1479.51 | 1545.36 | 1783.99 |
| 三级 | 921.72 | 1200.32 | 1396.98 |
| 专业承包 | 578.60 | 624.09 | 659.63 |
| 一级 | 266.86 | 297.62 | 303.98 |
| 二级 | 156.63 | 161.17 | 181.51 |
| 三级及不分等级 | 155.11 | 165.30 | 174.13 |
| **按行业分** | | | |
| 房屋建筑业 | 4915.61 | 5594.69 | 6246.13 |
| 土木工程建筑业 | 1392.37 | 1613.83 | 1848.06 |
| 建筑安装业 | 240.23 | 244.43 | 275.07 |
| 建筑装饰和其他建筑业 | 508.68 | 550.14 | 617.52 |
| **三、限额以上批发和零售贸易、餐饮业** | | | |
| **（一）批发和零售贸易业销售总额** | **18709.01** | **20516.43** | **23004.04** |
| **按注册类型分** | | | |
| 内资企业 | 16904.52 | 18754.88 | 21100.45 |
| #国有企业 | 874.79 | 921.67 | 867.87 |
| 集体企业 | 82.06 | 61.54 | 54.31 |
| 有限责任公司 | 7771.67 | 8665.93 | 9588.49 |
| 股份有限公司 | 2253.18 | 2448.92 | 2767.45 |
| 私营企业 | 5883.44 | 6616.48 | 7802.48 |
| 其他企业 | 32.26 | 32.72 | 17.70 |
| 港澳台商投资企业 | 528.92 | 727.96 | 844.04 |

1-4 续表 2　　（2014-2016 年）　　单位：亿元

| 项　目 | 2014 | 2015 | 2016 |
|---|---|---|---|
| 外商投资企业 | 1275.57 | 1033.59 | 1059.55 |
| **按行业分** | | | |
| 批发业 | | | |
| 农、林、牧产品批发 | 151.83 | 176.42 | 260.81 |
| 食品、饮料及烟草制品批发 | 1919.28 | 2284.01 | 2201.58 |
| 纺织、服装及家庭用品批发 | 2446.35 | 2726.96 | 2881.27 |
| 文化、体育用品及器材批发 | 182.80 | 362.82 | 279.30 |
| 医药及医疗器材批发 | 355.39 | 394.26 | 415.09 |
| 矿产品、建材及化工产品批发 | 8016.52 | 8520.28 | 10085.97 |
| 机械设备、五金产品及电子产品批发 | 816.92 | 887.58 | 982.11 |
| 贸易经纪与代理 | 159.50 | 134.36 | 135.43 |
| 其他批发业 | 712.73 | 800.86 | 1012.28 |
| 零售业 | | | |
| 综合零售 | 606.23 | 620.10 | 674.02 |
| 食品、饮料及烟草制品专门零售 | 260.84 | 322.17 | 372.52 |
| 纺织、服装及日用品专门零售 | 216.02 | 295.56 | 316.04 |
| 文化、体育用品及器材专门零售 | 149.45 | 178.76 | 212.72 |
| 医药及医疗器材专门零售 | 133.01 | 163.43 | 185.27 |
| 汽车、摩托车、燃料及零配件专门零售 | 1979.28 | 1907.24 | 1990.76 |
| 家用电器及电子产品专门零售 | 266.24 | 272.30 | 312.12 |
| 五金、家具及室内装饰材料专门零售 | 182.01 | 229.55 | 260.75 |
| 货摊、无店铺及其他零售业 | 154.61 | 239.77 | 426.00 |
| **（二）餐饮业营业额** | **146.16** | **152.65** | **176.39** |
| 正餐服务业 | 101.65 | 104.35 | 122.47 |
| 快餐服务业 | 38.90 | 40.41 | 45.90 |
| 饮料及冷饮服务业 | 1.18 | 1.57 | 1.42 |
| 其他餐饮服务业 | 4.43 | 6.32 | 6.60 |

# 1-5　福建省规模以上工业分行业工业总产值

（2014-2016 年）　　　　单位：亿元

| 行　业 | 2014 | 2015 | 2016 |
|---|---|---|---|
| **总　计** | **38405.32** | **41251.49** | **44544.09** |
| 煤炭开采和洗选业 | 120.92 | 118.55 | 109.09 |
| 黑色金属矿采选业 | 142.62 | 155.93 | 163.36 |
| 有色金属矿采选业 | 72.28 | 62.47 | 68.52 |
| 非金属矿采选业 | 213.89 | 224.99 | 248.12 |
| 农副食品加工业 | 2433.34 | 2729.95 | 3032.66 |
| 食品制造业 | 1115.40 | 1294.49 | 1410.79 |
| 酒、饮料和精制茶制造业 | 779.69 | 866.08 | 932.52 |
| 烟草制品业 | 266.46 | 260.05 | 235.06 |
| 纺织业 | 2148.33 | 2375.78 | 2659.90 |
| 纺织服装、服饰业 | 1708.66 | 1835.45 | 2052.21 |
| 皮革、毛皮、羽毛及其制品和制鞋业 | 2975.53 | 3226.07 | 3435.17 |
| 木材加工和木、竹、藤、棕、草制品业 | 823.58 | 955.14 | 1064.86 |
| 家具制造业 | 370.53 | 420.85 | 473.11 |
| 造纸和纸制品业 | 912.43 | 981.76 | 1075.21 |
| 印刷和记录媒介复制业 | 256.80 | 287.18 | 321.36 |
| 文教、工美、体育和娱乐用品制造业 | 1291.09 | 1468.78 | 1642.08 |
| 石油加工、炼焦和核燃料加工业 | 1093.09 | 1055.15 | 1030.12 |
| 化学原料和化学制品制造业 | 1746.68 | 1580.03 | 1671.54 |
| 医药制造业 | 250.83 | 291.57 | 312.93 |
| 化学纤维制造业 | 897.24 | 1020.96 | 1125.00 |
| 橡胶和塑料制品业 | 1468.17 | 1567.81 | 1664.80 |
| 非金属矿物制品业 | 2616.71 | 2906.87 | 3173.66 |
| 黑色金属冶炼和压延加工业 | 1905.68 | 1631.04 | 1768.18 |
| 有色金属冶炼和压延加工业 | 1261.62 | 1510.49 | 1598.29 |
| 金属制品业 | 883.62 | 1078.57 | 1203.96 |
| 通用设备制造业 | 958.41 | 1014.07 | 1112.60 |
| 专用设备制造业 | 701.54 | 809.10 | 885.35 |
| 汽车制造业 | 972.67 | 1106.21 | 1206.27 |
| 铁路、船舶、航空航天和其他运输设备制造业 | 401.22 | 415.76 | 378.75 |
| 电气机械和器材制造业 | 1667.33 | 1763.10 | 1932.04 |
| 计算机、通信和其他电子设备制造业 | 3123.90 | 3335.79 | 3619.86 |
| 仪器仪表制造业 | 173.65 | 196.72 | 236.34 |
| 其他制造业 | 248.39 | 279.48 | 288.40 |
| 废弃资源综合利用业 | 65.98 | 74.16 | 90.95 |
| 金属制品、机械和设备修理业 | 118.69 | 146.90 | 182.04 |
| 电力、热力生产和供应业 | 1931.41 | 1920.93 | 1871.90 |
| 燃气生产和供应业 | 243.96 | 238.63 | 217.42 |
| 水的生产和供应业 | 42.98 | 44.63 | 49.67 |

# 1-6 福建省各类企业从业人员

（2014-2016 年）　　单位：万人

| 项　目 | 2014 | 2015 | 2016 |
|---|---|---|---|
| **一、规模以上工业** | **419.17** | **415.06** | **411.87** |
| **按轻重工业分** | | | |
| 轻工业 | 264.01 | 261.84 | 259.72 |
| 重工业 | 155.16 | 153.22 | 152.15 |
| **按规模分** | | | |
| 大型 | 110.99 | 111.29 | 108.50 |
| 中型 | 158.21 | 154.23 | 150.77 |
| 小型 | 147.22 | 148.46 | 149.96 |
| 微型 | 2.75 | 1.08 | 2.64 |
| **二、建筑业** | **321.76** | **339.06** | **360.63** |
| **按经济类型分** | | | |
| 国有经济 | 14.48 | 12.48 | 13.01 |
| 集体经济 | 5.89 | 6.02 | 4.16 |
| 外商经济 | 0.09 | 0.07 | 2.88 |
| 港澳台经济 | 0.66 | 1.56 | 0.05 |
| 其他经济 | 300.64 | 318.93 | 340.54 |
| **按资质等级分** | | | |
| #总承包 | 230.03 | 239.71 | 256.47 |
| #一级及以上 | 130.77 | 137.43 | 144.98 |
| 二级 | 60.73 | 57.50 | 62.85 |
| 三级 | 38.53 | 44.78 | 48.64 |
| 专业承包 | 20.74 | 18.57 | 19.13 |
| 一级 | 8.18 | 6.84 | 7.42 |
| 二级 | 6.35 | 6.02 | 6.02 |
| 三级及不分等级 | 6.21 | 5.71 | 5.69 |
| **按行业分** | | | |
| 房屋建筑业 | 210.75 | 219.63 | 230.95 |
| 土木工程建筑业 | 44.55 | 47.92 | 53.61 |
| 建筑安装业 | 9.47 | 9.27 | 9.52 |
| 建筑装饰和其他建筑业 | 56.99 | 62.24 | 66.55 |

注：工业从业人员为从业人员年平均人数；建筑业从业人员为年末从业人员数

# 1-7 福建省规模以上工业分行业从业人员

（2014-2016 年） 单位：万人

| 行 业 | 2014 | 2015 | 2016 |
|---|---|---|---|
| **总 计** | **419.17** | **415.06** | **402.72** |
| 煤炭开采和洗选业 | 4.14 | 3.71 | 3.23 |
| 黑色金属矿采选业 | 1.03 | 0.93 | 0.88 |
| 有色金属矿采选业 | 0.78 | 0.41 | 0.40 |
| 非金属矿采选业 | 2.19 | 2.20 | 2.16 |
| 农副食品加工业 | 20.07 | 20.97 | 19.97 |
| 食品制造业 | 14.14 | 14.86 | 14.17 |
| 酒、饮料和精制茶制造业 | 10.69 | 11.24 | 10.88 |
| 烟草制品业 | 0.51 | 0.51 | 0.49 |
| 纺织业 | 22.42 | 21.79 | 22.23 |
| 纺织服装、服饰业 | 37.48 | 36.38 | 34.52 |
| 皮革、毛皮、羽毛及其制品和制鞋业 | 64.08 | 60.89 | 56.71 |
| 木材加工和木、竹、藤、棕、草制品业 | 9.34 | 9.61 | 9.64 |
| 家具制造业 | 6.37 | 6.30 | 6.13 |
| 造纸和纸制品业 | 9.03 | 8.73 | 8.30 |
| 印刷和记录媒介复制业 | 3.61 | 3.53 | 3.41 |
| 文教、工美、体育和娱乐用品制造业 | 21.43 | 21.69 | 21.07 |
| 石油加工、炼焦和核燃料加工业 | 0.92 | 0.92 | 0.67 |
| 化学原料和化学制品制造业 | 9.63 | 9.91 | 9.74 |
| 医药制造业 | 3.09 | 3.22 | 3.08 |
| 化学纤维制造业 | 3.92 | 3.85 | 3.69 |
| 橡胶和塑料制品业 | 17.44 | 16.52 | 16.19 |
| 非金属矿物制品业 | 33.08 | 33.17 | 32.23 |
| 黑色金属冶炼和压延加工业 | 9.31 | 8.03 | 8.14 |
| 有色金属冶炼和压延加工业 | 4.89 | 5.00 | 5.13 |
| 金属制品业 | 9.25 | 10.59 | 11.02 |
| 通用设备制造业 | 11.35 | 11.19 | 10.56 |
| 专用设备制造业 | 7.82 | 7.93 | 7.65 |
| 汽车制造业 | 10.21 | 10.17 | 10.78 |
| 铁路、船舶、航空航天和其他运输设备制造业 | 4.19 | 4.16 | 3.84 |
| 电气机械和器材制造业 | 19.52 | 20.43 | 20.76 |
| 计算机、通信和其他电子设备制造业 | 28.28 | 27.36 | 27.23 |
| 仪器仪表制造业 | 3.62 | 3.53 | 3.48 |
| 其他制造业 | 5.75 | 5.74 | 4.98 |
| 废弃资源综合利用业 | 0.33 | 0.37 | 0.36 |
| 金属制品、机械和设备修理业 | 0.80 | 0.83 | 0.79 |
| 电力、热力生产和供应业 | 6.96 | 6.79 | 6.52 |
| 燃气生产和供应业 | 0.51 | 0.52 | 0.59 |
| 水的生产和供应业 | 0.99 | 1.08 | 1.10 |

注：从业人员为从业人员年平均人数

# 1-8 福建省内资企业工商登记注册情况

（2016年） 单位：个

| 项 目 | 年末企业单位合计 | #企业法人 | 年末注册资本（金）（万元） | 本年开业数 | 本年注销数 |
|---|---|---|---|---|---|
| **总 计** | **62879** | **29634** | **152598952.24** | **4266** | **2776** |
| **农、林、牧、渔业** | **1861** | **1388** | **1331470.75** | **97** | **57** |
| 农业 | 604 | 484 | 356744.27 | 64 | 25 |
| 林业 | 537 | 482 | 550366.36 | 8 | 1 |
| 畜牧业 | 84 | 74 | 34786.87 | 8 | 2 |
| 渔业 | 158 | 152 | 307741.02 | 2 | 1 |
| 农、林、牧、渔服务业 | 478 | 196 | 81832.23 | 15 | 28 |
| **采矿业** | **353** | **284** | **436262.24** | **13** | **15** |
| 煤炭开采和洗选业 | 77 | 60 | 118360.55 | 3 | 7 |
| 黑色金属矿采选业 | 45 | 29 | 119625.08 | 1 | |
| 有色金属矿采选业 | 44 | 40 | 77244.15 | 1 | |
| 非金属矿采选业 | 157 | 136 | 74941.94 | 4 | 8 |
| 开采辅助活动 | 7 | 6 | 39050.00 | 2 | |
| 其他采矿业 | 23 | 13 | 7040.52 | 2 | |
| **制造业** | **5048** | **4512** | **18987566.53** | **168** | **123** |
| 农副食品加工业 | 312 | 260 | 289945.66 | 21 | 14 |
| 食品制造业 | 195 | 164 | 286177.14 | 9 | 7 |
| 酒、饮料和精制茶制造业 | 129 | 120 | 138016.49 | 1 | 4 |
| 烟草制品业 | 11 | 10 | 1139633.43 | | |
| 纺织业 | 150 | 140 | 198668.93 | 2 | 1 |
| 纺织服装、服饰业 | 243 | 210 | 258721.71 | 4 | 8 |
| 皮革、毛皮、羽毛及其制品和制鞋业 | 186 | 174 | 244050.77 | 2 | 2 |
| 木材加工和木、竹、藤、棕、草制品业 | 266 | 249 | 187258.26 | 3 | 6 |
| 家具制造业 | 102 | 94 | 105707.20 | 3 | 1 |
| 造纸和纸制品业 | 196 | 183 | 463104.26 | 1 | 5 |

1-8续表1　　　　　　　　　　　　（2016年）　　　　　　　　　　　　单位：个

| 项　目 | 年末企业单位合　计 | #企业法人 | 年末注册资本（金）（万元） | 本　年开业数 | 本　年注销数 |
|---|---|---|---|---|---|
| 印刷和记录媒介复制业 | 278 | 255 | 127212.58 | | 5 |
| 文教、工美、体育和娱乐用品制造业 | 178 | 168 | 454389.63 | 3 | 1 |
| 石油加工、炼焦和核燃料加工业 | 14 | 13 | 2334928.80 | 1 | |
| 化学原料和化学制品制造业 | 214 | 192 | 1213395.07 | 11 | 6 |
| 医药制造业 | 54 | 51 | 169012.88 | 3 | 1 |
| 化学纤维制造业 | 8 | 8 | 62961.69 | 2 | |
| 橡胶和塑料制品业 | 230 | 216 | 154130.43 | 3 | 5 |
| 非金属矿物制品业 | 602 | 538 | 1109475.47 | 13 | 14 |
| 黑色金属冶炼和压延加工业 | 57 | 55 | 923015.03 | | 1 |
| 有色金属冶炼和压延加工业 | 45 | 44 | 602789.95 | 5 | 2 |
| 金属制品业 | 242 | 206 | 493935.97 | 12 | 10 |
| 通用设备制造业 | 256 | 233 | 433623.10 | 4 | 6 |
| 专用设备制造业 | 210 | 185 | 370870.09 | 11 | 4 |
| 汽车制造业 | 90 | 79 | 529383.66 | 5 | 2 |
| 铁路、船舶、航空航天和其他运输设备制造业 | 79 | 72 | 238047.99 | 1 | 1 |
| 电气机械和器材制造业 | 201 | 185 | 753106.96 | 8 | 5 |
| 计算机、通信和其他电子设备制造业 | 149 | 139 | 5243013.89 | 14 | 1 |
| 仪器仪表制造业 | 54 | 51 | 41729.30 | | 2 |
| 其他制造业 | 191 | 160 | 361374.39 | 22 | 4 |
| 废弃资源综合利用业 | 87 | 43 | 25144.27 | 3 | 3 |
| 金属制品、机械和设备修理业 | 19 | 15 | 34741.53 | 1 | 2 |
| **电力、热力、燃气及水的生产和供应业** | **2215** | **1690** | **11262099.03** | **151** | **54** |
| 电力、热力生产和供应业 | 1535 | 1196 | 9523302.04 | 118 | 47 |
| 燃气生产和供应业 | 206 | 52 | 232486.66 | 19 | 4 |
| 水的生产和供应业 | 474 | 442 | 1506310.33 | 14 | 3 |
| **建筑业** | **3548** | **1449** | **13117727.68** | **204** | **265** |
| 房屋建筑业 | 1290 | 452 | 4120818.48 | 62 | 89 |
| 土木工程建筑业 | 813 | 433 | 7390751.71 | 55 | 62 |

1-8续表2　　(2016年)　　单位：个

| 项　目 | 年末企业单位合计 | #企业法人 | 年末注册资本（金）（万元） | 本年开业数 | 本年注销数 |
|---|---|---|---|---|---|
| 建筑安装业 | 212 | 90 | 183052.47 | 9 | 25 |
| 建筑装饰和其他建筑业 | 1233 | 474 | 1423105.02 | 78 | 89 |
| **批发和零售业** | **20019** | **6861** | **12536395.12** | **982** | **1019** |
| 批发业 | 9733 | 5269 | 11364544.16 | 401 | 363 |
| 零售业 | 10286 | 1592 | 1171850.96 | 581 | 656 |
| **交通运输、仓储和邮政业** | **3658** | **1299** | **9791978.69** | **211** | **112** |
| 铁路运输业 | 84 | 21 | 4338689.39 | 3 | 3 |
| 道路运输业 | 1066 | 618 | 2046474.89 | 58 | 38 |
| 水上运输业 | 233 | 168 | 1002582.34 | 11 | 10 |
| 航空运输业 | 58 | 23 | 1062792.22 | 2 | 19 |
| 管道运输业 | 2 | 1 | 3000.00 |  | 1 |
| 装卸搬运和运输代理业 | 544 | 258 | 770624.72 | 23 | 24 |
| 仓储业 | 285 | 197 | 323950.13 | 9 | 3 |
| 邮政业 | 1386 | 13 | 243865.00 | 105 | 14 |
| **住宿和餐饮业** | **936** | **540** | **722155.19** | **57** | **61** |
| 住宿业 | 596 | 396 | 653205.81 | 14 | 21 |
| 餐饮业 | 340 | 144 | 68949.38 | 43 | 40 |
| **信息传输、软件和信息技术服务业** | **1878** | **547** | **2185918.60** | **173** | **148** |
| 电信、广播电视和卫星传输服务 | 1085 | 40 | 736533.91 | 13 | 114 |
| 互联网和相关服务 | 147 | 87 | 291881.50 | 48 | 4 |
| 软件和信息技术服务业 | 646 | 420 | 1157503.19 | 112 | 30 |
| **金融业** | **8461** | **364** | **8913140.59** | **322** | **300** |
| 货币金融服务 | 5498 | 156 | 4779146.94 | 75 | 78 |
| 资本市场服务 | 480 | 41 | 1853737.23 | 73 | 6 |
| 保险业 | 2162 | 7 | 166400.00 | 131 | 202 |
| 其他金融业 | 321 | 160 | 2113856.42 | 43 | 14 |
| **房地产业** | **2686** | **2258** | **17405528.56** | **285** | **71** |
| 房地产业 | 2686 | 2258 | 17405528.56 | 285 | 71 |

1-8续表3 （2016年） 单位：个

| 项目 | 年末企业单位合计 | #企业法人 | 年末注册资本（金）（万元） | 本年开业数 | 本年注销数 |
|---|---|---|---|---|---|
| **租赁和商务服务业** | **7191** | **5064** | **46540883.01** | **1101** | **316** |
| 租赁业 | 323 | 249 | 280496.69 | 43 | 6 |
| 商务服务业 | 6868 | 4815 | 46260386.32 | 1058 | 310 |
| **科学研究和技术服务业** | **2152** | **1392** | **4112352.38** | **308** | **116** |
| 研究和试验发展 | 443 | 352 | 1222824.82 | 102 | 19 |
| 专业技术服务业 | 1262 | 679 | 1920867.05 | 104 | 83 |
| 科技推广和应用服务业 | 447 | 361 | 968660.51 | 102 | 14 |
| **水利、环境和公共设施管理业** | **653** | **557** | **2383372.90** | **55** | **15** |
| 水利管理业 | 146 | 111 | 723765.60 | 10 | 3 |
| 生态保护和环境治理业 | 129 | 111 | 212922.33 | 12 | 1 |
| 公共设施管理业 | 378 | 335 | 1446684.97 | 33 | 11 |
| **居民服务、修理和其他服务业** | **1464** | **800** | **1465118.05** | **60** | **79** |
| 居民服务业 | 760 | 437 | 1283194.25 | 24 | 38 |
| 机动车、电子产品和日用产品修理业 | 293 | 155 | 44599.50 | 14 | 17 |
| 其他服务业 | 411 | 208 | 137324.30 | 22 | 24 |
| **教育** | **81** | **68** | **54523.30** | **7** | **6** |
| 教育 | 81 | 68 | 54523.30 | 7 | 6 |
| **卫生、社会工作** | **68** | **54** | **133915.26** | **11** | **4** |
| 卫生 | 43 | 30 | 119573.16 | 7 | 3 |
| 社会工作 | 25 | 24 | 14342.10 | 4 | 1 |
| **文化、体育和娱乐业** | **567** | **480** | **760540.28** | **60** | **15** |
| 新闻和出版业 | 56 | 50 | 248781.21 |  | 1 |
| 广播、电视、电影和影视录音制作业 | 188 | 154 | 91557.16 | 20 |  |
| 文化艺术业 | 184 | 172 | 293492.33 | 29 | 3 |
| 体育 | 52 | 45 | 72741.18 | 5 | 1 |
| 娱乐业 | 87 | 59 | 53968.40 | 6 | 10 |
| **其他** | **40** | **27** | **458004.08** | **1** |  |

# 1-9 福建省内资企业工商登记注册变化情况

（2015-2016 年）　　单位：个

| 项 目 | 2015 | | 2016 | | 2016 年比上年增长（%） |
|---|---|---|---|---|---|
| | 绝对数 | 比重（%） | 绝对数 | 比重（%） | |
| 年末企业数 | 61333 | 100.0 | 62879 | 100.0 | 2.5 |
| #企业法人 | 27938 | 100.0 | 29634 | 100.0 | 6.1 |
| 年末注册资金（亿元） | 12258.90 | 100.0 | 15259.90 | 100.0 | 24.5 |
| 本年开业数 | 3883 | 100.0 | 4266 | 100.0 | 9.9 |
| 本年注销数 | 1886 | 100.0 | 2776 | 100.0 | 47.2 |
| 一、国有企业 | | | | | |
| 年末企业数 | 8905 | 14.5 | 8602 | 13.7 | -3.4 |
| #企业法人 | 4421 | 15.8 | 4290 | 14.5 | -3.0 |
| 年末注册资金（亿元） | 438.02 | 3.6 | 360.18 | 2.4 | -17.8 |
| 本年开业数 | 171 | 4.4 | 118 | 2.8 | -31.0 |
| 本年注销数 | 347 | 18.4 | 366 | 13.2 | 5.5 |
| 二、集体企业 | | | | | |
| 年末企业数 | 14699 | 24.0 | 14231 | 22.6 | -3.2 |
| #企业法人 | 7208 | 25.8 | 7087 | 23.9 | -1.7 |
| 年末注册资金（亿元） | 99.15 | 0.8 | 97.56 | 0.6 | -1.6 |
| 本年开业数 | 323 | 8.3 | 211 | 4.9 | -34.7 |
| 本年注销数 | 423 | 22.4 | 662 | 23.8 | 56.5 |
| 三、公司 | | | | | |
| 年末企业数 | 35480 | 57.8 | 37969 | 60.4 | 7.0 |
| #企业法人 | 15363 | 55.0 | 17379 | 58.6 | 13.1 |
| 年末注册资金（亿元） | 11578.07 | 94.4 | 14657.20 | 96.1 | 26.6 |
| 本年开业数 | 3371 | 86.8 | 3935 | 92.2 | 16.7 |
| 本年注销数 | 1096 | 58.1 | 1654 | 59.6 | 50.9 |
| 四、其他企业 | | | | | |
| 年末企业数 | 2249 | 3.7 | 2077 | 3.3 | -7.6 |
| #企业法人 | 946 | 3.4 | 878 | 3.0 | -7.2 |
| 年末注册资金（亿元） | 143.66 | 1.2 | 144.95 | 0.9 | 0.9 |
| 本年开业数 | 18 | 0.5 | 2 | | -88.9 |
| 本年注销数 | 20 | 1.1 | 94 | 3.4 | 370.0 |

# 1-10　福建省私营企业工商登记注册情况

（2016年）

| 项　目 | 年末企业数（个） | 投资者人数（人） | 雇工人数（人） | 注册资本（出资金额）（万元） |
|---|---|---|---|---|
| **总　计** | **810231** | **1501815** | **5634131** | **493306039.61** |
| 农、林、牧、渔业 | 28411 | 55157 | 204697 | 13866338.70 |
| 采矿业 | 1616 | 3953 | 17760 | 1164896.09 |
| 制造业 | 127959 | 240156 | 1534589 | 74403818.46 |
| 电力、热力、燃气及水的生产和供应业 | 5454 | 20680 | 40529 | 7753713.17 |
| 建筑业 | 45219 | 78491 | 385126 | 40341971.31 |
| 批发和零售业 | 313084 | 527998 | 1679217 | 115445710.08 |
| 交通运输、仓储和邮政业 | 19379 | 33277 | 123142 | 9349804.14 |
| 住宿和餐饮业 | 10984 | 17432 | 88918 | 2694022.26 |
| 信息传输、软件和信息技术服务业 | 38675 | 75317 | 216751 | 17689931.66 |
| 金融业 | 4179 | 11591 | 23526 | 11295670.55 |
| 房地产业 | 15824 | 30050 | 114333 | 24242377.12 |
| 租赁和商务服务业 | 114133 | 245772 | 645824 | 129633537.02 |
| 科学研究和技术服务业 | 45856 | 92298 | 295169 | 32857699.73 |
| 水利、环境和公共设施管理业 | 2768 | 5632 | 22220 | 2205725.58 |
| 居民服务、修理和其他服务业 | 19484 | 32341 | 125148 | 3758649.89 |
| 教育 | 1438 | 3084 | 9394 | 316598.36 |
| 卫生和社会工作 | 1358 | 1984 | 15301 | 1009720.36 |
| 文化、体育和娱乐业 | 14383 | 26555 | 92326 | 5260880.13 |
| 其他 | 27 | 47 | 161 | 14975.00 |

# 1-11 福建省个体户工商登记注册情况

（2016 年）

| 项　目 | 年末户数（户） | 从业人员（人） | 资金数额（万元） |
|---|---|---|---|
| **总　计** | **1858167** | **4356994** | **15737426.53** |
| 农、林、牧、渔业 | 44744 | 154303 | 2325431.49 |
| 采矿业 | 1045 | 4319 | 38995.86 |
| 制造业 | 120291 | 463962 | 1438965.78 |
| 电力、热力、燃气及水的生产和供应业 | 932 | 2742 | 47017.87 |
| 建筑业 | 2598 | 8511 | 39959.20 |
| 批发和零售业 | 1233396 | 2598360 | 8672263.75 |
| 交通运输、仓储和邮政业 | 15025 | 33215 | 115139.99 |
| 住宿和餐饮业 | 217127 | 571501 | 1602643.69 |
| 信息传输、软件和信息技术服务业 | 8517 | 15194 | 33105.75 |
| 金融业 | 111 | 208 | 779.90 |
| 房地产业 | 5309 | 15405 | 30719.51 |
| 租赁和商务服务业 | 26970 | 59930 | 281719.38 |
| 科学研究和技术服务业 | 4627 | 11079 | 26364.03 |
| 水利、环境和公共设施管理业 | 222 | 727 | 4904.75 |
| 居民服务、修理和其他服务业 | 161152 | 373515 | 906605.52 |
| 教育 | 505 | 1489 | 4480.34 |
| 卫生和社会工作 | 2680 | 6825 | 24671.76 |
| 文化、体育和娱乐业 | 12912 | 35704 | 143650.46 |
| 其他 | 4 | 5 | 7.50 |

## 1-12 福建省外资企业工商登记注册情况

（2016 年）

| 项 目 | 年末企业数（个） | 投资总额（万美元） | 注册资本（认缴出资金额）（万美元） |
|---|---|---|---|
| **总 计** | **28351** | **22631549.50** | **13212652.74** |
| 农、林、牧、渔业 | 736 | 440929.70 | 261608.67 |
| 采矿业 | 35 | 54286.55 | 26532.16 |
| 制造业 | 11696 | 12181800.57 | 6289411.32 |
| 电力、热力、燃气及水的生产和供应业 | 203 | 768669.86 | 253731.36 |
| 建筑业 | 268 | 277580.28 | 149856.44 |
| 批发和零售业 | 6655 | 1409077.68 | 1042544.81 |
| 交通运输、仓储和邮政业 | 638 | 748525.04 | 381019.86 |
| 住宿和餐饮业 | 1268 | 266247.46 | 156377.77 |
| 信息传输、软件和信息技术服务 | 1173 | 471271.03 | 233797.48 |
| 金融业 | 385 | 322522.85 | 443446.47 |
| 房地产业 | 1117 | 2144678.76 | 1212906.11 |
| 租赁和商务服务业 | 2376 | 2005251.18 | 1721568.42 |
| 科学研究和技术服务业 | 1121 | 810823.24 | 600401.44 |
| 水利、环境和公共设施管理业 | 96 | 193400.98 | 92571.67 |
| 居民服务、修理和其他服务业 | 246 | 159995.65 | 68364.85 |
| 教育 | 20 | 3219.52 | 2870.91 |
| 卫生和社会工作 | 13 | 43257.77 | 15762.42 |
| 文化、体育和娱乐业 | 302 | 320842.38 | 252761.24 |
| 其他 | 3 | 9169.00 | 7119.34 |

福建企业年鉴

2

# 行业概况

# 2-1 工业

## 2-1-1 采矿业

2016年，福建省规模以上采矿业完成工业总产值589.09亿元，完成工业增加值182.33亿元，实现主营业务收入568.28亿元，实现利润总额19.30亿元，实现利税总额46.27亿元。全年全省采矿业仍以省内市场销售为主，在采矿业全部销售收入中，省内市场销售比重达83.4%；其次是省外市场，销售比重为15.5%，比上年略有下降；境外市场销售份额仍然较小，仅为1.1%。分行业观察，煤炭开采和洗选业、黑色金属矿采选业、有色金属矿采选业、非金属矿采选业均以省内市场销售为主；在4个行业中，仅非金属矿采选业有销往境外市场，但比重较低，仅为2.3%。2015-2016年福建省规模以上采矿业主要经济指标见下表。

2016年，面对煤炭市场出现的新情况、新问题，国家有关部门多策并举，及时出台先进产能释放措施，煤炭供给得到有效控制，价格逐步企稳回暖。全年全国煤炭经济运行主要呈现以下特点：一是原煤产量有所下降。2016年，全国规模以上煤炭企业原煤产量33.64亿吨，比上年下降9.4%。分月度观察，2016年4-10月，月度产量降幅超过10.0%，煤炭市场供需由严重供大于求逐渐转为基本平衡；9月份以后，有关部门根据市场需求有序释放先进产能，产量环比逐步增加，降幅不断收窄。据对重点产煤地区部分大型煤炭企业产量监测，受春节因素影响，2017年1月煤炭产量环比下降4.7%。二是煤炭铁路运输逐渐回温。2016年，全国铁路发运煤炭19.00亿吨，比上年下降4.7%。分月度观察，前9个月铁路发运煤炭下降9.1%，9月份以后发运量同比由负转正（9-12月份增速分别为2.0%、6.6%、11.9%和5.5%）。2017年1月全国铁路发运煤炭1.86亿吨，同比增加1003万吨，增长5.7%。三是煤炭需求继续下降，能源消费结构出现阶段性变化。2016年，全国煤炭消费在连续两年下降的基础上继续下降1.3%，电力、钢铁等主要行业耗煤也保持下降态势。但9月份以来，由于水电出力减少，火电增速加快，日均耗煤大幅增加。四是存煤量有效下降。截至2016年末，全国重点煤炭企业存煤9300万吨，比年初减少3499万吨，比上年末下降27.3%，在连续4年增长后出现下降。重点发电企业存煤6546万吨，比年初减少812万吨，下降11.0%。五是煤炭价格大幅波动。2016年，全国煤炭价格指数由年初的115.8提升到11月中旬的162.4，之后到年末回落至160.0。CCTD秦皇岛煤炭价格由年初的365元/吨上涨到11月中旬的最高点705元/吨，年末又回落至639.0元/吨；全年平均价格为473.5元/吨，比上年上涨53.6元/吨，增长12.8%。六是煤炭净进口持续处于高位。2016年，全国共进口煤炭2.56亿吨，增长25.2%；出口878.00万吨，增长64.5%；全年净进口煤炭2.47亿吨，增加4800.00万吨，增长24.2%。

（摘编：朱翔）

## 福建省规模以上采矿业主要经济指标

（2015-2016 年） 单位：亿元

| 指标 | 2015 | 2016 | 指标 | 2015 | 2016 |
|---|---|---|---|---|---|
| 工业总产值 | 561.94 | 589.09 | 流动资产年末数 | 107.49 | 112.58 |
| 工业增加值 | 203.74 | 182.33 | 利润总额 | 25.16 | 19.30 |
| 主营业务收入 | 546.64 | 568.28 | 利税总额 | 55.22 | 46.27 |
| 资产总额 | 332.89 | 351.39 | 本年应交增值税 | 20.10 | 18.11 |
| 固定资产合计 | 143.75 | 138.57 | | | |

# 2-1-2 食品加工及食品制造业

2016 年，福建省规模以上农副食品加工业完成工业增加值 587.94 亿元，实现主营业务收入 2933.32 亿元；食品制造业完成工业增加值 358.72 亿元，实现主营业务收入 1416.76 亿元。截至 2016 年末，全省规模以上农副食品加工业和食品制造业资产总额分别为 1421.73 亿元和 801.70 亿元。2015-2016 年福建省规模以上农副食品加工业及食品制造业主要经济指标见下表。

从销售区域看，2016 年福建省农副食品加工业销售收入中销往省内市场的比重最大，为 50.7%，销往省外和境外市场的比重分别为 28.0% 和 21.3%；食品制造业销往省外市场的比重最大，为 54.3%，销往省内和境外市场的比重分别为 32.3% 和 13.4%。

2016 年，全国规模以上农副食品加工业完成增加值比上年增长 6.1%，增幅比规模以上工业平均水平高 0.1 个百分点；实现主营业务收入 68952.20 亿元，增长 6.0%；实现利润总额 3422.80 亿元，增长 5.5%。食品制造业实现增加值比上年增长 8.8%，增幅比规模以上工业平均水平高 2.8 个百分点；实现主营业务收入 23619.20 亿元，增长 8.0%；实现利润总额 2000.70 亿元，增长 8.2%。

### 水产品加工业

水产品加工业在福建省农副食品加工业中占有较大比重，以外销为主。2016 年，福建省水产品加工业全部销售收入中，销往境外市场的比重为 43.5%，销往省内市场和省外市场的比重分别为 28.6% 和 27.9%。其中，销往境外市场的比重比上年提高 2.4 个百分点。据福建出入境检验检疫局公布的数据显示，2016 年全省水产品出口再创新高，全年出口创汇 58.98 亿元，比上年增长 6.3%，继续保持全国第一。在境外水产养殖发展规模也居全国第一，2016 年全省投资总额超 9 亿美元，养殖面积超 12 万亩。

据海关公布的数据显示，2016 年全国水产品进出口总量 827.91 万吨，进出口总额 301.12 亿美元，分别比上年增长 1.7% 和 2.7%。其中，出口量 423.76 万吨，出口额 207.38 亿美元，分别增长 4.4% 和 2.0%。

分贸易方式观察，一般贸易出口所占比例上升，来进料加工出口所占比例下降。2016 年，全国水产品一般贸易出口量302.11万吨、出口额154.37亿美元，分别比上年增长8.0%、3.5%，分别占出口总量和出口总额的71.3%、74.4%。受生产要素价格上升引起的生产成本持续提高等因素影响，2016年全国来进料加工产品出口额在水产品出口总额中的比例下降至24.7%，10年间下降约17个百分点。

分出口市场观察，2016年主要出口市场总体稳定向好，但美国、香港市场持续低迷。受益于“一带一路”倡议持续推进、国务院陆续出台的促外贸稳增长政策落地以及渔业转方式调结构的稳步落实，全年全国水产品对日、东盟、欧盟、台湾地区、韩国等世界主要市场出口量额均扭转颓势，实现量额双升，特别是对欧盟、台湾地区、韩国出口增幅强劲。受益于欧盟对我国双壳贝类进口解禁的积极影响，全年全国贝类对欧盟出口量、出口额分别比上年大幅增长62.1%、1.6倍。但受政治形势变化、产品同构竞争和质量安全因素影响，对美国、香港市场水产品出口继2015年后再次下降。全年对美国水产品出口量、出口额分别比上年下降1.1%和4.8%，对香港水产品出口量、出口额分别下降1.3%和4.8%。

分产品品种观察，2016年全国大多数水产品出口有所改善，但目标市场单一品种和国内市场紧俏品种出口表现不佳。在虾、贝类、鳗鱼、罗非鱼、大黄鱼、海藻、蟹类、淡水小龙虾等养殖水产品种中，多数产品实现出口量额双增，特别是头足类和对虾出口强劲，头足类出口量、出口额分别比上年增长5.9%和10.6%，对虾出口量、出口额分别增长12.1%和16.2%。但蟹类、淡水小龙虾等品种由于国内市场消费强劲、价格看好，加上2016年这些品种养殖成本上升较大，出口比较优势减弱，企业出口意愿下降、出口额减少。其中，蟹类出口量额降至近三年来最低点，分别下降9.9%和12.6%。此外，受目标市场单一影响，主要依赖日本和美国市场的鳗鱼、罗非鱼出口额分别下降7.4%和6.1%。

分主要出口省份观察，福建、山东、广东、辽宁等沿海省份仍是全国水产品主要出口省份，省际之间排名基本稳定，仅江苏省超过河北省上升一位，晋级前八，河北省则由第6位跌至第9位。福建省借助地域优势，大力拓展东盟市场（如马来西亚和菲律宾），促进出口量、出口额分别比上年增长9.3%和6.6%；山东省作为来进料加工出口大省，出口量、出口额分别增长3.4%和4.3%；两省水产品出口量额继续领跑全国，出口额之和占全国水产品出口总额之比首次超过50%。

### 糖果、巧克力及蜜饯制造业

2016年，福建省糖果、巧克力及蜜饯制造业全部销售收入中，销往省内、省外、境外三大市场的比重分别为25.8%、62.1%和12.1%。其中，省外市场销售所占比重较大，销售比重逾六成，但比重比上年下降0.5个百分点。

福建糖果出口量约占全国出口量的20%，其中泉州是全国最大的生产和出口糖果基地。据福建出入境检验检疫局公布的数据显示，2016年1-7月，福建检验检疫局共检验检疫出口糖果1.74万吨、货值5964.8万美元，同比分别下降1.1%和7.0%，为2011年以来首次出现下降。影响福建省糖果出口主要因素：一是国际市场环境低迷。美国、欧盟等工艺糖果订单减少明显，非洲如尼日利亚等国家货币大幅贬值，进口商受此影响大量减少订单，1-7月对非洲糖果出口量下降高达27.6%。二是产品竞争力下降，订单外流。糖果行业属劳动密集型行业，出口糖果产品技术含量偏低，随着国内劳动力成本提高及原料成本提升，部分订单向墨西哥等产糖国转移。三是国外技术贸易壁垒愈加严苛。欧盟于2014年8月1日开始执行的法规380/2012，对糖果中喹啉黄等色素标准从300毫克/公斤降为30毫克/公斤，加严10倍；美国FDA已连续3年对4家泉州出口糖果生产企业实施现场检查；韩国食药厅于2016年2月4日起实施《进口食品安全管理特别法》，对境外生产企业实施注册和现场检查，强化口岸入境查验。2016 年 5 月 20 日，美国又发布针对包装食品营养标签的修改措施，这是美国对已实行 20 多年的食品营养标签规定第一次实施重大改革，而部分福建企业在满足客户需求的同时忽略安全标准，已有数批产品色素标签标示与实际不符，被美国通报为不合格。

### 罐头食品制造业

2016 年，福建省罐头食品制造业全部销售收入中，销往省内、省外、境外三大市场的销售收入占行业全部销售收入的比重分别为 28.7%、42.1%和 29.2%。2016 年，全省规模以上工业罐头产量为 303.18 万吨。

漳州是福建重要的罐头生产和出口基地。据漳州出入境检验检疫局公布的数据显示，2016 年漳州检验检疫局共检验出口水产罐头批次 2584 批、重量 75560 吨、货值 1.21 亿美元，分别比上年增长 12.7%、8.7%和 5.8%，在国际市场疲软、外需萎缩的情况下，漳州水产罐头出口保持持续稳定增长，年出口数量首次突破 7 万吨。

（摘编：林晓霞）

## 福建省规模以上农副食品加工业主要经济指标

（2015-2016 年）　　单位：亿元

| 指标 | 2015 | 2016 | 指标 | 2015 | 2016 |
|---|---|---|---|---|---|
| 工业总产值 | 2729.95 | 3032.66 | 流动资产年末数 | 875.05 | 881.32 |
| 工业增加值 | 535.41 | 587.94 | 利润总额 | 142.03 | 174.10 |
| 主营业务收入 | 2651.50 | 2933.32 | 利税总额 | 224.34 | 244.90 |
| 资产总额 | 1360.03 | 1421.73 | 本年应交增值税 | 74.87 | 62.50 |
| 固定资产合计 | 325.26 | 364.19 | | | |

## 福建省规模以上食品制造业主要经济指标

（2015-2016 年）　　单位：亿元

| 指标 | 2015 | 2016 | 指标 | 2015 | 2016 |
|---|---|---|---|---|---|
| 工业总产值 | 1294.49 | 1410.79 | 流动资产年末数 | 352.85 | 446.86 |
| 工业增加值 | 334.85 | 358.72 | 利润总额 | 99.23 | 147.56 |
| 主营业务收入 | 1250.96 | 1416.76 | 利税总额 | 143.37 | 191.40 |
| 资产总额 | 674.66 | 801.70 | 本年应交增值税 | 38.91 | 38.12 |
| 固定资产合计 | 159.51 | 170.69 | | | |

# 2-1-3 酒、饮料和精制茶制造业

2016 年，福建省规模以上酒、饮料和精制茶制造业完成工业总产值 932.52 亿元，工业增加值 267.76 亿元，实现主营业务收入 918.50 亿元，利润总额 80.00 亿元。截至 2016 年末，福建省规模以上酒、饮料和精制茶制造业资产总额达 546.95 亿元。从销售区域看，2016 年全省酒、饮料和精制茶制造业销售收入中销往省内市场的比重最高，为 61.0%；其次是省外市场，为 37.1%；少量销往境外。2015-2016 年福建省规模以上酒、饮料和精制茶制造业主要经济指标见下表。

2016 年，全国规模以上酒、饮料和精制茶制造业实现主营业务收入 18414.80 亿元，比上年增长 6.3%；实现利润总额 1824.20 亿元，增长 5.0%；增幅分别比上年下降 0.1 个百分点和 2.5 个百分点。

### 饮料制造业

2016 年，福建省规模以上企业软饮料产量达 568.64 万吨，比上年增加 49.98 万吨。从销售区域看，2016 年福建省饮料制造业全部销售收入中，销往省内、省外和境外三大市场销售比重分别为 67.5%、30.2%和 2.3%。与上年相比，省外市场销售比重下降 2.5 个百分点，境外市场销售比重提高 0.5 个百分点。

2016 年，全国软饮料产量达 18345.2 万吨，比上年增长 1.9%。从消费量看，2016 年全国饮料业零售额继续保持较快增长，全年饮料类零售额达 2175 亿元，增长 10.5%。

### 精制茶加工业

2016 年，福建省精制茶加工业全部销售收入中，销往省内、省外和境外三大市场销售比重分别为 52.0%、46.0%和 2.0%。与上年相比，省外市场销售比重下降 4.0 个百分点，境外市场销售比重下降 0.6 个百分点。

2016 年，全国茶叶生产规模继续扩张。据国家茶叶产业技术体系与中国农业科学院茶叶研究所经济研究室发布的数据显示，2016 年全国茶园总面积约为 4448 万亩，比上年增加 132 万亩，增长 3.1%；干茶总产量约为 244.54 万吨，增长 7.4%；名优茶产量继续增长，突破 100 万吨。分茶叶品种观察，干毛茶产量中绿茶、乌龙茶占比继续下降，分别为 61.7%和 11.1%；红茶占比超过乌龙茶，达到 12.2%；黑茶（不含普洱）占比有所提升，为 8.5%。其中，绿茶产量约 150.91 万吨，增长 4.9%；红茶、黑茶（含普洱茶）产量分别增长 15.9%和 13.4%，分别达到 29.79 万吨、33.48 万吨；乌龙茶产量约为 27.12 万吨，增长 4.8%；白茶产量保持平稳，约为 2 万吨。

2016 年，我国茶叶市场需求继续放缓，销售价格依然低迷。全国 30%的产区茶叶销量上升，20%的产区销量下滑，50%的产区销量与上年持平；70%的产区高端礼品茶销售量比上年继续下滑，部分地区下滑比例达到 40%以上。2016 年 1-4 季度，茶叶生产价格指数依次为 98.6、98.2、100.3 和 102.0。2016 年，干毛茶均价基本与上年一致，每公斤价格在 60 元与 70 元之间；名优绿茶均价仅有每公斤 325 元，且 30%的产区价格下滑；大宗绿茶均价约为每公斤 76 元，部分产区反映该类茶存货较多；乌龙茶整体均价基本与上年持平，每公斤茶价在 150 元左右。

2016 年，全国茶叶出口量为 32.87 万吨，比上年增长 1.2%；出口额为 14.85 亿美元，增长 7.5%。其中，绿茶出口量为 27.09 万吨，出口额为 10.65 亿美元，分别比上年下降 0.5%和增长 5.9%；红茶出口量 3.31 万吨，出口额为 2.56 亿美元，分别增长 17.9%和 24.2%；乌龙茶出口量为 1.60 万吨，出口额为 0.90 亿美元，分别增长 3.8%和 6.3%。

（摘编：林晓霞）

## 福建省规模以上酒、饮料和精制茶制造业主要经济指标

（2015-2016年）　　单位：亿元

| 指标 | 2015 | 2016 | 指标 | 2015 | 2016 |
|---|---|---|---|---|---|
| 工业总产值 | 866.08 | 932.52 | 流动资产年末数 | 260.65 | 279.12 |
| 工业增加值 | 283.87 | 267.76 | 利润总额 | 81.81 | 80.00 |
| 主营业务收入 | 894.65 | 918.50 | 利税总额 | 123.79 | 115.48 |
| 资产总额 | 516.29 | 546.95 | 本年应交增值税 | 29.39 | 23.04 |
| 固定资产合计 | 188.29 | 201.04 | | | |

# 2-1-4　纺织及纺织服装、服饰业

纺织行业是福建传统支柱产业。2016年，福建省规模以上纺织业完成工业总产值2659.90亿元，工业增加值为563.29亿元，实现主营业务收入2548.97亿元，利税总额185.13亿元，利润总额140.95亿元；规模以上纺织服装、服饰业完成工业总产值2052.21亿元，工业增加值为524.06亿元，实现主营业务收入1937.76亿元，利税总额198.78亿元，利润总额142.21亿元。2015-2016年福建省规模以上纺织业和纺织服装、服饰业主要经济指标见下表。

2016年，福建省纺织业全部销售收入中，销往省内、省外和境外市场的比重分别为44.8%、47.8%和7.4%；与上年相比，省外市场销售比重下降2.0个百分点，境外市场销售比重提高0.2个百分点。纺织服装、服饰业销往省内、省外和境外市场的比重分别为35.4%、35.8%和28.8%。与上年相比，省外市场和境外市场销售比重分别下降1.7个百分点和0.5个百分点。

纺织及纺织服装在福建出口中占有较大比重。据海关公布的数据显示，2016年福建省服装及衣着附件出口额945.86亿元，比上年下降7.0%；纺织纱线、织物及制品429.20亿元，增长6.8%；上述二者合计占同期福建省出口总额的39.1%。

目前，纺织服装行业仍处低谷，处在“内忧外患”的困境中，寻求新的突破口，促进行业转型升级是发展的必由之路。2016年，福建柒牌集团有限公司举办了智能时尚发布会，全面进军智能时尚领域；斯得雅（中国）有限公司借助网络热剧推介科技面料新品；富贵鸟股份有限公司大力拓展电商业务；这些企业通过产品、营销、渠道等方面与新科技对接碰撞。除了利用高科技智能创新之外，部分企业通过降低生产成本，将产业转移，寻求新的发展契机。国务院在2015年6月25日对全球发布了支持新疆纺织服装业发展的八项优惠政策，通过这些涉及资金、人才、市场等多方面的扶持措施，吸引了福建部分纺织服装企业进行产业转移。通过“智能”织造、产业转移、品牌建设等方式，适应国内外市场竞争压力，实现整个纺织服装行业转型升级。

2016年，全球经济依旧低迷，国外市场需求仍

然偏弱，国内各种生产成本也在不断上升，整个纺织行业的形势并未出现好转，但总体运行基本正常。2016年，全国规模以上纺织业实现工业增加值比上年增长5.5%，比规模以上工业平均水平低0.5个百分点；实现主营业务收入40869.70亿元，增长3.9%；实现利润总额2194.10亿元，增长3.5%。全年规模以上纺织服装、服饰业实现主营业务收入23605.10亿元，增长4.6%；实现利润总额1364.70亿元，增长2.4%。纺织行业固定资产投资增长有所减速。2016年前三季度，全行业500万元以上项目投资完成额为9222.60亿元，同比增长6.9%，增速放缓8.8个百分点。其中，受终端需求不旺及投资周期性影响，家纺、服装、产业用纺织行业投资增速分别放缓33.2个百分点、20.6个百分点和22.8个百分点。纺织服装商品内销增速缓中趋稳。2016年前三季度，全国限额以上服装鞋帽针纺织品零售额增长7.2%，放缓3.0个百分点，低于社会消费品零售总额增速3.2个百分点。

从服装专业市场看，全国服装专业市场总体运行平稳，东部地区的成交额增长较快。据中国纺织工业联合会流通分会公布的数据显示，2016年全国纺织服装专业市场总体运行平稳，成交额保持稳中有进的发展态势。2016年，中国纺织工业联合会流通分会重点监测的41家专业市场总成交额达到9745.12亿元，比上年增长5.5%。分区域观察，东部地区服装专业市场总体运行质量较好，全年成交额达到8571.57亿元，增长6.1%；中部地区专业市场成交额达到499.92亿元，增长1.9%；西部地区专业市场成交额达到673.63亿元，增长1.2%。2016年，全国新增纺织服装类专业市场的数量下降8.6%，新增专业市场总投资额也下降8.4%。其中，东部地区新增纺织服装专业市场的投资额及建筑面积占全国比重均居首位；新增市场占全国新增市场数量的比重达56.3%；新增市场投资额占全国新增市场投资额的比重为41.5%；新增市场建筑面积占到全国新增市场建筑面积的比重为43.4%。

2016年1-10月，全国纺织品服装出口额为2225.61亿美元，同比下降5.3%。其中，纺织品出口额为881.32亿美元，下降3.3%；服装出口额为1344.29亿美元，下降6.6%。纺织品服装出口下降的原因主要包括：一是主要出口市场经济复苏缓慢，外需疲软，外贸压力增大；二是纺织企业生产成本不断提升，传统优势进一步弱化；三是产业及产品转移导致中国纺织服装产品在主要市场份额逐步缩小。

美国是我国主要出口市场，2016年全国纺织服装对美国出口450.25亿美元，比上年下降5.7%。其中，纺织品出口额116.99亿美元，下降2.5%；服装出口额333.26亿美元，下降6.8%。分产品观察，受化纤纱线价格下跌影响，全年完成美国纱线出口量3.06亿公斤，比上年增长1.8%；出口额5.04亿美元，下降2.8%，出口单价下降4.5%。完成化纤纱线出口量1.47亿公斤，增长6.5%；出口额3.09亿美元，下降4.1%，平均单价下降9.9%。棉纱线出口量211.61万公斤，增长33.7%，出口额增长27.1%，出口单价下降5.0%；其他纱线出口量1.56亿公斤，下降2.3%，出口额1.62亿美元，下降3.1%；丝线出口量下降9.7%，但平均单价增长78.6%。分省市观察，对美国出口前五大省（市）仍为江苏、浙江、广东、上海、山东，但全年出口额分别下降1.3%、4.8%、10.6%、9.2%和3.1%。其中，江苏、浙江和广东的出口企业数有所增长，分别增长5.1%、2.6%和0.1%。江西出口异军突起，出口额增长12.0%，企业数增长24.7%，成为对美国出口前十位省市中出口额唯一增长的省市。

（摘编：林晓霞）

## 福建省规模以上纺织业主要经济指标

（2015-2016 年）　　　　单位：亿元

| 指标 | 2015 | 2016 | 指标 | 2015 | 2016 |
|---|---|---|---|---|---|
| 工业总产值 | 2375.78 | 2659.90 | 流动资产年末数 | 785.64 | 814.41 |
| 工业增加值 | 513.76 | 563.29 | 利润总额 | 118.06 | 140.95 |
| 主营业务收入 | 2266.72 | 2548.97 | 利税总额 | 162.04 | 185.13 |
| 资产总额 | 1464.33 | 1499.38 | 本年应交增值税 | 35.89 | 34.99 |
| 固定资产合计 | 464.64 | 478.63 | | | |

## 福建省规模以上纺织服装、服饰业主要经济指标

（2015-2016 年）　　　　单位：亿元

| 指标 | 2015 | 2016 | 指标 | 2015 | 2016 |
|---|---|---|---|---|---|
| 工业总产值 | 1835.45 | 2052.21 | 流动资产年末数 | 700.66 | 744.94 |
| 工业增加值 | 505.72 | 524.06 | 利润总额 | 133.46 | 142.21 |
| 主营业务收入 | 1761.66 | 1937.76 | 利税总额 | 190.63 | 198.78 |
| 资产总额 | 1104.42 | 1186.64 | 本年应交增值税 | 47.63 | 46.18 |
| 固定资产合计 | 214.03 | 216.83 | | | |

# 2-1-5 皮革、毛皮、羽毛及其制品和制鞋业

2016年，福建省规模以上皮革、毛皮、羽毛及其制品和制鞋业完成工业总产值3435.17亿元，完成工业增加值 972.52 亿元，实现主营业务收入3325.39亿元，利润总额达246.72亿元，实现利税总额 345.01 亿元。全年全省皮革、毛皮、羽毛及其制品和制鞋业全部销售收入中，省内、省外和境外三大市场销售比重分别为 40.1%、34.4%和25.5%。分行业观察，毛皮鞣制及制品加工业主要销往省内市场，皮革鞣制加工业、羽毛（绒）加工及制品制造业主要销往省外市场，皮革制品制造业主要销往省内和境外市场，制鞋业主要销往国内市场。2015-2016 年福建省规模以上皮革、毛皮、羽毛及其制品和制鞋业主要经济指标见下表。

2016年，经国家皮革和制鞋行业生产力促进中心、国家皮革及制品工程技术研究中心组织专家进行两轮评审，全国共有 13 家企业入围中国制革行业科技示范企业、8 家企业入围中国制鞋行业科技示范企业，其中福建省的兴业皮革科技股份有限公司、漳州富洋皮业有限公司、泉州正盛皮革制品有限公司、晋江源泰皮革有限公司、福建微水环保股份有限公司等5家制革企业和特步（中国）有限公司、泉州六合儿童创意产业有限公司、泉州市永高体育用品有限公司等3家制鞋企业榜上有名。

兴业皮革科技股份有限公司在牛头层鞋面革市场中的占有率连续多年保持国内第一，在产品研发创新方面也一直处于行业领先地位。2016年初，公司的国家认定企业技术中心揭牌暨院士工作站成立。公司以技术中心为平台，进一步整合行业内的科技资源，加强软硬件的建设，提升公司的自主创新能力。同时还与四川大学轻纺与食品学院、中国皮革和制鞋工业研究院及陕西科技大学签订了《产学研合作框架协议》，积极推进产学研协同创新，在新产品研发、提高产品附加值、制革工艺改进、制革固废资源化等方面提供技术支持。2016年度技术中心已在“提高撕裂强度”“铬斑防霉改善”等方面取得成功。

2016年，特步（中国）有限公司通过内部资源调整，进一步深化向体育时尚品牌转型。2016年蝉联我国赞助最多马拉松赛事的体育用品赞助商。全年共赞助44场重要跑步赛事，包括24场重要马拉松赛事，并于8月成为中国田径协会认可的中国马拉松官方合作伙伴、冠名赞助北京奥林匹克森林公园特步跑道、举办中国跑者的年度盛会“3•21跑步节”，以及其他社交跑步活动。为响应国家大力推动足球发展的规划，集团已于 2016 年 4 月宣布全面的足球战略——“锋芒计划”。目标是在未来 5 年内服务全国逾五百万青少年足球人口。此外，为提高功能性产品的比重，公司进一步升级了“动力巢”“减震旋”“气能环”三个专业跑鞋系列，并与美国陶氏化学公司共同研发特步独享的柔软垫科技。还推出了智能跑鞋——“特步全芯竞速跑鞋”，特步首个专业足球产品系列——“刀锋1代”等。在服装应用的主要科技包括“无缝一体工艺”“XTEP-WARM”“冰纤科技”“酷干科技” “特步运动弹性科技”“反光科技”等。据特步（中国）有限公司公布的年报数据显示，2016年特步（中国）有限公司营业收入为 53.97 亿元，比上年增长1.9%；毛利率43.2%，连续4年增长。

从全国看，我国规模较大的皮革企业主要分布在沿海一带，如福建、广东、浙江等。近几年，河南、四川、重庆、江西、安徽等中西部省市在承接东部沿海省市产业转移中得到了较快发展。2016年，我国规模以上皮革、毛皮、羽毛及其制品和制鞋业实现主营业务收入 1.40 万亿元，比上年增长3.2%，增幅比上年回落 2.9 个百分点；实现利润总额862.40亿元，增幅由上年的增长5.5%转为下

降3.0%；这是自1998年来出现的首次下降，且自下半年起持续下滑。其中，2016年全国15家电商网站的重点鞋包类产品销售额922.3亿元，增长9.8%，与运动相关的品类均获得高速增长，男女包袋类产品大幅下滑。

制鞋业是皮革、毛皮、羽毛及其制品和制鞋业中的主要行业，其产品也是我国主要出口产品之一。2016年，我国鞋类产品出口额485.26亿美元，比上年下降9.5%。其中，成品鞋出口额460.91亿美元，下降10.0%。分主要出口品种观察，塑胶鞋出口额226.84亿美元，下降10.3%，占全国鞋类出口总额（下同）的46.8%；皮鞋出口额99.62亿美元，下降17.9%，占比20.5%；纺织面鞋出口额132.09亿美元，下降2.1%，占比27.2%；其他鞋出口额2.36亿美元，下降14.1%，占比0.5%；鞋材出口额24.36亿美元，增长0.8%，占比5.0%。分主要市场观察，我国鞋类出口仍以美国和欧盟两大市场为主，其中对美国出口额122.02亿美元，下降13.4%，占比25.2%；对欧盟出口额103.32亿美元，下降6.6%，占比21.3%；对日本出口额23.15亿美元，下降7.2%，占比4.8%；对俄罗斯出口额19.43亿美元，增长5.2%，占比4.0%；对香港出口额16.36亿美元，增长3.1%，占比3.4%。分主要出口省市观察，我国鞋类出口前五位的口岸为广东（出口额145.68亿美元，下降8.9%，占比30.0%）、福建（出口额106.91亿美元，下降10.8%，占比22.0%）、浙江（出口额86.62亿美元，下降7.6%，占比17.9%）、新疆（出口额23.26亿美元，下降5.7%，占比4.8%）、江苏（出口额22.37亿美元，增长3.7%，占比4.6%）。5省合计出口384.84亿美元，占比达79.3%。

（摘编：张琛）

## 福建省规模以上皮革、毛皮、羽毛及其制品和制鞋业主要经济指标

（2015-2016年） 单位：亿元

| 指标 | 2015 | 2016 | 指标 | 2015 | 2016 |
|---|---|---|---|---|---|
| 工业总产值 | 3226.07 | 3435.17 | 流动资产年末数 | 1070.50 | 1038.21 |
| 工业增加值 | 939.91 | 972.52 | 利润总额 | 224.33 | 246.72 |
| 主营业务收入 | 3123.47 | 3325.39 | 利税总额 | 330.12 | 345.01 |
| 资产总额 | 1602.35 | 1600.33 | 本年应交增值税 | 84.68 | 78.40 |
| 固定资产合计 | 315.33 | 317.33 | | | |

## 2-1-6　木材加工和木、竹、藤、棕、草制品业

2016年，福建省规模以上木材加工和木、竹、藤、棕、草制品业完成工业总产值1064.86亿元，完成工业增加值253.99亿元，实现主营业务收入1023.45亿元，利润总额达49.43亿元。全年全省木材加工和木、竹、藤、棕、草制品业全部销售收入中，省内、省外和境外三大市场销售比重分别为52.9%、37.5%和9.6%。与上年相比，省内市场和境外市场销售比重分别提高4.6个百分点和0.3个百分点，省外市场销售比重下降了4.9个百分点和3.4个百分点。2015-2016年福建省规模以上木材加工和木、竹、藤、棕、草制品业主要经济指标见下表。

2016年，福建省木材生产（商品原木）完成574.90立方米，比上年增加93.91万立方米，增幅达19.5%。分设区市观察，南平、漳州、三明是福建省木材生产的主要产地，全年分别完成151.49万立方米、120.65万立方米和120.00万立方米，合计产量占全省的68%以上。全省9个设区市中，除宁德市外，其余8个设区市木材产量比上年均增加，其中漳州、龙岩、福州3个设区市增加最多，分别增加了34.32万立方米、29.30万立方米和14.6万立方米。分产品观察，人造板产量减产较多，全年完成1441.23万立方米，下降11.3%，增幅比上年回落23.7个百分点，其中胶合板完成953.40万立方米，增长8.1%；纤维板完成198.12万立方米，下降16.8%；刨花板完成88.32万立方米，下降46.2%；人造板二次加工装饰板完成191.74万平方米，下降29.1%。全年全省林业工业主要产品完成出口交货值330.08亿元，增长9.4%，高出全省平均水平5.3个百分点，增幅回落2.4个百分点，在出口形势总体低迷情况下保持了较高增速。

2016年，“互联网+”等新业态与林业产业实现较好融合。清流“春舞枝”、邵武“味家”竹制品、“鑫森”炭业等电商销售已超过传统渠道销售量，同时，南平朝日网络的“闽北竹商网”和三明林业局的“林品汇”等一些电商公共服务平台也有一定规模，一些高端新电商平台也不断涌现，如福建邵武杜氏木业有限公司新成立了“匠心空间”电子商务平台，预计2017年销售额能达到3000万元。企业营销体系逐步走向“平台化、社会化、移动化、电商化、国际化”发展，互联网与林业产业的结合，打破了地区性产业隔离，为林产业提供了新的发展空间。

从全国看，2016年全国规模以上木材加工和木、竹、藤、棕、草制品业工业增加值比上年增长6.8%，比规模以上工业平均水平高0.8个百分点；实现主营业务收入14703.70亿元，增长6.0%；利润总额达870.90亿元，增长2.0%。截至2016年末，全国规模以上木材加工和木、竹、藤、棕、草制品业资产总额为6532.10亿元，比上年末增长4.8%。

随着我国木材加工业的快速发展，国内木材需求量在不断增加，2016年是我国近几年来进口木材最多的一年，全年原木进口量完成4872.47万立方米，增加了415.67万立方米，比上年增长9.3%；锯材进口量完成3151.2万立方米，增加495.04万立方米，增长18.6%。

（摘编：张琛）

## 福建省规模以上木材加工和木、竹、藤、棕、草制品业主要经济指标

（2015-2016 年）　　单位：亿元

| 指标 | 2015 | 2016 | 指标 | 2015 | 2016 |
|---|---|---|---|---|---|
| 工业总产值 | 955.14 | 1064.86 | 流动资产年末数 | 196.71 | 194.01 |
| 工业增加值 | 249.13 | 253.99 | 利润总额 | 46.45 | 49.43 |
| 主营业务收入 | 924.23 | 1023.45 | 利税总额 | 70.65 | 73.61 |
| 资产总额 | 357.30 | 356.81 | 本年应交增值税 | 18.58 | 18.37 |
| 固定资产合计 | 95.64 | 96.73 | | | |

# 2-1-7　家具制造业

2016 年，福建省规模以上家具制造业完成工业总产值 473.11 亿元，完成工业增加值 116.87 亿元，实现主营业务收入 457.52 亿元，利润总额 28.81 亿元，利税总额 42.44 亿元。全年全省家具制造业全部销售收入中，销往省内市场的比重最高，达 41.7%，省外、境外市场的比重相当，分别为 29.4% 和 28.9%。2015-2016 年福建省规模以上家具制造业主要经济指标见下表。

从全国看，2016 年我国规模以上家具行业企业完成产量 79464.15 万件，比上年增长 1.3%；实现主营业务收入 8559.46 亿元，增长 8.6%，增幅回落 0.7 个百分点，高出全国工业平均水平 3.7 个百分点；实现利润总额达到 537.48 亿元，增长 7.9%，增幅回落 6.1 个百分点，比全国工业平均水平低 0.6 个百分点。全年完成固定资产投资 3067.6 亿元，增长 6.4%。截至 2016 年末，家具行业资产总额达到 5416.6 亿元，比上年末增长 9.8%。

近年来，我国家具行业盈利能力趋于稳定，2016 年我国家具行业毛利率达到 15.1%，比上年下降 0.3 个百分点；销售利润率达到 6.3%，下降 0.1 个百分点。

据海关公布的数据显示，2016 年我国家具及其零件出口额为 477.78 亿美元，比上年下降 9.5%。这是在经过 6 年持续增长后，我国家具出口额首次出现下降。在出口前十位的国家和地区中，只有对美国、中国香港和韩国出口额有所增长，对日本、英国、澳大利亚、德国、新加坡、加拿大、马来西亚等国家和地区的出口额均出现不同程度的下降。

（摘编：张琛）

## 福建省规模以上家具制造业主要经济指标

（2015-2016 年）　　单位：亿元

| 指标 | 2015 | 2016 | 指标 | 2015 | 2016 |
|---|---|---|---|---|---|
| 工业总产值 | 420.85 | 473.11 | 流动资产年末数 | 148.15 | 148.71 |
| 工业增加值 | 114.33 | 116.87 | 利润总额 | 24.53 | 28.81 |
| 主营业务收入 | 409.28 | 457.52 | 利税总额 | 38.09 | 42.44 |
| 资产总额 | 232.79 | 231.29 | 本年应交增值税 | 10.86 | 10.84 |
| 固定资产合计 | 47.54 | 46.31 | | | |

# 2-1-8 造纸和纸制品业

2016 年，福建省规模以上造纸和纸制品业完成工业总产值 1075.21 亿元，实现主营业务收入 969.71 亿元，实现利润总额 81.67 亿元，实现利税总额 114.72 亿元。全年全省造纸和纸制品业全部销售收入中，销往省内、省外和境外市场的比重分别为 66.0%、31.4%、2.6%。2015-2016 年福建省规模以上造纸和纸制品业主要经济指标见下表。

2016 年，福建省纸浆（原生浆及废纸浆）产量为 36.26 万吨、比上年下降 2.0%。机制纸及纸板产量完成 727.00 万吨、增长 6.7%，产量继续稳居全国前列。福建省纸及纸板生产以包装纸和纸板为主，其产量约占全省机制纸及纸板的 75%左右；2016 年除新闻纸产量有所下降，其他各纸种产量均不同程度增长。全年纸制品产量 425.52 万吨，增长 4.7%。其中，瓦楞纸箱产量 203.32 万吨，增长 11.0%。从企业看，截至 2016 年末，福建省拥有制浆企业 3 家，与上年末持平；造纸企业 124 家，减少 6 家，全年平均用工人数 2.57 万人，下降 8.2%；纸制品企业 311 家，增加 9 家，全年平均用工人数 5.73 万人，下降 3.2%。2016 年，福建省造纸产量在 10 万吨以上的企业有 13 家，产量达 557.52 万吨，造纸产量占全省造纸产量的比重为 76.7%，其中 15 万吨以上的企业有 8 家，产量达 506.83 万吨，造纸产量占全省造纸产量的比重为 69.7%；20 万吨-50 万吨以上的企业有 5 家，造纸产量占全省造纸产量的比重为 62.1%；50 万吨以上的企业有 3 家，产量达 404.50 万吨，造纸产量占全省造纸产量的比重为 55.6%；百万吨以上的企业目前只有福建省联盛纸业有限责任公司 1 家，造纸产量占全省造纸产量的比重为 34.8%。

2016 年，受外部环境影响，上半年省内中小型造纸企业受成本、技术、环保和资金等方面制约，相对处于劣势，处境普遍较为艰难，多数企业开机率低于 50%，产销面临流动资金紧缺的困境，且有若干企业因难以为继、被迫关停或转卖；而大型造纸企业，如福建省联盛纸业有限责任公司、福建优兰发集团实业有限公司和玖龙纸业（泉州）有限公司，凭借各方面的优势产销运行态势良好。下半年随着市场需求上升，在废纸频频涨价及其他原材料等成本上调的推动下，纸价多次出现上调，行业经济运行状况大为好转，中小型造纸企业的产销情况也随之趋好，资金流动性得到改善。截至 2016 年末，全省造纸行业实现扭亏为盈的企业有 5 家；而大型造纸企业延续强势，经营业绩进一步增厚，从而使得造纸业实现全年经营利润比上年增长近一倍的不俗业绩。据福建省造纸行业协会公布的数据显示，列入统计的 17 家大中型主要生产企业中，2016 年盈利企业达 13 家，其中增盈企业 11 家，增加 3 家。

据福建省造纸行业协会公布的数据显示，2016 年全省造纸行业产量、产值综合情况前十名企业分别是：福建恒安集团、联盛纸业、优兰发集团实业有限公司、玖龙纸业（泉州）有限公司、青山纸业股份有限公司、港兴纸业有限公司、华发纸业（福建）股份有限公司、利树浆纸有限公司、友利达纸业发展有限公司、铙山纸业集团。按利润总额观察，2016 年福建省造纸行业实现利税总额前十名的企业是：福建恒安集团、福建联盛纸业有限责任公司、福建优兰发集团实业有限公司、玖龙纸业（泉州）有限公司、敦信纸业有限责任公司、漳州港兴纸业有限公司、华发纸业（福建）股份有限公司、福建省青山纸业股份有限公司、漳州盈晟纸业有限公司和漳州友利达纸业发展有限公司。

从全国看，2016 年全国规模以上造纸和纸制品业完成工业增加值比上年增长 5.9%；实现主营业务收入 14687.40 亿元，增长 6.5%；实现利润总额 844.10 亿元，增长 16.1%。截至 2016 年末，全国规模以上造纸和纸制品业资产总额达 14209.70 亿元，比上年末增长 2.2%。

（摘编：朱翔）

## 福建省规模以上造纸和纸制品业主要经济指标

（2015-2016 年）　　单位：亿元

| 指标 | 2015 | 2016 | 指标 | 2015 | 2016 |
|---|---|---|---|---|---|
| 工业总产值 | 981.76 | 1075.21 | 流动资产年末数 | 388.64 | 407.18 |
| 工业增加值 | 219.51 | 227.53 | 利润总额 | 70.20 | 81.67 |
| 主营业务收入 | 881.21 | 969.71 | 利税总额 | 101.41 | 114.72 |
| 资产总额 | 733.70 | 739.17 | 本年应交增值税 | 26.74 | 27.75 |
| 固定资产合计 | 254.82 | 244.27 | | | |

# 2-1-9 印刷和记录媒介复制业

2016 年，福建省规模以上印刷和记录媒介复制业完成工业总产值 321.36 亿元，完成工业增加值 76.63 亿元，实现主营业务收入 312.25 亿元，实现利润总额 17.63 亿元。全年全省印刷和记录媒介复制业全部销售收入中，销往省内市场比重最高，为 75.2%；其次是省外市场，为 22.2%。2015-2016 年福建省规模以上印刷和记录媒介复制业主要经济指标见下表。

为了扶持福建省优秀印刷企业发展，推动印刷业转型升级，福建省新闻出版广电局于 2015 年 4 月 13 日制定了《福建省印刷企业转型升级扶持项目管理暂行办法》。该办法实施以来，通过资金扶持和政策引导，福建省一大批骨干印刷企业实力进一步增强。一是印刷企业稳步发展。2015-2016 年，全省新增 1 家国家印刷示范企业〔艾派集团（中国）有限公司〕；新增上市印刷企业 2 家（昇兴集团股份有限公司和厦门吉宏包装科技股份有限公司）和 1 家新三板挂牌企业。全省有 6 家印刷企业入选中国印刷包装企业 100 强排行榜。其中，厦门合兴包装印刷股份有限公司位列全国第 3 名，昇兴集团股份有限公司位列第 10 名；厦门市金玺彩印有限公司入选“2016 年中国印刷业最佳雇主十强企业”，石狮市迅泰彩色电分制版有限公司入选“2016 年中国印刷业最佳雇主企业”。此外，艾派集团（中国）有限公司还获“2015 年福建省文化企业十强”称号。二是对外交流更加密切。近年来，闽台、闽港印刷行业协会、企业互动频繁，通过厦门海峡文博会、海峡新闻出版业发展论坛等平台达成多项合作。21 世纪海上丝绸之路核心区、全国首个生态文明先行示范区、福建自贸试验区、福州新区、平潭综合实验区等“五区叠加”为福建经济发展注入强大动力，目前正积极探索“请进来”和“走出去”的双向交流体系，促进印刷企业承接境外印刷品印刷业务增多，不少境外印刷企业到福建投资办厂。

从全国看，2016 年全国规模以上印刷和记录媒介复制业完成工业增加值比上年增长 6.1%；实现主营业务收入 7879.10 亿元，增长 4.5%；实现利润总额 549.00 亿元，下降 4.5%。截至 2016 年末，全国规模以上印刷和记录媒介复制业资产总额达 5759.80 亿元，比上年末增长 4.0%。

（摘编：朱翔）

## 福建省规模以上印刷和记录媒介复制业主要经济指标

（2015-2016 年） 单位：亿元

| 指标 | 2015 | 2016 | 指标 | 2015 | 2016 |
|---|---|---|---|---|---|
| 工业总产值 | 287.18 | 321.36 | 流动资产年末数 | 85.91 | 105.80 |
| 工业增加值 | 71.75 | 76.63 | 利润总额 | 16.92 | 17.63 |
| 主营业务收入 | 271.74 | 312.25 | 利税总额 | 26.45 | 26.59 |
| 资产总额 | 173.50 | 214.53 | 本年应交增值税 | 7.65 | 7.17 |
| 固定资产合计 | 49.64 | 52.21 | | | |

# 2-1-10　文教、工美、体育和娱乐用品制造业

2016年，福建省规模以上文教、工美、体育和娱乐用品制造业完成工业总产值1642.08亿元，完成工业增加值422.49亿元，实现主营业务收入1575.58亿元。2015-2016年福建省规模以上文教、工美、体育和娱乐用品制造业主要经济指标见下表。

## 体育用品制造业

2016年，福建省体育用品制造业全部销售收入中，销往省内、省外、境外市场销售比重分别为16.6%、19.5%和63.9%，其中省内、省外市场销售比重分别比上年下降2.3个百分点和5.1个百分点。

据厦门同安检验检疫局公布的数据显示，2016年厦门共出口健身器材9.04亿美元，出口额约占全国同类产品出口额的四分之一。其中，自主品牌产品的出口量达0.68亿美元，比上年增长33.0%，产品附加值不断提升，企业核心竞争力不断增强。

2016年，厦门有关部门积极引导企业质量、技术和品牌的提升：一是率先全国出台质量提升奖励政策，将健身器材产业列入同安重点发展的产业链（群），为示范区企业提供450平方米的免费展示平台；二是打造公共信息、培训、检测和展示四大公共服务平台，有效帮扶企业提升应对国外贸易技术壁垒的能力；三是成立国家级“出口健身器材质量技术促进委员会”，促进行业质量和技术创新；四是鼓励龙头企业开展品牌创建和体系认证，先后培育了OGAWA（奥加华）、轻松伴侣、KPOWER（康乐佳）、EVERE（艾威）、AOLRO等16家/27个自主品牌。

据《2016中国体育用品产业发展白皮书》数据显示，2016年我国体育用品行业增加值达3077.00亿元；进出口总额为170.22亿美元，下降16.9%，已连续2年负增长。

## 玩具制造业

2016年，福建省玩具制造业销售仍以省外、境外市场为主，省外、境外市场销售比重分别为37.1%和58.3%。其中，省外市场销售比重比上年提高11.7个百分点。

2016年，我国玩具行业产销率为98.2%，与上年基本持平；实现主营业务收入2295.40亿元，比上年增长6.5%；实现利润总额121.90亿元，增长13.1%。

据海关公布的数据显示，2016年我国玩具产品进出口总额为188.89亿美元，比上年增长16.9%。其中，出口额为183.93亿美元，增长17.4%；出口量为365.95亿个，增长5.3%；出口平均单价为0.5美元，增长11.5%。进口额为4.95亿美元，下降0.4%；进口量为3.91亿个，增长25.5%；进口平均单价为1.27美元，下降20.6%。分贸易方式观察，传统玩具出口呈现出以一般贸易为主，加工贸易为辅的出口结构。全年以一般贸易方式出口传统玩具的出口额达97.19亿美元，出口额占全国传统玩具出口总额的比重为52.8%；以加工贸易方式出口传统玩具的出口额达53.41亿美元，出口额占全国传统玩具出口总额的比重为29.0%。分出口国别观察，美国一直是我国玩具出口的最大市场，2016年对美国出口额达58.81亿美元，增长12.6%，出口额占全国玩具出口总额的比重为32.0%；英国是我国玩具出口的第二大市场，全年对英国出口额达10.28亿美元，增长12.4%，出口额占全国玩具出口总额的比重为5.6%；香港是我国玩具出口的第三大市场，全年对香港出口额达10.08亿美元，增长24.6%，出口额占全国玩具出

口总额的比重为5.5%。

### 工艺美术品制造业

2016年，福建省工艺美术品制造业全部销售收入中，销往省内、省外、境外市场销售比重分别为33.4%、36.8%和29.8%，其中省内、境外市场销售比重分别比上年提高0.2个百分点和0.9个百分点。

作为福建省工艺美术品制造业主要的生产和销售基地，莆田市先后获得“中国木雕之城”“中国古典工艺家具之都”“中国珠宝玉石首饰特色产业基地”“中国礼仪工艺用品之都”“中国银饰之都”“中国银饰城”“中国仙作红木家具产业基地”“中国古典家具收藏文化名城”“中国黄金珠宝首饰之乡”“中华佛教艺术品之都”等10块工艺美术“国字号”品牌，是全国荣获工艺美术区域品牌最多的城市之一。

2016年，莆田市实施“三品战略”积极推动工艺美术品制造业企业转型升级。一是增品种。如华昌珠宝有限公司开发了金镶彩宝、木镶金等新产品线，福建省仙游县鲁艺古典家具有限公司采用芯片植入使家具拥有电子身份证，实现产品质量追溯及快速宣传。二是提品质。全市工艺美术品制造业企业参与制定了国家标准1项、行业标准5项、地方标准4项、闽台珠宝互认标准4项，以及1项填补国内天然沉香质量分级和科学鉴定空白的团体标准；三是创品牌。全市古典家具、红木工艺制品、油画等工艺美术品牌频繁亮相北京APEC领导人峰会、米兰世博会等国际大型活动，并作为国礼助力外交，有力推进品牌国际化。

2016年，全国工艺美术品制造业实现主营业务收入利润率5.7%，比上年提高0.1个百分点；实现主营业务成本9614.48亿元，增长2.7%。

（摘编：朱翔）

## 福建省规模以上文教、工美、体育和娱乐用品制造业主要经济指标

（2015-2016年）　　单位：亿元

| 指标 | 2015 | 2016 | 指标 | 2015 | 2016 |
|---|---|---|---|---|---|
| 工业总产值 | 1468.78 | 1642.08 | 流动资产年末数 | 400.25 | 431.85 |
| 工业增加值 | 398.58 | 422.49 | 利润总额 | 97.22 | 106.51 |
| 主营业务收入 | 1422.52 | 1575.58 | 利税总额 | 137.55 | 146.48 |
| 资产总额 | 659.15 | 709.37 | 本年应交增值税 | 31.88 | 30.79 |
| 固定资产合计 | 153.35 | 180.35 | | | |

# 2-1-11 化学原料和化学制品制造业

2016年，福建省规模以上化学原料和化学制品制造业完成工业总产值1671.54亿元，工业增加值为321.58亿元，实现主营业务收入1619.60亿元，实现利润总额67.75亿元，实现利税总额108.33亿元。全年全省化学原料和化学制品制造业全部销售收入中，主要以省内市场和省外市场销售为主，省内市场和省外市场销售比重均超过40%，分别为50.8%、42.8%，境外市场销售比重仅为6.4%。与上年相比，省内市场销售比重提高1.8个百分点，省外市场销售比重下降2.2个百分点，境外市场销售比重提高0.4个百分点。2015-2016年福建省规模以上化学原料和化学制品制造业主要经济指标见下表。

分主要产品观察，福建省规模以上化学原料和化学制品制造业产量比上年增长的产品有：氢氧化钠（产量36.65万吨，增长13.7%）、碳酸钠（产量16.24万吨，增长15.7倍）。

从全国看，2016年全国规模以上化学原料和化学制品制造业完成工业增加值比上年增长7.7%，增幅比上年回落1.8个百分点；实现主营业务收入87707.10亿元，增长5.6%；实现利润总额4983.20亿元，增长10.7%。

分主要产品观察，除烧碱（折100%）、农用氮、磷、钾化学肥料（折纯）产量比上年下降外，其他产品产量均比上年增长。其他产品增幅均回落。

（摘编：朱翔）

## 福建省规模以上化学原料和化学制品制造业主要经济指标

（2015-2016年）

单位：亿元

| 指标 | 2015 | 2016 | 指标 | 2015 | 2016 |
|---|---|---|---|---|---|
| 工业总产值 | 1580.03 | 1671.54 | 流动资产年末数 | 583.88 | 603.27 |
| 工业增加值 | 287.52 | 321.58 | 利润总额 | 38.97 | 67.75 |
| 主营业务收入 | 1521.20 | 1619.60 | 利税总额 | 79.42 | 108.33 |
| 资产总额 | 1472.93 | 1553.21 | 本年应交增值税 | 33.68 | 34.34 |
| 固定资产合计 | 376.01 | 387.64 | | | |

# 2-1-12 医药制造业

2016年，福建省规模以上医药制造业完成工业总产值312.93亿元，实现主营业务收入289.44亿元，实现利润总额38.53亿元。全年全省医药制造业全部销售收入中，仍以省外市场销售为主，省外市场销售比重达59.2%，比上年下降6.6个百分点；其次是省内市场，比重为32.6%，提高5.7个百分点；境外市场销售比重较低，仅为8.2%，提高0.9个百分点。2015-2016年福建省规模以上医药制造业主要经济指标见下表。

2017年2月，福建省政府办公厅印发《福建省促进医药产业健康发展实施方案》，对福建省医药产业发展进行具体任务分解。根据方案，到2020年，全省医药产业总值将达1060亿元，医药工业增加值将占全省工业增加值比重达2.5%。在优化组织结构方面，力争到2020年，实现年产值超20亿元的医药生产企业1家，10亿-20亿元医药生产企业2家，5亿-10亿元的医药生产企业20家。实现销售收入前20名医药工业企业占医药工业总收入的45%以上。实现销售总额达50亿元以上的药品流通企业5家。在增强创新能力方面，重点培育10个以上科技含量高、竞争能力强的大中型医药企业（集团）；建设省级医药重点实验室18个、省级医药工程技术研究中心15个、省级医药行业技术开发基地5家、省级医药企业技术中心28家。在优化产品结构方面，在规定期限内，完成仿制药质量和疗效一致性评价，提升药品质量水平。到2020年，培育10个以上单产品销售额1亿元以上重点品种，其中2个以上单产品年销售额达10亿元以上。福建省还将鼓励中药生产企业向中药材产地延伸产业链，到2020年，培育5家以上中药材产地初加工企业，培育3家以上中药材产地精深加工企业。

在第77届全国药品交易会上，福建省32家药企以“福建展团”整体形象亮相，以“魅力福建　放心闽药”为主题，展示福建省医药企业化学药、中成药、中药材等，大力宣传福建医药品牌，三天成交意向金额达13多亿元。如福建省福抗药业有限公司在展会上与日本三大经济集团之一的住友集团旗下的住友商事株式会社进行深入会谈，盐酸金霉素以及新研发的产品在日本市场将有较大的发展，还与印度排名前五的Glenmark公司达成意向在印度以及越南注册该公司的硫酸庆大霉素产品。

从全国看，据工信部公布的数据显示，2016年全国规模以上医药制造业工业增加值比上年增长10.6%，增速比上年提高0.8个百分点，高出全国工业平均水平4.6个百分点，位居工业各行业前列。医药制造业工业增加值占全部工业增加值的比重为3.3%，比上年提高0.3个百分点。全年全国规模以上医药制造业企业实现主营业务收入29635.86亿元，增长9.9%，增幅提高0.9个百分点，高出全国工业平均水平5.0个百分点。实现利润总额3216.43亿元，增长15.6%，增幅提高3.4个百分点，高出全国工业平均水平7.1个百分点。各子行业中，增长最快的是化学原料药，制药设备出现负增长。2016年，全国规模以上医药制造业主营业务收入利润率为10.9%，较上年有所提升，高出全国工业平均水平4.9个百分点。

据海关公布的数据显示，2016年全国医药产品出口额为554.14亿美元，增幅由上年增长2.7%转为下降1.8%。

（摘编：林舒）

## 福建省规模以上医药制造业主要经济指标

（2015-2016 年）　　单位：亿元

| 指标 | 2015 | 2016 | 指标 | 2015 | 2016 |
|---|---|---|---|---|---|
| 工业总产值 | 291.57 | 312.93 | 流动资产年末数 | 163.35 | 180.08 |
| 工业增加值 | 100.63 | 104.42 | 利润总额 | 34.27 | 38.53 |
| 主营业务收入 | 263.23 | 289.44 | 利税总额 | 46.19 | 51.06 |
| 资产总额 | 285.54 | 304.32 | 本年应交增值税 | 10.13 | 10.42 |
| 固定资产合计 | 67.46 | 69.84 | | | |

# 2-1-13 橡胶和塑料制品业

2016 年，福建省规模以上橡胶和塑料制品业完成工业总产值 1664.80 亿元，实现主营业务收入 1618.94 亿元，实现利润总额 109.52 亿元。全年全省橡胶和塑料制品业全部销售收入中，销往省外市场的比重最高，为 55.2%，省内市场和境外市场销售比重分别为 31.7%和 13.1%。2015-2016 年福建省规模以上橡胶和塑料制品业主要经济指标见下表。

据海关公布的数据显示，2016 年福建省出口塑料制品 60.02 万吨，比上年增长 3.8%，出口额 22.03 亿美元，下降 6.6%；出口新的充气橡胶轮胎 15.30 万吨，下降 10.8%，出口额 4.03 亿美元，下降 20.5%。

分行业观察，据福建省轻工联合会公布的数据显示，2016 年福建省规模以上塑料制品业完成工业总产值 1397.12 亿元（现价），比上年增长 7.2%，增幅回落 3.9 个百分点；完成销售产值 1360.46 亿元，增长 7.2%；产销率 97.38%，下降 0.04%；出口交货值 142.23 亿元，增长 6.8%，增幅提高 4.6 个百分点。塑料制品产量为 394.05 万吨，增长 7.7%，其中塑料薄膜 92.36 万吨，增长 31.4%；泡沫塑料 4.6 万吨，下降 5.3%；塑料人造革、合成革 101.27 万吨，增长 1.7%；日用塑料制品 21.17 万吨，下降 5.4%。

从全国看，2016 年全国规模以上橡胶和塑料制品业完成工业增加值比上年增长 7.6%；实现主营业务收入 32360.20 亿元，增长 5.0%；实现利润总额 2003.50 亿元，增长 6.7%。截至 2016 年末，全国规模以上橡胶和塑料制品业资产总额达 22380.40 亿元，比上年末增长 5.5%。

分行业观察，2016 年是我国“十三五”计划的开局之年，国内橡胶工业对橡胶材料的需求以中低速增长进入新常态，去产能、补短板、供给侧结构性改革和绿色制造成为产业发展的热点。

2016年，受厄尔尼诺和拉尼娜的双重影响，国外天然橡胶产区先后出现干旱及多雨天气，泰国和越南天然橡胶实际产量与上年相比并未明显增长，马来西亚和印度天然橡胶产量下降，大规模的成熟橡胶树被弃割。据天然橡胶生产国协会（ANRPC）公布的数据显示，2016年世界天然橡胶产量比上年下降2.7%，从2015年的1100万吨下降至1070万吨。从全国看，我国的天然橡胶产地主要分布在海南、云南、广东、广西和福建等地区。

据海关公布的数据显示，2016年我国天然橡胶（不含胶乳）进口量为207.65万吨，比上年下降12.0%；出口量为1.46万吨，增长2.2倍。复合橡胶的进口量为15.94万吨，下降84.2%；出口量为2.02万吨，下降84.2%。八大合成橡胶进口量达到135.40万吨，增长3.8%；出口量达到11.93万吨，增长3.9%。

塑料制品业是我国轻工业的支柱产业，据中国轻工业联合会公布数据显示，2016年塑料行业坚持以消费升级为导向，实现了“十三五”的平稳开局，2016年我国塑料制品加工行业规模以上企业共有1.5万个，工业增加值增速达8.0%，全年完成主营业务收入2.3万亿元，比上年增长6.2%，实现利润1398.6亿元，增长7.3%，塑料制品产量7717.2万吨，增长2.7%。

据海关公布的数据显示，2016年我国塑料制品实现出口额达577亿美元，其中向“一带一路”出口额174.6亿美元，塑料制品出口对“一带一路”国家出口额占了对该区域轻工商品出口总额的12.1%。

当前我国塑料制品行业的发展主要是在塑料行业前沿技术不断取得突破的基础上，主攻关键的核心技术，努力缩小与发达国家之间的差距。技术进步将赋予塑料材料和制品更多新功能，以满足国民经济快速发展的需求。

（摘编：林舒）

## 福建省规模以上橡胶和塑料制品业主要经济指标

（2015-2016年）　　单位：亿元

| 指标 | 2015 | 2016 | 指标 | 2015 | 2016 |
|---|---|---|---|---|---|
| 工业总产值 | 1567.81 | 1664.80 | 流动资产年末数 | 495.91 | 524.14 |
| 工业增加值 | 372.87 | 377.92 | 利润总额 | 103.45 | 109.52 |
| 主营业务收入 | 1514.58 | 1618.94 | 利税总额 | 148.63 | 150.51 |
| 资产总额 | 926.91 | 976.98 | 本年应交增值税 | 37.94 | 33.65 |
| 固定资产合计 | 307.91 | 301.87 | | | |

# 2-1-14 非金属矿物制品业

2016 年，福建省规模以上非金属矿物制品业企业完成工业总产值 3173.66 亿元，实现主营业务收入 3089.41 亿元，实现利润总额 231.99 亿元。全年全省非金属矿物制品业全部销售收入中，销往省内市场比重为 54.2%，销往省外市场比重为 36.5%，销往境外市场的比重为 9.3%。2015-2016 年福建省规模以上非金属矿物制品业主要经济指标见下表。

从全国看，据工信部公布的数据显示，2016 年全国建材行业完成工业增加值比上年增长 6.7%，增速与上年持平，比全部工业高 0.7 个百分点。主要建材产品产量与上年相比均实现增长，其中水泥产量 24 亿吨，增长 2.5%；平板玻璃产量 7.7 亿重量箱，增长 5.8%；商品混凝土、玻璃纤维、钢化玻璃、建筑陶瓷、砖瓦等产品增长 7%以上。

2016 年，全国建材行业实现主营业务收入 7.6 万亿元，比上年增长 5.3%，增幅提高 2.0 个百分点；实现利润 4906.9 亿元，增长 9.1%。其中，水泥行业实现主营业务收入 8764.0 亿元，增长 1.2%，实现利润 517.5 亿元，增长达 56%，均扭转近两年连续下滑局面；平板玻璃行业实现主营业务收入 682.0 亿元，增长达 16.0%；实现利润 57.9 亿元，增长 2.8 倍。行业效益改善主要得益于大力推进去产能调结构增效益工作，业内联合重组加快，无序竞争有所遏制，区域市场供求关系得到阶段性改善。

2016 年，全国建材行业实现出口额 310.0 亿美元，比上年下降 19.0%。除建筑与技术玻璃外，占建材出口半数的建筑卫生陶瓷、建筑用石出口数量和金额均继续呈现下降势头，其中建筑卫生陶瓷出口 1898.0 万吨，金额 91.7 亿美元，分别下降 6.6%和 33.4%；建筑用石出口 1153.4 万吨，金额 62.8 亿美元，分别下降 10.6%和 17.5%。主要原因是国际市场低迷，建材产品出口离岸价格下降 26.8%，导致建材出口量价齐跌。

### 水泥制造业

2016 年，福建省加快淘汰过剩产能，供给侧结构性改革取得成效。全年水泥熟料产量比上年下降 0.9%。

分企业观察，2016 年福建水泥股份有限公司生产熟料 481.13 万吨，生产水泥 619.78 万吨，分别比上年下降 4.8%和 6.4%，实现商品销售 647.15 万吨，下降 3.5%。

从全国看，据中国水泥协会公布的数据显示，2016 年全国新点火水泥熟料生产线共有 19 条，合计年度新点火熟料产能 2558 万吨。分省市观察，新点火产能主要集中在湖北、广东、云南，合计能力占全国三分之二，多数为产能置换项目；分规模观察，日产 5000 吨以上 14 条，日产 2500 吨 5 条；分企业观察，有接近 50%产能集中在华润水泥控股有限公司、中国葛洲坝集团水泥有限公司和安徽海螺集团有限责任公司。

截至 2016 年末，全国新型干法水泥生产线累计 1769 条（去除部分 2016 年已拆除生产线），设计熟料产能达 18.3 亿吨，实际年熟料产能超过 20 亿吨。从目前跟踪的在建生产线进度情况看，预计 2017 年仍将会有 3000 万吨左右产能新点火，主要集中在中南地区。

### 砖瓦、石材等建筑材料制造业

据中国石材协会公布的数据显示，2016 年全国板材产量增速持续放缓，规模以上工业企业大理石板材产量 3.5 亿平方米，比上年增长 7.5%，增幅回落 4.0 个百分点；花岗石板材产量 7.3 亿平方米，增长 3.6%，增幅回落 6.1 个百分点。

2016 年，全国石材进口量、进口额连续两年下降，处于 2010 年以来的最低水平。全年全国进口石材 1191.0 万吨，比上年下降 4.1%，降幅比上年收窄 14.5 个百分点；进口额 22.1 亿美元，下降 6.1%，降幅收窄 17.6 个百分点。其中，进口大理石荒料 653.0 万吨，下降 1.7%，降幅收窄 18.5 个百分点；进口花岗石荒料 487.0 万吨，下降 6.2%，降幅收窄 11.8 个百分点。人造石进口呈现恢复性增长，进口量达 7.3 万吨，进口额超过 5900 万美元，分别增长 31.9%和 23.4%。

分主要进口来源地观察，自土耳其、印度、巴西、意大利、埃及和伊朗六大来源地的进口石材占石材进口总量的 81.2%，占石材进口总额的 80.6%，所占比重分别比上年提高 3.2 个百分点和 3.6 个百分点，石材进口集中度进一步提高。

分海关关区观察，自厦门、广州、深圳、上海、天津五大关区进口的石材占石材进口总量的 97.6%，占石材进口总额的 97.1%，比重分别比上年提高 1.0 个百分点和 0.6 个百分点。其中，自厦门和广州 2 个海关进口的石材比重不断提高，福建水头、广东云浮的进口石材集散中心地位更加稳固。

2016 年，石材出口 2777.0 万吨，比上年下降 11.4%，降幅比上年扩大了 10.0 个百分点。出口额 75.2 亿美元，下降 11.1%。扣除海关税则号 25174900 项下商品（石粉、碎石及粉末），石材出口量为 1211.6 万吨，下降 4.9%，降幅收窄 2.3 个百分点；出口货值为 74.4 亿美元，下降 11.1%，增速回落 28.5 个百分点。

2016 年，全国石材加工及制品出口数量降幅加大，出口额出现 2010 年以来的首次大幅下降，降幅超过 10%。全年共出口石材加工及制品 1086.4 万吨，比上年下降 1.0%，降幅比上年缩小 2.1 个百分点；出口额为 73.6 亿美元，下降 10.8%。

分出口市场观察，对韩、美两国的出口额排在前两位，出口额均超过 10 亿美元。对日出口量自 2009 年起，已连续 8 年下降，下降近 2.2 倍；对日出口额自 2014 年起连续 3 年下降，累计降幅达 45.6%。

分海关关区观察，石材出口额前十大关区合计出口量占全国出口总量的 89.0%，出口额占全国出口总额的 95.2%。其中，武汉海关的石材出口量持续增长，2016 年出口量是 2011 年的 12.7 倍，年均增长达 2.3 倍；出口额是 2011 年的 9.5 倍，年均增长达 1.9 倍。

### 陶瓷制品制造业

2016 年，福建省陶瓷制品制造业全部销售收入中，销往省外市场的比重为 51.8%，比上年提高 10.0 个百分点；销往省内市场和境外市场的比重分别为 13.6%和 34.6%。

2016 年，福建省陶瓷行业经济运行稳中有升。据福建省陶瓷行业协会公布的数据显示，全年全省建筑陶瓷完成工业总产值 613.0 亿元，比上年增长 9.6%；完成产量 24.6 亿平方米，增长 10.3%。其中，晋江建筑陶瓷行业实现工业总产值 392.4 亿元，增长 13.5%。

从全国看，据中国陶瓷工业协会公布的数据显示，2016 年全国卫生陶瓷、特种陶瓷、日用陶瓷、园林陈设艺术及其他陶瓷制品制造等四大类陶瓷品种（不含建筑瓷）规模以上企业（2216 家）实现主营业务收入达 4472.0 亿元，比上年增长 11.3%，实现利润总额 351.6 亿元，增长 9.7%，137 家亏损企业亏损额 8.3 亿元，下降 26.2%。全年陶瓷砖产量完成 110.76 亿平方米，增长 1.8%。其中，瓷质砖产量 83.60 亿平方米，增长 0.2%；陶质砖产量 27.10 亿平方米，增长 7.0%。

2016 年，全国各类陶瓷共出口 2126.7 吨，比上年下降 6.8%，出口总额 165.06 亿美元，下降 27.5%。其中，卫生陶瓷出口 123.9 万吨，下降 6.0%，出口额 30.80 亿美元，下降 26.8%；特种陶瓷出口 52.7 万吨，下降 23.5%，出口额 9.44 亿美元，下降 23.8%；日用陶瓷出口量为 190.2 万吨，下降 5.0%，出口额 54.40 亿美元，下降 20.3%；艺术瓷出口 29.9 万吨，下降 12.3%，出口额 15.10 亿美元，下降 31.1%；墙地砖出口 1729.0 万吨，下降 6.4%，出口额 55.30 亿美元，下降 33.3%。

2016 年，全国各类陶瓷共进口 12.80 万吨，比上年增长 12.2%；进口总额 6.07 亿美元，增长 11.2%。其中，卫生陶瓷进口 1.06 万吨，增长 32.5%，进口额 0.43 万亿美元，增长 26.9%；特种陶瓷进口 1.09 万吨，增长 19.7%，进口额 3.98 亿美元，增长 14.6%；日用陶瓷进口量为 1.00 万吨，增长 9.9%，进口额 0.66 亿美元，增长 9.7%；艺术瓷进口 0.10 万吨，下降 30.7%，进口额 0.12 亿美元，下降 19.5%；墙地砖进口 9.55 万吨，增长 10.3%，进口额 0.89 亿美元，增长 1.5%。

## 玻璃制造业

2016 年，福建省玻璃制造业全部销售收入中，销往省内、省外、境外市场销售比重分别为 36.8%、40.9%、22.3%；玻璃制品制造业全部销售收入中，销往省内、省外、境外市场销售比重分别为 73.1%、13.8%、13.1%；玻璃纤维和玻璃纤维增强塑料制品制造业全部销售收入中，销往省内、省外市场销售比重分别为 68.0%、32.0%，未销往境外市场。

从全国看，据中国建筑材料工业协会公布的数据显示，2016 年全国规模以上平板玻璃制造业企业生产平板玻璃 7.74 亿重量箱，比上年增长 4.7%，增幅提高 13.3 个百分点。

（摘编：林舒）

## 福建省规模以上非金属矿物制品业主要经济指标

（2015-2016 年）　　单位：亿元

| 指标 | 2015 | 2016 | 指标 | 2015 | 2016 |
|---|---|---|---|---|---|
| 工业总产值 | 2906.87 | 3173.66 | 流动资产年末数 | 1082.06 | 1166.88 |
| 工业增加值 | 759.85 | 758.81 | 利润总额 | 201.56 | 231.99 |
| 主营业务收入 | 2851.72 | 3089.41 | 利税总额 | 301.52 | 328.17 |
| 资产总额 | 2101.29 | 2238.44 | 本年应交增值税 | 77.82 | 72.02 |
| 固定资产合计 | 632.56 | 671.60 | | | |

# 2-1-15 冶金行业

冶金行业包括黑色金属矿采选业、有色金属矿采选业、黑色金属冶炼和压延加工业、有色金属冶炼和压延加工业4个行业。

2016年，福建省冶金行业全部销售收入中，销往省内市场比重为63.0%，比上年提高8.1个百分点；销往省外市场比重为33.4%，下降8.7个百分点；销往境外市场比重为3.6%，提高0.6个百分点。分行业观察，有色金属冶炼和压延加工业以省内、省外市场销售为主，省内和省外市场销售比重分别为53.1%和41.1%；黑色金属矿采选业、有色金属矿采选业、黑色金属冶炼和压延加工业均以省内市场销售为主，省内市场销售比重分别为91.4%、72.7%和68.7%，分别比上年提高7.8个百分点、5.9个百分点和6.4个百分点。

截至2016年末，福建省规模以上冶金行业资产总额达2453.82亿元。全年全省规模以上冶金行业完成工业总产值3598.34亿元，完成工业增加值647.04亿元，实现主营业务收入3346.65亿元，实现利润总额111.56亿元。分行业观察，全年全省规模以上黑色金属矿采选业完成工业总产值163.36亿元，完成工业增加值28.22亿元，实现主营业务收入157.32亿元，实现利润总额3.23亿元；有色金属矿采选业完成工业总产值68.52亿元，完成工业增加值25.09亿元，实现主营业务收入61.94亿元，实现利润总额1.94亿元；黑色金属冶炼和压延加工业完成工业总产值1768.18亿元，完成工业增加值334.11亿元，实现主营业务收入1630.86亿元，实现利润总额67.24亿元；有色金属冶炼和压延加工业完成工业总产值1598.29亿元，完成工业增加值259.62亿元，实现主营业务收入1496.53亿元，实现利润总额39.14亿元。2015-2016年福建省规模以上冶金行业主要经济指标见下表。

从全国看，2016年全国规模以上冶金行业实现主营业务收入130202.60亿元。其中，黑色金属矿采选业、黑色金属冶炼和压延加工业分别实现主营业务收入6637.60亿元、63174.30亿元，分别比上年下降7.7%和0.7%，分别比全国平均水平低12.6个百分点和5.6个百分点；有色金属矿采选业、有色金属冶炼和压延加工业分别实现主营业务收入6479.60亿元、53911.10亿元，分别增长6.4%和5.5%，分别比全国平均水平高1.5个百分点和0.6个百分点。有色金属冶炼和压延加工业增加值增速为6.2%，比全国平均水平高0.2个百分点；有色金属矿采选业增加值增速为2.5%，比全国平均水平低3.5个百分点；黑色金属矿采选业、黑色金属冶炼和压延加工业增加值比上年分别下降2.6%和1.7%，而2016年全国规模以上工业增加值增长6.0%。

分行业观察，2016年全国黑色金属冶炼和压延加工业生产经营呈现四大特点：一是产量、消费量略增。全年全国粗钢产量8.08亿吨，比上年略有增长，增幅为1.2%；国内粗钢表观消费为7.09亿吨，增长2.0%。产量、消费量增幅由负转正，主要得益于2016年需求复苏以及补库存需求。二是钢材价格震荡上行。2016年，钢材市场走出了暴涨—暴跌—震荡上涨—弱势回调的态势，但总体上在供给侧结构性改革下，市场流动性相对充裕，大宗商品价格出现全线上涨，钢材价格也出现了久违的触底反弹，年末价格较年初大幅上涨72%左右。三是钢铁企业盈利大幅改善。在钢材价格大幅上涨的带动下，2016年钢铁企业的盈利情况出现了明显的好转，尤其在3-4月钢价明显上涨时，许多钢厂的盈利已达700-800元/吨，个别成本控制较好的企业盈利甚至超过1000

元/吨，钢厂的盈利情况大幅好转。四是钢材出口下降。2016 年，我国出口钢材 1.08 亿吨，比上年下降 3.5%。

有色金属冶炼和压延加工业生产经营呈现六大特点：一是产量平稳增长。2016 年，全国规模以上有色金属冶炼和压延加工业增加值比上年增长 6.2%，增幅比上年回落 3.8 个百分点。十种有色金属产量为 5283 万吨，增长 2.5%，连续 15 年居世界第一。其中，精炼铜、原铝、铅、锌产量分别为 844 万吨、3187 万吨、467 万吨和 627 万吨，分别增长 6.0%、1.3%、5.7%和 2.0%；铜材和铝材产量分别为 2096 万吨和 5796 万吨，分别增长 12.5%和 9.7%。二是价格逐步向好。2016 年，铝、铅、锌现货均价每吨分别为 12491 元、14559 元、16729 元，分别比上年增长 3.5%、11.1%和 10.1%。三是企业资产规模扩大。截至 2016 年末，我国规模以上有色金属冶炼和压延加工业企业资产总额达 40037.20 亿元，比上年末增长 8.0%；负债总额 25623.10 亿元，增长 7.4%；资产负债率为 64.0%，提高了 0.5 个百分点。四是固定资产投资降中趋稳。2016 年，全国有色金属工业（包括独立黄金企业）完成固定资产投资额 6687.3 亿元，比上年下降 6.7%，降幅较前三季度相比收窄。其中，民间项目投资 5469.0 亿元，下降 6.3%，降幅较前三季度收窄 1.1 个百分点，占行业投资比重为 81.8%。五是进出口总额下降。2016 年，我国主要有色金属进出口贸易总额（含黄金首饰及零件贸易额）1171.4 亿美元，比上年下降 10.4%。其中，进口额 771.1 亿美元，下降 10.4%；出口额为 400.3 亿美元，下降 10.3%。六是效益明显改善。2016 年，有色金属冶炼和压延加工业实现利润总额 1947 亿元，比上年增长 42.9%。行业效益明显改善主要得益于调结构促转型增效益工作，无序竞争有所遏制，市场供求关系得到改善。

（摘编：颜梅芬）

## 福建省规模以上冶金行业主要经济指标

（2015-2016 年）　　单位：亿元

| 指标 | 2015 | 2016 | 指标 | 2015 | 2016 |
|---|---|---|---|---|---|
| 工业总产值 | 3359.93 | 3598.34 | 流动资产年末数 | 1028.71 | 1095.15 |
| 工业增加值 | 603.70 | 647.04 | 利润总额 | 62.92 | 111.56 |
| 主营业务收入 | 3130.63 | 3346.65 | 利税总额 | 144.91 | 189.77 |
| 资产总额 | 2382.71 | 2453.82 | 本年应交增值税 | 67.93 | 65.06 |
| 固定资产合计 | 740.46 | 741.25 | | | |

# 2-1-16 通用设备制造业

2016 年，福建省规模以上通用设备制造业完成工业总产值 1112.60 亿元，完成工业增加值 252.93 亿元，实现主营业务收入 1080.33 亿元，实现利润总额 79.44 亿元。全年全省通用设备制造业全部销售收入中，销往省外市场的比重最高，为 53.8%；其次是省内市场，为 33.1%；境外市场所占比重最小，为 13.1%。分行业观察，金属加工机械制造业、通用零部件制造业主要销往省内市场，省内市场销售比重分别为 54.8%、68.0%；锅炉及原动设备制造业，物料搬运设备制造业，泵、阀门、压缩机及类似机械制造业，烘炉、风机、衡器、包装等设备制造业，文化、办公用机械制造业，其他通用设备制造业等主要销往省外市场，省外市场销售比重分别为 60.8%、54.7%、64.9%、53.3%、63.4%、62.0%。2015-2016 年福建省规模以上通用设备制造业主要经济指标见下表。

分主要企业观察，福建龙溪轴承（集团）股份有限公司是国内较大的关节轴承供应商和出口商。公司拥有向心、角接触、推力、杆端、球头杆端和带座带锁口等六大类型、60 个系列、6200 多个品种的关节轴承产品，具备同时组织生产 1500 种以上关节轴承的能力。拥有全国唯一的关节轴承研究所、博士后科研工作站、国家认定企业技术中心、福建省工程技术研究中心和重点实验室；拥有经验丰富的关节轴承设计、制造、工艺装备等方面的专家，承担国家科技支撑计划等国家、省级重大技术专项，年开发新产品 300 种以上，“关节轴承产品技术创新平台建设”获福建省科技进步一等奖；关节轴承检测与实验中心室通过中国合格评定实验室认可委员会（CNAS）的 ISO/IEC 17025 认可。截至 2016 年末，公司已获授权专利 55 个，其中发明专利 27 个。2016 年，公司生产的钢结构关节轴承节点大量配套国家天文台 FAST 项目、北京机场、青岛机场、首钢迁安钢厂等重点工程项目；8 类 6000 余种规格航空自润滑关节轴承通过美国海军部 NAVAIR 鉴定，进入美国政府采购合格产品目录，为拓展国际航空配套市场创造有利条件。

从全国看，2016 年全国规模以上通用设备制造业工业增加值比上年增长 5.9%，比全国规模以上工业平均水平低 0.1 个百分点；实现主营业务收入 47870.30 亿元，增长 2.9%；实现利润总额 3054.00 亿元，增长 0.2%。截至 2016 年末，全国规模以上通用设备制造业工业资产总额达 42933.00 亿元，比上年末增长 6.2%。

（摘编：官丽曼）

## 福建省规模以上通用设备制造业主要经济指标

（2015-2016 年）

单位：亿元

| 指标 | 2015 | 2016 | 指标 | 2015 | 2016 |
|---|---|---|---|---|---|
| 工业总产值 | 1014.07 | 1112.60 | 流动资产年末数 | 458.98 | 469.87 |
| 工业增加值 | 257.36 | 252.93 | 利润总额 | 71.84 | 79.44 |
| 主营业务收入 | 985.56 | 1080.33 | 利税总额 | 102.25 | 108.15 |
| 资产总额 | 745.50 | 756.90 | 本年应交增值税 | 24.45 | 22.77 |
| 固定资产合计 | 178.13 | 163.21 | | | |

# 2-1-17 专用设备制造业

截至 2016 年末，福建省规模以上专用设备制造业资产总额达 724.08 亿元；全年实现主营业务收入 833.97 亿元，实现利润总额 56.61 亿元。全年全省专用设备制造业全部销售收入中，省内市场销售比重为 34.8%，省外市场销售比重为 58.5%，境外市场销售比重为 6.7%。其中，省内市场和境外市场销售比重分别比上年下降 2.7 个百分点和 0.3 个百分点，省外市场销售比重提高 3.0 个百分点。2015-2016 年福建省规模以上专用设备制造业主要经济指标见下表。

2016 年是“十三五”规划开局之年，“供给侧改革”掀起了新一轮经济结构调整的主旋律，也对福建专用设备制造业的转型升级提出新挑战。面对成本上升、市场环境变化，南安专用设备企业主动适应新常态，逐渐在改革中摸索出新的前进方向。在霞美滨江机械基地，专注砌块成型一体化设备多年的群峰智能机械股份公司，为迎合环卫市场的需求，推出了数十款新型环卫设备，成为福建又一家环卫设备龙头企业。在水头，石材机械企业——巨邦机械有限公司一改大多数企业销量为王的做法，将产品定位市场中高端，在零配件供应商的甄选上设置了高门槛。尽管在单台设备的成本上要比同行高出 10%，却可以比同行多出 15%的售价。福建泉工股份有限公司于 2016 年 4 月正式启用链接全世界各地泉工设备的智能装备云服务平台，保障和维护用户装备持续稳定无故障运行。

从全国看，2016 年全国规模以上专用设备制造业完成工业增加值比上年增长 6.7%，比规模以上工业平均水平高 0.7 个百分点；实现主营业务收入 37376.90 亿元，增长 4.9%；实现利润总额 2169.60 亿元，增长 2.1%。截至 2016 年末，全国规模以上专用设备制造业资产总额达 37286.70 亿元，比上年末增长 7.3%。

（摘编：颜梅芬）

## 福建省规模以上专用设备制造业主要经济指标

（2015-2016 年）

单位：亿元

| 指标 | 2015 | 2016 | 指标 | 2015 | 2016 |
|---|---|---|---|---|---|
| 工业总产值 | 809.10 | 885.35 | 流动资产年末数 | 466.28 | 484.14 |
| 工业增加值 | 172.81 | 193.43 | 利润总额 | 43.23 | 56.61 |
| 主营业务收入 | 768.57 | 833.97 | 利税总额 | 67.14 | 81.17 |
| 资产总额 | 690.14 | 724.08 | 本年应交增值税 | 18.62 | 19.72 |
| 固定资产合计 | 116.98 | 120.90 | | | |

# 2-1-18 汽车制造业

截至 2016 年末，福建省规模以上汽车制造业资产总额达 894.54 亿元；全年实现主营业务收入 1162.78 亿元，实现利润总额 87.79 亿元。全年全省汽车制造业全部销售收入中，销往省外市场的比重最高，为 65.9%，上升 7.4 个百分点；其次是省内市场，为 24.3%。分行业观察，汽车整车制造业、改装汽车制造业、电车制造业、汽车零部件及配件制造业主要销往省外市场，省外市场销售比重均在 50%以上；低速载货汽车制造业和汽车车身、挂车制造业主要销往省内市场，省内市场销售比重均在 70%以上。2015-2016 年福建省规模以上汽车制造业主要经济指标见下表。

从全国看，2016 年全国规模以上汽车制造业工业增加值比上年增长 15.5%，比规模以上工业平均水平高 9.5 个百分点；实现主营业务收入 80185.80 亿元，增长 14.1%；实现利润总额 6677.40 亿元，增长 10.8%。截至 2016 年末，全国规模以上汽车制造业资产总额达 67310.20 亿元，比上年末增长 15.0%。

2016 年，全国汽车行业运行主要呈现以下四大特点：一是产销总量创历史新高。据中国汽车工业协会公布的数据显示，2016 年汽车产销量分别为 2811.9 万辆和 2802.8 万辆，创历史新高，分别比上年增长 14.5%和 13.7%，分别提高 11.2 个百分点和 9.0 个百分点。二是乘用车销售保持较快增长。乘用车是汽车主要产品，2016 年乘用车产销量分别为 2442.1 万辆和 2437.7 万辆，分别增长 15.5%和 14.9%，增速分别高出汽车总体 1.0 个百分点和 1.2 个百分点，对汽车总体产销增长贡献率分别达到 92.3%和 94.1%。其中，轿车销售量 1215.0 万辆，增长 3.4%；SUV 销售量 904.7 万辆，增长 44.6%；MPV 销售量 249.7 万辆，增长 18.4%；交叉型乘用车销售量 68.4 万辆，下降 37.8%。三是我国品牌乘用车销量首次超过千万辆。2016 年，我国品牌乘用车共销售 1052.9 万辆，增长 20.5%，占乘用车销售总量的 43.2%，占有率比上年提高 2.0 个百分点。其中，轿车销量 234.0 万辆，下降 3.7%；市场占有率 19.3%，下降 1.4 个百分点。SUV 销量 526.8 万辆，增长 57.6%；市场占有率 58.2%，提高 4.8 个百分点。MPV 销量 223.8 万辆，增长 19.9%；市场占有率 89.6%，提高 1.2 个百分点。四是新能源汽车高速增长。2016 年，新能源汽车产销量分别为 51.7 万辆和 50.7 万辆，分别增长 51.7%和 53.0%。其中，纯电动汽车产销量分别为 41.7 万辆和 40.9 万辆，分别增长 63.9%和 65.1%；插电式混合动力汽车产销量分别为 9.9 万辆和 9.8 万辆，分别增长 15.7%和 17.1%。五是重点企业（集团）经济效益良好。据中国汽车工业协会公布的数据显示，行业内重点企业（集团）营业收入保持增长，增幅提升。2016 年 1-11 月，汽车工业重点企业（集团）实现营业收入 32596.9 亿元，同比增长 16.2%；实现利税总额 5309.5 亿元，增长 7.4%。

（摘编：颜梅芬）

## 福建省规模以上汽车制造业主要经济指标

（2015-2016 年） 单位：亿元

| 指标 | 2015 | 2016 | 指标 | 2015 | 2016 |
| --- | --- | --- | --- | --- | --- |
| 工业总产值 | 1106.21 | 1206.27 | 流动资产年末数 | 517.28 | 558.91 |
| 工业增加值 | 250.81 | 272.90 | 利润总额 | 73.55 | 87.79 |
| 主营业务收入 | 1053.07 | 1162.78 | 利税总额 | 118.34 | 134.12 |
| 资产总额 | 809.13 | 894.54 | 本年应交增值税 | 34.08 | 34.82 |
| 固定资产合计 | 180.61 | 193.52 | | | |

# 2-1-19 铁路、船舶、航空航天和其他运输设备制造业

2016 年，福建省规模以上铁路、船舶、航空航天和其他运输设备制造业完成工业总产值 378.75 亿元，完成工业增加值 83.93 亿元，实现主营业务收入 354.48 亿元。全年全省铁路、船舶、航空航天和其他运输设备制造业全部销售收入中，销往省内、省外、境外三大市场的比重分别为 37.4%、34.9%和 27.7%。分行业观察，城市轨道交通设备制造业，船舶及相关装置制造业，航空、航天器及设备制造业主要销往省内市场，省内市场销售比重均在 50%以上；铁路运输设备制造业、摩托车制造业主要销往省外市场，省外市场销售比重在 60%以上。2015-2016 年福建省规模以上铁路、船舶、航空航天和其他运输设备制造业主要经济指标见下表。

船舶制造业是福建省铁路、船舶、航空航天和其他运输设备制造业中的主要行业。据海关公布的数据显示，2016 年福建省出口各类船舶 48.7 亿元，比上年增长 11.5%。其中，国有企业为出口主力军，全年出口船舶 28.9 亿元，增长 1.0%，占同期全省船舶出口总值的 59.2%；民营企业出口船舶 19.1 亿元，增长 34.7%，占同期全省船舶出口总值的 39.1%。2016 年，福建省船舶主要出口挪威、东盟、马绍尔群岛和香港。其中，对挪威出口船舶 16.3 亿元，增长 1.1 倍，占同期全省船舶出口总额（下同）的 33.4%；对东盟出口额 12.5 亿元，下降 24.3%，占 25.7%；对马绍尔群岛出口额 7.3 亿元，上年同期无出口，占 14.9%；对香港出口额 3.9 亿元，下降 61.4%，占 8.0%。出口船型以载重量＞2 万吨的机动滚装船为主，海工船出口下降明显。2016 年，全省载重量＞2 万吨的机动滚装船出口额 16.3 亿元，增长 1.1 倍，占同期全省船舶出口总额（下同）的 33.4%；拖轮及顶推船出口额 12.9 亿元，下降 38.0%，占 26.5%；其他液货船出口额 7.3 亿元，上年同期无出口，占 14.9%；载重量≤15 万吨的机动散货船出口额 4.5 亿元，增长 5 倍，占 9.3%。

2016 年，福建省船舶工业集团在国际航运和造船市场双低迷、原油价格持续低位运行环境下，加

快转型，改造提升传统的船舶主业，建造中小型 LNG 运输船、深海型移动平台、远洋渔船等高附加值、高技术含量的船型；积极向日韩先进船舶企业学习，聘请了韩国造船专家开展合作，共同改进工艺工法和管理；整合成立了福船研究院，与研发机构与专家对接合作，力求突破一批高技术船舶产品关键设计制造技术。集团旗下厦门船舶重工股份有限公司主攻“汽车滚装船”市场，拉动福建省船舶出口增长。据福州海关公布的数据显示，截至 2016 年 8 月，厦门船舶重工股份有限公司已开工建造的汽车滚装船达到了 27 艘，成功命名 23 艘，在国内汽车滚装船建造领域处于领先地位。2016 年，该公司对挪威出口载重量＞2 万吨的机动滚装船 16.3 亿元，增长 1.1 倍，拉动全省船舶出口增长 19.8 个百分点。

从全国看，2016 年全国规模以上铁路、船舶、航空航天和其他运输设备制造业完成工业增加值比上年增长 3.2%，比规模以上工业平均水平低 2.8 个百分点；实现主营业务收入 16408 亿元，增长 0.9%；实现利润总额 1020.90 亿元，增长 4.8%。截至 2016 年末，全国规模以上铁路、船舶、航空航天和其他运输设备制造业资产总额达 16906.70 亿元，比上年末增长 5.0%。据中国船舶工业行业协会公布的数据显示，2016 年全国造船完工量为 3532 万载重吨，比上年下降 15.6%；承接新船订单量为 2107 万载重吨，下降 32.6%；截至 2016 年末，手持船舶订单量为 9961 万载重吨，下降 19.0%。2016 年，全国造船完工量前十家企业的完工量占全国的比重为 56.9%，比上年提高 3.5 个百分点；新接订单量前十家企业的接单量占全国的比重为 74.7%，提高 4.1 个百分点，产业集中度进一步提高。

2016 年，我国船舶产品结构持续优化，科技创新能力逐步提升。如 3.88 万吨双相不锈钢化学品船、1.5 万吨双燃料化学品船、液化天然气（LNG）动力 4000 车位汽车滚装船、3.75 万立方米乙烯船和极地重载甲板运输船等全球首制船均完成交付；40 万吨超大型矿砂船、8.5 万立方米乙烷运输船、2 万吨级化学品船和多型支线集装箱船等获得批量订单；中船动力 6EX340EF 自主品牌二冲程低速柴油机填补空白，重齿低速柴油机齿轮箱（GCS1000）国内首研成功。

（摘编：颜梅芬）

## 福建省规模以上铁路、船舶、航空航天和其他运输设备制造业主要经济指标

（2015-2016 年）

单位：亿元

| 指标 | 2015 | 2016 | 指标 | 2015 | 2016 |
|---|---|---|---|---|---|
| 工业总产值 | 415.76 | 378.75 | 流动资产年末数 | 249.26 | 236.00 |
| 工业增加值 | 94.35 | 83.93 | 利润总额 | 19.46 | 14.31 |
| 主营业务收入 | 397.91 | 354.48 | 利税总额 | 29.70 | 24.77 |
| 资产总额 | 364.88 | 348.04 | 本年应交增值税 | 7.89 | 8.03 |
| 固定资产合计 | 75.76 | 81.75 | | | |

# 2-1-20 电气机械和器材制造业

2016年，福建省规模以上电气机械和器材制造业完成工业总产值1932.04亿元，实现主营业务收入1830.46亿元，实现利润总额180.23亿元。全年全省电气机械和器材制造业全部销售收入中，主要以省外市场销售为主，省外市场销售比重为44.7%，比上年略升0.1个百分点。分行业观察，家用电力器具制造业、照明器具制造业仍以境外市场销售为主，境外市场销售比重均在40%以上；电线、电缆、光缆及电工器材制造业，输配电及控制设备制造业以省内市场和省外市场销售为主，省内外销售比重占80%以上；电池制造业、非电力家用器具制造业以省外市场销售为主，省外市场销售比重均在70%以上；电机制造业以省外和境外市场销售为主，省外、境外销售比重分别为 40.7%和36.7%；其他电气机械及器材制造业以省内市场销售为主，比重达90%以上。2015-2016年福建省规模以上电气机械和器材制造业主要经济指标见下表。

福建电气机械和器材制造业经过多年的发展，产生了一批技术水平较高、竞争能力较强的名牌产品，如闽东电机、厦门中压开关柜、南平电线电缆、福州大通漆包线等。电机电器行业中"中小型电机、输配电设备、电线电缆、新能源电池"四大主要产业形成了初具规模的产业集群，即福安电机电器产业集群，厦门输配电设备产业集群，南平电线电缆产业集群以及福安、南安电池产业集群，有力地支撑了行业的持续发展。

分主要行业观察，一是电机制造业。福建电机制造业从20世纪50年代起步，涵盖发电机及发电机组制造、电动机制造、水泵制造等，电机企业主要分布在福安、福州、南平、厦门、泉州等地。尤其福安生产的中小型电机产量占全国的三分之一，占全省的80%，出口量也占全国的三分之一。二是输配电及控制设备制造业。该行业涉及变压器、整流器、电感器以及配电开关控制设备的制造等，产品质量水平居国内中上游。如福州天宇集团开拓生产110千伏变压器和110千伏六氟化硫断路器，质量水平不断提高，已逐步进入高压与超高压领域。厦门输配电设备产业已获批成为国家科委特色产业基地。三是电线电缆与光缆制造业。目前福建涉及电线电缆及光纤光缆制造企业有 50 多家，其中福州冠城大通公司已发展成为我国漆包线行业的龙头企业之一。南平电缆行业经过40多年的发展，已成为南平市的支柱产业。四是电池制造业。得益于新能源汽车、光伏发电、电动自行车等市场需求不断扩大，电池行业发展速度加快，生产企业主要分布在福安、南安等地。其中，南安正在形成光伏电池产业集群。

从全国看，2016年全国规模以上电气机械和器材制造业完成工业增加值比上年增长 8.5%，比规模以上工业平均水平高2.5个百分点；实现主营业务收入73357.70亿元，增长6.3%；实现利润总额4936.80亿元，增长12.6%。截至2016年末，全国规模以上电气机械和器材制造业资产总额达63002.10亿元，比上年末增长11.4%。

（摘编：颜梅芬）

## 福建省规模以上电气机械和器材制造业主要经济指标

（2015-2016 年） 单位：亿元

| 指标 | 2015 | 2016 | 指标 | 2015 | 2016 |
|---|---|---|---|---|---|
| 工业总产值 | 1763.10 | 1932.04 | 流动资产年末数 | 899.05 | 1122.02 |
| 工业增加值 | 477.85 | 520.18 | 利润总额 | 150.43 | 180.23 |
| 主营业务收入 | 1671.63 | 1830.46 | 利税总额 | 202.52 | 223.49 |
| 资产总额 | 1370.31 | 1633.98 | 本年应交增值税 | 43.29 | 33.30 |
| 固定资产合计 | 258.45 | 302.64 | | | |

# 2-1-21 计算机、通信和其他电子设备制造业

2016 年是“十三五”开局之年，也是供给侧结构性改革元年，面对错综复杂的国内外经济环境，电子信息产业整体运行呈现稳中有进态势，在国民经济和社会发展中发挥了积极的支撑引领作用。

2016 年，全省规模以上计算机、通信和其他电子设备制造业完成工业总产值 3619.86 亿元，实现主营业务收入 3372.60 亿元，实现利润总额 192.46 亿元。全年全省计算机、通信和其他电子设备制造业全部销售收入中，销往境外市场的比重最高，为 52.7%，下降 4.2 个百分点；其次是省外市场，为 29.5%，下降 0.4 个百分点。分行业观察，视听设备制造业、电子器件制造业仍以境外市场销售为主，境外市场销售比重均在 50%以上；通信设备制造业、广播电视设备制造业、雷达及配套设备制造业、其他电子设备制造业以省外市场销售为主，省外市场销售比重均在 50%以上。2015-2016 年福建省规模以上计算机、通信和其他电子设备制造业主要经济指标见下表。

从全国看，2016 年全国电子信息制造业运行呈现六大特点：一是生产运行平稳。2016 年，全国规模以上电子信息制造业增加值比上年增长 10%，增速比上年回落 0.5 个百分点，比全部规模以上工业增速高 4.0 个百分点，占规模以上工业增加值比重为 7.5%；出口交货值下降 0.1%，降幅收窄 0.1 个百分点。分行业观察，通信设备行业生产保持较快增长。全年生产手机 21 亿部，增长 13.6%，其中智能手机 15 亿部，增长 9.9%，占全部手机产量比重为 74.7%；生产移动通信基站设备 34084 万套，增长 11.1%。计算机行业生产延续萎缩态势。全年生产微型计算机设备 29009 万台，下降 7.7%；出口交货值下降 5.4%。家用视听行业生产增速加快。全年生产彩色电视机 15770 万台，增长 8.9%，增速快于上年。其中，液晶电视机 15714 万台，增长 9.2%；智能电视 9310 万台，增长 11.1%，占彩电产量比重为 59.0%。电子元件行业生产稳中有升。全年生产电子元件 37455 亿只，增长 9.3%，出口

交货值增长 2.6%。电子器件行业生产平稳增长。全年生产集成电路 1318 亿块，增长 21.2%；半导体分立器件 6433 亿只，增长 11.0%；光伏电池 7681 万千瓦，增长 17.8%。二是行业效益状况良好，亏损面收窄。2016 年，全行业主营业务收入增长 8.4%，利润总额增长 12.8%；主营业务收入利润率为 4.9%，提高 0.2 个百分点；企业亏损面为 16.5%，收窄 2.0 个百分点。截至 2016 年末，全行业应收账款比上年末增长 18.8%，高出主营业务收入增幅 10.4 个百分点；产成品存货增长 2.8%。三是外贸进出口额降幅扩大。据海关公布的数据显示，2016 年电子信息产品进出口总额 12245 亿美元，比上年下降 6.4%。其中，出口额 7210 亿美元，下降 7.7%，降幅比上年扩大 6.6 个百分点；进口额 5035 亿美元，下降 4.6%，降幅扩大 3.4 个百分点。四是港澳台企业投资增速领跑。全年内资企业投资额增长 13.2%，外商投资企业投资额增长 16.8%，港澳台企业投资额增长 44.3%。五是创新能力提升。2016 年，围绕产业关键环节和核心技术，政府部门、研究机构与重点企业等各方力量协同攻关，有效增强了产业体系化创新能力。在国家知识产权局公布的 2016 年国内企业发明专利授权量排名前十强中，华为技术有限公司、中兴通讯股份有限公司、京东方科技集团股份有限公司、深圳市腾讯计算机系统有限公司、联想集团、上海华虹宏力半导体制造有限公司等 6 家电子信息类企业入围。在基础电子领域，短板和空白不断被克服。如全部采用国产 CPU 的“神威•太湖之光”成为世界首台运算速度超过十亿亿次的超级计算机；采用国产芯片的 IGBT 模块实现量产；功率型硅衬底 LED 器件荣获 2016 年国家技术发明一等奖。在下游应用领域，创新步伐不断加快。如量子点电视、OLED 电视、激光电视等新技术产品加速涌现；国产智能电视 SoC 芯片装机达到 800 万颗；采用国产芯片的支持北斗导航智能手机出货量突破 1800 万部；国产 YunOS 系统开始从手机操作系统向万物互联操作系统转变，完成了大到汽车、家居，小到手机、手表的产品覆盖。六是龙头企业国际影响力不断提升。2016 年，华为技术有限公司收入规模超过 5000 亿元，其中 60%以上来自海外市场，成为全球第一电信设备供应商；联想入选世界品牌百强企业，笔记本电脑产量位居世界首位；京东方液晶面板出货量已经跃升至全球第 2 位；海尔收购通用电气的家电业务，市场占有率跃居至全球第 5 位。

（摘编：颜梅芬）

## 福建省规模以上计算机、通信和其他电子设备制造业主要经济指标

（2015-2016 年）　　单位：亿元

| 指标 | 2015 | 2016 | 指标 | 2015 | 2016 |
|---|---|---|---|---|---|
| 工业总产值 | 3335.79 | 3619.86 | 流动资产年末数 | 1346.72 | 1878.92 |
| 工业增加值 | 731.29 | 805.92 | 利润总额 | 106.66 | 192.46 |
| 主营业务收入 | 3102.85 | 3372.60 | 利税总额 | 146.95 | 226.87 |
| 资产总额 | 2050.22 | 2825.41 | 本年应交增值税 | 32.21 | 25.98 |
| 固定资产合计 | 411.51 | 545.67 | | | |

# 2-1-22 仪器仪表制造业

2016年，福建省规模以上仪器仪表制造业完成工业总产值 236.34 亿元，完成工业增加值 68.18 亿元，实现主营业务收入 225.64 亿元。全年全省仪器仪表制造业全部销售收入中，销往境外市场的比重最高，为 45.4%，比上年下降 1.5 个百分点；其次是省外市场，为 31.2%。分行业观察，其他仪器仪表制造主要销往省内市场，销售比重为 62.4%；专用仪器仪表制造业、通用仪器仪表制造业主要销往省外市场，其销售比重分别为 74.8%和 52.7%；钟表与计时仪器制造业、光学仪器及眼镜制造业主要销往境外市场，销售比重分别为 61.1%和 54.3%。2015-2016 年福建省规模以上仪器仪表制造业主要经济指标见下表。

分主要企业观察，福建上润精密仪器有限公司（以下简称“上润仪器”）作为福建仪器仪表行业的翘楚，其产品智能压力 / 差压变送器、温度变送器等均获中国石油、中国石化一类物资供应商资格，高精度硅压力传感器技术居世界第 3 位……2016 年，原本以石油石化领域的工业传感器为“主业”的上润仪器，向民用传感器领域迈开了步子，发力“智慧水务”建设。针对全国城镇供水管网平均漏损率高达 40%的情况，上润仪器自主研发了智慧水务系统——自来水漏损控制系统。该系统是全国乃至全球首个窄带物联网规模商用承接项目，目前已在南台岛试点。上润仪器计划从 2016 年到 2025 年投入 3 亿元-5 亿元，在福州供水管网中安装 8 万多个无线传感器等智能设备，用于城市供水漏损治理项目的实施。

从全国看，2016 年全国规模以上仪器仪表制造业完成工业增加值比上年增长 9.4%，比规模以上工业平均水平高 3.4 个百分点；实现主营业务收入 9355.40 亿元，增长 9.1%，增幅比上年提高 3.3 个百分点；实现利润总额 790.30 亿元，增长 8.2%，增幅提高 2.1 个百分点。截至 2016 年末，全国规模以上仪器仪表制造业资产总额达 8542.40 亿元，比上年末增长 11.8%。

据海关公布的数据显示，2016 年全国 31 个省（区、市）仪器仪表行业进出口总额为 794.59 亿美元，比上年下降 1.9%。上海、河南等 13 个省（区、市）进出口额合计增加了 13.93 亿美元，上海、河南、福建、山东和浙江 5 个省市的增加额均超过 1.5 亿美元，其中上海增加最多，达 3.77 亿美元；其余 18 个省（区、市）合计减少 29.45 亿美元，广东减少最多，减少了 20.45 亿美元。

2016 年，全国仪器仪表行业进口额 449.56 亿美元，比上年下降 1.1%。其中，上海、福建、北京等 15 个省（区、市）合计增加了 12.13 亿美元，上海增加最多，增加了 3.04 亿美元；其余 16 个省（区、市）合计减少 17.28 亿美元，广东减少最多，减少了 9.13 亿美元。全年仪器仪表行业出口额为 345.03 亿美元，比上年下降 2.9%。其中，河南、天津、上海等 12 个省（区、市）合计增加了 8.41 亿美元，河南增加最多，增加了 3.14 亿美元；其余 19 个省（区、市）合计减少了 18.77 亿美元，广东减少最多，减少了 11.32 亿美元。

2016 年，全国 31 个省（市、区）仪器仪表行业进出口贸易逆差 104.53 亿美元，比上年增加 5.21 亿美元，增长 5.3%。全国只有广东、浙江、河南和江西等 4 个省实现贸易顺差，合计实现顺差 66.29 亿美元。其余 27 个省市合计逆差 170.82 亿美元。天津、河南等 12 个省市合计减少逆差 13.25 亿美元，其余 18 个省市合计增加逆差 18.47 亿美元。

2016 年，中国仪器仪表行业协会完成了《仪器仪表行业“十三五”发展规划建议》。该发展规划提出，未来行业发展方向应围绕以下几个方面：一是适应供给侧改革、“互联网+”、军民融合等国家战略和宏观政策的需要，大力推进行业的结构调整、转型升级。逐步改变发展不平衡的状况，缩短大型精密科学仪器、生命科学仪器领域产品及应用代差。二是以国家重点产业安全、自主、可控为契机，推进重点产品核心技术自主化进程，力争基本形成国家大型工程项目、重点应用领域自控系统和精密测试仪器的基本保障能力和重大科技项目所需自控系统和精密测试仪器的基础支撑能力。三是加快自主创新能力建设，通过创新，形成支撑行业技术创新所需人才集聚、技术积淀、资金支持等方面的良好氛围。通过多种方式逐步提升原始创新、消化吸收再创新、集成创新的水平，提高产业共性基础技术、核心功能部件和主要产品的科技研发能力。四是全面提升主导产品性能，特别是稳定性、可靠性、自动化、智能化水平和适应特殊工况、特殊应用条件的能力，实现产品由可用向适用、好用转变。五是引导行业优势企业通过联合、重组更好地整合行业资源，提升行业集中度，进一步改善整体产业生态；积极培育大型龙头企业；加强行业专业化分工协作；加快行业制造过程信息化步伐，夯实企业管理和行业发展基础，提升整体竞争力。

（摘编：颜梅芬）

## 福建省规模以上仪器仪表制造业主要经济指标

（2015-2016 年）

单位：亿元

| 指标 | 2015 | 2016 | 指标 | 2015 | 2016 |
|---|---|---|---|---|---|
| 工业总产值 | 196.72 | 236.34 | 流动资产年末数 | 74.82 | 94.18 |
| 工业增加值 | 55.76 | 68.18 | 利润总额 | 5.76 | 19.10 |
| 主营业务收入 | 190.26 | 225.64 | 利税总额 | 11.21 | 25.42 |
| 资产总额 | 117.31 | 143.94 | 本年应交增值税 | 4.42 | 5.24 |
| 固定资产合计 | 29.84 | 30.67 | | | |

# 2-2 建筑业

2016年，福建省建筑业完成增加值2421.34亿元，比上年增长6.9%。全省具有资质等级的总承包和专业承包建筑业企业完成建筑业总产值8531.45亿元，增长12.2%；实现利润总额279.32亿元，增长6.2%；税金总额280.89亿元，增长7.4%。2013-2016年福建省建筑业企业主要经济指标见下表。

为加快推广装配式建造方式，推动建筑业向绿色、环保、低碳、节能的方向转型发展，省建设厅制定并印发了《2017年全省装配式建筑生产基地（园区）工程包实施方案》（以下简称"《实施方案》"），部署推进2017年全省装配式建筑生产基地（园区）工程包工作。《实施方案》要求在全省完成装配式建筑生产基地（园区）工程包投资建设32.5亿元，其中福州市13.5亿元、泉州市4.5亿元、厦门市3.5亿元、龙岩市2.5亿元、三明市2.0亿元、莆田市2.0亿元、漳州市1.5亿元、南平市1.5亿元、平潭综合实验区1.0亿元、宁德市0.5亿元；已建设的装配式建筑生产基地（园区）要尽快形成生产产能，未建生产基地（园区）的莆田、龙岩、南平、宁德市及平潭综合实验区要在2017年开工建设并于2018年建成投产，实现全省生产基地全覆盖，满足装配式建筑项目建设的需要。同时，《实施方案》提出三点工作要求：一是要求各设区市主管部门细化目标任务。要逐一落实投资计划和形象进度，将工程包明确的年度投资目标和各重点任务分解落实到具体节点。二是形成工作合力。基地（园区）所在设区市住建主管部门要及时向设区市人民政府汇报项目进度情况，建立协调推进机制，跟踪、检查、督促项目进展情况，帮助解决项目实施和市场拓展过程中存在的问题。对于需要其他部门协助解决的事项，如项目用地、建设资金补助、财政贴息、融资贷款、生产原材料来源以及确定采用装配式建造方式的试点工程等方面，要积极牵头协调。三是建立考核机制。各基地（园区）所在设区市住建主管部门要建立投资工程包建设情况旬报、月报制度，及时跟踪、检查、督促项目实施进展确保工程包投资建设任务完成。省级住建部门将定期听取汇报、协调和组织督查，并对督查结果进行通报并报告省政府。

从全国看，2016年全国具有资质等级的总承包和专业承包建筑业企业完成建筑业总产值19.36万亿元，比上年增长7.1%，增速略有回升；建筑业增加值为4.95万亿元，增长6.6%。房屋建筑施工面积126.42亿平方米，增长2.0%。从新开工项目情况看，施工项目计划总投资112.06万亿元，增长10.0%；新开工项目计划总投资49.33万亿元，增长20.9%。据商务部对外投资和经济合作司公布的数据显示，2016年我国建筑业对外承包工程业务实现营业额1594.20亿美元，增长3.5%，新签合同额2440.10亿美元，增长16.2%。

注：本文数据均为快报数

（摘编：朱翔）

# 福建省建筑业企业主要经济指标

（2013-2016 年）

| 项　目 | 2013 | 2014 | 2015 | 2016 |
|---|---|---|---|---|
| **一、企业单位数（个）** | **3233** | **3734** | **4011** | **4223** |
| **二、总产值（亿元）** | **5812.37** | **7056.89** | **8003.09** | **8986.78** |
| 增加值 | 2044.89 | 2331.32 | 2597.04 | 2684.39 |
| 竣工产值 | 3343.32 | 3813.81 | 4730.97 | 5013.32 |
| **三、房屋施工面积（万平方米）** | **48254.03** | **57385.67** | **59277.33** | **62920.69** |
| #本年新开工 | 19483.34 | 20244.86 | 19474.59 | 20742.25 |
| **四、房屋竣工面积（万平方米）** | **13860.99** | **15392.71** | **16631.27** | **18121.20** |
| #住宅 | 9301.91 | 9814.99 | 10715.31 | 11987.42 |
| **五、年末从业人员（万人）** | **300.60** | **321.76** | **339.06** | **360.63** |
| **六、全员劳动生产率（元/人）** | | | | |
| 按总产值计算 | 183213 | 204770 | 218782 | 225271 |
| 按增加值计算 | 64457 | 67648 | 70996 | 67289 |
| **七、工资总额（亿元）** | **1624.25** | **1809.63** | **2027.20** | **2064.47** |
| **八、财务指标（亿元）** | | | | |
| 资本金合计 | 941.60 | 1145.32 | 1296.99 | 1396.06 |
| 流动资产年末数 | 2547.03 | 3054.96 | 3404.72 | 3864.07 |
| 固定资产原值 | 489.69 | 553.14 | 596.79 | 626.64 |
| 固定资产净值 | 381.68 | 401.49 | 519.89 | 502.50 |
| 企业总收入 | 5396.68 | 6409.51 | 7122.82 | 7833.81 |
| 工程结算收入 | 5374.51 | 6391.91 | 7102.54 | 7784.59 |
| 工程结算成本 | 4791.78 | 5675.54 | 6344.86 | 6925.25 |
| 利润总额 | 187.17 | 235.38 | 264.56 | 282.60 |
| 工程结算利润 | 385.79 | 479.91 | 495.18 | 571.06 |
| 利税总额 | 392.07 | 480.77 | 539.79 | 582.34 |

# 2-3 服务业

## 2-3-1 批发和零售业

2016年，福建省积极应对经济下行压力，认真贯彻落实省委、省政府稳增长、促消费的各项决策部署，千方百计扩大消费需求，全省消费品市场保持平稳增长。全年全省实现社会消费品零售总额11674.54亿元，比上年增长11.1%。按经营地统计，城镇消费品零售额10501.75亿元，增长10.9%；乡村消费品零售额1172.79亿元，增长12.7%。按消费形态统计，商品零售额10453.40亿元，增长11.4%；餐饮收入额1221.14亿元，增长9.1%。

在限额以上企业商品零售额中，通讯器材类零售额比上年增长31.5%，服装、鞋帽、针纺织品类增长28.3%，金银珠宝类增长26.6%，粮油、食品、饮料、烟酒类增长19.4%，日用品类增长16.8%，家具类增长15.9%，化妆品类增长13.8%，汽车类增长11.7%，体育、娱乐用品类增长11.4%，家用电器和音响器材类增长7.4%，石油及制品类下降6.7%。

从全国看，全年全国实现社会消费品零售总额332316亿元，比上年增长10.4%，扣除价格因素，实际增长9.6%。按经营地统计，城镇消费品零售额285814亿元，增长10.4%；乡村消费品零售额46503亿元，增长10.9%。按消费类型统计，商品零售额296518亿元，增长10.4%；餐饮收入额35799亿元，增长10.8%。

在限额以上企业商品零售额中，建筑及装潢材料类零售额比上年增长14.0%，家具类增长12.7%，中西药品类增长12.0%，通讯器材类增长11.9%，日用品类增长11.4%，文化办公用品类增长11.2%，粮油、食品、饮料、烟酒类增长10.5%，汽车类增长10.1%，家用电器和音像器材类增长8.7%，化妆品类增长8.3%，服装、鞋帽、针纺织品类增长7.0%，石油及制品类增长1.2%，金银珠宝类与上年持平。

2016年，全国网上零售额51556亿元，比上年增长26.2%。其中，网上商品零售额41944亿元，增长25.6%，占社会消费品零售总额的比重为12.6%。在网上商品零售额中，吃类商品增长28.5%，穿类商品增长18.1%，用类商品增长28.8%。

注：本文数据均为快报数

（摘编：林舒）

# 2-3-2 铁路、道路、水上、航空运输业

2016 年，福建省交通运输行业全面贯彻落实党的十八大和十八届三中、四中、五中、六中全会精神，深入贯彻落实省委、省政府各项决策部署，把稳增长摆在更加突出位置，着力调结构、补短板、惠民生、防风险，加快推进供给侧结构性改革，攻坚克难、开拓进取，圆满完成交通各项目标任务，实现了“十三五”良好开局。

## 一、基础设施不断完善

### （一）公路

截至 2016 年末，全省公路总里程 106756.53 公里，比上年末增加 2171.27 公里。公路密度 87.94 公里 / 百平方公里，增加 1.79 公里 / 百平方公里。

全省四级及以上等级公路里程 89829.19 公里，比上年末增加 2335.61 公里，占公路总里程 84.1%，提高 0.5 个百分点。全省海西高速公路网里程 5019.78 公里，增加 18.19 公里。全省国道 10404.27 公里（其中高速公路 3417.98 公里）、省道 5195.73 公里（其中高速公路 1347.74 公里）、县道 14995.88 公里（其中高速公路 65.33 公里）、乡道 41134.08 公里、专用公路 118.01 公里、村道 34908.56 公里。全省农村公路（含县道、乡道、村道）里程 91038.52 公里。全省所有的乡（镇）、建制村均通硬化路。

全省公路养护里程 10.68 万公里，占公路总里程的 100%。全省公路可绿化里程 9.34 万公里，绿化里程 8.79 万公里，分别比上年增加 1041.16 公里和 139.67 公里。

### （二）水路

内河航道方面，截至 2016 年末，全省内河航道通航里程 3245.28 公里。各等级内河航道通航里程分别为：一级航道 107.84 公里，二级航道 20.25 公里，三级航道 52.05 公里，四级航道 263.66 公里，五级航道 204.57 公里，六级航道 46.18 公里，七级航道 574.1 公里。各水系内河航道通航里程分别为：闽江水系 1972.8 公里，九龙江水系 454.43 公里，其他水系 818.05 公里。

港口方面，截至 2016 年末，全省港口拥有生产用码头泊位 578 个，比上年末增加 12 个。其中，沿海港口生产用码头泊位 492 个，增加 12 个；内河港口生产用码头泊位 86 个，与上年末持平。全省港口拥有万吨级及以上泊位 168 个，增加 6 个。其中，沿海港口万吨级及以上泊位 168 个，增加 6 个。

全省万吨级及以上泊位中，专业化泊位 90 个，通用散货泊位 36 个，多用途泊位 24 个，比上年末分别增加 3 个、2 个和 1 个。

### （三）民航

截至 2016 年末，全省共有颁证民用航空机场 6 个，与上年持平。

### （四）铁路

自 2009 年以来，福建省铁路建设年均投资 200 亿元以上。短短几年间，温福、福厦、龙厦、向莆、厦深、合福、赣龙等 7 条高速铁路相继建成通车，福建沿海铁路客运枢纽正加速形成，四通八达的铁路网络大大缩短了城市间的距离，不仅方便民众出行和旅游，更把福建与丝绸之路经济带、长江经济带和京津冀连接了起来，促进了铁路沿线人流、物流、资金流向 21 世纪海上丝绸之路核心区福建汇集，形成加强“一带一路”区域合作的黄金通道。

## 二、运输能力日益增强

### （一）公路运输

2016 年，全省营业性客运车辆完成公路客运量 3.91 亿人、旅客周转量 251.95 亿人公里，分别比上年下降 3.1%、5.7%。全省营业性货运车辆完成货运量 8.58 亿吨、货物周转量 1094.70 亿吨公里，

分别增长7.5%和7.3%。

截至2016年末，全省有100%的乡镇开通了客运线路，乡镇通车率与上年末持平；97.9%的建制村开通了客运线路，建制村通车率比上年末提高0.9百分点。

**（二）城市客运**

截至2016年末，全省拥有公共汽电车运营线路1706条，运营线路总长度29618.3公里，分别比上年末增加110条、2175.1公里，其中公交专用车道205.9公里，增加47.7公里；BRT线路长度167.9公里，增加37.9公里。地铁运营线路新增1条，运营线路总里程9.2公里。城市客运轮渡运营航线12条，减少2条；运营航线总长度79.5公里，减少2.5公里。

全年完成城市客运量317259.0万人次，比上年下降2.5%。其中，公共汽电车完成241201.3万人次，下降1.9%；BRT客运量13975.3万人次，增长3.6%，公共汽电车运营里程10.89亿公里，增长4.6%；地铁完成179.2万人次，运营里程9.20公里；巡游出租车完成73044.0万人次，运营里程31.25亿公里，分别下降4.4%和7.1%；客运轮渡完成2834.5万人次，下降9.5%。

**（二）水路运输**

全省完成水路客运量2016.40万人、旅客周转量2.72亿人公里，分别比上年增长1.0%、-4.4%；货运量3.17亿吨、货物周转量4846.44亿吨公里，分别增长11.4%和12.7%。

在全省水路货运中，内河运输完成货运量0.34亿吨、货物周转量16.65亿吨公里，沿海运输完成货运量2.54亿吨、货物周转量3970.61亿吨公里，远洋运输完成货运量0.28亿吨、货物周转量859.18亿吨公里。

**（三）对台运输**

对台运输服务不断提升，推进海峡两岸邮轮运输、海运快件、车辆互通等稳步发展。全年完成海上直航客运量191.70万人，比上年下降1.3%；货物吞吐量2123.32万吨，下降0.1%；集装箱吞吐量72.56万标准箱，增长3.0%。完成空中直航客运量95.27万人次，增长2.4%。直接通邮完成函件量233.39万件，增长13.9%。

**（四）民航运输**

2016年，全省民航完成旅客运输量、旅客周转量分别为2587.34万人次、394.25亿人公里，分别比上年增长8.5%和16.0%。完成货邮运输量、货邮周转量分别为23.39万吨、4.24亿吨公里，分别增长5.9%和21.9%。

全年全省6个民航运输机场完成旅客吞吐量3877.93万人次，比上年增长5.0%。完成货邮吞吐量50.08万吨，增长6.2%。

**（五）铁路运输**

2016年，全省铁路客运快速增长，货运趋于平稳。全年全省铁路客运量10496万人，比上年增长13.4%；旅客周转量338.61亿人公里，增长10.9%。全省铁路网络运力较为稳定，2016年客运量和旅客周转量增幅与上年持平。全省铁路网的扩容完善多为客运类线路，货运受经济环境持续低迷、大宗物资需求少、公路货运竞争激烈等因素影响，增幅不明显。全年全省铁路货运量2918.00万吨，增长3.5%；货物周转量129.45亿吨公里，增长0.6%。

## 三、安全生产形势持续稳定

2016年，全省交通运输系统安全生产形势持续稳定，各项安全生产指标均控制在省政府下达的年度考核指标之内。道路运输发生客运事故42起，死亡44人、受伤21人，事故起数、死亡人数和受伤人数分别比上年下降6.7%、15.4%、54.4%；其中，客运车辆发生较大事故1起，死亡3人，事故起数占省政府年度考核指标的14.3%。内河水上交通未发生事故，无人员死亡。公路水路建设领域全年发生生产安全事故1起，死亡2人。综治内保全年未发生刑事案件、危害国家安全和社会政治稳定的案（事）件、职工违法犯罪、不稳定事端和突发事件。

**四、固定资产投资加强**

全年全省完成公路水路固定资产投资 879.09 亿元，比上年增长 1.3%，占全省固定资产投资的 3.8%。其中，全省 52 个扶贫县完成公路水路交通固定资产投资 472.30 亿元。

**（一）公路建设**

2016 年，全省完成公路建设投资 714.01 亿元，比上年下降 1.3%。其中，高速公路建设完成投资 296.47 亿元，下降 15.8%。普通公路完成投资 417.54 亿元，增长 12.3%，其中国省道建设完成投资 234.96 亿元，增长 60.9%，建成 310 公里；农村公路建设与改造完成投资 44.80 亿元，完成农村公路建设改造 2342 公里。完成农村公路“安全生命防护工程”3200 公里，改造危桥 287 座。52 个扶贫县完成公路建设投资 421.83 亿元。

**（二）水运建设**

2016 年，全省水运工程完成投资 102.53 亿元，比上年下降 1.0%。其中，港口项目 90.97 亿元，航道项目 11.56 亿元，分别增长-2.5%和 13.2%，新增货物通过能力 1801 万吨。52 个扶贫县完成水运建设投资 33.28 亿元。

**（三）运输站场建设**

2016 年，全省运输站场建设完成投资 37.30 亿元，比上年增长 1.2 倍。其中，运输枢纽站场建设 36.60 亿元，增长 1.2 倍；农村客运站点建设 7000.00 万元，增长 1.7 倍。52 个扶贫县完成站场建设投资 17.19 亿元。

**（四）交通支持系统建设**

2016 年，全省交通支持系统建设完成投资 2.98 亿元，比上年下降 3.6%。其中，信息化项目 2.52 亿元，港口支持保障（装备、基地项目）建设 2719 万元，交通综合执法建设 1882 万元。

**（五）铁路建设**

据福建省国资委公布的数据显示，2016 年福建省合资在建铁路完成投资 161.37 亿元，完成中国铁路总公司年计划的 100.2%。其中，合福铁路福建段完成投资 2.50 亿元，占任务数的 125.0%；赣龙复线铁路福建段完成投资 2.40 亿元，占任务数的 118.0%；漳州港尾铁路完成投资 1.00 亿元，占任务数的 100.0%；福平铁路完成投资 48.00 亿元，占任务数的 80.0%；南三龙铁路完成投资 70.00 亿元，占任务数的 100.0%；衢宁铁路完成投资 35.00 亿元，占任务数的 100.0%；浦梅铁路建宁至冠豸山段完成投资 1.01 亿元，占任务数的 4.0%；兴泉铁路福建段完成投资 1.50 亿元，占任务数的 7.1%。

**（六）公共运输配套设施建设**

2016 年，全省公共运输配套设施建设完成投资 22.27 亿元，比上年增长 8.0%。其中，城市公交车辆更新购置 10.01 亿元，公交站场建设 4.02 亿元，客运车辆更新购置 2.83 亿元，甩挂运输车辆购置 5.41 亿元。

注：以上除铁路部分的数据均来自 2016 年福建省交通运输行业发展统计公报

（摘编：林舒）

# 2-3-3 邮政业

2016年，福建省邮政业按照稳中求进工作总基调，以推进供给侧结构性改革为主线，以落实《福建省人民政府关于支持快递业加快发展七条措施的通知》为抓手，坚持创新引领，坚持服务民生，主动适应经济发展新常态，行业实现了持续快速发展。全省邮政行业业务总量突破300亿元，月均快递业务量突破1亿件，实现了“十三五”的开门红。

2016年，福建省邮政业完成业务总量300.69亿元，比上年增长38.4%；实现业务收入（不包括邮政储蓄银行直接营业收入）178.54亿元，增长26.8%。全年全省邮政普遍服务业务下降，完成函件10867.65万件，下降15.9%；完成包裹63.15万件，下降41.0%；完成订销报纸69728.85万份，下降2.3%；完成订销杂志3133.49万份，下降7.8%；完成汇兑业务167.06万笔，下降33.3%。

2016年，福建省快递业务快速增长。全年快递服务企业完成业务量12.90亿件，比上年增长45.3%；完成快递业务收入134.83亿元，增长33.7%。其中，同城快递完成业务量1.77亿件、增长44.4%，实现业务收入13.38亿元、增长48.5%；异地快递完成业务量10.87亿件、增长46.0%，实现业务收入85.69亿元、增长26.3%；国际/港澳台快递完成业务量0.25亿件、增长25.2%，实现业务收入18.09亿元、增长21.5%。

分注册类型观察，2016年民营快递企业是福建省快递业的主力军。全年全省国有快递企业完成业务量达1.6亿件，实现业务收入22.94亿元；民营快递企业完成业务量11.27亿件，实现业务收入103.05亿元；外资快递企业完成业务量0.04亿件，实现业务收入8.85亿元。国有、民营、外资快递企业业务量占全省快递业业务总量的比重分别为12.4%、87.3%和0.3%，业务收入占全省快递业业务收入的比重分别为17.0%、76.4%和6.6%。

截至2016年末，全省邮政邮路总条数1032条，比上年末增加225条。邮路总长度（单程）227354公里，增加23576公里。全省邮政农村投递路线3224万条，减少60条；农村投递路线长度（单程）93164公里，增加902公里。全省邮政城市投递路线1840条，增加105条；城市投递路线长度（单程）37707公里，增加4560公里。全省快递服务网路条数5160条，服务网路长度（单程）652205公里。

从全国看，2016年邮政业完成业务总量7397.2亿元，比上年增长45.7%；实现业务收入（不包括邮政储蓄银行直接营业收入）5379.2亿元，增长33.2%。全年全国邮政普遍服务业务下降，完成函件36.2亿件，下降21.0%；完成包裹2794.0万件，下降34.2%；完成订销报纸178.7亿份，下降5.0%；完成订销杂志8.4亿份，下降15.6%；完成汇兑业务5804.4万笔，下降29.6%。

2016年，全国快递服务企业完成业务量312.8亿件，比上年增长51.4%；实现快递业务收入3974.4亿元，增长43.5%。其中，同城快递完成业务量74.1亿件、增长37.2%，实现业务收入563.1亿元、增长40.5%；异地快递完成业务量232.5亿件、增长56.7%，实现业务收入2099.3亿元、增长38.8%；国际/港澳台快递完成业务量6.2亿件、增长44.9%，实现业务收入429亿元、增长16.1%。

分注册类型观察，2016年民营快递企业持续快速发展，市场占主导优势。全年国有快递企业完成业务量28.4亿件，实现业务收入397.8亿元；

民营快递企业完成业务量282.4亿件，实现业务收入3328.8亿元；外资快递企业完成业务量2.0亿件，实现业务收入247.8亿元。国有、民营、外资快递企业业务量占全国快递业业务总量的比重分别为9.1%、90.3%和0.6%，业务收入占全国快递业业务收入的比重分别为10.0%、83.8%和6.2%。

分区域观察，东、中、西部地区各项快递业务均保持了较快的增长势头，其中中部和西部地区快递业务量收占比提升。全年东部地区完成快递业务量253.2亿件，比上年增长49.3%；实现业务收入3224.1亿元，增长42.0%。中部地区完成快递业务量37.1亿件，增长61.0%；实现业务收入425.4亿元，增长49.8%。西部地区完成快递业务量22.5亿件，增长61.0%；实现业务收入324.9亿元，增长51.3%。东、中、西部地区快递业务量占全国快递业业务总量的比重分别为80.9%、11.9%和7.2%，快递业务收入比重分别为81.1%、10.7%和8.2%。

分省市观察，快递业务量排名前五位的省份依次是广东、浙江、江苏、上海和北京，其快递业务量合计占全部快递业务量的比重达到67.3%。快递业务收入排名前五位的省市依次是广东、上海、浙江、江苏和北京，其快递业务收入合计占全国快递业业务收入的比重达到68.6%。

分城市观察，快递业务量排名前十五位的城市依次是广州、上海、深圳、北京、杭州、金华（义乌）、东莞、苏州、成都、温州、泉州、武汉、宁波、台州和南京，其快递业务量合计占全国快递业业务总量的比重达到59.7%。快递业务收入排名前十五位的城市依次是上海、深圳、广州、北京、杭州、东莞、金华（义乌）、苏州、成都、天津、南京、武汉、宁波、郑州、温州，其快递业务收入合计占全国快递业业务收入的比重达到63.0%。

截至2016年末，全国邮政邮路总条数2.6万条，比上年末增加1040条。邮路总长度（单程）658.5万公里，增加20.9万公里。全国邮政农村投递路线9.0万条，减少666条；农村投递路线长度（单程）376.8万公里，增加1.2万公里。全国邮政城市投递路线6.0万条，比上年末增加0.4万条；城市投递路线长度（单程）147.5万公里，比上年末增加10.4万公里。全国快递服务网路条数14.8万条；快递服务网路长度（单程）2333.8万公里。

注：以上数据均来自2016年全国及福建省邮政业统计公报

（摘编：林舒）

## 福建省邮政业业务基本情况

（2012-2016年）

| 项　目 | 2012 | 2013 | 2014 | 2015 | 2016 |
|---|---|---|---|---|---|
| 函件（亿件） | 2.46 | 2.15 | 1.80 | 1.29 | 1.09 |
| 邮政业务总量（亿元） | 78.69 | 114.10 | 162.67 | 217.23 | 300.69 |
| 快递业务量（万件） | 22594.00 | 44536.00 | 65417.31 | 88786.20 | 128985.77 |
| 集邮业务（万枚） | 5267.00 | 5606.00 | 5423.00 | 5314.95 | 6222.02 |

# 2-3-4 住宿和餐饮业

2016年，福建省住宿和餐饮业完成固定资产投资191.48亿元，比上年下降27.3%；实际利用外资金额0.42亿美元。

住宿方面，2016年福建省共有星级饭店373家，其中五星级50家，四星级146家，三星级157家。分设区市看，厦门市的五星级饭店18家，居全省首位；泉州13家，居全省第2位；福州8家，居全省第3位。泉州的四星级饭店35家，居全省首位；厦门25家，居全省第2位；福州20家，居全省第3位。

2016年，福建省切实加强住宿市场的治理，强化旅游市场动态管理，取消星级饭店资格24家。其中，1家为五星级，7家四星级，15家三星级，1家二星级。

餐饮方面，随着人民生活水平的不断提高，社会消费需求随之发生了重大变化，特别在“吃”的方面，要求越来越高，希望常吃常新，吃出品味、吃出文化、吃出健康。据口碑平台公布的2016年的餐饮消费大数据显示，厦门餐饮消费能力居全省第一，福州居全省第二。2016年，福建省餐饮收入继2014年之后，连续两年超过千亿元大关，达1313.45亿元，比上年增长9.9%，增幅比上年回落0.1个百分点。

从全国看，住宿业是受分享经济模式影响的重要行业之一，2025年全球共享经济市场规模预计将达到3350亿美元，年均复合增长率达到36%，其中我国的共享经济将在未来3-5年内达到全球第一。2016年国内的分享住宿已经从空白的市场变成了一个可以看得到的市场，有供给、有需求，体验也正在向好的方面逐渐进化。

传统酒店业格局在新技术形态以及竞争格局的变化之下，开始以重新排列组合的方式来寻求最为适宜的生长环境。“互联网+”国家战略的提出，加快了住宿业转型升级进程。在移动互联和信息化新技术的作用下，住宿业正在从营销、品牌传播、支付、消费者体验等各个环节重新定义行业的运营和发展模式，云PMS、App、微信、支付宝等技术变革改变着酒店业的服务模式。酒店+支付、酒店+交通、酒店+教育、酒店+文化、酒店+餐饮、酒店+商业、酒店+目的地资源、酒店+众筹、酒店+联合办公等打破传统经营管理模式，酒店业成为集住宿、餐饮、社交、娱乐、体验、休闲、创业孵化等功能于一体的平台。

据《2016年第四季度星级饭店统计公报》公布的数据显示，2016年第4季度，共有10157家通过省级旅游主管部门审核，其中一星级72家，二星级1972家，三星级4937家，四星级2367家，五星级809家。

餐饮方面，据《中国餐饮产业发展报告（2017）》数据显示，2016年我国餐饮业规模发展迅速，营业额突破3.5万亿元。全年餐饮百强企业总营业收入2181.7亿元，比上年增长7.4%，增幅提高5.0个百分点；餐饮五百强门店总营业收入增长8.6%，增幅提高近1.0个百分点，在餐饮类别上，快餐、火锅、餐馆酒楼依然是发展主力业态。

（摘编：林舒）

# 2-3-5 电信业

据福建省通信管理局统计，2016年福建省基础电信企业完成电信业务总量 1259.6 亿元，全国和东部地区排名第9位和第7位；比上年增长46.6%，增速在全国和东部地区排名第26位和第10位。完成电信业务收入达444.5亿元，全国和东部地区排名第10位和第8位；增长3.7%，增速在全国和东部地区排名第29位和第11位。其中，非话业务收入占比达78.9%，在全国和东部地区排名第6位和第4位。

截至2016年末，电话用户普及率达129.6部/百人，其中移动电话普及率达到108.3部/百人，移动电话用户数达到 4159.0 万户，移动宽带（3G/4G）用户占比达到72.5%，4G移动电话用户达到2567.0万户，占比达到64.7%，在全国和东部地区排名第8位和第5位。

从全国看，据工信部公布的数据显示，2016年电信业务收入完成11893亿元，比上年增长5.6%。电信业务总量完成35948亿元，增长54.2%。

2016年，全国电信业务收入结构继续向互联网接入和移动流量业务倾斜。非话音业务收入占电信业务收入的比重由上年的 69.5%提高至 75.0%；移动数据及互联网业务收入占电信业务收入的比重从上年的 26.9%提高至 36.4%。移动宽带（3G/4G）用户占比大幅提高，光纤接入成为固定互联网宽带接入的主流。移动宽带用户在移动用户中的渗透率达到71.2%，比上年提高15.6个百分点；8M 以上宽带用户占比达 91.0%，光纤接入（FTTH/0）用户占宽带用户的比重超过四分之三。融合业务发展渐成规模，截至2016年末，全国IPTV用户达8673万户。

2016年，全国电话用户净增2617万户，总数达到15.3亿户，比上年末增长1.7%。其中，移动电话用户净增5054万户，总数达13.2亿户，移动电话用户普及率达96.2部/百人，提高3.7部/百人。全国共有 10 个省（区、市）的移动电话普及率超过100部/百人，分别为北京、广东、上海、浙江、福建、宁夏、海南、江苏、辽宁和陕西。固定电话用户总数2.07亿户，减少2437万户。

（摘编：林舒）

## 福建省电信业业务基本情况

（2012-2016年）

| 项　目 | 2012 | 2013 | 2014 | 2015 | 2016 |
|---|---|---|---|---|---|
| 电信业务总量（亿元） | 516.21 | 553.44 | 694.82 | 848.66 | 588.52 |
| 本地电话用户（万户） | 1017.00 | 984.00 | 933.32 | 888.54 | 815.70 |
| 移动电话用户（万户） | 4049.00 | 4303.00 | 4276.73 | 4240.16 | 4159.04 |
| 互联网用户（万户） | 3461.00 | 3590.00 | 3859.04 | 3963.83 | 4412.12 |

# 2-3-6 软件和信息技术服务业

2016年，福建省软件和信息服务业稳步发展。全省共有4家软件企业入选2016年中国软件和信息技术服务综合竞争力百强企业。福州福大自动化科技有限公司位列第33位，福建星网锐捷通讯股份有限公司位列第64位，国网信通亿力电力科技股份有限公司位列第86位，福建网龙计算机网络信息技术有限公司位列第90位。

2017年1-6月，福建省软件和信息技术服务业保持较高景气度，业务收入逐月稳步增长，软件产品收入平稳增长，信息技术服务发展领先全行业，产业内部结构不断调整优化。全省上半年实现软件业务收入约1178亿元，同比增长15.6%，排名全国第八，比全国平均增速高2.0个百分点，在收入前十位的省市中增速排名第三。

从业务类型分列观察，2017年1-6月，软件产品收入423亿元，占软件业务收入的35.9%，同比增长14.8%；信息技术服务收入621亿元，占软件业务收入的52.7%，增长16.1%，其中集成电路设计实现收入42亿元，增长17.2%；嵌入式系统软件收入133亿元，增长15.8%。

从产业结构观察，软件行业正在走向服务化。在云计算、大数据、移动互联网等新兴信息技术服务蓬勃发展的驱动下，软件产业继续向服务化转型调整，信息技术服务整体表现仍优于软件产品，信息技术服务收入占软件业务总收入比重超过52%，IT服务迎来持续的高速发展时期。

从全国看，据工信部公布的数据显示，2016年全国软件和信息技术服务业完成软件业务收入4.9万亿元，比上年增长14.9%，增速比上年回落0.8个百分点。全行业实现利润总额6021亿元，增长14.9%，回落4.6个百分点。

软件产品收入增速低于全行业平均水平。2016年，全国软件产品实现收入15400亿元，比上年增长12.8%，增速比上年提高0.9个百分点，但比全行业平均水平低2.1个百分点，占全行业收入比重为31.7%。其中，信息安全产品收入增长10.9%。

信息技术服务收入增长较快。2016年，全国信息技术服务实现收入25114亿元，比上年增长16.0%，增速高出全行业平均水平1.1个百分点，但比上年回落2.7个百分点，占全行业收入比重为51.8%。其中，运营相关服务（包括在线软件运营服务、平台运营服务、基础设施运营服务等在内的信息技术服务）收入增长16.1%；电子商务平台技术服务（包括在线交易平台服务、在线交易支撑服务在内的信息技术支持服务）收入增长17.7%；集成电路设计增长12.7%；其他信息技术服务（包括信息技术咨询设计服务、系统集成、运维服务、数据服务等）收入增长16.0%。

嵌入式系统软件收入平稳。2016年，全国嵌入式系统软件实现收入7997亿元，比上年增长15.5%，增速高出全行业平均水平0.6个百分点，提高1.4个百分点，占全行业收入比重为16.5%。

分省市观察，中心城市增速略高于全国平均水平。全国15个副省级中心城市实现软件业务收入2.7万亿元，比上年增长15.5%，增速高出全国平均水平0.6个百分点；中心城市的软件业规模占全国的比重为55.3%，比上年回落1.6个百分点，同时福州、苏州、合肥等其他一些城市（非副省级）的软件业也呈快速发展态势。全国软件业务收入达到千亿元的中心城市和直辖市共15个，比上年增加1个。

（摘编：林舒）

# 2-3-7 金融业

## 2-3-7-1 2016年福建省经济金融运行分析报告

### 一、宏观经济环境分析

#### （一）全球经济增长仍较疲软

2016年，全球经济形势依然错综复杂，经济增长总体仍较缓慢。美国经济复苏态势较好，欧元区经济复苏略有改善，日本经济增长仍呈疲软态势。部分新兴经济体经济虽有所企稳，但仍面临外部需求低迷、负债高企、劳动生产率提升缓慢等因素制约。特朗普当选美国总统带来的政策变化、国际金融市场暗流涌动、世界贸易持续疲软等对全球经济增长的影响不容忽视。

发达经济体经济增长分化。美国经济复苏态势较好。劳动力市场有所改善，11月失业率（4.6%）创国际金融危机爆发以来新低，12月为4.7%。12月制造业和非制造业PMI均创年内最高水平。消费支出稳步增长，房地产市场稳健复苏。欧元区经济复苏略有改善。失业率下降，12月失业率为9.6%，创6年多来新低。12月制造业PMI升至54.9，连续第4个月上升。消费意愿较弱，通胀下行压力仍然存在。英国脱欧、难民问题和银行业风险发酵导致的不确定性也为经济复苏增添变数。日本经济增长仍呈疲软态势。工业生产疲软，投资持续低迷，进出口增速均下滑，日元升值和主要贸易伙伴需求疲弱令出口雪上加霜。

部分新兴市场经济体经济有所企稳。俄罗斯经济衰退程度减缓，出口和消费下降幅度持续收窄，年内工业生产6个月出现正增长，与2015年持续下降形成反差，制造业PMI在8-12月保持在荣枯线上方。巴西经济衰退也有缓解，3、4季度制造业PMI分别为45.9、46.2，均高于2季度（42.5），下半年工业生产萎缩幅度呈收窄态势。南非经济有所回升，在经历1季度萎缩后，经济出现回暖，制造业生产有所恢复，出口保持正增长，但PMI月度波动较大，显示企业家预期仍不稳定。印度经济增长较为突出，居民消费、公共资本支出良好，有力支持经济增长。农业复苏，服务业较快增长，全年除12月外制造业PMI均在荣枯线上方。

国际金融市场上，美元仍处强势。2016年末，美元指数比上年末上升3.7%，主要受美国经济复苏态势较好、美联储再度加息及欧央行、日本央行加大放松货币政策等影响。美股维持高位。2016年末，道琼斯指数和纳斯达克指数分别比上年末上涨13.4%和7.5%。原油等大宗商品价格低位回升。2016年末NYMEX（纽约商业交易所）原油、LME（伦敦金属交易所）铜、CBOT（芝加哥期货交易所）大豆价格分别上涨45.4%、17.6%和16.6%。

#### （二）中国经济保持平稳健康发展

2016年，在错综复杂的国内外环境下，我国主动适应经济发展新常态，加快推进供给侧结构性改革。全年经济形势呈现缓中趋稳、稳中向好的特点，经济运行保持在合理区间，质量和效益提高。经济结构继续优化，创新对发展的支撑作用增强。初步核算，2016年国内生产总值74.41万亿元，比上年增长6.7%。农业生产基本稳定，全年粮食总产量6.16亿吨，虽比上年下降0.8%，但仍是历史第2高产年。工业生产平稳增长，全年规模以上工业增加值增长6.0%，增速与上年基本持平。服务业平稳较快发展，全年服务业增加值增速为7.8%，占国内生产总值的比重为51.6%，提高1.4个百分点。投资缓中趋稳，全年固定资产投资（不含农户）增长8.1%，回落1.9个百分点，但比前三季度仅回落0.1个百分点。消费平稳较快增长，全年社会消费品零售总额增长10.4%，比上年回落0.3个百分点，其中网上零售额继续快速增长。出口降幅逐渐收窄，全年出口下降2.0%，其中4季度增长0.3%。消费价格温和上涨，生产价格降幅明显收窄。全年居民消费价格上涨2.0%，提高0.6个百分点；工业生产者出厂价格下降1.4%，收窄3.8个百分点。金融运行总体平稳。年末，广义货币($M_2$)余额155.01万亿元，增长11.3%。社会融资规模、人民币贷款增量均超过2015年。2016年，社会融资规模增量为17.80万亿元，多增2.40万亿元；人民币贷款增加12.70万亿元，多增0.90万亿元。利率总体处于近年低位。年内各月银行间同业拆借加权平均利率、企业债加权平均利率、非金融企业及其他部门贷款加权平均利率等基本保持低位波动。人民币汇率总体走弱，年末CFETS人民币汇率指数比上年末贬值6.1%。

供给侧结构性改革取得积极进展，“三去一降一补”成效初显。钢铁煤炭行业圆满完成全年去产能任务。商品房库存水平持续下降，年末商品房待售面积比上年末减少2314万平方米。工业企业资产负债率及成本均有所下降。年末，规模以上工业企业资产负债率下降0.4个百分点；全年规模以上工业企业每百元主营业务收入中的成本比上年减少0.1元。短板领域投资加快，全年生态保护和环境治理业、水利管理业、农林牧渔业投资分别快于全部投资31.8个百分点、12.3个百分点和11.4个百分点。

## 二、福建经济比较分析

2016年，面对错综复杂的国内外形势和持续加大的经济下行压力，福建积极推进供给侧结构性改革，经济运行保持总体平稳、稳中有好的发展态势。农业平稳发展，服务业较快增长，高技术产业对工业增长贡献增强。基础设施投资较快增长，消费稳步发展。

### （一）经济增速小幅回落，三次产业运行继续分化

初步核算，2016年全省地区生产总值为2.85万亿元，比上年增长8.4%，增速回落0.6个百分点。

第一产业保持平稳，设施农业加快发展。全年第一产业增加值增长3.6%，较2015年略有减缓。设施农业持续发展，其中千亩以上规模的设施农业基地超过110个，新建省级补贴的温室大棚面积2万亩。

第二产业基本稳定，产业结构有所优化。全年第二产业增加值增长7.3%，比上年回落0.1个百分点，其中规模以上工业回落1.1个百分点。从38个工业大类行业看，15个行业实现两位数增长。高技术产业保持较快发展，增速为11.7%，明显超过全省工业平均增速。从三大主导产业看，电子信息、机械装备、石油化工分别增长10.6%、11.0%、8.6%。

第三产业增速较快，新业态快速发展。全年第三产业增加值比上年增长10.7%，增速回落1.6个百分点。分行业看，房地产业增加值在房屋销售活跃的带动下增长8.2%，加快3.2个百分点；运输邮电仓储业增加值增长7.3%，回落8.8个百分点；金融业增加值增长9.6%，回落4.1个百分点；基于互联网大数据、云计算的服务业新业态保持较高增速。

供给侧结构性改革成效显现。2016年，全省钢产量下降4.4%。在商品房销售面积大幅增长带动下，住宅库存有所减少，年末住宅待售面积下降14.7%。规模以上工业企业的资产负债率有所下降，年末为52.3%，比上年末下降1.0个百分点。全年规模以上工业企业每百元主营业务收入中的成本下降0.06元。两批补短板工程包先后实施，高技术产业、服务业等发展较快。

### （二）市场消费保持稳定，但投资和外需较疲

软

2016年，三大需求中投资增速放缓态势趋稳，制造业和投资有所下滑；消费需求较为稳定，网络消费继续快速增长；出口下降，外贸形势依然严峻。

投资增速放缓态势趋稳，基础设施投资是拉动投资增长的关键。全年固定资产投资增长9.3%，增幅比上年回落8.1个百分点，较上半年、前三季度分别回落1.6个百分点、0.3个百分点。民间投资增速由前些年持续领先于转变为落后于固定资产投资增速，对全省投资额增长产生较大的掣肘作用，全年民间投资增速回落12.5个百分点。从产业投资看，第一产业投资额增长39.9%；第二产业投资额增长4.9%，其中在福建晋华存储器集成电路生产线、京东方第8.5代新型半导体显示器件生产线、福建华佳彩有限公司高新技术面板等大型项目建设带动下，电子信息产业投资额增长达79.0%；第三产业投资额增长9.3%，其中科学研究和技术服务业（39.7%）、租赁和商务服务业（24.9%）等生产性服务业投资高速增长，房地产开发投资增速由负转正，受销售活跃影响较大。为有效发挥投资"稳增长"的作用，政府加大对基础设施建设的投入，全年基础设施投资额增长22.3%。其中，水利、环境和公共设施管理业投资额在2015年高增速（49.3%）基础上继续大幅增长34.4%；电力、热力、燃气及水生产和供应业投资额由上年下降1.0%转为增长25.9%。

消费增长较为稳定，网络消费快速增长。全年社会消费品零售总额增长11.1%，增速比上年有所回落。其中，基本生活类消费增长较快，服装、鞋帽、针纺织品类，食品类，日用品类商品零售额分别增长28.3%、19.4%和16.8%。网络消费以及信息、健康、体育等新兴消费高速增长，全年限额以上批发零售企业通过互联网实现的商品零售额增长46.7%。

出口有所下降，对外投资快速增长。2016年，全省出口额下降2.2%，但对东盟、日本、欧盟出口分别实现正增长。国际产能和装备制造合作不断加强，备案核准对外投资项目607个，对外投资额增长1.4倍。

### （三）消费价格温和上涨，工业生产者价格降幅收窄

全省居民消费价格总水平（CPI）温和上涨，全年上涨1.7%，与上年持平。其中，城市上涨1.8%，农村上涨1.5%；消费品价格上涨1.8%，服务项目价格上涨1.6%。从结构上看，食品、教育文化、医疗保健类价格上涨较快。工业生产者价格降幅收窄，全年出厂价格下降0.9%，购进价格下降2.0%，降幅均比上年有所收窄。

房地产市场交易活跃，部分中心城市房价明显上涨。2016年，厦门、福州市区商品住房销售金额增长较快，新建住宅价格涨幅均位于全国前列；而多数三、四线城市呈现"价减量增"或"价稳量增"特征。12月，福州、厦门、泉州新建住宅销售价格同比分别上涨27.3%、41.5%和8.9%。

### （四）财政收入增长放缓，企业效益增长加快

全年地方公共财政收入增长7.0%，比上年回落0.7个百分点。地方级税收收入增长5.5%，提高3.1个百分点，其中第三产业税收增长较快。工业企业效益增长较快，全年规模以上工业企业利润增长19.5%，较2015年明显加快。其中，制造业利润增长22.6%，部分行业利润成倍增长。

城乡居民收入继续增长，但增速略有减缓。全年城镇居民人均可支配收入增长8.2%，扣除价格因素实际增长6.3%，比上年回落0.2个百分点；农民人均可支配收入增长8.7%，扣除价格因素实际增长7.1%，回落0.1个百分点。

## 三、福建金融比较分析

2016年，福建省金融运行总体平稳，社会融资规模明显超过2015年。存款增长较为乏力，新增

贷款向个人住房、基础设施等领域倾斜，小微企业贷款比上年明显多增。人民币贷款利率低位运行。银行业资金运用充分，存贷比保持高位。不良贷款继续呈现“双升”态势。金融市场多数产品成交大幅增长，直接融资增长明显，保险市场平稳发展。

**（一）银行存款增长较乏力，存款结构分化明显**

截至 2016 年末，全省本外币各项存款余额 40487.0 亿元，比上年末增长 9.9%，比同期贷款增速低 2.3 个百分点，比上年末低 0.8 个百分点。全年新增存款 3641.6 亿元，比上年少增 8.5 亿元。存款增量分季度看，1、2、3 季度增加较多，4 季度增量较少。

从存款来源结构看，全省住户存款增长较为平稳，全年住户存款增加 1279.60 亿元，比上年少增 16.90 亿元。企业存款增长乏力，全年企业存款增加 1208.99 亿元，少增 588.41 亿元。企业存款大幅少增的主要原因是，2015 年以来存款基准利率多次下调的效应持续增强，企业持有定期存款的意愿降低，部分企业将存款购买较高收益的理财产品，造成企业定期存款比 2015 年明显多减。而且，部分企业经营困难造成活期存款下降、银行承兑汇票负增长造成企业保证金存款萎缩也影响企业存款增长。政府存款增加较多，与 2016 年地方政府债大量发行密切相关。非银行业金融机构存款也明显少增，主因是证券机构客户交易结算资金规模明显下降。

**（二）银行贷款增量超过 2015 年，贷款投向结构变化较大**

2016 年，福建省金融机构积极贯彻稳健的货币政策，推进供给侧结构性改革，多渠道筹措资金支持福建实体经济发展。全年金融机构本外币贷款增加 4092.8 亿元，比上年多增 454.7 亿元。各季度贷款增量基本保持均衡分布态势。分币种看，人民币贷款增加 4223.1 亿元，保持比上年多增的态势；外币贷款继续明显减少，主要与汇率变化预期导致一些企业不再续借甚至提前归还外币贷款有较大关系。

公司类贷款增长乏力，个人住房贷款明显多增。全年金融机构公司类贷款增加 759.3 亿元，占金融机构各项贷款增加额的 18.6%，公司类贷款增加较少不仅与当前部分企业经营困难增大、贷款有效需求下降有关，也与企业（项目）业主进行大规模债券融资、从银行表外业务获得大量资金以及银行处置核销存量企业不良贷款等密切相关；住户贷款增势良好，主要是受房地产市场交易快速增长影响，个人住房贷款比上年多增 860.9 亿元。

对公贷款投向看，银行机构新增信贷投放较多向基础设施、商贸等领域倾斜。全年基础设施贷款增加 397.10 亿元，占公司类贷款增量的比重比上年提高 4.9 个百分点；租赁和商务服务业贷款多增 147.94 亿元；房地产业贷款增量占比由上年的 21.4%转为下降 0.1%；制造业贷款疲软，不仅与大型企业直接融资替换贷款、制造业存量不良贷款处置核销等直接相关，也与制造业面临转型升级压力密切相关。与东部沿海发达省市相比，福建省传统制造业占比较高，研发投入不足、高技术制造业占比较低，加剧省内制造业调整压力，对贷款需求的释放造成不利影响。

小微企业贷款增量超过 2015 年。年末全省大、中、小微企业贷款（不含票据贴现，下同）分别比上年末增加 233.6 亿元、减少 145.4 亿元和增加 744.0 亿元，分别少增 249.8 亿元、多减 591.2 亿元和多增 421.5 亿元。但小微企业贷款多增主要集中在建筑业、批发零售、租赁商务服务等行业。

新增贷款超七成为中长期贷款，短期贷款仍然疲软，票据融资增加较多。全年中长期贷款比上年多增 575.11 亿元，增量占全部贷款的比重由上年的 69.9%上升到 76.2%。中长期贷款大幅多增主要体现在个人住房贷款领域。短期贷款比上年少增

34.7 亿元，主要是单位短期经营贷款增长仍然乏力。票据融资比上年多增 185.2 亿元。在当前不良贷款形势严峻、有效信贷需求不足的环境下，部分大型银行和股份制银行大幅增加低风险的票据配置。

**（三）贷款利率低位运行，货币市场价格继续走低**

2016 年，福建省人民币贷款加权平均利率呈震荡下行态势，12 月降至 5.5511%。各期限利率水平均较 2015 年出现不同程度下行，其中 5 年以上期限降幅最大。从占比看，全年执行下浮、基准和上浮利率贷款占比分别比上年上升 5.54 个百分点、上升 2.68 个百分点和下降 8.23 个百分点。总体上看，全年实体经济贷款利率有所降低，融资贵问题有所缓解。货币市场上直贴加权平均利率下降 0.76 个百分点，转贴现加权平均利率下降 0.74 个百分点。

**（四）银行业资金运用充分，不良贷款继续“双升”**

截至 2016 年末，福建省本外币余额存贷比为 93.3%，大幅高于全国平均水平。按五级分类，年末银行业金融机构不良贷款余额和不良贷款率比年初分别增加 125.53 亿元和提高 0.06 个百分点。全年银行业金融机构利润比上年增长 36.9%。

**（五）金融市场平稳运行，多数产品成交大幅增长**

银行间市场交易总量大幅增长。全年同业拆借、债券回购、现券交易三项成交总额比上年增长 93.8%。企业发债融资再创新高，初步统计，全年福建企业在国内发行债券融资 3118.8 亿元，比上年增长 54.6%。企业股票融资增多，全年福建企业在境内通过发行股票募集资金 549.6 亿元，多 110.6 亿元。保险市场保持较快增长，全年福建实现保费收入增长 18.0%；各项赔付与给付支出增长 29.6%。跨境人民币业务量下降，全年银行业机构共办理跨境人民币结算业务 4658.95 亿元，下降 25.6%。福建自贸试验区自挂牌至 2016 年末，共办理人民币跨境结算 1212.39 亿元。

## 四、经济金融热点关注

相关机构研究认为，2017 年全球经济增速将略高于 2016 年，但经济下行风险增加。中国经济下行压力依然较大，但转型升级和改革将不断释放增长潜力，预期经济能够保持中高速发展。在“一带一路”国家战略、自由贸易试验区等重大发展机遇的拉动下，2017 年福建经济仍有望保持较快增势，经济增长新动能、房地产去库存、金融风险等热点情况和问题值得关注。

**（一）关注福建省经济增长新动能带来的机遇**

虽然近些年经济增长逐渐放缓，但不容忽视的是，在一系列政策措施的作用下，福建省经济增长新动能正逐渐形成。一是高技术产业发展较快。2016 年，全省高技术产业增加值增长 11.7%，比规模以上工业高 4.1 个百分点。高技术产业投资快速增长，全年达 60.6%，高出全省投资增速 52.1 个百分点。二是服务业比重不断提升。自 2015 年 3 季度以来，福建省服务业增速开始高于第二产业，并一直保持领先态势。2016 年，全省服务业增加值增长 10.7%，高出第二产业 3.4 个百分点，其中营利性服务业快速增长。三是重大项目持续推进。目前中化 100 万吨乙烯及炼油改扩建项目、泉州晋华集成电路存储器、福州京东方面板等一批重大项目正持续推进，这些项目建成后其效应不仅能突破产业关键技术、核心技术，而且能带动产业链缺失环节的填平补齐，延伸拓展产业链的上下游配套，打造出福建省极具竞争优势的产业链、产业群。四是龙头企业竞争力增强。省内龙净环保等一批龙头企业积极适应供给侧结构性改革的要求，激发新动能、找准新方向、突破新作为，取得明显效果。五是转型升级步伐加快。三钢集团等省内企业积极研发新产品、升级设备、转变经营策略、创新营销模式、跨行业转型等。

2017年，福建省内金融机构要充分认识到当前经济新动能加速形成、经济企稳迹象苗头初显的机遇，落实好中央振兴实体经济的战略部署，及时调整经营理念。一要调整信贷投向，在内部加强贷款集中度管理，引导信贷资金均衡配置，加大力度服务实体经济。二要切实提高风险识别能力，建立起与经济新业态相适应的风险评审体系，注重大数据、供应链数据的运用，降低抵押担保偏好，同时适度提高不良贷款比率风险容忍度。三要注重金融资源统筹配置，强化金融机构内部和外部协同运作，综合运用贷款、股票融资、债券融资、风险投资、融资租赁等工具，为培育经济新动能，加快转型升级提供更优质金融服务。

**（二）关注房地产去库存面临的结构问题**

一是非住宅类商品房去化周期较长。2016年，全省非住宅类商品房库存去化速度慢于住宅商品房。年末全省非住宅类商品房去化周期也明显高于住宅商品房。二是部分三、四线城市的房价绝对水平仍然较高制约去库存进程。个别城市房价收入比超过9倍，房价的绝对水平依然较高与居民购买力有限矛盾突出，制约了去库存进程。三是人口逐渐流失制约三、四线城市房地产市场的总体需求。与2008年末相比，2015年末全省常住人口数增长6.5%，其中厦门市、福州五城区分别增长55.0%、13.9%，而多数县域人口不升反降。省内57个县及县级市中，有39个的人口出现负增长，其中周宁县、顺昌县等经济欠发达的14个县降幅超过10%。四是农民进城购房仍面临较大困难。一方面，农民购房的资金来源有限，部分农民购房资金来源于农村财产转移，但农村土地流转市场才刚起步，现阶段农村财产变现难度较大；另一方面，农民购房需求因缺乏抵押资产难以获得有效的信贷支持。部分金融机构虽有创新推出金融产品支持农民群体的购房需求，但覆盖面有限。

**（三）关注金融风险上升压力仍较大的现实**

一是不良贷款形势仍然严峻。如果考虑银行通过批发转让、现金清收、核销等方式处置不良贷款的因素，2017年福建实际不良贷款新增额较多。而且，关注类贷款和企业逾期贷款持续增加也预示下阶段信贷风险压力依然较大。二是证券期货业抗风险能力仍有待增强。受经济下行以及资本市场波动影响，证券公司盈利能力下降明显。三是保险业整体经营压力上升。受经济下行、车险费改、行业规范中短存续期产品等因素影响，2016年保费收入增速明显低于赔付支出增速。人身险公司退保和满期给付风险值得关注。四是互联网金融风险不断显现。近年来，互联网金融业务规模迅速扩大、复杂性日益增强、资金流向和用途难以有效监管。同时，第三方支付、P2P等互联网金融在其发展过程中，由于运营不规范，出现了许多问题，部分平台变相从事信用中介，甚至演化为非法集资。五是民间融资与非法金融活动风险形式多样。非法集资犯罪手法层出不穷，犯罪形式日趋专业隐蔽，呈现出典型的泛理财化、网络化的特征。六是部分地区金融生态环境有所恶化。受经济下行等影响，企业资金链断裂、逃废债事件多发，部分地区银企、银担、企业间的互信度持续下降。

（执笔：杨长岩 李春玉 宋科进 余静 银小柯 杨冰洁）

## 2-3-7-2　福建省金融机构存款余额

（2016 年）

| 项目 | 本外币余额（亿元） | 人民币余额（亿元） | 外币余额（亿美元） |
|---|---|---|---|
| **各项存款** | **40487.03** | **39275.82** | **174.60** |
| **境内存款** | **39773.02** | **38800.62** | **140.18** |
| 住户存款 | 15412.31 | 15122.76 | 41.74 |
| 非金融企业存款 | 14089.09 | 13416.02 | 97.03 |
| 广义政府存款 | 7598.45 | 7595.76 | 0.39 |
| 非银行业金融机构存款 | 2673.18 | 2666.08 | 1.02 |
| **境外存款** | **714.02** | **475.20** | **34.43** |

## 2-3-7-3　福建省金融机构贷款余额

（2016 年）

| 项目 | 本外币余额（亿元） | 人民币余额（亿元） | 外币余额（亿美元） |
|---|---|---|---|
| **各项贷款** | **37787.26** | **36356.06** | **206.31** |
| **境内贷款** | **36999.57** | **36230.64** | **110.84** |
| 住户贷款 | 15228.16 | 15225.40 | 0.40 |
| 短期贷款 | 4352.88 | 4350.23 | 0.38 |
| 中长期贷款 | 10875.28 | 10875.17 | 0.02 |
| 非金融企业及机关团体贷款 | 21771.06 | 21004.89 | 110.45 |
| 短期贷款 | 8705.47 | 8270.75 | 62.67 |
| 中长期贷款 | 11060.87 | 10756.62 | 43.86 |
| 票据融资 | 102.86 | 1862.13 | |
| 融资租赁 | 16.49 | 16.49 | |
| 各项垫款 | 126.09 | 98.90 | 3.92 |
| 非银行业金融机构贷款 | 0.35 | 0.35 | |
| **境外贷款** | **787.68** | **125.41** | **95.47** |

## 2-3-7-4 福建省金融机构现金投放回笼情况

（2005-2016 年）　　　　单位：亿元

| 年份 | 投放（+）回笼（-） | 年份 | 投放（+）回笼（-） |
|---|---|---|---|
| 2005 | 63.17 | 2011 | 45.73 |
| 2006 | 81.56 | 2012 | -1.80 |
| 2007 | 64.27 | 2013 | 43.30 |
| 2008 | 10.60 | 2014 | -26.84 |
| 2009 | 7.01 | 2015 | -10.71 |
| 2010 | 80.44 | 2016 | 82.68 |

## 2-3-7-5 福建省金融机构存、贷款余额占全国比重

（2005-2016 年）　　　　单位：%

| 年份 | 存款比重 | 贷款比重 | 年份 | 存款比重 | 贷款比重 |
|---|---|---|---|---|---|
| 2005 | 2.55 | 2.62 | 2011 | 2.61 | 3.26 |
| 2006 | 2.66 | 2.85 | 2012 | 2.66 | 3.33 |
| 2007 | 2.59 | 3.07 | 2013 | 2.70 | 3.39 |
| 2008 | 2.54 | 3.08 | 2014 | 2.71 | 3.46 |
| 2009 | 2.47 | 3.03 | 2015 | 2.64 | 3.39 |
| 2010 | 2.56 | 3.13 | 2016 | 2.60 | 3.37 |

# 2-3-7-6 福建省各金融机构人民币存款余额

（2012-2016 年）

单位：亿元

| 名称 | 2012 | 2013 | 2014 | 2015 | 2016 |
| --- | --- | --- | --- | --- | --- |
| 中国人民银行 | 615.62 | 777.85 | 1014.60 | 799.12 | 766.20 |
| 中国工商银行 | 2790.76 | 2979.84 | 3067.15 | 3293.03 | 3598.60 |
| 中国农业银行 | 3047.63 | 3334.24 | 3397.70 | 3643.96 | 4009.73 |
| 中国银行 | 1987.26 | 2231.42 | 2278.65 | 2491.89 | 2759.28 |
| 中国建设银行 | 3979.04 | 4423.73 | 4514.01 | 4902.92 | 5280.12 |
| 国家开发银行 | 219.47 | 148.06 | 251.71 | 562.91 | 688.58 |
| 中国进出口银行 | 1.87 | 5.10 | 11.11 | 12.81 | 28.01 |
| 中国农业发展银行 | 83.45 | 79.23 | 97.97 | 199.35 | 315.90 |
| 交通银行 | 600.56 | 711.10 | 702.71 | 706.90 | 695.35 |
| 中信银行 | 657.74 | 820.14 | 825.19 | 878.31 | 938.04 |
| 中国光大银行 | 402.54 | 476.37 | 530.81 | 687.71 | 657.25 |
| 华夏银行 | 161.12 | 196.10 | 198.59 | 193.36 | 181.36 |
| 广发银行 |  | 10.85 | 52.01 | 106.96 | 97.41 |
| 平安银行 | 267.11 | 373.48 | 418.23 | 399.36 | 409.18 |
| 招商银行 | 647.91 | 728.70 | 874.79 | 1135.05 | 892.31 |
| 上海浦东发展银行 | 281.88 | 334.24 | 399.31 | 432.24 | 465.48 |
| 兴业银行 | 2430.25 | 2692.50 | 3036.18 | 3793.87 | 4575.68 |
| 中国民生银行 | 679.81 | 859.02 | 938.97 | 1671.42 | 1619.74 |
| 恒丰银行 | 66.69 | 128.40 | 162.03 | 244.71 | 250.54 |
| 渤海银行 |  |  |  | 35.78 | 42.14 |
| 城市商业银行 | 1208.44 | 1732.40 | 2019.13 | 2990.96 | 3494.55 |
| 农村合作机构 | 2603.71 | 3207.22 | 3745.97 | 4463.21 | 5241.50 |
| 村镇银行 | 18.71 | 50.65 | 99.99 | 143.47 | 187.59 |
| 中国邮政储蓄银行 | 1131.95 | 1248.29 | 1354.89 | 1441.53 | 1664.82 |
| 中资财务公司 | 77.38 | 128.10 | 144.70 | 140.89 | 223.84 |

注：以上金融机构不含外资银行；2012 年平安银行与深圳发展银行合并为平安银行，2012 年之前的数据并入城市商业银行；农村合作机构包括农村商业银行、农村信用社、农村合作银行

# 2-3-7-7 福建省各金融机构人民币贷款余额

（2012-2016 年）　　　　单位：亿元

| 名称 | 2012 | 2013 | 2014 | 2015 | 2016 |
|---|---|---|---|---|---|
| 中国工商银行 | 3014.08 | 3325.60 | 3612.35 | 3838.34 | 4055.16 |
| 中国农业银行 | 2597.83 | 2915.02 | 3288.61 | 3637.31 | 3886.20 |
| 中国银行 | 1754.57 | 2019.26 | 2159.23 | 2375.51 | 2614.08 |
| 中国建设银行 | 3118.52 | 3529.81 | 4310.49 | 4663.10 | 5143.14 |
| 国家开发银行 | 1561.89 | 1830.88 | 2126.84 | 2488.29 | 2761.77 |
| 中国进出口银行 | 264.16 | 334.15 | 428.13 | 525.35 | 667.40 |
| 中国农业发展银行 | 430.21 | 482.23 | 551.04 | 701.11 | 923.80 |
| 交通银行 | 445.27 | 497.48 | 571.64 | 699.55 | 828.16 |
| 中信银行 | 569.94 | 676.63 | 729.28 | 732.17 | 882.88 |
| 中国光大银行 | 417.95 | 468.54 | 510.36 | 569.05 | 671.63 |
| 华夏银行 | 137.26 | 167.26 | 203.29 | 233.13 | 247.38 |
| 广发银行 | | 9.52 | 63.18 | 98.19 | 156.86 |
| 平安银行 | 251.56 | 280.11 | 324.42 | 342.46 | 343.60 |
| 招商银行 | 585.97 | 673.57 | 792.25 | 1009.75 | 1123.32 |
| 上海浦东发展银行 | 247.08 | 308.33 | 361.51 | 402.44 | 485.59 |
| 兴业银行 | 2261.36 | 2662.95 | 3058.85 | 3418.03 | 3973.12 |
| 中国民生银行 | 533.12 | 598.65 | 669.37 | 812.92 | 1007.59 |
| 恒丰银行 | 33.18 | 68.72 | 78.02 | 97.71 | 142.87 |
| 渤海银行 | | | | 26.17 | 52.57 |
| 城市商业银行 | 617.27 | 893.33 | 1110.52 | 1459.23 | 1837.39 |
| 农村合作机构 | 1696.63 | 2054.01 | 2465.68 | 2807.81 | 3096.09 |
| 村镇银行 | 25.89 | 45.48 | 91.73 | 120.22 | 140.20 |
| 信托投资公司 | 5.49 | 3.15 | 2.20 | 1.51 | 1.02 |
| 中国邮政储蓄银行 | 303.18 | 426.75 | 627.55 | 841.49 | 1039.87 |
| 中资财务公司 | 54.99 | 65.84 | 108.13 | 117.23 | 151.84 |

注：以上金融机构不含外资银行；2012 年平安银行与深圳发展银行合并为平安银行，2012 年之前的数据并入城市商业银行；农村合作机构包括农村商业银行、农村信用社、农村合作银行

## 2-3-7-8 银行业发展综述

2016 年，福建省银行业总体实现平稳健康发展，积极服务地方实体经济发展，持续深化改革转型，在支持产业转型升级、支持保障性安居工程、服务小微金融等方面成效显著。

### 一、支持产业转型升级

截至 2016 年末，福建省内银行业支持工业转型升级和战略性新兴产业贷款余额 1177.31 亿元，比上年末增长 4.1%；其中，支持工业转型升级信贷余额 467.84 亿元，增长 15.3%。

### 二、支持保障性安居工程

截至 2016 年末，福建省银行业保障性安居工程贷款余额 651.32 亿元，比上年末增长 39.7%，高出各项贷款 27.4 个百分点，其中全省棚户区及垦区危房改造贷款余额 616.67 亿元，占保障性安居工程贷款余额的比重为 94.7%；全省公共租赁住房贷款余额 4.17 亿元，增加 3.80 亿元，增长 10.5 倍。2016 年，全省保障性安居工程开工 13.4 万套、开工率 107.7%，基本建成 13.1 万套，超额完成任务。

### 三、大力服务小微金融

2016 年，福建省银行业小微金融服务实现三个“不低于”。截至 2016 年末，福建省银行业小微企业贷款余额 8430.8 亿元，比上年末增加 1036.91 亿元，增长 14.0%，高出各项贷款增速 2.2 个百分点；小微企业贷款户数 55.11 万户，增加 11.51 万户，增长 26.4%；申贷获得率 94.79%，提高 1.9 个百分点。辖内商业银行办理无还本续贷客户 2.39 万户，比年初增加 1.12 万户，增长 88.0%；续贷余额 785.72 亿元，比年初增加 364.24 亿元，增长 86.4%。续贷笔数占比 10.6%，提高 4.8 个百分点；续贷金额占比 17.6%，提高 8.3 个百分点。

福建省银行业积极设立小微企业专营支行和专营机构。截至 2017 年 1 月末，福建银行业机构共设立各类小微企业专营机构 120 家、专营支行 146 家。一是信贷管理标准化。以专营机构为集约化处理中心，配备专业的小微业务管理团队，对小微企业各业务环节进行标准化、批量化、精细化作业，从而达到管控信贷风险、提高审批效率及降低管理成本的目的。如建设银行福建省分行、中国银行福建省分行、平安银行福州分行专营机构采用“信贷工厂”标准化流水作业的模式，有效发挥专业化经营优势。二是产品服务个性化。创新贷款还款和抵质押方式，为小微企业提供个性化金融产品服务，并将小微金融服务从单纯贷款向包括支付结算、资产管理、咨询等综合金融服务延伸。如福建海峡银行专营机构创新“迷你贷”小微产品体系，实现在标准化产品基础上根据小微企业类型和发展阶段进行差异化定制，进而满足小微企业个性化需求。三是业务拓展线上化。小微金融服务与“互联网+”进一步融合，针对网点不足问题，专营机构支行通过推广手机银行、网络银行等新型服务终端，拓展线上服务渠道，打通小微金融服务“最后一公里”。如建设银行福建省分行专营机构运用“互联网+”和大数据技术创新“小微快贷”业务，实现小微企业授信业务全流程线上操作，从申贷到放款最快仅需 10 分钟，2016 年 6 月上线以来已支持小微企业 802 户，发放贷款近亿元。四是信贷服务专业化。针对福建行业集群发达、专业市场丰富的特点，专营机构支行围绕“链、圈、集群”重点市场，根据不同集群客户特征“一案一策”开展金融服务，有力缓解小微企业业务“小额多户”带来的不经济性。如兴业银行专营机构在省内先后开发三明林权抵押贷款集群、南平茶行业集群等逾 90 个集群，集群项下贷款余额44.34亿元。广发银行福州分行专营机构依托龙头企业推广“1+N”供应链融资模式，为永辉上游15家供应商企业提供授信8905万元。

## 四、立足“互联网+”助力普惠金融服务补短板

2016年，福建省银行业运用移动互联网、大数据、云计算等互联网技术，拓宽服务渠道、降低融资门槛、提高融资效率、促进特色产业等，构建“互联网+”多层次金融服务体系。截至2016年11月末，推出“快贷”“电商贷”“微贷”“容易贷”等“互联网+”普惠融资产品22种，贷款余额165.4亿元，比年初增长48.4%，推出银行电商平台+地方特色产业服务8个。

## 五、支持旅游业“清新福建”品牌建设

福建银行业积极支持旅游业“清新福建”品牌建设。截至2017年1月末，福建银行业支持旅游产业相关贷款余额129亿元，同比增长16.5%。具体举措如下：一是加强引领对接。兴业银行提出公私联动、旅游完整产业链全覆盖的业务发展思路，并按细分行业制定信贷指引。二是创新融资模式支持加快完善旅游基础设施。开发特定资产收费权、特许经营权质押贷款等支持景区基础设施建设，相关贷款余额76.6亿元。工商银行福建省分行为客家土楼等景区办理景区经营权和门票收入权质押贷款10.48亿元。三是量身定制信贷产品突出扶持小微经营主体。旅游产业小微企业和个体经营户贷款余额50.27亿元，占旅游产业相关贷款的39.0%。福建省农村信用社联合社推广“绿色信贷+精准扶贫”的模式，支持贫困户发展乡村旅游。四是推出专属产品带动旅游消费。中国银行福建省分行与省旅游局合作推出“中银清新福建旅游卡”，依托完善的国外金融服务网络，将“清新福建”品牌推向世界。兴业银行推出“随兴游”旅游综合金融服务方案，提供无抵押的个人旅游贷款产品。全省旅游消费贷款余额11.69亿元，并在全省景区布设ATM机278台、POS机4.26万台，有力拉动旅游消费。

## 六、规范辖内银行服务收费、减费让利

福建银监局推动辖内银行规范服务收费、减费让利。配合福建省政府出台《关于降低企业成本减轻企业负担的意见》，2016年辖内银行业取消收费项目113个、整合精简收费项目60个、降低收费标准项目78个，为企业减费让利19.15亿元。

## 2-3-7-8-1　福建省部分银行发展概况

### 中国人民银行福州中心支行

2016年，中国人民银行福州中心支行落实宏观审慎评估体系（MPA）政策，引导地方法人金融机构充实资本，科学规划增资扩股、有序发行二级资本债；对地方法人金融机构有效开展窗口指导，合理规划广义信贷增量，加强资产质量管理。推进宏观审慎评估政策有序过渡，综合运用存款准备金、再贷款、再贴现等多种工具，加强预调、微调，全年地方法人金融机构人民币贷款新增950.26亿元，比上年多增79.03亿元，贷款额度使用率99.57%，增量主要用于“三农”和小微企业领域；全年地方法人金融机构人民币贷款增长18.7%，比全省平均水平高出5.6个百分点。制定《关于做好福建省供给侧结构性改革金融服务工作的意见》，引导金融机构“有扶有控”做好“三去一降一补”金融服务。进一步扩大直接融资，企业发债总量再创历史新高，品种更趋完善和合理，有序降低了实体经济杠杆率水平。推动中国（福建）自由贸易试验区（以下简称“福建自贸试验区”）金融改革创新，加大对“海丝”核心区建设的金融支持力度。深化重点区域性金融改革，加强闽台金融交流合作。

#### 一、服务实体经济

联动经信部门搭建产融合作平台，全年征集发布956家工业企业融资需求信息，开展“补短板”重点项目融资政银企对接活动19场，帮助企业获得融资授信454亿元。组织实施支持钢铁、煤炭行业化解过剩产能实现脱困发展的金融政策，钢铁、煤炭等行业贷款保持有序退出态势，钢铁、煤炭去产能超额完成国家下达任务。支持房地产去库存，因城施策落实好差别化住房信贷政策，提高福州、厦门购房贷款首付比例，稳定三四线城市和县域住房信贷政策，引导金融机构创新农民工购房信贷产品，年末个人住房贷款余额比上年末增长29.5%，多增862.53亿元，商品房去化周期减少9个月。完善绿色信贷工作机制，年末全省（不含厦门）绿色信贷余额1452.70亿元，增长3.9%；支持兴业银行全国首发绿色金融债券，至年末兴业银行500亿元绿色金融债完成发行，募集资金支持超过500家企业的绿色项目，并实现了节能、污染防治、资源节约与循环利用、清洁交通、清洁能源、生态保护和适应气候变化六大领域全覆盖。联合六部门制定《关于推进福建省金融精准扶贫打赢脱贫攻坚战实施意见》，引导金融机构创新推出对建档立卡贫困户直接帮扶、产业带动、信托分红等多种金融支持模式，实现对贫困户信用建档全覆盖、扶贫小额贷款担保基金对全省60个有千户以上贫困人口的县（市）全覆盖，年末金融精准扶贫贷款余额97.32亿元，增长2.3倍，带动服务贫困人口15.26万人，其中对建档立卡贫困人口贷款余额11.88亿元，增长2.1倍。开展涉农和小微企业信贷政策导向效果评估，引导金融机构改善涉农和小微企业金融服务。全年金融机构运用人民银行支农再贷款资金发放的年度涉农贷款利率（5.80%）比其他资金发放的涉农贷款利率（9.66%）低3.86个百分点；运用人民银行支小再贷款资金发放的小微企业贷款利率（5.65%）比其他资金发放的小微企业贷款利率（7.85%）低2.20个百分点；运用再贴现资金办理的小微企业、涉农票据贴现融资业务利率，分别较其他资金办理的相关贴现业务利率低0.16个百分点、0.39个百分点。制定《关于加强和改善福建省农村金融服务的十条措施》，以推进农村信用体系建设和开展农业领域的产融合作为重点，完善新型农业经营主体“主办行”服务机制，改善农业融资服务，农业和农村基础设施建设领域的信贷供给基本稳定，年末新型农业经营主体贷款余额增长6.9%，其中对家庭农场、农民专业合作社、农业专业大户等贷款余额增长30.3%；深化农村“两权”抵押贷款试点，制定《关于进一步推进农村“两权”抵押贷款试点的指导意见》，指导加快完善确权、登记、评估、流转、风险补偿等配套条件，“两权”抵押贷款实现试点县（市）全覆盖、主要金融机构业务全覆盖，“两权”抵押贷款规模持续扩大，年末省内13个试点县（市）“两权”抵押贷款余额增长40.7%，其中农村承包土地的经营权抵押贷款余额增长2.1倍，农民住房财产权抵押贷款余额增长22.1%，居全国第4位；推进健全农村涉农担保体系，省农业信贷担保公司投入运作，注册资本金2亿元。深化“信用+信贷+保险”三位一体的小微企业贷款保证保险融资业务试点，小微贷款保证保险试点设区市扩容至7个（含平潭综合实验区），服务小微企业600多户，新增小贷险贷款2.03亿元，支持贷款余额2.24亿元；推进小微企业金融服务专营机构建设，年末已有8家金融机构在省内不同地区组建科技支行或科技金融服务中心，提供专业金融服务；推动开展“无间贷”“连连贷”等无还本续贷产品，减轻企业还贷压力，年末无还本续贷余额785.72亿元，增长86.4%，支持中小企业2.39万户，增长88.0%；配合省政府建立健全政策性中小企业融资担保体系，推动实现政策性担保机构设区市、主要县域全覆盖，年末全省已设立政策性融资担保机构41家（含再担保公司），注册资本61.66亿元。发挥政府促就业小额担保基金的机制功能，将在校大学生和高校毕业生创业担保贷款额度由人民银行总行规定的10万元提高至30万元，促进金融机构增加再就业小额担保贷款投放，支持就业困难人员、妇女、高校毕业生、退伍转业军人创业就业，全年累计投放各类促就业小额贷款4.51亿元，比上年增长4.2%。进一步扩大直接融资，全年福建企业通过发行股票和债券融资3668.4亿元，增长49.4%；其中，在银行间市场发债融资1875.1亿元，增加425.1亿元，债券品种创新继续取得突破，恒安国际集团创新发行熊猫债券20亿元，福建能源集团、福建电子信息集团共发行永续中期票据8亿元，地方法人银行成功发行二级资本债券107.5亿元，是上年的2.6倍。配合中国银行间市场交易商协会、中债信用增进公司化解宁德区域集优中小企业集合票据风险，推动省、市、县三级政府相关部门协同采取化险措施。跨境人民币结算业务量下降，但规模仍居全国前列。全年银行业机构共办理跨境人民币结算业务4658.95亿元，比上年下降25.6%，总量居全国第6位。其中，经常项下人民币结算业务量下降40.2%，资本项下人民币结算业务量下降12.8%。

## 二、推进福建自贸试验区建设

制定印发《关于支持中国（福建）自由贸易试验区扩大人民币跨境使用的通知》等9份文件，不断完善自贸试验区金融改革创新制度体系。持续跟踪推进金融重点项目落地实施，在牵头的35项重点试验任务中，23项已可实施，2项部分可实施，7项正在推进。相关的8项金融创新举措中，“对台离岸业务”属全国首创，“对台跨境人民币贷款”“台企台胞征信查询”等4项被列为对台先行先试重点项目。自福建自贸试验区挂牌至2016年末，共办理跨境人民币结算业务1212.39亿元；全省（不含厦门）共设立跨国企业集团跨境双向人民币资金池69个，全年共流入资金206.54亿元，流出资金198.50亿元，净流入8.04亿元；福州和平潭片区开通区内台企台胞征信查询业务，截至2016年末，发放台企和台胞贷款4173.2万元。

## 三、支持福建建设“21世纪海上丝绸之路核心区”

支持有关金融机构与福建省政府合作设立1000亿元的“21世纪海上丝路”产业基金。引导金融机构为“一带一路”建设中的基础设施互联互通以及海外投资项目提供信贷支持，年末银行业机构“一带一路”项目融资余额3094亿元，比上年末增长19.0%。发展出口信用保险、海外投资保险、首台（套）重大技术装备综合保险等，全年中国信保在闽机构在贸易险项下共支持闽企对“一带一路”沿线国家和地区出口贸易26.8亿美元，在投资险项下共支持闽企对“一带一路”沿线国家和地区投资4.5亿美元。推动人民币跨境结算服务，鼓励跨国企业集团开展跨境人民币资金集中运营业务，支持更多“走出去”企业集团享受贸易和投资便利化，全年福建与“一带一路”沿线国家和地区的跨境人民币业务量达431.38亿元，占同期全省跨境人民币业务总量的9.3%。支持中国—东盟海产品交易所（以下简称“东盟海交所”）开展跨境人民币结算业务，推出东盟海交所境内外会员子账户模式，规范仓单质押融资业务范围，支持东盟海交所与银行、第三方支付公司合作开发跨境结算平台，提高境外会员单位资金收付效率。推动省内有资质的支付机构开展跨境外汇支付业务试点，目前已有快钱支付清算信息有限公司等十余家第三方支付机构可办理跨境结算。

### 四、维护金融稳定

加强重点领域及跨行业、跨市场的金融风险监测，全年共向上级行、政府相关部门、金融监管机构等预警金融风险26次，涉及信贷资金87.06亿元。组织完成非金融企业杠杆率、中小法人金融机构风险调查，对16家银行业金融机构开展同业业务督查，排查金融领域风险隐患。以16家银行业金融机构为抽样，组织完成银行业不良资产真实性现场评估。组织完成辖区115家地方法人投保机构和1家全国性投保机构的存款保险评级和保费交缴工作；稳步实施差别费率，探索开展存款保险核查，强化对投保机构的保费交缴和落实差别费率的监督。规范开展“两管理、两综合（开业管理、营业管理、综合评价、综合执法）”工作。引导8家新设金融机构加入中央银行管理与服务体系，完成辖区35家银行业金融机构综合评价工作。加强重大事项报告管理，全年收到银行业金融机构重大事项报告67次。

### 五、金融服务与管理

完成人民银行内部统计数据采集系统维护和升级，实现人民银行总行时间序列数据库系统数据上报率100%；代人民银行总行完成全国农村“两权”抵押贷款和金融扶贫贷款制度研究设计工作。清算系统运维安全有效，大额实时支付系统、小额批量支付系统、全国支票影像交换系统和网上支付跨行清算系统等5大支付清算系统可用率均达100%；在全国率先开发运行人民币银行结算账户行政许可公示配套程序，以互联网年检为主的银行账户年检工作顺利推进；联合完成全国首次生产环境下跨省网点办理ACS业务应急演练，全年各级人民银行通过ACS发起业务85290笔，ACS运行成功率99.77%，居全国前列；实施非银行支付机构风险和无证经营支付业务专项整治行动，完成17家无证机构和25家相关持牌责任机构的整改和清理处置；组织省内70家银行接入“电信网络新型违法犯罪交易风险事件管理平台”，建立涉案账户止付冻结和倒查管控机制，通过平台冻结账户2804户，金额2.9亿元，紧急止付账户3604户，金额2.1亿元；组织实施打击非法买卖银行卡信息专项行动，严格落实倒查“双罚”机制；制定实施《优化助农支付环境　提升金融扶贫实效工作的指导意见》，丰富服务点支付业务功能，在全国率先出台《防范利用跨行助农取款业务套取发卡行手续费补贴自律公约》；电子商业汇票业务持续拓展，全省电子化率达到全国平均水平2倍。拓展金融信用信息基础数据库应用，年末系统收录全省各类企业及其他组织42.63万户（含自然人贷款卡数），比上年末增长2.5%，涉及人民币贷款余额增长9.7%；收录全省自然人2534.55万人，增长2.9%，涉及人民币贷款余额增长6.7%。企业系统和个人系统日均查询量分别减少5.8%和增长6.5%。推广应用应收账款融资服务平台，年末全省（含厦门）完成平台融资1610笔，融资金额591.69亿元。社会信用体系建设稳步推进，推动福州、厦门、莆田开展国家信用示范城市创建，在全国率先上线省级征信业务综合平台，已汇集工商、税务等约10万条公共信用信息为全省金融机构提供一站式查询；完善福建省公共信用信息平台，推动公共信用信息交换共享，福建省公共信用信息平台（一期）已汇集41家成员单位的471类法人信用信息。创新开展中小企业和农户信用信息统一服务平台建设，年末建立小微企业信用档案11.35万户，其中2.44万户企业获得银行融资，分别比上年末增长5.8%和2.1%；建立农户信用档案544万户，占全省农户总数的80.5%，全省对已建档的236万户农户累放贷款5596.7亿元，分别增长2.1%、2.8%和18.6%。信用评级业务稳步发展，省内已备案企业征信机构2家，截至年末共完成信贷市场信用评级企业732家。配合税务部门做好“营改增”、跨省异地缴纳交通违法罚款等财税体制改革；制定出台国库现金管理相关制度，成功试点开展省级国库现金管理；强化国库监管，作为全国唯一试点单位，顺利上线人民银行国库监管系统；在全国率先实现国库事后监督、非税收入缴库、省级财政支出等业务无纸化处理；扩大财关库银横向联网系统试点范围，福州市经济技术开发区支库和福州海关、马尾海关成功上线运行。推进人民币流通“网格化”管理机制试点，完善银行—城市社区（农村普惠金融服务点或助农取款点）—网格服务对象工作模式，至年末共设立“网格”249个，涉及16家银行机构396个银行网点、1426个重点商户和2410个普惠金融服务点；理顺小面额辅币投放流通渠道，完成一元货币硬币化的的平稳过渡，推进硬币自循环工作向纵深发展，至年末共配备硬币自助兑换机340台、硬币清分机107台，全年1元硬币投放金额增长逾13倍；提高钞票处理运行效率，福州钞票处理中心清分业务量居全国第4位，销毁设备运行时间居全国第2位；推动打击整治假币违法犯罪专项行动常态化，建立地市、县（市）、网格（片警）三级协作反假币机制。推进反洗钱“法人监管”机制，建立全省2104家报告机构监管档案，组织50项对义务机构的现场检查。重点领域反洗钱案件协作成效显著，协同公安部门、安全部门对涉恐类案件调查11项48次，报案12起，侦查机关据此立案1起；深入涉麻涉毒重点地区，指导建立区域性禁毒反洗钱协作机制，协助破获涉毒案件2起，推动涉毒洗钱案立案4起。在全国率先实现保险领域反洗钱调查突破，深挖某“百名红色通缉令”人员利用保险机构寿险保单大量实施洗钱，跨境转移赃款的重大线索并报案。指导邮政储蓄银行福建省分行率先开展试点，成为全国首家建立合规官管理制度的义务机构。全年共收集重点可疑交易线索579条，反洗钱调查立项52项，开展调查387次，上报反洗钱中心研判20条，向侦查机关报案160条，侦查机关立案46起，协助破案22起。累计推动以《刑法》第191条“洗钱罪”立案8起，起诉3起，判决4起。线索收集数、报案数、立案数、洗钱罪案件宣判数分别增长82.1%、36.8%、39.4%、33.3%。积极引导金融主体运用公证手段防范金融风险，联合福建省司法厅等四个部门制定《关于为福建省金融改革创新防范金融风险提供公证法律服务的指导意见》，重点加强各类金融合同公证，规范金融市场行为。稳步推进金融消费权益保护工作，全年共受理投诉368笔，咨询1209笔，办结率 97.8%，已办结的投诉群众满意率达 98.4%。推进普惠金融示范区建设，在全国率先出台地级市普惠金融发展规划。

## 六、推动金融改革

发挥市场利率定价自律机制的自主协商和自律管理作用，对财政存款竞标定价进行自律约束，约定省级国库现金管理商业银行定期存款利率定价规则。全省合格审慎评估参评机构 88 家（包括年检），市场自律机制复核通过 83 家。加强对地方法人机构合理定价窗口指导，年末省内各期限存款挂牌平均利率与各项人民币贷款加权平均利率，较近年来第 1 次推进利率市场化改革前的 2014 年 11 月分别下降约 203 个基点和约 102 个基点，年末省内银行间同业拆借加权平均利率较 2014 年 11 月下降 0.5 个百分点，降幅高于全国平均水平 0.09 个百分点，社会融资成本明显下降。引导地方法人机构丰富市场化融资工具与优化负债资源配置，存单业务总体呈现总量快速增长、发行主体范围扩大、期限品种丰富、定价差异性增强、市场化水平较高等特点。全年地方法人机构发行同业存单 2383.9 亿元，年末余额 1089.2 亿元，分别比上年末增长 1.6 倍和 1.1 倍；全年地方法人机构发行大额存单 34.53 亿元，年末余额 35.80 亿元，分别增长 2.5 倍和 3.1 倍。跟踪评估中国农业银行“三农金融事业部”改革落实情况，开展县域法人银行业机构将新增存款一定比例用于当地贷款的考核工作，推进 17 家县域法人机构经考核达标，享受存款准备金率优惠政策。

## 七、深化泉州金融服务实体经济改革

扩容升级全国首个中小微企业信用信息交换共享平台，整合导入 17.23 万家中小微企业、704 万条基础信息数据，小微企业贷款覆盖面提高至 35.7%，位居全国前列；建设“重点小微企业融资项目库”，设立 5 项、2.42 亿元的风险补偿和增信资金，推动银行业机构向入库企业授信；在全省率先实现县域银行业机构“两权”抵押贷款业务试点落地全覆盖，在全省首创“银村合作共建”农民住房财产权抵押贷款批量授信模式；推广全国首创的“无间贷”等金融产品创新经验，带动银行业机构创新小微金融产品五大系列、212 项及“三农”金融产品和服务方式 38 项，年末各类创新业务累计达 1000 亿元、受益企业 10.53 万户；推进“引金入泉”工程，泉州成为全国少数同时拥有消费金融公司、金融租赁公司和企业集团财务公司的设区市。沙县农村金融改革在全国首创“社区型”村级融资担保基金，形成“信评+基金+信贷+保险”的征信产品应用模式，构建“易操作、低风险”农户融资担保体系，推进农村信用体系建设成果的推广应用；建立较规范的民间借贷登记管理服务平台，基本实现农户信用档案、农户信用评级、村级基础金融服务“三个全覆盖”目标。

## 八、深化闽台金融合作

闽台机构合作取得新进展，年末省内共有 6 家台资银行分行、1 家台资银行参股的银行机构、4 家台资保险经营主体、1 家两岸合资产业投资基金、1 家台资融资性担保公司，福建成为大陆台资金融机构最多的省份之一。对台跨境人民币结算业务稳步推进，全年闽台跨境人民币结算业务额 410.34 亿元，占全省跨境人民币业务总量的 8.8%。对台人民币现钞调运主渠道有序运行，跨海峡人民币代理清算群不断扩大，厦门银行成为大陆首家新台币现钞清算业务参加行，厦门初步建成集货币清算、现钞调运与反假币为一体的两岸货币业务合作支点。推动对台跨境人民币贷款业务试点，年末试点地区企业与台湾地区银行贷款合同的备案金额 7.1 亿元，实际提款 5.0 亿元，分别增长 47.6%和 59.7%。国家开发银行厦门分行牵头厦门 7 家银行组成银团，与台湾联华电子旗下联芯集成电路制造（厦门）有限公司签署10亿美元贷款合同。厦门8家银行挂牌成为两岸知识产权金融试点单位，主要面向科技型企业提供专利权质押贷款。兴业金融租赁有限责任公司委托兴业银行香港分行作为协调行，联合永丰银行（中国）有限公司、富邦华一银行有限公司，成功筹组1.5亿美元三年期银团贷款。两岸征信信息互通共享实现零突破，平潭片区和福州片区内金融机构可查询区内台企台胞在台湾地区的信用信息。浦发银行和平安银行的对台金融服务中心分别在厦门和福州揭牌。

（执笔：王勉）

# 国家开发银行福建省分行

2016年，国家开发银行福建省分行着力服务稳增长、调结构、强动力、惠民生、防风险，全年实现融资总量1306亿元，比上年增长12.8%；发放贷款729亿元，增长15.6%。年末信贷资产总额3685亿元，其中表内贷款余额2493亿元。

## 一、支持重点领域建设

高效推进全省棚户区改造，全年发放棚改专项贷款185亿元，年末余额428亿元；与福建省住建厅签订合作备忘录，推动地方政府出台政府购买棚改服务管理办法。大力支持交通建设，发放公路、铁路、轨道交通等重大交通领域项目贷款147亿元，整体打包“十三五”国省干线公路建设与改造项目，签订150亿元合同并发放贷款12亿元，破解国省干线公路项目筹资困境；承诺一批高速公路融资再安排项目73亿元；牵头组建福州地铁2号线、6号线银团，支持1号线通车运营。积极支持重大水利工程，为长泰枋洋、罗源霍口、平潭及闽江口水资源配置等水利项目提供融资70亿元，其中发放表内贷款28亿元，居全省首位。助力全省产业转型升级，总行与省政府联合召开金融支持福建省电子信息产业发展对接会，达成意向融资金额718亿元。

## 二、倾力支持民生事业

精准施策助力脱贫攻坚，推动成立省级扶贫开发融资主体，制定产业扶贫项目开发及评审指导意见，发放扶贫贷款15亿元，获2016年度福建银行业重点扶贫金融机构支持扶贫开发工作考核第1名。扩大助学贷款覆盖面，与18个县建立合作机制，发放生源地助学贷款5242万元，惠及7241名贫困学子。

## 三、稳步开拓国际业务

与福建省发展改革委签订支持海丝核心区建设合作备忘录，评审承诺25亿美元，发放外汇贷款15亿美元，年末外汇贷款余额26亿美元，全省（不含厦门）同业排名第一，获评“执行外汇管理规定考核情况A类行”。推动中马签署税收协定换函，促进中马双边投资和经贸发展。发放厦大马来分校建设项目短贷5000万美元，支持教育“走出去”。

## 四、深入推进综合金融

全年发行债券25支金额212亿元，认购两批福建省定向债141亿元。推动国家集成电路产业大基金参与组建晋江“安芯产业投资基金”；创新租赁模式，会同国银租赁推动晋江世纪大道等12亿元租赁项目落地。累计与民生银行、华夏银行、农行银行、中国银行等9家银行建立全面业务合作关系，深化在同业返存、银团等方面合作。

## 五、大力推动开发评审

构建银政合作新格局，推动总行与福建省政府举行高层联席会，签署合作金额7000亿元的“十三五”合作备忘录。全年分行与省直有关部门、市县地方政府、大企业、大客户签署19项合作协议。完成扶贫开发、城镇化、开发区创新发展、固定资产等融资规划，融智服务地方发展。全年评审承诺项目296个、金额2146亿元，推广政府购买服务和PPP模式，评审承诺政府购买服务项目186个、金额711亿元，PPP项目14个、金额74亿元。

## 六、严格强化风险防范

构建全面风险防控体系，做好信贷资产质量分类及滚动预测、“双名单”监控和管理、本息回收预测和监控等工作，逐客户逐笔跟踪重点难点项目回收情况，合理推动资产质量结构优化。多措并举化解信贷风险，年末实际不良贷款率0.03%。

（执笔：林小雪）

# 中国建设银行股份有限公司福建省分行

2016年，中国建设银行股份有限公司福建省分行扎实落实建行总行与福建省政府新签署的金融合作备忘录，贴近地区经济特色、百姓金融需求，全力支持新福建建设。全年通过信贷与非信贷方式解决客户融资需求累计超过4000亿元，存贷款总量在同业中唯一一家突破8000亿元大关，主要经营指标连续13年居四大银行第一，市场表现、业务规模和社会口碑保持领先。

## 一、全面拓宽融资渠道

一方面，加大信贷支持。截至2016年末，贷款余额4033亿元，当年新增364.5亿元，贷款余额和新增均居当地四大银行首位，贷款增幅高于全国建设银行系统平均水平。另一方面，充分发挥建设银行集团优势，通过理财、短融、中票、租赁、信托、基金等非信贷方式，满足省内客户资金需求851亿元。特别是在创新融资渠道上不断取得突破：成功设立总规模1000亿元的“21世纪海上丝路”产业基金，获批435亿元；组建省内金融机构第1个资产池，总规模近500亿元，已投放224亿元；承销并认购地方政府债426.1亿元，居当地四大银行第1位；投放全国建设银行系统首笔房地产综合金融服务客户前端土地款融资理财产品（7.2亿元）；承销全国建设银行系统首笔非金融企业熊猫债（恒安集团20亿元）。研究设立省国企改革改制基金，助力省内国有企业做强做优做大。

## 二、倾力服务重点项目

坚持工作前移，早评估、早申报，积极对接重大投资项目融资需求，新增储备大中型项目贷款1113亿元、投放222亿元，有力支持了衢宁铁路(福建段)、国投湄洲湾第二发电厂、福州城市轨道交通1、2号线等省重点项目建设。同时，为50家省内龙头企业提供综合金融服务；为省建工集团、省能源集团等重点建设项目企业提供专业的现金管理服务，支持实现集团内部融资126.9亿元；为福州海峡奥体中心、福州海峡文化艺术中心等多个重点项目共核减工程造价6.4亿元。

## 三、助力产业升级

服务小微企业。推进小企业业务“小额化、标准化、综合化、集约化、网络化、智能化”转型。至年末，小微企业贷款余额588.5亿元，居当地四大银行首位，全面落实贷款增速、贷款户数和申贷获得率“三个不低于”的监管要求。同时，免收小微企业多项费用，为企业办理“无还本续贷”等业务，降低融资成本。支持自贸区及闽台经贸融合发展。通过内保外贷、远期信用证买方付息贴现等方式为客户境外融资407.4亿元。为47家企业搭建跨境本外币双向资金池，流入上限总额426.6亿元。大力开展海峡两岸本外币跨境业务，服务闽台产业对接升级计划，支持在闽台资企业转型升级。服务城乡协调发展。在当地银行业内首家推出城镇化建设贷款产品，审批通过项目25个、金额112.2亿元。坚持把“三农”列为重点支持领域，涉农贷款余额1018亿元，占各项贷款的25.0%。同时，利用建设银行电子商务平台助力省内农副产品向全国销售。服务南平武夷山茶企、古田食用菌等特色农村商户超6000户，交易额超103亿元。

## 四、加强民生改善

全面加大对住房、教育、卫生、医疗、文化等民生领域的金融支持。至年末，个人住房贷款新增329.8亿元，居同业首位，惠及11.1万个家庭，全年新增额创下历年最高纪录；在教育、卫生行业投放贷款73亿元。同时，促进居民消费升级。个人消费经营类贷款余额 189.2 亿元，当年新增 12.1 亿元，居当地四大银行首位。全年信用卡消费交易额 1631.5 亿元。打造公交、校园、医疗、旅游、车友、ETC、县域等 20 个金融消费生态圈，支持消费不断升级。精准有力扶贫。在全省 23 个省级重点扶贫县新增贷款 4.2 亿元，余额达 229.9 亿元。对接贫困户 201 户，扶贫对接贷款余额 4728 万元。

## 五、服务生态建设

一方面支持自然生态建设。支持核电、风电、污水处理、垃圾焚烧处理、福州市轨道交通等 60 多个节能减排企业，贷款余额 117 亿元，比年初增长 20 亿元，增幅达 20.7%。同时，积极推进绿色金融产品创新。承销全国建行首笔绿色金融债券，全年承销 100 亿元，支持福建省推进自然资源资产产权、集体林权、生态补偿等领域的创新。另一方面，支持金融生态建设。认真贯彻省委、省政府关于促进金融平稳运行和防控企业信贷风险等一系列举措，共同守住不发生系统性、区域性金融风险的底线。全年通过再融资、期限调整、贷款承接表外等业务共计 1927 笔，审批金额 236.4 亿元，有力支持暂时困难企业发展。同时，积极争取总行支持，疏通不良贷款“出口”，加快不良贷款处置进程。

## 六、加强文明建设

连续七届被评为全省“文明创建先进行业”，辖内 4 个单位保持“全国文明单位”称号。全辖系统连续 17 年实现安全稳定运营。

（执笔：周卉）

# 中国工商银行股份有限公司福建省分行

2016年，中国工商银行股份有限公司福建省分行认真贯彻落实省委省政府和总行的战略部署，紧密结合金融监管要求，紧跟福建“十三五”规划和“六区叠加”等新机遇，积极适应经济“新常态”，坚持改革创新，加快转变发展方式，不断增强对经济重点领域和薄弱环节的金融服务能力，积极维护福建金融安全稳健运行，认真履行国有大型商业银行的社会责任，促进金融服务实体经济提质增效，努力在新福建建设中发挥更大的作用，总体工作保持了趋稳向好态势。

## 一、全力支持实体经济发展

根据“十三五”规划保持经济中高速增长、产业迈向中高端的目标要求，紧密围绕省委省政府规划和工商银行总行政策导向提供融资支持，主动对接国家战略实施和重大工程建设，全力支持地方经济社会发展。着力支持重点项目建设、先进制造业、现代服务业、文化产业、战略新兴产业、优势产业集群，2016年共对107个项目发放项目贷款156.95亿元，其中对56个省政府公布的省级重点项目发放贷款，贷款余额288.94亿元，较年初增加55.37亿元，比上年增长23.7%。大力支持福建省地方债承销业务，圆满完成2016年福建省第一、二批地方政府债券主承销工作，合计承销福建省政府公开债224.66亿元，占福建省政府地方债公开发行量的18.5%，居市场第一，并收到福建省财政厅的感谢信。

## 二、多元化服务企业成长

打造小微金融业务中心，不断提升专业化服务水平，着力解决小微企业融资难题。2016年，发放小微企业贷款234.15亿元，监管口径余额481.16亿元，较年初增加26.02亿元，比上年多增5.7%。加大对“走出去”“引进来”和进出口企业的支持力度，对优质跨境人民币业务重点客户实施绿色通道服务。积极为辖内客户提供并购融资顾问服务，参与了福建省内多支产业股权投资基金的方案设计及项目招标，股权融资业务取得阶段性突破。

## 三、着力扩大普惠民生覆盖面

注重民生领域金融服务，积极创新和改进符合消费群体特点的差异化金融产品和服务。进一步支持居民首套及改善性购房需求以及重点楼盘的个人住房按揭贷款需求，年末个人住房贷款余额较年初增加86.98亿元。紧跟互联网金融步伐，全面推广“融e行”“融e联”“融e购”三大互联网金融平台，积极做好与百姓息息相关的代缴水电费、学费、税费和交通罚款等各类具有公益性、社会性的金融服务，“工银e校园”用户群覆盖省内34所高校，工银e缴费上线项目101个，实现缴费额6.21亿元，进一步提高了便民服务水平；大力推广具有普惠金融特色的“牡丹驾驶员通卡”，极大地方便了广大公众客户的日常生活。

## 四、积极维护区域良好金融生态

继续延续近年来处理不良贷款的做法，不盲目收贷、压贷，而是与政府、企业一道同舟共济，既帮助大批企业渡过难关，又有效地遏制不良贷款高发，并将清收处置腾出的资金，及时保障重点项目和实体经济信贷需求，采取各种有效措施防范和化解企业信贷风险，减轻企业负担，切实做到了“同舟共济”“雪中送炭”。全年通过各种方式处置不良贷款103.06亿元，其中批量打包处置不良贷款63.00亿元；常规清收处置40.06亿元（常规现金清收13.63亿元，常规核销良贷款1.59亿元，重组转化20.18亿元，以物抵债3.55亿元，资产证券化 1.11 亿元）。同时，以无还本续贷、对还款计划的要素调整或贷款展期、促进重组转化等方式办理 300.60 亿元，促进了存量风险的化解。创新不良资产处置方式取得新突破，银政协作推动不良贷款大户处置，完成泉州地区“融资支持模式”创新资产包批量处置 2.13 亿元。

### 五、大力推进金融创新

紧紧依靠创新来破解发展难题，厚植发展优势，坚持以客户为中心，强化业务创新。推进“商行+投行”“表内+表外”“境内+境外”运作，广泛开展投行、债券承销、资产交易、银团贷款分销、委托贷款、金融租赁和股权融资等非信贷融资业务。创新金融服务方式，全方位打造智能银行；创新银保合作模式，为客户提供更加完善的综合化金融服务方案；创新互联网金融，全年实现网络融资业务余额 97.19 亿元。以前瞻性的视野深入推进业务产品创新，不断提高综合金融服务能力和客户满意度。

### 六、积极履行社会责任

强化“三农”金融服务，加大对涉农及扶贫工程的信贷投入，积极培育和拓展现代农业信贷市场，主动对接县域重点项目；落实“两权”抵押贷款政策，积极支持农村金融改革。截至 2016 年末，涉农贷款余额 1025.48 亿元、支农贷款 161.79 亿元。秉承“源于社会、回馈社会、服务社会”的宗旨，积极投身公益事业，努力为构建和谐社会做贡献。全年组织各项金融知识宣传教育活动 1000 多次，直接参与活动员工 9000 多人次，发放宣传资料 40 多万份，受众客户 150 多万人，在各类媒体进行相关宣传报道 87 次。此外，加强安全生产、安防设施和外部欺诈风险管理，2016 年各渠道成功堵截的电信诈骗转账汇款交易达 2842 起，避免客户资金损失 3423.25 万元，防堵案件工作受到社会各界的肯定，为区域金融安全稳定发挥应有的作用。

### 七、注重服务品质提升

一是充分发挥“客户之声”系统功能，加强超时工单管理，引导督促各机构加快投诉处理。2016 年，分行积极配合银监调查核实转办类投诉 42 件，均得到有效处理。二是聚焦解决客户痛点难点问题。着重加强客户经理合规销售管理，规范客户经理销售行为，2016 年基本完成双录安装，强化产品销售的过程控制，实现了合规销售的事中流程控制。继续强化合规销售意识教育，定期检查各分支机构、营业网点理财销售规范化情况，加强对基层员工理财销售行为的监督和管理，防范“飞单”、误导销售等行为的发生。认真落实总行《个人客户合规销售服务回访管理办法》，初步建立全行销售服务回访机制。三是持续推进优质服务战略，开展“服务面貌专项整治季”活动，辖属四家网点获评 2016 年中银协“千佳”示范单位、居同业之首。

（执笔：梁昕）

# 招商银行福州分行

2016年，招商银行福州分行保持战略定力，大力调整结构，支持实体经济，推进体制改革，弥补客群短板，稳住资产质量，坚决从严治行，“轻型银行”轮廓初具，发展呈现缓中趋稳、稳中向好、稳中求进的局面。截至2016年末，在福州、龙岩、莆田、三明等地共有机构数量32个，正式员工1061人，资产规模547.03亿元（折人民币，下同），自营存款417.29亿元，自营贷款472.72亿元；全年实现营业毛收入26.90亿元，经营利润17.88亿元，上缴各项税金3.73亿元。

## 一、坚持服务“两小”

先后与福州市国地税、福建省国地税签订“银税互动”战略合作协议，创新采用“外接流量、内建平台、流量经营”的互联网金融经营模式，推出“银税互动”项目合作服务平台，为经营优质、诚信纳税的小微企业提供实惠、便捷的融资服务，并配套包括利率优惠等七大专属优惠政策，截至2016年末，办理“银税互动生意贷”客户500户、投放5.81亿元（投放量位居同业同类产品第一）。通过优化授信政策、加大产品创新、改良定价模式、规范服务收费，扶助中小微企业“千鹰展翼”，逐步建立起一套符合“两小”企业特点的金融服务模式。结算方面，取消企业常年财务顾问费等17项收费项目；对小微企业免收对公贷款融资服务的鉴证承诺手续费等9项服务收费；针对无贷款企业客户开展“惠结算”活动，对符合一定条件的客户给予网银使用费及结算费全部返还的政策倾斜，有效缓解企业经营成本压力。

## 二、加大科技创新

推广手机银行、微信银行等移动端产品，实现客户转账汇款、投资理财、生活缴费等传统业务的线上转移；“智慧城市”提速发展，“一网通”移动支付实现出租车、公交、地铁等“智慧出行”全覆盖；发力互联网平台合作，致力全面覆盖客户衣食住行、娱乐、医疗、教育等生活消费场景；率先实现与 Apple Pay、支付宝等主流第三方支付平台的全面对接，为客户提供安全、便捷的移动支付服务体验；力推金融领域重磅人工智能投顾应用“摩羯智投”，打造智能化投资新模式，开启银行业未来进化之门；“刷脸取款”重新定义银行人脸识别技术。通过大数据有机整合银行支付结算、消费、信贷、财富管理等传统优势业务，逐步建立一个零售特色鲜明的互联网金融生态体系。

## 三、战略转型初现雏形

突破传统资产负债表限制，大力发展大资管、大投行，变融资为“融资+融智”相结合、变商行服务为投商行一体化服务。债券承销市场份额保持同业领先；投行创新业务实现多项首发：首度破冰永续债、首单影视基金等。交易银行加码创新型产品运用，成功上线多级现金池业务；付款代理实现首单突破，财务公司商票投融通业务开系统先河；创新型结算业务全面覆盖，在闽首推“移动支票”业务，重新定义了移动互联网中的银企生态；衍生交易业务挖掘跨境业务中收新源头。

## 四、客户基础日渐扩大

存量零售大众客群较年初净增3.83万户；新增代发有效户比上年增长7.2%；在闽首推 Apple Pay、Huawei Pay、小米支付、一网通支付等一系列移动支付工具，帮助用户实现出门消费“刷”手机的无卡支付体验；在榕首推“ATM 刷脸取款”业务，系国内银行首次将人脸识别技术应用到自动取款机上的重大举措；深化“内建平台　外接流量”

战略思路，发力“一网通”支付商户拓展获客新模式，通过场景争夺形成全新线上流量入口，实现电子支付中间业务收入 1841 万元，增长 4.1 倍；与省市级税务部门签订“银税互动”战略合作协议，为分行小微批量获客搭建有效平台，实现获客 500 户，投放小微贷款 5.81 亿元。创新推出“开户惠”无贷户优惠活动，小企业无贷户当年新开户增长 20%。

## 五、资产质量趋稳向好

实现五年来不良贷款余额及不良率的双降。截至 2016 年末，不良贷款余额 10.66 亿元，较年初减少 0.08 亿元；不良贷款率 2.25%，较上年下降 0.04 个百分点，比当地同业平均水平低 0.28 个百分点。实现全口径现金清收 6.9 亿元，资产质量真实，无“剪刀差”，在当地同业率先实现资产质量触底反弹，并逐步趋稳向好。

## 六、从严治行成效初见

通过开展“遵党章、守党纪、严党规”活动，落实“三会一课”制度、党委中心组学习制度，高质量完成“两学一做”“三严三实”学习教育活动，将党建工作从“看似务虚”转变为“看得见摸得着的实在工作”，从“零散随意”转变为“系统规范”，从“印象考核”转变为“有实际标准的评价”，将全行党建工作引向深入。高举“合规文化”大旗，重构风险合规文化，坚决破除商业机会主义。荣获地区首家连续七年获外管局 A 类评级的股份制银行。

（执笔：李诗婷）

# 福建海峡银行

截至 2016 年末，福建海峡银行资产总额 1546.29 亿元，较年初增加 209.46 亿元、增长 15.7%；存款余额 925.11 亿元，较年初增加 154.66 亿元、增长 20.1%；贷款余额 602.45 亿元，较年初增加 66.94 亿元、增长 12.5%。全年拨备前利润 21.97 亿元，比上年增加 1.88 亿元、增长 9.4%；净利润 7.89 亿元，增加 0.72 亿元、增长 10.1%。

## 一、强化责任担当，服务实体有作为

### （一）支持重点项目建设

发挥地方法人银行决策链条短的优势，在资金供给、产品设计等方面精准对接，主动作为，向 23 家省属企业主动授信 200 亿元、向 53 家福州市属企业主动授信 165 亿元；开辟绿色通道，简化审批程序，积极对接福州市百日攻坚、地铁建设、招商引资、城市建设管理等“三抓三促”活动，以迅速行动为“地铁 1 号线”等百日攻坚项目提供授信 48 亿元，发放金额 19.38 亿元。

### （二）服务产业转型升级

积极探索地方产业转型升级金融服务方式，作为主办行发起成立产业基金 13 只，审批金额 317 亿元；对接发展战略，制定支持海上福州建设金融服务方案；借助政银企合作优势，推出“海峡周转贷”“福州市中小企业周转基金”；创新“海洋助保贷”“优税贷”，设立远洋渔业发展基金、全省首个县级产业转型升级基金，推出首笔自贸区国内跨境电商内保直贷业务、首笔排污权抵押贷款，以“管家式服务”支持产业转型升级。

### （三）发展普惠金融服务

一是以小微金融支持双创。截至 2016 年末，小微企业贷款余额 378.08 亿元，比上年末增加 45.62 亿元；小微企业贷款户数 16333 户，增加 25 户；小微企业申贷获得率 87.0%，完成“三个不低于”指标，支持“双创”，促进就业。二是以科技金融助力创新省建设。在全省率先设立首家科技支行，入驻福州高新技术产业开发区，已累计为 30 家科技型小微企业提供贷款 3 亿元，为建设国家自主创新示范区注入了金融活水。三是以文化金融服务文创产业。专门成立文化创意金融服务专营机构——文化产业金融部，创新推出“点石成金”寿山石系列金融产品，对福建省影视文化的龙头企业——世纪长龙影视有限公司授信 1.5 亿元。四是以惠民金融践行共享发展理念。发行支持福州地铁、公交出行的众行卡、新增市民卡 11 万张，发行 656 万张，激活金融功能市 52 万张，实现“立等可取”服务；针对目前客群推出学区房贷款、汽车消费贷款，创新理财产品，推出首期 T+0 开放式活期理财产品。

## 二、保持战略定力，经营管理有提升

### （一）经营结构持续改善

一是业务结构优化。坚持“快乐走在山水间”业务布局，加大特色金融业务营销，优化优质资产配置，加强同业投资，银行间市场交易量达 5.20 万亿元；储蓄存款首次突破百亿，比上年增长 28.7%。二是客户结构更加合理。重点发展“哑铃型”客户结构，向省属、市属企业主动授信，小微贷款余额、户数和申贷获得率超上年同期；零售有效客户数 21.09 万户，增加 3.59 万户，公司有效客户数 5600 户，增加 400 户。三是收入结构改善。中间业务收入 4.33 亿元，增加 1.83 亿元，零售金融、特色业务盈利贡献不断提升。

### （二）控新化旧务实推进

一是强化对信用风险控制，利用授信政策对重点行业和重点区域进行控制，定期分析信用风险状况，调整集团客户管理，新增授信风险得到有效控制，妥善做好流动性风险应对。二是全年通过各种方式清收化解逾期贷款，年末不良贷款率实现预期控制目标。三是结合“两加强两遏制”回头看检查，完成 23 个常规检查项目，督促各分支机构整改问题 424 个，整改完成率达 99%。

### （三）管理效能不断提高

一是建立“大资产负债管理”与“大预算管理”相结合的经营预算体系，持续提升资产负债管理水平；建立以提高风险资本报酬为导向的资本分配管理机制，持续提升风险资产回报水平。二是完善绩效考评管理，以创利为导向配置资源，完善不良清收考核。三是提升科技营运保障，优化业务流程，开展智慧厅堂建设，全行重要信息系统可用性达 99.97%。四是强化督查督办，引入五星督办评价机制，建立分行挂钩帮扶工作机制。五是强化三防一保，强化案件防控，实现全年无安全保卫责任事故。

## 三、完善公司治理，促进国有企业保值增值

### （一）资本运作市场化

加强资本补充，省内城商行首发 18.45 亿元资产证券化产品；开展定向发行 12 亿股，已经 2016 年第一次临时股东大会审议通过，预估融资 25 亿元，通过资本节约扩大杠杆，预计新增 300 亿元以上资产；加快推进引进战略投资者工作，实现引资、引智、引制、引技，促进做强做特做优。

### （二）公司管理法治化

围绕流程化银行的要求，推进条线化分工，形成党委会、董事会、监事会、经营层“三会一层”的完善公司治理架构；完善分工授权，构建责权匹配授权管理体系；按照监管部门专业化的要求，高管团队分工陆续调整到位，授权与授责日渐完善；坚持党政分开，健全完善《党委会议事规则》《行长工作细则》，制定董事和监事履职评价管理办法，厘清职责边界。

### （三）经营决策信息化

持续开展“海峡行”系列股东活动，聚焦价值提升，以持续有效的沟通互动赢得股东的认同与支持，为股东谋利，让股东放心；首发企业社会责任报告，宣传海峡银行服务经济发展、创新金融服务、践行低碳环保、携手员工成长、投身慈善公益等方面工作，传递正能量；真实披露经营管理信息，提高经营透明度，主动接受监管和公众监督。

## 四、建设家园文化，品牌形象日益增强

### （一）提升团队精气神

一线考察，制定《福建海峡银行强化一线考察干部工作的实施细则》，推行“七个在一线”工作法；建章立制，完善人才培养、评价、流动、激励、引进、保障等 17 个人事管理制度；广聚英才，引进同业骨干及专业技术人才 161 人，招聘大学生 163 人，市场营销人员占比近 40%，人员保持净流入；培训提升，创新建立移动学习平台“小鸥君学院”，举办各类培训 195 场，本科以上学历员工占比超 80%；考核激励，实行举手制和评价问责制，开展竞聘上岗，推进轮岗交流，化人力资源为人力资本。

### （二）健全福利保障体系

推进“安和乐利”家园文化建设，按照国家有关法律法规规定，建立补充医疗保险、企业年金等员工综合福利保障计划；设立“海峡银行慈善基金”，向福州市慈善总会捐赠 120 万元，为本行员工设立救助基金；举办海峡银行 20 周年行庆系列活动，评选“卓越功勋”“忠诚同舟”员工代表、“模范家属”，增强团队凝聚力和向心力。

### （三）塑造良好品牌形象

跻身全国商业银行百强，全球银行千强排名第 651 位、提升 150 位；在全国银行间本币市场获评“货币市场创新奖”（全国城商行仅两家）；金融市场连续第十年获得公开一级市场交易商资格；公司治理方面获得“年度银行卓越董事会奖”。海峡银行落实“两个责任”“两学一做”学习教育和服务一线工作实践得到《海峡通讯》《福州党风廉政之窗》《福州日报》等省市主流刊物媒体宣传报道，品牌知名度和市场美誉度不断提高。

（执笔：郑舒）

# 2-3-7-9 福建辖区证券业发展综述

2016年，福建辖区（不含厦门，下同）资本市场总体平稳有序运行，直接融资势头强劲，上市公司质量稳步提升，证券期货经营机构持续发展壮大，场外市场建设深入推进，较好地服务了实体经济的发展。

## 一、直接融资规模大幅增长

2016年，辖区境内上市公司、挂牌企业实现直接融资超过2639.93亿元，分别是2015年、2014年融资额的1.7倍和4.0倍。其中，4家公司实现首发上市，首发融资9.55亿元；90家次上市挂牌公司通过定向增发、配股、发行H股、新三板定增等方式实现股权性再融资503.03亿元；152家次上市挂牌公司实现债权性融资2103.37亿元；51家次公司通过海交中心对接融资24.18亿元。截至2016年末，辖区还有5家企业已过会待发行，19家企业已向证监会申报IPO，61家上市公司启动再融资工作，拟融资1291.64亿元。

## 二、上市公司质量稳步提升

截至2016年末，辖区有境内上市公司70家、总股本1074.58亿股、总市值11579.44亿元，分列全国第13位、第8位和第9位；资产总额69249.93亿元、净资产6384.10亿元，分列全国第4位和第8位。2016年度，各上市公司实现营业收入4933.42亿元、净利润772.47亿元，分别比上年增长了7.7%、13.4%；平均每股收益0.72元、平均净资产收益率13.20%，分别是全国平均水平的1.5倍和1.3倍。并购重组持续活跃开展，全年共有21家次上市公司公告开展重大资产重组，已公告金额137.46亿元；部分上市公司通过并购重组向下游延伸产业链、培育新的利润增长点或有望扭亏为盈，重组效果逐步显现。

## 三、证券期货经营机构持续发展壮大

2016年度，辖区2家证券公司共实现营业收入75.68亿元、利润总额27.93亿元、净利润23.62亿元，分别比上年下降40.7%、58.2%和54.2%；3家期货公司保证金规模达118.58亿元，实现净利润1.03亿元，分别增长47.9%、33.0%；累计代理成交金额7.88万亿元，下降79.9%。辖区2家证券公司新增注册资本42.47亿元，并通过发行公司债券、次级债、短期融资券等方式拓宽融资渠道，资本实力和抗风险能力显著增强。全年共新增3个期货交割仓库（厂库）。此外，私募投资基金呈现出较好的发展趋势。截至2016年末，辖区已完成登记的私募基金管理人162家，已备案私募基金（含投资顾问管理型）456只，管理资金规模达1213.77亿元，已备案私募基金和管理资金规模分别比上年末增长2.6倍和1.2倍。

## 四、场外市场建设深入推进

截至2016年末，辖区新三板挂牌企业达191家，是上年末的2.3倍；另有7家企业已取得挂牌函，34家企业在挂牌审核程序中。海交中心挂牌企业1802家，托管总股本57.94亿股，与省内13家银行签订了战略合作协议，合计授信额度达205亿元，并已通过股权交易、定向增资、引进私募股权投资、委托债权投资等方式，累计为企业对接融资48.52亿元。

## 五、市场整体运行平稳有序

依托综合监管机制，加大对非法证券期货活动的打击力度，维护市场秩序。全年共处理涉非举报81件，向地方政府转送涉非信息7件，向公安机关移送涉非线索5条，配合公安机关重点捣毁6个涉嫌从事非法证券投资咨询活动的犯罪团伙，抓获犯罪嫌疑人190名，涉案金额近1000万元，推动检察机关对82名嫌疑人提起公诉；向相关单位出具书面性质认定文件14份，12次口头性质认定咨询意见。

（执笔：庄郑力）

# 2-3-7-9-1 福建辖区上市公司情况一览表

（2016 年）

| 上市公司简称 | 总股本（万股） | 总市值（万元） | 每股收益（元） | 净资产收益率（%） |
|---|---|---|---|---|
| 福耀玻璃 | 250861.75 | 3731563.54 | 1.25 | 18.26 |
| 东百集团 | 89822.91 | 909007.90 | 0.11 | 5.42 |
| 华映科技 | 172877.05 | 2639832.56 | 0.39 | 4.99 |
| 航天发展 | 142962.89 | 2195909.99 | 0.17 | 4.64 |
| 福建水泥 | 38187.37 | 397912.36 | 0.04 | 1.63 |
| 平潭发展 | 193178.09 | 1305883.88 | 0.01 | 0.64 |
| 实达集团 | 60776.46 | 1062980.28 | 0.37 | 13.10 |
| 三木集团 | 46551.96 | 394760.60 | 0.04 | 1.34 |
| 永安林业 | 34098.87 | 574565.96 | 0.36 | 5.94 |
| 阳光城 | 405007.33 | 2255890.84 | 0.30 | 9.76 |
| 冠城大通 | 149211.07 | 1068351.28 | 0.22 | 4.63 |
| 漳州发展 | 88414.65 | 440304.98 | 0.23 | 11.91 |
| 青山纸业 | 177370.60 | 1002143.89 | 0.04 | 2.10 |
| 泰禾集团 | 124445.07 | 2201433.32 | 1.37 | 10.86 |
| 中国武夷 | 49979.81 | 873147.23 | 0.46 | 12.65 |
| 中闽能源 | 99946.52 | 547706.95 | 0.11 | 6.90 |
| 福日电子 | 45644.71 | 535868.92 | 0.15 | 3.30 |
| 闽东电力 | 37300.00 | 530033.00 | 0.07 | 1.74 |
| 新大陆 | 93839.95 | 1823310.26 | 0.50 | 19.94 |
| 龙净环保 | 106905.00 | 1322414.85 | 0.62 | 17.54 |
| 福建高速 | 274440.00 | 949562.40 | 0.24 | 8.14 |
| 龙溪股份 | 39955.36 | 499841.52 | 0.15 | 3.12 |
| 惠泉啤酒 | 25000.00 | 388750.00 | 0.01 | 0.15 |
| 片仔癀 | 60331.72 | 2762589.50 | 0.89 | 16.13 |
| 凤竹纺织 | 27200.00 | 459136.00 | 0.21 | 8.48 |
| 福能股份 | 155182.56 | 1717870.91 | 0.66 | 12.23 |
| 七匹狼 | 75567.00 | 771539.07 | 0.35 | 5.23 |
| *ST众和 | 63525.82 | 881738.32 | -0.08 | -7.11 |
| 国脉科技 | 86500.00 | 957555.00 | 0.09 | 3.70 |
| 浔兴股份 | 35800.00 | 690582.00 | 0.33 | 10.91 |
| 冠福股份 | 218618.27 | 1117139.34 | 0.11 | 6.62 |
| 三钢闽光 | 137361.50 | 1813171.75 | 0.98 | 20.71 |
| 兴业银行 | 1905233.68 | 30750471.52 | 2.77 | 16.23 |

2-3-7-9-1 续表（2016 年）

| 上市公司简称 | 总股本（万股） | 总市值（万元） | 每股收益（元） | 净资产收益率（%） |
|---|---|---|---|---|
| 游族网络 | 86131.50 | 2278178.29 | 0.68 | 24.00 |
| 福晶科技 | 42750.00 | 579262.50 | 0.16 | 10.84 |
| 紫金矿业 | 2154074.37 | 5278470.42 | 0.09 | 6.65 |
| 鸿博股份 | 33316.81 | 784277.81 | 0.04 | 1.01 |
| 圣农发展 | 111.090.00 | 2357329.80 | 0.61 | 12.19 |
| 太阳电缆 | 54270.00 | 517735.80 | 0.29 | 11.88 |
| 中能电气 | 15400.00 | 505428.00 | 0.51 | 9.61 |
| 三元达 | 27000.00 | 438750.00 | -0.39 | -26.75 |
| 星网锐捷 | 53911.12 | 1062049.13 | 0.59 | 11.62 |
| 榕基软件 | 62220.00 | 843703.20 | 0.04 | 1.79 |
| 兴业证券 | 669667.17 | 5122953.83 | 0.31 | 8.15 |
| 青松股份 | 38592.00 | 414478.08 | 0.08 | 5.30 |
| 天广中茂 | 155780.79 | 1975300.46 | 0.27 | 9.81 |
| 恺英网络 | 71750.59 | 2407949.73 | 1.00 | 32.78 |
| 永辉超市 | 957046.21 | 4699096.90 | 0.14 | 7.90 |
| 海源机械 | 26000.00 | 549640.00 | -0.16 | -2.98 |
| 元力股份 | 13600.00 | 788664.00 | 0.31 | 7.93 |
| 纳川股份 | 103154.85 | 687011.33 | 0.06 | 4.70 |
| 闽发铝业 | 49404.66 | 587421.46 | 0.04 | 1.46 |
| 九牧王 | 57463.72 | 1016533.12 | 0.74 | 9.68 |
| 雪人股份 | 67407.28 | 831131.72 | 0.05 | 1.71 |
| 富春股份 | 38000.26 | 770265.35 | 0.29 | 8.02 |
| 兴业科技 | 30316.77 | 538425.77 | 0.24 | 3.20 |
| 福建金森 | 13868.00 | 552501.12 | 0.18 | 3.50 |
| 龙洲股份 | 26859.32 | 375493.33 | 0.19 | 3.65 |
| 海欣食品 | 29808.00 | 567544.32 | 0.05 | 1.71 |
| 贵人鸟 | 62860.21 | 1933580.19 | 0.48 | 11.32 |
| 南威软件 | 10170.79 | 917405.08 | 0.51 | 5.94 |
| 火炬电子 | 18106.64 | 1369767.16 | 1.13 | 11.17 |
| 龙马环卫 | 27235.00 | 902023.20 | 0.79 | 18.92 |
| 昇兴股份 | 63000.00 | 1088010.00 | 0.29 | 12.39 |
| 广生堂 | 14187.57 | 766696.28 | 0.47 | 12.40 |
| 安记食品 | 12000.00 | 486240.00 | 0.34 | 5.96 |
| 三棵树 | 10000.00 | 730200.00 | 1.49 | 17.53 |
| 博思软件 | 6813.90 | 578840.81 | 0.66 | 11.80 |
| 三祥新材 | 13415.00 | 489915.80 | 0.34 | 11.83 |
| 中富通 | 7012.00 | 429134.40 | 0.69 | 10.63 |

## 2-3-7-9-2　福建辖区上市公司经营效益情况

（2015-2016 年）

| 年份 | 加权平均每股收益（元） | | 整体平均净资产收益率（%） | |
|---|---|---|---|---|
| | 福建辖区 | 全国 | 福建辖区 | 全国 |
| 2015 | 0.75 | 0.49 | 14.32 | 10.99 |
| 2016 | 0.72 | 0.48 | 13.20 | 10.36 |

## 2-3-7-9-3　福建辖区企业在证券市场融资情况

（2015-2016 年）

| 年份 | 年底累计上市公司家数（家） | | | 当年融资企业数（个） | | | 当年融资金额（亿元） | | |
|---|---|---|---|---|---|---|---|---|---|
| | 福建辖区 | 全国 | 占全国比重（%） | 福建辖区 | 首发 | 再融资 | 总计 | 首发 | 再融资 |
| 2015 | 66 | 2827 | 2.33 | 40 | 5 | 35 | 871.63 | 18.75 | 852.88 |
| 2016 | 70 | 3052 | 2.29 | 45 | 4 | 41 | 951.73 | 9.55 | 942.18 |

注：再融资家数及金额为股权再融资及发行公司债券家数及金额

## 2-3-7-9-4　福建辖区证券公司发展情况

（1993-2016 年）

| 年份 | 证券公司 | | | | 期货公司 | | |
|---|---|---|---|---|---|---|---|
| | 企业数（个） | 交易量（笔） | 交易金额（亿元） | 开户数（万户） | 企业数（个） | 交易金额（亿元） | 开户数（万户） |
| 1993 | 2 | | | | | | |
| 1994 | 3 | 579109 | 89.93 | 1.76 | | | |
| 1995 | 3 | 511853 | 73.27 | 2.75 | | | |
| 1996 | 3 | 2915385 | 2370.83 | 6.11 | | | |
| 1997 | 3 | 5023838 | 2052.47 | 11.54 | | | |
| 1998 | 3 | 6272101 | 2551.03 | 14.44 | | | |
| 1999 | 3 | 6403338 | 2551.30 | 28.40 | | | |
| 2000 | 3 | 7735686 | 3298.08 | 39.82 | | | |
| 2001 | 3 | 3846792 | 1472.50 | 50.10 | | | |
| 2002 | 3 | 3714922 | 1709.51 | 53.48 | | | |
| 2003 | 3 | 3832845 | 3337.75 | 71.96 | | | |
| 2004 | 3 | 4614592 | 2757.72 | 76.64 | | | |
| 2005 | 3 | 3943657 | 1465.43 | 81.24 | | | |
| 2006 | 2 | 10161965 | 4855.01 | 91.87 | | | |
| 2007 | 2 | 57629015 | 23554.77 | 137.76 | | | |
| 2008 | 2 | 45616621 | 14167.39 | 149.19 | | | |
| 2009 | 2 | | 37004.93 | 239.66 | | | |
| 2010 | 2 | | 24166.49 | 235.00 | 2 | 30200.00 | 1.04 |
| 2011 | 2 | | 24389.23 | 156.74 | 2 | 51629.19 | 1.32 |
| 2012 | 2 | | 21542.25 | 230.88 | 3 | 135552.60 | 1.77 |
| 2013 | 2 | | 32442.47 | 325.22 | 3 | 241545.01 | 3.64 |
| 2014 | 2 | | 68806.22 | 395.22 | 3 | 200882.11 | 4.26 |
| 2015 | 2 | | 129921.44 | 330.27 | 3 | 390838.72 | 5.11 |
| 2016 | 2 | | 81067.79 | 375.44 | 3 | 78770.13 | 5.76 |

注：证券公司开户数为资金开户数；以上数据不包括厦门

## 2-3-7-9-5　福建省部分证券公司发展概况

### 兴业证券股份有限公司

2016年，面对动荡的市场环境，兴业证券股份有限公司按照第二个五年战略规划要求，不断适应资本市场和证券行业的发展趋势，持续推进各项业务较快增长，努力加强合规与风险管理，总体上取得相对较好的经营业绩。

#### 一、总体经营情况

2016年，公司总体盈利保持稳定。全年集团公司实现营业收入75.89亿元，归属于母公司净利润20.46亿元。全年公司实现营业收入57.48亿元（证券公司专项合并口径，下文同），行业排名16位，与上年持平；净利润18.88亿元，行业排名18位。

2016年，公司成功完成配股，资本实力大幅提升。截至2016年末，公司净资产和净资本分别达到303.18亿元和338.62亿元，分别比上年增长72.7%和87.3%，行业排名分别达第15位和第13位，分别提升4位和9位。集团总资产1365.35亿元，较年初增长20.0%；公司总资产1107.37亿元，较年初增长11.3%，行业排名第14位。按照央行等五部门有关金融业企业划型标准规定，公司进入全国大型证券业金融机构行列。

#### 二、公司主营业务情况

2016年，公司认真组织实施战略规划，积极推动六大竞争策略与五大关键性措施落地，夯实增长基础，推进业务布局，各项业务竞争力保持稳定。

**（一）私人财富管理业务持续推进**

2016年，私人财富管理业务条线期末客户资金账户数达到151.90万户，比上年增长38.1%，行业排名第27位；托管资产证券市值5289.66亿元，行业排名第18位；客户保证金186.59亿元，行业排名第19位；股基交易量3.65万亿元，行业排名第19位；融资融券余额120.52亿元，行业排名第17位；股票质押业务规模259.47亿元，增长63.7%，行业排名第20位；全年实现产品销售563.00亿元，产品保有余额321.10亿元，较年初增长2.7%；网点布局有力推进，分支机构数量达到173家。

**（二）机构与销售交易业务竞争力稳定在行业第一梯队**

2016年，全部席位分仓收入4.73亿元，市场份额为4.3%，位居行业第7位，与上年持平。服务的公募基金、私募基金、QFII/RQFII、保险社保和企业年金等机构客户超过600家。机构客户与销售交易服务得到机构投资者高度认可，在2016年“新财富”评选中，研究所荣获“本土最佳研究团队”第5名，“最具影响力研究机构”第5名，研究所已连续两年进入行业前五名，总体研究能力和水平居行业前列，已形成兴证研究品牌与影响力；机构销售服务连续第3年位居第一，包括“最佳销售服务团队”第1名，北京、上海、深圳3地区域最佳销售服务团队第1名。积极推进主经纪商业务，托管外包资产规模超过580亿元，比上年增长45.5%，私募托管产品数量排名行业第8位。

**（三）投资银行业务市场竞争力提升**

2016年，证券承销净收入市场份额2.3%，行业排名上升2位至第12位；财务顾问收入市场份额1.6%，行业排名第21位，与上年持平。股票融资额和承销家数排名均位居第14位；在承揽和运作大项目方面有了突破，实现东方航空、洛阳钼业两个大额融资项目落地；截至2016年末，项目储备家数29家，位居第14位，其中IPO储备项目21

家，排名行业第 12 位。债券融资业务实现企业债公司债承销金额 1284 亿元，市场份额达到 3.4%，比上年提高 0.2 个百分点，排名保持在第 7 位；企业债公司债承销家数 132 家，排名比上年上升 3 位至第 5 位；完成可交债、专项债和项目收益债等创新债券品种发行，获得非金融企业债务融资工具承销商资格。场外业务全年实现挂牌项目 172 家，市场份额达 3.4%，行业排名上升 14 位至第 4 位；累计挂牌数位居行业第 11 位，其中进入创新层家数 23 家，位居行业第 15 位。

**（四）证券投资业务取得较好收益，投资能力保持行业前列**

股票自营业务在 2016 年股票及债券市场全年震荡下行大环境下，投资收益率达 8.60%，取得较好的绝对收益，在 464 只偏股混合型基金中位居第 10 位。债券自营业务投资收益率 4.80%，在年末市场出现大幅波动后依然保持相对靠前收益率排名，在 221 只中长期纯债基金中位居第 13 位。衍生产品投资 2016 年在股指期货受限环境下，实现良好的绝对收益。

## 三、子公司情况

各子公司围绕公司第二个五年发展战略规划要求，持续推进各项业务发展，总体保持良好的发展态势。

2016 年，兴证香港取得战略性重大突破，顺利在港交所上市。截至 2016 年末，兴证香港客户资产 888.92 亿港元，比上年末增长 1.3 倍；港交所托管市值达到 696.00 亿港元，增长 1.1 倍，排名提升 14 位至第 24 位，其中在中资券商中提升 3 位至第 5 位。各项业务持续发展，实现债券承销业务的突破，担任福建漳龙境外美元债发行项目联合主承销商之一。

兴全基金管理资产总规模 1740.37 亿元，其中公募基金管理规模 1111.49 亿元，行业排名稳定在第 21 位。管理产品业绩持续领先，过往 2 年、3 年、5 年权益投资能力和债券投资能力均高居行业前 10 位。

兴证资管受托资产规模 1197.00 亿元，主动管理规模为 595.00 亿元，主动管理规模比上年增长 79.3%。新发资产证券化项目 4 单，规模总计 53.73 亿元，增长 2.5 倍，排名提升 7 位至第 17 位。

兴证期货客户权益 99.05 亿元，比上年增长 40.2%。金融期货市场份额 3.4%、位居行业前十，商品期货市场份额 1.5%，排名提升至行业第 20 位左右。

兴证创新资本管理资金总规模 45.88 亿元，比上年增长 46.0%，管理产品数量维持在行业第 12 位。新增投资项目 18 个，投资金额 10.95 亿元，投资金额增长 90.0%。全年实现 3 家 IPO 退出、2 家并购退出。

兴证投资逐步形成 FOF/MOM 等多资产和多策略、直接投资和间接投资并重的创新型业务模式，与母公司投资业务形成良好互补。

（执笔：赵路）

# 信达证券股份有限公司

信达证券股份有限公司（以下简称“信达证券”）成立于2007年9月，2015年7月17日，信达证券首次被评为 AA 级券商，表明公司的综合内控能力和市场竞争力都迈上了一个新的台阶。

作为一家为客户提供综合金融服务的金融集团，中国信达在我国内地设有 31 家分公司，在内地和香港拥有9家从事资产管理和金融服务业务的全资或控股一级子公司，业务遍及内地及港澳地区，集资产管理、投融资、证券、期货、基金、信托、租赁、保险、地产于一体，能够为客户提供多元化的综合金融服务。

## 一、公司主要业务

公司业务资格齐备，服务平台完善，旗下拥有4家金融服务子公司，3家分公司、81家证券营业部遍布全国。

公司以信达金融系统为依托，数年来通过债务重组、改制、引入PE投资、IPO、业务重组、公司债、企业债、股票增发等持续不断的服务，帮助企业成长发展。利用遍布全国的业务网络，公司为超过100万客户提供快速稳定的交易通道、准确及时的投资资讯和超过 60 家金融机构发行的上千款金融产品。

公司投资银行团队历史上成功完成了 20 多家企业股票承销和财务顾问业务。债券融资业务拥有企业债（城投类、产业类）、公司债、金融债、中小企业私募债、中小企业集合债、资产支持证券等主承销资质，债券主承销金额近500亿元人民币。企业融资业务可为企业提供不同时期相应的保荐、推荐或财务顾问服务。资管业务不断优化服务意识和质量，为客户提供高质高效的保值增值服务，并实现了资产管理规模的快速发展。发行的理财产品线涵盖了FOF型产品、混合型产品、货币型产品、普通债券型产品和分级债券产品，形成了丰富完备的产品线。公司首创客户保证金现金管理产品——现金宝集合资产管理计划（被称之为“信达模式”）在业内产生了积极深远的影响。经纪业务以客户需求为导向，整合一体化业务链，最终形成一个客户、一个账户系列产品，全面服务的统一服务体系，为各类客户提供一站式、综合化、差异化、个性化的产品和服务。同时，电子化交易、研究咨询、信达基金港等支持平台体系给公司的经纪业务发展提供了有力保障。期货业务方面，公司全资子公司——信达期货有限公司是国内规范化、信誉高的大型期货公司之一。拥有中国金融期货交易所全面结算会员资格及上海、大连、郑州商品交易所三大期货交易所的全权会员资格，可为客户代理所有已上市品种的标准期货合约交易，向客户提供交易、结算、交割、信息咨询、培训等服务。

## 二、网点布局

信达证券按照现代企业制度建设的要求，建立了完善的组织架构和精简高效、权责明晰的组织管理体系，在北京、上海、深圳、广州、沈阳、成都等 30 个城市设立了证券服务机构。随着业务的发展，信达证券将进一步完善网点布局，构建更加科学高效的机构网络，使得公司能够在多个层面及时、准确的了解资本市场的信息，把握好市场发展的脉动，为投资者提供更加专业和针对性的服务，实现公司与客户的共同发展。

## 三、2015-2016 年获奖情况

——2015 年，被评为首都文明单位标兵；

——2015 年，荣获爱投顾首届中国投顾大师赛“优秀投顾服务券商”奖；

——2016 年，荣获第九届新财富“中国最佳投行”评选两项大奖；

——2016 年，荣获 2016 新财富“最具潜力研究机构”。

（执笔：游希）

# 2-3-7-10 福建省保险业发展综述

据中国保险监督管理委员会公布的数据显示，2016 年保险全行业实现原保险保费收入 3.1 万亿元，比上年增长 27.5%；实现赔款和给付支出 10512.89 亿元，增长 21.2%；截至 2016 年末，全国保险业资金运用余额 133910.67 亿元，较年初增长 19.8%；保险业资产总量达到 15.12 万亿元，较年初增长 22.3%；净资产 17240.61 亿元，较年初增长 7.2%。

据福建保监局公布的数据显示，2016 年福建省内外资保险公司保费收入 917.6 亿元，比上年增长 18.0%。其中，财产险保费收入 274.3 亿元，人身险保费收入 643.3 亿元(寿险保费收入 487.2 亿元，健康险和意外伤害险保费收入 156.1 亿元）。支付各类赔款及给付 317.6 亿元。其中，财产险赔款 168.1 亿元，寿险业务给付 108.7 亿元，健康险和意外伤害险赔款及给付 40.8 亿元。

## 一、自然灾害应对能力不断提高

福建是一个灾害多发的省份，因而福建保险业的发展有着比较明显的省域特色。2016 年，从年初罕见的寒潮到“5·8”泰宁泥石流灾害，以及后续相继登陆的“尼伯特”“莫兰蒂”“鲇鱼”等台风灾害，福建省连续遭受重大自然灾害的袭击。面对灾害，福建保险业务实创新，逐渐建立了一套以保险监管部门指挥部署、行业协会组织协调、各保险公司发挥主体作用的灾害应对机制，并形成了预防早、应对快、理赔简的系列流程。防灾减损有序开展，抢险救灾有条不紊，仅上述 3 次台风灾害累计接报案就超 5.5 万件，赔付金额超 6.4 亿元，充分发挥了保险经济补偿的功能，为建设“机制活、产业优、百姓富、生态美”的新福建提供了坚实的风险保障。

## 二、扶贫工作日益精准

一是发展农业保险。农业是农村的根基，福建省已经基本建成险种较为丰富的农业保险体系，现有种植、养殖、价格指数、涉农等四大类 20 多个政策性农业保险险种，同时围绕茶叶种植、肉鸡养殖、海水养殖等特色农业创新了 10 多个商业性险种，年提供风险保障近 2000 亿元。

二是发展农村大病保险。解决看病难、看病贵的问题，保险是一剂有效的药方。截至 2016 年 10 月末，辖内大病保险已覆盖 7 个设区市的 61 个县（市、区），参保人员约 1770 万人，赔付率超 90%。宁德、南平、莆田、漳州等 4 个设区市已实现城乡居民一体化，新农合参保人员和城镇居民享受同等缴费标准和补偿政策。

三是发展产业脱贫保险。2015 年，龙岩连城启动“政银保”农户贷款保证保险试点，为符合当地政策的农户提供增信融资服务；三明市开展林权抵押贷款森林综合保险试点，当年就支持贷款 7.4 亿元；沙县立足地方金融改革试点平台推动“农户信用评级+担保基金+信贷+保险”的农村小额担保基金贴息贷款工作，2013 年 4 月至 2016 年末已保障银行发放 4300 多笔约 4 亿元贷款。

四是推出农房保险。2016 年 9 月末，新的《福建省政策性农村住房保险实施方案》出台。相比原有做法，新方案扶贫、提标两兼顾，采取“基础保障+叠加保障”的方式，每户保险金额由 1 万元提升到 2.5 万元。其中，基础保障每户保额 1 万元，保费由财政全额出资；叠加保障每户保额 1.5 万元，12 元保费由各级财政给予 75%保费补贴，农户只需自缴 3 元。对于全省 27.25 万低保户和 15.06 万建档立卡贫困户，个人自缴部分由省级财政全额承担，自动享受叠加保障。

## 2-3-7-10-1 福建省保险系统机构数

（2007-2016 年）

| 年份 | 财产保险公司 | | | 人寿保险公司 | | |
|---|---|---|---|---|---|---|
| | 机构数（个） | 职工人数（万人） | 代理制销售人员数（万人） | 机构数（个） | 职工人数（万人） | 代理制销售人员数（万人） |
| 2007 | 783 | 0.81 | 0.86 | 1078 | 0.87 | 5.35 |
| 2008 | 1022 | 1.02 | 1.46 | 1218 | 1.15 | 7.59 |
| 2009 | 1022 | 0.99 | 1.51 | 1352 | 1.13 | 9.16 |
| 2010 | 891 | 1.01 | 1.29 | 1327 | 1.30 | 8.30 |
| 2011 | 897 | 1.15 | 1.13 | 1372 | 1.23 | 8.09 |
| 2012 | 928 | 1.26 | 1.13 | 1400 | 1.24 | 8.32 |
| 2013 | 961 | 1.29 | 1.15 | 1395 | 1.20 | 9.21 |
| 2014 | 991 | 1.49 | 1.14 | 1400 | 1.35 | 9.88 |
| 2015 | 1025 | 1.70 | 2.05 | 1421 | 1.37 | 13.51 |
| 2016 | 984 | 1.82 | 3.11 | 1380 | 1.42 | 16.27 |

## 2-3-7-10-2 福建省保险公司业务经济技术指标

（2007-2016 年）

单位：亿元

| 年份 | 保险金额 | | 保费收入 | | 赔款及给付 | |
|---|---|---|---|---|---|---|
| | 财产保险公司 | 人寿保险公司 | 财产保险公司 | 人寿保险公司 | 财产保险公司 | 人寿保险公司 |
| 2007 | 33331.54 | 26183.30 | 69.44 | 147.92 | 37.02 | 31.89 |
| 2008 | 58799.91 | 37200.85 | 81.21 | 209.47 | 49.57 | 40.61 |
| 2009 | 77706.63 | 37163.26 | 96.19 | 234.46 | 56.00 | 38.73 |
| 2010 | 71367.89 | 43103.10 | 132.74 | 290.87 | 65.44 | 37.46 |
| 2011 | 70943.49 | 31104.60 | 158.51 | 273.90 | 76.88 | 47.02 |
| 2012 | 100495.39 | 36089.27 | 184.40 | 293.30 | 94.73 | 55.08 |
| 2013 | 13779.21 | 44153.69 | 216.04 | 358.81 | 110.26 | 77.06 |
| 2014 | 163508.78 | 58991.13 | 251.71 | 434.11 | 130.14 | 84.85 |
| 2015 | 195720.15 | 63947.12 | 274.55 | 503.03 | 147.25 | 97.83 |
| 2016 | 237988.16 | 139348.78 | 292.95 | 624.64 | 179.90 | 137.66 |

注：2012 年起保险金额为有效保单保险金额，保费为原保险保费收入

## 2-3-7-10-3　福建省部分保险公司发展概况

### 中国人寿保险股份有限公司福建省分公司

2016年，中国人寿保险股份有限公司福建省分公司紧紧围绕“重价值、强队伍、优结构、稳增长、防风险”的经营思路，坚持以加强党的建设和落实科学发展观为统领，以改革创新驱动为手段，努力实现“系统先进、市场领先、队伍壮大、基础扎实、风险可控”的目标。全年实现总保费（不含厦门）154.51亿元，比上年增长19.6%，市场份额达29.3%。销售队伍突破6万人。经营绩效考核连续4年获得总公司AAA评级（最高评级）。公司立足行业，服务大局，持续深入推进机制改革，经营效益稳步提升，销售队伍扩量提质，基础管理不断夯实，实现“十三五”的良好开局，在朝着“品牌福建　富员强司”和“国寿梦”的道路上迈上了新台阶。

2016年，公司始终坚持以客户为中心和创新驱动发展战略，成为总公司创新试验区，不断探索，积极创新。一是立足保险主业，强化保障属性。2016年，公司为859.37万客户提供风险保障，并积极承办了莆田市、宁德市城乡居民大病保险业务，为570.29万人提供了18876.69亿元的大病保险风险保障，全年赔付1.64亿元。成功拓展12个县区新农合经办及异地调查经办业务，服务参合人群达387.10万人，补偿人次达188.04万件，补偿金额14.07亿元。公司还积极推进弱势人群、特定人群意外伤害保险，开展关爱贫困母亲、贫困家庭和失独家庭活动，切实履行社会责任，充分发挥商业保险的风险保障和社会管理功能。二是坚持服务前伸，助推服务升级。运用移动互联技术，构建了现代化的销售服务体系，国寿小店开创移动社交的商业生态。积极拓宽服务渠道，在全省47个农村网点／销售职场开通业务受理，在6个地市开通理赔直付服务，合作医院共26家，医保覆盖人数达401.40万人。大力推广国寿e宝、微理赔、微回执、智能柜面、智能作业等一系列电子化服务，保全服务电子化率为53.07%，智能柜面覆盖达96%。三是创造服务增值，树立公司品牌。公司以“牵手国寿　健康同行”为主题，紧抓“要跑700”、国寿客户节、少年儿童绘画作品展等活动主线，全面开展五大板块增值服务项目。全年共开展276场次客户服务现场活动，吸引23.14万名客户参加。冠名“中国人寿杯——第二届‘为爱奔跑　母亲健康1+1’大型公益募捐活动”，为福州首条地铁通车开辟的专版专栏“海都地铁月”，参展第十四届海峡项目成果交易会等活动进一步提升公司品牌影响力。四是完善内控体系，防控经营风险。公司全面组织开展非法集资专项治理、“两两”回头看自查整改、反洗钱外部监管检查等工作。妥善化解满期给付退保风险及各类投诉，处置纠纷件486件、客户投诉238件；持续开展承保后质量核查、客户信息真实性核查等各项工作，主动解除合同141件，风险保额1575万元。继续强化犹豫期新单回访，回访成功率达99.19%。狠抓资金风险防控，强化收付费风险型业务的核查，不断完善内部风险管理。五是全面从严治党，严守党纪法规。作为1家国有企业，公司系统上下始终坚持党性教育，认真贯彻党的十八届六中全会精神，学习领会习总书记全面从严治党、加强国有企业党建等一系列新思想新论述，扎实推进“两学一做”学习教育，进一步提高党员的思想认识和政治觉悟。公司认真组织好《中国共产党廉洁自律准则》和《中国共产党纪律处分条例》的学习贯彻，全力完成中央巡视组部署的整改任务，开展“四风”问题整治“回头看”“四风”重点问题抽查工作及领导班子述责述廉、任职廉政谈话，对违规违纪行为保持高压态势。

（执笔：黄欣彧）

# 中国平安人寿保险股份有限公司福建分公司

2016年度，中国平安人寿保险股份有限公司福建分公司充分借助行业发展大势，紧紧围绕“抓服务、严监管、防风险、促发展”的全保会精神，坚持“保险业姓保”的经营思路，积极落实总公司战略规划，不断推动业务、人力实现持续健康发展，践行企业社会责任，为服务社会经济全局、维护社会稳定和谐作出应有的贡献。

## 一、2016年主要经营情况

2016年，分公司业务保持品质与速度的均衡发展，原保险保费收入、赔付支出及纳税贡献等多项指标均优于上年同期表现。全年总保费收入达到136.5亿元，比上年增长20.7%。其中，个险业务总保费收入118.2亿元；银保业务总保费收入5.8亿元，其他业务渠道总保费收入计12.4亿元。有效客户数约320.3万人，缴纳税金46663万元，赔付支出达18.2亿元。各项指标稳居福建人身险市场前列。目前平安人寿在福建（含厦门）设有福建分公司、厦门分公司，下辖泉州中心支公司、漳州中心支公司、龙岩中心支公司、三明中心支公司等8家中心支公司，14家支公司，1家营业部及162家营销服务部，合计187家分支机构。分公司内勤员工将近2015人，保险代理人43245人。

## 二、2016年度主要经营成绩和亮点

### （一）持续提升客户服务

公司运用先进科技将服务流程化繁为简，践行“简单便捷 友善安心”的服务理念，为客户带去更好的体验。依托“平安金管家”App平台，打造全流程的健康管理服务体验；推广“安E赔”移动理赔服务，通过手机App进行在线理赔申请，简化客户理赔流程；举办贯穿全年的“永不落幕的客服节”，提升客户满意度。

### （二）践行企业社会责任

公司秉承厚德载物之理念，持续推进各项社会公益活动，以实际行动践行企业社会责任。继续开展希望小学公益活动与支教行动，对福建3所平安希望小学进行公益维护，并开展中国平安2016年度希望小学福建地区支教行动；进行闽清赈灾，闽清坂东因台风“尼伯特”影响受灾严重，公司组织人员运送赈灾物资至坂东等灾区，搭设临时赈灾点，将救灾物资发放给受灾群众，帮助灾民恢复生产生活；坚持举办无偿献血活动，传播公益理念和慈善文化，5月27日公司联合平安集团福建地区各家子公司，与福建省血液中心携手在平安大厦举办主题为“分享生命，为爱献礼”的2016年度爱心献血活动，近百人积极参与；围绕“7•8保险公众宣传日暨保险文化建设推进周”，宣传保险知识，提升全民保险意识，提升保险行业的整体形象。

### （三）赞助福州国际马拉松比赛

公司首次成为2016年12月25日福州国际马拉松赛独家保险赞助商，为赛事2万名参赛选手提供全方位保险保障，保证比赛顺利进行，同时也进行保险知识的相关宣传，倡导健康生活，推广保险意识。

（执笔：陈群）

# 中英人寿保险有限公司福建分公司

2016年，中英人寿福建分公司在总公司的整体战略指导下，继续坚持“做正（坚持合规经营，突显外资特色）、做稳（齐驱四驾马车，力促均衡发展）、做强（加速成长步伐，顺势做大做强）”，并在此基础上制定出“聚焦、均衡、制度、联动、创新”五大关键举措，立足本土市场，提升组织效能，为广大客户提供更加优质的保险保障服务。

2016年，福建保险市场运行健康发展、稳中向好，全行业凝心聚力、和谐共进。在福建保监局的指导和带领下，分公司持续保持良好的发展势头，以“和谐•发展”为契机，谋求更新更大的发展。同时，全面践行保监会提出的“保险业姓保”，贯彻落实“防控风险、服务大局、改革发展”的保险监管三大战略，充分执行“做正、做稳、做强”的发展策略，坚决遏制违法违规行为发生，切实保护保险消费者利益，确保不发生区域性系统性风险。全年实现保费收入 57757.46 万元，比上年增长40.5%；新单保费为23202.38 万元，增长1.1倍。总保费收入在福建省内外资寿险公司中位列第 1 位。全年分公司退保金为 3251.21 万元，下降26.8%；赔付支出5243.58 万元，下降56.2%。

一是坚持合规经营。分公司从成立至今坚持以合规经营为本，以各种排查项目为契机，持续建立健全公司内控制度，推动合规文化建设，建立风险控制体系和机制，不断提升公司合规经营与风险管理水平。在总公司的统一部署和安排下，积极推动《保险公司合规管理办法》的落地实施，为防控风险奠定坚实的基础。

二是有效管控投诉。分公司高度重视保险消费者权益保护工作，严格遵照监管相关文件的要求和精神，注重内部制度和流程的建设，对各项规章制度和流程均严格依照相关法律和监管规定进行制定和管理。为有效管控保险消费投诉案件的发生，从各个环节加强管控，切实保障保险消费者的合法权益。

三是保护消费者权益。近年来，分公司多次修改销售人员业务品质管理办法，趋严、趋重惩处各类违法违规、业务不良行为，有效地提升业务品质。分公司在处理营运相关业务过程中，一旦发现业务人员存在不良行为，将系统中登记代理人不良行为记录，在处理其经办的业务时予以重点关注。同时，分公司成立了保险消费者事务工作委员会，领导分公司消费者权益保护的各项工作。根据委员会章程，每半年召开保险消费者事务工作委员会会议，保证公司各级管理人员及时认知问题、讨论问题、分析问题、总结问题，制定行动方案，不断优化售后服务环节，提升服务质量及服务效率，对保障保险消费者合法权益起到了积极的作用。

四是践行公益关爱。2016年11月2日，以“乒乓伴你行”为主题的中英人寿“星星点灯•关爱留守儿童公益计划”福建站公益行在福州仓山霞镜小学举办，这是连续第7年在福建举办该公益活动。活动上，公司邀请乒乓球世界冠军樊振东作为爱心大使与孩子们零距离接触，切磋球技，交流成长历程，以体育精神感召孩子，从心灵层面多角度关爱留守儿童群体，激励孩子们增强自信心，不断拼搏，努力实现心中梦想。

强强联手打造的中英人寿，秉承英方股东英杰华集团300多年专业保险经验，以高效的多元化行销体系，适合不同客户需求的优质保险产品及强大的服务支持系统，立足福建市场，致力于为广大客户提供优质全面的寿险服务。分公司在“十三五”时期，坚持改革发展不动摇，充分发挥行业优势，切实履行社会责任，坚定信念，真抓实干，为加快推动福建省现代保险服务业发展，更好地体现行业应有的责任担当而努力奋斗。

（执笔：许陈涛）

## 中国平安财产保险股份有限公司福建分公司

2016年，中国平安财产保险股份有限公司福建分公司坚持“科技引领、拥抱变革”发展理念，持续提升业务技能和经营管理水平，狠抓服务品质，全年累计实现保费收入 46.14 亿元，比上年增长 4.3%，市场份额为 20.3%，纳税贡献逾 7.2 亿元。

2016 年，分公司主动适应我国经济发展新常态，找准保险业服务福建省重大战略的切入点，切实发挥保险社会“稳压器”和经济“助推器”功能：主动参与风险管理，积极为湄洲湾电厂、福建联合石油化工、三明电网等一大批国家级、省级重点建设项目保驾护航，全力助推福建经济社会科学跨越发展；持续深入推动与公众利益关系密切的环境污染、食品安全、医疗责任、医疗意外、校园安全等领域的责任险业务的发展，满足社会多层次、多领域的保障需求，并针对商业类小微客户群创新设计开发专属企财险保险产品“安心专卖”，以实际行动助力小微企业发展。

面对互联网金融和科技创新的历史机遇，2016 年分公司持续深入体察客户需求，以用户为中心，持续推进产品和服务创新：1 月 8 日，平安好车主 App3.0 版上线，涵盖“车保险、车服务、车生活”，为更多车主提供一站式用车生活消费服务，当年新增用户逾 50 万人，同时平安产险线上中心推出全新的理赔模式——口袋理赔，客户通过平安产险官方微信、好车主 App，在线自助完成“点选出险经过—拍照—选择修理厂”三个步骤，就能轻松搞定复杂的车险理赔，截至 2016 年末，分公司线上中心成功受理案件约 2500 笔，全案周期仅 0.47 天；2 月 14 日，启动划痕喷漆服务项目，当年签约服务网点逾 300 家，为 4 万多名客户提供服务权益，客户服务满意度逾 99.65%；3 月 5 日，上线修理厂透明自助系统，修理厂通过 App、WEB 即可完成查勘、定损、收单线上理赔操作，当年全省完成自助案件 3 万多笔，进一步提升客户及合作伙伴的服务满意度。

与此同时，分公司持续完善突发事件应急处置机制，全力提供主动、高效、专业的理赔服务，全年支付赔款 22.19 亿元，切实发挥保险救灾的基础功能。其中，7 月 9 日，第 1 号台风“尼伯特”登陆福建，分公司共接报案 1457 笔，当年支付赔款 4791 万元，其中最快的一笔赔案，通过好车主 App 自助理赔，从报案到赔款支付仅用时 5 分钟。9 月 15 日，14 号台风“莫兰蒂”登陆福建，分公司接报案 5260 笔，当年已决赔款 10187 万元。

此外，分公司还积极投身公益事业，在全省范围内积极开展“益起平安”公益活动。各级机构主动联合福建省关心下一代工作委员会、省交警总队、媒体等各地机关企事业单位，开展平安护航、台风赈灾、春风助学、爱心支教等系列公益活动累计达 191 场次，捐赠各类爱心物资逾 50 万元，服务举措惠及上万名车主及普通市民、弱势群体。

凭借优质、创新的产品与服务，2016 年分公司公众形象及社会认可度进一步提升，获颁多个荣誉奖项：3 月 15 日，作为福建保险行业唯一代表，参加福建省 2016 年“3·15 国际消费者权益保护日”宣传纪念活动，并荣膺“诚信经营示范单位”称号；4 月 28 日，连续第 5 年跻身福建省“纳税百强”榜单，排名第 86 位；8 月 9 日，在《福州日报》主办的第三届“金榕奖”评选活动中，获评“卓越移动应用创新保险公司”；11 月 30 日，在《福建日报》主办的“金鼎奖”福建首届金融创新奖评选活动中，荣获“年度公益服务创新保险公司”；12 月 30 日，在《海峡都市报》主办的“新福建　新金融　新力量”2016 年度金融评选活动中，当选“年度品牌影响力保险公司”称号。此外，当年分公司车险意健险理赔部被共青团福建省直属机关工作委员会、福建省直属机关青年联合会授予第二届“福建省直机关青年五四奖章集体”称号，分公司财产险理赔部获评“福州市工人先锋号”，另外 1 名员工获得“福建省直机关青年五四奖章”。　（执笔：王映薇）

# 2-3-8 房地产业

2016年，福建省房地产投资增幅回升。全年全省房地产开发投资4588.83亿元，由上年下降2.1%转为增长2.7%。从2015年和2016年月度投资增速的曲线看，2015年投资增速由高到低，呈陡降走势；而2016年走势比较平稳，月度之间的波动不大，呈缓步上行态势。按构成分，建安投资3275.72亿元，由上年下降0.9%转为增长3.4%；土地购置费1107.32亿元，由上年下降8.3%转为增长3.2%。按用途分，住宅投资2999.29亿元，由上年下降1.8%转为增长4.7%；办公楼投资339.01亿元，增长3.4%，提高12.0个百分点；商业营业用房投资590.95亿元，下降11.9%，与上年增长2.5%相比反差较大；其他房屋投资659.58亿元，由上年下降4.8%转为增长8.9%。

全省9个设区市中，仅福州、泉州、南平3个设区市房地产开发投资保持增长，其中福州市保持较高增速。具体来看，增长的有：福州投资1679.44亿元，比上年增长21.6%；泉州投资706.14亿元，增长3.6%；南平投资157.79亿元，增长3.3%。下降的有：宁德投资179.04亿元，下降24.8%；三明投资104.37亿元，下降19.9%；莆田投资353.31亿元，下降15.1%；龙岩投资180.10亿元，下降6.8%；漳州投资462.85亿元，下降7.9%；厦门投资765.80亿元，下降1.1%。

2016年，福建省商品房“去库存”工作取得明显成效。全年全省商品房“去库存”工作持续有效推进，全省商品房待售面积仅比上年增长2.4%，远低于2015年53.2%的增幅。其中，住宅市场“去库存”成效更为显著，待售面积增幅由2015年增长62.5%持续下行至2016年下降14.7%。

2016年，全省房地产开发企业到位资金6067.78亿元，由上年下降1.5%转为增长7.6%，扭转了2014年以来到位资金下降的状况。其中，国内贷款808.76亿元，下降4.5%；利用外资1.57亿元，下降80.3%；自筹资金2263.99亿元，下降1.6%；其他资金2992.45亿元，增长20.5%。2016年，在楼市销售较好的背景下，开发商定金预售款和消费者购房贷款均大幅度增长，全年定金及预收款1510.09亿元，增长24.7%，扭转了2014年以来连续两年下降的态势；消费者购房贷款继续提升，全年个人按揭贷款1147.52亿元，增长37.8%，提高37.1个百分点。

从全国看，2016年全国房地产开发投资102581亿元，比上年增长6.9%。其中，住宅投资68704亿元，增长6.4%；办公楼投资6533亿元，增长5.2%；商业营业用房投资15838亿元，增长8.4%。年末商品房待售面积69539万平方米，比上年末减少2314万平方米；商品住宅待售面积40257万平方米，减少4991万平方米。全年全国城镇棚户区住房改造开工606万套，棚户区改造和公租房基本建成658万套。全年全国农村地区建档立卡贫困户危房改造158万户。

注：本文数据均为快报数

（摘编：林舒）

# 福建省房地产开发投资完成情况

| 项　目 | 2000 | 2005 | 2010 | 2015 | 2016 |
| --- | --- | --- | --- | --- | --- |
| 企业数（个） | 1922 | 2596 | 3634 | 3151 | 3177 |
| 完成投资额（亿元） | 207.37 | 540.39 | 1818.86 | 4469.61 | 4588.83 |
| 本年资金来源（亿元） | 276.86 | 803.93 | 2631.31 | 5639.33 | 6067.78 |
| #国内贷款 | 44.78 | 156.85 | 432.46 | 846.73 | 808.76 |
| 利用外资 | 24.94 | 14.81 | 18.17 | 7.98 | 1.57 |
| 自筹资金 | 54.21 | 217.15 | 1099.64 | 2300.58 | 2263.99 |
| 施工面积（万平方米） | 3422.88 | 6107.75 | 14189.73 | 30891.14 | 31064.14 |
| 本年新开工面积（万平方米） | 1102.85 | 2196.57 | 4679.56 | 5244.85 | 4875.06 |
| #住宅 | 891.87 | 1727.38 | 3399.53 | 3185.57 | 3168.77 |
| 本年竣工面积（万平方米） | 1009.36 | 1576.16 | 2242.47 | 3436.56 | 3665.25 |
| #住宅 | 771.81 | 1304.85 | 1715.87 | 2398.99 | 2420.45 |
| 土地购置面积（万平方米） | 901.07 | 1822.55 | 1540.42 | 1056.72 | 969.81 |
| 商品房销售额（亿元） | 168.96 | 605.09 | 1611.32 | 3585.81 | 4530.79 |
| #住宅 | 119.39 | 481.90 | 1300.13 | 2839.76 | 3793.41 |
| 商品房销售面积（万平方米） | 810.65 | 1913.84 | 2575.62 | 4037.76 | 4915.35 |
| #住宅 | 675.73 | 1720.56 | 2139.26 | 3315.69 | 4134.46 |

# 2-3-9 旅行社及相关服务业

2016 年，福建省接待游客突破 3 亿人次，达 3.15 亿人次，比上年增长 18.1%；实现旅游总收入近 4000 亿元（3935.16 亿元），增长 25.3%；分别比全国总人数、总收入增速高 6.4 个百分点和 11.7 个百分点。其中，接待入境游客 680.79 万人次，增长 15.1%，在 2015 年跃居全国第 5 位的基础上继续保持。全省游客满意度为 76.61 分，提升 0.11 分，实现了“十三五”良好开局。

2016 年 12 月，福建省旅游局印发了《关于加强全省旅游市场信用体系建设的实施意见》，重点针对旅行社信用体系建设。一是健全旅行社信用档案，在 2017 年 6 月前建立旅行社信用信息数据库，实现信用记录的全覆盖和电子化存储。二是规范不良行为信息记录，对受到失信（不良）行为行政处罚的旅行社，将按照国务院《企业信息公示暂行条例》（国务院第 654 号），自行政处罚作出之日起 20 个工作日通过“诚信福建网”和“福建省旅游服务监管平台”等公共信用信息服务平台向社会公开并记入其信用档案。三是实行信用信息社会监督，除涉及国家机密、商业机密和个人隐私的信息外，旅行社信用档案向社会公开，接受社会监督。要充分发挥旅游服务质量社会监督员的作用，充分利用全国旅游服务质量社会监督服务系统，强化监督力量，扩展监督范围。四是公开失信行为信息期限。加大对严重失信行为的曝光力度，严重失信行为的旅行社信息公布期限为 2 年。五是积极应用信用评价结果。各级旅游主管部门在开展招标投标、政府采购、行政审批、市场准入、资质审核、评优评奖、日常监管等工作时，应将旅行社信用评价结果作为重要参考。六是建立守信激励失信惩戒机制。对守信的旅行社推荐有关单位的招标投标中依法给予优待；在政府采购、行政审批、市场准入、资质审核、评优评奖等方面依法予以便利，并简化审核程序；对待信用等级高的旅行社在同等条件下，优先考虑，列入守信名单。对失信旅行社，在日常监督检查中实施重点监管，增加检查频次，限制参加评优评奖活动；对失信的导游在一定期限内限制其资质升级、评优评奖等；对严重失信行为的旅行社列入失信黑名单、实行市场禁入，在一定期限内禁止其参与招标投标、政府采购等活动。截至 2016 年末，福建省新增一般社 71 家，新增出境社 21 家，注销旅行社 23 家。

2016 年 12 月，国家旅游局公布的《2015 年度全国旅行社统计调查排强名单》显示，福建省 8 家旅行社进入 2015 年度全国百强旅行社，总数居全国前列，分别是厦门建发国际旅行社有限公司、福建省旅游有限公司、福建省中国旅行社、福建省春秋国际旅行社有限公司、中国国旅（福建）国际旅行社有限公司、福建省康辉国际旅行社股份有限公司、厦门厦旅国际旅行社有限公司、福建康泰国际旅行社有限公司；3 家旅行社跻身 2015 年度全国入境 30 强，分别是福建省旅游有限公司、中国国旅（福建）国际旅行社有限公司、厦门厦旅国际旅行社有限公司；厦门建发国际旅行社集团有限公司跻身 2015 年度全国利税贡献 30 强；福建省宝中旅游集团有限公司跻身 2015 年度全国旅行社集团 20 强。

（摘编：林舒）

# 福建省旅游业发展情况

（2012-2016年）

| 项　目 | 2012 | 2013 | 2014 | 2015 | 2016 |
|---|---|---|---|---|---|
| **国内旅游人数（万人次）** | **16659.74** | **19542.03** | **22887.70** | **26128.60** | **30864.30** |
| 住宿设施接待人数 | 8078.39 | 8854.94 | 9917.23 | 11088.24 | 12882.67 |
| 居民家庭接待人数 | 1123.62 | 1673.25 | 2019.23 | 2077.49 | 2586.71 |
| 一日游游客人数 | 7457.73 | 9013.84 | 10951.43 | 12962.87 | 15394.91 |
| **国内旅游收入（亿元）** | **1702.44** | **2003.41** | **2405.84** | **2798.16** | **3495.21** |
| 外省游客消费 | 922.62 | 1034.66 | 1057.92 | 1285.42 | 1797.25 |
| 本省多日游游客消费 | 512.55 | 620.39 | 962.23 | 1047.21 | 1179.27 |
| 一日游游客消费 | 267.27 | 348.36 | 385.69 | 465.53 | 518.70 |
| **国内游客构成（%）** | | | | | |
| **一、按性别分** | | | | | |
| 男 | 56.0 | 60.4 | 54.0 | 53.7 | 53.0 |
| 女 | 44.0 | 39.6 | 46.0 | 46.3 | 47.0 |
| **二、按年龄分** | | | | | |
| 14岁以下 | 1.1 | 0.9 | 1.2 | 0.9 | 0.6 |
| 15-24岁 | 16.5 | 29.7 | 24.6 | 27.2 | 27.8 |
| 25-44岁 | 53.4 | 53.1 | 54.3 | 58.0 | 60.0 |
| 45-59岁 | 23.7 | 14.8 | 17.8 | 12.6 | 10.6 |
| 60岁以上 | 5.3 | 1.5 | 2.1 | 1.4 | 1.1 |
| **国内游客消费构成（%）** | | | | | |
| 交给旅行社 | 11.1 | 11.2 | 7.8 | 6.1 | 5.8 |
| 长途交通 | 23.0 | 17.2 | 17.9 | 23.9 | 22.3 |
| 住宿 | 16.5 | 21.7 | 20.8 | 22.4 | 21.0 |
| 餐饮 | 13.5 | 14.7 | 16.8 | 16.6 | 17.4 |
| 购物 | 18.8 | 14.8 | 13.9 | 14.0 | 15.7 |
| 游览 | 5.7 | 4.8 | 6.2 | 5.8 | 6.4 |
| 娱乐 | 4.7 | 5.2 | 5.7 | 4.9 | 5.8 |
| 市区交通 | 2.1 | 2.0 | 4.5 | 4.2 | 4.0 |
| 邮电通讯 | 1.0 | 0.7 | | | |
| 其他 | 3.5 | 7.7 | 6.4 | 2.2 | 1.6 |

# 2-3-10 2016年福建税收收入主要统计指标

## 2-3-10-1 福建省三大产业

（2016

| 项　目 | 合　计 | 国　内<br>增值税 | 一般纳税<br>人增值税 | 国　内<br>消费税 | 营业税 | 企　业<br>所得税 | 个　人<br>所得税 |
|---|---|---|---|---|---|---|---|
| **一、第一产业** | **85183** | **10040** | **7278** | | **2804** | **12961** | **7238** |
| **二、第二产业** | **18249192** | **7083124** | **6535683** | **2071121** | **780192** | **3069307** | **744582** |
| **（一）采矿业** | **235452** | **116834** | **111824** | | **5255** | **38585** | **16168** |
| 煤炭开采和洗选业 | 86033 | 59152 | 55408 | | 3573 | 5917 | 5779 |
| 石油和天然气开采业 | 828 | | | | 3 | 1 | 744 |
| 黑色金属矿采选业 | 13139 | 8852 | 8794 | | 90 | 447 | 598 |
| 有色金属矿采选业 | 86550 | 23048 | 22844 | | 795 | 24269 | 6590 |
| 非金属矿采选业 | 44153 | 25247 | 24592 | | 431 | 7939 | 1310 |
| 其他采矿业 | 4749 | 535 | 186 | | 363 | 12 | 1147 |
| **（二）制造业** | **14005994** | **5294979** | **5256726** | **2071121** | **30109** | **2050321** | **413160** |
| 农副食品加工业 | 190458 | 121172 | 120655 | | 1371 | 32994 | 6683 |
| 食品制造业 | 205207 | 122690 | 122107 | | 668 | 47221 | 7940 |
| 酒、饮料和精制茶制造业 | 276163 | 124751 | 124463 | 44258 | 291 | 85437 | 4575 |
| 烟草制品业 | 1644934 | 307450 | 307445 | 1177445 | 67 | 41016 | 6287 |
| 纺织业 | 295142 | 186056 | 184476 | | 644 | 47367 | 12448 |
| 纺织服装、服饰业 | 558091 | 347877 | 341021 | | 1007 | 131876 | 22490 |
| 皮革、毛皮、羽毛及其制品和制鞋业 | 744683 | 469550 | 467597 | | 2324 | 194375 | 23374 |
| 木材加工和木、竹、藤、棕、草制品业 | 90217 | 50165 | 48957 | 1 | 338 | 24912 | 2568 |
| 家具制造业 | 88981 | 53321 | 52083 | | 248 | 19632 | 3095 |
| 造纸和纸制品业 | 274531 | 134566 | 134220 | | 757 | 64975 | 6447 |
| 印刷和记录媒介复制业 | 93742 | 54821 | 54315 | | 264 | 27781 | 2302 |
| 文教、工美、体育和娱乐用品制造业 | 148449 | 90591 | 89936 | 6 | 967 | 30692 | 5162 |
| 石油加工、炼焦和核燃料加工业 | 1427890 | 443364 | 444090 | 773861 | 305 | 116814 | 6717 |
| 化学原料和化学制品制造业 | 256260 | 144055 | 143871 | 2186 | 697 | 61106 | 19707 |
| 医药制造业 | 131108 | 67261 | 67108 | | 203 | 47638 | 5238 |
| 化学纤维制造业 | 55492 | 39755 | 39749 | | 887 | 4952 | 1674 |
| 橡胶和塑料制品业 | 375183 | 231431 | 230629 | 3 | 958 | 86527 | 12863 |

## 税收收入情况

年）　　　　单位：万元

| 资源税 | 城市维护建设税 | 房产税 | 印花税 | 城镇土地使用税 | 土地增值税 | 车辆购置税 | 车船税 | 耕地占用税 | 契税 | 其他各税 |
|---|---|---|---|---|---|---|---|---|---|---|
| **12** | **1051** | **3245** | **1742** | **1735** | **128** | **41796** | | **972** | **1459** | |
| **88841** | **627319** | **242793** | **117141** | **188503** | **41219** | **11783** | **85** | **36380** | **33552** | **3113250** |
| **47352** | **5602** | **1420** | **1043** | **1820** | **332** | **235** | **1** | **15** | **790** | |
| 7259 | 2892 | 272 | 196 | 945 | | 47 | 1 | | | |
| | 2 | 5 | 2 | 14 | | 57 | | | | |
| 1700 | 467 | 363 | 84 | 231 | | 66 | | | 241 | |
| 29243 | 1031 | 476 | 548 | 215 | | 36 | | | 299 | |
| 6905 | 965 | 238 | 165 | 346 | 331 | 16 | | 15 | 245 | |
| 2245 | 245 | 66 | 48 | 69 | 1 | 13 | | | 5 | |
| **14899** | **481512** | **212147** | **79541** | **169805** | **20155** | **9082** | **19** | **21216** | **24678** | **3113250** |
| | 7304 | 7435 | 4020 | 6296 | 753 | 282 | | 1156 | 992 | |
| 8 | 9534 | 6019 | 3176 | 5184 | 234 | 344 | | 1229 | 960 | |
| 50 | 7778 | 3926 | 855 | 3393 | 32 | 136 | 4 | 162 | 515 | |
| | 104890 | 3189 | 958 | 931 | 21 | 18 | | | 31 | 2631 |
| | 10828 | 15765 | 4323 | 11710 | 2481 | 926 | | 1675 | 919 | |
| | 24955 | 10814 | 4557 | 7715 | 1988 | 825 | | 764 | 582 | 2641 |
| | 23956 | 12871 | 5192 | 10917 | 405 | 826 | 1 | 561 | 331 | |
| 1 | 3835 | 2794 | 848 | 3714 | 218 | 136 | | 307 | 380 | |
| | 3723 | 3414 | 840 | 3567 | 645 | 138 | | 72 | 286 | |
| | 7477 | 9999 | 2322 | 6417 | 444 | 366 | 1 | 771 | 474 | 39515 |
| | 2524 | 2439 | 469 | 1807 | 187 | 161 | | 772 | 215 | |
| 2 | 7240 | 6305 | 1113 | 5112 | 345 | 152 | | 310 | 452 | |
| 2 | 78843 | 1080 | 1233 | 5336 | | 29 | 2 | 123 | 181 | |
| 1 | 8119 | 6585 | 2540 | 7327 | 12 | 317 | 4 | 1588 | 2016 | |
| | 4678 | 2741 | 547 | 2208 | 142 | 44 | | 166 | 242 | |
| 62 | 1760 | 1877 | 1291 | 1850 | 1010 | 80 | | 150 | 144 | |
| | 16733 | 12418 | 3315 | 8331 | 1144 | 468 | | 419 | 573 | |

| 项 目 | 合 计 | 国 内 增值税 | 一般纳税人增值税 | 国 内 消费税 | 营业税 | 企 业 所得税 | 个 人 所得税 |
|---|---|---|---|---|---|---|---|
| 非金属矿物制品业 | 567252 | 339819 | 334390 | | 1944 | 107860 | 35779 |
| 黑色金属冶炼和压延加工业 | 167229 | 134197 | 134092 | | 935 | 7688 | 2865 |
| 有色金属冶炼和压延加工业 | 151576 | 91844 | 91736 | | 469 | 29327 | 6840 |
| 金属制品业 | 332987 | 184939 | 182645 | | 2951 | 73116 | 26590 |
| 通用设备制造业 | 418466 | 167396 | 166233 | | 1005 | 42069 | 15431 |
| 专用设备制造业 | 395564 | 149332 | 148592 | | 2229 | 43624 | 11853 |
| 汽车制造业 | 663814 | 272187 | 271616 | 66915 | 699 | 106563 | 19037 |
| 铁路、船舶、航空航天和其他运输设备制造业 | 309662 | 96389 | 96318 | 514 | 545 | 22527 | 12370 |
| 电气机械和器材制造业 | 881588 | 389275 | 388520 | 5932 | 1505 | 235925 | 34784 |
| 计算机、通信和其他电子设备制造业 | 892529 | 331013 | 329823 | | 4211 | 255068 | 70587 |
| 仪表仪器制造业 | 75330 | 34924 | 34843 | | 400 | 21271 | 5883 |
| 其他制造业 | 2283451 | 108441 | 98932 | | 1208 | 38145 | 21293 |
| 废弃资源综合利用业 | 10015 | 6347 | 6264 | | 12 | 1823 | 278 |
| **（三）电力、热力、燃气及水的生产和供应业** | **1458222** | **933509** | **930387** | | **9271** | **348267** | **64753** |
| 电力、热力生产和供应业 | 1312396 | 891212 | 888372 | | 5976 | 267014 | 59170 |
| 燃气生产和供应业 | 96301 | 20881 | 20850 | | 1315 | 66276 | 3229 |
| 水的生产和供应业 | 49525 | 21416 | 21165 | | 1980 | 14977 | 2354 |
| **（四）建筑业** | **2549524** | **737802** | **236746** | | **735557** | **632134** | **250501** |
| 房屋建筑业 | 977078 | 221107 | 96909 | | 266734 | 323027 | 86942 |
| 土木工程建筑业 | 344189 | 86771 | 35804 | | 101652 | 91029 | 32901 |
| 建筑安装业 | 752926 | 308439 | 62926 | | 214883 | 105449 | 78425 |
| 建筑装饰和其他建筑业 | 475331 | 121485 | 41107 | | 152288 | 112629 | 52233 |
| **三、第三产业** | **22403395** | **4856701** | **4414408** | **521701** | **2497710** | **5752446** | **2386332** |
| **（一）批发和零售业** | **4001518** | **1633664** | **1516569** | **521701** | **43023** | **668558** | **144842** |
| 批发业 | 3328282 | 1212421 | 1158767 | 513009 | 31028 | 574031 | 101671 |
| 零售业 | 673236 | 421243 | 357802 | 8692 | 11995 | 94527 | 43171 |
| **（二）交通运输、仓储和邮政业** | **719129** | **299031** | **280654** | | **19543** | **219819** | **77860** |
| 交通运输业 | 641555 | 276061 | 260005 | | 17352 | 198853 | 65749 |
| 仓储业 | 39396 | 10920 | 9216 | | 1163 | 10944 | 3867 |

年）　　　　　　　　　　　　　　　　　　　　　　　　单位：万元

| 资源税 | 城市维护建设税 | 房产税 | 印花税 | 城镇土地使用税 | 土地增值税 | 车辆购置税 | 车船税 | 耕地占用税 | 契税 | 其他各税 |
|---|---|---|---|---|---|---|---|---|---|---|
| 12740 | 19281 | 19762 | 4197 | 20029 | 548 | 694 | 1 | 1414 | 3184 | |
| 83 | 6706 | 4684 | 1927 | 4276 | 151 | 155 | | | 3562 | |
| 1266 | 6068 | 7728 | 3953 | 3265 | 62 | 112 | | 289 | 353 | |
| 27 | 12860 | 10551 | 4340 | 9143 | 5839 | 461 | 3 | 1301 | 866 | |
| 1 | 9303 | 7483 | 1617 | 6481 | 791 | 328 | | 825 | 640 | 165096 |
| 25 | 8220 | 6311 | 1347 | 5448 | 169 | 304 | 2 | 936 | 668 | 165096 |
| | 15671 | 7150 | 2918 | 5963 | 844 | 149 | | 137 | 485 | 165096 |
| 221 | 4878 | 2648 | 1277 | 2878 | 69 | 70 | | 132 | 48 | 165096 |
| 17 | 24362 | 10321 | 4290 | 6567 | 332 | 264 | | 1201 | 1717 | 165096 |
| | 26932 | 14668 | 11537 | 7019 | 934 | 224 | | 3187 | 2053 | 165096 |
| | 7051 | 2999 | 1164 | 1189 | 35 | 112 | | 124 | 178 | |
| 390 | 15444 | 7761 | 3278 | 5319 | 320 | 938 | 1 | 1407 | 1619 | 2077887 |
| 3 | 559 | 410 | 97 | 413 | | 23 | | 38 | 12 | |
| **155** | **54420** | **20721** | **8747** | **11043** | **307** | **884** | **12** | **4754** | **1379** | |
| 21 | 51358 | 18029 | 7292 | 6979 | 59 | 628 | 8 | 4021 | 629 | |
| | 1559 | 672 | 1084 | 749 | 50 | 127 | 4 | 185 | 170 | |
| 134 | 1503 | 2020 | 371 | 3315 | 198 | 129 | | 548 | 580 | |
| **26435** | **85785** | **8505** | **27810** | **5835** | **20425** | **1582** | **53** | **10395** | **6705** | |
| 11507 | 29530 | 3489 | 9237 | 1424 | 17774 | 407 | | 1497 | 4403 | |
| 4641 | 11070 | 2362 | 5466 | 1766 | 1249 | 395 | 5 | 4532 | 350 | |
| 6204 | 26806 | 1254 | 7112 | 1462 | 1262 | 293 | 21 | 616 | 700 | |
| 4083 | 18379 | 1400 | 5995 | 1183 | 140 | 487 | 27 | 3750 | 1252 | |
| **3689** | **518065** | **391403** | **194399** | **171035** | **2117389** | **707683** | **175830** | **126956** | **1328154** | **653902** |
| **1147** | **139178** | **59294** | **70811** | **21270** | **17280** | **18712** | **53** | **2948** | **9101** | **649936** |
| 789 | 111281 | 37698 | 58573 | 15272 | 15270 | 4783 | 47 | 993 | 5006 | 646410 |
| 358 | 27897 | 21596 | 12238 | 5998 | 2010 | 13929 | 6 | 1955 | 4095 | 3526 |
| **165** | **15881** | **25800** | **11259** | **10264** | **5856** | **21306** | **1462** | **3690** | **7193** | |
| 163 | 14205 | 17565 | 9074 | 6489 | 5409 | 20887 | 1447 | 2682 | 5619 | |
| 2 | 875 | 3888 | 1911 | 2850 | 444 | 189 | 15 | 820 | 1508 | |

| 项　目 | 合　计 | 国　内<br>增值税 | 一般纳税<br>人增值税 | 国　内<br>消费税 | 营业税 | 企　业<br>所得税 | 个　人<br>所得税 |
|---|---|---|---|---|---|---|---|
| 邮政业 | 38178 | 12050 | 11433 | | 1028 | 10022 | 8244 |
| **（三）住宿和餐饮业** | **193827** | **43853** | **31887** | | **64887** | **29834** | **22401** |
| 住宿业 | 98789 | 22451 | 19080 | | 30169 | 13497 | 9425 |
| 餐饮业 | 95038 | 21402 | 12807 | | 34718 | 16337 | 12976 |
| **（四）信息传输、软件和信息技术服务业** | **746238** | **256394** | **244711** | | **9295** | **300099** | **112897** |
| 电信、广播电视和卫星传输服务业 | 377176 | 113605 | 112830 | | 5504 | 197477 | 33960 |
| 互联网和相关服务 | 19625 | 7576 | 6750 | | 198 | 4006 | 5994 |
| 软件和信息技术服务业 | 349437 | 135213 | 125131 | | 3593 | 98616 | 72943 |
| **（五）金融业** | **5144852** | **876070** | **871140** | | **1014733** | **1773114** | **1112360** |
| 货币金融服务 | 3582242 | 726352 | 725550 | | 914734 | 1491637 | 287601 |
| 资本市场服务 | 849282 | 30252 | 29556 | | 23345 | 131957 | 655538 |
| 保险业 | 516634 | 95437 | 92805 | | 56786 | 54608 | 119545 |
| 其他金融业 | 196694 | 24029 | 23229 | | 19868 | 94912 | 49676 |
| **（六）房地产业** | **7834800** | **1146631** | **1087934** | | **1106779** | **2136131** | **232840** |
| **（七）租赁和商务服务业** | **1183993** | **251026** | **173251** | | **135460** | **403256** | **190505** |
| 租赁业 | 63819 | 31098 | 18567 | | 2784 | 16015 | 2858 |
| 商务服务业 | 1120174 | 219928 | 154684 | | 132676 | 387241 | 187647 |
| **（八）科学研究和技术服务业** | **388989** | **132126** | **107233** | | **19225** | **89713** | **74545** |
| **（九）水利、环境和公共设施管理业** | **93550** | **13925** | **11955** | | **7587** | **38893** | **6082** |
| **（十）居民服务、修理和其他服务业** | **565707** | **78705** | **57670** | | **47558** | **50294** | **145332** |
| **（十一）教育** | **82469** | **8001** | **4478** | | **5453** | **6295** | **55769** |
| **（十二）卫生和社会工作** | **95110** | **991** | **618** | | **1656** | **12507** | **77109** |
| **（十三）文化、体育和娱乐业** | **80361** | **22147** | **18150** | | **7451** | **13150** | **26716** |
| 新闻和出版业 | 18769 | 9438 | 9049 | | 450 | 2149 | 4667 |
| 广播、电视、电影和影视录音制作业 | 15071 | 6678 | 5863 | | 393 | 4586 | 1903 |
| 文化艺术业 | 11357 | 2766 | 1418 | | 1656 | 1717 | 2683 |
| 体育 | 19753 | 1243 | 997 | | 969 | 1170 | 13030 |
| 娱乐业 | 15411 | 2022 | 823 | | 3983 | 3528 | 4433 |
| **（十四）公共管理、社会保障和社会组织** | **906575** | **89627** | **4922** | | **15060** | **6079** | **107042** |
| **（十五）其他行业** | **366277** | **4510** | **3236** | | | **4704** | **32** |

年）

单位：万元

| 资源税 | 城市维护建设税 | 房产税 | 印花税 | 城镇土地使用税 | 土地增值税 | 车辆购置税 | 车船税 | 耕地占用税 | 契税 | 其他各税 |
|---|---|---|---|---|---|---|---|---|---|---|
|  | 801 | 4347 | 274 | 925 | 3 | 230 |  | 188 | 66 |  |
| 58 | 7457 | 19677 | 612 | 3231 | 1236 | 154 | 1 | 86 | 340 |  |
| 41 | 3668 | 15074 | 385 | 2618 | 1140 | 68 |  | 8 | 245 |  |
| 17 | 3789 | 4603 | 227 | 613 | 96 | 86 | 1 | 78 | 95 |  |
| 2 | 24057 | 15794 | 6623 | 3511 | 763 | 12357 | 3 | 1287 | 3156 |  |
|  | 9681 | 11047 | 1827 | 2585 | 182 | 182 | 3 | 17 | 1106 |  |
|  | 828 | 392 | 244 | 33 |  | 21 |  |  | 333 |  |
| 2 | 13548 | 4355 | 4552 | 893 | 581 | 12154 |  | 1270 | 1717 |  |
|  | 128115 | 30826 | 20746 | 2360 | 3561 | 972 | 173615 | 268 | 8112 |  |
|  | 111545 | 25633 | 14570 | 1853 | 3387 | 403 | 2 | 51 | 4474 |  |
|  | 3757 | 1523 | 1040 | 212 | 77 | 130 |  | 217 | 1234 |  |
|  | 10136 | 2688 | 3109 | 192 |  | 215 | 173613 |  | 305 |  |
|  | 2677 | 982 | 2027 | 103 | 97 | 224 |  |  | 2099 |  |
| 274 | 142123 | 131141 | 46448 | 92705 | 1983459 | 1290 | 8 | 37669 | 777302 |  |
| 270 | 27868 | 51258 | 20749 | 18038 | 27459 | 4518 | 79 | 14136 | 39371 |  |
| 68 | 1562 | 3759 | 721 | 1108 | 174 | 3090 | 8 | 389 | 185 |  |
| 202 | 26306 | 47499 | 20028 | 16930 | 27285 | 1428 | 71 | 13747 | 39186 |  |
| 172 | 10860 | 8139 | 4180 | 2918 | 7516 | 781 | 5 | 7938 | 30871 |  |
| 27 | 2374 | 3011 | 1070 | 3604 | 2392 | 249 |  | 9683 | 4653 |  |
| 213 | 8935 | 24535 | 2592 | 7652 | 6259 | 175646 | 94 | 11397 | 6495 |  |
| 6 | 873 | 2470 | 141 | 497 | 1960 | 765 |  | 143 | 96 |  |
| 17 | 149 | 710 | 608 | 88 | 358 | 445 |  | 141 | 331 |  |
| 5 | 1992 | 4245 | 348 | 2610 | 1238 | 120 |  | 201 | 138 |  |
|  | 652 | 1064 | 109 | 234 |  | 2 |  |  | 4 |  |
|  | 378 | 884 | 76 | 146 | 10 | 17 |  |  |  |  |
|  | 381 | 376 | 92 | 103 | 1228 | 66 |  | 183 | 106 |  |
| 5 | 169 | 1228 | 41 | 1830 |  | 31 |  | 18 | 19 |  |
|  | 412 | 693 | 30 | 297 |  | 4 |  |  | 9 |  |
| 1333 | 8202 | 14503 | 8212 | 2287 | 58052 | 113338 | 510 | 37369 | 440995 | 3966 |
|  | 1 |  |  |  |  | 357030 |  |  |  |  |

# 2-3-10-2 福建省分企业类型

（2016

| 项目 | 合计 | 国内增值税 | 一般纳税人 | 国内消费税 | 营业税 | 企业所得税 | 个人所得税 |
|---|---|---|---|---|---|---|---|
| **合计** | **40737989** | **11949865** | **10957369** | **2592822** | **3280714** | **8834715** | **3138267** |
| **一、内资企业** | **28347955** | **8622884** | **7876186** | **1940904** | **3005689** | **6688358** | **2431539** |
| **（一）国有企业** | **3818089** | **903284** | **849694** | **1215488** | **179554** | **380756** | **115543** |
| **（二）集体企业** | **131384** | **34565** | **29486** | **11** | **12650** | **54508** | **7533** |
| **（三）股份合作企业** | **216911** | **18507** | **16481** | **20** | **23099** | **121686** | **43011** |
| **（四）联营企业** | **14962** | **7187** | **6827** | | **888** | **801** | **3294** |
| 1.国有联营企业 | 6595 | 3776 | 3644 | | 375 | 469 | 251 |
| 2.集体联营企业 | 1011 | 422 | 323 | | 262 | 139 | 50 |
| 3.国有与集体联营企业 | 517 | 451 | 436 | | 15 | 5 | 7 |
| 4.其他联营企业 | 6839 | 2538 | 2424 | | 236 | 188 | 2986 |
| **（五）有限责任公司** | **13715993** | **4483421** | **4059521** | **715971** | **1477428** | **3444188** | **779534** |
| 1.国有独资企业 | 1060288 | 236625 | 231435 | 236988 | 93254 | 158003 | 31007 |
| 2.其他有限责任公司 | 12655705 | 4246796 | 3828086 | 478983 | 1384174 | 3286185 | 748527 |
| **（六）股份有限公司** | **5473479** | **1270914** | **1236041** | **7875** | **925530** | **1682134** | **795241** |
| **（七）私营企业** | **4087267** | **1843254** | **1642180** | **1539** | **320800** | **835434** | **459456** |
| 1.私营独资企业 | 72692 | 40213 | 33817 | 19 | 7282 | 175 | 16201 |
| 2.私营合伙企业 | 110006 | 29252 | 22761 | 1 | 5174 | 68 | 59584 |
| 3.私营有限责任公司 | 3561915 | 1676640 | 1492928 | 1313 | 304843 | 787142 | 201335 |
| 4.私营股份有限公司 | 342654 | 97149 | 92674 | 206 | 3501 | 48049 | 182336 |
| **（八）其他企业** | **889870** | **61752** | **35956** | | **65740** | **168851** | **227927** |
| **二、港、澳、台商投资企业** | **4942002** | **1554731** | **1544331** | **46785** | **133981** | **1212762** | **139652** |
| **（一）合资经营企业（港或澳、台资）** | **1313586** | **376695** | **372859** | **37156** | **56130** | **321234** | **39866** |
| **（二）合作经营企业（港或澳、台资）** | **17438** | **5701** | **5668** | | **1140** | **5378** | **789** |
| **（三）港、澳、台商独资经营企业** | **2169853** | **918086** | **914743** | **9628** | **65796** | **658052** | **74578** |
| **（四）港、澳、台商投资股份有限公司** | **463961** | **246444** | **246190** | | **9923** | **81198** | **17401** |
| **（五）其他港、澳、台商投资企业** | **977164** | **7805** | **4871** | **1** | **992** | **146900** | **7018** |
| **三、外商投资企业** | **5291952** | **1519709** | **1512823** | **604218** | **82739** | **933595** | **251726** |
| **（一）中外合资经营企业** | **2649267** | **692909** | **690771** | **579208** | **22215** | **339459** | **59803** |
| **（二）中外合作经营企业** | **32429** | **11747** | **11656** | | **2053** | **12046** | **3438** |
| **（三）外资企业** | **1538032** | **628015** | **625331** | **25010** | **51558** | **419752** | **176921** |
| **（四）外商投资股份有限公司** | **198371** | **157824** | **157572** | | **2928** | **7054** | **7393** |
| **（五）其他外商投资企业** | **873853** | **29214** | **27493** | | **3985** | **155284** | **4171** |
| **四、个体经营** | **2156080** | **252541** | **24029** | **915** | **58305** | | **315350** |
| **（一）个体户** | **2145234** | **249510** | **21504** | **913** | **57359** | | **309046** |
| **（二）个人合伙** | **10846** | **3031** | **2525** | **2** | **946** | | **6304** |

# 税收收入情况

年）　　　　　　　　　　　　　　　　　　　　　　　　　　　　单位：万元

| 资源税 | 城市维护建设税 | 房产税 | 印花税 | 城镇土地使用税 | 土地增值税 | 车船税 | 车辆购置税 | 耕地占用税 | 契税 | 其他税收 |
|---|---|---|---|---|---|---|---|---|---|---|
| 92542 | 1146436 | 637469 | 313282 | 361274 | 2158736 | 175928 | 761262 | 164344 | 1363181 | 3767152 |
| 88180 | 862884 | 453659 | 255213 | 273343 | 1588704 | 171191 | 111204 | 158638 | 530190 | 1165375 |
| 4100 | 95095 | 45468 | 13935 | 16672 | 38407 | 4650 | 5647 | 15463 | 33904 | 750123 |
| 1655 | 2621 | 10590 | 646 | 2809 | 2797 | 5 | 645 | 52 | 297 | |
| 112 | 2908 | 2453 | 1248 | 679 | 1159 | 125 | 149 | 51 | 1704 | |
| 10 | 466 | 423 | 74 | 346 | 33 | 58 | 211 | 1165 | 6 | |
| 8 | 72 | 141 | 15 | 157 | | 54 | 112 | 1164 | 1 | |
| 2 | 47 | 21 | 5 | 38 | | | 24 | 1 | | |
| | -1 | 11 | 1 | 10 | | | 13 | | 5 | |
| | 348 | 250 | 53 | 141 | 33 | 4 | 62 | | | |
| 41172 | 484869 | 244804 | 155392 | 180170 | 1239308 | 13226 | 38855 | 71252 | 346387 | 16 |
| 997 | 81502 | 27925 | 11728 | 16993 | 131134 | 2 | 290 | 13716 | 20124 | |
| 40175 | 403367 | 216879 | 143664 | 163177 | 1108174 | 13224 | 38565 | 57536 | 326263 | 16 |
| 26466 | 156431 | 51904 | 29479 | 18219 | 10930 | 151773 | 1571 | 1982 | 13769 | 329261 |
| 11343 | 110381 | 64930 | 46441 | 49332 | 231368 | 588 | 30852 | 9539 | 72010 | |
| 532 | 2127 | 1855 | 781 | 1727 | 370 | 1 | 1062 | 66 | 281 | |
| 168 | 1987 | 446 | 1805 | 383 | 28 | | 11062 | 7 | 41 | |
| 10556 | 100904 | 61251 | 42613 | 46383 | 230670 | 438 | 17817 | 8756 | 71254 | |
| 87 | 5363 | 1378 | 1242 | 839 | 300 | 149 | 911 | 710 | 434 | |
| 3322 | 10113 | 33087 | 7998 | 5116 | 64702 | 766 | 33274 | 59134 | 62113 | 85975 |
| 2673 | 103437 | 94016 | 26313 | 48079 | 357008 | 2430 | 3752 | 2801 | 40574 | 1173008 |
| 303 | 31666 | 24496 | 7684 | 13114 | 106778 | 2143 | 1231 | 340 | 22346 | 272404 |
| 32 | 461 | 1109 | 125 | 910 | 1494 | | 133 | 101 | 65 | |
| 2332 | 63271 | 62470 | 15737 | 32326 | 153489 | 283 | 2174 | 2319 | 12043 | 97269 |
| | 7405 | 3558 | 2518 | 1396 | 93973 | | 78 | 41 | 26 | |
| 6 | 634 | 2383 | 249 | 333 | 1274 | 4 | 136 | | 6094 | 803335 |
| 390 | 164347 | 58065 | 25097 | 36997 | 158522 | 2212 | 1793 | 1170 | 22603 | 1428769 |
| 51 | 93664 | 17943 | 9619 | 14051 | 57499 | 205 | 554 | 473 | 15694 | 745920 |
| 7 | 1369 | 783 | 180 | 389 | 343 | | 55 | | 19 | |
| 326 | 65139 | 35221 | 14398 | 20871 | 89859 | 1342 | 1073 | 690 | 5516 | 2341 |
| 6 | 3499 | 3504 | 721 | 1616 | 10460 | 665 | 18 | 6 | 36 | 2641 |
| | 676 | 614 | 179 | 70 | 361 | | 93 | 1 | 1338 | 677867 |
| 1299 | 15768 | 31729 | 6659 | 2855 | 54502 | 95 | 644513 | 1735 | 769814 | |
| 1272 | 15528 | 31582 | 6635 | 2801 | 54496 | 95 | 644452 | 1735 | 769810 | |
| 27 | 240 | 147 | 24 | 54 | 6 | | 61 | | 4 | |

## 2-3-10-3 福建省企业所得税分企业

（2016

| 项目 | 合计 | 内资 | | | | | |
|---|---|---|---|---|---|---|---|
| | | 小计 | 国有企业 | 集体企业 | 股份合作企业 | 联营企业 | #国有控股 |
| **合计** | **8834715** | **6688358** | **380756** | **54508** | **121686** | **801** | **404** |
| **（一）采矿业** | **38585** | **38548** | **2740** | **308** | **37** | **4** | |
| 煤炭开采和洗选业 | 5917 | 5917 | 1595 | 90 | | | |
| 石油和天然气开采业 | 1 | 1 | | | | | |
| 黑色金属矿采选业 | 447 | 447 | 31 | | | | |
| 有色金属矿采选业 | 24269 | 24256 | 1 | | | | |
| 非金属矿采选业 | 7939 | 7843 | 1112 | 218 | 37 | 4 | |
| 其他采矿业 | 12 | 84 | 1 | | | | |
| **（二）制造业** | **2050321** | **860633** | **24924** | **3165** | **573** | **111** | **12** |
| 农副食品加工业 | 32994 | 21997 | 103 | 65 | 1 | | |
| 食品制造业 | 47221 | 24587 | 225 | 141 | | | |
| 酒、饮料和精制茶制造业 | 85437 | 3510 | 1 | 40 | 1 | | |
| 烟草制品业 | 41016 | 41016 | 21808 | | | | |
| 纺织业 | 47367 | 26132 | 12 | 47 | 2 | 2 | |
| 纺织服装、服饰业 | 131876 | 43096 | 10 | 6 | 3 | | |
| 皮革、毛皮、羽毛及其制品和制鞋业 | 194375 | 48925 | | 50 | 16 | 88 | |
| 木材加工和木、竹、藤、棕、草制品业 | 24912 | 23573 | 46 | 312 | 76 | 2 | |
| 家具制造业 | 19632 | 11574 | 128 | 131 | | | |
| 造纸和纸制品业 | 64975 | 14361 | 18 | 35 | 1 | | |
| 印刷和记录媒介复制业 | 27781 | 4490 | 307 | 750 | 1 | | |
| 文教、工美、体育和娱乐用品制造业 | 30692 | 12633 | 29 | 17 | 2 | | |
| 石油加工、炼焦和核燃料加工业 | 116814 | 62993 | | 1 | | | |
| 化学原料和化学制品制造业 | 61106 | 41441 | 237 | 38 | 1 | | |
| 医药制造业 | 47638 | 36794 | 25 | 118 | | | |
| 化学纤维制造业 | 4952 | -435 | | | 8 | | |
| 橡胶和塑料制品业 | 86527 | 22852 | 2 | 425 | 53 | 2 | |

## 类型税收收入情况

年）　　　　　　　　　　　　　　　　　　　　　　　　　　　　　　　单位：万元

| 企业 | | | | 港澳台投资企业 | #国有控股 | 外商投资企业 | #国有控股 |
|---|---|---|---|---|---|---|---|
| 股份公司 | #国有控股 | 私营企业 | 其他企业 | | | | |
| **5126322** | **1643017** | **835434** | **168851** | **1212762** | **7145** | **933595** | **81915** |
| **34272** | **22297** | **1105** | **82** | **109** | | **-72** | **-72** |
| 3780 | 2962 | 370 | 82 | | | | |
| 1 | | | | | | | |
| 182 | 143 | 234 | | | | | |
| 24243 | 16397 | 12 | | 13 | | | |
| 5989 | 2794 | 483 | | 96 | | | |
| 77 | 1 | 6 | | | | -72 | -72 |
| **621591** | **90316** | **209457** | **812** | **616024** | **2942** | **573664** | **61931** |
| 16201 | 360 | 5593 | 34 | 6782 | | 4215 | -16 |
| 17375 | 432 | 6846 | | 11367 | | 11267 | -9 |
| 2731 | -720 | 737 | | 6271 | -471 | 75656 | 1 |
| 19208 | | | | | | | |
| 12165 | 277 | 13785 | 119 | 14476 | | 6759 | |
| 16777 | 4 | 26175 | 125 | 82707 | | 6073 | |
| 31045 | 5 | 17718 | 8 | 116046 | | 29404 | |
| 21437 | 22 | 1700 | | 380 | | 959 | |
| 7778 | 12 | 3537 | | 4734 | | 3324 | |
| 8964 | -3 | 5343 | | 41371 | | 9243 | -1 |
| 1812 | 73 | 1545 | 75 | 22430 | | 861 | |
| 8742 | | 3842 | 1 | 11044 | | 7015 | |
| 62440 | 60809 | 552 | | 388 | 349 | 53433 | 53339 |
| 20744 | 6063 | 20376 | 45 | 12149 | -252 | 7516 | 45 |
| 32040 | 13094 | 4611 | | 9075 | | 1769 | |
| 819 | | -1262 | | 5275 | | 112 | |
| 15405 | 88 | 6954 | 11 | 36769 | 167 | 26906 | |

2-3-10-3 续表 1 （2016

| 项　目 | 合　计 | 内资 | | | | | |
|---|---|---|---|---|---|---|---|
| | | 小　计 | 国有企业 | 集体企业 | 股份合作企业 | 联营企业 | #国有控股 |
| 非金属矿物制品业 | 107860 | 68444 | 161 | 113 | 280 | 1 | |
| 黑色金属冶炼和压延加工业 | 7688 | 5212 | | 222 | | | |
| 有色金属冶炼和压延加工业 | 29327 | 22246 | | 1 | | | |
| 金属制品业 | 73116 | 30874 | 1 | 167 | 5 | | |
| 通用设备制造业 | 42069 | 17404 | 802 | 72 | 20 | | |
| 专用设备制造业 | 43624 | 17387 | 1 | 18 | 15 | | |
| 汽车制造业 | 106563 | 5685 | 210 | 4 | 30 | | |
| 铁路、船舶、航空航天和其他运输设备制造业 | 22527 | 12130 | -7 | 1 | 2 | | |
| 电气机械和器材制造业 | 235925 | 106132 | 37 | 329 | 56 | | |
| 计算机、通信和其他电子设备制造业 | 255068 | 85697 | 439 | 2 | | 12 | 12 |
| 仪表仪器制造业 | 21271 | 17100 | 4 | 2 | | | |
| 其他制造业 | 39968 | 32783 | 325 | 58 | | 4 | |
| **（三）电力、热力、燃气及水的生产和供应业** | **348267** | **261875** | **24115** | **3272** | **291** | **197** | **170** |
| 电力、热力生产和供应业 | 267014 | 204823 | 21034 | 2667 | 289 | 41 | 14 |
| 燃气生产和供应业 | 66276 | 44276 | 26 | 2 | 1 | | |
| 水的生产和供应业 | 14977 | 12776 | 3055 | 603 | 1 | 156 | 156 |
| **（四）建筑业** | **632134** | **621807** | **37258** | **3772** | **6608** | **293** | **181** |
| 房屋建筑业 | 323027 | 322028 | 12283 | 1869 | 6365 | 2 | |
| 土木工程建筑业 | 91029 | 90159 | 15926 | 703 | 81 | 197 | 181 |
| 建筑安装业 | 105449 | 99543 | 4450 | 534 | 137 | 63 | |
| 建筑装饰和其他建筑业 | 112629 | 110077 | 4599 | 666 | 25 | 31 | |
| **（五）批发和零售业** | **668558** | **542718** | **179882** | **2719** | **39** | **98** | |
| 批发业 | 574031 | 479895 | 179023 | 2004 | 15 | 35 | |
| 零售业 | 94527 | 62823 | 859 | 715 | 24 | 63 | |
| **（六）交通运输、仓储和邮政业** | **219819** | **173879** | **7160** | **402** | **1** | **39** | **34** |

年）　　　　单位：万元

| 企业 | | | | 港澳台投资企业 | #国有控股 | 外商投资企业 | #国有控股 |
|---|---|---|---|---|---|---|---|
| 股份公司 | #国有控股 | 私营企业 | 其他企业 | | | | |
| 39374 | 2134 | 28447 | 68 | 34634 | -194 | 4782 | |
| 4101 | 800 | 889 | | 1739 | | 737 | |
| 21729 | 2 | 516 | | 473 | | 6608 | 1283 |
| 22570 | 1194 | 8128 | 3 | 25218 | -78 | 17024 | 1 |
| 11215 | 183 | 5295 | | 6657 | | 18008 | 79 |
| 11180 | 12 | 6171 | 2 | 15825 | | 10412 | |
| 4064 | | 1377 | | 28497 | 3421 | 72381 | 7170 |
| 8708 | 1556 | 3426 | | 5025 | | 5372 | 34 |
| 100693 | 867 | 4995 | 22 | 63582 | | 66211 | |
| 64443 | 3031 | 20512 | 289 | 48757 | | 120614 | 5 |
| 14724 | | 2368 | 2 | 1713 | | 2458 | |
| 23107 | 21 | 9281 | 8 | 2640 | | 4545 | |
| **225459** | **87853** | **7976** | **565** | **47018** | **284** | **39374** | **7532** |
| 172884 | 84714 | 7354 | 554 | 36233 | | 25958 | |
| 44021 | 951 | 226 | | 9743 | 284 | 12257 | 7532 |
| 8554 | 2188 | 396 | 11 | 1042 | | 1159 | |
| **435775** | **32239** | **134368** | **3733** | **7453** | | **2874** | |
| 232163 | 16515 | 68984 | 362 | 437 | | 562 | |
| 54833 | 8799 | 17899 | 520 | 509 | | 361 | |
| 71733 | 2011 | 20591 | 2035 | 5167 | | 739 | |
| 77046 | 4914 | 26894 | 816 | 1340 | | 1212 | |
| **278586** | **16338** | **79688** | **1706** | **42687** | **460** | **83153** | **4103** |
| 232262 | 12844 | 64877 | 1679 | 34776 | 460 | 59360 | 1090 |
| 46324 | 3494 | 14811 | 27 | 7911 | | 23793 | 3013 |
| **137806** | **69754** | **25351** | **3120** | **28553** | **586** | **17387** | **3531** |

2-3-10-3 续表 2 （2016

| 项 目 | 合 计 | 内资 | | | | | |
|---|---|---|---|---|---|---|---|
| | | 小 计 | 国有企业 | 集体企业 | 股份合作企业 | 联营企业 | #国有控股 |
| 交通运输业 | 198856 | 156452 | 6695 | 366 | 1 | 32 | 34 |
| 仓储业 | 10942 | 8641 | 465 | 36 | | 7 | |
| 邮政业 | 10021 | 8786 | | | | | |
| **（七）住宿和餐饮业** | **29834** | **17426** | **1008** | **132** | **2** | | |
| 住宿业 | 13497 | 9901 | 874 | 111 | | | |
| 餐饮业 | 16337 | 7525 | 134 | 21 | 2 | | |
| **（八）信息传输、软件和信息技术服务业** | **300099** | **131282** | **1214** | **2** | **16** | | |
| 电信、广播电视和卫星传输服务 | 197477 | 71072 | 1207 | 2 | | | |
| 互联网和相关服务 | 4006 | 3591 | | | | | |
| 软件和信息技术服务业 | 98616 | 56619 | 7 | | 16 | | |
| **（九）金融业** | **1773114** | **1690552** | **19958** | **37924** | **113954** | **6** | |
| 货币金融服务 | 1491637 | 1462870 | 13593 | 37924 | 113954 | | |
| 资本市场服务 | 131957 | 127857 | 307 | | | 6 | |
| 保险业 | 54608 | 53305 | 710 | | | | |
| 其他金融业 | 94912 | 46520 | 5348 | | | | |
| **（十）房地产业** | **2136131** | **1784328** | **52957** | **716** | **3** | **-13** | **1** |
| **（十一）租赁和商务服务业** | **403256** | **341861** | **8578** | **721** | **71** | **5** | **5** |
| 租赁业 | 16015 | 10688 | 858 | 15 | | | |
| 商务服务业 | 387241 | 331173 | 7720 | 706 | 71 | 5 | 5 |
| **（十二）科学研究和技术服务业** | **89713** | **85512** | **12146** | **188** | **49** | **39** | |
| **（十三）居民服务、修理和其他服务业** | **50294** | **47871** | **4140** | **854** | **8** | **19** | **1** |
| **（十四）教育** | **6295** | **6072** | **567** | **107** | **10** | | |
| **（十五）卫生和社会工作** | **12507** | **12503** | **1** | **1** | **13** | | |
| **（十六）文化、体育和娱乐业** | **13150** | **12251** | **191** | **10** | | | |
| **（十七）公共管理、社会保障和社会组织** | **6079** | **6054** | **671** | **6** | | | |
| **（十八）其他行业** | **56559** | **53186** | **3246** | **209** | **11** | **3** | |

年）　　　　单位：万元

| 企业 | | | | 港澳台投资企业 | #国有控股 | 外商投资企业 | #国有控股 |
|---|---|---|---|---|---|---|---|
| 股份公司 | #国有控股 | 私营企业 | 其他企业 | | | | |
| 129199 | 69013 | 17039 | 3120 | 26656 | 100 | 15748 | 3493 |
| 4179 | 729 | 3954 | | 1572 | 486 | 729 | 38 |
| 4428 | 12 | 4358 | | 325 | | 910 | |
| **12039** | **684** | **3683** | **562** | **5620** | | **6788** | **−4** |
| 7410 | 319 | 1188 | 318 | 1801 | | 1795 | |
| 4629 | 365 | 2495 | 244 | 3819 | | 4993 | −4 |
| **115777** | **43786** | **13863** | **410** | **86722** | | **82095** | **811** |
| 68427 | 43116 | 1431 | 5 | 77123 | | 49282 | |
| 3472 | 123 | 119 | | 395 | | 20 | |
| 43878 | 547 | 12313 | 405 | 9204 | | 32793 | 811 |
| **1509764** | **992425** | **8448** | **498** | **26812** | **176** | **55750** | **389** |
| 1295599 | 876361 | 1800 | | 22759 | 176 | 6008 | 210 |
| 120888 | 78945 | 6637 | 19 | 837 | | 3263 | 17 |
| 52595 | 35638 | | | 129 | | 1174 | 74 |
| 40682 | 1481 | 11 | 479 | 3087 | | 45305 | 88 |
| **1331018** | **212563** | **290421** | **109226** | **315988** | **2509** | **35815** | **48** |
| **304106** | **68004** | **22291** | **6089** | **31000** | | **30395** | **3552** |
| 8731 | 66 | 884 | 200 | 2031 | | 3296 | 34 |
| 295375 | 67938 | 21407 | 5889 | 28969 | | 27099 | 3518 |
| **38528** | **2938** | **23461** | **11101** | **2333** | **174** | **1868** | |
| **26091** | **1387** | **7833** | **8926** | **10** | | **2413** | **64** |
| **869** | **58** | **599** | **3920** | **52** | | **171** | |
| **875** | **432** | **1394** | **10219** | **1** | | **3** | |
| **8121** | **734** | **1594** | **2335** | **547** | **17** | **352** | **30** |
| **470** | **344** | **33** | **4874** | | | **25** | |
| **45175** | **865** | **3869** | **673** | **1833** | **−3** | **1540** | |

# 2-3-11 2016年福建省环境状况公报

## 一、综述

2016年，福建省环保系统和有关部门紧紧围绕省委、省政府的决策部署，牢固树立绿色发展理念，主动服务经济社会发展大局，以建设国家生态文明试验区为契机，以改善环境质量为核心，深入实施生态省战略，加快体制机制创新，持续打好大气、水、土壤污染防治攻坚战，在经济社会快速发展的同时，全省环境质量持续保持全国领先。12条主要河流水质整体保持为优，Ⅰ类-Ⅲ类水质比例为96.5%。全省68个城市空气质量平均达标天数比例为97.8%。城市声环境质量保持稳定，辐射环境质量总体保持良好，森林覆盖率达65.95%，是全国水、大气、生态全优的省份之一。

## 二、水环境

全省水环境质量总体保持良好水平。主要河流水质保持优良，集中式生活饮用水源地和主要湖泊水库水质保持稳定，近岸海域海水水质有所改善。

### 十二条主要水系

全省12条主要河流共设置143个国、省控水质评价监测断面，按《地表水环境质量标准》（GB 3838-2002）评价，水质状况为优。Ⅰ类-Ⅲ类优良水质比例为96.5%，比上年提高3.2个百分点。

**◆闽江**　闽江水质优。评价的59个断面中：Ⅰ类-Ⅲ类优良水质比例为100%，与上年持平；Ⅰ类-Ⅱ类优质水质比例为84.7%，比上年提高25.1个百分点。各类水质比例如下：Ⅰ类水质占1.7%，Ⅱ类水质占83.1%，Ⅲ类水质占15.3%，无Ⅳ类、Ⅴ类和劣Ⅴ类水。59个评价断面中，所有断面水质均达到Ⅲ类水质标准；邵武和顺断面为Ⅲ类水质，未达到省水十条Ⅱ类水质考核目标。

**◆九龙江**　九龙江水质优。评价的23个断面中：Ⅰ类-Ⅲ类优良水质比例为91.3%，比上年提高6.3个百分点；Ⅰ类-Ⅱ类优质水质比例为17.4%，提高2.4个百分点。各类水质比例如下：Ⅰ类水质占4.3%，Ⅱ类水质占13.0%，Ⅲ类水质占73.9%，Ⅳ类水质占8.7%，无Ⅴ类和劣Ⅴ类水。23个评价断面中，雁石桥、河口2个断面水质未达到Ⅲ类水质标准；河口、华安黄枣铁路桥2个断面分别为Ⅳ类、Ⅲ类水质，未达到省水十条Ⅲ类、Ⅱ类水质考核目标。

**◆木兰溪**　木兰溪水质良好。评价的6个断面中：Ⅰ类-Ⅲ类优良水质比例为83.3%，与上年持平；Ⅰ类-Ⅱ类优质水质比例为16.7%，与上年持平。各类水质比例如下：无Ⅰ类水，Ⅱ类水质占16.7%，Ⅲ类水质占66.7%，Ⅳ类水质占16.7%，无Ⅴ类和劣Ⅴ类水。6个评价断面中，三江口断面水质未达到Ⅲ类水质标准；所有断面水质均达到省水十条考核目标。

**◆龙江**　龙江水质呈轻度污染。评价的4个断面中：Ⅰ类-Ⅲ类优良水质比例为50.0%，与上年持平；Ⅰ类-Ⅱ类优质水质比例为50.0%，提高50.0个百分点。各类水质比例如下：无Ⅰ类水，Ⅱ类水质占50.0%，无Ⅲ类和Ⅳ类水，Ⅴ类水质占50.0%，无劣Ⅴ类水。4个评价断面中，福清倪浦桥和福清海口桥2个断面水质未达到Ⅲ类水质标准；所有断面水质均达到省水十条考核目标。

**◆其他河流**　萩芦溪、交溪、霍童溪、敖江、晋江、汀江、漳江和东溪8条河流的所有断面水质均能达到Ⅲ类水质标准；敖江的双口渡、东溪的诏安美营桥2个断面均为Ⅲ类水质，未达到省水十条Ⅱ类水质考核目标。

### 集中式生活饮用水源地

9个设区市、平潭综合实验区、57个县级市（县、区）共监测119个集中式生活饮用水水源，115个水源水质达标（达到或优于Ⅲ类标准），达标率为96.6%，比上年下降1.7个百分点。

**主要湖泊水库**

全省18个主要淡水湖泊水库中，4个为Ⅱ类水质，占22.2%；11个为Ⅲ类水质，占61.1%；2个为Ⅳ类水质（龙岩棉花滩水库和漳州南一水库），占11.1%；1个为Ⅴ类水质（福州西湖），占5.6%。主要污染指标为总磷和五日生化需氧量。

海水湖泊厦门筼筜湖为劣四类海水，主要污染指标为活性磷酸盐和无机氮。

按湖泊水库综合营养状态指数评价，18个淡水湖泊水库中，贫营养状态的湖库1个，占5.6%；中营养状态的17个，占94.4%。

**近岸海域海水**

根据《海水水质标准》（GB 3097-1997），按点位比例评价，全省近岸海域第一类、二类水质比例为72.3%，第三类水质比例为14.9%，第四类和劣四类水质比例为12.8%；按面积比例评价，全省近岸海域第一类、二类水质比例为88.7%，第三类、四类和劣四类比例分别为4.0%、3.2%和4.1%。主要污染因子为无机氮和活性磷酸盐。

**措施与行动**

福建省政府与各设区市政府签订水污染防治目标责任书，下达水污染防治行动2016年度计划，严守“环境质量只能更好、不能变坏”的底线。

福建省政府印发《福建省小流域及农村水环境整治计划（2016-2020）》（闽政〔2016〕29号），将水污染防治向支流纵深和广大农村地区推进。制订出台《福建省地表水水质考核办法（试行）》，创新水质考核机制，考核结果对外公布，并与流域生态补偿资金和省级流域专项资金的分配挂钩。省环保厅约谈流域水质未达阶段目标以及饮用水源水质出现超标的市、县政府，督促加强问题整改。

开展县级以上水源地环境状况评估，严格审核水源保护区划的调整和近岸海域环境功能区划的修编，开展海洋环保责任制考核。

全年新扩建城镇生活污水处理厂15座，新增日处理能力53万吨，新建改造污水管道1427公里。截至2016年末，全省城镇生活污水日处理规模为551.3万吨，2016年全省污水处理量为14亿吨，市县污水处理率达89%，城镇生活污水处理厂污泥无害化处理率达90%。

2016年，全省共关闭拆除禁养区及可养区存栏250头以下不达标养猪场户1.66万家，消减生猪187.2万头；实施完成可养区存栏250头以上生猪规模养殖场标准化改造1999家，目前全省超过60%的规模养猪场实现了达标排放或零排放。

## 三、大气环境

全省城市环境空气质量以优良为主。背景区域空气质量保持稳定。酸雨污染仍较普遍。

**城市空气质量**

全省68个城市（含9个设区市、平潭综合实验区、58个县级城市）环境空气中二氧化硫、二氧化氮、可吸入颗粒物（$PM_{10}$）和细颗粒物（$PM_{2.5}$）浓度分别为0.012mg/m$^3$、0.019mg/m$^3$、0.046mg/m$^3$和0.026mg/m$^3$，一氧化碳和臭氧特定百分位数平均值分别为1.1mg/m$^3$和0.109mg/m$^3$。按照《环境空气质量标准》（GB 3095-2012）评价，空气质量达标（达到国家二级标准）天数比例在88.4%-100%，平均为97.8%。

全省9个设区城市环境空气中二氧化硫、二氧化氮、可吸入颗粒物（$PM_{10}$）和细颗粒物（$PM_{2.5}$）浓度分别为0.010mg/m$^3$、0.026mg/m$^3$、0.047mg/m$^3$和0.027mg/m$^3$，一氧化碳和臭氧特定百分位数平均值分别为1.3mg/m$^3$和0.115mg/m$^3$，达标天数比例在96.3%-99.4%，平均为98.4%。福州、厦门、三明、南平、龙岩和宁德6个城市达标天数比例高于平均值，莆田、泉州和漳州3个城市达标天数比例低于平均值。

根据《城市环境空气质量排名技术规定》，按空气质量综合指数从小到大排序，全省 9 个设区市环境空气质量由好至差排名依次为南平、莆田、龙岩、泉州、厦门、福州、宁德、三明和漳州。首要污染物：龙岩为臭氧，其余 8 个设区市均为细颗粒物（$PM_{2.5}$）。

在全国 74 个重点城市中，厦门、福州空气质量排名分别为第 4 位、第 5 位。

**武夷山背景空气质量**

与 2015 年相比，除二氧化氮、臭氧、二氧化碳、甲烷年均浓度略有上升外，其他项目均有不同程度的下降，背景区域空气质量保持稳定。各项目年均浓度如下：二氧化硫 1.3μg/m$^3$，一氧化碳（24 小时平均浓度第 95 百分位数）0.605mg/m$^3$，分别比上年下降了 31.6％和 5.5％；$PM_{10}$19.2μg/m$^3$，$PM_{2.5}$12.0μg/m$^3$，分别下降了 0.5%和 9.8%；二氧化氮 3.1μg/m$^3$，臭氧（日最大 8 小时平均浓度第 90 百分位数）138.8μg/m$^3$，分别上升了 10.7%和 2.0%；二氧化碳 409.6ppm、甲烷 1.978ppm，比上年分别上升了 0.4%和 0.6%；氧化亚氮 321.6ppb，黑炭（880nm）0.565μg/m$^3$，分别下降了 3.1%和 6.3%。

**酸雨**

全省降水 pH 年均值为 5.31，比上年上升 0.14 个 pH 单位；酸雨出现频率为 40.9%，上升 0.3 个百分点。

**措施与行动**

深化重点行业大气污染综合治理。分年度实施 14 家燃煤电厂 45 台机组超低排放改造任务，截至 2016 年末，完成 27 台机组 1460.6 万千瓦改造任务，占应实施改造机组装机容量的 65.9%；加强火电、钢铁、水泥、平板玻璃等行业重点污染源的日常监管，促进稳定达标排放；启动全省重点地区 VOCs 调查工作，推进石化、化工等重点行业 VOCs 治理。

推进工业锅炉（窑炉）改造、电机系统节能、余热余压利用、能量系统优化等重点领域节能重点工程项目，继续实施节能技术改造和合同能源管理财政奖励政策。开展燃煤锅炉节能技术改造，对年可形成 500 吨标准煤以上节能能力的技改项目按每吨 240 元标准予以财政奖励。截至 2016 年末，全省共完成煤电机组节能升级改造任务 28 台 1476.6 万千瓦，能效指标均达到了国家规定的先进水平。

加快淘汰落后产能及化解过剩产能，2016 年全省 6 家钢铁企业去产能合计 445 万吨，49 处煤矿去产能合计 297 万吨，均大幅度超额完成国家下达的年度目标任务。

2016 年，共淘汰黄标车和老旧车 130136 辆，超额完成国家下达的目标任务。推动机动车排放检测机构实施工况法检测，全省共 143 家检测站施行工况法检测。

## 四、声环境

城市声环境质量继续保持稳定。

**◆道路交通噪声**

全省 24 个城市道路交通噪声昼间平均等效声级为 68.7dB（A）。其中，道路交通噪声强度评价为一级的城市 10 个，占 41.6%；二级的城市 12 个，占 50.0%；三级和四级的城市各 1 个，各占 4.2%。

**◆区域环境噪声**

全省 24 个城市区域声环境质量昼间平均等效声级为 54.3dB（A）。其中，区域声环境质量达到二级的城市 14 个，占 58.3%；三级的城市 10 个，占 41.7%。各城市区域声环境质量总体处于二级和三级水平。

**◆措施与行动**

根据城市总体规划、土地利用规划、产业布局的变化情况，组织开展泉州市、厦门市声环境功能区调整工作。

各城市结合当地实际，逐步扩大城市机动车禁鸣区域，对城区道路实施“白改黑”改造，在高架桥等道路两边设置隔声屏障，减轻交通噪声污染，改善城市中心区域声环境。

建立噪声污染联防联控工作机制，加强中、高考期间的噪声控制。2016 年中、高考期间，全省各级环境监察机构现场执法检查 5485 人次，查处违法行为 1719 件，受理投诉案件 1897 起，查处率 100%，为广大考生提供了一个安静的温书迎考环境。

## 五、固体废物

全省工业固体废物产生量 4525 万吨；贮存量 254 万吨；利用处置量 4369 万吨。

全省危险废物产生量 47.08 万吨（含医疗废物），比上年增长 14.8%；利用处置量 46.25 万吨，增长 23.7%；全年跨省转移危险废物 2.99 万吨。全省医疗废物产生量 2.68 万吨，处置量 2.68 万吨，处置率 100%。

全省危险废物持证经营单位 43 家（含设区市核发的医废许可证），总核准经营规模 75.02 万吨/年，比上年增加 30.72 万吨。

全年新扩建生活垃圾无害化处理设施 5 座，新增日处理规模 3330 吨。截至 2016 年末，全省运行的生活垃圾无害化处理厂（场）共 64 座，日处理规模 2.88 万吨，无害化处理率达 96.5%。其中，生活垃圾焚烧处理（发电）厂 19 座，日处理能力 1.81 万吨，约占全省规模的 63%。

**措施与行动**

强化土壤污染防治工作。在全国率先出台《福建省土壤污染防治行动计划实施方案》，确定 2020 年和 2030 年工作目标，提出全省土壤污染防治工作的 10 条任务，34 项具体措施，积极推进土壤污染状况详查、土壤治理与修复试点示范工程等重点工作。

出台《福建省“十三五”危险废物污染防治规划》等政策文件，提出全省危险废物污染防治工作的 6 条任务，5 项具体措施，29 项重点工程。推进危险废物综合处置场、飞灰填埋场、水泥窑协同处置固废项目、工业园区配套项目、综合利用或医疗废物处置项目等 5 大类 28 个危险废物处置项目的建设。

推动危险废物规范化管理“达标升级”，探索从政府、部门、企业和社会四个层面入手的“四层、六有、四查、四看、一公开”的监管新模式。落实新的《危险废物规范化管理指标体系》，强化对重点产废单位及经营单位的督查考核。环保、公安部门联合开展查处危险废物污染行为专项执法行动，形成“严打重罚”的执法高压态势。建成省级固体废物管理信息系统，完成全省 2166 家危废相关企业底数排查及网上申报登记工作。

强化电子废物和POPs污染防治工作。2016年，共拆解废弃电器电子产品约102万台，完成全省140家二噁英类POPs企业，2家PFOS生产企业的数据统计工作。

## 六、环境辐射

辐射环境质量总体保持良好。全省环境电离辐射水平处于天然本底涨落范围内；运行核电厂、核技术利用单位周围环境电离辐射水平未见明显变化；环境电磁辐射水平满足相应标准要求。

**◆环境电离辐射**

全省环境地表 γ 辐射处于当地天然本底水平涨落范围内，其中辐射环境自动监测站实时连续空气吸收剂量率小时均值范围为 66.1-193.6 纳戈瑞/小时。

气溶胶和沉降物中总 α 、总 β 活度浓度与历年相比未见明显变化，均为正常环境水平。空气与降水中氚、气碘及空气中氡为环境本底水平。

地表水和地下水中天然放射性核素活度浓度与 1983-1990 年全国环境天然放射性水平调查结果处于同一水平。饮用水源地水中总 α 、总 β 活度浓度低于《生活饮用水卫生标准》（GB 5749-2006）中规定的放射性指标指导值，天然放射性核素活度浓度与历年相比未见明显变化。近岸海域海水人工放射性核素锶-90和铯-137活度浓度低于《海水水质标准》（GB 3097-1997）规定的限值。海洋生物中人工放射性核素锶-90和铯-137活度浓度处于本底水平。

土壤中人工放射性核素活度浓度与历年相比未见明显变化，天然放射性核素活度浓度与1983-1990年全国环境天然放射性水平调查结果处于同一水平。省放射性废物库、辐照中心及核技术利用单位周围环境电离辐射水平未见异常。

**运行核电基地周围环境离辐射**

宁德和福清2个核电厂周围环境地表γ辐射处于当地天然本底水平涨落范围内，其中辐射环境自动监测站实时连续空气吸收剂量率小时均值范围分别为71.1-187.2纳戈瑞/小时和71.0-149.9纳戈瑞/小时。核电厂周围空气、水、土壤、生物等介质中放射性核素活度浓度与核电厂运行前本底值及对照点相比，处于同一水平。

**电磁辐射**

城市环境电磁辐射水平与历年相比未见异常，远低于《电磁环境控制限值》（GB 8702-2014）中公众曝露控制限值。开展监测的广播电视设施天线周围敏感点的电磁辐射水平、变电站周围敏感点的工频电场强度和磁感应强度均低于《电磁环境控制限值》（GB 8702-2014）中公众曝露控制限值。

**措施与行动**

省政府颁布实施《福建省核电厂环境辐射防护办法》，规范了核电厂辐射环境监督管理及监督性监测、规划限制区管理、核应急管理、公众沟通与信息公开等工作，保障公众健康及安全，促进核电事业健康发展。

优化完善全省辐射环境监测网络。国控辐射环境质量监测点由47个增加为48个，省控辐射环境质量监测点由78个增加为132个；新建10个辐射环境自动监测站，自动站已覆盖所有设区市。

开展放射性物品“一体化”监管改革工作，实施放射性物品专项治理。对全省327家放射性物品使用单位开展了辐射安全专项检查，督促57家单位对辐射安全隐患进行整改；安全收贮75枚闲置、废弃放射源，消除辐射安全风险隐患。

## 七、生态环境

全省生态环境质量继续保持在优良水平，森林覆盖率继续位居全国首位，生态环境状况指数继续保持全国前列。

**土地利用**

全省耕地面积133.75万公顷。全年耕地补充面积超过实际建设占用面积650公顷，实现了耕地占补平衡。基本农田保护面积114.00万公顷，保护率为85.23%。

**水土流失治理**

全省完成水土流失综合治理面积269.17万亩，占年度下达任务200万亩的134.59%。

**森林**

全省森林面积801.27万公顷，森林覆盖率为65.95%，活立木总蓄积量6.67亿立方米。划定生态公益林面积286.2万公顷。

全年共发生森林火灾29起，受害面积221.1公顷，受害率和发生率分别为0.02‰和0.32次/10万公顷。

林业有害生物发生面积19.71万公顷，成灾面积0.61万公顷，成灾率0.76‰。

**海洋**

在全省17处重点海域采集17个牡蛎或缢蛏样品进行监测，生物质量总体一般。采集的样品中腹泻性贝毒、麻痹性贝毒未检出，总汞、铬和六六六符合第一类海洋生物质量标准，铅、镉和滴滴涕优于或符合第二类海洋生物质量标准。10个样品的铜、1 个样品的砷和 1 个样品中石油烃含量超出第二类海洋生物质量标准。

**自然保护**

全省共建立自然保护区 93 个，其中国家级 17 个，省级 22 个，自然保护区总面积 45.5 万公顷。建成森林公园 175 个，其中国家级 29 个，省级 126 个，县级 20 个，森林公园总面积达 18.6 万公顷。建设国家湿地公园 6 处，总面积 6542.01 公顷。

全省已经建立世界地质公园 2 个，国家地质公园 14 个，省级地质公园 7 个，上述地质公园总面积 44.82 万公顷，其中国家级以上地质公园面积 42.07 万公顷，省级地质公园面积 2.75 万公顷。

**措施与行动**

省政府印发《关于下达“十三五”期间全省森林资源保护发展约束性指标的通知》（闽政办〔2016〕103 号），将森林覆盖率、森林蓄积量、林地保有量等三项约束性指标纳入政府任期目标。

安排省级水土流失专项治理资金 3.4 亿元，争取中央水土流失专项治理资金 17021 万元。依法征收省级水土保持补偿费 4690.48 万元。宁化县、平和县、南安市、上杭县和福建仙游抽水蓄能电站创建“国家水土保持生态文明工程”通过水利部评审。

泰宁峨嵋峰晋升为国家级自然保护区。强化重大林业有害生物防控目标责任落实，实施 18 个重点生态区位防御工程建设。

推进实施农药化肥零增长行动。28 个县主要病虫害绿色防控技术示范区示范面积 1.9 万亩，辐射面积 18.5 万亩次；推广测土配方施肥技术 2000 万亩次，推广秸秆还田 100 万亩。开展秸秆基料化利用栽培食用菌，年利用秸秆 100 万吨左右。

加强水电站下泄流量监管，2016 年全省完成 19 座 5 万千瓦以上水电站下泄流量在线监控装置安装及运行考核工作。

推进湿地保护和野生动植物保护宣传。持续开展“世界湿地日”“世界野生动植物日”“爱鸟周”和“保护野生动物宣传月”等活动。

## 八、气候变化、自然灾害

**气候与水资源**

2016 年，受超强厄尔尼诺事件影响，福建省气候异常，极端天气气候事件频发，气候年景差。全省年平均气温 20.3℃，偏高 0.8℃；降水量 2432.6 毫米，偏多 4.7 成；日照时数 1498.1 小时，偏少 204.0 小时。与 1961 年以来历年相比，降水量历史最多，平均气温历史第二高，日照时数历史第三少。

2016 年地表水资源量 2103 亿 $m^3$，比多年平均多 78.3%，入海水量 1853.95 亿 $m^3$。

**自然灾害**

全省陆地及近海地区共发生 3.0 级及以上地震 7 次，最大地震为 2016 年 6 月 18 日漳浦海域 ML4.0 级地震。陆地发生 3.0 级及以上地震 2 次，较大地震为 2016 年 4 月 7 日松溪 ML3.5 级地震。

全省共发现赤潮 8 起，影响面积 109 平方公里。赤潮主要分布于泉州惠安、宁德霞浦、莆田南日岛和平潭等近岸海域。赤潮高发期主要集中在 4 月和 5 月，优势种主要为夜光藻、东海原甲藻、球形棕囊藻、中肋骨条藻，8 起赤潮均未造成直接经济损失。

全省经历 6 次寒潮、7 个台风（3 个登陆）、8 次高温、24 次强对流、33 场暴雨过程，气象灾害造成严重的损失。1 月 22-26 日，31 个县（市）出现寒潮，6 个县（市）最低气温跌破 1961 年以来历史极值，亚热带果树和蔬菜冻害严重；登陆台风偏多偏强、致灾重，超强台风“尼伯特”在石狮沿海登陆，重创闽清、永泰；建国以来登陆闽南的最强台风“莫兰蒂”在翔安沿海登陆，横扫厦门；超强台风“鲇鱼”在惠安县沿海登陆，造成的暴雨范围之广和雨势之强历史罕见；台风灾害以福州、厦门、泉州、宁德等市相对较重，据省民政厅统计，全省直接经济损失为 433.69 亿元。暴雨洪涝灾害以三明、南平市相对较重，“5.8”暴雨过程致三明、南平局地受灾严重。

**措施与行动**

2016 年，全省气象部门共发布预警信号 3 万余次，预警短信 3 万余条，接收 5.6 亿人次。开展人工影响天气作业 907 次。

## 九、专栏

**环保目标责任制**

在全国率先建立党政领导生态环境保护目标责任制，全省“两会”期间由省委书记和省长与各设区市、平潭综合实验区管委会党政“一把手”签订生态环境保护目标责任书，配套出台责任书考核指标体系。各设区市、平潭综合实验区管委会均成立了以党政主要领导分别为组长、常务副组长的生态文明建设领导小组，并与所辖县（市、区）党政“一把手”签订责任书。

开展 2016 年度责任书考核工作，重点对各地落实绿色发展、污染防治、环境监管、建立健全工作机制、区域突出环境问题整治等工作情况进行考核，强化“党政同责”“一岗双责”。

**环保督查**

率先以省委、省政府名义出台福建省环境保护督察实施方案，完成对龙岩、泉州、宁德市的环境保护督察。

**依法行政**

制定并颁布《福建省湿地保护条例》《福建省核电厂环境辐射防护办法》等地方性环境保护法规、规章。加快《福建省环境保护条例》修订工作，并列入 2017 年省政府立法计划。

省环保厅依法审查 2 起行政复议案件，其中维持原具体行政行为 2 件。依法应诉 4 起环境保护行政诉讼案件，其中 2 件已胜诉结案。

推进“放管服”改革，取消行政确认事项 1 项，加强对已下放 59 项行政权力事项的事中事后监管，规范省、市、县三级环保部门行政审批和服务事项运行，建立“双随机一公开”监管制度。

**环保改革**

出台福建省生态环境损害赔偿实施意见，在厦门、泉州等地开展试点工作；出台生态系统价值核算试点方案，在厦门、武夷山市开展试点工作；完善流域生态补偿机制，在汀江开展全国第 2 个跨省流域生态补偿。

制定企业环境信用评价制度，已有 2277 家参评；出台环境污染责任保险制度，在环境高风险领域推行环境污染责任保险。

**生态创建**

持续推进生态省“细胞工程”建设，截至 2016 年末，厦门市和泉州市建成国家生态市、全省共建成国家级生态县（市、区）32 个、生态乡镇（街道）519 个、生态村 3 个；全省 70%以上的设区市、81%以上的县（市、区）和 93%以上的乡镇（街道）达到或基本达到省级以上生态建设示范区标准，85%以上的村达到市级以上生态村标准。

**排污权交易**

省政府出台《关于全面实施排污权有偿使用和交易工作的意见》（闽政〔2016〕54 号），从 2017 年 1 月 1 日起全面实施排污权有偿使用和交易。2016 年，全省交易总额达 2.56 亿元，比上年增长 134.9%。其中，二级市场（即企业间交易）交易金额达 1.78 亿元，占比 69.5%，位居全国前列。构建省、市、县三级排污权管理架构，至 2016 年末，省、市两级和 35 个县（市、区）成立排污权管理机构。

**主要污染物减排**

2016 年，全省化学需氧量重点工程减排量 2.04 万吨，氨氮重点工程减排量 0.24 万吨，二氧化硫重点工程减排量 1.85 万吨，氮氧化物减排量 2.32 万吨（其中重点工程减排量 1.49 万吨，机动车减排量 0.83 万吨），完成国家下达的污染物减排约束性任务。

**重点流域整治**

省政府分别召开闽江、九龙江、敖江流域“河长制”工作现场会，持续推进饮用水源地保护、石板材加工污染整治、畜禽养殖污染整治、矿山整治、城乡污水垃圾治理。省环保厅、水利厅、住建厅、农业厅协同开展重点流域整治联合督查，督促指导水污染防治各项工作，巩固提高重点流域水环境质量。

**行政执法**

环保、公安联合开展“清水蓝天”环保执法专项行动，2016 年全省共出动执法人员 22315 人次，检查企业 6486 家次，实施按日连续处罚 21 起，查封扣押 625 起，限产停产 45 起，移送行政拘留 168 件，移送涉嫌环境污染犯罪案件 124 件。

组织开展打击监控数据造假专项执法检查，查办一批污染源在线监控数据弄虚作假案件，其中 10 起案件列入省级挂牌督办，7 起案件的相关责任人移送公安机关实施行政拘留，3 起入选环保部选编的典型案例。

加强环境行政执法与刑事司法的衔接，全年办理适用环保法四个配套办法和涉嫌环境犯罪案件 2024 起，其中实施按日连续处罚案件 54 起，查封扣押案件 1212 起，实施限产停产案件 241 起，移送行政拘留案件 339 起，移送涉嫌环境污染犯罪案件 178 起。

**环境污染投诉**

全省共受理“12369”电话举报件 19191 件，办结 19191 件，办结率为 100%。

**排污收费**

2016 年，全省排污费入库 4.96 亿元，比上年增长 3.4%，上缴省库 5144 万元。开展以钢铁、煤炭行业为重点的排污费征收专项稽查工作，共对 64 家企业追缴排污费 1047.25 万元。

**环保投入**

全省各级财政资金用于节能环保方面投入 1303491 万元（按“211”支出科目计算），比上年增长 36.0%。

**清洁生产与循环经济**

2016 年，全省共 122 家重点企业完成强制性清洁生产审核或评估，主要涉及电镀、皮革、有色金属矿采选、有色金属冶炼、铅蓄电池等涉重金属、危险废物等行业。

推进德化陶瓷产业园、泉港石化产业园等国家循环化改造示范试点园区建设，推进福建海西再生资源产业园、厦门绿洲资源再生利用产业园等国家“城市矿产”示范基地建设，加快南平市、石狮市循环经济示范城市建设，通过试点示范，总结经验，全面推进循环经济发展。

**环境监测**

加快建设生态环境监测网络，完成“十三五”省控地表水、空气、近岸海域环境监测网络优化调整，完成全省小流域 636 个监测点位布设。每月公布全省 9 市 1 区及 58 个县级城市空气质量及县级以上集中式生活饮用水源地环境质量状况。

**核事故应急管理**

完成《福建省核应急预案宁德核电厂分册》及配套的实施程序修订工作，持续完善核应急“一案三制”建设。严格落实 24 小时值班备勤，全力保障 G20 峰会期间福建省核与辐射安全。组织开展核应急联络员集结、核与辐射卫生应急、G20 峰会保障等各项演习，提升应急响应能力。参加闽、粤、桂、琼四省（区）第三次核应急合作联席会，完善互惠互援机制。

在省核应急指挥中心挂牌成立省委党校、行政学院应急干部现场教学基地，组织约 200 名学员开展核安全核应急科普知识教育。举办省核应急联络员培训班，全年共培训近 300 人次。

**突发环境事件**

全省共发生突发环境事件 11 起，其中因生产安全事故引发的一般突发环境事件 5 起，因交通事故引发的一般突发环境事件 4 起，其他原因引发的一般突发环境事件 2 起，未发生较大、重大或特别重大突发环境事件。

**环境科技**

省质监局批准发布《氟化工行业废水和废气污染治理工程技术规范》（DB35/T1626-2016）、《温排水监测技术规范》（DB35/T1597-2016）等 2 项地方环保标准。

省政府分别授予《海湾围填海规划环境影响评价技术导则》《聚乙烯（PE）生活污水处理池》《环境数据集加工汇交流程》等 3 项标准“2016 年福建省标准贡献奖”一等奖、二等奖、三等奖。

“南方红壤水土流失治理技术研究与示范”“重点海域海洋环境精细化监测集成应用示范”等 2 个“十二五”国家科技支撑计划项目通过科技部验收。

**环保产业**

福建龙净环保股份有限公司、福建福光股份有限公司被工业和信息化部、财政部认定为“2016 年国家技术创新示范企业”。厦门三维丝环保股份有限公司检测中心通过中国合格评定委员会（CNAS）评审，被授予 CNAS 认可资格并签发实验室认可证书，成为国内滤料行业第一家通过认证的检测中心。

全省获得国家重点环保实用技术 3 项、示范工程 2 项，省级先进环保实用技术 2 项、示范工程 2 项。获得国家级环保产品评定 1 个，省级环保产品 6 个。

**环境信息化建设**

建设全省环保数据资源中心，完成水、大气、核与辐射在线监控及污染源监管等 28 个业务系统的整合共享工作，建立“一企一档”数据库；新建环评审批、信访投诉、大气环境质量管理、移动办公等信息化系统；组织建设“环保专网”县级局域网，升级改造全省视频会议系统，提高信息化基础能力；完成生态环境大数据平台研究设计和建设的前期工作，将按照“一中心、一平台、两类应用、两支撑”的总体架构，构建覆盖省、市、县三级的生态环境大数据平台和应用体系。

**建设项目环境管理**

开展环保违法违规建设项目清理整顿工作，全省共清理整顿 26150 个项目，妥善解决相关企业历史遗留问题。全省共审批 6943 个建设项目的环评文件，对 4910 个建设项目开展了环保设施竣工验收。

**环境宣传与教育**

围绕国家生态文明试验区建设这一中心，加强环保宣教工作，通过中央电视台、《福建日报》、《中国环境报》等省级以上报纸、电视、广播、网络等主流媒体刊发福建省生态环保报道 2300 余条目；积极搭建“一网两微一端”（即环保人人网、“福建环境”官方微信、“福建环境”官方微博、手机客户端）环保新媒体平台，全年推送近 1 万条目环境资讯，初步构建传统媒体和新媒体相融合的环保宣教大格局；通过开展短信群发、“6·5”环境日宣传月系列活动、生态文明宣传教育十进活动、依托环保部平台等方式开展面向社会的宣教活动 200 余项，利用多角度、多样化的宣传教育手段，引导公众和社会组织理性有序参与环保工作，形成“人人环保”的良好局面。

（资料来源：福建省环境保护厅）

# 2-3-11-1 福建省环境统计主要指标

（2014-2015 年）

| 指标名称 | 计量单位 | 2014 | 2015 |
|---|---|---|---|
| **一、煤炭消费总量** | **万吨** | **8259.46** | **7458.40** |
| #工业 | 万吨 | 8079.10 | **7351.17** |
| 生活 | 万吨 | 121.56 | 152.17 |
| **二、主要污染物排放总量控制** | | | |
| 1.二氧化硫排放量 | 万吨 | 35.60 | 33.79 |
| #工业 | 万吨 | 33.76 | 31.71 |
| 生活 | 万吨 | 1.83 | 2.08 |
| 2.化学需氧量排放量 | 万吨 | 62.98 | 60.94 |
| #工业 | 万吨 | 7.76 | 7.26 |
| 生活 | 万吨 | 34.32 | 33.24 |
| 3.烟（粉）尘排放量 | 万吨 | 36.79 | 34.17 |
| #工业 | 万吨 | 34.92 | 32.18 |
| 生活 | 万吨 | 0.97 | 1.15 |
| 4.氨氮排放量 | 万吨 | 8.93 | 8.51 |
| #工业 | 万吨 | 0.55 | 0.41 |
| 生活 | 万吨 | 5.21 | 5.01 |
| 5.工业烟（粉）尘排放量 | 万吨 | 34.92 | 32.18 |
| 6.工业固体废物排放量 | 万吨 | 0.04 | 0.01 |
| **三、工业“三废”排放及处理情况** | | | |
| 1.工业废水排放量 | 亿吨 | 10.21 | 9.07 |
| 2.一般工业固体废物综合利用量 | 万吨 | 4277.69 | 3784.27 |
| 3.工业废气排放量 | 亿立方米 | 18383.25 | 17204.24 |
| **四、城市环境基础设施建设情况** | | | |
| 1.污水处理厂数 | 个 | 258 | 278 |
| 2.污水设计处理能力 | 万吨 / 日 | 489.77 | 517.45 |
| 3.污水实际处理量 | 亿吨 | 13.78 | 15.05 |
| 生活污水处理量 | 亿吨 | 12.13 | 13.44 |
| 工业废水处理量 | 亿吨 | 1.65 | 1.61 |
| **五、环境影响评价** | | | |
| 1.当年开工建设的建设项目数 | 个 | | 9962 |
| 执行环境影响评价制度的建设项目数 | 个 | | 9962 |

## 2-3-11-2 福建省工业污染治理项目建设情况

（2015年）

| 指标名称 | 计量单位 | 本年实际 |
|---|---|---|
| **一、工业企业数** | **个** | **267** |
| **二、老工业污染源项目治理本年施工总数** | **个** | **331** |
| #工业废水治理项目 | 个 | 89 |
| 一般工业固体废物治理项目 | 个 | 62 |
| 噪声治理项目 | 个 | 6 |
| 其它治理项目 | 个 | 40 |
| **三、老工业污染源治理项目本年完成投资** | **万元** | **446909.61** |
| #工业废水治理项目 | 万元 | 136019.97 |
| 一般工业固体废物治理项目 | 万元 | 9784.13 |
| 噪声治理项目 | 万元 | 550.00 |
| 其它治理项目 | 万元 | 78318.61 |
| #排污费补助 | 万元 | 63.00 |
| 政府其他补助 | 万元 | 800.00 |
| 企业自筹 | 万元 | 446046.61 |
| #银行贷款 | 万元 | 140416.38 |
| **四、老工业污染源治理项目本年竣工总数** | **个** | **227** |
| #工业废水治理项目 | 个 | 45 |
| 一般工业固体废物治理项目 | 个 | 56 |
| 噪声治理项目 | 个 | 6 |
| 其它治理项目 | 个 | 25 |
| #老工业污染源废水治理项目新增处理能力 | 万吨／日 | 9.37 |
| 老工业污染源废气治理项目新增处理能力 | 万立方米／时 | 2207.05 |
| 老工业污染源固废治理项目新增处理能力 | 万吨／日 | 6.15 |

# 2-3-11-3 各行业重点调查工业污染排放及处理利用情况

（2015 年）

| 指标 | 工业企业数（个） | 工业废水排放量（万吨） | 工业废水处理量（万吨） | 工业废气排放量（亿立方米） | 烟（粉）尘产生量（吨） | 烟（粉）尘排放量（吨） |
|---|---|---|---|---|---|---|
| 煤炭开采和洗选业 | 79 | 2147.43 | 2763.22 | | 150.29 | 150.29 |
| 黑色金属矿采选业 | 68 | 1002.30 | 1767.45 | 58.48 | 1363.96 | 798.03 |
| 有色金属矿采选业 | 108 | 1846.82 | 5702.69 | 3.23 | 231.07 | 33.29 |
| 非金属矿采选业 | 46 | 871.89 | 866.88 | 1.70 | 641.46 | 452.98 |
| 其他采矿业 | 1 | 0.90 | 0.90 | 0.06 | 1.86 | 0.19 |
| 农副食品加工业 | 617 | 3758.06 | 3287.68 | 82.90 | 32029.46 | 2868.51 |
| 食品制造业 | 340 | 2953.51 | 2864.71 | 52.78 | 14638.28 | 1783.62 |
| 酒、饮料和精制茶制造业 | 100 | 1423.24 | 1529.71 | 35.96 | 10073.98 | 1024.22 |
| 烟草制品业 | 6 | 40.50 | 62.60 | 57.19 | 9691.13 | 344.02 |
| 纺织业 | 374 | 10295.86 | 11413.62 | 154.82 | 50157.47 | 7051.22 |
| 纺织服装、服饰业 | 151 | 1194.82 | 1410.76 | 17.04 | 4249.92 | 690.52 |
| 皮革、毛皮、羽毛及其制品和制鞋业 | 258 | 727.96 | 856.23 | 70.05 | 8711.58 | 2116.19 |
| 木材加工和木、竹、藤、棕、草制品业 | 341 | 424.64 | 431.63 | 252.36 | 109095.45 | 7029.10 |
| 家具制造业 | 72 | 82.03 | 70.27 | 15.94 | 1398.48 | 236.95 |
| 造纸和纸制品业 | 265 | 7994.92 | 13810.62 | 287.57 | 270017.60 | 8052.67 |
| 印刷和记录媒介复制业 | 41 | 30.92 | 44.10 | 5.40 | 1912.29 | 276.68 |
| 文教、工美、体育和娱乐用品制造业 | 98 | 182.55 | 151.87 | 7.81 | 660.29 | 64.92 |
| 石油加工、炼焦和核燃料加工业 | 13 | 1742.77 | 2010.65 | 656.41 | 91227.89 | 4866.53 |
| 化学原料和化学制品制造业 | 370 | 5360.19 | 19395.83 | 560.96 | 193410.97 | 9823.57 |
| 医药制造业 | 52 | 897.90 | 895.56 | 29.87 | 15207.98 | 972.37 |
| 化学纤维制造业 | 31 | 3118.22 | 3264.31 | 88.17 | 24289.85 | 1319.97 |
| 橡胶和塑料制品业 | 195 | 550.21 | 542.87 | 307.62 | 22065.51 | 2576.19 |
| 非金属矿物制品业 | 1202 | 1592.69 | 5303.47 | 4724.00 | 9674504.59 | 96845.17 |
| 黑色金属冶炼和压延加工业 | 92 | 1473.38 | 39112.40 | 4310.42 | 1134690.87 | 123713.69 |
| 有色金属冶炼和压延加工业 | 87 | 543.36 | 648.85 | 398.79 | 337765.00 | 3984.56 |
| 金属制品业 | 286 | 996.37 | 2111.17 | 171.56 | 6111.17 | 1958.12 |
| 通用设备制造业 | 94 | 159.18 | 187.59 | 82.52 | 4770.68 | 253.20 |
| 专用设备制造业 | 38 | 137.93 | 141.66 | 32.76 | 486.96 | 45.31 |
| 汽车制造业 | 79 | 247.25 | 224.40 | 47.73 | 1297.45 | 175.56 |
| 铁路、船舶、航空航天和其他运输设备制造业 | 50 | 134.75 | 107.85 | 11.75 | 1710.08 | 1643.35 |
| 电气机械和器材制造业 | 122 | 203.71 | 207.71 | 106.69 | 3567.76 | 864.45 |
| 计算机、通信和其他电子设备制造业 | 103 | 1865.29 | 2188.69 | 130.54 | 111.37 | 26.15 |
| 仪器仪表制造业 | 23 | 143.45 | 119.92 | 9.10 | 12.69 | 4.23 |
| 其他制造业 | 63 | 112.97 | 88.81 | 35.06 | 5253.35 | 171.79 |
| 废弃资源综合利用业 | 43 | 368.38 | 995.27 | 9.39 | 674.73 | 93.80 |
| 金属制品、机械和设备修理业 | 6 | 20.20 | 51.64 | 8.49 | 1.16 | 0.03 |
| 电力、热力生产和供应业 | 51 | 30404.50 | 18306.21 | 4378.95 | 4333530.49 | 18621.92 |
| 燃气生产和供应业 | 2 | 3.45 | 5.75 | 0.12 | 49.55 | 19.82 |

3

# 区域概况

本篇规模以上工业主要指标数据来源于各设区市公开出版物。

# 3-1 工业

## 3-1-1 各设区市工业发展概况

**福州** 2016年，在宏观经济环境面临较大压力的情况下，福州市坚决贯彻五大发展理念，扎实推进供给侧改革，努力抓好“三去一降一补”等重点任务，巩固和提升经济运行的积极变化，全年工业发展稳中有进。全年全市规模以上工业完成工业增加值1983.02亿元，比上年增长7.7%。其中，国有控股企业工业增加值增长3.5%，大中型企业增长8.2%，国有企业增长24.1%，集体企业下降3.8%，股份制企业增长7.5%，外商及港澳台商投资企业增长7.2%，私营企业增长10.0%。全年全市规模以上工业实现利润总额433.95亿元，增长18.7%。其中，国有控股企业实现利润总额58.31亿元，增长42.3%；国有企业实现利润总额17.89亿元，增长1.5倍；集体企业实现利润总额0.95亿元，下降54.5%；股份制企业实现利润总额220.02亿元，增长7.4%；外商及港澳台商投资企业实现利润总额176.37亿元，增长33.1%；非公有企业实现利润总额369.47亿元，增长16.7%。

2016年，福州市工业经济运行呈现以下特点：

一是规模以上工业增速趋稳。2016年，全市规模以上工业增加值比上年增长7.7%，高出全省平均水平0.1个百分点，位列全省第4位；完成工业总产值8810.36亿元，创历史新高，其中规模以上工业总产值达8488.33亿元，首次突破八千亿大关，增加606.42亿元；实现工业销售产值8207.50亿元，增长7.7%；出口交货值1669.89亿元，增长4.6%。全年工业用电增长3.4%，增幅提高2.9个百分点。

二是工业产出结构优化。2016年，全市高耗能行业产品整体下行，水泥产量比上年下降2.1%，粗钢、钢材产量分别下降2.9%、5.6%，火力发电量下降26.8%。同时，高技术产品快速发展，全年智能手机产量达1318万台，增长94.7%，工业自动化控制系统产量132.71万套，增长27.4%，SUV汽车产量达9.7万辆，增长2.2倍。

三是高技术、战略性新兴产业较快发展。2016年，全市高技术制造业完成工业增加值264.32亿元，比上年增长7.4%，高技术行业工业增加值占全市规模以上工业增加值的比重为13.3%，比年初扩大2.6个百分点。战略性新兴产业完成工业增加值455.94亿元，增长9.3%，增幅高出全市规模以上工业平均水平1.6个百分点，占规模以上工业增加值的比重达23.0%，对规模以上工业增加值的贡献率达27.2%，拉动规模以上工业增加值增长2.0个百分点。

四是私营工业企业彰显活力。2016年，随着政府对企业系列优惠政策的出台，私营企业经营灵活的特点逐步显现。全市非公有制企业完成工业增加值1662.35亿元，比上年增长8.6%，占全市规模以上工业增加值的比重达83.8%；私营企业完成工业增加值666.18亿元，增长10.0%，拉动规模以上工业增加值增长3.0个百分点，显示出较强的发展活力。

五是节能工作稳步推进。截至2016年末，全市规模以上工业综合能源消费量为1140.44万吨标煤，比上年末下降8.7%，居全省第2位。六大高耗能行业等价能耗消费919.60万吨标煤，下降11.0个百分点。其中，电力、热力生产和供应业能耗等价能耗消费386.46万吨标煤，下降23.2%，降幅比上半年收窄14.8个百分点，比1-9月收窄0.7

个百分点。

**厦门** 2016年是“十三五”规划实施的开局之年，面临经济下行压力较大、转型升级和“三去一降一补”等任务的挑战，厦门市工业经济在市委、市政府的正确领导下，深入推进供给侧改革，大力推动主导产业发展，总体保持平稳增长，结构进一步优化，质量效益稳步提升。全年全市规模以上工业完成工业增加值 1264.79 亿元，比上年增长 5.4%，占全市地区生产总值的 33.4%。其中，重工业完成工业增加值 825.89 亿元，增长 12.0%；轻工业完成工业增加值 438.89 亿元，下降 5.5%，重工业与轻工业之比为 1.88∶1。截至 2016 年末，全市拥有规模以上工业企业 1699 家，完成工业总产值 5254.71 亿元。其中，产值超亿元的企业 587 家，完成工业总产值 4761.78 亿元，占全市规模以上工业总产值的 90.6%。全年全市规模以上工业企业实现销售产值 4932.13 亿元，产销率为 93.9%；出口交货值 1988.14 亿元，下降 3.4%，出口交货值率 40.3%。全年出口交货值超亿元的企业 215 家，实现出口交货值 1773.60 亿元，占全市规模以上工业出口交货值的 89.2%；全年出口交货值增量超亿元的企业有 48 家，实现出口交货值增量 162.91 亿元，其中出口交货值增量超十亿元的企业有 2 家。全市规模以上经济效益综合指数为 225.03，提高 17.9 个点。其中，总资产贡献率 9.6%，提高 1.3 个百分点；资本保值增值率 106.0%，提高 0.2 个百分点；资产负债率 50.3%，下降 0.4 个百分点；流动资产周转率 1.63 次，减慢 0.03 次；成本费用利润率 6.2%，提高 1.9 个百分点；全员劳动生产率为 21.28 万元/人，净增 1.39 万元/人；实现利润总额 272.79 亿元，增长 48.2%。

2016 年，厦门市工业经济运行呈现以下特点：

一是超六成行业保持增长。2016 年，全市 35 个工业行业中，工业增加值增长的有 22 个。其中，金属制品业、非金属矿采选业、有色金属冶炼和压延加工业工业增加值增长较快，分别比上年增长 49.4%、29.6%、22.1%。工业增加值比重较大的行业是：计算机、通信和其他电子设备制造业，电气机械和器材制造业，橡胶和塑料制品业，分别完成工业增加值 407.62 亿元、113.79 亿元、83.86 亿元，分别增长 10.6%、7.8%和下降 5.7%，三大行业完成工业增加值 605.27 亿元，占全市规模以上工业增加值的 47.9%。

二是规模以上高新技术产业发展良好。2016 年，全市规模以上高新技术产业完成工业总产值 3429.70 亿元，完成工业增加值 751.83 亿元，占全市规模以上工业增加值的 59.4%。工业增加值比上年增长 7.6%，高出全市规模以上工业增加值平均水平 2.2 个百分点。高新技术产业工业增加值增长高于全市，表明全市工业结构不断优化，经济发展质量进一步提升。其中，计算机、通信和其他电子设备制造业，橡胶和塑料制品业，电气机械和器材制造业分别完成工业增加值 403.61 亿元、54.58 亿元、49.70 亿元，占全市规模以上高新技术产业工业增加值的 67.6%。

三是八条产业链产值超百亿元。2016 年，厦门市主要产业链共完成工业总产值 3584.78 亿元，占全市规模以上工业总产值的 68.2%，比上年增长 2.3%。其中，平板显示产业链产值超千亿元，完成工业总产值 1118.60 亿元，下降 3.2%；计算机与通讯设备产业链超五百亿元，完成工业总产值 767.30 亿元，增长 7.5%；汽车、农副产品与食品加工、输配电及控制设备、水暖及厨卫、航空工业、生物与新医药产业链已超百亿元，分别完成工业总产值 424.97 亿元、348.94 亿元、208.84 亿元、139.17 亿元、119.71 亿元和 100.10 亿元。产业链产值增长较快的有：航空工业产业链增长 22.6%、输配电及控制设备产业链增长 13.5%、水暖与厨卫产业链增长 11.9%。

四是支柱产业平稳增长。2016 年，电子、机械两大支柱行业完成工业总产值 3594.10 亿元，比上年增长 4.2%，占全市规模以上工业总产值的

68.4%。其中，电子行业完成工业总产值 1984.80 亿元，增长 2.2%，占规模以上工业总产值的 37.8%；机械行业完成工业总产值 1609.30 亿元，增长 6.8%，占规模以上工业总产值的 30.6%。

**莆田**　2016 年，莆田市认真贯彻落实中央、省委关于经济工作的一系列决策部署，积极适应经济发展新常态，着力推进供给侧结构性改革，统筹做好稳增长、调结构、强动力等各项工作，工业运行平稳向好，实现了“十三五”良好开局。全年全市规模以上工业增加值比上年增长 8.2%。在规模以上工业中，分经济类型看，国有及国有控股企业工业增加值下降 15.5%，国有企业增长 2.2%，集体企业下降 6.5%，股份制企业增长 25.8%，外商及港澳台商投资企业增长 0.6%，私营企业增长 28.1%。分门类看，采矿业工业增加值增长 21.3%，制造业增长 9.7%，电力、热力、燃气及水生产和供应业下降 12.0%。工业产品销售率达 98.9%，增加 0.2 个百分点。实现利润总额 160.97 亿元，增长 13.7%，其中国有及国有控股企业 21.41 亿元，下降 6.8%；国有企业 0.74 亿元，增长 2.4 倍，集体企业 0.06 亿元，下降 14.3%，股份制企业 112.53 亿元，增长 12.7%，外商及港澳台商投资企业 41.87 亿元，增长 13.4%；私营企业 33.57 亿元，增长 63.0%。资产负债率为 50.5%，下降 3.9 个百分点；每百元主营业务收入中的成本为 87.40 元，主营业务收入利润率为 6.0%。

2016 年，莆田市工业经济运行呈现以下特点：

一是工业生产稳中放缓。2016 年，全市 1259 家规模以上工业企业完成工业增加值 842.32 亿元，比上年增长 8.2%，高出全省平均水平 1.0 个百分点。

二是近七成行业工业增加值保持增长。2016 年，全市规模以上工业 33 个行业大类中有 23 个行业工业增加值实现增长，增长面达 69.7%。其中，化学原料和化学制品制造业工业增加值比上年增长 82.2%，纺织业增长 35.9%，文教、工美、体育和娱乐用品制造业增长 26.5%，食品制造业增长 14.8%，非金属矿物制造业增长 12.2%。

三是龙头企业贡献突出。2016 年，全市工业总产值超亿元企业有 594 家，完成工业增加值 744.60 亿元，比上年增长 11.9%，对全市规模以上工业增加值增长的贡献率为 124.7%，拉动全市规模以上工业增加值增长 10.2 个百分点。

四是民营企业较快增长。2016 年，全市 849 家规模以上民营工业企业完成工业增加值 524.80 亿元，比上年增长 12.6%，增幅高出全市规模以上工业增加值平均水平 4.4 个百分点，对全市规模以上工业增长的贡献率为 92.0%，拉动全市规模以上工业增长 7.5 个百分点。

五是新增企业拉动力较强。2016 年，全市规模以上工业新增企业拉动规模以上工业增加值增长 4.5 个百分点。其中，2015 年新投产的 57 家工业企业完成工业增加值 39.76 亿元，比上年增长 1.8 倍，对全市规模以上工业增加值增长的贡献率为 41.8%，拉动规模以上工业增加值增长 3.4 个百分点；120 家“下转上”工业企业实现增加值 22.48 亿元，增长 61.4%，对全市规模以上工业增加值增长的贡献率为 13.7%，拉动全市规模以上工业增加值增长 1.1 个百分点。

六是降成本增效益成效初显。随着全市供给侧改革的不断深入，银行降息和规范行政事业性收费等政策的实施，企业成本和财务费用占营业收入的比重出现下降趋势，减负降成本的成效初步显现。2016 年，全市规模以上工业企业财务费用为 26.78 亿元，比上年下降 11.6%；税金总额占主营业务收入的比重为 2.4%，下降 0.2 个百分点；利息支出 15.06 亿元，下降 16.1%。

七是战略性新兴企业快速增长。2016 年，全市 116 家规模以上战略性新兴企业完成工业增加值 151.29 亿元，比上年增长 20.9%，对全市规模以上工业增加值增长的贡献率为 41.4%，拉动规模以上工业增加值增长 3.4 个百分点，成为工业发展新引擎。

八是高技术产业发展快于全市规模以上工业。2016 年，全市 77 家规模以上高技术产业工业完成工业增加值 62.18 亿元，比上年增长 9.0%，增幅高出全市规模以上工业平均水平 0.8 个百分点。

九是省级龙头企业和高成长企业贡献突出。2016 年，全市 36 家省级龙头企业和高成长企业完成工业增加值 162.16 亿元，比上年增长 24.3%，增幅高出全市规模以上工业平均水平 16.1 个百分点，对全市规模以上工业增加值增长的贡献率为 50.3%，拉动规模以上工业增加值增长 4.1 个百分点。

**三明** 2016 年，面对复杂的国内外经济环境，全市牢牢把握稳中求进的工作总基调，积极主动适应经济发展新常态，工业发展呈现缓中趋稳、稳中有进态势。全年全市规模以上工业完成工业增加值 845.78 亿元，比上年增长 7.5%。非公企业完成工业增加值 743.75 亿元，增长 8.3%，高出全市规模以上工业平均水平 0.8 个百分点，其中私营企业完成工业增加值 653.79 亿元，增长 8.8%，高出全市规模以上工业平均水平 1.3 个百分点。实现利润总额 86.71 亿元，增长 38.1%，其中国有及国有控股企业 12.59 亿元，增长 2.8 倍；国有企业 0.08 亿元，下降 12.3%；集体企业 0.27 亿元，下降 27.2%；股份制企业 79.76 亿元，增长 40.6%；外商及港澳台商投资企业 4.34 亿元，增长 19.7%；私营企业 62.97 亿元，增长 3.2%。全市规模以上工业企业每百元主营业务收入成本为 91.65 元，主营业务收入利润率为 2.5%。

2016 年，三明市工业经济运行呈现以下特点：

一是重工业拉动作用明显。2016 年，全市规模以上轻工业完成工业增加值 286.29 亿元，比上年增长 8.8%；重工业完成工业增加值 559.49 亿元，增长 6.9%，对规模以上工业增加值增长的贡献率为 61.7%。

二是装备制造业增加值突破百亿元。2016 年，全市规模以上装备制造业完成工业增加值 100.21 亿元，占全市规模以上工业增加值的比重为 11.8%。

三是近半行业增加值两位数增长。2016 年，全市 38 个工业大类行业中有 34 个行业工业增加值实现增长，增长面达 89.5%，有 17 个行业呈两位数增长，其中金属制品机械和设备修理业、化学纤维制造业、仪器仪表制造业增长较快。

四是新增企业对全市规模以上工业增加值增长的贡献率近一成。2016 年，全市新增规模以上工业企业 67 家，完成工业总产值 36.15 亿元、工业增加值 9.07 亿元，占全市规模以上工业增加值的比重为 1.1%，对全市规模以上工业增加值增长的贡献率为 9.9%。

五是主要产业对规模以上工业增加值增长的贡献率达九成。2016 年，全市冶金、林产、机械等七个主要产业完成工业增加值 714.55 亿元，比上年增长 8.0%，增速高出规模以上工业 0.5 个百分点，对规模以上工业增加值增长的贡献率达 90.1%。

六是工业企业效益总体好转。2016 年 1-11 月，全市规模以上工业利润总额实现盈亏相抵后为 80.90 亿元，同比由上年的下降 19.1%转为增长 45.4%；亏损企业亏损额达 10.42 亿元，同比由增长 1.1 倍转为下降 43.1%；企业亏损面达 7.6%，同比缩小 1.1 个百分点。其中，黑色金属冶炼和压延加工业在钢材价格上涨及企业降本增效等因素影响下，实现利润总额 9.97 亿元，对规模以上工业利润总额增长的贡献率达 54.5%；电力、热力生产和供应业因 2016 年雨水丰沛，水电企业发电量大增，对规模以上工业利润总额增长的贡献率达 21.7%。

**泉州** 2016 年，面对错综复杂的国际、国内形势和持续加大的经济下行压力，全市上下扎实推进供给侧结构性改革，坚持稳增长、调结构、转方式、补短板、惠民生，全市工业呈现出“平稳发展、稳中提质”的特点。全年全市全部工业完成工业增加值 3480.31 亿元，比上年增长 7.4%。其中，规模以上工业增加值 3052.59 亿元，增长 7.7%。实现销售产值 11859.78 亿元，增长 7.7%，其中出口交货值 1961.81 亿元，增长 8.1%。全市拥有超亿元企业 2308 家，增加 141 家，其中超 10 亿元企业 189 家，增加 28 家。

2016 年，全市规模以上工业企业经济效益综合指数为 282.98，比上年上升 17.6 点，其中总资产贡献率为 19.6%，下降 0.4 个百分点；资本保值增值率为 105.5%，下降 2.2 个百分点；资产负债率为 45.6%，下降 0.5 个百分点；全员劳动生产率为 239717 元/人，提高 26193 元/人；流动资产周转率达 2.97 次，提高 0.04 次；工业产品销售率达 95.7%，下降 0.8 个百分点。实现利润总额 903.81 亿元，增长 15.2%，其中外商及港澳台商投资企业、股份制企业和股份合作制企业利润总额分别增长 13.8%、17.2%和 14.3%。亏损企业亏损额 18.15 亿元，减亏 5.93 亿元。

2016 年，泉州市工业经济运行呈现以下特点：

一是工业大盘基本稳定。2016 年，全市全部工业完成工业增加值比上年增长 7.4%，增速比一季度和上半年分别提高 0.2 个百分点和 0.1 个百分点，与 1-3 季度持平；规模以上工业增加值增长 7.7%，增速比 1-3 季度小幅回落 0.1 个百分点，与上半年持平。

二是工业相关指标增速回升。2016 年，全市工业用电量达 307.86 亿千瓦时，比上年增长 4.1%，增速比上年提高 4.0 个百分点，比一季度、上半年和 1-3 季度分别提高 0.1 个百分点、0.9 个百分点和 0.2 个百分点；全年工业增值税入库 192.23 亿元，增加 13.02 亿元，增长 7.3%，增速提高 2.0 个百分点；PPI 指数为 98.7%，创 2015 年 1 月以来各月新高。

三是行业盈利面较大，亏损面降低。2016 年，全市 36 个工业行业大类中，35 个行业实现整体盈利，25 个行业利润总额增长。4352 家规模以上工业企业中 95 家企业亏损，亏损面为 2.2%，比上年缩小 0.4 个百分点。亏损企业亏损额为 18.15 亿元，下降 24.6%。

四是“三去一降一补”成效明显。去产能方面，2016 年全市原煤、铁矿石原矿产量分别比上年下降 4.0%和 24.6%；去库存方面，截至 2016 年末，全市规模以上工业企业产成品存货 403.36 亿元，比上年末下降 0.1%；去杠杆方面，截至 2016 年末，全市规模以上工业企业资产负债率为 46.0%，下降 1.7 个百分点；降成本方面，全年规模以上工业企业每百元主营业务收入中的成本为 83.70 元，为全省最低水平。

五是高新技术产业总量较小。2016 年，全市规模以上工业增加值中，高技术产业工业增加值仅占 2.9%，新一代信息技术产业仅占 1.6%，生物医药产业仅占 0.4%，作为四大主导产业之一的机械装备产业也仅占 12.0%。

六是高耗能领域效益仍好于其他行业。2016 年，全市六大高耗能行业实现利润总额 249.28 亿元，比上年增长 49.4%，增速高出全市规模以上工业平均水平 34.2 个百分点，拉动规模以上工业利润总额增长 10.5 个百分点，对规模以上工业利润总额增长的贡献率达 69.1%。

**漳州**　2016 年，面对持续加大的经济下行压力，漳州市紧抓工业强市发展战略，加大落实惠企政策力度，规模工业企业盈利能力“触底回升”，主营业务收入、营业利润、应交增值税等主要经济指标增幅均位居全省前列。2016 年，全市全部工业完成工业增加值 1220.17 亿元，比上年增长 8.0%，其中规模以上工业增加值增长 8.1%。在规模以上工业中，分经济类型观察，国有企业工业增加值下降 0.3%，集体企业下降 2.2%，股份制企业增长 13.5%，外商及港澳台商投资企业下降 1.2%；私营企业增长 14.6%。分轻重工业观察，轻工业增长 12.0%，重工业增长 3.7%。分门类观察，采矿业增长 12.4%，制造业增长 8.8%，电力、热力、燃气及水生产和供应业下降6.8%。工业产品销售率为97.6%，下降0.9个百分点。实现利润总额437.61亿元，增长25.6%，其中股份制企业利润总额为285.51亿元，增长37.2%；外商及港澳台商投资企业利润总额为149.68亿元，增长8.4%；股份合作制企业利润总额为0.60亿元，增长5.3%；集体企业利润总额为0.60亿元，增长5.3%；国有企业亏损利润总额为0.01亿元；其他经济类型企业利润总额为1.23亿元，增长10.8%。

2016年，漳州市工业经济运行呈现以下特点：

一是主营业务收入与利税总额位居全省前列。2016年，全市规模以上工业实现主营业务收入4806.52亿元，比上年增长8.2%，占全省规模以上工业主营业务收入的比重为11.4%，居全省第3位；规模以上工业企业利税总额为664.33亿元，占全省规模以上工业企业利税总额的比重为16.4%，居全省第2位。

二是投入与产出效益较为明显。2016年，全市规模以上工业企业成本费用利润率为10.0%，高出全省平均水平3.3个百分点，居全省首位；全市规模以上工业企业全员劳动生产率为30.85万元/人，高出全省平均水平3.33万元/人，居全省第4位，可见企业降低成本所取得的经济效益较显著，企业盈利能力较强。

三是“三去一降”取得显著成效。2016年，在去产能方面，八大产能过剩行业企业数占全市规模以上工业企业数的5.3%，比上年下降0.4个百分点，完成工业总产值755.52亿元，占全市规模以上工业总产值的15.1%，下降0.2个百分点；在去库存方面，全市规模以上工业企业产成品存货210.20亿元，下降1.7%，比全省平均水平低2.1个百分点；在去杠杆方面，全市规模以上工业企业资产负债率为52.4%，下降1.6个百分点；在降成本方面，全市规模以上工业企业税金总额226.72亿元，减少9.9%，同时主营业务成本增长6.7%，比主营业务收入低1.5个百分点。

四是企业资金营运能力处于中游水平。2016年，全市规模以上工业企业流动资金周转率为3.01次，居全省第5位；规模以上工业企业产品销售率为97.6%，居全省第4位。

**南平** 2016年，南平市围绕创建全国绿色发展示范区的目标，推进供给侧结构性改革，全力做好稳增长、调结构等各项工作，工业发展质量和效益进一步提高。全年全市全部工业完成工业增加值512.63亿元，比上年增长7.1%，其中规模以上工业增加值476.19亿元，增长7.2%。在规模以上工业中，分经济类型看，国有及国有控股企业工业增加值增长1.6%，国有企业下降1.9%，集体企业增长0.6%，股份制企业增长7.2%，外商及港澳台商投资企业增长8.2%，私营企业增长7.2%。工业产品销售率96.4%，提高0.4个百分点。

2016年，全市规模以上工业实现主营业务收入1673.28亿元，比上年增长7.4%；实现利润总额88.46亿元，增长34.1%；上交税金总额50.61亿元，下降4.2%；亏损企业亏损面为6.7%，亏损企业亏损总额8.16亿元，下降56.3%。

2016年，南平市工业经济运行呈现以下特点：

一是轻工业占比不断提高。2016年，轻、重工业分别完成工业增加值994.62亿元和863.28亿元，轻重工业比重由上年的52.6∶47.4调整为53.5∶46.5，轻工业比重比上年提高0.9个百分点，轻重工业结构持续优化。

二是重点产业发展良好。全年全市食品加工、机电制造、竹加工、新型轻纺、生物产业、文化创意等六大重点产业完成工业增加值369.77亿元。其中，食品加工产业完成工业增加值93.10亿元，比上年增长4.9%；机电制造业完成工业增加值68.19亿元，增长13.8%；竹加工产业完成工业增加值90.05亿元，增长6.8%；新型轻纺产业完成工业增加值39.45亿元，增长7.1%；生物产业完成工业增加值31.06亿元，增长9.1%；文化创意产业完成工业增加值47.92亿元，增长7.3%。

三是市本级发展快于县域。2016年，市本级三大工业园区实现较快增长，规模以上工业完成工业增加值78.36亿元，占全市规模以上工业增加值的比重为16.5%。其中，荣华山组团完成工业增加值23.41亿元，比上年增长9.0%；南平工业园区完成工业增加值48.32亿元，增长8.9%；闽北经济开发区完成工业增加值6.63亿元，增长8.1%。县域工业中，比全市规模以上工业平均水平低的有：武夷山（增长5.9%）、邵武（增长5.8%）、光泽（增长3.3%）、建阳（增长0.6%），其余县（市、区）分别为：政和（增长7.8%）、延平（增长7.7%）、浦城（增长7.6%）、顺昌（增长7.3%）、建瓯（增长7.2%）、松溪（增长7.2%）。

四是工业用电量降幅逐月收窄。2016年，全市工业用电量64.19亿千瓦时，比上年下降1.5%。从2016年工业用电趋势看，全市工业用电量虽然一直处于负增长，但降幅逐月收窄，分别比1-9月、1-6月和1-3月收窄2.5个百分点、5.6个百分点和8.2个百分点。

**龙岩**　2016年，龙岩市积极应对宏观经济下行压力，围绕工业经济稳中求进、稳中提质的总基调，努力推进企业转型升级，全市工业保持平稳增长。全年全市全部工业完成工业增加值766.27亿元，比上年增长7.5%，其中规模以上工业增加值为579.62亿元，增长7.4%。工业产品销售率为97.8%，下降0.1个百分点。实现利润总额65.53亿元，下降24.0%。

2016年，龙岩市工业经济运行呈现以下特点：

一是规模以上工业发展良好。2016年，全市规模以上工业完成工业总产值2052.30亿元，比上年增长10.3%。其中，机械制造产业完成工业总产值306.50亿元，增长11.8%；有色金属产业完成工业总产值448.00亿元，增长18.6%；烟草产业完成工业总产值133.40亿元，下降7.9%；能源精化产业完成工业总产值334.13亿元，增长4.9%；纺织产业完成工业总产值109.19亿元，增长13.5%；建材产业完成工业总产值202.95亿元，增长8.4%；光电新材料产业完成工业总产值85.53亿元，增长25.4%；生物医药产业完成工业总产值25.00亿元，增长21.1%；农副产品加工产业完成工业总产值323.60亿元，增长10.9%。

二是亿元企业达400家。全市产值超亿元企业共有400家，比上年增加53家，完成工业总产值1715.60亿元，增长11.9%，对规模以上工业总产值增长的贡献率达95.7%。

三是行业基本面向好。2016年，全市36个行业大类中，有26个行业的工业总产值保持增长，增长面达72.2%，其中21个行业实现两位数增长，工业发展基本面良好。

四是“365”重点工业产业贡献突出。2016年，有色金属、机械、光电新材料等产业保持平稳较快发展，再加上下半年以来，由于煤炭、水泥等产品价格回升，能源精化和建材产业增速逐月提升，重点产业对全市工业发展支撑作用明显。全市规模以上工业“365”产业完成工业总产值1968.35亿元，比上年增长10.6%，拉动全市规模以上工业总产值增长10.2个百分点，对规模以上工业总产值增长的贡献率高达98.9%。

五是新投产企业拉动力强。截至2016年末，全市共有49家新投产企业纳入规模以上工业统计，比上年末增加21家，完成工业总产值131.07亿元，拉动全市规模以上工业总产值增长7.0个百分点。

六是出口交货值高速增长。2016年，全市规模以上工业企业实现工业销售产值2007.26亿元，比上年增长10.1%。其中，实现出口交货值52.17亿元，增长27.4%。

**宁德**　2016年，宁德市工业围绕“去产能、去库存、去杠杆、降成本、补短板”的供给侧改革总基调，加强政策落实和要素保障，努力推进地区产业转型升级，做大做强新能源、新材料等骨干产业，全年工业生产实现平稳较快增长。全年全市全部工业完成工业增加值664.72亿元，比上年增长7.9%。

规模以上工业完成工业增加值 702.71 亿元，增长 8.2%，增速高出全省平均水平 0.6 个百分点，居全省首位。在规模以上工业中，分经济类型看，国有及国有控股企业工业增加值增长 8.0%，集体企业增长 14.6%，股份制企业增长 6.3%，外商及港澳台投资企业增长 37.8%，私营企业增长 4.4%；分轻重看，轻工业工业增加值增长 18.6%，重工业增长 3.5%；分门类看，采矿业工业增加值下降 12.8%，制造业增长 8.0%，电力、热力、燃气及水生产和供应业增长 10.9%。截至 2016 年末，全市规模以上工业企业达 1344 家，其中产值超亿元企业 519 家，比上年末减少 21 家。

2016 年，全市规模以上工业企业实现利润总额 188.65 亿元，比上年增长 16.3%。其中，国有及国有控股企业实现利润总额 26.17 亿元，增长 16.9%；股份制企业实现利润总额 162.36 亿元，增长 14.0%，外商及港澳台投资企业实现利润总额 24.34 亿元，增长 33.3%；私营企业实现利润总额 34.64 亿元，下降 13.5%。

2016 年，宁德市工业经济运行呈现以下特点：

一是逾六成行业实现增长。2016 年，全市 35 个大类行业中，有 22 个行业工业增加值比上年增长，增长面达 62.9%。其中，农副食品加工等 12 个行业个位数增长，黑色金属冶炼和压延加工业等 10 个行业两位数增长。主要行业中，增长较快的是黑色金属冶炼和压延加工业，电力、热力生产和供应业，分别比上年增长 35.1%和 10.8%；负增长的主要行业包括酒、饮料和精制茶制造业，非金属矿物制品业，分别下降 2.8%和 13.7%。

二是大型企业拉动强劲，中小型企业增势低迷。2016 年，全市 1344 家规模以上工业企业中，8 家大型企业完成工业增加值 234.07 亿元，占全市规模以上工业增加值的 33.3%，比上年增长 28.1%，对全市规模以上工业增加值增长的贡献率达 94.6%，拉动全市规模以上工业增加值增长 7.8 个百分点；130 家中型企业完成工业增加值 161.86 亿元，下降 2.5%；1206 家小微型企业完成工业增加值 306.78 亿元，增长 1.9%。

三是大企业带动全市效益向好。2016 年 1-11 月，全市规模以上工业经济效益综合指数为 329.1，居全省第 4 位，同比提高 15.2 个点。七项计算指标中，资产保值增值率为 115.7%，提高 4.3 个百分点；成本费用利润率为 6.8%，提高 0.8 个百分点；全员劳动生产率为 34.08 万元/人，提高 2.68 万元/人；总资产贡献率达 13.3%，下降 0.3 个百分点；资产负债率为 64.6%，下降 0.8 个百分点；流动资产周转率 3.34 次，减少 0.44 次；产品销售率达 96.5%，下降 1.1 个百分点。

注：本文数据采用快报数

（摘编：朱翔）

# 3-1-2 各设区市规模以上工业主要指标

（2016 年）

| 指 标 | 计量单位 | 福州市 | 厦门市 | 莆田市 | 三明市 | 泉州市 |
|---|---|---|---|---|---|---|
| **总 量** | | | | | | |
| 企业数 | 个 | 2220 | 1719 | 1261 | 1796 | 4514 |
| 工业总产值 | 亿元 | 8419.65 | 5197.98 | 2839.51 | 3605.99 | 12336.69 |
| 主营业务收入 | 亿元 | 8036.91 | 4867.91 | 2816.59 | 3459.75 | 11666.61 |
| 资产总额 | 亿元 | 6319.91 | 5573.63 | 1505.76 | 1471.03 | 8120.66 |
| 利润总额 | 亿元 | 477.11 | 287.86 | 278.52 | 89.81 | 928.97 |
| 利税总额 | 亿元 | 680.14 | 440.28 | 349.16 | 148.26 | 1416.00 |
| 本年应交增值税 | 亿元 | 162.69 | 78.96 | 52.59 | 42.94 | 307.97 |
| **占全省比重** | | | | | | |
| 企业数 | % | 12.9 | 10.0 | 7.3 | 10.4 | 26.1 |
| 工业总产值 | % | 18.9 | 11.7 | 6.4 | 8.1 | 27.7 |
| 主营业务收入 | % | 18.9 | 11.4 | 6.6 | 8.1 | 27.4 |
| 资产总额 | % | 19.7 | 17.4 | 4.7 | 4.6 | 25.3 |
| 利润总额 | % | 16.5 | 10.0 | 9.6 | 3.1 | 32.2 |
| 利税总额 | % | 15.7 | 10.1 | 8.0 | 3.4 | 32.6 |
| 本年应交增值税 | % | 16.3 | 7.9 | 5.3 | 4.3 | 30.9 |

3-1-2 续表　　　　　　　　　　　　（2016 年）

| 指　标 | 计量单位 | 漳州市 | 南平市 | 龙岩市 | 宁德市 |
|---|---|---|---|---|---|
| **总　量** | | | | | |
| 企业数 | 个 | 2228 | 1124 | 1205 | 1195 |
| 工业总产值 | 亿元 | 5040.66 | 1868.28 | 2078.21 | 3157.13 |
| 主营业务收入 | 亿元 | 4913.36 | 1732.28 | 2011.42 | 3032.41 |
| 资产总额 | 亿元 | 3512.76 | 1108.06 | 2095.60 | 2373.89 |
| 利润总额 | 亿元 | 461.57 | 102.16 | 71.88 | 191.39 |
| 利税总额 | 亿元 | 673.33 | 155.50 | 225.32 | 255.13 |
| 本年应交增值税 | 亿元 | 191.74 | 43.09 | 63.19 | 52.36 |
| **占全省比重** | | | | | |
| 企业数 | % | 12.9 | 6.5 | 7.0 | 6.9 |
| 工业总产值 | % | 11.3 | 4.2 | 4.7 | 7.0 |
| 主营业务收入 | % | 11.6 | 4.1 | 4.7 | 7.2 |
| 资产总额 | % | 10.9 | 3.5 | 6.5 | 7.4 |
| 利润总额 | % | 16.0 | 3.5 | 2.5 | 6.6 |
| 利税总额 | % | 15.5 | 3.6 | 5.2 | 5.9 |
| 本年应交增值税 | % | 19.3 | 4.3 | 6.3 | 5.4 |

# 3-1-3 各设区市食品加工及制造业

食品加工及制造业包括农副食品加工业、食品制造业。其中，水产品加工业在福建农副食品加工业中占有较大比重，销售收入约占全省农副食品加工业近四成。近几年，在省委、省政府加快建设海洋经济强省战略决策指导下，福建省水产品加工业积极调整产业结构，大力实施品牌战略，扩大水产品出口，出口额均居全国首位。

**福州** 2016年，福州水产品产量达238.48万吨，比上年增长4.5%。其中，淡水产品产量为26.61万吨，增长4.8%；海洋捕捞70.36万吨，下降5.6%；海水养殖141.51万吨，增长10.3%。其中，福清市水产品总产量达45.07万吨，增长6.0%，水产品加工产量达31.57万吨，产值113.97亿元，居福州市各县区第1位。

**漳州** 2016年，漳州水产品产量达191.41万吨，比上年增长6.0%。其中，淡水产品产量为31.29万吨，增长6.3%；近海捕捞44.68万吨，增长2.3%；海水养殖112.69万吨，增长6.6%；远洋渔业2.74万吨，增长50.0%。全市规模以上冷冻水产品产量87.04万吨，增长22.1%。

在国际市场疲软、外需萎缩的情况下，2016年漳州水产罐头出口保持持续稳定增长，出口数量历史首次突破7万吨。全年漳州检验检疫局共检验出口水产罐头批次2584批、重量75560吨、货值1.21亿美元，分别比上年增长12.7%、8.7%和5.8%。

东山是漳州重要的渔业县。2016年1-11月，东山口岸辖区出口水产品达26.99万吨、货值24.09亿美元，分别比上年增长6.6%和8.2%。其中，出口日本水产品4786.88吨、货值6416万美元，分别增长6.1%和42.4%；出口韩国水产品3979吨、货值4195万美元，分别增长46.0%和66.5%。

**宁德** 2016年，宁德市水产品产量达93.51万吨，比上年增长5.5%。其中，海水产品产量88.32万吨，增长5.4%；淡水产品产量5.19万吨，增长7.5%。

近年来，宁德水产企业持续开拓“一带一路”沿线国家市场，2016年新增伊朗、白俄罗斯等3个贸易伙伴，水产品出口已覆盖东盟、中东、非洲等17个国家和地区。其中，泰国、菲律宾、马来西亚、印度尼西亚等东盟国家是宁德水产在“一带一路”沿线国家中的主要贸易伙伴；俄罗斯成为宁德2016年水产品出口新的增长点，全年对俄罗斯水产品的出口额达861万美元，主要品种有冻鱿鱼及其制品、冻鱼制品等。

**泉州** 2016年，泉州水产品总产量达116.54万吨，比上年增长3.2%。其中，淡水产品产量2.22万吨，增长1.2%；海水产品产量114.32万吨，增长3.2%。在海水产品产量中，海洋捕捞80.73万吨，增长3.5%；海水养殖33.59万吨，增长2.6%。

2016年，泉州共出口水产品10.06万吨、出口额3.36亿美元，分别比上年增长16.4%和5.7%。其中，出口量首度破10万吨大关，再创历史新高，实现自2013年起的出口“四连增”，成为泉州出口新亮点。全年泉州水产品出口呈三大特点：一是传统市场逐渐回暖。受2011年菲律宾和印尼两国实行配额制和2014年欧盟普惠制政策调整影响，两大传统市场曾一度萎缩。2016年，两大传统市场出口回暖，全年共对菲律宾和印尼出口水产品4.25万吨，增长2.2%。二是新兴市场开拓卓有成效。2016年，全市对泰国出口水产品2.92万吨，增长40.3%；对越南出口3456.60吨，增长1.0倍；对加拿大出口549.60吨，增长5.5倍。三是出口产品不断转型升级。主要出口水产品除传统的冻海捕鱼、冷冻鱼糜和冻鱿鱼圈外，深加工产品水产罐头出口比重不断增大。2016年，全市共出口水产品罐头8181.7吨、货值2120万美元，分别增长98.8%和88.3%。

2016年各设区市规模以上农副食品加工业、食品制造业主要指标见下表。

（摘编：林晓霞）

# 各设区市规模以上农副食品加工业主要指标

（2016 年）　　单位：亿元

| 地　区 | 企业数（个） | 工业总产值 | 主营业务收入 | 资产总额 |
|---|---|---|---|---|
| 福州市 | 187 | 699.91 | 677.01 | 288.40 |
| 厦门市 | 62 | 215.99 | 209.61 | 140.09 |
| 莆田市 | 66 | 215.36 | 211.48 | 86.61 |
| 三明市 | 107 | 151.14 | 146.90 | 39.50 |
| 泉州市 | 32 | 214.76 | 207.60 | 99.24 |
| 漳州市 | 340 | 945.56 | 921.02 | 406.50 |
| 南平市 | 102 | 215.30 | 193.20 | 198.50 |
| 龙岩市 | 84 | 103.77 | 102.01 | 44.57 |
| 宁德市 | 161 | 270.88 | 264.48 | 118.30 |

续上表　　单位：亿元

| 地　区 | 利润总额 | 利税总额 | 本年应交增值税 |
|---|---|---|---|
| 福州市 | 35.86 | 46.86 | 8.81 |
| 厦门市 | 6.09 | 6.89 | 0.64 |
| 莆田市 | 16.45 | 18.90 | 1.76 |
| 三明市 | 3.83 | 5.47 | 0.97 |
| 泉州市 | 10.99 | 13.68 | 1.94 |
| 漳州市 | 72.45 | 119.22 | 43.95 |
| 南平市 | 11.09 | 12.25 | 0.77 |
| 龙岩市 | 2.54 | 3.77 | 1.13 |
| 宁德市 | 14.78 | 17.87 | 2.51 |

# 各设区市规模以上食品制造业主要指标

（2016 年）　　单位：亿元

| 地　区 | 企业数（个） | 工业总产值 | 主营业务收入 | 资产总额 |
|---|---|---|---|---|
| 福州市 | 56 | 129.51 | 122.16 | 63.96 |
| 厦门市 | 49 | 67.92 | 66.91 | 75.51 |
| 莆田市 | 33 | 65.29 | 62.98 | 23.99 |
| 三明市 | 41 | 87.54 | 82.23 | 33.80 |
| 泉州市 | 96 | 439.59 | 476.74 | 342.85 |
| 漳州市 | 208 | 432.65 | 427.69 | 188.36 |
| 南平市 | 41 | 82.69 | 74.81 | 35.04 |
| 龙岩市 | 49 | 60.19 | 59.56 | 21.04 |
| 宁德市 | 25 | 45.41 | 43.68 | 17.15 |

续上表　　单位：亿元

| 地　区 | 利润总额 | 利税总额 | 本年应交增值税 |
|---|---|---|---|
| 福州市 | 8.87 | 12.22 | 2.96 |
| 厦门市 | 5.18 | 7.43 | 1.88 |
| 莆田市 | 4.74 | 6.02 | 1.06 |
| 三明市 | 3.04 | 3.80 | 0.58 |
| 泉州市 | 64.65 | 79.43 | 12.45 |
| 漳州市 | 47.88 | 65.43 | 16.13 |
| 南平市 | 5.42 | 7.51 | 1.72 |
| 龙岩市 | 3.05 | 3.97 | 0.64 |
| 宁德市 | 4.71 | 5.59 | 0.69 |

# 3-1-4 各设区市酒、饮料和精制茶制造业

**泉州** 安溪是泉州茶叶的主要产区，也是全国第一产茶大县。安溪的“中国茶都”是目前全国最大的乌龙茶批发市场，每年近三分之一的安溪茶叶从这里流通到全国各地。2016年，该市场交易量达2.21万吨，总交易额达23亿元。2016年，“安溪铁观音”品牌价值达1424.38亿元，连续两届蝉联中国地理标志区域品牌价值茶叶类第一桂冠。2017年5月20日，在首届中国国际茶叶博览会上，安溪铁观音被评为“中国十大茶叶区域公用品牌”。

近年来，泉州茶叶开拓“一带一路”沿线国家市场成效明显。据泉州检验检疫局公布的数据显示，2017年上半年，泉州检验检疫局共检验监管出口茶叶977吨、货值938万美元，货值同比增长2.0倍，平均单价增长48.0%，增幅创历史新高。其中，仅东盟的出口额就达193万美元，增长50倍；在越南、香港等市场主攻高端茶，出口单价是出口日本原料茶的8-24倍。

**南平** 武夷山是南平茶叶的重要产区。据2016年度中国品牌价值评价信息数据显示，“武夷岩茶”品牌价值获评627.13亿元，位居全国驰名品牌价值排序的第11位、茶类品牌第2名。

近年来，武夷山市政府注重加强品牌建设，规范商标使用，严把申请关、原料关、生产关、出厂关、标志关、年审关，同时制定相关政策，鼓励和引导企业创建自主品牌，对成功申报省级、国家级品牌的企业，在项目建设和资金投入上予以倾斜，给予适当的税收优惠。通过政企合力，武夷茶品牌影响力越来越大，“武夷山大红袍”和“武夷星”成功申报为中国驰名商标。

**三明** 2016年，三明市茶叶产量为4.32万吨，比上年增长9.5%。据福建省农业厅公布的数据显示，2016年三明市有27家合作社入选省级合作社示范社名单，其中茶叶专业合作社有4家，分别是：尤溪县碧馨茶叶专业合作社、尤溪县天顺茶叶合作社、尤溪县碧芽茶叶专业合作社和大田县石牌镇岩韵茶叶专业合作社。

据福建检验检疫局公布的数据显示，2017年1-2月，该局在三明辖区共检验检疫合格放行出口茶叶167.6吨、货值452.5万美元，同比分别增长3.3倍和5.8倍，全部出口欧盟国家。

**宁德** 据福建检验检疫局公布的数据显示，近年，宁德打造“一带一路”茶乡，通道扩大出口，取得了明显成效。2016年，宁德茶叶首次出口塔吉克斯坦、巴基斯坦、巴拿马等国家和地区，出口茶叶从绿茶一支独大转变为绿茶、红茶、乌龙茶、白茶等齐头并进的良好格局。全年出口“一带一路”沿线国家地区的茶叶1446.35吨、货值5339.87万美元，占宁德茶叶出口额的半壁江山，分别比上年增长16.0%和26.0%。2017年1-4月，宁德向“一带一路”沿线国家地区出口茶叶265.31吨、货值869.89万美元。

**漳州** 2016年，漳州全市茶园面积达46.9万亩，产量达7.64万吨。其中，乌龙茶产量占全省33.5%、居全省第2位，毛茶年产值为43.02亿元。2016年，漳州市积极推行质量可追溯制度，推动茶叶品质稳步提升。截至2017年5月，全市茶叶良种覆盖率达90%以上，获得有机、绿色和无公害“三品”认证35个、有效认证面积2.70万亩，示范带动无公害种植面积30多万亩，病虫害绿色防控面积16万亩，茶园水肥一体化示范面积2万亩、喷滴灌面积12万亩。白芽奇兰茶栽培技术已成为全国农业标准化示范项目。

2016年各设区市规模以上酒、饮料和精制茶制造业主要指标见下表。

（摘编：林晓霞）

# 各设区市规模以上酒、饮料和精制茶制造业主要指标

（2016 年）

单位：亿元

| 地　区 | 企业数（个） | 工业总产值 | 主营业务收入 | 资产总额 |
|---|---|---|---|---|
| 福州市 | 35 | 99.80 | 101.00 | 45.40 |
| 厦门市 | 17 | 80.86 | 100.92 | 91.97 |
| 莆田市 | 9 | 50.40 | 53.38 | 72.14 |
| 三明市 | 66 | 68.17 | 65.15 | 34.49 |
| 泉州市 | 95 | 230.64 | 210.52 | 115.01 |
| 漳州市 | 68 | 110.15 | 109.18 | 64.09 |
| 南平市 | 103 | 95.46 | 87.24 | 43.45 |
| 龙岩市 | 49 | 38.29 | 35.36 | 18.39 |
| 宁德市 | 168 | 158.75 | 155.75 | 62.01 |

续上表

单位：亿元

| 地　区 | 利润总额 | 利税总额 | 本年应交增值税 |
|---|---|---|---|
| 福州市 | 6.18 | 10.16 | 2.66 |
| 厦门市 | 1.98 | 6.87 | 3.60 |
| 莆田市 | 15.99 | 21.94 | 3.23 |
| 三明市 | 2.54 | 3.48 | 0.41 |
| 泉州市 | 25.05 | 32.86 | 4.94 |
| 漳州市 | 11.22 | 15.84 | 3.23 |
| 南平市 | 6.31 | 9.66 | 2.30 |
| 龙岩市 | 2.52 | 2.91 | 0.18 |
| 宁德市 | 8.22 | 11.75 | 2.47 |

# 3-1-5 各设区市纺织及纺织服装、服饰业

**福州** 2016年，长乐规模以上纺织企业完成总产值1575.00亿元，比上年增长14.0%。2016年，长乐获批“互联网+纺织业”区域化链条化省级试点；锦纶产量突破100万吨，获得“纺织行业创新示范集群”称号；景丰科技加弹项目等37项重点技改项目完成投资80亿元，18家企业列为省级龙头企业，9家企业列为省工业和信息化高成长企业。

2016年，长乐纺织产业技术改造步伐有所加快。如长乐山力熔体直纺二期项目已完成聚酯车间、长丝车间、加弹车间等全部厂房建设，长丝车间的进口设备已基本安装完毕。该项目总投资21亿元，全面建成投产后预计产值达60亿元，并将有力推动企业产品结构的转型升级，进一步优化纺织产品性能。福建景丰科技有限公司拥有国内聚酰胺纤维行业第一条智能自动化生产线，待生产线全面建成后，将拥有全球单体面积最大、最先进的智能自动化聚酰胺纤维生产线。

**泉州** 泉州是全国服装生产、出口的重要基地之一，纺织服装年产值2000亿元左右，其中出口超过60亿美元。现全市共有纺织服装生产企业及其相关配套的纺织面料、辅料、零配件等企业1万多家，形成了竞争力较强的纺织服装产业集群。为丰富产品结构，提高产品档次和附加值，2016年泉州市企业加大纺织印染设备进口力度，进口的纺织设备主要来自德国、意大利、日本和台湾等国家和地区，自动化程度高，性能可靠、节能高效。

2016年1-5月，泉州市纺织鞋服产业完成工业增加值421.32亿元，同比增长7.0%；销售产值为1546.94亿元，产销率达96.1%。纺织鞋服龙头企业有泉州海天材料科技股份有限公司、福建鸿星沃登卡集团有限公司、泉州子燕轻工有限公司、福建匹克集团有限公司等。

石狮作为泉州重要的纺织服装县（市）之一。2016年，石狮市纺织服装产业压缩低端产能，提升中高端产能和现代服务业占比，纺织服装业在产业模式重构过程中，呈现稳固增长走势。全年全市纺织服装业完成工业总产值475.80亿元。其中，纺织业完成工业总产值150.86亿元，比上年增长8.5%；纺织服装完成工业总产值324.94亿元，增长0.9%。

近年来，石狮市纺织服装产业发力“微笑曲线”两端，向设计、研发、销售、贸易等服务业领域拓展发展空间。围绕创新转型实业强市，着力供给侧结构性改革，积极构建以技术研发、质量检测、产权保护、营销策划和信息服务等为主要内容的全产业链公共服务平台。随着石狮国际轻纺城成功借助“4•18”海丝海博会开业融市后，石狮服装城、石狮国际轻纺城、青创城网批中心、海西（石狮）电子商务园形成了围绕纺织服装产业的“核心商圈”，进一步推动了纺织服装行业的市场繁荣发展，实现了整体规模提升，汇聚了大量的人流、物流、资金流、信息流，并辐射带动了其他市场的繁荣发展。

在产业政策扶持方面，2016年石狮市政府研究通过了《石狮市重点产业转型升级路线图》，提出打造特色鲜明的纺织鞋服中小企业示范集群，全力实施“东方米兰”计划，以研发设计、智能制造、质量提升、供应链快速反应为主攻方向，加快高质高效的全产业链集成创新，建设国内最完整产业链条的纺织服装产业基地，打造特色鲜明、整体水平较高的中小企业示范集群，力争到2020年纺织鞋服产业产值突破1000亿元。

2016年各设区市规模以上纺织业及纺织服装、服饰业主要经济指标见下表。

（摘编：林晓霞）

# 各设区市规模以上纺织业主要经济指标

（2016 年）　　单位：亿元

| 地　区 | 企业数（个） | 工业总产值 | 主营业务收入 | 资产总额 |
|---|---|---|---|---|
| 福州市 | 269 | 959.86 | 930.92 | 613.01 |
| 厦门市 | 58 | 81.36 | 76.31 | 95.75 |
| 莆田市 | 27 | 90.12 | 85.41 | 64.17 |
| 三明市 | 137 | 394.06 | 372.99 | 114.08 |
| 泉州市 | 285 | 867.65 | 833.43 | 502.72 |
| 漳州市 | 43 | 78.96 | 78.04 | 32.39 |
| 南平市 | 33 | 72.32 | 64.10 | 26.27 |
| 龙岩市 | 25 | 64.58 | 59.61 | 41.19 |
| 宁德市 | 14 | 51.00 | 48.16 | 9.82 |

续上表　　单位：亿元

| 地　区 | 利润总额 | 利税总额 | 本年应交增值税 |
|---|---|---|---|
| 福州市 | 51.31 | 63.46 | 10.00 |
| 厦门市 | 6.86 | 8.89 | 1.62 |
| 莆田市 | 8.63 | 10.78 | 1.47 |
| 三明市 | 4.57 | 6.95 | 1.86 |
| 泉州市 | 53.99 | 72.45 | 14.18 |
| 漳州市 | 8.25 | 11.03 | 2.40 |
| 南平市 | 2.83 | 4.94 | 1.78 |
| 龙岩市 | 2.90 | 4.28 | 1.27 |
| 宁德市 | 1.61 | 2.36 | 0.41 |

# 各设区市规模以上纺织服装、服饰业主要指标

（2016 年）　　单位：亿元

| 地　区 | 企业数（个） | 工业总产值 | 主营业务收入 | 资产总额 |
|---|---|---|---|---|
| 福州市 | 66 | 154.95 | 149.77 | 51.29 |
| 厦门市 | 86 | 102.21 | 87.64 | 115.58 |
| 莆田市 | 52 | 104.72 | 102.55 | 30.06 |
| 三明市 | 53 | 44.07 | 43.14 | 20.23 |
| 泉州市 | 807 | 1521.23 | 1432.58 | 921.93 |
| 漳州市 | 39 | 43.44 | 43.37 | 13.34 |
| 南平市 | 14 | 19.17 | 18.34 | 5.27 |
| 龙岩市 | 72 | 47.20 | 45.82 | 26.38 |
| 宁德市 | 10 | 15.21 | 14.55 | 2.55 |

续上表　　单位：亿元

| 地　区 | 利润总额 | 利税总额 | 本年应交增值税 |
|---|---|---|---|
| 福州市 | 3.58 | 7.37 | 3.26 |
| 厦门市 | 9.00 | 14.99 | 5.19 |
| 莆田市 | 11.65 | 13.69 | 1.63 |
| 三明市 | 1.85 | 2.71 | 0.61 |
| 泉州市 | 106.50 | 146.51 | 32.25 |
| 漳州市 | 5.16 | 6.84 | 1.37 |
| 南平市 | 1.12 | 1.71 | 0.45 |
| 龙岩市 | 3.19 | 4.47 | 1.14 |
| 宁德市 | 0.16 | 0.49 | 0.28 |

## 3-1-6 各设区市木材加工和木、竹、藤、棕、草制品业

**南平** 截至2016年末，南平市共有规模以上木材加工和木、竹、藤、棕、草制品业企业 248 个；全年完成工业总产值 343.14 亿元，利税总额达 25.24 亿元。

2016年，南平市林业经济呈现持续发展的良好态势。全年全市林业总产值710.5亿元，比上年增长8.3%；竹产业总产值达到289亿元，增长10.7%。

2016年，在全面摸排木竹加工企业现状的基础上，南平市投入大量资金到木竹加工产业，投资额为近年最大。如从国家节能减排财政政策综合示范城市奖励资金中列出 4000 万元专项资金扶持竹产业二产发展，重点支持46家笋竹企业转型升级、2个竹产业公共平台建设和 3 家企业开展 FSC 认证，带动企业投资2.3亿元。将省级竹材（笋）精深加工示范县项目资金 2400 万元用于笋竹加工公共服务平台建设和技术改造。帮助企业协调解决融资难问题，对接市政府企业应急转贷基金，应急保障竹加工企业使用转贷金 29 家（次），累计应急转贷金总额1.06亿元。

2016年，南平市加大对林业龙头企业扶持力度，并取得明显成效。福建青松股份有限公司、福建味家生活用品制造有限公司和武夷山市绿洲竹业（集团）有限公司3家企业成功入选第二批国家林业重点龙头企业名单，占本次全省入选企业的25%。41家林业企业荣获福建省第八轮重点农业产业化省级重点龙头企业称号。福建省祥福工艺有限公司、福建三信食品有限公司和武夷山市美华实业有限公司 3 家企业入选 2016 年度福建省知识产权优势企业名单。在第三届中国林业产业大会上南平市林业企业获得中国林业产业创新奖一等奖1名（全省唯一），二等奖2名（全省共3名），三等奖1名（全省共2名）。

**三明** 截至 2016 年末，三明市共有规模以上木材加工和木、竹、藤、棕、草制品业企业282个；全年完成工业总产值 429.62 亿元，利税总额达 17.63亿元。

2016年，三明市落实供给侧结构性改革和精准扶贫相关任务，开展“解难题”“五个一批”和挂牌服务活动，靠前服务林业产业转型升级，实现林业总产值849亿元，比上年增长7.6%。一是传统产业稳定增长。全年全市规模以上林产工业总产值689亿元、增长9.9%。重点跟踪的22项新建续建项目开工率96%、22项技改项目开工率82%，建宁爱心木业竹木制品深加工、尤溪永丰茂薄页纸生产等项目建成投产。二是特色产业蓬勃发展。笋竹产业新建基地 12 万亩，产值 169 亿元。油茶产业新建基地 2.6 万亩，产值 10 亿元。花卉苗木产业基地总面积28.9万亩，总产值66.2亿元。林下经济新建基地 15 万亩，产值 110 亿元。三是开放林业全面拓展。第十二届林博会签约项目101项，总投资146.7亿元。天天林博会创新运营模式，成都花木交易所（清流）兰花上市，林品汇等电商平台更加完善。全市新批办涉林台企6家、推广台湾“五新”成果23项。全市涉林进口额0.73亿美元，出口额1.5亿美元、增长达8%。四是品牌含金量持续提升。福建金森林业股份有限公司、福建和其昌竹业有限公司、福建省清流县闽山化工有限公司和春舞枝花卉有限公司等4家企业被确定为第二批国家林业重点龙头企业；福建大自然林业股份有限公司等 12 家被确定为省重点上市后备企业；福建融和药业有限公司等 13 家林业企业入库省科技小巨人领军企业。

2016年各设区市规模以上木材加工和木、竹、藤、棕、草制品业主要经济指标见下表。

（摘编：张琛）

## 各设区市规模以上木材加工和木、竹、藤、棕、草制品业主要指标

（2016 年）　　单位：亿元

| 地　区 | 企业数（个） | 工业总产值 | 主营业务收入 | 资产总额 |
|---|---|---|---|---|
| 福州市 | 26 | 34.87 | 33.06 | 11.44 |
| 厦门市 | 5 | 2.20 | 2.21 | 1.63 |
| 莆田市 | 36 | 47.33 | 46.48 | 32.26 |
| 三明市 | 282 | 429.62 | 414.13 | 121.71 |
| 泉州市 | 16 | 23.35 | 22.83 | 10.08 |
| 漳州市 | 67 | 83.82 | 83.36 | 32.12 |
| 南平市 | 248 | 343.14 | 328.50 | 103.59 |
| 龙岩市 | 72 | 72.47 | 67.08 | 34.83 |
| 宁德市 | 26 | 28.06 | 25.80 | 9.16 |

续上表　　单位：亿元

| 地　区 | 利润总额 | 利税总额 | 本年应交增值税 |
|---|---|---|---|
| 福州市 | 1.66 | 2.91 | 0.57 |
| 厦门市 | 0.12 | 0.16 | 0.03 |
| 莆田市 | 4.36 | 6.04 | 1.21 |
| 三明市 | 12.57 | 17.63 | 3.59 |
| 泉州市 | 2.04 | 2.81 | 0.57 |
| 漳州市 | 8.87 | 12.30 | 3.06 |
| 南平市 | 15.83 | 25.24 | 7.30 |
| 龙岩市 | 2.75 | 4.03 | 0.96 |
| 宁德市 | 1.22 | 2.49 | 1.08 |

## 3-1-7 各设区市家具制造业

**漳州** 截至 2016 年末，莆田市共有规模以上家具制造业企业 97 个;全年完成工业总产值 110.19 亿元，实现主营业务收入 108.63 亿元。

2016 年，漳州市木家具出口产业聚集力不断增强，漳州检验检疫局一方面发挥信息优势，指导企业根据市场需求积极开拓新产品及开发高价值新产品，并为企业提供各类标准资料，及时将收集的国外相关法律法规及时告知企业，确保产品符合国外法律法规。另一方面，监管与服务并行，当接到相关咨询或了解到企业建厂意向后，及时指定专人跟踪服务，在监管过程中指导帮扶企业提升内部管理水平，增强新增企业信心，加强日常监管，帮助企业找出存在薄弱环节，提出整改意见，改善出口产品生产条件，保证产品质量安全。与此同时，漳州检验检疫局协调熏蒸单位做好熏蒸服务工作，在企业条件成熟的情况下，到企业现场开展熏蒸作业，减少企业移场、堆存的费用；并对企业进行动态分级管理，降低一、二类企业的抽查批次，有效提高通关效率。2016 年 1-10 月，漳州木家具出口 1.02 万批次，同比增长 1.2%，出口额 2.38 亿美元，下降 4.4%。出口产品大部分是日用家具，少量为办公家具。主要销往美国、法国、英国等 110 个国家和地区，其中美国是最大的出口市场，出口美国 3316 批次，出口额 1.04 亿美元，占漳州木家具总出口额 43.7%。

**莆田** 截至 2016 年末，莆田市共有规模以上家具制造业企业 30 个；全年完成工业总产值 43.88 亿元，实现主营业务收入 43.21 亿元。

仙作工艺是仙游的特色产业，仙作历史悠久、源远流长，是一个具有独特艺术风格的古老工艺流派。如今，“仙作”已结合了传统国画艺术、雕刻艺术与家具制作技术，并融合了当代的文化理念和时尚元素，实现了“形、材、艺、韵”的和谐统一，与“苏作”“广作”“京作”并称为全国明清古典家具四大流派，仙作古典家具制作技艺更是于 2014 年入选国家级非物质文化遗产保护名录。目前，仙游已逐步形成榜头坝下古典工艺家具、度尾艺雕、大济根雕等产业集聚区，形成“一街四走廊、一园六个城”的发展平台。

截至 2016 年末，仙游县共有古典工艺家具生产企业 3300 多家，从业人员 13 万人，年产值近 300 亿元，其中规模以上工艺企业 184 家、产值近 200 亿元。现有厅堂、书房、卧室、餐厅等诸多系列的床、橱、柜、桌、椅、几、案、沙发等产品 160 多种，其中海南黄花梨、越南黄花梨、小叶紫檀、大叶紫檀、大红酸枝等原材料生产高端产品企业 2000 多家，年产值近 200 亿元，占全国高端市场份额 75% 左右；大果紫檀、赞比亚血檀、微凹黄檀、白酸枝、鸡翅木、刺猬紫檀等原材料生产大众化产品企业 1300 多家，年产值达 100 亿元，占全国市场份额 20%左右。

为推动产业持续健康发展，仙游县深入实施“1233”工程，制定出台了《关于推进工艺美术产业转型升级措施的通知》等系列政策，围绕研发创新、技术改造、市场拓展、金融支持等方面，提出并完善了一系列举措，有力推进工艺产业转型升级。

2016 年各设区市规模以上家具制造业主要经济指标见下表。

（摘编：张琛）

# 各设区市规模以上家具制造业主要指标

（2016 年）　　　　单位：亿元

| 地　区 | 企业数（个） | 工业总产值 | 主营业务收入 | 资产总额 |
|---|---|---|---|---|
| 福州市 | 48 | 95.71 | 90.70 | 33.95 |
| 厦门市 | 39 | 50.33 | 45.94 | 35.92 |
| 莆田市 | 30 | 43.88 | 43.21 | 18.21 |
| 三明市 | 32 | 40.66 | 40.15 | 12.18 |
| 泉州市 | 34 | 78.53 | 76.12 | 57.02 |
| 漳州市 | 97 | 110.19 | 108.63 | 52.52 |
| 南平市 | 20 | 22.49 | 21.96 | 11.11 |
| 龙岩市 | 24 | 21.83 | 21.30 | 6.21 |
| 宁德市 | 6 | 9.50 | 9.50 | 4.16 |

续上表　　　　单位：亿元

| 地　区 | 利润总额 | 利税总额 | 本年应交增值税 |
|---|---|---|---|
| 福州市 | 2.39 | 4.54 | 1.48 |
| 厦门市 | 2.27 | 3.52 | 0.98 |
| 莆田市 | 3.88 | 4.78 | 0.66 |
| 三明市 | 1.41 | 1.99 | 0.41 |
| 泉州市 | 5.26 | 7.24 | 1.66 |
| 漳州市 | 10.87 | 15.67 | 4.29 |
| 南平市 | 1.25 | 2.07 | 0.68 |
| 龙岩市 | 0.97 | 1.73 | 0.33 |
| 宁德市 | 0.50 | 0.90 | 0.35 |

# 3-1-8 各设区市造纸和纸制品业

**泉州** 2016年，泉州市规模以上造纸和纸制品业完成工业总产值 484.25 亿元，实现主营业务收入 391.58 亿元，利润总额达 35.84 亿元。

从主要企业看，2016年恒安集团各项业务继续保持稳步增长。其中，卫生巾销售收入比上年增长 6.2%，约占集团持续经营业务收入的 34.1%，毛利率约 72.6%；生活用纸销售收入增长 4.3%，约占集团持续经营业务收入的 47.0%，毛利率约 37.9%；纸尿裤受市场竞争激烈的影响，销售收入下降 12.3%，约占集团持续经营业务收入的 11.2%，但毛利率约上升至 50.8%。虽然纸尿裤业务有所下降，但长远而言，中国全面实施二孩政策，将带动纸尿裤销量增长。2016年，恒安集团持续升级现有产品，研发并推出高端产品并积极拓展母婴店及网上销售渠道，务求以优质产品突围。其中，卫生巾方面，推出一系列全新的电商、微商专项品牌系列，积极发展网上销售渠道，并优化产品组合，加大对中高端及高端系列市场的开发及维护，以满足市场需要。恒安集团未来将继续推出多项全新及升级产品，对产品包装和质量进一步升级，以主力开拓高端高质量产品，并推出全新的品牌推广及宣传活动，预计2017年销售将持续稳定增长。

**漳州** 截至 2016 年末，漳州市共有规模以上造纸和纸制品企业 92 家；全年完成工业总产值 290.95 亿元，实现主营业务收入 287.39 亿元。

从主要生产企业看，福建省联盛纸业有限责任公司是福建省一家造纸产量达百万吨以上的企业，其造纸产量占全省造纸产量的 34.8%。2016 年，联盛纸业（龙海）有限公司与福伊特造纸（中国）有限公司签署合同，福伊特造纸（中国）有限公司将向联盛纸业（龙海）有限公司提供一台包装纸机 PM9，安装在公司位于福建漳州台商投资区的工厂，计划于 2017 年 12 月投产。该机网宽 7.3 米，幅宽 6.66 米；设计车速 1400 米/分，运行车速 1300 米/分；年产 70-140 克/平方米的包装纸 40 万吨；配置有 Duo Former Base Ⅱ二代夹网成型器，是当今最先进的高速包装纸机，有望助力 PM9 成为全球高速包装纸机的范例。

2016 年各设区市规模以上造纸和纸制品业主要经济指标见下表。

（摘编：朱翔）

# 各设区市规模以上造纸和纸制品业主要指标

（2016 年）

单位：亿元

| 地　区 | 企业数（个） | 工业总产值 | 主营业务收入 | 资产总额 |
| --- | --- | --- | --- | --- |
| 福州市 | 55 | 71.26 | 68.18 | 34.84 |
| 厦门市 | 46 | 32.28 | 29.66 | 32.16 |
| 莆田市 | 32 | 55.87 | 55.32 | 21.59 |
| 三明市 | 36 | 70.39 | 68.15 | 62.07 |
| 泉州市 | 117 | 484.25 | 391.58 | 302.83 |
| 漳州市 | 92 | 290.95 | 287.39 | 238.14 |
| 南平市 | 24 | 35.63 | 35.35 | 31.78 |
| 龙岩市 | 24 | 20.01 | 19.56 | 11.84 |
| 宁德市 | 12 | 14.57 | 14.52 | 3.91 |

续上表

单位：亿元

| 地　区 | 利润总额 | 利税总额 | 本年应交增值税 |
| --- | --- | --- | --- |
| 福州市 | 1.90 | 3.77 | 1.38 |
| 厦门市 | 0.59 | 1.83 | 1.11 |
| 莆田市 | 4.99 | 6.63 | 0.87 |
| 三明市 | 0.79 | 2.10 | 1.11 |
| 泉州市 | 35.84 | 47.69 | 9.90 |
| 漳州市 | 34.52 | 47.08 | 11.20 |
| 南平市 | 1.94 | 3.73 | 1.49 |
| 龙岩市 | 0.54 | 1.01 | 0.42 |
| 宁德市 | 0.56 | 0.87 | 0.26 |

# 3-1-9 各设区市医药制造业

**厦门** 截至2016年末，厦门市拥有规模以上医药制造业企业21个；全年完成工业总产值45.33亿元，实现主营业务收入44.35亿元。

据厦门市科技局公布的数据显示，2016年厦门生物医药产业总产值约421亿元。截至2016年末，厦门市新获批Ⅲ类医疗器械产品84个，占全国10.0%，其中万泰凯瑞新获批Ⅲ类医疗器械产品占全国5.7%。

2016年，治疗肝炎的国家Ⅰ类新药“派格宾”获批上市，成为福建省近十年来首个国家Ⅰ类新药。该药品是福建省新药自主创新的典型成功范例，具有完全自主知识产权，其专属的40kDY型聚乙二醇修饰技术拥有全球专利。该品种的临床适应症为临床需求巨大的病毒性肝炎，是我国首个获批上市的长效干扰素，打破国外同类制品的垄断，填补国内空白。

海沧区生物医药特色产业是厦门医药产业的主力军。海沧生物医药港获全国工商联评为“2016年投资服务双优园区奖”。海沧区生物医药产业主要有以下特点：一是起点高，海沧区荣拥科技部“国家火炬计划厦门海沧区生物与新医药特色产业基地”称号；市区联合共建占地10平方公里的生物医药港，形成“一十百千”产业发展格局。二是发展环境优，海沧区出台了促进生物与新医药产业发展、引进生物与新医药高层次人才扶持政策；积极布点建设生物医药测试分析平台、闽台诊断产品创新创业园、化学创新药研发平台等。三是配套好，完善生物医药港区餐饮、住宿、购物、娱乐、文化等配套设施，打造“云聚——互联网+社区”服务平台，建成中心服务站。目前，全区生物医药产业保持良好发展态势，产业规模年均保持25%以上的高速增长，形成了以医疗器械及诊断试剂、保健食品及化妆品、化学药品、生物药品为特色的生物医药产业集群。截至2016年9月，海沧区引进生物医药企业287家，实现产值133.35亿元，同比增长约33%；规模以上企业36家，实现产值达85亿元。

**三明** 截至2016年末，三明市拥有规模以上医药制造业企业21个；全年完成工业总产值达45.25亿元，实现主营业务收入42.67亿元。

明溪县地处闽西北部，森林覆盖率达80.6%，君子峰国家级自然保护区横跨境内，良好的生态，蕴育了丰富的中药材资源，境内野生和栽培的药用植物种类多达1380种，被誉为“天然的中药材资源宝库”。近年来，明溪县先后引进“南方制药”“紫杉园”“福建喜果”“海西联合药业”等11家医药企业，着力打造“海西药谷特色小镇”。明溪县现已建成以“南方制药”紫杉醇原料药和“海西联合药业”化工合成药为代表的两大医药产业链，并不断向医疗保健、休闲养生等服务业延伸，初步建立起涵盖一、二、三产业的医药产业体系。依托南方制药、紫杉园等生物医药龙头企业，明溪县大力发展红豆杉生物质利用产业，研发紫杉烷类产品、非肿瘤类产品系列近50个，产量占全球25%以上。2016年，明溪县生物与新医药产业在转型升级中持续壮大。南方制药与匈牙利洛特斯龙公司合作开发离心色谱分离纯化技术；海西药业启动七氟烷、光动力治疗药物5-ALA等7个原料药和制剂产品国内药号生产批文申报工作；泰丰医药化工中间体生产线建成投产。

**泉州** 2016年，泉州市拥有规模以上医药制造业企业完成工业总产值33.26亿元，实现主营业务收入30.99亿元。

为加快生物医药产业集聚，发展产业集群，泉州市先后规划建设了泉州（永春）生物医药产业园、石狮市海洋生物科技园、泉州开发区医药产业园等产业载体。其中，石狮市海洋科技园区规划面积4000多亩，已列为第一批省级海洋产业示范园区，是泉州市海洋生物医药和保健品的主要研究、生产和销售基地。

分企业观察，石狮华宝集团公司自主研发了甲壳素及其系列等原料药产品，为泉州市生物医药产业增添了海洋生物医药新产品；2016年初太平洋药业投资7000多万元收购安溪柏桐堂的大输液基础项目，引进国内先进生产线，年产量可达八千万至一亿袋，达产后预计产值可达3亿多元；福建永燠制药有限公司于2016年投产，占地面积约100亩，一期项目投资6.7亿元，主要生产线包括1条土豆前处理生产线、1条麸皮前处理生产线及2条灵芝菌合剂生产线，该项目全部建成后形成年产2万吨灵芝菌合剂，可实现销售收入20多亿元。

**龙岩** 截至2016年末，宁德市拥有规模以上医药制造业企业18个；全年完成工业总产值22.10亿元，实现主营业务收入19.90亿元。

近年来，龙岩市积极发展生物医药产业。新罗区现已有2家博士后工作站企业、2家国家级高新技术企业、51项专利技术，18家在国内具有较强影响力的生物医药生产及配套企业，其中福建省格兰尼生物工程有限公司专注于植物甾醇和天然维生素E系列产品的生产、研发和市场销售，在全国行业排名中位列前三；福建中农牧生物药业有限公司综合竞争力在国内中兽药领域处于领先地位。

分县区观察，龙岩连城县也在不断孕育和发展生物医药产业，通过项目带动生物医药产业的发展。一方面，2016年9月开工建设了投资1.2亿元的中药饮片生产及天然植物提取加工项目。该项目采用自主研发、国际先进的分子分离技术、植物萃取技术和生态环保工艺，充分挖掘利用连城丰富的中草药资源，建设中药饮片生产线及天然植物提取加工生产线，项目投产后年产值超2亿元。另一方面，加快推进“欧美留学生同学会福建生物医药创业示范基地”建设，支持现有生物医药企业、项目的发展，培育天然健康产品、中药材种植及饮品加工和医疗器械产业链新增长点。

**宁德** 截至2016年末，宁德市拥有规模以上医药制造业企业12个；全年完成工业总产值14.17亿元，实现主营业务收入11.72亿元。

作为全省5个生物医药试点县之一，近年来，宁德市柘荣县持续深化供给侧结构性改革，围绕“农工贸、产学研”一体化，从种植、研发、生产、销售、流通等各环节谋划推动药业发展。该县每年拿出500万元作为企业发展基金扶持医药产业，加快中药材流通追溯平台、农产品食品药品检验检测中心建设；重点扶持广生堂、力捷迅、今古通、贝迪、天人等一批企业，加大对植物提取的研发投入。在产品研发方面，该县密切与中国工程院、中国药科大学、厦门大学、福建中医药大学等科研院校的合作，推动科技成果的转化和应用。在人才建设方面，柘荣县依托2个院士工作站和5名“千人计划”“百人计划”专家，组建医药产业专家咨询机构，定期组织召开研讨会，提出产业发展愿景和建议。同时，完善优惠政策，出台优厚条件，吸引学科带头人为柘荣医药产业研发核心技术，并以股权等形式做好项目接续服务。持续的投入带来了显著的改变。通过持续开发建设，以全省首个生物医药循环经济产业专业园为龙头的柘荣经济开发区建设初显成效，入驻企业93家，其中药业及关联企业20家，产品覆盖化学药、现代中药、保健食品、医疗器械、兽药、药包材等六大领域。

2016年各设区市规模以上医药制造业主要经济指标见下表。

（摘编：林舒）

# 各设区市规模以上医药制造业主要指标

（2016 年）

单位：亿元

| 地　区 | 企业数（个） | 工业总产值 | 主营业务收入 | 资产总额 |
|---|---|---|---|---|
| 福州市 | 25 | 91.30 | 80.97 | 71.91 |
| 厦门市 | 21 | 45.33 | 44.35 | 73.39 |
| 莆田市 | 6 | 8.33 | 9.19 | 3.51 |
| 三明市 | 21 | 45.25 | 42.67 | 24.61 |
| 泉州市 | 9 | 33.26 | 30.99 | 23.56 |
| 漳州市 | 8 | 27.05 | 26.30 | 52.03 |
| 南平市 | 12 | 26.14 | 23.35 | 30.90 |
| 龙岩市 | 18 | 22.10 | 19.90 | 10.05 |
| 宁德市 | 12 | 14.17 | 11.72 | 14.35 |

续上表

单位：亿元

| 地　区 | 利润总额 | 利税总额 | 本年应交增值税 |
|---|---|---|---|
| 福州市 | 8.73 | 12.26 | 2.72 |
| 厦门市 | 8.89 | 10.70 | 1.61 |
| 莆田市 | 0.97 | 1.10 | 0.08 |
| 三明市 | 2.17 | 3.09 | 0.68 |
| 泉州市 | 2.93 | 4.53 | 1.48 |
| 漳州市 | 9.22 | 11.61 | 2.03 |
| 南平市 | 2.93 | 3.76 | 0.71 |
| 龙岩市 | 1.38 | 1.81 | 0.36 |
| 宁德市 | 1.33 | 2.20 | 0.77 |

# 3-1-10 各设区市非金属矿物制品业

福建省是全国建材生产大省。作为全国陶瓷四大产区及主要的集散地之一，陶瓷产业也是福建省传统产业中最具代表性的行业之一，主要分布在晋江、德化、南安、闽清等地；石材产业主要集中在厦门、南安、惠安等地。

## 水泥制造业

**龙岩**　龙岩市被誉为“中国水泥产业基地”，水泥工业是龙岩市的传统支柱产业之一，在该市建材产业中占主导地位。

2016 年 5 月，国务院办公厅发出《国务院办公厅关于促进建材工业稳增长调结构增效益的指导意见》（国办发〔2016〕34 号）和龙岩市政府在短短的 4 个月内为扶持水泥行业的发展连续出台了 3 份文件。这些稳增长政策和文件的陆续出台，极大地提振了水泥行业发展的信心，龙岩的水泥市场需求也因此呈现复苏态势，同时在行业协会和各主导企业积极开展行业自律措施下，水泥价格得以有所抬头，使行业效益得以提升。据龙岩市工商联合会、龙岩市总商会公布的数据显示，2016 年全市 12 家新型干法水泥企业水泥产量 3091.78 万吨，比上年增长 1.5%。全市 12 家共 19 条新型干法水泥生产线全年生产水泥熟料 2612.97 万吨，下降 1.0%。全市新型干法水泥企业 12 家中熟料增产的有 5 家，熟料减产的有 5 家公司，还有 2 家持平。

## 砖瓦、石材等建筑材料制造业

**泉州**　南安石材产业是福建省重点培育的海峡西岸经济区重要产业集群之一，也是泉州市特色优势产业集群之一。南安市石材年产量和出口量均占全国石材年产量和出口量的 60%以上。2016 年 3 月，南安市石材外经贸协会正式成立，改变了长久以来石材贸易企业单打独斗的局面，揭开石材贸易商抱团走出去的序幕。南安市石材外经贸协会由从事进出口石材贸易的企业及开展相关活动的各类经济类组织自愿组成，目前有协会会员单位 216 家，汇聚了中轻石材、福能达人石、康利、华辉、东升、新鹏飞、鹏翔、溪石等知名企业。

2016 年，受国际经济形势迫使无加工厂的外贸企业倒闭或转型、国际化进程加速使得全球各地石材价格更为透明和石材企业内部无序的恶性价格竞争影响，南安石材行业整体形势较为低迷，无论是大板批发，还是工程订单，下滑趋势仍在延续。全年南安石材的出口额 11747 万美元，比上年下降 31.0%。

**厦门**　2016 年，厦门检验检疫局共受理报检和检验监管进口石材 21040 批次、重量 672.05 万吨、货值 11.81 亿美元，分别比上年增长 2.2%、5.1%、1.5%。尽管国际经济持续复苏乏力，但仍保持稳定增长，是全国最大进口石材集散中心。

厦门口岸进口石材主要呈现以下特点：首先，主要以进口大理石和花岗岩荒料及其半成品为主；其次，来源地广，主要来自土耳其、印度、巴西、意大利、埃及、西班牙、葡萄牙、芬兰、希腊、挪威等 70 余个国家和地区；再次，进口大理石总量最大，共 13625 批、重量 404.08 万吨、货值 7.03 亿美元，分别比上年增长 4.0%、8.4%、5.9%，进口量占总量的 60.1%；而进口花岗岩石材次之，占总量的 39.9%；最后，运输方式多样化，主要通过散杂船或海运集装箱装运方式进口，其中欧洲、美洲、非洲等地区的国家多以海运集装箱装运方式，东南亚国家主要以散杂船运输。

## 陶瓷制品业

**福州** 闽清是福建省最大的电瓷出口基地和全国釉面砖重要生产基地之一，有着“中国陶瓷生产基地县”“东南瓷都”“陶瓷之都”等美誉。近年来，闽清县大力推动绿色生产，据闽清县商务局公布的数据显示，2016 年闽清陶瓷业用气量为 7000 万立方米，相当于少烧 17.5 万吨煤。

**泉州** 泉州市德化县是我国最大的陶瓷工艺品生产和出口基地。截至 2016 年末，德化县共有陶瓷企业 2600 多家，2016 年完成陶瓷工业总产值 199.50 亿元；陶瓷出口额为 137.64 亿元，比上年增长 8.5%，销往五大洲 190 个国家和地区，约占全国陶瓷出口总量的 9%。2014-2016 年，德化陶瓷出口连续 3 年增长，分别增长 6.4%、3.0%、8.5%，实现逆市飘红，成为全国出口工业品质量安全示范区建设的典范。

2014-2016 年，福建检验检疫局全力推进德化县出口陶瓷质量安全示范区建设：健全“党政牵头+检验监管+企业主导+协会引导”四位一体建设保障机制；通过制定标准带动质量提升，共制定国家标准 5 份，地方标准 3 份，陶瓷类电商国家标准 4 份，其中 2 项国家标准被科技部列入国家重点研发计划项目；30 家国家级示范区企业全部通过 ISO9001 质量管理体系认证，93 家企业获输美陶瓷认证，居全国各大陶瓷产区第 2 位；建成两大质检检测公共检测平台，免费为示范区企业开展陶瓷铅镉溶出量和热稳定性等质量安全普查，及时总结并向企业发布出口陶瓷质量安全风险点。出口产品铅镉检验不合格率由 2014 年的 0.23%下降到 2015 年的 0.13%，3 年来均未出现国外退运、通报问题。

截至 2016 年末，德化县拥有马德里国际商标 11 枚，中国驰名商标 6 枚、中国陶瓷行业名牌 21 个；实施知识产权战略，引导出口企业申请专利、版权，提高出口企业核心竞争力，世界知识产权组织在日内瓦向全球推广陶瓷版权保护“德化经验”。德化县率先在美国、俄罗斯设立陶瓷跨境海外仓，位居全国“2016 年跨境电商创业最活跃的 25 个县”榜单第 20 位、福建省首位。

2017 年 2 月 15 日，国家质量监督检验检疫总局发布公告，正式授予福建省德化县“国家级出口陶瓷质量安全示范区”称号，“世界陶瓷之都”德化县成为继广东潮州之后我国第 2 个国家级出口陶瓷质量安全示范区。

**漳州** 漳州平和县持续项目带动产业发展，陶瓷产业群持续壮大。2016 年，华诚陶瓷项目第一条生产线建成点火，华诚陶瓷项目计划投资 6 亿元，装备 4 条国内先进的陶瓷生产线和一条陶板生产线，引进德国静压成型技术，主要生产仿古地板砖、外墙砖等建筑用陶瓷制品，年可生产 540 万平方米建筑用陶瓷制品和陶板 160 万平方米，达产后年可创产值 4.5 亿元，创税收 600 万元以上。2017 年初，超优陶瓷项目第一条生产线正式投产。超优陶瓷项目占地面积 176 亩，计划总投资 3 亿元，装备 3 条国内先进的陶瓷生产线，自动化程度高，有效降低了人力成本，生产线采用高温快速烧成技术，可以节约成本、减少排放。第一条生产线日产量可达 15 万平方米，主要生产仿古地板砖、外墙砖等高档陶瓷制品。该项目全部投产后，预计年可创产值 4 亿元，创税收 500 万元以上。

2016 年各设区市规模以上非金属矿物制品业主要经济指标见下表。

（摘编：林舒）

# 各设区市规模以上非金属矿物制品业主要指标

（2016 年）　　单位：亿元

| 地　区 | 企业数（个） | 工业总产值 | 主营业务收入 | 资产总额 |
|---|---|---|---|---|
| 福州市 | 252 | 466.08 | 461.93 | 513.63 |
| 厦门市 | 67 | 96.33 | 92.97 | 131.91 |
| 莆田市 | 57 | 87.96 | 86.28 | 34.19 |
| 三明市 | 175 | 325.11 | 309.81 | 144.32 |
| 泉州市 | 748 | 1415.44 | 1371.51 | 865.13 |
| 漳州市 | 229 | 385.00 | 380.08 | 261.13 |
| 南平市 | 60 | 86.15 | 82.38 | 45.84 |
| 龙岩市 | 138 | 181.87 | 176.04 | 191.82 |
| 宁德市 | 113 | 129.72 | 128.42 | 50.47 |

续上表　　单位：亿元

| 地　区 | 利润总额 | 利税总额 | 本年应交增值税 |
|---|---|---|---|
| 福州市 | 60.00 | 73.79 | 9.10 |
| 厦门市 | 7.39 | 10.73 | 2.91 |
| 莆田市 | 8.04 | 11.04 | 2.09 |
| 三明市 | 5.57 | 10.96 | 4.33 |
| 泉州市 | 99.74 | 144.85 | 32.30 |
| 漳州市 | 37.71 | 53.09 | 13.08 |
| 南平市 | 4.03 | 6.75 | 2.28 |
| 龙岩市 | 2.83 | 7.37 | 3.68 |
| 宁德市 | 6.69 | 9.61 | 2.25 |

# 3-1-11 各设区市冶金行业

冶金行业包括黑色金属矿采选业、有色金属矿采选业、黑色金属冶炼和压延加工业、有色金属冶炼和压延加工业4个行业。福建省冶金行业主要分布在福州、三明、漳州、龙岩、宁德等地。

**福州** 截至2016年末，福州市共有规模以上冶金行业企业51个，资产总额达351.51亿元；全年完成工业总产值566.55亿元，实现主营业务收入507.31亿元，实现利润总额16.81亿元。

分行业观察，黑色金属冶炼和压延加工业是福州市冶金行业的主要行业，2016年主营业务收入达326.54亿元，占该市冶金行业的比重为64.4%；其次是有色金属冶炼和压延加工业，主营业务收入为180.77亿元，比重为35.6%。

分销售区域观察，福州市冶金产品主要销往省内市场和省外市场，省内市场和省外市场销售比重分别为57.1%和37.6%。

**三明** 截至2016年末，三明市共有规模以上冶金行业企业156个，资产总额达229.77亿元；全年完成工业总产值516.68亿元，实现主营业务收入496.50亿元。

分行业观察，黑色金属冶炼和压延加工业是三明市冶金行业的主要行业，2016年主营业务收入达324.04亿元，占该市冶金行业的比重为65.3%；其次是黑色金属矿采选业，主营业务收入为101.20亿元，比重为20.4%。

分销售区域观察，三明市冶金产品主要销往省内市场，省内市场销售比重达77.5%。其中，黑色金属矿采选业、有色金属矿采选业、黑色金属冶炼和压延加工业3个行业均以省内市场销售为主，省内市场销售比重均在75%以上；有色金属冶炼和压延加工业以省外市场销售为主，销售比重达62.4%。

分主要企业观察，2016年福建三钢闽光股份有限公司在供给侧结构性改革环境下，围绕生产经营与资本运作“双轮驱动”，大力实施全流程降成本，推行机制体制改革，推动企业转型升级，公司成功实现扭亏为盈，实现了“十三五”的良好开局。2016年公司实现营业收入比上年增长12.6%；销售圆钢44万吨，增加21万吨；销售金属制品材87万吨，增加13万吨。在技术创新上，完成HJ20Mn2易切削圆钢产品开发，以及圆钢系列、PSB930精轧螺纹等扩规格开发试验；开展重点技术攻关项目19项，立项技术开发项目37项，有1项科技开发项目获省科技计划项目立项，4项成果获省、市科技进步奖，获得专利授权12项，新申请专利22项。公司“优钢项目部”获得省国资系统技术创新“先进团队”称号。

**漳州** 截至2016年末，漳州市共有规模以上冶金行业企业62个，资产总额达273.71亿元；全年完成工业总产值481.46亿元，实现主营业务收入420.59亿元，实现利润总额29.76亿元。

分行业观察，黑色金属冶炼和压延加工业是漳州市冶金行业的主要行业，2016年主营业务收入达365.78亿元，占该市冶金行业的比重为87.0%；其次是有色金属冶炼和压延加工业，主营业务收入为51.93亿元，比重为12.4%。

分销售区域观察，漳州市冶金产品主要销往省内市场，省内市场销售比重达87.9%。

分主要企业观察，漳州三宝钢铁有限公司（以下简称“三宝钢厂”）是漳州主要钢铁企业之一。2016年，三宝钢厂仍旧采取灵活多变的销售政策，主动适应市场环境。在结算时间上，三宝钢厂采用固定日期出台出厂价格，并在当期结算上一旬期间货款；在结算价格上，每日根据市场变化制定结算价格，按旬结算时以日为单位进行价格核算。三宝钢厂用最密切的方式贴近市场的结算模式让企业实现效益扭亏为赢，成为福建市场上具有竞争力的民营钢厂。

**龙岩** 截至2016年末，龙岩市共有规模以上冶金行业企业83个，资产总额达782.74亿元；全年完成工业总产值505.12亿元，实现主营业务收入503.29亿元，实现利润总额2.07亿元。

分行业观察，有色金属冶炼和压延加工业是龙岩市冶金行业的主要行业，2016年主营业务收入为440.95亿元，比重为87.6%；其次是黑色金属冶炼和压延加工业，主营业务收入28.45亿元，占该市冶金行业的比重为5.7%。

分销售区域观察，龙岩市冶金产品主要销往国内市场，其中省外市场的销售比重达56.8%。

分主要企业观察，2016年紫金矿业集团股份有限公司坚持以矿产资源的开发利用为核心业务，以黄金、铜、锌为优势矿种，充分发挥企业的技术和管理优势，争取全资或控股矿山，并植入创新技术和管理理念，实现低成本、高技术、效益型的矿山开发模式。截至2016年末，公司控股和联营的国内主要在产大型矿山13个，海外在产矿山5个。在矿山开发的同时适度发展黄金、铜、锌的冶炼加工业务，通过完善产业链，扩大产业规模，获取增值收益，确保了产业安全，保障了矿产品和冶炼产品在不同时期应有的综合收益。在2016年《福布斯》全球2000强中，公司位居第1175位，位居其中全球金属矿业企业第9位、全球黄金企业第3位；在2016年普华永道“全球最大40家矿业公司”中排名第13位；2016年4月被国际权威矿业杂志联合评为“亚洲最佳矿业公司”。

**宁德** 截至2016年末，宁德市共有规模以上冶金行业企业89个，资产总额达387.27亿元；全年完成工业总产值978.13亿元，实现主营业务收入903.77亿元，实现利润总额21.53亿元。

分行业观察，有色金属冶炼和压延加工业是宁德市冶金行业的主要行业，2016年主营业务收入为510.77亿元，比重为56.5%。其次是黑色金属冶炼和压延加工业，主营业务收入达388.80亿元，占该市冶金行业的比重为43.0%。

分销售区域观察，宁德市冶金产品主要销往省内市场和省外市场，其中省外市场销售比重较大，达70.2%。

2016年各设区市规模以上冶金行业主要经济指标见下表。

（摘编：颜梅芬）

# 各设区市规模以上冶金行业主要指标

（2016 年）

单位：亿元

| 地　区 | 企业数（个） | 工业总产值 | 主营业务收入 | 资产总额 |
|---|---|---|---|---|
| 福州市 | 51 | 566.55 | 507.31 | 351.51 |
| 厦门市 | 27 | 161.59 | 133.84 | 222.96 |
| 莆田市 | 8 | 19.10 | 19.00 | 9.71 |
| 三明市 | 156 | 516.68 | 496.50 | 229.77 |
| 泉州市 | 85 | 276.77 | 270.12 | 122.75 |
| 漳州市 | 62 | 481.46 | 420.59 | 273.71 |
| 南平市 | 33 | 92.96 | 92.23 | 73.41 |
| 龙岩市 | 83 | 505.11 | 503.29 | 782.73 |
| 宁德市 | 89 | 978.13 | 903.77 | 387.27 |

续上表

单位：亿元

| 地　区 | 利润总额 | 利税总额 | 本年应交增值税 |
|---|---|---|---|
| 福州市 | 16.81 | 30.52 | 12.01 |
| 厦门市 | 10.19 | 13.20 | 2.34 |
| 莆田市 | 3.85 | 3.97 | 0.10 |
| 三明市 | 16.25 | 27.35 | 7.92 |
| 泉州市 | 9.28 | 14.51 | 4.21 |
| 漳州市 | 29.76 | 45.60 | 14.76 |
| 南平市 | 1.83 | 3.64 | 1.39 |
| 龙岩市 | 2.06 | 17.77 | 12.30 |
| 宁德市 | 21.53 | 33.21 | 10.03 |

# 3-1-12 各设区市汽车制造业

**福州** 东南（福建）汽车工业有限公司是福州市的汽车龙头企业。2016 年，公司进一步完善产品布局，继续深耕 SUV 领域，推出小型 SUV 车型 DX3 以及全新改款 DX7，并自主研发了东南新翼神。为提升企业竞争力，公司进行厂区改造，提高产能，新建自己的发动机工厂。与此同时，东南汽车还在实施渠道下沉的战略。现阶段三四线市场的覆盖率接近 90%，后续销售网络将下沉至四五线城市。由于传统的 4S 店建店模式在一定程度上制约了渠道下沉的多层级发展，东南汽车鼓励和支持建设快修店、直营服务店、特约站等，有效提供 24 小时维修和紧急救援服务。

**厦门** 厦门市汽车行业以厦门金龙汽车集团股份有限公司为产业龙头。2016年，公司在产品研发、销售渠道等方面发展均取得新进展。在新产品开发上，重点完成新款全新造型豪华客车、纯电动各系列客车及专用车、高水平轻型客车等研发，实际共完成近 53 款新产品开发。在新技术发展上，围绕客车低碳化、轻量化、智能化等重点关键技术研究领域不断进行技术攻关，突破关键核心技术。在智能无人驾驶系统、新能源客车整车设计、新能源客车整车控制、燃料电池技术、轮毂电机技术、节能降耗技术、轻量化材料应用等重点领域取得技术优势。公司研发的轻型纯电动车集成式控制系统总成居于国内领先水平；自主开发的“慧多星”智能管理系统获“中国道路运输杯”最佳车联网服务平台奖；纯电8米系列客车和9米混合动力客车荣获“中国道路运输杯”最佳新能源客车奖。截至2016年末，公司共有研发人员1891人，其中本科及以上人员达 1594 多人，从业人员中研发人员比重达11.8%。公司共拥有有效授权专利 431 项，其中发明专利 30 项，软件著作权 46 项。在销售渠道上，公司共签约国内轻客车销售经销商200多家，覆盖所有省份及重点城市。在服务保障上，公司的国内售后服务体系拥有超过 350 余人的驻外服务工程师队伍，以及遍布全国各省份的1300余家特约服务网点，200余家配件经销商，为金龙产品的服务提供了可靠的保障。通过400客户服务快速响应平台，实现了对客户反馈的快速响应和服务支持。

**三明** 中科动力（福建）新能源汽车有限公司是福建省第一家低速电动汽车生产企业。企业生产的产品自投放市场以来，反应良好，现在国内已建立“中科动力品牌形象店”200 余家，并积极拓展海外市场，产品远销世界各地。2016 年，中科动力 C1-S 作为一款城市家用型电动汽车，在外观设计和电机技术上都全面升级，采用全新的设计语言，应用了世界级水平的车身轻量化、防撞结构设计及最新底盘稳定调校技术，是中科动力潜心数年倾力打造的国民电动汽车。C1-S 电动汽车在 2016 年新车推介会现场达成交易近千余台，签订新经销商近百家。

**龙岩** 福建新龙马汽车股份有限公司（下称新龙马）是大型中外合资企业。2016 年公司完成重组升级，新龙马控股股东国能瑞典通过收购原瑞典萨博汽车有限公司（SAAB）的核心资产，完整掌控了具有全球领先水平的新能源和传统能源汽车研发及制造技术，拥有新 9-3 和适应未来十年发展需要的凤凰平台知识产权。该平台涵盖了中端和高端、传统能源和新能源等较为全面的车型。新龙马产品覆盖微客、MPV、SUV 三大乘用车市场领域，重点发展传统汽油能源车及新能源纯电动汽车两条产品主线。2016 年，公司首款 SUV 车型启腾 V60 成功推出，首款新能源车型 M70 纯电动车销量位居细分市场前列，并荣获“第四届中国城市物流推荐用车”大奖。

2016 年各设区市规模以上汽车制造业主要经济指标见下表。

（摘编：颜梅芬）

# 各设区市规模以上汽车制造业主要指标

（2016 年）

单位：亿元

| 地　区 | 企业数（个） | 工业总产值 | 主营业务收入 | 资产总额 |
| --- | --- | --- | --- | --- |
| 福州市 | 91 | 329.87 | 329.49 | 259.81 |
| 厦门市 | 65 | 297.35 | 279.57 | 313.12 |
| 莆田市 | 9 | 12.56 | 12.08 | 4.53 |
| 三明市 | 17 | 83.56 | 83.05 | 26.44 |
| 泉州市 | 83 | 91.76 | 86.05 | 55.97 |
| 漳州市 | 37 | 270.16 | 267.46 | 118.57 |
| 南平市 | 15 | 23.20 | 21.26 | 13.63 |
| 龙岩市 | 43 | 79.14 | 65.55 | 95.08 |
| 宁德市 | 16 | 18.68 | 18.27 | 7.39 |

续上表

单位：亿元

| 地　区 | 利润总额 | 利税总额 | 本年应交增值税 |
| --- | --- | --- | --- |
| 福州市 | 22.56 | 43.69 | 13.09 |
| 厦门市 | 20.37 | 27.43 | 5.52 |
| 莆田市 | 1.85 | 1.93 | 0.07 |
| 三明市 | 0.79 | 1.32 | 0.40 |
| 泉州市 | 5.50 | 7.98 | 1.83 |
| 漳州市 | 33.58 | 45.20 | 11.28 |
| 南平市 | 0.90 | 1.61 | 0.61 |
| 龙岩市 | 1.48 | 3.60 | 1.52 |
| 宁德市 | 0.78 | 1.35 | 0.50 |

# 3-1-13 各设区市计算机、通信和其他电子设备制造业

**福州** 福建星网锐捷通讯股份有限公司是国内领先的企业级网络、通讯、终端设备、视频应用产品及系统解决方案供应商。2016年，公司坚持走自主创新、创自有品牌的发展之路，主营业务取得了良好的发展态势。在主要业务方面，公司的网络、通讯、云计算、支付、数字娱乐、防灾减灾信息化、车联网等优势产业，保持较快的发展势头。一是网络业务。在保持传统交换机路由器产品市场地位的同时，新推出的无线解决方案和云课堂产品深受用户欢迎，实现了快速增长。二是云计算业务。在桌面云方面，实现从端末设备向桌面云方案厂商转型，围绕制造连锁、教育培训等新行业应用场景，进行落地推广。三是支付业务方面。在业内率先推出以智能终端和智能云平台为核心，深入银行、餐饮、零售等众多细分场景的“全场景、新升态”Cpay云支付整体解决方案，逐步实现向全方案提供商的转型，并掀起全行业从传统支付模式向云支付模式转变的变革。四是智慧通讯及智慧社区业务。2016年，实现了从音频到视频的提升，初步形成“平台+各类视讯终端”完整解决方案，“云视讯”解决方案获得市场好评。五是数字娱乐业务。星网视易积极围绕“互联网+KTV”进行产品和模式创新，通过构建KTV联网平台，打造智慧KTV和泛娱乐KTV两条业务主线，形成娱乐内容、娱乐软件、娱乐硬件为体系的行业生态。截至2016年末，K米用户数超过5000万，联网KTV数10000多家。

2016年，全球显示领域的领军企业京东方科技集团股份有限公司在福清建设的总投资300亿元的福州京东方第8.5代新型半导体显示器件生产线项目，实现产品下线和客户交付，项目创造了从打桩建设到点亮投产仅用15.8个月的业界全球最快速度。福州京东方第8.5代新型半导体显示器件生产线是迄今为止福州电子信息产业中单体投资最大的项目。作为福州市推动创新发展、培育战略性新兴产业的重点项目，该生产线的产品下线，不仅填补了福建省电子信息产业大尺寸面板行业的空白，而且对于福州延伸拓展电子信息产业链，推动福清电子信息产业迈上千亿台阶，具有重大的推动作用。福州京东方第8.5代新型半导体显示器件生产线主要生产高分辨率、窄边框电视及桌面显示器等液晶显示产品。该生产线集成了MMG套切技术、铜工艺技术、COA技术、光配向技术、氧化物技术等显示技术，实现全球首次43英寸10切设计，大大提高玻璃基板利用率，同时，该生产线具备业界8.5代线最薄基板直投能力，可更好地满足日益升级的高端显示需求。

**厦门** 2016年12月，由工信部软件与集成电路促进中心评选的2016“中国芯”系列奖项结果公布，厦门市有2家集成电路设计企业分别荣获“中国芯”最具潜质产品奖和新锐设计企业奖。这不仅是对厦门IC设计企业自主创新及技术工艺能力的肯定，更是对厦门致力于打造本土特色集成电路产业的认可。

英麦科（厦门）微电子科技有限公司位于厦门软件园二期，主要从事集成电路芯片的研发设计，虽然规模不大，但凭借海外留学归来的技术团队的优异研发能力和先进技术，在此次“中国芯”评选中，公司获得了新锐设计企业的奖项。同样位于软件园的厦门意行半导体科技有限公司的一款微波雷达发射机芯片产品，在此次“中国芯”评选中，入选最具潜质产品，这款芯片目前也已应用于道路雷达测速、无人机等领域。

2016年各设区市规模以上计算机、通信和其他电子设备制造业主要经济指标见下表。

（摘编：颜梅芬）

## 各设区市规模以上计算机、通信和其他电子设备制造业主要指标

（2016 年）

单位：亿元

| 地　区 | 企业数（个） | 工业总产值 | 主营业务收入 | 资产总额 |
|---|---|---|---|---|
| 福州市 | 107 | 957.65 | 901.64 | 561.48 |
| 厦门市 | 196 | 1970.44 | 1807.25 | 1899.21 |
| 莆田市 | 43 | 125.19 | 133.85 | 36.25 |
| 三明市 | 11 | 17.04 | 16.70 | 4.09 |
| 泉州市 | 74 | 216.21 | 192.73 | 150.17 |
| 漳州市 | 58 | 233.37 | 231.06 | 138.25 |
| 南平市 | 8 | 42.34 | 35.82 | 8.55 |
| 龙岩市 | 32 | 47.38 | 43.29 | 25.39 |
| 宁德市 | 4 | 10.24 | 10.24 | 2.01 |

续上表

单位：亿元

| 地　区 | 利润总额 | 利税总额 | 本年应交增值税 |
|---|---|---|---|
| 福州市 | 51.28 | 63.58 | 10.09 |
| 厦门市 | 74.80 | 82.22 | 4.31 |
| 莆田市 | 16.34 | 18.48 | 1.37 |
| 三明市 | 0.34 | 0.42 | 0.05 |
| 泉州市 | 15.58 | 16.77 | -0.06 |
| 漳州市 | 29.88 | 40.26 | 9.55 |
| 南平市 | 0.48 | 0.59 | 0.09 |
| 龙岩市 | 3.44 | 4.19 | 0.55 |
| 宁德市 | 0.32 | 0.35 | 0.02 |

# 3-2 建筑业

2016年，福建省根据国家深化建筑业促进行业发展的若干意见，结合福建省行业实际，出台了《福建省建筑业“十三五”发展规划》，加快推动建筑业结构调整，积极引导企业兼并重组，进一步支持龙头企业做大做强，全省建筑业整体发展稳中有进。

**福州** 2016年，福州市建筑业实现增加值621.46亿元，比上年增长7.3%。全市具有资质等级的总承包和专业承包建筑业企业完成建筑业总产值3074.13亿元，增长12.6%。

**厦门** 2016年，厦门市建筑业实现增加值254.81亿元，比上年增长6.7%。全市具有资质等级的建筑业企业完成建筑业总产值1456.14亿元，增长31.6%，其中建筑工程产值1378.14亿元，增长33.3%；安装工程产值62.98亿元，增长13.3%；当年建筑企业新签合同价款1655.60亿元，增长54.5%。

**莆田** 2016年，莆田市有资质等级的总承包和专业承包建筑业企业完成建筑业总产值530.04亿元，比上年增长9.4%，十年间增长了12.9倍，年均增长30.1%；在省外有工作量的建筑业企业共有57家，完成省外建筑业总产值214.33亿元，增长85.6%，占莆田市建筑业总产值的40.4%。截至2016年末，莆田市建筑业从业人数达19.52万人，比上年末增加1.62万人，增长9.0%；拥有资质建筑业企业282家，增加26家，增长10.2%；建筑业劳动生产率为271571元/人，增长0.3%。2016年，莆田市建筑业企业签订合同额917.97亿元，增长15.4%。其中，本年新签合同额617.63亿元，增长32.0%。2016年，莆田市建筑业企业房屋建筑施工面积达4404.59万平方米，增长30.0%；房屋建筑竣工面积1086.74万平方米，增长12.9%。从莆田建筑业企业房屋竣工面积构成情况看，住宅房屋竣工面积占最大比重，达66.7%；厂房及建筑物竣工面积占22.3%；科研、教育、医疗用房屋竣工面积、商业及服务用房屋竣工面积分别占4.7%和3.8%。全年房屋施工面积中，实行投标承包的房屋施工面积达3484.09亿平方米，增长23.3%。

**三明** 2016年，三明市建筑业实现增加值180.38亿元，比上年增长6.4%。全市具有资质等级的总承包和专业承包建筑业企业完成建筑业总产值556.34亿元，增长0.2%；房屋施工面积4642.62万平方米，下降1.1%；房屋建筑竣工面积1811.11万平方米，下降12.8%。

**泉州** 2016年，泉州市建筑业实现增加值425.88亿元，比上年增长6.9%。截至2016年末，全市具有资质等级的建筑企业有581个，全年完成建筑业总产值1409.70亿元，增长9.6%，其中建筑业总产值达到亿元及以上的企业156家，总产值达到5亿元及以上的企业56家。全年全市建筑房屋施工面积9585.36万平方米，实行投标承包面积6592.32万平方米，招投标率达68.8%。房屋竣工面积3363.82万平方米，增长10.3%。

**漳州** 2016年，漳州市建筑业实现增加值241.00亿元，比上年增长7.3%。全市具有资质等级的总承包和专业承包建筑业企业完成建筑业总产值471.48亿元，增长9.5%。

**南平** 2016年，南平市建筑业实现增加值158.59亿元，比上年增长5.6%。全市资质等级以上的总承包和专业承包建筑业企业完成建筑业总产值132.12亿元，下降6.3%；房屋建筑施工面积669.48万平方米，下降6.4%；房屋建筑竣工面积180.23万平方米，下降22.0%。

**龙岩** 2016年，龙岩市建筑业实现增加值

200.72亿元，比上年增长6.8%。全市资质等级以上的总承包和专业承包建筑企业完成建筑业总产值734.50亿元，增长10.8%；房屋建筑施工面积1925.30万平方米，增长10.4%；房屋建筑竣工面积228.64万平方米，下降2.9%。

**宁德** 截至2016年末，宁德市具有资质等级的总承包和专业承包建筑业企业共143家，全年完成建筑业总产值166.96亿元，比上年下降19.3%，降幅比上年扩大15.9个百分点。其中，在外省完成产值65.94亿元，下降18.4%；省内完成产值101.02亿元，下降19.8%。分建筑业总产值构成观察，建筑工程产值完成152.20亿元，下降19.9%，占全市建筑业总产值的比重为91.2%；安装工程产值完成13.08亿元，下降12.8%；其他产值完成1.68亿元，下降6.8%。分资质企业构成观察，一级资质建筑业企业9家，完成建筑业总产值56.92亿元，下降31.5%，影响全市建筑业总产值下降12.7个百分点；二级资质建筑业企业35家，完成建筑业总产值53.11亿元，下降12.9%；三级资质建筑业企业99家，完成建筑业总产值56.93亿元，下降9.1%。全年全市建筑业企业房屋建筑施工面积1384.87万平方米，下降10.6%。其中，本年新开工房屋面积371.77万平方米，减少119.14万平方米，下降24.3%，降幅收窄6.3个百分点。2016年，宁德市建筑业企业签订的合同额为264.30亿元，下降10.3%，降幅扩大3.5个百分点。其中，本年新签合同额178.88亿元，下降4.7%。

注：本文数据均采用快报数

（摘编：朱翔）

## 各设区市建筑业企业主要经济指标

（2016年）

| 地　区 | 企业数（个） | 期末从业人员数（人） | 劳动生产率（按总产值计算）（元/人） | 企业总收入（万元） | 利税总额（万元） |
|---|---|---|---|---|---|
| 福州市 | 1174 | 1238579 | 229416 | 28769137 | 1753399 |
| 厦门市 | 809 | 872352 | 179180 | 15136438 | 857836 |
| 莆田市 | 295 | 192526 | 271076 | 4554581 | 463887 |
| 三明市 | 234 | 143256 | 243948 | 4658568 | 430067 |
| 泉州市 | 633 | 536024 | 267296 | 13001194 | 1192392 |
| 漳州市 | 289 | 174013 | 273181 | 3141402 | 308623 |
| 南平市 | 277 | 50699 | 231532 | 1116248 | 105368 |
| 龙岩市 | 350 | 317359 | 210968 | 6518969 | 603581 |
| 宁德市 | 162 | 81492 | 206096 | 1441589 | 108294 |

# 3-3 服务业

## 3-3-1 各设区市批发和零售业

**福州** 2016年，福州市实现社会消费品零售总额3763.14亿元，增长11.6%。其中，商品零售额3368.49亿元，增长11.6%。

在限额以上企业商品零售额中，金银珠宝类零售额比上年增长45.3%，体育、娱乐用品类增长39.5%，通讯器材类增长33.4%，日用品类增长26.3%，粮油、食品类增长20.3%，化妆品类增长18.3%，汽车类增长14.3%，家具类增长9.9%，服装、鞋帽、针、纺织品类增长9.4%，家用电器和音响器材类增长5.0%，石油及制品类下降6.8%。全年全市限额以上批发和零售企业实现网上零售额94.76亿元，比上年增长70.6%。

**厦门** 2016年，厦门市实现社会消费品零售总额1283.46亿元，比上年增长9.8%。其中，商品零售额1143.20亿元，增长10.4%。

全年全市限额以上企业实现零售额达891亿元，比上年增长9.8%，占全市社会消费品零售总额的69.4%；限额以下单位实现零售额392.46亿元，增长9.9%。全年零售额超亿元的批发零售贸易企业有174家，实现零售额727.54亿元，净增99.82亿元，增长15.9%。

在限额以上批发零售贸易企业商品零售额中，汽车类零售额292.99亿元，比上年增长12.0%；服装、鞋帽、针、纺织品类零售额123.98亿元，增长31.1%；石油及制品类零售额96.09亿元，下降3.4%；粮油、食品烟酒饮料类零售额94.12亿元，增长7.0%；通讯器材类零售额36.06亿元，增长23.4%；日用品类零售额28.29亿元，下降3.1%；金银珠宝类零售额10.09亿元，下降11.5%；化妆品类零售额6.81亿元，增长12.1%。

**莆田** 2016年，莆田市限额以上批发和零售企业实现网上零售额81.78亿元，比上年增长35.3%。实现社会消费品零售总额623.13亿元，增长11.5%。其中，商品零售额569.58亿元，增长11.9%。

在限额以上企业商品零售额中，服装、鞋帽、针、纺织品类零售额比上年增长34.0%，粮油、食品类增长25.6%，日用品类增长15.8%，汽车类增长14.2%，通讯器材类增长8.5%，体育、娱乐用品类增长5.7%，家具类增长5.1%，金银珠宝类增长3.7%，家用电器和音响器材类下降19.7%，石油及制品类下降5.3%，化妆品类下降3.3%。

**三明** 2016年，三明市实现社会消费品零售总额480.63亿元，比上年增长9.6%。其中，限额以上企业零售额226.97亿元，增长9.3%；限额以下企业和个体户零售额253.66亿元，增长9.8%。全年限额以上企业实现网上零售额38.23亿元，增长28.7%。"正统网"入驻电子商务企业328家，增加56家。

在限额以上企业商品零售额中，通讯器材类零售额比上年增长51.1%，家具类增长26.9%，服装、鞋帽、针、纺织品类增长23.7%，化妆品类增长22.6%，家用电器和音响器材类增长12.4%，金银珠宝类增长9.3%，粮油、食品类增长3.6%，日用品类增长3.0%，汽车类增长1.9%，石油及制品类下降16.3%。

**泉州** 2016年，泉州市实现消费品零售总额2724.65亿元，比上年增长10.8%。其中，限额以上消费品零售额1098.06亿元，增长12.8%；限额以下消费品零售额1626.60亿元，增长9.5%。

在限额以上批发零售企业商品零售额中，家具类零售额比上年增长46.0%，服装、鞋帽、针、纺织品类增长45.0%，建筑及装潢材料类增长24.9%，五金、电料类增长22.1%，日用品类增长17.2%，饮料类增长15.0%，粮油、食品类增长13.0%。全市限额以上批发和零售业企业通过互联网实现商品零售额130.1亿元，增长67.4%。

**漳州** 2016年，漳州市实现社会消费品零售总额875.59亿元，比上年增长12.7%。其中，限额以上消费品零售额388.71亿元，增长17.9%；限额以下消费品零售额486.89亿元，增长8.9%。

在限额以上企业商品零售额中，化妆品类零售额比上年增长35.5%，家具类增长31.3%，服装、鞋帽、针、纺织品类增长27.6%，粮油、食品、饮料、烟酒类增长27.1%，体育、娱乐用品类增长27.0%，日用品类增长24.9%，家用电器和音像器材类增长23.2%，通讯器材类18.3%，汽车类增长16.7%，金银珠宝类增长14.8%，石油及制品类下降11.3%。

**南平** 2016年，南平市实现消费品零售总额556.68亿元，比上年增长10.5%。其中，批发业实现零售额25.96亿元，增长13.4%；零售业实现零售额468.12亿元，增长12.0%。从企业规模看，限额以上企业实现零售额190.69亿元，增长12.3%；限额以下企业实现零售额为365.99亿元，增长9.6%。

在限额以上企业商品零售额中，粮油、食品类零售额增长25.5%，汽车类增长21.9%，石油及制品类下降4.8%。

**龙岩** 2016年，龙岩市实现社会消费品零售总额729.00亿元，比上年增长14.0%，扣除价格因素，实际增长12.3%。按构成分，限额以上企业商品零售额426.53亿元，增长18.1%；限额以下企业商品零售额302.47亿元，增长8.7%。

在限额以上企业商品零售额中，金银珠宝类零售额比上年增长71.2%，肉禽蛋类增长34.2%，建筑及装潢材料类增长31.9%，家具类增长29.2%，日用品类增长29.2%，文化办公用品类增长28.8%，通讯器材类增长21.5%，粮油类增长21.1%，汽车类增长18.6%，家用电器和音像器材类增长18.7%，服装类增长17.0%，中西药品类下降45.5%，化妆品类下降16.5%。

**宁德** 2016年，宁德市实现社会消费品零售总额512.35亿元，比上年增长10.1%。其中，商品零售额463.47亿元，增长10.6%。

在全市有零售额的22类商品统计中，有15个类别实现正增长，增长面达68.2%，其中化妆品类、煤炭及制品类商品销售表现突出，分别增长1.0倍和50.8%；衣食类必需品平稳增长，为稳定市场夯实基础，粮油、食品类，服装、鞋帽、针、纺织品类，日用品类商品增速分别增长39.9%、27.8%、26.0%；电子及电器类商品保持平稳发展态势，通讯器材类、家用电器和音像器材类、电子出版物及音像制品类商品分别增长30.6%、28.2%和23.2%。

注：本文数据均为公报数

（摘编：林舒）

## 3-3-2 各设区市铁路、道路、水上、航空运输业

**福州** 截至2016年末，福州市公路通车里程（不含平潭）预计11414公里，比上年末增长2.7%。其中，高速公路总里程588公里，与上年持平；高速铁路总里程344.94公里，与上年持平。

全年沿海港口完成货物吞吐量11812.10万吨，比上年增长4.0%。其中，外贸货物吞吐量4777.90万吨，增长4.3%。集装箱吞吐量260.77万标箱，增长9.9%，其中对台直航集装箱吞吐量35.01万标箱，增长7.3%。

截至2016年末，全市汽车保有量108.08万辆（含三轮汽车和低速货车），比上年末增长12.2%，其中私人汽车保有量93.75万辆，增长13.4%。全市轿车保有量67.30万辆，增长12.1%，其中私人轿车保有量62.36万辆，增长12.4%。

**厦门** 2016年，厦门市完成旅客运输量0.96亿人次，比上年增长6.2%；旅客周转量394.88亿人公里，增长9.8%；货物运输量2.78亿吨，增长8.0%；货物周转量1636.44亿吨公里，增长11.4%。截至2016年末，厦门港现有生产性泊位164个（含漳州），其中万吨级以上泊位75个；全年港口货物吞吐量2.09亿吨，下降0.5%；港口集装箱吞吐量961.37万标箱，增长4.7%。

厦门空港现开通运营城市航线182条，在厦门机场通航运营的外国（地区）航空公司15家，与26个国际及境外城市（含香港、澳门、台北、高雄）通航。空港旅客吞吐量2273.76万人次，比上年增长4.2%，其中国际及地区航线旅客吞吐量299.62万人次，增长10.2%；空港货邮吞吐量32.84万吨，增长5.7%。

**莆田** 截至2016年末，莆田市公路通车里程6388.27公里，比上年末增长2.7%。其中，高速公路通车里程262.60公里，与上年持平。

全年沿海港口完成货物吞吐量2789万吨，比上年下降8.6%。其中，外贸货物吞吐量1024.12万吨，增长1.3%。集装箱吞吐量15262标箱，增长42.3%。

截至2016年末，全市汽车保有量26.04万辆（含三轮汽车和低速货车），比上年末增长19.3%，其中私人汽车保有量23.58万辆，增长21.5%。全市轿车保有量15.10万辆，增长18.8%，其中私人轿车保有量14.12万辆，增长20.1%。

**三明** 截至2016年末，三明市公路通车里程14915公里，比上年末增长2.0%。其中，高速公路652公里，高速公路通车里程居全省前列。三明沙县机场自2016年3月7日通航以来，先后开通了上海—三明、北京—武汉—三明、深圳—三明、广州—三明—唐山4条往返航班航线。

截至2016年末，全市汽车保有量21.00万辆，比上年末增长12.5%，其中私人汽车保有量18.28万辆，增长15.0%。轿车保有量12.13万辆，增长15.7%，其中私人轿车保有量11.28万辆，增长17.0%。

**泉州** 2016年，泉州市共新建、改建公路649公里，其中新建公路0.69公里。全市公路通车总里程达17526公里，比上年末增加649公里。其中，二级及二级以上高级公路里程2728公里，高速公路里程574公里。公路密度达161.3公里/百平方公里。全市铁路总里程243.88公里，其中高铁里程45.21公里。

2016年，泉州市完成货物运输量25686.94万吨，比上年增长7.3%；客运量8158.32万人次，下降3.9%。全市港口完成货物吞吐量12560.57万吨，增长2.6%，其中外贸货物吞吐量3640.45万吨，增长7.7%；集装箱吞吐量209.15万标箱，增

长 3.8%。

截至 2016 年末，全市民用汽车保有量达到 113.25 万辆，比上年末增长 12.6%。其中，私人汽车 104.40 万辆，增长 13.8%。全市轿车保有量 71.72 万辆，增长 14.2%，其中私人轿车保有量 68.29 万辆，增长 14.9%。全市共有营运汽车总数 83425 辆，其中客运班车 5254 辆（含出租车 3026 辆），货运汽车 67299 辆。全市公交运营线路长度 4116.7 公里，营运车 2422 辆，全年公交客运量 22137.5 万人次。年末拥有省际运输船舶 229 艘，总载重 264 万吨。

**漳州** 截至 2016 年末，漳州市公路通车里程 1.22 万公里，比上年末增加 210 公里，增长 1.8%，其中高速公路通车里程 595 公里。铁路营业里程 664 公里，其中高速铁路营业里程 217 公里。

全年全市沿海港口新增货物通过能力 190 万吨。全市港口完成内外贸货物吞吐量 5068.21 万吨，比上年下降 8.9%，其中外贸货物吞吐量 870.46 万吨，下降 18.7%。内外贸集装箱吞吐量 36.08 万标箱，增长 6.1%。

年末全市汽车保有量（含三轮汽车和低速货车）39.26 万辆，比上年末增长 11.8%，其中私人汽车保有量 34.64 万辆，增长 13.8%；全市轿车保有量 21.25 万辆，增长 15.0%，其中私人轿车保有量 19.67 万辆，增长 16.3%。

**南平** 2016 年，南平市旅客发送量 2069.54 万人，比上年下降 34.6%；旅客周转量（不含铁路、民航）130476.73 万人公里，下降 18.6%。货物运输量 3411.07 万吨，下降 14.6%；货运周转量（不含铁路、民航）112.69 亿吨公里，增长 3.4%。

**龙岩** 2016 年，龙岩市公路货物运输周转量 11.57 亿吨公里，比上年增长 7.0%；公路旅客运输周转量 12.08 亿人公里，增速与上年持平。

截至 2016 年末，全市公路通车总里程为 14314 公里，比上年末增长 0.6%。其中，高速公路 662 公里。年末铁路营业长度 486 公里。

截至 2016 年末，全市机动车保有量 939050 辆，比上年末增长 6.4%，其中个人汽车保有量 314523 辆，增长 11.3%。载客汽车保有量 267791 辆，增长 13.3%，其中个人载客汽车达 250237 辆，增长 14.5%。

**宁德** 截至 2016 年末，宁德市公路通车里程 11569.48 公里，其中等级公路 10655.80 公里，高速公路 451.11 公里。

全年港口完成货物吞吐量 2704 万吨，比上年增长 3.7%。其中，外贸货物吞吐量 1105 万吨，下降 21.3%。全年铁路旅客发送量 228.34 万人。

年末全市民用汽车保有量 17.71 万辆（包括三轮汽车和低速货车），比上年末增长 16.0%，其中私人汽车保有量 15.35 万辆，增长 18.4%。全市轿车保有量 10.14 万辆，其中私人轿车保有量 9.32 万辆。

注：本文数据均为公报数

（摘编：林舒）

# 3-3-3 各设区市邮政业

**福州** 2016年，福州市邮政业完成业务总量62.05亿元，比上年增长46.4%。全年福州市邮政业业务收入（不包括邮政储蓄银行直接营业收入）40.36亿元，增长28.0%。

全年完成函件业务量3014.84万件，比上年下降21.5%；完成包裹业务量16.88万件，下降45.4%；完成订销报纸业务1.37亿份，下降0.5%；完成订销杂志业务617.66万份，下降11.7%；完成汇兑业务49.70万笔，下降28.8%。

全年快递服务企业完成业务量2.64亿件，比上年增长55.1%；实现快递业务收入27.28亿元，增长36.6%。

**厦门** 2016年，厦门市邮政业完成业务总量46.17亿元，比上年增长31.3%。全年邮政业业务收入（不包括邮政储蓄银行直接营业收入）34.26亿元，增长23.9%。

全年完成函件业务量2266.66万件，比上年增长3.8%；完成包裹业务量14.41万件，下降30.6%；完成订销报纸业务5719.77万份，下降6.0%；完成订销杂志业务519.25万份，下降8.3%；完成汇兑业务23.40万笔，下降32.3%。

全年快递服务企业完成业务量20303.90万件，比上年增长34.6%；实现快递业务收入30.74亿元，增长26.1%。

**莆田** 2016年，莆田市邮政业完成业务总量30.02亿元，比上年增长35.9%。全年邮政业业务收入（不包括邮政储蓄银行直接营业收入）15.10亿元，增长19.9%。

全年完成函件业务量470.16万件，比上年下降13.0%；完成包裹业务量4.00万件，下降27.0%。完成订销报纸业务3794.77万份，下降6.0%；完成订销杂志业务183.19万份，下降15.0%；完成汇兑业务6.04万笔，下降29.0%。

全年快递服务企业完成业务量10036.51万件，比上年增长30.5%；实现快递业务收入11.80亿元，增长23.8%。

**三明** 2016年，三明市邮政业完成业务总量5.87亿元，比上年增长33.0%。全年邮政业业务收入（不包括邮政储蓄银行直接营业收入）5.85亿元，增长19.0%。

全年完成函件业务量242.22万件，比上年下降37.0%；完成包裹业务量2.41万件，下降44.5%；完成订销报纸业务4865.50万份，下降6.5%；完成订销杂志业务303.96万份，下降5.9%；完成汇兑业务7.99万笔，下降25.1%。

全年快递服务企业完成业务量1727.78万件，比上年增长57.2%；实现快递业务收入2.40亿元，增长40.0%。

**泉州** 2016年，泉州市邮政业完成业务总量116.34亿元，比上年增长46.0%。全年邮政业业务收入（不包括邮政储蓄银行直接营业收入）53.11亿元，增长34.5%。

全年完成函件业务量2152.32万件，比上年下降19.8%；完成包裹业务量10.56万件，下降47.7%；完成订销报纸业务1.83亿份，下降2.9%；完成订销杂志业务457.37万份，下降6.5%；完成汇兑业务38.71万笔，下降42.5%。

全年快递服务企业完成业务量5.54亿件，比上年增长47.4%；实现快递业务收入46.23亿元，增长38.7%。

**漳州** 2016年，漳州市邮政业完成业务总量15.66亿元，比上年增长4.7%。全年邮政业业务收入（不包括邮政储蓄银行直接营业收入）10.55亿元，增长17.1%。

全年完成函件业务量1370.85万件，比上年下降21.8%；完成包裹业务量4.38万件，下降36.1%；完成订销报纸业务9874.80万份，下降3.3%；完成订销杂志业务312.16万份，下降8.8%；完成汇兑业务15.53万笔，下降33.9%。

全年快递服务企业完成业务量6155.77万件，比上年增长46.5%；实现快递业务收入6.44亿元，增长31.1%。

**南平** 2016年，南平市邮政业完成业务总量8.28亿元，比上年增长27.4%。全年邮政业完成业务收入（不包括邮政储蓄银行直接营业收入）6.74亿元，增长18.5%。

全年完成函件业务量623.73万件，比上年下降1.3%。完成包裹业务量4.49万件，下降27.4%。完成订销报纸业务5381.80万份，增长1.3%；完成订销杂志业务234.38万份，下降8.6%；完成汇兑业务14.45万笔，下降17.3%。

全年快递服务企业完成业务量2594.37万件，比上年增长37.8%；实现快递业务收入2.84亿元，增长31.4%。

**龙岩** 2016年，龙岩市邮政业完成业务总量7.38亿元，比上年增长40.9%。全年邮政业完成业务收入（不包括邮政储蓄银行直接营业收入）5.72亿元，增长26.9%。

全年完成函件业务量433.00万件，比上年下降9.2%；完成包裹业务量1.83万件，下降49.3%；完成订销报纸业务3529.64万件，下降1.9%；完成订销杂志业务329.97万件，增长4.8%；完成汇兑业务6.85万笔，下降36.6%。

全年快递服务企业完成业务量2879.81万件，比上年增长71.1%；实现快递业务收入31902.87万元，增长58.6%。

**宁德** 2016年，宁德市邮政业完成业务总量8.94亿元，比上年增长30.6%。全年邮政业完成业务收入（不包括邮政储蓄银行直接营业收入）6.85亿元，增长25.6%。

全年完成函件业务量293.87万件，比上年下降20.0%；完成包裹业务量4.4万件，下降36.7%；完成订销报纸业务4573.18万份，下降4.8%；完成订销杂志业务175.52万份，下降9.1%；完成汇兑业务4.39万笔，下降43.3%。

全年快递服务企业完成业务量3440.96万件，比上年增长38.0%；实现快递业务收入3.91亿元，增长38.5%。

注：本文数据来源各设区市2016年邮政行业发展统计公报

（摘编：林舒）

# 3-3-4 各设区市住宿和餐饮业

**福州** 2016年，福州市住宿和餐饮业完成固定资产投资 41.40 亿元，比上年下降 19.7%。截至2017年7月末，福州市星级酒店49家，其中五星级酒店8家。

**厦门** 2016年，厦门市零售额超千万元的住宿餐饮企业有 95 家，实现零售额 52.54 亿元，净增 2.66 亿元，增长 5.3%。

2016年，厦门市住宿业实现营业额58.91亿元，比上年增长1.5%，增幅比上年提高2.5个百分点。受会议、婚庆订单减少影响，180 家限额以上酒店宾馆全年实现房费收入 26.02 亿元，下降 3.0%，实现餐费及商品销售收入 19.28 亿元，增长 4.7%。

随着居民生活水平的提高，生活方式的转变，大众餐饮消费蓬勃兴起，成为带动行业发展的主力军。全年全市餐饮业实现营业额 132.86 亿元，比上年增长 7.5%，其中限额以上餐饮实现营业额40.83亿元，占餐饮业营业额的30.7%，增长2.4%，在营业额排前50位的企业中，有29家营业额实现增长，业绩温和回升；限额以下餐饮实现营业额92.03亿元，占全市餐饮业零售额的69.3%，增长9.8%，拉动餐饮业营业额增长 6.7 个百分点，成为拉动行业增长的主力军。

截至2017年7月末，厦门市星级酒店73家，其中五星级酒店18家。

**莆田** 2016年，莆田市住宿和餐饮业完成固定资产投资额 0.92 亿元，比上年下降 84.3%；实际利用外商直接投资 4532 万美元。截至 2017 年 7 月末，莆田市星级酒店14家，其中五星级酒店2家。

**三明** 2016年，三明市住宿和餐饮业完成固定资产投资 17.46 亿元，比上年下降 35.6%。截至2017年7月末，三明市星级酒店37家，其中五星级酒店3家。

**泉州** 2016年，泉州市住宿和餐饮业完成固定资产投资18.41亿元，比上年下降4.2%；外商直接投资4个合同项目，实际利用金额4539万美元。截至2017年7月末，泉州市星级酒店86家，其中五星级酒店13家。

**漳州** 2016年，漳州市住宿和餐饮业完成固定资产投资 32.29 亿元，比上年下降 22.8%。截至2017年7月末，漳州市星级酒店26家，其中五星级酒店2家。

**南平** 2016年，南平市住宿业实现零售额5.62亿元，比上年增长9.4%；餐饮业实现零售额56.98亿元，下降1.6%。截至2017年7月末，南平市星级酒店38家，其中五星级酒店2家。

**龙岩** 截至 2017 年 7 月末，龙岩市星级酒店30家，其中五星级酒店1家。

**宁德** 2016年，宁德市住宿和餐饮业完成固定资产投资1.52亿元，比上年下降41.2%。截至2017年7月末，宁德市星级酒店 16 家，其中五星级酒店1家。

注：本文部分数据来源福建省旅游发展委员会及各设区市公报

（摘编：林舒）

# 3-3-5 各设区市电信业

**福州** 2016年，福州市完成电信业务总量308.04亿元，比上年增长48.5%；电信业务收入106.04亿元，下降3.2%。截至2016年末，全市电话用户总数1049.75万户，其中固定电话用户181.37万户；移动电话用户868.38万户，其中3G/4G电话用户636.36万户，净增20.05万户，全市年末互联网宽带接入用户（不含手机上网用户）245.14万户，比上年末增加38.44万户。

**厦门** 2016年，厦门市完成电信业务总量209.90亿元，比上年增长47.5%。截至2016年末，全市固定电话用户129.53万户，比上年末减少1.69万户；移动电话用户571.27万户，减少12.39万户，其中3G移动电话用户61.70万户，4G移动电话用户392.29万户；固定互联网宽带接入用户168.81万户，增加24.36万户；移动互联网用户480.42万户，增加20.59万户。

**莆田** 2016年，莆田市完成电信业务总量49.52亿元，比上年增长16.5%。截至2016年末，全市电话用户总数329.80万户，其中固定电话用户57.90万户；移动电话用户271.90万户，其中4G电话用户163.86万户，净增62.62万户。全市互联网用户224.01万户，比上年末增加23.94万户。

**三明** 2016年，三明市完成电信业务收入20.35亿元，比上年增长5.7%。截至2016年末，全市电话用户总数286.69万户，比上年末增加0.98万户，其中固定电话用户48.71万户，减少1.00万户；移动电话用户237.98万户，增加1.98万户，其中4G电话用户132.49万户，净增55.87万户。全市互联网用户238.02万户，增加36.18万户，其中固定宽带用户62.15万户，增加14.80万户；移动互联网用户157.87万户，增加21.39万户。移动电话基站1.57万个，增长12.0%。

**泉州** 2016年，泉州市完成电信业务总量272.52亿元，比上年增长47.4%。截至2016年末，全市城乡固定电话用户193万户，移动电话用户913万户，其中4G电话用户597万户。互联网用户987万户，其中固定宽带用户243万户，移动互联网用户744万户。

**漳州** 2016年，漳州市完成电信业务总量83.53亿元，比上年增长52.3%。截至2016年末，全市电话用户总数556.12万户，其中固定电话用户90.75万户，移动电话用户465.37万户。全市互联网用户462.20万户，比上年末增加70.57万户，其中固定宽带用户117.78万户，增加32.17万户。移动电话基站2.42万个，增长19.5%。

**南平** 2016年，南平市完成电信业务总量58.83亿元，比上年增长43.5%。截至2016年末，全市固定电话用户总数达到46.4万户，比上年末减少4.8万户；移动电话用户数249.6万户，减少10.5万户。互联网用户数249.9万户，增加31.1万户。

**龙岩** 截至2016年末，龙岩市固定及移动电话用户总数达317.43万户，比上年末增加14.16万户。其中，固定电话用户达57.10万户，增加6.70万户；移动电话用户达260.33万户，增加7.44万户。互联网用户达183.30万户，增加119.10万户。

**宁德** 2016年，宁德市完成电信业务总量71.86亿元，比上年增长43.4%。截至2016年末，全市电话用户总数334.41万户，比上年末增加2.29万户，其中固定电话用户49.09万户，减少0.57万户；移动电话用户285.32万户，增加2.86万户。

注：本文数据均为公报数

（摘编：林舒）

## 3-3-6　各设区市软件和信息技术服务业

**福州**　2017年1-6月，福州市规模以上软件和信息技术服务业实现营业收入95.72亿元，同比增长41.0%，连续三个月增幅超40%，比全省平均水平高9.5个百分点，比全市规模以上服务业高18.3个百分点。其中，发展较快的行业为信息系统集成服务业、数据处理和存储服务业，分别实现营业收入同比增长1.3倍、79.7%。

2016年，福州市软件和信息技术服务业发展成果显著。据2016中国软件和信息技术服务综合竞争力百强企业名单显示，福州市共有4家企业上榜，福州福大自动化科技有限公司（第33位）、福建星网锐捷通讯股份有限公司（第64位）、国网信通亿力科技有限责任公司（第86位）、福建网龙计算机网络信息技术有限公司（第90位）。据赛迪研究院公布的2016中国工业软件百强名单显示，福州福大自动化科技有限公司位列全国第13名，是福建省唯一入围企业。据第十三届“A&S中国安防十大品牌颁奖典礼”颁奖结果显示，福州市福建星网锐捷安防科技有限公司入选“视频监控类”十大民族品牌，福建创高安防技术股份有限公司入选“防盗报警类”“消费智能硬件类”十大民族品牌，福建省冠林科技有限公司入选“对讲类”十大民族品牌。

为进一步促进软件产业创新发展，福州市软件园针对软件和信息技术服务企业，推出10条创新服务措施，包括：房租及物业管理费减免优惠、免费提供场地资源、创业导师一对一辅导、众创空间活动、经费补贴、入驻863软件专业孵化器企业支持、“一站式”政务服务、人才公寓优惠价格租用、产学研对接服务等10条措施，现已正式实施。

**厦门**　厦门市软件和信息服务业以厦门软件园为主要载体，从厦门经济发展的生力军变为主力军，招才引智，集聚了一批优秀人才和优质企业。以创新和服务为落脚点，政策、平台、人才三者的完美结合，成就了产业的蓬勃发展，也为厦门经济的转型升级注入了新活力。

2016年，厦门市为促进软件和信息服务业发展，制定出台了《厦门市软件和信息服务业“十三五”发展专项规划》《厦门市新一代信息技术产业专项规划》，起草《关于促进大数据发展工作实施方案》《厦门市政务大数据管理暂行办法》等一系列政策规划。

厦门市软件和信息服务业不断发挥资本资金的“杠杆”作用，撬动产业车轮快速向前。2016年8月，厦门信息集团与咪咕动漫联合设立规模为5亿元的厦门首个二次元发展基金，将投向漫画、动画、文学、图书、影视、游戏等二次元相关产业，快速孵化和培育一批具有较高成长性的企业成为行业领头潜力企业，提升二次元产业在厦门乃至全国的影响力。此外，厦门还发挥社会资本力量参与股权投资，易联众、新意科技分别发布设立大数据研发基金，重点用于健康医疗大数据和金融大数据研发。2016年，厦门软件和信息服务业总收入约1100亿元，为厦门再添了一个千亿产业链。

（摘编：林舒）

# 3-3-7 各设区市金融业

## 3-3-7-1 各设区市金融机构人民币各项存款情况

（2012-2016 年）　　单位：亿元

| 地　区 | 2012 | 2013 | 2014 | 2015 | 2016 |
|---|---|---|---|---|---|
| 合　计 | 24283.68 | 27809.44 | 30747.61 | 35356.29 | 39089.03 |
| 省　级 | 285.99 | 188.13 | 513.45 | 571.51 | 998.45 |
| 福州市 | 7707.28 | 8720.26 | 9439.39 | 10831.49 | 12024.38 |
| 厦门市 | 5151.40 | 5789.94 | 6607.25 | 8194.99 | 9056.61 |
| 莆田市 | 1062.99 | 1278.06 | 1432.30 | 1585.22 | 1692.68 |
| 三明市 | 1068.65 | 1184.56 | 1205.73 | 1333.75 | 1490.09 |
| 泉州市 | 4510.73 | 5395.86 | 5778.53 | 6348.29 | 6637.03 |
| 漳州市 | 1500.53 | 1829.67 | 2066.68 | 2311.36 | 2519.89 |
| 南平市 | 991.61 | 1138.94 | 1250.48 | 1410.78 | 1568.67 |
| 龙岩市 | 1093.96 | 1266.55 | 1376.62 | 1562.85 | 1753.76 |
| 宁德市 | 910.54 | 1017.47 | 1077.16 | 1206.04 | 1347.45 |

注：以上数据不含外资银行

## 3-3-7-2 各设区市金融机构人民币各项贷款情况

（2012-2016 年）　　单位：亿元

| 地　区 | 2012 | 2013 | 2014 | 2015 | 2016 |
|---|---|---|---|---|---|
| 合　计 | 21209.82 | 24337.29 | 28417.70 | 31978.75 | 36206.14 |
| 省　级 | 550.38 | 761.97 | 893.99 | 1121.95 | 1549.27 |
| 福州市 | 6711.77 | 7738.74 | 9331.49 | 10583.71 | 12063.80 |
| 厦门市 | 4555.93 | 5028.89 | 5824.12 | 6619.86 | 7657.38 |
| 莆田市 | 888.30 | 1067.19 | 1315.32 | 1450.87 | 1650.58 |
| 三明市 | 985.04 | 1115.36 | 1193.68 | 1207.10 | 1264.48 |
| 泉州市 | 3527.68 | 4009.81 | 4673.64 | 5280.31 | 5787.01 |
| 漳州市 | 1148.23 | 1362.10 | 1569.32 | 1870.86 | 2140.71 |
| 南平市 | 796.68 | 910.98 | 1006.33 | 1091.14 | 1168.76 |
| 龙岩市 | 1038.97 | 1177.96 | 1291.90 | 1360.65 | 1434.19 |
| 宁德市 | 1006.84 | 1164.28 | 1317.89 | 1392.30 | 1489.95 |

注：以上数据不含外资银行

# 3-3-8 各设区市房地产业

**福州** 2016年，福州市房地产开发投资1679.44亿元，比上年增长21.6%。其中，住宅投资1123.59亿元，增长31.2%。全年新开工建设城镇保障性安居工程住房20281套（户），基本建成保障性安居工程住房33335套。

**厦门** 2016年，厦门市房地产开发投资765.80亿元，比上年下降1.1%，占固定资产投资（不含农户）的比重为35.5%。其中，土地购置费268.02亿元，下降9.8%，占房地产投资的比重为35.0%。全市商品房施工面积4312.20万平方米，下降0.5%；商品房新开工面积548.46万平方米，下降7.4%。

**莆田** 2016年，莆田市房地产开发投资353.31亿元，比上年下降15.1%。其中，住宅投资232.04亿元，下降6.0%；办公楼投资29.65亿元，下降0.6%；商业营业用房投资42.18亿元，下降34.4%。商品房去化周期比2016年初减少4.9个月。全年新开工建设城镇保障性安居工程住房17276套（户），基本建成城镇保障性安居工程住房12278套。

**三明** 2016年，三明市完成房地产开发投资104.37亿元，比上年下降19.9%。其中，住宅投资69.56亿元，下降23.6%；办公楼投资3.34亿元，下降33.2%；商业营业用房投资15.32亿元，下降20.3%。

**泉州** 2016年，泉州市房地产开发投资额706.14亿元，按工程用途分，商品住宅投资456.55亿元，比上年增长4.6%；办公楼投资41.57亿元，下降22.6%；商业营业用房投资96.59亿元，下降10.9%。商品房销售面积1009.63万平方米，增长21.6%。商品房销售额691.73亿元，增长33.4%。

**漳州** 2016年，漳州市房地产开发投资462.85亿元，比上年下降7.9%。其中，住宅投资334.86亿元，下降8.9%。

**南平** 2016年，南平市房地产开发投资157.79亿元，比上年增长3.3%。商品房建筑施工面积1674.25万平方米，增长3.4%（本年新开工面积212.72万平方米，减少39.6%）；商品房竣工面积205.46万平方米，增长73.6%；商品房销售面积293.98万平方米，增长20.8%。

**龙岩** 2016年，龙岩市完成房地产开发投资180.1亿元，比上年下降6.8%。其中，商品住宅投资111.4亿元，下降18.0%。商品房销售面积277.21万平方米，增长24.3%；商品房销售额158.97亿元，增长26.5%。

**宁德** 2016年，宁德市房地产开发投资179.04亿元，比上年下降24.8%，其中住宅投资128.88亿元，下降26.5%；办公楼投资9.22亿元，增长4.5%；商业营业用房投资24.28亿元，下降24.0%。

注：本文数据均为公报数

（摘编：林舒）

# 3-3-9 各设区市旅行社及相关服务业

**福州** 据福州市旅游发展委员会公布的数据显示，2016年福州市旅行社共组织18271名游客赴马祖旅游，比上年增长66.6%。

2016年12月，在国家旅游局公布2015年度全国旅行社统计调查排强名单中，福建省旅游公司、福建省中国旅行社、福建省春秋国际旅行社有限公司、中国国旅（福建）国际旅行社有限公司、福建省康辉国际旅行社股份有限公司和福建康泰国际旅行社有限公司6家福州的旅行社荣膺2015年全国百强旅行社称号，分列第34位、第40位、第45位、第48位、第51位和第67位。此外，福建省旅游公司和中国国旅（福建）国际旅行社有限公司荣登2015年度全国入境三十强旅行社榜单，福建省中国旅行社和福建省康辉国际旅行社股份有限公司入选2015年度全国利税贡献三十强旅行社名单，福建省宝中旅游集团有限公司跻身2015年度全国旅行社集团二十强。

**厦门** 2016年，厦门市旅行社投诉总量为204件，比上年小幅下降4.2%。截至2016年末，厦门市共有服务质量信用等级3A以上旅行社72家，有51家A级旅行社（包括4家歇业旅行社）未出现游客投诉，占70.8%。其中，5A级旅行社4家，4A级旅行社9家。

**莆田** 2016年，莆田市出台《莆田市旅行社市场秩序监管"双随机"抽查工作实施方案》，对旅行社市场序监管推广"随机抽取检查对象、随机选派检查人员"的"双随机"抽查机制，打击旅游违法违规行为，整顿旅游市场秩序，促进市场主体自觉守法，营造公平竞争环境。

**三明** 为更有效地调动旅行社开拓三明旅游客源市场的积极性，做大做强三明旅游产业，近年来，三明市旅游部门转变职能，充分发挥企业市场主体作用，研究出台营销奖励政策，推出系列激励营销举措，通过利益驱动，实现多方共赢。

为吸引更多省内外游客来三明旅游，早在2014年，三明市旅游局就针对组团社发布了《2014年三明市旅行社组接团奖励办法》，扶持泰宁组织开行厦门—泰宁管内动车专线，鼓励旅行社组织招徕动车旅游团和系列专列团。同时，根据市场拓展情况，按照"一事一议"的原则，出台专项营销奖励政策，调动旅行社开拓重点客源市场的积极性。如2016年，三明市旅游局与宁波国旅、浙江飞扬旅游签订合作协议，制订专项组团奖励办法，对两家旅行社组团游三明给予奖励。

针对地接社，三明市旅游局连续多年出台《三明旅行社地接奖励办法》，加大旅游包机、专列奖励力度，对在重点目标客源市场设立分社、投放广宣的旅行商给予一定补助，根据旅行社年度实缴税收及诚信经营情况进行经营业绩奖励，充分发挥旅行社拓展客源市场的主渠道作用。仅2016年，三明市旅游局共兑现旅行社开行专列、包机、设立分社、经营业绩的奖励近100万元。

**泉州** 近几年，泉州市旅游局持续引导旅行社提升服务质量，规范操作流程，注重扶持、支持旅行社做大做强，指导了多家旅行社申报并获批为出境游组团社。截至2016年末，泉州市出境游组团旅行社已达14家。

**漳州** 2016年，漳州市抓好旅行社责任保险工作，正常经营旅行社100%完成投保责任险，旅责险统保率达到91%以上。

**南平** 2016年，南平市抓紧建设智慧旅游平台，全市33家A级旅行社开通智慧旅行社云节点。

**龙岩** 据龙岩市旅游发展委员会公布的数据显示，截至2017年7月15日，龙岩市共有旅行社39家，其中5A旅行社5家。

**宁德** 2016年，宁德市旅行社及相关服务业实现营业收入1.13亿元，比上年增长26.4%。

（摘编：林舒）

# 3-3-10 各设区市环境保护主要指标

## 3-3-10-1 各设区市工业“三废”排放及处理率情况

（2015 年）

| 地　区 | 工业废水 | | | | | | |
|---|---|---|---|---|---|---|---|
| | 重复用水率（%） | 生产耗水率（%） | COD 去除率（%） | 石油类去除率（%） | 挥发酚去除率（%） | 氰化物去除率（%） | 氨氮去除率（%） |
| 福州市 | 77.07 | 9.86 | 94.23 | 98.42 | 99.45 | 99.68 | 84.13 |
| 厦门市 | 85.28 | 52.75 | 91.49 | 97.43 | 53.19 | 96.65 | 90.31 |
| 莆田市 | 84.91 | 12.14 | 88.64 | 71.64 | | 75.12 | 81.51 |
| 三明市 | 90.91 | 6.63 | 83.46 | 77.62 | 87.74 | 88.06 | 71.54 |
| 泉州市 | 91.60 | 5.72 | 91.57 | 95.93 | 99.99 | 99.16 | 90.22 |
| 漳州市 | 83.52 | 29.20 | 94.15 | 68.54 | 89.68 | 90.47 | 83.84 |
| 南平市 | 67.52 | 25.42 | 87.25 | 48.21 | 25.56 | | 91.90 |
| 龙岩市 | 81.71 | 16.88 | 81.13 | 82.89 | 47.19 | 83.85 | 54.09 |
| 宁德市 | 91.47 | 2.54 | 67.43 | 80.86 | | 86.67 | 78.80 |

续上表

| 地　区 | 工业废气 | | | 工业固废 | | | |
|---|---|---|---|---|---|---|---|
| | $SO_2$去除率（%） | 氮氧化物去除率（%） | 烟（粉）尘去除率（%） | 综合利用率（%） | 贮存率（%） | 处置率（%） | 排放率（%） |
| 福州市 | 68.57 | 35.54 | 96.13 | 95.35 | 0.03 | 4.63 | |
| 厦门市 | 64.31 | 52.53 | 99.37 | 86.85 | 0.33 | 13.97 | |
| 莆田市 | 66.40 | 31.54 | 97.66 | 87.73 | 0.01 | 12.29 | |
| 三明市 | 63.02 | 29.34 | 98.33 | 92.50 | 1.60 | 5.90 | |
| 泉州市 | 68.52 | 21.94 | 95.93 | 97.99 | 1.11 | 0.90 | |
| 漳州市 | 65.64 | 45.53 | 97.18 | 96.45 | 1.00 | 2.55 | <0.01 |
| 南平市 | 1.63 | 15.20 | 96.46 | 50.10 | 0.06 | 49.85 | |
| 龙岩市 | 43.65 | 39.18 | 99.53 | 39.63 | 0.68 | 62.54 | |
| 宁德市 | 66.57 | 63.70 | 98.39 | 81.96 | 9.88 | 8.16 | <0.01 |

# 3-3-10-2　各设区市工业污染排放及处理利用情况

（2015 年）

| 项　目 | 全省 | 福州市 | 厦门市 | 莆田市 | 三明市 |
|---|---|---|---|---|---|
| 工业企业数（个） | 5971 | 439 | 400 | 366 | 720 |
| 工业用水量（万吨） | 774524.17 | 45030.32 | 40565.14 | 21789.93 | 150706.58 |
| 废水治理设施数（套） | 3547 | 356 | 344 | 143 | 541 |
| 废水治理设施处理能力（万吨/日） | 661.44 | 97.28 | 33.63 | 15.90 | 165.77 |
| 废水治理设施运行费用（万元） | 173624.80 | 19515.90 | 19413.10 | 4466.20 | 20198.30 |
| 工业废水处理量（万吨） | 142960.85 | 10881.87 | 22225.01 | 2525.56 | 47893.91 |

续上表

| 项　目 | 泉州市 | 漳州市 | 南平市 | 龙岩市 | 宁德市 |
|---|---|---|---|---|---|
| 工业企业数（个） | 1615 | 847 | 500 | 485 | 586 |
| 工业用水量（万吨） | 335212.97 | 72590.56 | 24468.30 | 23738.05 | 60276.90 |
| 废水治理设施数（套） | 877 | 561 | 288 | 270 | 164 |
| 废水治理设施处理能力（万吨/日） | 125.89 | 110.47 | 48.07 | 48.04 | 14.26 |
| 废水治理设施运行费用（万元） | 39010.70 | 32277.40 | 10987.30 | 23335.00 | 4067.90 |
| 工业废水处理量（万吨） | 23934.89 | 19257.21 | 7129.37 | 7254.74 | 1743.48 |

4

# 中小微企业

# 2016年度福建省中小微工业发展概述

## 一、运行状况

### （一）生产增幅同比趋缓，呈明显波动特征

2016年，全省中小微工业完成工业增加值比上年增长8.1%，增幅比上年回落0.4个百分点。

分季度看，4个季度增加值同比增幅呈明显波动特征：一季度，市场需求回暖、节后企业集中开工、大宗商品价格回升等因素对中小微工业生产起到积极拉升作用，增幅达10.2%，为全年最高值；二季度，市场需求减弱等因素造成增幅回落至全年最低点4.1%；三季度始，供需关系逐步改善，三季度回升至9.7%，四季度回落至8.5%，但仍高于二季度。

分规模看，小微工业增加值增长快于中型工业。全年小微工业增加值比上年增长10.0%，增幅比上年回落1.1个百分点。中型工业增加值增长5.3%，增幅提高0.4个百分点。

分行业观察，近八成行业生产同比增长。据对5736户中小微工业企业开展的专项调查数据显示，38个大类行业中，30个占78.9%的行业工业总产值比上年增长，但有8个占21.1%的行业增幅回落。其中，废弃资源综合利用业（回落31.8个百分点），铁路、船舶、航空航天和其他运输设备制造业（回落27.3个百分点），家具制造业（回落18.6个百分点），化学纤维制造业（回落15.4个百分点）等回落幅度较大。

分设区市看，9个设区市规模以下小微工业增加值同比增幅呈“三高一平五低”。其中，龙岩市、三明市、漳州市增幅较高，均高于全省平均水平，宁德市增幅与全省平均水平持平，其余5个设区市增幅低于全省平均水平。

2016年，规模以上非公工业增加值比上年增长8.7%，增幅比上年回落0.3个百分点。

### （二）出口保持增长，增幅同比继续提高

2016年，全省规模以上中小微工业出口交货值比上年增长7.9%，增幅在上年提高0.7个百分点的基础上继续提高0.1个百分点。

分季度看，规模以上中小微工业出口交货值增幅呈震荡走势：一、三季度增幅较高，分别为11.8%和10.0%；二、四季度增幅较低，分别为3.7%和6.7%。

从行业结构看，六成行业出口同比增长。据对5736户中小微工业企业专项调查数据显示，有出口的1947户企业共涉及30个大类行业，其中24个行业出口交货值同比增长。石油加工、炼焦和核燃料加工业，金属制品、机械和设备修理业，木材加工和木、竹、藤、棕、草制品业，化学纤维制造业，有色金属冶炼和压延加工业等增幅居行业前列。

### （三）收入、利润同步增长，盈利能力有所提高

2016年，全省规模以上中小微工业实现主营业务收入、利润总额比上年分别增长8.4%和13.3%，增幅分别比上年提高1.0个百分点和6.3个百分点。

盈利能力有所提高。受工业生产者出厂价格和购进价格降幅均逐月收窄，且出厂价格降幅小于购进价格降幅，进一步释放了利润空间的影响。全年规模以上中小微工业主营业务收入利润率为5.78%，比上年提高0.25个百分点。据测算，2016年因全省工业生产者出厂价格下降0.9%，造成规模以上中小微企业主营业务收入减少275.56亿元，因工业生产者购进价格下降2.0%，规模以上中小

微企业主营业务成本减少约 535.15 亿元，两者相抵，实际增加利润总额 259.59 亿元。

**（四）企业总量增长，规模扩大**

2016 年，全省积极推进"大众创业、万众创新"，进一步推动商事制度改革，简化设立程序，促进了市场主体数量明显增长。截至 2016 年末，全省中小微工业企业数比上年增长 17.6%。其中，中型企业下降 1.6%；小微企业增长 18.5%。企业规模也不断扩大。全年规模以上中小微工业户均产值比上年增长 9.6%；户均资产增长 4.0%。

**（五）工业产出效率稳步提高**

一是全员劳动生产率提高。2016 年，全省规模以上中小微工业全员劳动生产率为 26.43 万元 / 人，比上年增长 10.9%。二是产出效率趋好。全年规模以上中小微工业人均实现主营业务收入 103.17 万元，增加 10.20 万元。三是人均创利税提高。全年规模以上中小微工业人均创利税 8.68 万元，增加 0.74 万元。

## 二、主要亮点

**（一）主要经济指标增幅高于全国平均水平**

2016 年，全省规模以上小微工业主营业务收入及利润总额同比增幅分别为 10.4%、15.9%，分别比全国平均水平高出 3.9 个百分点和 9.8 个百分点。与部分小微工业总量较大的省份比较，全省规模以上小微工业增加值增幅比浙江省、广东省分别高出 4.7 个百分点和 2.8 个百分点；规模以下小微工业增加值增幅居全国第 6 位，与浙江省持平，比广东省高出 2.5 个百分点。

**（二）化解过剩产能成效显著**

按照化解过剩产能工作目标任务，2016 年全省大力推动去产能工作，尤其在化解钢铁、煤炭过剩产能方面，取得显著成效。一是钢铁、煤炭行业均大幅超额完成国家下达的年度去产能目标任务。截至 2016 年 11 月，6 户钢铁企业去产能 445 万吨，完成国家下达任务的 193.5%；49 处煤矿去产能合计 297 万吨，完成国家下达任务的 163.2%。部分去产能产品产量下降。全年规模以上工业粗钢产量比上年下降 4.4%。二是去产能企业职工安置工作平稳推进。全年共有 6 户钢铁企业、30 户煤炭企业列入省级化解过剩产能工作计划，涉及职工 5732 人。目前，全部职工已分流安置完毕。

**（三）多措并举降低企业成本**

一是落实减税政策。随着所得税减半征收、营改增等减税政策的落实，全省企业税收负担有所减轻。2016 年，规模以上中小微工业主营业务税金及附加比上年增长 1.9%，增幅比上年回落 4.5 个百分点；占主营业务收入的比重由上年的 0.6%降至 0.5%；户均主营业务税金及附加减少 0.4%。二是实施"机器换工"。据不完全统计，2016 年全省共有 344 家企业开展"机器换工"7423 台套，完成投资额 55 亿元，替代人工近 2 万人，节约了大量的人工成本。三是下调社保费率。2016 年，全省继续降低失业、工伤、生育保险等部分缴费费率。其中，2016 年 5 月开始，全省企业失业保险缴费率下降 0.5%。据测算，仅规模以下小微企业全年就减少失业保险费支出 6421 万元。

**（四）多路径促进创新能力提升**

一是智能化改造。全省积极推进实施"数控一代"，在中小微企业（民营企业）较为集中的行业或地区实施"数控一代"示范工程，促进了企业创新。如泉州市自 2013 年在全省率先启动实施国家"数控一代"示范工程以来，已在纺织印染、制鞋、水暖、石材、陶瓷等传统行业实施智能化改造，取得较好成效。其中，晋江宏基机械有限公司、泉州百源机械有限公司等企业研发的数控电脑大提花机，具有自主知识产权，其综合技术达国内甚至国际领先水平，产品国内占有率达 70%。二是服务型制造业发展起步。近几年，全省逐步发展服务型制造，积极培育服务型制造领域领军企业，通过建立服务水平高、带动性强的示范项目，提高了效率，节约了成本。如福建泉工股份有限公司通过建立智能装备云服务平台解决设备报修问题，平均故障解决时间由 15 天缩短为 8 天，整体售后服务效率提高了 40%以上，售后维护成本节约 50%以上。三是科技型中小企业科技投入明显增长。2016 年，全省已有 655 家企业进入“科技小巨人领军企业培育发展库”。据对其中的 253 户中小微企业调查数据显示，上述企业 2016 年 R&D 经费支出 23.42 亿元，比上年增长 17.9%；研发经费投入强度[1]为 3.5%，增幅和比重均远高于规模以上工业平均水平。四是创新平台发展迅速。近两年，全省众创空间从无到有，发展迅速。据省科技厅公布的数据显示，截至 2016 年 6 月末，全省各类众创空间达 300 多家，其中省级众创空间 49 家，市级众创空间 54 家。2016 年 2 月 15 日，福州优空间等 12 家众创空间获得国家级众创空间备案，纳入国家科技企业孵化器管理体系。

**（五）企业降杠杆初显成效**

截至 2016 年末，全省规模以上中小微工业资产负债率比上年末下降了 0.97 个百分点。直接融资是中小微工业企业降杠杆的手段之一。截至 2016 年末，全省共有 359 家企业登陆新三板，新三板挂牌企业数量占全国的 3.3%，居全国第 8 位；融资金额占全国的 2.0%，居全国第 10 位。

## 三、面临问题

**（一）部分去产能行业需求反弹、价格上涨**

随着国家去产能工作的深入推进，去产能行业产量下降、库存量减少，市场供大于求的状况缓解，部分去产能产品价格呈恢复性上涨。如 2016 年，黑色金属冶炼和压延加工业价格生产者出厂价格 1 月同比下降 17.3%，至 12 月份该行业生产者出厂价格同比涨幅高达 30.4%。产品价格大幅上涨驱动企业增产欲望，部分去产能行业生产增幅较上半年提高、产量上升。2016 年，规模以上黑色金属冶炼和压延加工业增加值增幅比上半年扩大 2.4 个百分点，化学原料和化学制品制造业增幅由上半年下降 0.9%转为增长 1.3%，非金属矿物制品业增幅比上半年提高 0.6 个百分点。规模以上粗钢产量同比降幅比上半年缩小 7.7 个百分点，水泥和民用钢质船舶产量同比由上半年分别下降 0.8%和 8.1%转为分别增长 5.0%和 1.9%。

**（二）降成本面临原材料、人工成本、物流成本上涨压力**

尽管全省采取多项措施降低企业成本，但是中小微工业企业成本仍在上涨。2016 年，规模以上中小微工业每百元主营业务收入的主营业务成本比上年增加 0.12 元，同期大型企业每百元主营业务收入的主营业务成本减少 0.64 元。据对 5736 户中小微工业企业专项调查数据显示，企业降成本面临着以下压力：一是部分原材料价格上涨。在部分去产能产品价格快速上涨的推动下，2016 年下半年工业生产者购进价格呈降幅逐步收窄、止跌回升的走势，与出厂价格涨幅差距收窄。尤其进入 12 月，全省工业生产者购进价格同比上涨 3.9%，涨幅高出当月工业生产者出厂价格 0.6 个百分点，比 11 月扩大 0.2 个百分点，自 11 月以来已连续 2 个月形成工业品购进价格与出厂价格涨幅“高进低出”剪刀差。调查中，有 77.9%的企业反映 2016 年原材料上涨，对企业的生产及销售均造成了影响。二是人工成本较高。一方面，外来务工人员减少、求职者对薪酬、待遇等方面的期望提高；另一方面，部分中小微企业由于利润空间有限，难以满足求职者对薪酬、待遇等方面的要求，面临“不涨工资，招不来人；工资涨上去，企业吃不消”的困境。两个方面造成企业不仅存在招工难，而且用工成本较高。三是物流成本上涨。受治超新政实施、相关超

[1] 研发经费投入强度=R&D 经费支出/主营业务收入×100%。

限超载认定标准提高等影响，物流企业上调了运费，进而推动部分中小微工业企业运输成本上涨。如福鼎某纸制品公司反映治超新政实施以来，每吨原纸运输成本上涨约 10%，年均增加成本支出 80 多万元；永安某化工公司反映自治标新政实施以来，每吨钠长石粉运费上涨约 25%，仅此一项，每年增加运费成本支出 200 多万元。

**（三）补短板行业总量小、增速低、创新投入不足**

2016 年以来，全省围绕扩大有效和中高端产品供给，补齐制约产业发展的短板，产业补短板工作取得明显成效。但要进一步提高产业供给质量和效率，仍面临着以下问题：一是战略性新兴产业规模不大，发展偏慢。从全省情况看，2016 年全省战略性新兴产业完成增加值 2335.06 亿元，比上年增长 5.0%，增幅比上年回落 4.6 个百分点，比全国战略性新兴产业平均水平低 5.5 个百分点，与《福建省“十三五”战略性新兴产业专项规划》提出的“到 2020 年，全省战略性新兴产业增加值要争取达 5850 亿元，2016-2020 年 5 年间的年均增速须达 17.5%”目标相比，差距较大。从中小微工业情况看，战略性新兴产业发展速度也慢于中小微工业平均水平。据对 5736 户中小微工业企业专项调查数据显示，1158 户战略性新兴产业企业 2016 年完成工业总产值 2684.57 亿元，增长 2.9%，增幅明显低于列入调查的中小微工业 4.7%的平均水平。二是技术创新不足，投入偏低。据对 5736 户中小微工业企业专项调查数据显示，2016 年有 4440 户占 77.4%的企业没有 R&D 经费投入。有 R&D 经费投入的 1296 户企业 R&D 经费支出 125.62 亿元，增长 6.6%，增幅回落 0.1 个百分点，R&D 经费投入强度仅为 1.1%，而国际上普遍认为只有 R&D 投入强度在 5% 以上的企业才具有足够的市场竞争力。

**（四）投资大幅回落，发展后劲不足**

2016 年，受经济下行、需求不足等因素影响，企业投资意愿不强，工业投资增幅回落。全年工业投资 7817.96 亿元，比上年增长 7.3%，增幅比上年回落 8.9 个百分点。据对 5736 户中小微工业企业的固定资产投资情况调查显示：2016 年列入调查企业固定资产投资总额 571.52 亿元，下降 27.6%，降幅扩大 24.2 个百分点。

## 四、进一步促进中小微工业发展的对策建议

**（一）继续加大降成本力度**

2016 年，全省加快推进供给侧改革，取得了初步成效。下一阶段，应重点围绕降成本，加大力度，促进降成本效果的显现。一是加快推进“机器换工”，改进补助方式。为有效缓解企业用工荒、降低用工成本，全省出台了《关于加快发展智能制造九条措施的通知》等，引导企业加大在智能制造项目上的资金投入。但从补助方式看，多数属于按项目进行事后补贴。据对福州、厦门等地调查，部分企业反映智能化投入初期往往是企业资金最紧张的时候，事前和事中补贴对企业智能化投入更能起到及时雨的作用。建议改进补助方式，如在企业申报获批后就给予一定比例的补贴，解决企业前期投入时流动资金不足的困难。二是实行精准减税，扩大减税受惠面。近年来，国家出台了一系列小微企业减税政策，减轻小微企业税收负担，但对中小微工业企业来说，普遍存在着优惠门槛偏高、惠及面偏小、落实不到位等问题，影响减税效果。如 2017 年始，全省将享受减半征收所得税优惠的范围从年应纳税所得额上限由 30 万元提高到 50 万元。但据对 5736 户中小微工业企业专项调查数据显示，仅 211 户占 3.7%的企业符合上述减税政策条件。为确保减税效果显现，建议提高现有减税政策的精准性，对小微企业实行结构性减税，按产业、企业规模不同，采取不同税率，并进一步扩大小微企业政策惠及面。三是加大高速公路收费优惠力度，降低物流成本。全省工业企业物流以公路运输居多，高

速公路过路费在企业物流成本占有一定比重。为进一步降低物流成本，2017 年 5 月 4 日起，全省鼓励采用电子缴费方式享受最高通行费 5%的优惠。与贵州相比，优惠力度不够。如贵州高速公路采用“黔通卡”，在收费车道使用可享受应交车辆通行费 9.5 折优惠。对使用“黔通卡”的本省籍货运车辆，当月消费额度分别达 3000 元、5000 元、10000 元时，在享受 9.5 折优惠的基础上，再分别给予通行费 1%、3%、5%的优惠。建议全省还应进一步加大高速公路收费优惠力度。

**（二）提高企业创新能力**

全省大多数中小微企业由于经济实力有限，创新面临着资金不足、技术短缺等难题，建议从以下几方面加以扶持：一是建立科技贷款保险制度。采取“政府+银行+保险”三方合作的形式，通过对贷款保费和损失赔偿给予适当财政补贴的形式，为科技贷款上保险，解除银行“慎贷”顾虑。二是加大创新券的发放力度，对小微企业在研发设计、检验检测、技术转移、知识产权和科技信息等方面的费用给予补贴。2016 年，全省创新券制度通过购买服务、后补助、绩效奖励等方式，为全省 353 家符合条件的创新企业提供购买科技创新服务补助 2502.5 万元。但与浙江等省相比，发放补助力度偏小。如截至 2016 年 10 月末，浙江省各市、县累计发放创新券达到 5.43 亿元，使用额达到 2.82 亿元，已有 1075 家省级创新载体为 7718 家中小微企业和创业团队提供科技服务 22908 次。三是创新产学研合作方式。整理汇总中小微企业在技术、人才等方面的需求，建立小微企业信息库；同时全面摸清高校院所科研家底，建立高校院所信息库。通过两个信息库的建立对接，为中小微企业开展产学研合作创新提供精准服务。

**（三）加强集聚，提升中小企业配套能力**

一是加强聚集。围绕新兴产业链缺失环节，加强政策性引导，打造中小微产业园，促进同行业的中小微企业在产业园内聚集，促进完整产业链的形成。二是推进小微企业与大企业的合作机制。鼓励大企业向省内小微企业提供技术、人才、设备、资金等支持，把一些配件和配套生产发包给有能力的小微企业进行生产和加工，走“协作配套、共同发展”之路。这点泉州的做法值得推广。近几年，泉州市通过政策引导示范效应，每年遴选公布一批龙头企业名单，并对龙头企业加强政策支持，促进龙头企业积极将订单交予中小微企业生产，并对为龙头企业配套加工的中小微企业给予一定补助。截至 2016 年末，已为 189 家次中小微企业兑付财政奖励资金 3216.3 万元。三是鼓励企业提升产品质量和创建品牌。指导中小微企业建立健全质量管理体系，不断提高产品质量，努力创建自主品牌。

**（四）加快“专精特新”发展步伐**

中小企业走“专精特新”（专业化、精细化、特色化、新颖化）发展道路既是自身发展阶段所决定的必然选择，也是企业参与市场竞争必须采取的发展策略。目前，全国中小企业主管部门都把促进中小企业“专精特新”发展作为推动中小企业创新转型的重要“抓手”。2013 年，工业和信息化部出台了《关于促进中小企业中小企业“专精特新”发展的指导意见》（工信部企业〔2013〕264 号），上海、江西、安徽、青岛、厦门等省、市也相继出台了“专精特新”相关文件，并取得较好成效。如安徽省采取将“专精特新中小企业投资项目”列入全省企业发展专项资金中并优先申报、组织专精特新中小企业人员培训班提高企业管理人员的知识和水平、与新闻媒体合作开辟“安徽省专精特新中小企业”专栏等措施促进专精特新中小企业发展。据不完全统计，截至 2016 年末，安徽省已认定专精特新中小企业 1200 户，有 100 多户企业的产品市场占有率居全国第一。而福建省早在 2002 年就提出要“重点引导小企业在专、精、特、新上下功夫，依照专业化分工的原则，为大企业搞好配套服务，以大带小、以小促大，实现共同发展”，建议从以下方面进一步推进该项工作：一是针对《福建省人民政府关于促进 2017 年全省工业稳增长调结构若干措施的通知》（闽政〔2017〕13 号）提出的“对经认定的省级专精特新中小企业给予适当奖励”制定具体的奖励措施，并落实到位。二是各市、县有关部门要在贯彻省里文件的基础上，制定符合本地区中小企业“专精特新”发展实际的推进措施。

（执笔：林晓霞）

## 4-1　福建省规模以上中小微工业主要经济指标

（2012-2016 年）

| 年份 | 企业单位数（个） | | | | 工业增加值（亿元） | | | |
|---|---|---|---|---|---|---|---|---|
| | 合计 | 中型 | 小型 | 微型 | 合计 | 中型 | 小型 | 微型 |
| 2012 | 14925 | 2985 | 11509 | 431 | 5322.46 | 2510.40 | 2759.21 | 52.85 |
| 2013 | 15672 | 2998 | 12184 | 490 | 6183.23 | 2913.22 | 3212.06 | 57.95 |
| 2014 | 16298 | 2929 | 12681 | 688 | 7099.37 | 3345.45 | 3632.34 | 121.58 |
| 2015 | 16789 | 2909 | 13105 | 775 | 7000.87 | 3116.09 | 3729.61 | 155.17 |
| 2016 | 16825 | 2851 | 13340 | 634 | 7255.49 | 3223.90 | 3919.54 | 112.05 |

续上表

（2012-2016 年）

| 年份 | 主营业务收入（亿元） | | | | 利润总额（亿元） | | | |
|---|---|---|---|---|---|---|---|---|
| | 合计 | 中型 | 小型 | 微型 | 合计 | 中型 | 小型 | 微型 |
| 2012 | 19763.57 | 9068.26 | 10511.19 | 184.12 | 1355.30 | 703.26 | 641.21 | 10.83 |
| 2013 | 22764.45 | 10399.45 | 12150.05 | 214.95 | 1586.80 | 823.85 | 753.88 | 9.07 |
| 2014 | 26366.41 | 12193.84 | 13718.08 | 454.49 | 1696.19 | 867.42 | 809.79 | 18.98 |
| 2015 | 27822.13 | 11944.37 | 15274.16 | 603.60 | 1681.74 | 800.05 | 871.17 | 10.52 |
| 2016 | 30401.43 | 12764.72 | 17149.43 | 487.28 | 1927.91 | 888.61 | 1018.83 | 20.47 |

# 4-2 福建省分行业规模以上小微工业主要经济指标

（2015 年）　　　　单位：亿元

| 行业名称 | 工业总产值 | 工业增加值 | 资产总计 | 主营业务收入 | 利润总额 |
|---|---|---|---|---|---|
| **合　计** | **16382.18** | **3884.78** | **9562.84** | **15877.76** | **881.7** |
| 煤炭开采和洗选业 | 76.72 | 36.77 | 36.66 | 77.18 | 5.6 |
| 黑色金属矿采选业 | 131.76 | 35.28 | 41.09 | 126.06 | 4.14 |
| 有色金属矿采选业 | 53.75 | 18.02 | 27.59 | 46.83 | 0.89 |
| 非金属矿采选业 | 171.56 | 55.71 | 56.86 | 168.51 | 9.63 |
| 农副食品加工业 | 1550.52 | 317.17 | 558.44 | 1524.85 | 78.13 |
| 食品制造业 | 533.23 | 139.22 | 266.76 | 518.90 | 35.93 |
| 酒、饮料和精制茶制造业 | 435.20 | 130.61 | 218.87 | 423.59 | 30.36 |
| 纺织业 | 902.76 | 189.57 | 582.67 | 862.24 | 38.75 |
| 纺织服装、服饰业 | 640.23 | 170.29 | 367.11 | 629.26 | 38.36 |
| 皮革、毛皮、羽毛及其制品和制鞋业 | 703.24 | 191.34 | 311.69 | 694.64 | 40.96 |
| 木材加工和木、竹、藤、棕、草制品业 | 744.34 | 195.63 | 242.78 | 723.33 | 32.82 |
| 家具制造业 | 208.41 | 57.81 | 121.96 | 203.76 | 11.71 |
| 造纸和纸制品业 | 369.16 | 83.54 | 235.37 | 361.92 | 16.78 |
| 印刷和记录媒介复制业 | 188.13 | 49.42 | 100.82 | 177.34 | 10.79 |
| 文教、工美、体育和娱乐用品制造业 | 860.92 | 223.48 | 387.56 | 839.73 | 51.00 |
| 石油加工、炼焦和核燃料加工业 | 41.63 | 7.71 | 22.34 | 44.03 | 0.51 |
| 化学原料和化学制品制造业 | 995.38 | 163.93 | 614.89 | 964.82 | 31.88 |
| 医药制造业 | 146.63 | 46.14 | 94.23 | 134.12 | 9.42 |

续上表　　　　（2015年）　　　　单位：亿元

| 行业名称 | 工业总产值 | 工业增加值 | 资产总计 | 主营业务收入 | 利润总额 |
|---|---|---|---|---|---|
| 化学纤维制造业 | 203.66 | 36.56 | 130.94 | 196.97 | 10.42 |
| 橡胶和塑料制品业 | 772.53 | 171.40 | 450.75 | 745.77 | 37.37 |
| 非金属矿物制品业 | 1734.25 | 440.74 | 965.58 | 1702.09 | 110.22 |
| 黑色金属冶炼和压延加工业 | 613.67 | 107.37 | 313.83 | 586.98 | 13.15 |
| 有色金属冶炼和压延加工业 | 270.16 | 47.96 | 123.67 | 264.36 | 7.18 |
| 金属制品业 | 567.68 | 131.85 | 278.11 | 550.69 | 31.55 |
| 通用设备制造业 | 536.60 | 125.22 | 326.01 | 521.20 | 29.74 |
| 专用设备制造业 | 553.42 | 121.77 | 308.77 | 520.10 | 37.04 |
| 汽车制造业 | 336.45 | 88.12 | 261.42 | 321.39 | 23.20 |
| 铁路、船舶、航空航天和其他运输设备制造业 | 172.43 | 40.41 | 107.98 | 164.98 | 7.76 |
| 电气机械和器材制造业 | 634.97 | 149.63 | 430.68 | 592.65 | 32.85 |
| 计算机、通信和其他电子设备制造业 | 427.46 | 97.65 | 346.72 | 402.60 | 18.82 |
| 仪器仪表制造业 | 102.22 | 28.49 | 55.41 | 99.23 | 5.50 |
| 其他制造业 | 91.36 | 22.60 | 60.68 | 88.56 | 5.29 |
| 废弃资源综合利用业 | 74.17 | 10.93 | 26.95 | 73.05 | 1.70 |
| 金属制品、机械和设备修理业 | 50.92 | 8.65 | 24.70 | 50.49 | 3.07 |
| 电力、热力生产和供应业 | 393.44 | 125.18 | 933.18 | 382.32 | 51.97 |
| 燃气生产和供应业 | 73.27 | 8.95 | 40.17 | 73.25 | 4.30 |
| 水的生产和供应业 | 19.94 | 9.68 | 89.62 | 19.94 | 2.93 |

## 4-3 福建省分设区市规模以上中小微工业主要经济指标

（2015 年）

| 指标名称 | 福州 | 厦门 | 莆田 | 三明 | 泉州 | 漳州 | 南平 | 龙岩 | 宁德 |
|---|---|---|---|---|---|---|---|---|---|
| 企业单位数（个） | 2210 | 1679 | 2215 | 1780 | 3257 | 2106 | 1097 | 1085 | 1360 |
| 主营业务收入（万元） | 48109315 | 20769196 | 34505461 | 29660320 | 74620183 | 34920749 | 14164730 | 12517858 | 22479091 |
| 利润总额（万元） | 2451531 | 875714 | 2656516 | 737226 | 5764190 | 2854978 | 728221 | 533396 | 1201945 |
| 从业人员平均人数（万人） | 44.67 | 34.78 | 30.05 | 22.85 | 100.67 | 44.92 | 14.87 | 13.81 | 17.27 |

## 4-4 福建省分设区市规模以上中型工业主要经济指标

（2015 年）

| 指标名称 | 福州 | 厦门 | 莆田 | 三明 | 泉州 | 漳州 | 南平 | 龙岩 | 宁德 |
|---|---|---|---|---|---|---|---|---|---|
| 企业单位数（个） | 476 | 313 | 221 | 103 | 1101 | 342 | 120 | 102 | 131 |
| 主营业务收入（万元） | 24905117 | 9447432 | 9558467 | 5806538 | 37172108 | 15077802 | 4616266 | 4293863 | 8229616 |
| 利润总额（万元） | 1148757 | 565987 | 718194 | 114966 | 3120994 | 1447413 | 214912 | 145790 | 517972 |
| 从业人员平均人数（万人） | 24.91 | 17.60 | 11.84 | 5.31 | 59.05 |  | 5.89 | 5.52 | 6.63 |

## 4-5 福建省分设区市规模以上小微工业主要经济指标

（2015 年）

| 指标名称 | 福州 | 厦门 | 莆田 | 三明 | 泉州 | 漳州 | 南平 | 龙岩 | 宁德 |
|---|---|---|---|---|---|---|---|---|---|
| 企业单位数（个） | 1734 | 1366 | 1994 | 1677 | 2156 | 1764 | 977 | 983 | 1229 |
| 主营业务收入（万元） | 23204198 | 11321764 | 24946994 | 23853782 | 37448075 | 19842947 | 9548464 | 8223995 | 14249475 |
| 利润总额（万元） | 1302774 | 309727 | 1938322 | 622260 | 2643196 | 1407565 | 513309 | 387606 | 683973 |
| 从业人员平均人数（万人） | 19.77 | 17.18 | 18.21 | 17.54 | 41.62 |  | 8.98 | 8.29 | 10.64 |

# 5

# 专题研究

# 砥砺奋进　建设新福建谱写新篇章

党的十八大以来，在以习近平同志为核心的党中央的坚强领导下，全省上下深入学习贯彻落实习总书记治国理政新理念新思想新战略，坚持和发展中国特色社会主义，紧紧围绕“五位一体”总体布局和“四个全面”战略布局，践行“创新、协调、绿色、开放、共享”五大发展理念，主动适应把握引领经济发展新常态，推进供给侧结构性改革，开拓进取，砥砺前行，建设“机制活、产业优、百姓富、生态美”的新福建取得丰硕成果，福建经济社会发展呈现新面貌。

## 一、紧扣新常态，综合实力再上新台阶

### （一）经济发展争先进位

2013-2016 年，全省地区生产总值分别增长 11.0%、9.9%、9.0%、8.4%，年均增长 9.6%，增幅比全国同期平均水平高 2.4 个百分点；年均增幅居全国第 5 位，在东部地区仅位列天津之后，居第 2 位。2016 年，全省实现地区生产总值 28519.15 亿元，比 2012 年增加了近 9000 亿元，居全国的位次从 2012 年的第 12 位前进到第 10 位，首次进入全国十强。

### （二）人均地区生产总值显著增加

全省人均地区生产总值于 2014 年首次突破一万美元，2016 年为 73951 元（折合 11133 美元），比 2012 年增加了 2 万多元，年均增长 8.7%，增速比全国平均水平快 2.1 个百分点，居全国第 7 位，东部第 1 位。人均地区生产总值居全国的位次从 2012 年的第 9 位前进到 2016 年的第 7 位。

### （三）财政实力增强

全省一般公共预算总收入从 2012 年的 3008.88 亿元，增加到 2016 年的 4295.36 亿元，增长了 42.7%，年均增长 9.3%。其中，地方一般公共预算收入增长了 49.4%，年均增长 10.6%。政府财力的增强，为促进经济发展、切实改善民生、有效应对各种风险冲击提供了有力的资金保障。

### （四）创新能力不断提高

2016 年，全省 R&D 经费投入 454.29 亿元，总量居全国第 13 位，比 2012 年上升 2 位；R&D 经费投入比 2012 年增长 67.6%，年均增长 13.8%，比全国平均水平高 2.6 个百分点；R&D 经费投入强度（与 GDP 之比）为 1.6%，比 2012 年提高 0.2 个百分点，居全国第 14 位。截至 2016 年末，全省共拥有有效发明专利 23793 件，每万人口发明专利拥有 6.14 件。此外，全省拥有 PCT 国际专利申请 199 件，居全国第 9 位。

## 二、紧扣机制活，改革效应逐步显现

### （一）深化“放管服”改革，经济活力增强

进一步简政放权，2013 年以来省级开展了 9 轮行政审批事项清理工作，共取消 515 项、下放 150 项，省级行政许可事项和公共服务事项均精简 50% 以上。全面清理取消非行政许可审批。试行市场准入负面清单。实现省市县乡四级权责清单全覆盖，90% 以上事项实现网上办理。推进“多证合一”，深化商事制度改革，取消、优化 2000 多项涉企涉民证照和有关证明事项，比全国提早 1 个月，在全省范围内实施“五证合一、一照一码”。持续放宽市场准入，激发民间投资热情，增强市场活力。2016 年，全省民营经济完成增加值 19192.65 亿元，规模比 2012 年增长了 45.4%，占 GDP 的比重为 67.3%，比 2012 年提高了 0.3 个百分点，民营经济对 GDP 增长的贡献率为 73.2%。民间投资活跃，2016 年民间投资 13307.68 亿元，占固定资产投资的比重为 57.6%，比 2012 年提高了 6.3 个百分点。

**（二）供给侧结构性改革取得进展，“三去一降一补”成效显现**

去产能方面：坚定不移去产能，钢铁、煤炭去产能超额完成国家下达任务，2016 年全省原煤产量比上年下降 12.1%，粗钢下降 4.4%。

去库存方面：商品房销售一改前两年负增长的局面，2016 年销售面积增长超过 20%，截至 2016 年末，商品房去化周期比上年末减少 9 个月。

去杠杆方面：企业资产负债率稳步下降，截至 2016 年末全省规模以上工业企业资产负债率为 52.29%，比上年下降 0.89 个百分点；全省政府综合债务率低于预警线。

降成本方面：2016 年，全省规模以上工业企业每百元主营业务收入中的成本为 86.20 元，比上年减少 0.05 元；减税降费，规模以上工业企业税金总额下降了 8.9%。

补短板方面：主要是对农业、环境治理、高技术产业加大投资，解决一些瓶颈制约因素。2016 年，全省第一产业投资比上年增长 39.9%，水利、环境和公共设施管理业投资增长 34.4%，科学研究和技术服务业投资增长 39.7%，高技术产业投资增长 60.6%。

**（三）紧抓“一带一路”倡议机遇，对外开放呈现新格局**

认真落实“一带一路”倡议部署，海丝核心区建设加快推进，2016 年对沿线国家和地区出口 1822.90 亿元，新增对外投资增长 61.6%，中欧（厦门）国际班列实现常态化运营。2016 年，全省新批境外企业 486 家，协议投资总额 157.46 亿美元，比 2012 年增长 11.6 倍，其中中方协议投资额 111.55 亿美元，比 2012 年增长 12.1 倍，中方实际投资 54.66 亿美元，比 2012 年增长 15.5 倍。2016 年，全省进出口额 10344.96 亿元，比 2012 年增长 5.1%，其中出口额 6833.66 亿元，比 2012 年增长 10.7%。货物贸易方式优化，一般贸易进出口占比由 2012 年的 67.9%上升到 2016 年的 72.0%。全省实际利用外资规模从 2012 年的 63.38 亿美元扩大到 2016 年的 81.95 亿美元，年均增长 6.6%，比全国平均增速快 3.2 个百分点。自贸试验区建设成效明显，国际贸易“单一窗口”等 17 项创新成果在全国复制推广。截至 2016 年末，自贸试验区共新增企业 4.86 万户，注册资本 9447.72 亿元，分别约占全省同期新增企业、注册资本的五分之一和二分之一。2016 年，自贸试验区进出口额 1524.3 亿元人民币，比上年增长 7.9%。

## 三、紧扣产业优，现代产业发展不断推进

**（一）产业结构调整优化，服务业发展加快**

2016 年，全省三次产业结构为 8.3∶48.5∶43.2，与 2012 年相比，第一产业、第二产业比重分别下降了 0.7 个百分点、3.2 个百分点，第三产业比重提高了 3.9 个百分点，产业结构优化明显。第三产业从 2015 年开始连续两年对经济增长的贡献率超过 50%，成为经济发展的主要支撑。从三次产业内部来看，转型升级成效明显，现代产业体系逐步形成。

**（二）特色现代农业初具规模**

全省农林牧渔业总产值从 2012 年的 3007.40 亿元增加到 2016 年的 4155.68 亿元，年均可比增长 4.2%。培育形成了闽西北绿色农业产业带、闽东南高优农业产业带、沿海蓝色农业产业带，茶叶、蔬菜、水果、畜禽、水产、林竹、花卉等七大特色产业已初具规模，其产值合计占全部农业产值的八成。其中，茶叶产量居全国首位，安溪铁观音、武夷岩茶、福州茉莉花茶、福鼎白茶、平和白芽奇兰、漳平水仙等公共品牌已经颇具市场影响力；水产品产量居全国第三，占全国水产品的比重超过 10%，远洋渔业综合实力居全国第一，水产品出口创汇居全国第一；林竹产品产值居全国第三，木材和竹材产量分别居全国第 3 位和第 1 位。现代农业建设加快。“一区两园”（即国家现代农业示范区、台湾农民创业园、福建农民创业园及示范基地）建设取

得成效，已建成 41 个特色优势产业集中区。设施农业快速发展，重点发展蔬果温室和智能温控大棚生产、食用菌工厂化栽培、畜禽标准化设施养殖等项目,全省累计建成设施农业生产基地 180 多万亩。农业机械化进程加快，主要农作物耕种收综合机械化水平达到 48%以上。农业“五新”工程（新品种、新技术、新肥料、新农药、新机具）深入推广，科技在对农业的提升作用越来越突出，农作物和畜禽良种覆盖率在 96%以上。

**（三）工业生产转型升级**

全省规模以上工业完成增加值从 2012 年的 7810.19 亿元增加到 2016 年的 10644.79 亿元，年均增速达到两位数，为 10.3%。工业转型升级成效明显，科技含量提升。一是先进制造业发展较快。先进制造业主要以装备制造业为代表，2016 年全省规模以上装备制造业完成增加值 2547.00 亿元，比上年增长 9.7%，增幅高出规模以上工业 2.1 个百分点；占全省规模以上工业比重为 23.1%，比 2012 年提高 0.6 个百分点；对全省规模以上工业增长的贡献率为 29.0%。二是高技术制造业不断壮大。2016 年，全省高技术制造业完成增加值 1116.55 亿元，与 2012 年相比年均增长 11.8%，增幅高于同期规模以上工业年均增速 1.5 个百分点；占全省规模以上工业增加值的比重为 10.5%，比 2012 年提高 1.2 个百分点；对全省规模以上工业增长的贡献率为 15.1%。三是战略性新兴产业发展布局加快。2016 年，全省战略性新兴产业完成增加值 3145.92 亿元，规模比 2012 年翻了一倍多；占地区生产总值的比重为 11.0%，比 2012 年提高 3.6 个百分点。

**（四）现代服务业发展壮大**

2013-2016 年，全省服务业增加值年均增速为 10.3%，比同期 GDP 年均增速快 0.7 个百分点。金融业，信息传输、计算机服务和软件业，租赁和商务服务业，科学研究和技术服务业，旅游业等新型现代服务业不断发展壮大，呈现良好的发展势头，在服务业中的比重持续提升，由 2012 年 52.2%提高到 2016 年的 54.4%。电子商务发展迅猛，2016 年全省电子商务交易额突破万亿元，达 10196.00 亿元；全省限额以上批发零售企业通过互联网实现商品零售额 543.15 亿元，2014-2016 年年均增幅约 70%，远远高出限额以上零售额增速。旅游产业繁荣发展。形成蓝色滨海旅游带、绿色生态旅游带和红色文化旅游带，“清新福建”旅游品牌影响力持续提升。2016 年，全省共接待国内外游客 3.15 亿人次，实现旅游收入 3935.16 亿元，比 2012 年翻了近一倍。

## 四、紧扣百姓富，人民生活更加殷实

**（一）公共服务供给增加**

切实解决人民最关心最直接最现实的利益问题，不断加大财政投入，提高服务共建能力和共享水平。2013-2016 年，全省教育支出增长 40.3%、社会保障和就业支出增长 70.0%、医疗卫生支出增长 1.0 倍、环境保护支出增长 1.7 倍、城乡社区事务支出增长 2.2 倍、农林水事务支出增长 68.2%。2016 年，全省民生相关支出超过 3100 亿元，占财政支出的比重达到四分之三。提前一年通过国家义务教育发展基本均衡县评估认定，在全国率先实施城乡统一的免费教科书政策和普通高中建档立卡学生学费免除政策。卫生医疗条件明显改善，每千人拥有医疗机构床位数从 2012 年的 3.7 张提高到 2016 年的 4.6 张，每千人拥有医生数从 2012 年的 1.7 个提高到 2016 年的 2.1 个，基本实现每个乡镇有一所乡镇卫生院、每个街道有一所社区卫生服务中心、每个行政村有一个村卫生所的目标。交通出行更加便捷，全省实现了市市通动车、县县通高速。

**（二）社会保障水平提高**

社会保障覆盖面进一步扩大，实现了城乡居民社会养老保险制度一体化，基本医疗保险制度全覆盖。2016 年，全省参加城镇基本养老保险人数 967.83 万人，比 2012 年增长 28.1%；参加城乡居民社会养老保险人数 1489.11 万人，比 2012 年增长 3.0%；参加基本医疗保险人数 1297.90 万人，比 2012 年增长 2.8%；参加失业保险人数 575.52 万人，比 2012 年增长 25.4%。城乡居民养老保险参保率达 98.1%。城乡居民医保财政补助每人每年提高到 420 元，实现大病保险全覆盖。社会求助体系逐步健全，有效缓解因病致贫、因病返贫。

**（三）扶贫工作精准有效**

紧紧围绕精准扶贫精准脱贫要求，运用科学方法对扶贫对象进行精确识别、精确帮扶、精确管理，贫困地区的自我造血能力不断加强。2016 年，全省脱贫 26 万人，“造福工程”搬迁 15.6 万人。全省 23 个扶贫开发工作重点县 2013-2016 年地区生产总值年均增速为 10.1%，比全省平均增速快 0.5 个百分点，占全省的比重由 2012 年的 9.1%提高到 2016 年的 9.6%；人均地区生产总值与全省平均水平差距缩小，从 2012 年相当于全省平均水平的 60.6%提高至 2016 年的 64.7%。

**（四）就业规模不断扩大**

截至 2016 年末，全省就业总人数 2797.03 万人，比 2012 年增加了 228.10 万人，年均增加约 57 万人。其中，城镇就业人员 1261.30 万人，增加了 192.53 万人；乡村就业人员 1436.48 万人，增加了 12.89 万人；2013-2016 年城镇登记失业率均保持在 4%以下。

**（五）城乡居民持续增收，消费水平提高**

完善工资正常增长机制，收入分配更加符合人民群众期待。全省劳动者报酬占地区生产总值的比重从 2012 年的 50.7%提高到 2016 年的 53.8%，提高了 3.1 个百分点。2016 年，全省城镇居民人均可支配收入 36014 元，比 2012 年增长 40.2%；农村居民人均可支配收入 14999 元，比 2012 年增长 47.4%。城乡居民收入差距逐渐缩小，城乡收入比从 2012 年的 2.8∶1 缩小到 2016 年的 2.4∶1。居民消费结构进一步转变。食品支出比重持续下降，2016 年城乡居民人均消费性支出食品比重分别为 33.2%和 37.3%，比 2012 年分别下降了 6.2 个百分点和 8.7 个百分点。更加注重住房改善和个人保健，城乡居民人均用于居住的支出比例分别提高了 16.7 个百分点和 9.1 个百分点；用于医疗保健的支出比例分别提高了 0.5 个百分点和 1.6 个百分点。

**（六）城镇化水平稳步提高**

截至 2016 年末，全省常住人口 3874 万人，比 2012 年增加 126 万人，其中城镇人口 2464 万人，农村人口 1410 万人。城镇化率从 2012 年的 59.6%提高到 2016 年的 63.6%，平均每年提高 1.0 个百分点。

## 五、紧扣生态美，清新福建美名扬

**（一）节能降耗成效明显**

全省积极调整产业结构，加快淘汰落后产能，坚决关停高能耗高污染的企业或生产线，努力提升传统产业，促进节能减排工作有效落实。2016 年，全省完成钢铁去产能 445 万吨、煤炭去产能 297 万吨，均超额完成国家下达的任务。2013-2016 年，全省万元地区生产总值能耗分别下降 3.8%、1.5%、7.7%和 6.4%，累计下降 18.1%。全省万元 GDP 能耗相当于全国平均值的四分之三左右，处于较好水平。

**（二）污染物排放总量得到控制**

严格落实节能减排目标责任制，实施重点减排工程，深化重点工业污染源综合治理，主要污染物排放得到有效控制。2015 年，全省化学需氧量排放量比 2012 年下降 7.6%，氨氮排放量下降 8.6%，二氧化硫排放量下降 9.0%，氮氧化物排放量下降 18.8%。

**（三）环境质量居全国前列**

成为全国首个生态文明先行示范区，地表水、大气、生态环境质量优良，“清新福建”打响品牌。全省森林覆盖率从 2012 年的 63.10%提高到 2016 年 65.95%，继续高居全国首位。水环境、大气环境、自然生态环境状况良好，居全国前列。实施最严格水资源管理制度，加强小流域整治，重要流域都有了“河长”，12 条主要河流Ⅰ-Ⅲ类水质比例为 96.5%，比 2012 年提高 1.3 个百分点，其中Ⅰ-Ⅱ类水质比例为 60.1%，提高 15.3 个百分点；近岸海域一、二类海水水质面积占比 88.9%，比 2012 年提高了 25.3 个百分点，居全国前列。2013-2016 年环境空气质量达标天数比例均高于 97.9%。截至 2016 年末全省建成自然保护区 93 个，其中国家级 17 个，省级 22 个，自然保护区总面积 45.5 万公顷。建成森林公园 175 个，总面积 18.6 万公顷。建设国家湿地公园 6 处，总面积 6542.01 公顷。

总之，党的十八大以来，福建以 9.6%的年均经济增长速度、2%的通胀率、4%以内的登记失业率，交出了一份较好的答卷。当前，改革转型任务依然繁重，面临的挑战不可低估，全省上下要紧扣新的历史特点，科学谋划、突破关键，为实现“两个一百年”的奋斗目标和中华民族伟大复兴的中国梦不懈奋斗！

（执笔：林宇）

# 工业经济实力增强　提质增效成果显著

党的十八大以来，面对错综复杂的国内外发展环境和经济下行压力，在以习近平同志为核心的党中央的坚强领导下，福建主动适应把握引领新常态，激发市场主体活力，着眼于工业经济总量的提升、产业结构的协调、生产力布局的优化，全省工业经济综合实力再上新台阶。

## 一、工业生产缓中趋稳，总体实力不断增强

党的十八大以来，全省工业领域积极落实稳增长、调结构、促转型等各项政策措施，有效应对经济下行压力，工业生产保持了稳定增长，为国民经济保持较快增长发挥了重要支撑作用。

### （一）工业增速趋缓但仍高于全国

随着经济发展进入新常态，全省工业增加值增速与全国走势基本一致，由高速向中高速换档。规模以上工业由 2012 年的快速发展阶段，到 2013-2014 年的平稳发展阶段，再到 2015-2016 年以来的个位数增长阶段，增加值增速由 2012 年的 15.2%、2013 年的 13.2%、2014 年的 11.9%，逐步回稳至 2015 年的 8.7%和 2016 年的 7.6%，但仍高出全国平均水平 1.6 个百分点至 5.2 个百分点。

### （二）产品产量大幅增加

与 2012 年相比，主要工业产品产量实现较快增长。2016 年，福建纱产量达到 484.6 万吨，比 2012 年增长 78.5%；化学纤维 685.2 万吨，增长 1.5 倍；十种有色金属 45.6 万吨，增长 37.0%；集成电路 1.6 亿块，增长 1.9 倍；中成药 1.7 万吨，增长 45.3%；瓷质砖 17.5 亿平方米，增长 1.4 倍；铜材 21.3 万吨，增长 8.5%；锂离子电池 97685.6 万只，增长 66.4%；液晶显示屏 2.2 亿片，增长 94.1%；汽车 22.0 万辆，增长 18.1%；数控金属切削机床 2645 台，增长 17.9 倍；运动型多用途乘用车（SUV）产量迅速增长，2016 年达到 9.77 万辆，增长 124.7 倍。

### （三）工业经济实力不断增强

一是工业企业规模不断扩大。规模以上工业企业由 2012 年的 15333 户发展到 2016 年的 17262 户，净增 1929 户，增长 12.6%。二是各项经济指标快速增长。2016 年，全省规模以上工业完成工业增加值 10644.79 亿元，比 2012 年净增 2833.90 亿元，是 2012 年的 1.4 倍。实现利润总额 2889.26 亿元，比 2012 年增加 865.99 亿元，增长 42.8%；实现主营业务收入 42537.24 亿元，比 2012 年增加 13330.40 亿元，增长 45.6%，占全国的比重 3.7%，比 2012 年提高 0.6 个百分点；拥有资产总额 32081.30 亿元，比 2012 年净增加 10695.32 亿元，增长 50.0%。三是主导产业迅速壮大。2016 年，全省三大主导产业完成增加值 3780.06 亿元，比 2012 年增加 1126.02 亿元，增长 42.4%。

## 二、优化布局，带动结构整体跃升

全省按照集聚发展、协调发展、绿色发展、优化发展、良性发展的目标，更加着眼于产业结构的协调和生产力的优化布局。2013 年末，福建省人民政府出台《关于全省石化等七类产业布局的指导意见》。根据全省各地产业特色，资源禀赋和环境承载力，对环保和生产要素具有较高要求的石化、汽车、船舶、冶金、水泥、制浆造纸、印染等七类产业和平潭综合实验区等 10 大区域的产业布局提出指导意见。近年来，随着古雷炼化一体化、福州京东方面板、厦门联芯国际集成电路、泉州晋华集成电路存储器、莆田高世代面板等项目的开工建设和相继投产，为补齐福建制造业短板、提高制造业整体水平有极大的推动作用。

### （一）产业结构向适度高水平重化迈进

推动产业结构向适度高水平重化迈进，一直是福建产业强省之梦。党的十八大以来，梦想照进现实。沿海岸线自北向南，环三都澳高端不锈钢，江阴半岛化工新材料，湄洲湾、古雷半岛炼化一体化等产业集群，在改变产业结构“轻重比”的同时，让福建产业“旧貌换新颜”，打开新的增长空间。全省规模以上轻工业、重工业增加值年均分别增长10.0%和10.6%，重工业年均增速快于轻工业0.6个百分点。

### （二）高技术产业快速发展

随着电子、通信业的快速发展，全省高技术制造业规模不断壮大。2016年，全省规模以上工业中高技术企业858户，比2012年增加181户，完成工业增加值 1116.55 亿元，占规模以上工业的10.5%，比 2012 年提高 1.2 个百分点。工业增加值年均增长11.8%，高出同期规模以上工业年均增速 1.5 个百分点。实现主营业务收入突破 4466.04亿元，实现利润总额328.82亿元，分别比2012年增长41.1%和89.8%。

### （三）装备制造业领军作用增强

代表先进制造业水平的装备制造业占工业比重提高。截至 2016 年末，全省规模以上装备制造业企业数达3699户，比2012年末净增817户，完成增加值2547.00亿元，比2012年增加776.24亿元，占规模以上工业的比重为 23.1%，比 2012 年提高 0.6 个百分点；实现主营业务收入 10149.92亿元，比2012年增长40.3%；实现利润总额670.73亿元，比2012年增长64.3%。

### （四）主导产业向高端化发展

作为福建三大主导产业之一的电子信息产业是推动福建产业转型升级的核心基础产业。2016年，全省规模以上电子信息业完成增加值 805.92亿元，比2012年增加204.34亿元。电子信息产业通过大项目破除“缺芯少屏”格局，在短时间内形成了产业链的集聚完善，使这一主导产业迅速向高端化发展。京东方面板项目“以一带众”，引来东旭光电、韩国东进化学、德国林德气体等上下游10多家企业；联芯集成电路强势引领，带动厦门完成“芯片设计—芯片制造—封装测试—装备与材料”的集成电路全产业链布局，构建“芯片—软件—整机—系统—信息服务”的电子信息千亿产业链。

### （五）非公经济支撑强劲

党的十八大以来，国有资本较多地退出了一般性竞争行业，而更具有活力和市场竞争力的非公有制企业紧抓机遇发展壮大，呈现出多种所有制经济共同发展的多元化格局。2016年，全省规模以上非公有制工业完成增加值 10116.25 亿元，占规模以上工业的95.0%，比2012年提高3.4个百分点；年均增长10.8%，高出同期规模以上工业0.5个百分点。实现主营业务收入40764.78亿元，比2012年增加13596.23亿元，增长50.0%；实现利润总额2836.68亿元，增加921.59亿元，增长48.1%，占规模以上工业的比重由2012年的94.7%提高到2016年的98.2%，提高3.5个百分点。

## 三、积极培育工业新动能，新兴行业发展壮大

党的十八大以来，随着世界新一轮科技和产业革命的到来，全省工业经济积极实施“互联网+”和“中国制造2025”，加快培育新动能，积极推进新旧动能转换。战略性新兴产业快速发展，新兴行业成长加快，符合产业升级和消费升级方向的新产品不断涌现。

### （一）战略性新兴产业占比显著提高

党的十八大以来，联芯 12 英寸集成电路、京东方8.5代面板、华映高技术面板等大项目、好项目开工建设，带动全省战略性新兴产业快速发展。2016年，全省规模以上工业中战略性新兴产业完成增加值2335.06亿元，比2012年增加1523.82亿元，比 2012 年增长 1.9 倍；占规模以上工业的比重为21.9%，比2012年（10.4%）提高11.5个百分点，对福建工业经济发展的带动作用逐步增强。

（二）新兴行业加速规模化

2016 年，全省新材料产业完成增加值 866.99 亿元，比 2012 年增长 2.8 倍；新一代信息技术产业完成增加值 514.39 亿元，比 2012 年增长 48.3%；新能源产业完成增加值 237.15 亿元，比 2012 年增长 4.4 倍，成为福建产业发展的新增长点；生物与新医药产业完成增加值 140.47 亿元，比 2012 年增长 2.0 倍。

（三）高附加值的工业产品推陈出新

新能源汽车、智能手机、太阳能电池、隔热、隔音人造矿物材料及其制品、家用房间空气清洁装置等高附加值的工业品推陈出新。2016 年，智能手机产量 1874.98 万台，太阳能电池 4.32 万千瓦，新能源汽车 7628 辆，家用房间空气清洁装置 142.64 万台，隔热、隔音人造矿物材料及其制品 6207 吨。

（四）加速抢占新产业领域的制高点

以厦门大学为基础建立的石墨烯工业技术研究院，全力推动以石墨烯为核心，涵盖触摸屏、储能、机电和生物等领域的产业集群。同时，厦门凯纳石墨烯技术股份有限公司、厦门烯成新材料科技有限公司、泉州信和新材料股份有限公司等企业，在石墨烯量产、“+石墨烯”产品等领域发力，已成业界翘楚。

四、供给侧改革稳步推进，提质增效成果显著

（一）去产能取得积极进展

化解和淘汰过剩产能是优化供给结构、矫正资源错配和促进产业升级的当务之急。2016 年，全省实际钢铁去产能 445 万吨，煤炭去产能 297 万吨，超额完成国家下达福建钢铁煤炭去产能目标任务。一方面，高耗能行业产品产量整体下降。2016 年，全省规模以上工业产品产量中，粗钢比上年下降 4.4%，水泥熟料下降 0.9%，电解铝下降 8.3%，火力发电量下降 18.0%。另一方面，煤炭、钢铁行业规模缩小，市场适度回暖，产品价格有所回升，企业效益好转。2016 年，全省钢铁行业（黑色金属冶炼和压延加工业）实现利润总额 67.24 亿元，比 2012 年增加 20.09 亿元。

（二）资产负债率稳中有降

降低负债水平是改善企业生产经营，有效防范和化解金融风险，确保企业持续发展的关键举措。2012-2016 年，福建规模以上工业企业资产负债率分别为 53.4%、54.4%、54.4%、53.6%、52.3%，2016 年比 2012 年下降 1.1 个百分点。2016 年，全省规模以上工业资产负债率比全国平均水平低 3.5 个百分点。

（三）降本增效成效明显

降低企业成本是缓解企业生产经营困难，振兴实体经济，提升供给能力的必要手段。在中共中央和中共福建省委、省政府降成本优环境等惠企政策综合作用下，实体经济负担明显减轻。2016 年，全省共降低实体经济企业成本 353 亿元。在融资成本方面，融资成本不断下降。2016 年，全省规模以上工业企业利息支出比上年下降 9.0%。政策补贴上，2016 年规模以上工业补贴收入为 81.77 亿元，比 2012 年（30.05 亿元）增长 1.7 倍，占利润总额比重 2.8%，比 2012 年（1.5%）提高 1.3 个百分点。政策“组合拳”取得了明显的效果。2016 年，全省规模以上工业每百元主营业务收入中的成本为 85.11 元，比上年减少 0.15 元。38 个工业大类行业，有 20 个行业每百元主营业务收入中成本减少，其中减少数量居前三位的分别是石油加工、炼焦和核燃料加工业（减少 5.36 元）、黑色金属冶炼和压延加工业（减少 3.14 元）和化学纤维制造业（减少 1.83 元）。

（四）生产效率稳步提升

一是全员劳动生产率提高。2016 年，全省规模以上工业全员劳动生产率为 26.15 万元/人，比 2012 年（18.88 万元/人）提高 7.27 万元/人，增长 38.5%。二是产出效率趋好。2016 年，全省规模以上工业人均实现主营业务收入 104.50 万元，比 2012 年（70.60 万元）提高 33.90 万元。三是人均创利

税提高。2016 年，全省规模以上工业企业人均实现利税总额 10.67 万元，比 2012 年（7.92 万元）提高 2.75 万元。

党的十八大以来，福建工业不管是经济总量还是结构调整都上了一个新台阶，为“再上新台阶、建设新福建”奠定了较好基础。同时也应清醒地认识到，当前国内外经济环境依然复杂多变，全球经济复苏仍然乏力，外需总体低迷，贸易保护主义抬头；国内长期积累的结构性矛盾不可能在短期内一蹴而就解决。福建正处于加快转变经济发展方式、努力提升发展质量的关键时期，工业经济运行中还存在诸多困难和问题。但挑战中蕴藏机遇，当前新一轮科技和产业革命正在兴起，国际分工体系正在调整，全球产业价值链正在深度重塑，为工业的发展提供了宝贵机遇。全省工业经济要深入实施创新驱动发展战略，坚持以推进供给侧结构性改革为主线，继续通过深化改革破解工业经济发展中的结构性矛盾和问题，不断加快新旧动能转换，促进工业结构优化升级，使工业经济实现更加有质量和效益的增长。

（执笔：陈玲）

# 科技发展提速明显　创新驱动作用显著

党的十八大以来，在以习近平同志为核心的党中央坚强领导下，创新驱动发展战略得到全面实施，创新作为引领发展的第一动力，列为五大发展理念之首，摆在国家发展全局的核心位置。福建全面实施创新驱动发展战略，扎实推进科技体制改革，科技创新投入明显加大，研发实力显著增强，创新活力竞相迸发，创新生态环境改善优化，科技产出成果丰硕，创新体系建设取得积极进展，为培育经济发展新动能，推动经济发展转型升级，建设国家创新型省份提供了强有力支撑。

## 一、科技创新投入不断加大

### （一）R&D 经费投入增加

2016 年，全省 R&D 经费投入 454.29 亿元，总量居全国第 13 位，比 2012 年上升 2 位；R&D 经费投入比 2012 年增长 67.6%，年均增长 13.8%，比全国平均水平高 2.6 个百分点；R&D 经费投入强度（与 GDP 之比）为 1.6%，比 2012 年提高 0.2 个百分点，居全国第 14 位。R&D 经费投入水平的提高为科技创新与经济发展实现“并跑”和“领跑”创造了有利条件（见图 1）。

图 1　2012-2016 年福建省 R&D 经费投入情况

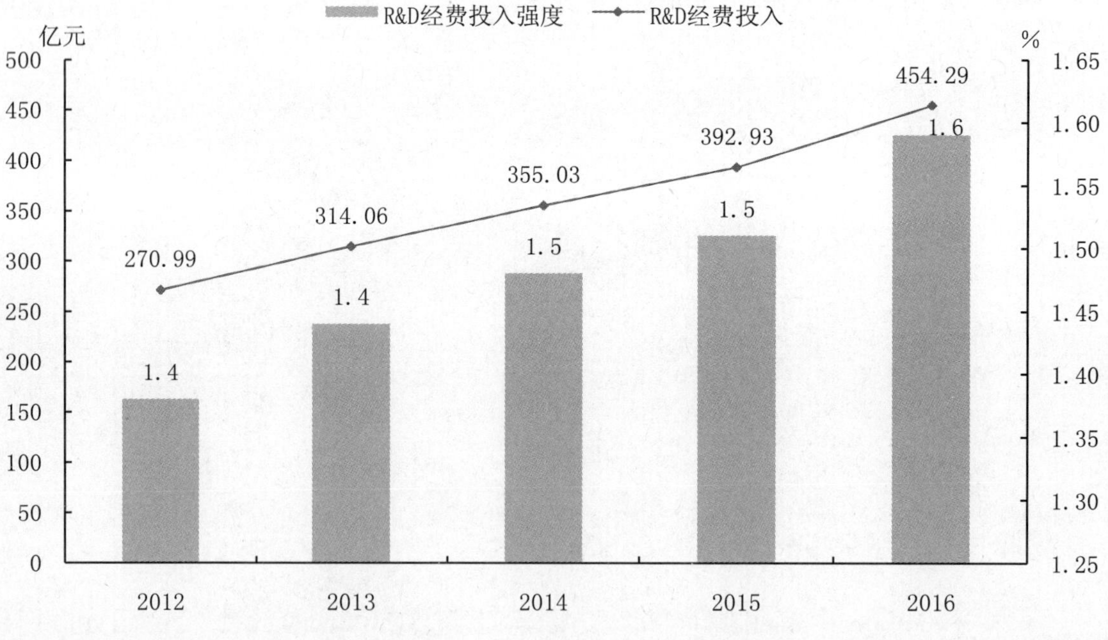


### （二）政府资金扶持不断提高

2016 年，全省 R&D 经费投入中，来自政府的资金投入 49.82 亿元，比 2012 年增长 1.3 倍，年均增长 23.2%；政府资金所占比重为 11.0%，比 2012 年提高 3.0 个百分点。以财政经费为主要来源的科研机构和高校，其政府资金投入明显增加。2016 年，科研机构 R&D 经费投入 18.60 亿元，比 2012 年增长 1.0 倍，年均增长 19.2%，占全省 R&D 经费投入比重为 4.1%、比 2012 年提高 0.7 个百分点；高校 R&D 经费投入 27.16 亿元，比 2012 年增长 2.4 倍，年均增长 36.0%，所占比重为 6.0%、比 2012 年提高 3.1 个百分点（见图 2）。2016 年，全省地方财政科技支出 82.42 亿元，比 2012 年增长 70.0%，年均增长 14.2%；占一般公共财政预算支出的比重为 1.9%，与 2012 年持平。

**图 2　2012-2016 年福建省科研机构和高校 R&D 经费投入**

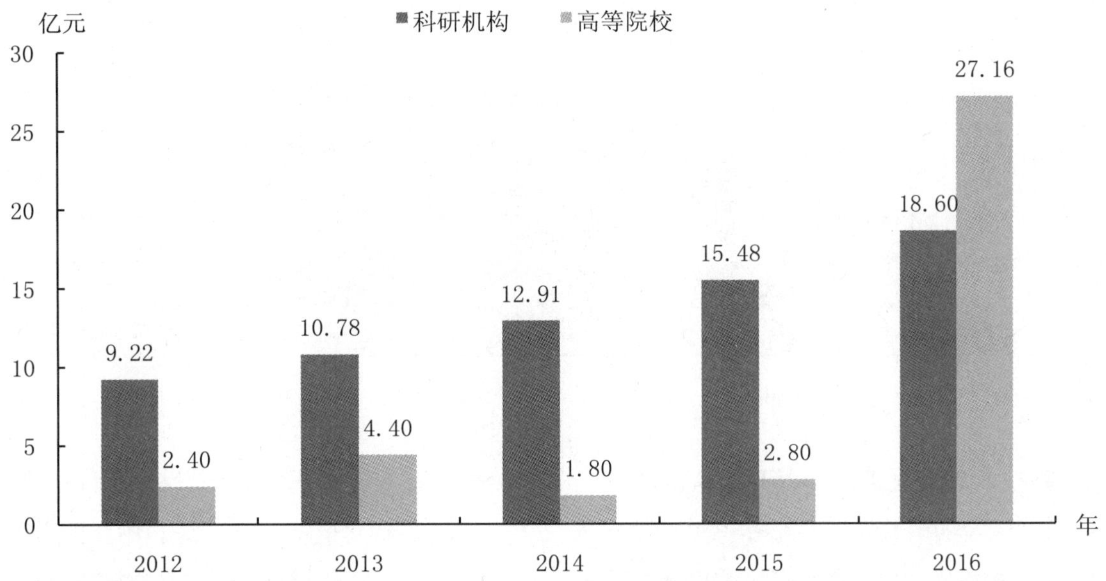


**（三）政策落实效果显现**

研发费用加计扣除减免税、高新技术企业减免税等政策的不断完善，对福建落实创新驱动发展战略、促进产业升级发挥了积极作用。2016 年，全省规模以上工业企业享受研发费用加计扣除减免税 14.11 亿元，比 2012 年增长 1.1 倍，年均增长 20.6%；享受高新技术企业所得税减免 26.12 亿元，比 2012 年增长 40.2%，年均增长 8.8%；落实科技小巨人领军企业研发费用加计扣除奖励 7437.3 万元。

**（四）金融支持成效明显**

党的十八大以来，福建创新科技贷款、风险补偿、信用担保等金融支持措施，鼓励银行、创投、保险资金和民间资本向有创新潜力企业倾斜，支持科技成果转化，科技与金融结合更加紧密。2016 年，创新券制度通过购买服务、后补助、绩效奖励等方式，为全省 353 家符合条件的创新企业提供购买科技创新服务补助 2502.5 万元。商业银行在 8 个设区市设立的科技支行和科技金融服务中心，共计发放科技型贷款 10.40 亿元。全省专利权质押金额 24.59 亿元，对符合条件的 59 家中小微企业专利权质押贷款项目予以财政贴息约 1156 万元，有效降低企业融资成本。全省发放科技保险补贴近 1200 万元，带动 200 多家高新技术企业投保科技保险 6000 多万元，提供近 300 亿元风险保障。

## 二、研发创新能力不断提升

**（一）原始创新投入凸显**

基础研究和应用研究是科学技术发展的根基，是提升研发创新能力的重要途径。2016 年，全省基础研究经费投入 11.83 亿元，应用研究投入 29.97 亿元，均比 2012 年增长 1.4 倍，年均分别增长 25.0% 和 25.1%，分别比全省 R&D 经费投入年均增幅高 11.2 个百分点和 11.3 个百分点；基础研究、应用研究占全省 R&D 经费投入总量的比重分别为 2.6% 和 6.6%，分别比 2012 年提高了 0.8 个百分点和 2.1 个百分点（见图 3）。

图 3　2012-2016 年福建省基础研究和应用研究经费投入

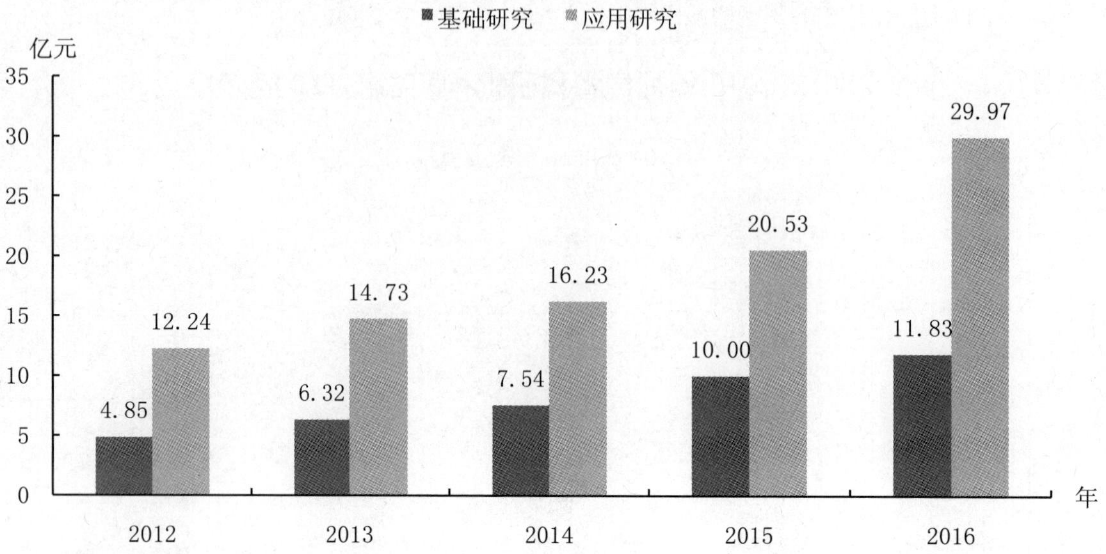


（二）高技术制造业研发实力不断提高

高技术制造业的较快发展得益于 R&D 经费投入的不断增加。2016 年，全省规模以上高技术制造业 R&D 经费投入为 111.77 亿元，占制造业 R&D 经费投入的 29.1%；经费投入比 2012 年增长 87.1%，年均增长 16.9%；高技术制造业 R&D 经费投入与主营业务收入之比为 2.5%，明显高出制造业 1.0%的平均水平，比全国平均水平高 0.6 个百分点，比 2012 年提高 0.7 个百分点。高技术制造业研发实力不断提高，对福建经济实现提质增效转型升级起到重要的支撑和带动作用。

（三）企业研发机构进一步发展

党的十八大以来，企业办研究机构获得快速发展，成为福建开展研发活动的新生力量。截至 2016 年末，全省拥有国家级企业技术中心 37 家，遴选科技小巨人企业 655 家，新培育知识产权优势企业 100 家。2016 年，全省规模以上工业企业中，企业办研发机构 1618 个，比 2012 年增加 290 个，增长 21.8%；机构经费支出 174.37 亿元，比 2012 年增长 33.2%。

（四）研发创新平台建设取得新突破

党的十八大以来，福建加快高水平研发创新平台建设，大力推进重点研发机构发展，积极引进境内外高端研发机构在闽落地。中科院海西研究所、国防科技大学军民融合协同创新研究院、中船重工厦门材料研究院等新一批“国字号”研发机构落地，进一步壮大福建创新驱动内核。截至 2016 年末，全省共拥有国家级重点实验室 10 个、省级重点实验室 200 个，国家级工程技术研究中心 7 个、省级工程技术研究中心 472 个，产业技术重大研发平台 26 个。

## 三、创新活力迸发

（一）企业创新主体地位强化

从经费投入看，创新资源进一步向企业集聚。2016 年，全省企业 R&D 经费投入 405.22 亿元，占全省 R&D 经费投入总量的 89.2%，贡献率高达 75.3%。其中，规模以上工业企业 R&D 经费投入 388.26 亿元，比 2012 年增长 63.0%，年均增长 13.0%；与主营业务收入之比为 0.9%，比 2012 年提高 0.09 个百分点（见图 4）。截至 2016 年末，全省共拥有高新技术企业 2535 家，当年新增 906 家；拥有创新型企业 681 家，新增 255 家。

图4　2012-2016年福建省规模以上工业企业R&D经费投入情况

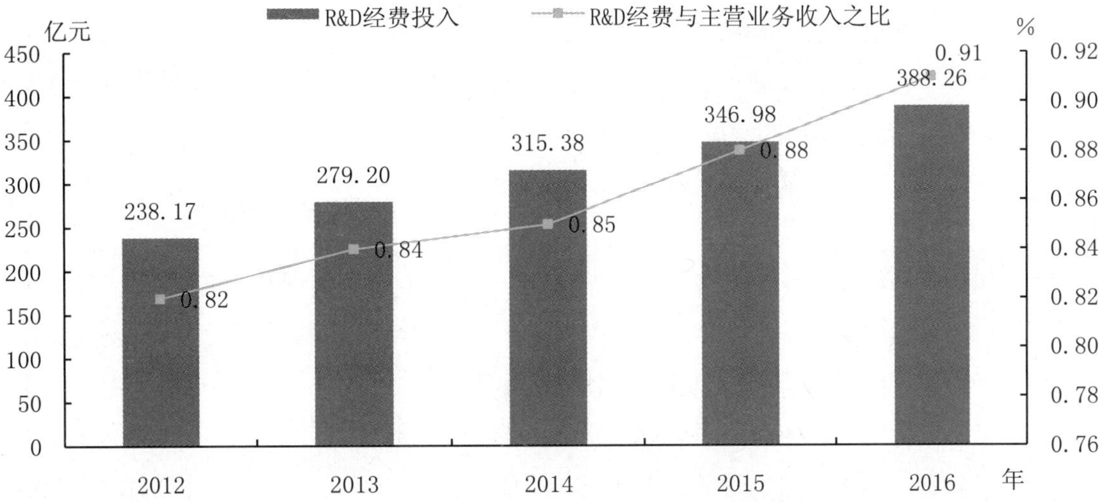


**（二）企业创新活动初具规模**

据企业创新调查数据显示，2016年在规模以上企业中有38.6%的企业开展了创新活动，居全国第10位。其中，获得成功的企业占95.6%，居全国第7位。从企业创新活动类型看，13.8%的企业开展产品创新，16.5%开展工艺创新，22.8%开展组织创新，23.2%开展营销创新。从行业看，工业企业开展创新活动的比重为44.1%，建筑业企业为32.6%，服务业企业为33.0%。从设区市看，福州、漳州、厦门、泉州、平潭企业开展创新活动的比重超过全省平均水平，分别为49.4%、47.5%、40.4%、40.1%和40.0%。创新已在一定程度上成为不同地区、不同类型企业生存发展的共同选择（见表1）。

表1　福建省企业创新活动情况

（2016年）

| 地区 | 开展创新活动的企业所占比重（%） | | | |
|---|---|---|---|---|
| | | 工业 | 建筑业 | 服务业 |
| 总　计 | 38.6 | 44.1 | 32.6 | 33.0 |
| 福州市 | 49.4 | 50.3 | 44.3 | 49.5 |
| 厦门市 | 40.4 | 58.9 | 23.3 | 31.1 |
| 莆田市 | 29.3 | 33.2 | 22.4 | 26.1 |
| 三明市 | 29.6 | 32.9 | 20.8 | 23.5 |
| 泉州市 | 40.1 | 45.2 | 43.3 | 31.2 |
| 漳州市 | 47.5 | 50.7 | 27.8 | 42.3 |
| 南平市 | 33.0 | 38.4 | 17.0 | 22.9 |
| 龙岩市 | 28.4 | 43.0 | 22.1 | 20.0 |
| 宁德市 | 26.3 | 29.0 | 11.4 | 22.2 |
| 平潭综合实验区 | 40.0 | 56.3 | 40.0 | 36.2 |

### （三）众创空间初具规模

随着创业创新政策法规的贯彻落实，创业创新生态环境的逐步完善，众创空间发展热情高涨，各具特色的众创空间不断涌现。福建通过“引进来”和“走出去”双措并举加快众创空间发展。一方面，引进车库咖啡、优客工场、柴火空间等国内知名众创空间落户福建；另一方面，不断壮大本土品牌，积极向外发展，如优空间已在北京、重庆等 8 个城市建立了 14 个创业社区。截至 2016 年末，全省拥有各类众创空间 400 多家，其中省级众创空间 113 家，国家级 26 家；悦农庄、闽中互联网产业园、弘桥智谷等 20 家众创空间入选国家“星创天地”名单，纳入国家级科技企业孵化器的管理和服务体系，享受国家规定的相应优惠政策。

### （四）创业创新服务体系进一步完善

截至 2016 年末，全省已拥有产业技术公共服务平台 22 个，省级产业技术创新战略联盟 28 个，省级小微企业创业基地 49 个；科技企业孵化器 160 家，其中国家级 13 家，孵化面积 246 万平方米，在孵企业 4202 家，创造岗位 7.6 万个。在孵企业中高新技术企业数量 254 家，毕业企业中高新技术企业数量 315 家，总计培育 569 家；累计毕业 2294 家，其中毕业企业累计上市 72 家。创业创新服务平台作为推动自主创新体系建设的重要载体，为促进福建产业转型升级、加快发展方式转变提供有力支撑。

## 四、自主创新能力提升

### （一）专利实现量质齐升

党的十八大以来，福建积极创新知识产权管理体制和公共服务，构建知识产权保护体系，推动知识产权与经济深度融合，进一步优化知识产权生态环境，专利创造保持量增质提的良好势头。2016 年，全省专利申请受理 13.04 万件，比 2012 年增长 2 倍多，年均增长 32.1%。其中，发明专利 2.70 万件，比 2012 年增长 2.2 倍，年均增长 33.6%。全省专利授权 6.71 万件，比 2012 年增长 1.2 倍，年均增长 21.8%。其中，发明专利 0.72 万件，比 2012 年增长 1.4 倍，年均增长 24.6%（见图 5）。截至 2016 年末，全省共拥有有效发明专利 2.38 万件，每万人口发明专利拥有 6.14 件。此外，全省拥有 PCT 国际专利申请 199 件，居全国第 9 位。

图 5　2012-2016 年福建省专利申请授权情况

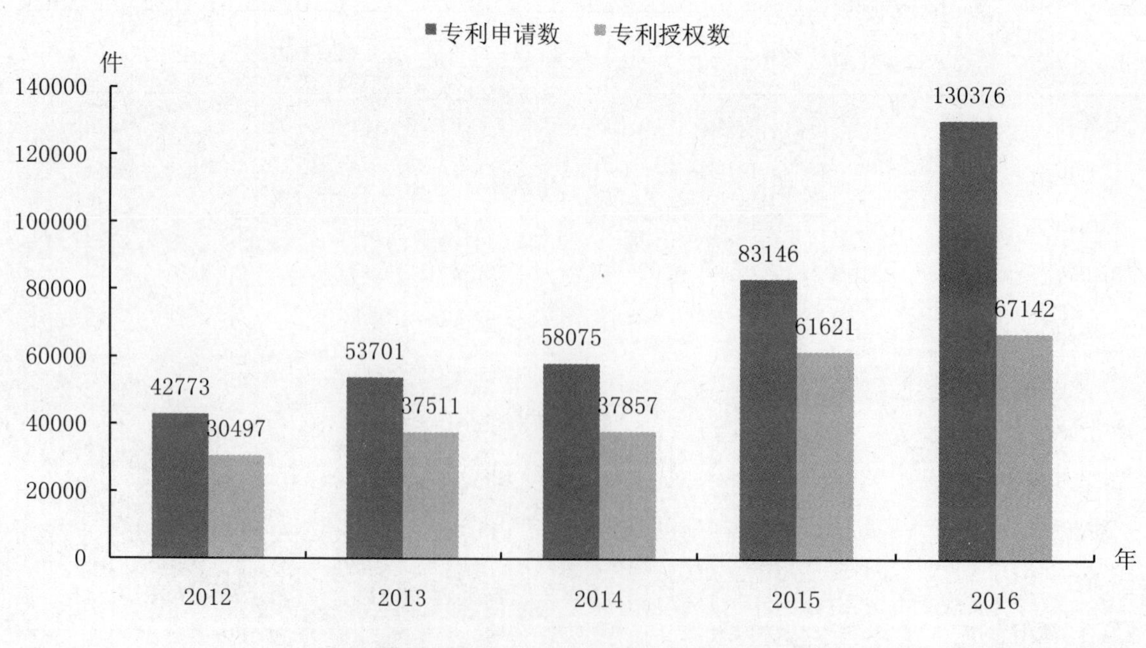

### （二）科学技术奖励成果荟萃

2016 年，全省有 10 项发明、实用新型专利获得中国专利优秀奖，3 项外观设计专利获得中国外观设计优秀奖。全省共有 6 个项目成果获得 2016 年度国家科学技术奖，其中《氧基簇合物的设计合成与组装策略》获国家自然科学奖二等奖；《基于羟基自由基高级氧化快速杀灭海洋有害生物的新技术及应用》获国家技术发明奖二等奖；《林木良种细胞工程繁育技术及产业化应用》《果蔬益生菌发酵关键技术与产业化》《（巷）道破碎软弱围岩稳定性监测控制关键技术及应用》《共振成像的多模态分子影像与功能影像的研究与应用》等 4 个项目成果获国家科技进步奖二等奖。

### （三）成果转移转化水平大幅提高

党的十八大以来，福建健全成果转移转化机制，丰富成果转移转化载体，增加高端技术成果供给，打通成果转移转化应用通道，为成果转移转化提供新动力。陆续启用了国家技术转移海峡中心、国家技术转移人才培养基地、中科院 STS 福建中心、海丝科技合作中心等科技成果转化平台，开启“政府引导+市场运作”的技术转移新模式。截至 2016 年末，全省已有 22 家境内外技术转移机构入驻，海峡技术转移公共服务平台也已上线试运行。同时，福建与国家自然科学基金委员会、瑞士瑞中经济科技文化教育交流中心等缔结合作关系，创新合作方式，搭建技术转移公共服务平台，推进先进技术对外转移，推动科技发展再上新台阶。2016 年，全省技术合同成交额 105.71 亿元，比 2012 年增长 43.7%，年均增幅为 9.5%。

## 五、科技创新引领社会经济发展

### （一）创新改善产品市场

新产品开发是工业企业研发活动的重要内容，为改善产品市场奠定基础。2016 年，全省规模以上工业企业研发项目中，有新产品开发项目 11833 项，所占比重为 68.6%；新产品开发经费投入 351.69 亿元，比 2012 年增长 54.4%，年均增长 11.5%；实现新产品销售收入 4052.66 亿元，占主营业务收入的比重为 9.5%（见图 6）。

图 6　2012-2016 年福建省规模以上工业企业新产品销售收入

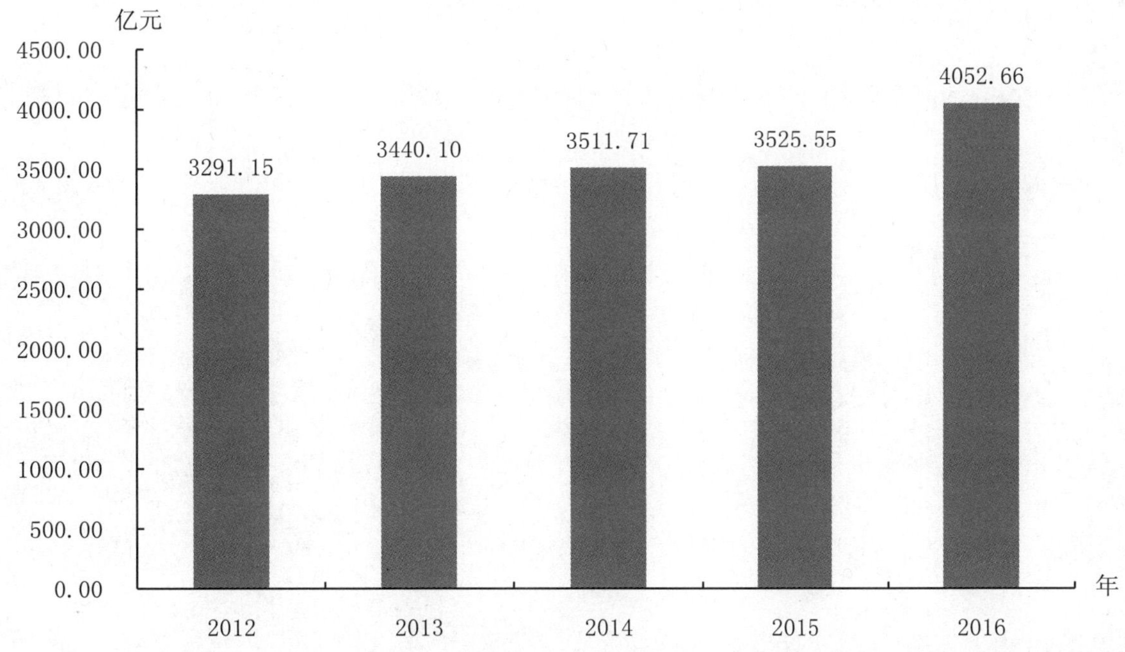

### （二）创新优化产业结构

高技术制造业总体呈现稳中有进的发展态势。2016 年，全省规模以上工业企业中高技术制造业实现增加值 1116.55 亿元，比 2012 年增长 26.4%，对规模以上工业增长的贡献率为 15.1%，比 2012 年提高 1.1 个百分点。以装备制造业为代表的先进制造业快速发展，为优化工业产业结构奠定基础。2016 年，全省规模以上装备制造业完成增加值 2547.00 亿元，比 2012 年增长 45.6%，增幅高于规模以上工业水平 4.6 个百分点；占规模以上工业增加值比重为 23.1%，比 2012 年提高 0.4 个百分点；对规模以上工业增加值增长的贡献率为 29.0%，比 2012 年提高 24.1 个百分点。2016 年，全省规模以上工业中战略性新兴产业完成增加值 2335.06 亿元，占规模以上工业增加值比重为 21.2%，对规模以上工业增长的贡献率为 14.3%。

### （三）创新助力精准扶贫

福建通过“现代农业规划+科技推广”的顶层设计，针对贫困地区多处于生态脆弱丘陵地区情况，因地制宜制定发展规划和技术策略，引领产业结构调整和创新发展方向，发挥农业科技园区统筹科技资源的载体优势和集聚效应。截至 2016 年末，全省已有 7 个国家农业科技园区，其中 1 个正式挂牌运营，6 个正在积极建设中。农业科技园区发展推进土地规模化利用、标准化生产和深加工产业发展，提升贫困区域自我发展能力，带动农民实现精准脱贫。

（执笔：陈昉）

# 服务业成为福建经济增长的主动力

党的十八大以来，在以习近平同志为核心的党中央治国理政新理念新思想新战略的指引下，福建服务业乘势而上，跨越发展，传统产业加快转型升级，新兴产业蓬勃发展。服务业在优化结构、提高质量、促进就业、拉动消费、改善民生等方面发挥了重要作用，成为拉动国民经济增长的主动力和新引擎。

## 一、服务业发展成绩斐然，成为经济增长主动力

### （一）服务业保持两位数增长，对 GDP 增长贡献超过第二产业

2016 年，全省服务业完成增加值 12310.97 亿元，与 2012 年相比，年均增长 10.3%，比 GDP 和第二产业年均增长速度分别高 0.7 个百分点和 0.5 个百分点；占全省地区生产总值比重为 43.2%，比 2012 年提高 3.9 个百分点；对国民经济增长贡献率（不变价）为 56.0%，比第二产业贡献率高 15.4 个百分点，比 2012 年提高 25.3 个百分点；拉动全省经济增长 4.7 个百分点，比第二产业拉动高 1.3 个百分点，比 2012 年提高 1.2 个百分点。在供给侧结构性改革背景下，服务业已成为福建省经济转型升级、跨越发展的新引擎。

### （二）服务业成为税收主要来源，营改增减税成效明显

2016 年，全省服务业实现税收总额 2240.35 亿元，与 2012 年相比，年均增长 12.0%，比全部税收年均增速高 1.8 个百分点；占全部税收比重为 55.0%，比 2012 年提高 3.6 个百分点；服务业新增税收收入超过全部新增税收收入，为全部新增税收收入的 13.4 倍。自 2012 年营改增试点以来，服务业减税取得一定成效。2016 年，全省服务业百元增加值平均税负 18.4 元，比 2012 年下降 0.2 元。

### （三）服务业投资保持较快增长，成为吸引投资主领域

2016 年，全省服务业完成固定资产投资 14509.69 亿元，与 2012 年相比，年均增长 16.5%，比全部固定资产投资和第二产业固定资产投资年均增速分别高 0.4 个百分点和 2.4 个百分点；占全省投资比重为 62.8%，比 2012 年提高 0.9 个百分点；对全部固定资产投资增长贡献率为 68.1%，比 2012 年提高 3.8 个百分点。

### （四）服务业市场主体不断扩大，成为新增企业主力军

据基本单位名录库数据显示，截至 2016 年末全省拥有服务业企业法人单位 42.75 万个，与 2012 年相比，年均增长 20.9%；2013-2016 年共计开业（成立）服务业企业法人单位 22.74 万个，占全部企业法人单位比重为 74.9%。租赁和商务服务业，信息传输、软件和信息技术服务业，科学研究和技术服务业等现代服务业开业企业占比稳步提升，2016 年企业法人单位开业占比分别比 2012 年提高 2.1 个百分点、1.7 个百分点和 1.0 个百分点。

### （五）规模以上服务业发挥引领作用，发展态势总体良好

与 2012 年相比，2016 年全省规模以上服务业企业实现营业收入 3359.56 亿元，年均增长 14.5%，比全国平均增速高 3.1 个百分点；实现营业利润 298.86 亿元，年均增长 8.1%；资产总额 15404.84 亿元，年均增长 20.3%；缴交各项税金 169.19 亿元，年均增长 1.5%；从业人员 71.87 万人，年均增长 9.8%；应付职工酬薪为 546.14 亿元，年均增长 17.7%；人均月薪酬 6333 元，年均增长 7.2%。规模以上服务业企业规模不断扩大，年营业收入百

亿元以上企业 3 家，10 亿元以上企业 44 家，亿元以上企业 451 家，分别比 2012 年增加 2 家、17 家和 163 家。

## 二、供给侧结构性改革取得进展，服务业现代特征显著

### （一）电子商务规模持续扩大，带动作用日益增强

党的十八大以来，随着“互联网+流通”的深度融合，传统商贸流通业转型升级步伐加快，电子商务进入黄金发展期。2016 年，全省电子商务交易额 10196 亿元，增长 43.3%，连续三年保持 40%以上增长速度。在电子商务带动下，快递业快速成长。2016 年，全省邮政业务收入和快递业务收入分别为 178.54 亿元和 134.83 亿元，与 2012 年相比，年均分别增长 25.6%和 33.8%，2016 年新增快递业务收入占到全部邮政新增业务收入的 93.4%。

### （二）交通运输建设取得新成就，服务保障能力提升

2016 年，全省已实现“市市通高铁、县县通高速、镇镇通干线、村村通客车”目标，“两纵三横”综合交通运输大通道基本形成。截至 2016 年末，全省公路通车里程、高速公路里程分别为 106757 公里和 4831 公里，分别比 2012 年末增长 12.8%和 43.3%；铁路营业里程、快速铁路里程分别为 3197 公里和 1570 公里，分别比 2012 年末增长 41.8%和 1.4 倍；港口拥有生产用码头泊位 578 个，比 2012 年增加 20 个；沿海港口拥有万吨及以上泊位 168 个，比 2012 年增加 31 个；已建成运营福州长乐、厦门高崎、泉州晋江、武夷山、三明沙县、连城冠豸山 6 座机场；福州和厦门城市轨道一期规划项目全面启动，福州地铁 1 号线正式开通运营。随着交通运输网络规模的持续扩大，服务保障能力不断提升。2016 年，全省铁路、公路、水路和航空四种运输方式累计旅客周转量、货物周转量分别为 987.52 亿人公里和 6074.83 亿吨公里，与 2012 年相比，年均分别增长 6.4%和 11.9%；沿海港口货物吞吐量、沿海国际标准集装箱吞吐量分别为 5.08 亿吨和 1440.16 万标准箱，年均增长 5.2%和 7.6%。

### （三）以“互联网+”为标志的信息服务业快速发展

党的十八大以来的五年是互联网技术与各行业加速融合，互联网经济爆发式增长的五年。2016 年，全省信息传输、软件和信息技术服务业完成增加值 688.81 亿元，与 2012 年相比，年均增长 14.2%。全省电信业务总量 1259.59 亿元，与 2012 年相比，年均增长 25.0%；互联网用户、互联网宽带接入端口分别为 4413.00 万户和 2380.10 万个，分别比 2012 年增加 952.00 万户和 1270.10 万个；光缆线路长度 102.60 万公里，比 2012 年增加 45.60 万公里；互联网普及率 115.0%，比 2012 年提高 22.0 个百分点。电信基础设施进一步增强，带动互联网行业迅猛发展。以云计算、大数据、物联网、人工智能为代表的新一代信息技术加速孕育、蓬勃兴起，互联网成为创新驱动发展的先导力量。2013-2016 年，全省互联网行业保持高速增长态势。规模以上互联网和相关服务、软件和信息技术服务实现营业收入年均增长 12.2%和 45.3%。

### （四）金融业运行稳健，金融改革试点成效显著

2016 年，金融业完成增加值 1866.17 亿元，与 2012 年相比，年均增长 16.4%。截至 2016 年末，全省金融机构本外币各项存款余额、各项贷款余额分别为 40487.03 亿元和 37787.26 亿元，年均分别增长 12.7%和 13.9%。同时，福建区域金融改革试点硕果累累。自贸区实现大陆与台湾地区征信信息互通共享零突破，落户国内首家总行级“海峡两岸跨境金融中心”；泉州金融综合改革以服务实体经济为主线，率先全国建立中小微企业信用信息交换共享平台，建设重点小微企业融资项目库；沙县农村金融改革以普惠金融为方向，创立全国首个“社区型”村级融资担保基金，不断优化农村金融

供给侧改革。省内企业融资需求得到较好满足，2016年全省非金融企业境内直接融资3668.4亿元，年均增长51.3%。

**（五）科技服务业孕育成长，创新水平不断提升**

党的十八大以来，福建研发投入稳步增加，2016年R&D经费投入454.29亿元，与2012年相比，年均增长13.8%。其中，基础研究经费、应用研究经费、试验发展经费年均分别增长25.0%、25.1%和12.9%。创业创新服务体系逐步形成。截至2016年末，全省共拥有国家级重点实验室10个、省级重点实验室200个，分别比2012年增加5个、123个；科技企业孵化器160家，比2012年增加113家。各类众创空间近500家，比2015年增长近一倍；国家备案众创空间26家，实现零的突破。创业创新环境优化，推动科技发展取得新进展。2013-2016年，全省科学研究和技术服务业增加值年均增长20.3%；专利申请受理数年均增长32.1%；专利申请授权数年均增长21.8%；每万人发明专利拥有量年均增长31.9%。

## 三、五大幸福产业繁荣发展

**（一）“清新福建”旅游品牌全面打响，影响力扩大**

目前，福建围绕福州、厦门和武夷山三大旅游核心，已形成蓝色滨海旅游带、绿色生态旅游带和红色文化旅游带，打造“世遗探秘之旅”“海丝休闲之旅”等10条精品线路，编串了381条旅游精典路线，“清新福建”旅游品牌影响力持续提升。2016年，全省旅游业共接待国内外游客3.15亿人次，与2012年相比，年均增长17.2%；实现旅游总收入3935.16亿元，年均增长19.7%。其中，接待国内游客3.09亿人次，年均增长17.5%，实现国内旅游收入3495.21亿元，年均增长20.6%；接待入境游客680.79万人次，年均增长8.4%，实现旅游外汇收入66.26亿美元，年均增长11.9%。

**（二）文化产业繁荣发展，体育产业蓄势发力**

党的十八大以来，福建文化产业积极适应新常态，深化文化体制改革，推进文化产业转型升级。2015年，全省文化产业完成增加值突破千亿，达1070.94亿元，与2012年相比，年均增长14.3%；占GDP比重为4.1%，比2012年提高0.5个百分点；全省拥有文化产业法人单位4.90万家，实现主营业务收入4258.18亿元，吸纳从业人员92.55万人。2013-2016年，广播、电视、电影和影视录音制作业，文化艺术业，娱乐业发展势头强劲，规模以上企业营业收入年均分别增长29.7%、30.5%和19.1%。体育产业全面发展，厦门、泉州被列为国家体育产业联系点城市，里约奥运会上福建运动员创造了4金1银2铜的历史最好成绩。2013-2016年，体育产业增加值年均增长27.4%；规模以上体育业企业营业收入年均增长17.2%。

**（三）健康养老等社会保障事业快速发展**

2013-2016年，规模以上卫生、居民服务、教育等行业营业收入年均增长26.9%、43.4%和16.1%。健康、养老领域相关硬件设施、专业人员、服务质量大幅提升，截至2016年末全省卫生机构、医疗卫生机构床位、卫生技术人员的数量分别为8855个、17.89万张和22.38万人，分别比2012年增长16.8%、28.5%和29.7%；已建成城市社区居家养老服务站2219个，农村幸福院3116个、农村居家养老服务站1092个、各类老年大学（学校）12529所。社会保障水平进一步提升，截至2016年末全省城镇基本养老保险、城镇基本医疗保险参保人数分别为967.86万人和1297.90万人，分别比2012年末增长27.9%和2.8%。

**（四）教育投入稳步增长，各类教育全面发展**

与2012年相比，2016年全省财政性教育经费支出796.45亿元，年均增长9.2%；新增幼儿园608所；全面完成义务教育标准化建设，率先全国启动“义务教育管理标准化学校”创建；民办教育和职业教育快速发展，规模以上技能培训、教育辅助及其他教育营业收入年均增长 47.0%；福州大学、福建师范大学、福建农林大学跻身世界知名大学排行榜。

党的十八大以来，在以习近平同志为核心的党中央的正确领导下，中共福建省委、省政府出台了一系列改革措施，加大简政放权力度，放宽服务业准入门槛，加快培育服务业新兴领域和新型业态，深化服务业供给侧结构性改革，为服务业全面快速发展提供了良好机遇，服务业发展潜力不断释放，发展动能快速集聚。2016 年，全省服务业占 GDP 比重为 43.2%，比 2012 年提高 3.9 个百分点，但与发达省份 60%以上的占比仍存在较大差距。随着供给侧结构性改革不断深入，工业转型升级步伐加快，居民消费结构品质升级，在中间投入与最终消费环节都产生大量刚性需求，将成为促进福建省服务业跨越发展的强大推动力。我们必须坚定贯彻党中央、国务院决策部署，进一步深化服务业供给侧结构性改革，奋力落实创新驱动发展战略，推动“互联网+服务业”融合发展。可以预期，在各项积极有利因素推动下，服务业将成为推动福建经济社会发展的核心动力。

（执笔：杨峰）

# 2016年福建省产业损害预警分析报告

## 一、福建省工业发展概况

### （一）工业生产平稳运行

2016 年，福建省规模以上工业完成增加值 11017.39 亿元，比上年增长 7.6%，增速居全国第 11 位、东部地区第 3 位。从月度总量看，各月增加值总量较为稳定，除 2 月份未达 900 亿元以外，其余各月份均在 900 亿元以上，其中 3 月和 12 月这 2 个月份突破 1000 亿元。分大类行业观察， 38 个工业大类行业中有 34 个行业实现增长，增长面达到 89.5%，比上年提高 5.3 个百分点。其中，化学纤维制造业（增长 22.2%）、纺织业（增长 13.3%）、电气机械和器材制造业（增长 12.0%）等 15 个行业实现两位数增长。分产品观察，列入统计的 407 种产品中有 251 种产品产量比上年增产，增产面达 61.7%，73 种产品增速超过 20.0%，占全部监测产品的 17.9%。其中，全省新产品保持高速增长，太阳能电池、城市轨道车辆和智能手机分别增长 144.2%、46.2%和 34.0%；符合消费升级要求的高端工业产品增长较快，但大部分原材料产品产量增速较低，个别产品产量下降。

### （二）利润总额增幅止跌回升

2016 年，福建省规模以上工业实现利润总额 2643.25 亿元，比上年增长 19.5%，增幅 5 年来首次回升（见图 1）。在 38 个工业大类行业中，27 个行业利润总额比上年增长，11 个行业下降。其中，如计算机、通信和其他电子设备制造业（增长 78.8%），化学纤维制造业（增长 42.1%），汽车制造业（增长 28.3%），电气机械和器材制造业（增长 24.6%），农副食品加工业（增长 21.8%）等主要行业增幅较高。

图 1　2012-2016 年福建省规模以上工业利润总额增速

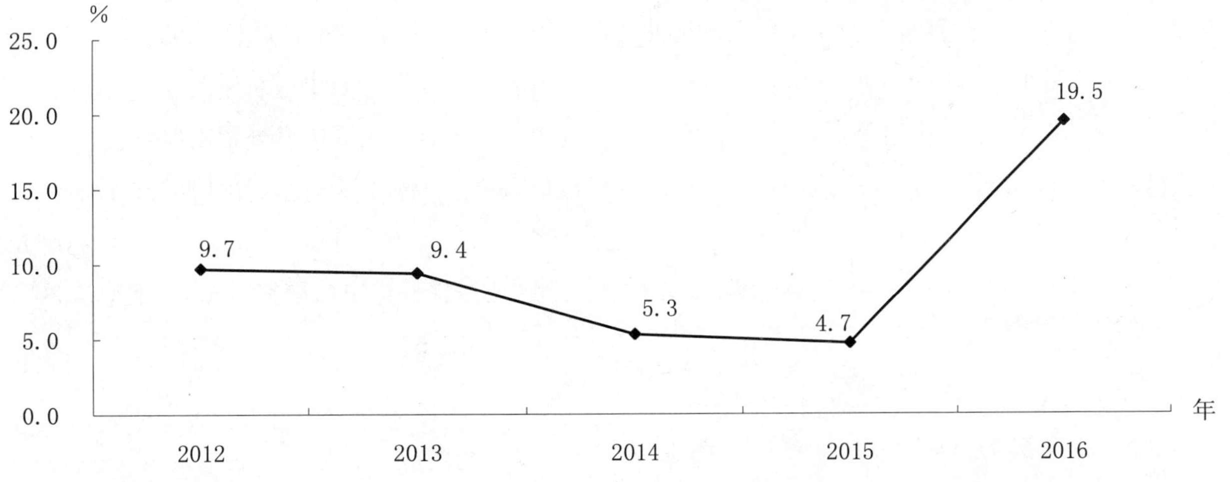


### （三）经济效益稳步提高

2016 年，福建省规模以上工业经济效益综合指数为 287.65，比上年提高 18.61 个点。

**1. 企业控成本、降费用取得成效。**全年全省规模以上工业企业每百元主营业务收入中的成本为 86.20 元，比上年降低 0.05 元；三项费用增长 3.4%，增幅回落 4.5 个百分点。

**2. 工业企业经营效果渐好。**一方面产成品周转天数减少。全年全省规模以上工业企业产成品周转天数为 13.2 天，缩短了 0.8 天。另一方面流动资金周转速度提高、资产负债率下降。全年全省规模以上工业企业流动资产周转次数为 2.84 次，提高 0.02 次；资产负债率（该指标为逆指标）为 52.3%，下降 0.9 个百分点。

**3. 工业生产效率稳步提高。**全年全省规模以上工业全员劳动生产率为 27.52 万元 / 人，提高 2.56 万元 / 人，增长 10.2%。

**（四）供给侧改革显成效**

供给侧改革显成效主要表现在原料性、初加工、产能过剩行业贡献率下降，而深加工、高技术行业贡献率提升。2016 年，福建省煤炭行业对规模以上工业完成增加值增长的贡献率比上年下降 0.9 个百分点，有色行业下降 3.6 个百分点；装备工业贡献率为 29.0%，提高 6.1 个百分点，高技术行业贡献率为 15.1%，提高 2.2 个百分点。

**（五）工业经济新动能加速成长**

2016 年，福建省高技术行业完成增加值比上年增长 11.7%，高出规模以上工业平均水平 4.1 个百分点。其中，航空、航天器及设备制造业，电子及通信设备制造业，医疗仪器设备及仪器仪表制造业等行业分别比规模以上工业平均水平高出 9.5 个百分点、6.7 个百分点、2.6 个百分点。太阳能电池、城市轨道车辆、智能手机等产品产量均保持高速增长。

## 二、福建外贸发展概况

2016 年，福建省外贸出口额为 6838.9 亿元，由上年增长 0.7%转为下降 2.2%，降幅较全国平均水平高 0.2 个百分点。

**（一）加工贸易出口形势严峻**

2016 年，福建省加工贸易出口额为 1479.7 亿元，比上年下降 6.8%，降幅比一般贸易高 5.1 个百分点。全年全省五大传统加工贸易行业（纺织服装、鞋、电子信息、机械装备、船舶）以加工贸易形式合计出口额为 862.3 亿元，下降 13.6%。其中，电子信息、机械装备、鞋行业下降幅度较大，分别下降 12.7%、18.3%、38.7%。

**（二）民营企业出口十年来首次下降**

民营企业一直是福建省出口的主力军。2016 年，全省民营企业出口额为 3937.3 亿元，比上年下降 1.4%，自 2006 年以来首次下降。

**（三）机电和劳动密集型产品仍为主要出口主力，但占比缩小**

2016 年，福建省机电产品出口额 2384.6 亿元，比上年下降 4.0%；占福建省出口总额的 34.9%，下降 0.7 个百分点。纺织纱线织物及制品、服装及衣着附件、家具及其零件、箱包及类似容器、鞋类、塑料制品、玩具等 7 大类传统劳动密集型产品出口额为 2599.4 亿元，下降 4.2%；占出口总额的 38.0%，下降 0.8 个百分点。

**（四）美国、欧盟、东盟居福建省出口前三位，对部分“一带一路”沿线国家出口增长**

2016 年，福建省对美国出口额 1324.5 亿元，比上年下降 2.8%；对欧盟出口额 1198.0 亿元，增长 0.9%；对东盟出口额 1127.5 亿元，增长 7.3%；三者合计占同期全省出口总额的 52.0%。全年全省与“一带一路”沿线国家外贸出口发展相对平稳，出口微降 0.9%。除对东盟出口增长 7.3%，拉动全省出口 1.1 个百分点外；对乌克兰、沙特阿拉伯、孟加拉国、伊拉克出口增长显著，分别增长 20.7%、17.8%、17.5%、10.7%。

## 三、2016 年福建省部分产业安全状况评估

**（一）纺织产业**

列入福建省纺织产业安全监测的行业有纺织业，纺织服装、服饰业，皮革、毛皮、羽毛及其制品和制鞋业 3 个行业。2016 年，福建省规模以上纺织产业产销增幅“一落一升”，主要效益指标稳步

增长。全年纺织产业完成增加值2142.61亿元，比上年增长7.0%，增幅回落0.3个百分点；实现主营业务收入7756.69亿元，增长8.7%，增幅提高0.6个百分点；实现利润总额为469.86亿元，增长4.6%，增幅提高1.3个百分点，但比规模以上工业平均水平低14.9个百分点。出口情况不容乐观，出口额比上年下降，境外市场比重持续下降。2016年，福建纺织品、服装出口总额为210.54亿美元，下降8.5%，降幅比全国平均水平高2.6个百分点。2014-2016年间，福建纺织行业境外市场销售比重逐年下降，至2016年下降幅度达6.7个百分点，降幅比全部工业平均水平高2.7个百分点。

**表1　福建省规模以上纺织产业主要指标**

（2015-2016年）

| 指标 | 绝对值（亿元） | 2016年增速（%） | 2015年增速（%） |
|---|---|---|---|
| 增加值 | 2142.61 | 7.0 | 7.3 |
| 主营业务收入 | 7756.69 | 8.7 | 8.1 |
| 利润总额 | 469.86 | 4.6 | 3.3 |

影响福建省纺织产业安全的主要因素如下：

**1.内外需求增长缺乏动力支撑。①国际市场需求萎缩情况加剧。**根据IMF《全球经济展望（2016年10月）》的预测，2016年全球经济将增长3.1%，不仅低于1980-2015年的历史均值3.5%，还低于2008-2015年的危机均值3.3%。据世界贸易组织预计，2016年全球货物和服务贸易增速在1.9%至2.5%区间，是国际金融危机爆发以来的最低水平，也将是15年来全球贸易增幅首次低于全球经济增幅。**②内需持续不振。**2012-2016年间全国社会消费品零售总额增幅逐年回落，分别为12.1%、11.5%、10.9%、10.6%和9.6%（扣除价格因素）。需求总体偏弱造成了企业内外贸订单的减少。据对福建省945户纺织工业企业调查数据显示，2016年列入调查企业新签内贸订单额为727.85亿元，比上年下降3.9%。

**2.各种压力徒增。①成本压力增大。**一方面，用工成本持续上涨。据中国棉纺织行业协会公布的数据显示，近五年间近百家大中棉纺织企业用工成本持续上涨，工资支出总额年均增长率为7%左右。另一方面，原材料价格上涨推动企业经营成本增加。2016年，全省纺织原料类工业生产者购进价格由上年的下降2.0%转为上涨0.6%。上述两方面因素造成成本居高不下。**②库存压力增多。**纺织行业有效供给不足，产能过剩问题日益突出，同时国际竞争趋于激烈，销售更加困难。两方面导致企业库存积压总量增大。

**3.主要效益指标增长乏力，亏损程度加深，发展后劲不足。**2016年，福建省规模以上纺织产业不仅利润增幅低于规模以上工业平均水平，而且亏损面比上年有所扩大；亏损企业亏损额比上年增长（规模以上工业平均亏损额则是下降）。受此影响，企业投资积极性下降，产业发展后劲不足。2016年，全省纺织产业投资额比上年仅略微增长，增幅大幅回落。

**（二）石化产业**

列入福建省石化产业安全监测的行业有化学原料和化学制品制造业、化学纤维制造业。2016年，福建省规模以上石化产业产销状况有较大改善，主要效益指标大幅增长。全年石化产业完成增加值

521.33 亿元，比上年增长 8.0%，增幅提高 3.5 个百分点；实现主营业务收入为 2603.58 亿元，由上年的下降 3.6%转为增长 8.3%；实现利润总额为 101.71 亿元，由上年的下降 9.8%转为增长 57.7%（见表 2）。出口形式严峻，出口额继续下降，境外市场比重持续下降。全年全省化学工业及其相关工业的产品出口总额 24.18 亿美元，增幅在上年下降 11.6%的基础上继续下降 5.6%。2014-2016 年间，福建石化产业境外市场销售比重逐年下降，至 2016 年下降幅度达 3.2 个百分点。

**表 2　福建省规模以上石化产业主要指标**

（2015-2016 年）

| 指标 | 绝对值（亿元） | 2016 年增速（%） | 2015 年增速（%） |
|---|---|---|---|
| 增加值 | 521.33 | 8.0 | 4.5 |
| 主营业务收入 | 2603.58 | 8.3 | -3.6 |
| 利润总额 | 101.71 | 57.7 | -9.8 |

影响福建省石化行业安全的主要因素：

**1. 行业投资持续疲软。**从全国看，国有企业受到目前油价以及采油成本相对较高影响，资本支出明显减少；民营企业受到成本上升以及投资环境影响，目前整体投资动力不足，特别是在新兴领域的投资动力缺乏。基于上述两方面因素，2016 年石油和化工行业固定资产投资连续两年下降，且降幅较上年扩大 1.8 个百分点。其中，化学工业投资历史上首次出现下降，这与全国工业投资保持增长的局面形成鲜明反差。从福建看，2016 年全省石化行业投资额增幅在上年回落 3.3 个百分点的基础上继续回落 5.7 个百分点。

**2. 国际市场压力增大。**一方面国际贸易摩擦继续高发。2016 年，福建省化工产品共遭遇 7 起贸易救济调查案件，涉案金额 3727.38 万美元，案件数量和涉案金额分别比上年增长了 75.0%和 1.9 倍。另一方面，受中东、韩国等新增产能装置投产加快的影响，国外化工产品对国内市场的冲击加大。2016 年，我国有机化学原料进口持续高速增长，进口量达到 5854.1 万吨，增长 26.0%；净进口量 4565.7 万吨，增长达 33.1%。其中，混合芳烃进口量达 1170.1 万吨，增长 81.2%；甲醇进口量 880.3 万吨，增幅 58.9%。2016 年，我国合成材料进口也是处于高位，进口量 4498.4 万吨，小幅下降 1.4%；净进口量 3585.3 万吨。其中，合成橡胶进口量增幅达 64.1%。从福建看，聚酯纤维、甲苯等化工产品进口量增长迅速。一些大宗化工产品进口持续快速增长，加剧了国内市场竞争，伤害了国内相关企业的利益。

### （三）汽车制造业

2016 年，福建省规模以上汽车制造业尽管产销同步增长，但增幅回落；主要效益指标在上年由下降转为增长的基础上，增幅继续提升。全年汽车制造业完成增加值和实现主营业务收入分别为 267.96 亿元和 1158.51 亿元，分别比上年增长了 10.0%和 9.9%，增幅分别回落 2.8 个百分点和 2.6 个百分点；实现利润总额为 86.02 亿元，增长 28.3%，增幅提高 1.9 个百分点（见表 3）。出口方面，全省汽车制造业出口难度持续加深。全年全省汽车及其零附件出口总额 17.29 亿美元，在上年下降 7.4%的基础上继续下降 9.1%，降幅扩大 1.7 个百分点。2014-2016 年，福建汽车制造业境外市场销售比重逐年下降，至 2016 年下降幅度达 5.0 个百分点，降幅比全部工业平均水平高 1.7 个百分点。

**表 3　福建省规模以上汽车制造业主要指标**

（2015-2016 年）

| 指标 | 绝对值（亿元） | 2016 年增速（%） | 2015 年增速（%） |
|---|---|---|---|
| 增加值 | 267.96 | 10.0 | 12.8 |
| 主营业务收入 | 1158.51 | 9.9 | 12.5 |
| 利润总额 | 86.02 | 28.3 | 26.4 |

影响福建省汽车制造业安全的主要因素如下：

**1. 新能源汽车发展前景有待观望。**福建将新能源汽车产业作为重点发展的战略性新兴产业之一，使新能源汽车在全省机械工业中占有重要地位。与 2015 年相比，2016 年福建新能源汽车产销量下降较为明显。影响新能源汽车推广的主要因素有以下几点：**①推广政策措施没有明显优势。**从政府补贴看，根据国家政策，今后数年新能源汽车购车补贴将逐渐减少，如果汽车售价不变，消费者将付出更多的购车费用。从补贴标准看，福建各地新能源非公交汽车地方补贴与国家配套补贴比例为 0.4∶1-1∶1，各级补贴合计不超过车辆市场合理售价的 70%，与部分省份相比，补贴标准偏低，差异较明显。从政策有效期看，截至 2016 年 11 月 1 日，福建已公布本地区实施细则的仅南平、龙岩、漳州、莆田、泉州、宁德以及福汽集团，政策适用截至 2016 年 12 月 31 日，有效期仅 2 个月左右，而整车备料生产周期约 3 个月，政策有效期明显偏短，推广时间严重不足。从政策公布看，截至 2016 年 12 月 27 日，福建省新能源公交车补贴政策尚未公布，部分公交运营企业 2016 年招标时均按上年度国地补配套 1∶1 政策进行价格核算，部分中标的汽车生产企业只能先垫付地补资金，若政策出台后未能按此标准结算，企业可能面临亏损。**②电池技术不成熟，制约新能源汽车发展。**目前，新能源汽车仍存在一些普遍性的技术瓶颈：续航里程短、充电时间长、成本高、电力驱动系统效率较低等。**③充电桩设施建设滞后，成为新能源汽车发展软肋。**近几年来，虽然政府大力鼓励和扶持新能源汽车发展，企业也纷纷响应，但目前省内充电站和电池交换站等新能源汽车基础配套设施建设进程缓慢，覆盖面不广。

**2. 产业后劲不足。**2016 年，福建汽车产业新建投产的大项目不多，产业持续增长后劲也不足。全年投资额由 2015 年的微涨转为下降，而全国汽车产业投资额比上年增长。

**（四）计算机、通信和其他电子设备制造业**

2016 年，福建省规模以上计算机、通信和其他电子设备制造业产销比上年增长，但增幅“一落一升”；主要效益指标由上年的下降转为大幅增长。全年完成增加值 777.02 亿元，增长 10.6%，增幅略回落 0.2 个百分点；实现主营业务收入达 3346.99 亿元，增幅提高 0.9 个百分点；实现利润总额 180.30 亿元，大幅增长 78.8%（见表 4）。出口方面，全省计算机、通信和其他电子设备制造业出口乏力，降幅持续扩大。全年全省计算机及相关产品出口总额 68.57 亿美元，比上年下降 8.3%，降幅扩大 1.3 个百分点。2014-2016 年，福建计算机、通信和其他电子设备制造业境外市场销售比重逐年下降，至 2016 年下降幅度达 9.5 个百分点，降幅比全部工业平均水平高 6.2 个百分点。

## 表4　福建省规模以上计算机、通信和其他电子设备制造业主要指标

（2015-2016年）

| 指标 | 绝对值（亿元） | 2016年增速（%） | 2015年增速（%） |
|---|---|---|---|
| 增加值 | 777.02 | 10.6 | 10.8 |
| 主营业务收入 | 3346.99 | 6.7 | 5.8 |
| 利润总额 | 180.30 | 78.8 | -14.9 |

影响福建省通信设备、计算机和其他电子设备制造业安全的主要因素如下：

**1. 全球经济低迷导致企业订单减少。**在全球经济低迷的背景下，全球电子信息消费市场也处于低迷状态。全球领先的信息技术研究和顾问公司Gartner预计2016年的全球IT支出总额将达到3.54万亿美元，仅比上年增长0.6%。直到2019年之前，2014年支出水平都将难以超越。据对福建省207户通信设备、计算机和其他电子设备制造业企业调查数据显示，2016年列入上述调查企业新签外贸订单额为31.74亿元，下降1.6%。

**2. 加工贸易转型升级进展缓慢。**加工贸易是福建省电子产品的主要出口方式，占全部出口的90%以上。近几年，受国际环境和国内条件发生重大变化的影响，加工贸易进入一个长期缓慢发展甚至是负增长通道。随着加工贸易综合优势的逐步丧失，全省电子信息产品的出口也面临严峻的考验，2016年全省电子信息产品加工贸易方式出口额65.95亿美元，比上年下降8.3%。但目前企业转型升级进展缓慢，一定程度上将制约电子产业的健康发展。据对27户电子信息企业调查数据显示，五成多企业近期没有转型升级的意愿。

### （五）轻工业

列入福建省轻工业安全监测的行业有家具制造业、造纸和纸制品业、橡胶和塑料制品业、金属制品业、其他制造业5个行业。2016年，福建省规模以上轻工业产销情况平稳，增幅“一升一落”，主要效益指标保持增长，增幅提高。全年轻工业完成增加值、实现主营业务收入分别为1249.74亿元、4433.23亿元，分别比上年增长8.2%、8.3%，其中完成增加值增幅提高0.1个百分点，实现主营业务收入增幅回落1.4个百分点；实现利润总额为281.87亿元，增长15.1%，增幅提高8.0个百分点。全省轻工业出口由上年增长的趋势转为下降，境外市场比重下降。全年全省塑料及其制品、橡胶及其制品，木及制品、木炭、软木、编结材料制品，木浆等、废纸、纸、纸板，杂项制品出口总额达145.62亿美元，由上年增长5.0%转为下降7.4%。2014-2016年间，福建省轻工业境外市场销售比重逐年下降，2016年比2014年下降4.7个百分点。

## 表5　福建省规模以上轻工业主要指标

（2015-2016年）

| 指标 | 绝对值（亿元） | 2016年增速（%） | 2015年增速（%） |
|---|---|---|---|
| 增加值 | 1249.74 | 8.2 | 8.1 |
| 主营业务收入 | 4433.23 | 8.3 | 9.7 |
| 利润总额 | 281.87 | 15.1 | 7.1 |

影响福建省轻工业安全的主要因素如下：

**1. 原材料成本不断攀升。**以轮胎行业为例，受汽车产销量同比大幅增长带动轮胎行业开工率以及国际原油价格持续上涨等因素影响，2016 年 9 月份开始，天然橡胶价格开始呈震荡上扬态势，截至 2016 年 12 月 12 日，天然橡胶期货价格一度逼近 2 万元 / 吨，创近 3 年以来新高。

**2. 东南亚国家产能大幅扩张。**以造纸行业为例，受人工、物流、税负、厂租成本不断上涨的影响，造纸行业逐渐向东南亚和南亚转移。包装纸世界龙头企业玖龙（中国）集团在越南的正阳公司，投资建设了年产 45 万吨的包装纸生产线；香港理文纸业集团因故延迟建设的项目也于 2016 年 6 月投产，年产纸浆 35 万吨、成纸 28 万吨；台湾正隆集团正投资 10 亿美元在巴地头顿建设包装纸生产线，2017 年产能会达到 45 万吨；日本丸红株式会社将分两期在巴地头顿建设 120 万吨产能生产线，首期也计划于 2017 年投入运行。由于许多年产几十万吨的外资大项目正在建设，东南亚和南亚诸多国家呈现出明显的后发优势，未来三年仅越南就可达 600 万吨的纸产量，我国包装纸业未来三年订单受此影响可能锐减约 400 万吨。

### （六）冶金工业

列入福建省冶金工业安全监测的行业有黑色金属冶炼和压延加工业、有色金属冶炼和压延加工业 2 个行业。2016 年福建省规模以上冶金工业产销增幅“一落一升”，主要效益指标大幅增长。全年冶金工业完成增加值、实现主营业务收入分别为 624.28 亿元、3118.85 亿元，分别比上年增长 7.2% 和 6.3%，其中增加值增幅回落 4.5 个百分点，主营业务收入增幅由上年下降 2.7% 转为增长 6.3%；实现利润总额为 100.24 亿元，由上年下降 45.9% 转为增长 95.7%（见表 6）。全省冶金工业出口下降，降幅扩大。全年全省珠宝、贵金属及制品、贱金属及其制品出口总额 61.69 亿美元，比上年下降 7.4%，降幅比上年扩大 5.7 个百分点。

**表 6　福建省规模以上冶金工业主要指标**

（2015-2016 年）

| 指标 | 绝对值（亿元） | 2016 年增速（%） | 2015 年增速（%） |
|---|---|---|---|
| 增加值 | 624.28 | 7.2 | 11.7 |
| 主营业务收入 | 3118.85 | 6.3 | -2.7 |
| 利润总额 | 100.24 | 95.7 | -45.9 |

影响福建省冶金工业安全的主要因素如下：

**1. 贸易争端频发。**以钢铁行业为例，受贸易保护的影响，国际竞争更加激烈复杂，我国钢铁国际贸易受到遏制。2016 年，我国钢铁产品共遭遇 21 个国家（地区）发起的立案调查 49 起，涉案金额 78.95 亿美元，案件数量和金额分别比上年增长 32.4%、63.1%。据中国钢铁工业协会公布的数据显示，2016 年我国向美国出口不锈钢板带材量出口量锐减至 2.5 万吨，出口额锐减至 0.48 亿美元，分别下降 75% 和 78%。从福建省看，全年全省钢铁制品共遭遇贸易摩擦 23 起，涉案金额 5833.52 万美元，案件数量和金额分别占全省贸易摩擦案件的 38.3%、25.3%。

**2. 新兴市场产能大幅扩张。**近年来，新兴市场钢铁业蓬勃发展，我国钢铁竞争力压力进一步加大。东南亚地区如越南 2016 年钢产量约增长 20%，一批钢铁项目正在建设中，2017 年越南还将有 10 个钢铁项目投入运营。中东地区如伊朗正大力提高钢铁产能，目前约2200万吨产能项目正在建设中，另外计划建设的产能600万吨，2017年钢产量将从1670万吨提高到2000万吨；韩国浦项钢铁公司在伊朗投资的年产能160万吨综合钢厂将在2017年动工兴建。

**3. 价格优势减弱。**以钢铁行业为例，近几年来，由于我国钢铁价格持续低迷，在国际市场上具有较强的价格优势。据有关资料显示，2014年我国钢材出口价格分别比德国、印度、韩国、日本、俄罗斯低40%、30%、14%、14%和12%。出口价格优势带来的内外价差推动我国钢材大幅出口。然而，国内钢材价格在连续多年下降后，2016年止跌回升，国内外价差并不明显，致使钢材出口价格优势减弱，对我国钢材出口构成了负面冲击。从全国看，钢材综合价格指数由2016年初的56.37上涨到99.51，上涨43.14个点，涨幅达76.5%，从福建省看，钢材价格从年初的2000多元/吨涨至3100元/吨，随后下滑至5月的2100多元/吨，后上涨至3400元/吨，为年内最高价格；铝价格上涨至14000元/吨，铜价格超过46000元/吨，稀土等产品价格也有不同幅度上涨。2017年，我国对于淘汰落后产能重视程度将有增无减。随着产能减少，钢价持续走高，钢材价格的出口竞争优势或不断削弱。

**（七）机械设备制造业**

列入福建省机械设备制造业安全监测的行业有通用设备制造业、专用设备制造业、电气机械及器材制造业、仪器仪表制造业4个行业。2016年，福建省规模以上机械设备制造业产销均保持两位数增长，主要效益指标增长较快。全年全省机械设备制造业完成增加值、实现主营业务收入分别比上年增长11.3%、12.1%，增幅分别提高2.5个百分点、5.8个百分点；实现利润总额在上年增长9.5%的情况下继续增长21.2%。全省机械设备制造业出口由上年增长转为下降，境外市场比重逐年下降。全年全省机电、音像设备及其零件、附件，光学、医疗等仪器、钟表、乐器及其零件、附件出口总额达261.43亿美元，由上年增长0.4%转为下降9.9%。2014-2016年间，福建省机械设备制造业境外市场比重逐年下降，2016年比2014年下降4.3个百分点。

**表7　福建省规模以上机械设备制造业主要指标**

（2015-2016年）

| 指标 | 绝对值（亿元） | 2016年增速（%） | 2015年增速（%） |
|---|---|---|---|
| 增加值 | 1082.02 | 11.3 | 8.8 |
| 主营业务收入 | 3969.85 | 12.1 | 6.3 |
| 利润总额 | 307.23 | 21.2 | 9.5 |

影响福建省机械设备制造业安全的主要因素如下：

**1. 内需市场疲软，产销不畅。**由于机械工业主要服务的钢铁、煤炭、电力、石油、化工等行业普遍处于产业结构的深度调整期，机械产品内需市场疲软的态势短期内难以明显改善，能源装备短期内需求难以大幅增长。2016年，福建省机械设备制造业所包含的4个行业中，仅专用设备制造业的产成品存货增速低于全省规模以上工业平均水平，通用设备制造业、电气机械和器材制造业、仪器仪表制造业产成品存货分别高于全省规模以上工业平均水平。此外经过多年的高速发展，各类机械产品的社会保有量均已达到相当规模，对在役设备的更新改造维护已成为需求中的重要部分，这既减轻增速波动下行的幅度，同时也增加了增量回升的难度。

**2. 发展后劲不足。**受经济下行压力大以及国外市场需求下降的影响，福建省机械设备制造业投资乏力，发展后劲不足。2016 年，全省机械设备制造业固定资产投资额比上年下降，而同期全省制造业固定资产投资增长 5.8%。2017 年，影响机械设备制造业经济运行的不确定因素仍然较多，投资下滑趋势或不会有明显改善。

**3. 技术动力不足。**总体上看，福建省智能装备产业发展水平不高，占机械工业增加值比重仅为 6.7%，低于全国平均水平；在智能装备的应用方面，2015 年福建省装备数控化率约为 55.6%，智能制造尚未上升为技术改造的主要方向。

**4. 竞争力水平处于劣势。**从总量上看，2016 年山东省装备制造业增加值占规模以上工业的比重为 29.4%，辽宁省装备制造业完成工业增加值占规模以上工业企业的 34.1%。同期，福建省机械设备制造业完成工业增加值占规模以上的比重仅在 10%左右。从竞争力上看，2015 年福建省高端装备制造业的竞争力指数为-0.812，居全国第 15 位，位次比 2014 年下降 2 位，竞争力指数与江苏（13.134）、山东（6.360）、广东（5.637）差距甚大。总量的差距、竞争力的低下，使得福建省机械设备制造业发展处于劣势。

### （八）非金属矿物制品业

2016 年，福建省规模以上非金属矿物制品业产销保持增长，但增幅回落，主要效益指标增幅由上年下降转为增长。全年非金属矿物制品业完成增加值、实现主营业务收入分别为 842.71 亿元和 3077.66 亿元，增幅分别回落 1.0 个百分点和 1.1 个百分点；实现利润总额 214.89 亿元，由上年的下降 1.5%转为增长 12.1%（见表 8）。全省非金属矿物制品业出口难度加深，出口额下降，境外市场比重持续下降。全年全省矿物材料制品、陶瓷品、玻璃及其制品出口总额 69.94 亿美元，由上年增长 16.8%转为下降 7.6%。2014-2016 年间，福建省非金属矿物制品业境外市场比重持续下降，由 2014 年的 16.1%下降到 2016 年的 9.4%。

**表 8　福建省规模以上非金属矿物制品业主要指标**

（2015-2016 年）

| 指标 | 绝对值（亿元） | 2016 年增速（%） | 2015 年增速（%） |
|---|---|---|---|
| 增加值 | 842.71 | 8.5 | 9.5 |
| 主营业务收入 | 3077.66 | 8.3 | 9.4 |
| 利润总额 | 214.89 | 12.14 | -1.5 |

影响福建省非金属矿物制品业安全的主要因素如下：

**1. 企业经营压力大。①生产成本压力大。**陶瓷行业是福建省非金属矿物制品业中的特色行业之一，因大部分陶瓷企业都是高耗煤，煤炭价格的快速上涨导致陶瓷企业生产成本不断加大。2016 年初，焦炭价格最低点 558 元，11 月 1 日飙升至 1785 元，涨幅超 200%；焦煤期货年初盘面刚过 500 元，11 月 2 日收于 1304 元，涨幅超 200%；动力煤也从 2015 年的 300 多元涨到 2016 年 10 月 26 日的最高点 661 元。**②环保压力加大。**2015 年 1 月，被称为“史上最严环保法”的新环保法正式实施，加大了对环保问题的处罚力度；2016 年 10 月，《建材工业发展规划（2016-2020 年）》发布，当中计划至 2020 年，将建筑陶瓷行业的氮氧化物排放总量在五年内累计降低 30%；2016 年 11 月，国务院办公厅印发了《控制污染物排放许可制实施方案》，要求按行业逐步固定污染源全覆盖，2020 年全国基本完成排污许可证核发，意味着最晚 2020 年，陶瓷卫浴企业如果没有排污证将不能从事生产。三大法规的施行，加大了非金属矿物制品业企业生产经营的难度。**③去产能压力大。**早在 2009 年水泥、平板玻璃都已被国务院列为六大产能过剩行业，成为淘汰落后产能的重点目标，但效果不佳。2016 年，全省水泥、玻璃等产品产量不降反增，如水泥产量比上年增长 5.0%、石灰产量增长 6.1%、平板玻璃产量增长 4.7%、钢化玻璃产量增长 16.4%。2017 年 2 月，多部门联合印发《水泥玻璃行业淘汰落后产能专项督查方案》，组织开展对全国 31 个省（区、市）水泥、玻璃行业进行专项督查，对落后产能进行清理整顿，加大了全省非金属矿物制品业去产能的压力。

**2. 国外市场需求不足。**2016 年，全球需求疲弱状况未见好转，外需的持续不足大大影响了企业出口的积极性，据对全省 43 户新签外贸订单下降的非金属矿物制品业企业调查数据显示，33 户占 76.7%的企业反映是受国外市场需求的影响导致新签外贸订单下降。

**3. 贸易壁垒高筑。**以陶瓷行业为例，长期以来我国陶瓷产品凭借物美价廉的优势，深受国外经销商和消费者的喜爱，出口额增长较快。然而，在全球经济复苏乏力、外需疲弱的背景下，多个国家为保护本国陶瓷企业的发展和应对危机，都增加了陶瓷产品的技术壁垒。2016 年，全省陶瓷产品遭遇贸易救济调查的涉案企业数达 203 户，涉案金额达 7430.37 万美元，分别比上年增长 33.6%和 1.2 倍。

### （九）食品产业

列入福建省食品产业安全监测的行业是农副食品加工业、食品制造业 2 个行业。2016 年福建省规模以上食品产业的产销和主要效益指标保持增长，但增幅均有所回落。全年食品产业完成增加值、实现主营业务收入分别为 989.61 亿元、4300.34 亿元，增幅分别比上年回落 2.6 个百分点、1.2 个百分点；实现利润总额 291.83 亿元，增幅回落 1.0 个百分点。（见表 9）。全省食品产业出口增长，企业开拓境外市场有成效，境外市场销售比重提高。全年全省活动物、动物产品，植物产品，动、植物油、脂、蜡、精制食用油，食品、饮料、酒及醋、烟草、烟草及烟草代用品的制品出口总额达 90.63 亿美元，由上年下降 0.4%转为增长 4.1%。2016 年，福建省食品产业境外市场实现销售收入比重为 18.7%，比上年提高 1.5 个百分点，与 2014 年持平。

**表 9　福建省规模以上食品产业主要指标**

（2015-2016 年）

| 指标 | 绝对值（亿元） | 2016 年增速（%） | 2015 年增速（%） |
|---|---|---|---|
| 增加值 | 989.61 | 8.9 | 11.5 |
| 主营业务收入 | 4300.34 | 11.1 | 12.3 |
| 利润总额 | 291.83 | 20.4 | 21.4 |

影响福建省食品产业安全的主要因素如下：

**1. 优势产业频遭技术壁垒限制。①抽检比例提高。**以茶产业为例，欧盟是福建出口茶叶的重要市场之一，2016年1月1日起欧盟法规(EU)2015/2383实施，对来自中国的茶叶（不管是否加香料）氟乐灵（限量0.05毫克/公斤）抽检比例提高到10%。**②限量加严。**以茶产业为例，欧盟对（EC）No 396/2005进行了修订，茶叶中环酰菌胺、醚菌酯双辛胍胺、甜菜胺、甜菜宁、啶酰菌胺等多个指标的限量均有不同程度的加严。**③准入门槛提高。**以鳗鱼养殖和加工行业为例，日本在2015年取消了对进口烤鳗及其产品实施孔雀石绿的命令检查的情况下，仍然对进口烤鳗进行孔雀石绿重点检查；乌克兰虽不是欧盟成员国，但要求本国进出口公司对进口水产品生产企业核验欧盟注册证明；俄罗斯进口水产品监管制度不健全，但对出口量较大的国外企业采取重点监控，这些贸易保护都对福建省出口烤鳗产生较大制约。

**2. 企业国外市场开拓动力不足。**受贸易保护及国外市场需求难以提振等因素影响，企业开拓境外市场动力不足。据对全省603户食品企业调查数据显示，2016年仅21.4%的企业采取措施开拓境外市场，比上年下降7.6个百分点。以鳗鱼养殖和加工行业为例，由于鳗苗受限，新品种市场开拓难。福建省主要养殖鳗鱼品种为欧洲鳗、日本鳗和美洲鳗。由于欧洲鳗苗被列入濒危保护动物，2016年9月30日起，欧洲鳗苗产品已暂停出口。而日本鳗苗也将被列入濒危保护动物并且价格较高，导致近年来福建省养殖美洲鳗的比例不断增加。但烤鳗主要消费国日本市场目前尚无法接受由美洲鳗加工而成的产品，对美洲烤鳗产品需求低迷，美洲烤鳗大部分只能内销，国际市场销量有限。

## 三、2017年产业安全状况预测及对策建议

### （一）2017年预测

**1. 有利形势。**从国际看，全球经济呈现贸易增长、通胀温和上升、就业状况改善的状态，如英国2016年四季度失业率为4.8%，失业率保持在11年低位；美国2017年1月CPI涨幅环比创近4年新高，同比涨幅达2.5%，是2012年3月以来最大涨幅；作为主要贸易中转国的新加坡，其非石油国内出口（NODX）指数连续三个月取得扩张，2017年11月同比增长8.6%。说明全球经济增长出现了积极向上的信号，有可能开启新一轮增长周期。从国内看，一是外贸扶持政策继续发力。十八大以来，国务院共出台十余个促进外贸稳增长的政策文件，四个关于对外文化贸易、自贸区战略实施等方面的相关文件。全国出口退税进程明显加快，出口信用短期险渗透率提高到17.8%，进出口企业负担明显减轻，通关无纸化比例提升至95%，13个跨境电子商务综合试验区建成，加工贸易梯度转移加快，相关产品关税水平进一步降低。全覆盖性外贸扶持政策将促进我国外贸稳定增长。二是跨境电商成为外贸转型发展新动能。2017年3月5日，李克强总理在政府工作报告中指出，我国将完善促进外贸发展措施，新设12个跨境电子商务综合试验区。全国两会上释放出强力推进“供给侧改革”和“一带一路”的政策红利，为跨境电商进一步发展带来新机遇。从省内看，一方面，福建省自贸试验区和“海上丝绸之路”核心区经过一段时间的发展，在理念和运营上都逐步趋向成熟，以及带来的便利化都对全省企业“走出去”开拓境外市场、提高境外市场份额提供了有力保障，成为全省外贸增长的主要空间。另一方面，2017年金砖国家峰会在福建召开，是福建经济转型升级的重大机遇，更是给全省企业带来无限商机，此次国际会议将为全省外贸的优化升级，国际市场的深度开拓，国际营销体系的建设发展，以及与境外主流媒体扩大合作提供了巨大的潜力。

**2. 不利形势。①全球贸易回暖不确定性因素增**

**大**。据国际货币基金组织最新的《世界经济展望》报告预测，2017 年全球经济增速将为 3.4%，经合组织的最新预测值为 3.2%，全球经济仍将低位运行，成为共识。世界贸易组织最新贸易展望报告中将 2017 年全球货物贸易增长预期下调到 1.8%-3.1%之间，这是世贸组织首次提出区间预测，意味着 2017 年全球贸易仍将难以回暖，不确定因素增大。在这样的大环境下，我国外贸也难以独善其身。据海关总署最近对 2600 多家外贸企业的调查数据显示，有 67.6%的企业表示，国际市场需求不足是当前企业进出口面临的主要困境。**②国际政局动荡**。2017 年全球政局正在发生巨大变化，比如英国脱欧，苏格兰进行脱英公投，欧洲主要国家大选，美国新总统上任，韩国总统选举等大事件都会给现有政策走向带来变数，对我国外贸都可能带来不确定性和不稳定性。**③贸易保护主义的制约**。据世界贸易组织 2016 年 6 月份发布的报告显示，2015 年 10 月至 2016 年 5 月，二十国集团经济体实施了 145 项新的贸易限制措施，平均每月有超过 20 项新措施出台，月均新措施数量为 2009 年世界贸易组织开始监测贸易限制措施以来的最高水平。在经济增长乏力背景下，实施贸易保护、设置贸易壁垒，用反倾销手段干预正常贸易成为有关国家抢占国际市场份额的重要手段。逆全球化趋势日益明显，我国成为这一趋势的最大受害者，据商务部公布的数据显示，2016 年我国共遭遇 27 个国家和地区发起的 119 起贸易救济调查案件，涉案金额 143.4 亿美元。案件数量和涉案金额分别比上年增长了 36.8%和 76.0%。**④外贸传统竞争优势弱化**。随着生产综合成本不断上升，传统外贸竞争优势持续减弱。据海关公布的数据显示，2016 年前 10 个月我国劳动密集型产品在欧盟市场份额比2015年同期下滑 1.8 个百分点，在美国份额下滑 1.2 个百分点，在日本份额下滑 2.1 个百分点，而同期部分东南亚国家同类产品在欧美日的市场份额均有所提升。

（二）对策建议

**1.培育竞争新优势，打造外贸增长新动能**。近年来，随着劳动力成本不断上升，资源环境的约束日益强化，传统外贸的竞争优势正在逐渐削弱，面临国际上一些低成本劳动力国家的激烈竞争。在此方面，我们可以向德国学习。德国能够一直是制造强国和贸易强国，其中一个重要特征就是中小企业创新活力很强，多数小企业都具有自主研发设计能力，都有自己的核心技术、核心专利，从而形成全球产业链和全球市场。为此建议：**①加快实施领军企业培育工程**。引进和孵化一批具备创新能力、有发展前景的中小微科技型企业，落实各项政策措施，加大财政扶持力度，推动科技企业上市，创新服务方式，助推科技型中小企业发展。如杭州市余杭区 2013 年出台《关于支持科技型中小微企业发展的若干政策意见》，每年安排 2 亿元专项资金，与工业园区提升改造相结合，引进培育 3000 家科技型中小微企业。2014 年度余杭区在中国综合实力百强市辖区排名第 8 位，截至 2015 年 5 月，余杭区已创办 44 个科创园，引进培育科技型中小企业 2275 家。**②培育产业技术创新联盟**。大力推进以科技创新为核心的全面创新，完善以企业为主体、市场为导向、产学研相结合的技术创新体系。建立跨区域产业技术联盟，开展科技交流和产品推介，研发和转化一批全省和国内领先的科技成果，为科技企业提供资本、信息和技术支持。**③推进科技创新载体建设**。推进大众创业万众创新，依托移动互联网、大数据、云计算等现代信息技术，发展新型创业服务模式，建立一批低成本、便利化、开放式众创空间。

**2.加快发展跨境电商，开拓国际市场**。跨境电商的快速发展已经成为我国经济发展的新引擎、产业转型的新业态和对外开放的新窗口，以创新的模式支持实体经济转型，促进传统产业焕发新机，能够有效帮助企业降成本、拓市场、树品牌。据统计，

2016 年我国跨境电商全部进出口业务中，出口占比达到 86.7%。在发展跨境电商方面，可借鉴杭州市的做法。2017 年 3 月 1 日起杭州市《跨境电子商务促进条例》正式施行，从管理体制、发展规划、平台服务和体系建设、促进措施、环境营造和制度支持等方面大力发展和规范跨境电商。福建省可结合自身实际，大力发展跨境电商。为此建议：**①实施品牌推广。**运用跨境电商打造向海外推广品牌的公共服务平台，建立品牌网上展示中心。**②开辟新市场。**对企业运用跨境电子商务手段开拓国际市场给予资金扶持，引导有实力的企业通过租用或自建方式，到重点市场建立跨境电商公共海外仓；搭建以公共海外仓为支点的目的国配送辐射网点，提供一站式仓储配送服务，融入境外零售体系。如东莞市通过跨境电商改变对欧美市场的依赖，开拓“一带一路”沿线国家。2015 年，东莞市对“一带一路”沿线国家出口额达 167.3 亿美元，增长 25.2%；邮政国际小包完成 3441 万票，日均 9.43 万票，增长 1.8 倍。**③搭建综合服务平台，实现发展与监管同步。**建设跨境电商的信息共享、电商信用、金融服务、智能物流、统计监测和风险防控六大体系，推进监管部门之间信息共换、监管互认、执法协助，并提供通关、物流、金融、人才等一站式综合服务。

**3. 积极应对贸易保护。**我国已连续 21 年成为遭遇反倾销调查最多的国家，连续 10 年成为遭遇反补贴调查最多的国家，2016 年我国遭遇贸易救济调查案件的频率高达约每 3 天 1 起案件，贸易摩擦高发已成为了新常态。为此建议：一是以“四位一体”工作机制为抓手主动开展应对工作，加强与国家商务部和国家有关商协会的沟通联系，及时跟进案件动态。二是定期召开省应对国际贸易摩擦联席会议联络员会议，分析国际贸易摩擦形势，研究应对措施。三是深入基层指导企业有效应对，坚持一案一策精准发力。

（执笔：谢金狮　唐梅光　倪可升　陈勋胜　郑芳　林舒）

# 福建省重点税源行业税收效应分析

近年来，福建省经济呈现持续发展态势，以重点行业发展为基础的经济结构不断优化，为财政收入保持稳步增长奠定基础。本文通过对 2012-2016 年十大重点税源行业的经济类型、产业结构、税收规模等不同维度进行考察，深入分析国际经济复苏缓慢和国内经济结构调整进入深水区的背景下，经济增长速度放缓与重点税源行业税收增减变化之间的关联关系，以及年均增长率税收慢于 GDP 与税制改革、结构性减税政策等因素关联性；剖析以流转税为主体税种的税制结构下，经济增长快速发展时税收增长速度明显快于经济增速，经济增长放缓下滑时税收增长速度明显慢于经济增速，并从宏观和微观两个层面，建议发挥促进经济转型升级的税收效应，为加强宏观决策管理提供参考。

## 一、文献综述

税收是经济发展的晴雨表，重点行业是经济税源的重中之重，对经济发展影响关联度大、拉动性强，分析重点行业税收问题，对把握国民经济重点税源的基础状况，具有重要的现实意义，因而一直是经济税收研究人员关注的焦点。白景明（2015）认为，税收增长与经济增长具有同向非固定系数性对应关系，产业结构状况对税收的总量和结构均有决定作用，产业结构调整是推动税收增长的正能量。陈蜜娟（2015）认为，福建省整体经济运行状态表现良好，虽然税收连年递增，但是区域发展失衡、税收的增幅明显快于经济发展的速度等问题都制约了福建省经济的可持续发展。汤梦圆（2015）认为，我国 GDP 对税收有显著的正向影响，税收与国内生产总值的关系不会明显偏离均衡状态，税收应该随着经济增长而增长，税收与经济税源之间保持着合理的关系。李普亮（2016）认为，以第三产业增加值占 GDP 比重和第三产业增加值与第二产业增加值之比，作为产业结构调整的度量指标，则产业结构调整显著促进了税收收入总量增长，但却在一定程度上抑制了税收收入增长速度。福建省泉州市地方税务局课题组（2016）认为，以工业化、城镇化为引擎的“泉州模式”是导致偏差波动的决定性因素。林树山、李普亮（2017）认为，经济增长率与税收收入增长率呈现显著的正相关，第三产业增加值占 GDP 比重与税收收入增长率呈现负相关。

综上所述，关于福建省重点税源行业税收效应分析并不多，而且研究背景都是基于税收年均增长率高于 GDP 为大前提。然而，2012-2016 年期间福建的税收年均增长率却低于 GDP，新常态下出现新现象，这方面的研究成果目前尚未发现。与上述的研究成果比较而言，本文力图梳理并拓展现有文献研究方法和指标，从重点税源行业视角，借助福建省税务系统数据库和统计部门数据，考察 2012-2016 年福建税收年均增长率为何低于 GDP，对异常现象进行定量分析，并通过经济因素、税收因素、固定资产投资因素等角度进行验证。

## 二、福建重点税源行业现状及运行特点

### （一）经济税收现状

**1. 经济发展概况。**2012 年以来，福建省重点税源行业税收持续稳定增长，在增加地方财政收入、优化经济结构等方面起着重要作用，成为衡量经济发展程度和经济实力的重要指标之一。图 1 数据显示[1]，2012-2016 年全省国民经济生产总值（GDP）的年均增长率为 9.69%，呈现单边持续下滑趋势，增长速度从 2012 的 11.4%降至 2016 年的 8.4%，下降 3.0 个百分点，说明受国际经济复苏缓慢和国

[1] 本文数据来源：福建省统计局、国税局和地税局

内经济结构调整进入深水区的双重影响，近年来福建省的经济社会虽然保持平稳健康发展态势，但经济增长速度明显放缓。

**图 1　2012-2016 年福建省地区生产总值（GDP）及其增长速度**

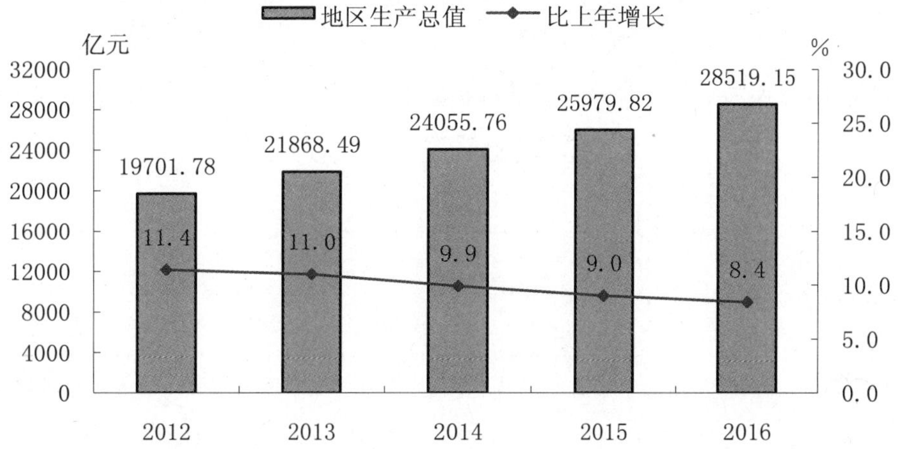


从产业结构来看，经济增长速度明显放缓，主要受权重产业结构性调整影响，占 GDP 半壁江山的第二产业，呈弧线下降趋势，拖慢了经济增长速度。表 1 数据显示，三次产业占 GDP 比重的排序，依然是第二产业、第三产业和第一产业。其中，第一产业整体呈下降趋势，除了 2016 年所占比重有所回升，2012-2015 年逐年下降；第二产业呈弧线下降趋势，所占比重从 2012 年的 51.7%上升至 2014 年的 52.0%，2014 年达到最高点，之后大幅回落，降至 2016 年最低点；第三产业除了 2013 年所占比重有所回落，整体呈上升趋势。

**表 1　福建省分产业 GDP 情况**

（2012-2016 年）　　单位：亿元

| 年份 | GDP | 三次产业 | | | | | |
|---|---|---|---|---|---|---|---|
| | | 第一产业 | 比重（%） | 第二产业 | 比重（%） | 第三产业 | 比重（%） |
| 2012 | 19701.78 | 1776.71 | 9.02 | 10187.94 | 51.71 | 7737.13 | 39.27 |
| 2013 | 21759.64 | 1936.31 | 8.90 | 11315.30 | 52.00 | 8508.03 | 39.10 |
| 2014 | 24055.76 | 2014.80 | 8.38 | 12515.36 | 52.03 | 9525.60 | 39.60 |
| 2015 | 25979.82 | 2118.10 | 8.15 | 13064.82 | 50.29 | 10796.90 | 41.56 |
| 2016 | 28519.15 | 2364.14 | 8.29 | 13912.73 | 48.78 | 12242.28 | 42.93 |

表 2 数据显示，受税制改革和结构性减税政策影响，2012-2016 年全省实现税收收入 16784.57 亿元[2]，年均增长率为 7.6%，比 GDP 慢 2.1 个百分点。2016 年税收总收入增幅放缓是主要原因：一是增值税免抵调库指标缺口较大，全省共减少免抵调库 66.00 亿元；二是中石油、中石化、兴业银行等三大权重企业减收，比 2015 年减收税款 129.15 亿元；三是全面推开营改增，2016 年 5-12 月建筑业、房地产业、金融业、生活服务业等四大试点行业同比减收 51.80 亿元；四是减免税比上年增加 270.27 亿元。若扣除 2016 年因素，2012-2015 年全省税收总收入的年均增长率为 9.7%，略高于同期 GDP 的

[2] 本文税收收入，包括国税收入和地税收入，但不含海关代征和非税收入。

增速；若扣除上述四大因素，2012-2016 年全省税收总收入的年均增长率为 11.2%，比同期GDP 高出 1.5 个百分点。

三次产业税收占税收总收入比重的排序，分别是第三产业、第二产业和第一产业。其中，第一产业除了 2016 年所占比重大幅攀升，整体呈 U 型状态；第二产业呈逐年下降趋势，所占比重从 2012 年的48.45%降至2016年的40.87%，2013年、2016年两次大幅回落，2016年降至最低点；与第二产业相反，第三产业呈逐年上升趋势，所占比重从2012年的51.45%升至2016年的58.89%，2013年、2016年两次大幅攀升，2016年攀至最高点。

**表 2　福建省分产业税收收入情况**

（2012-2016 年）　　单位：亿元

| 年份 | 税收总收入 | 三次产业税收收入 | | | | | |
|---|---|---|---|---|---|---|---|
| | | 第一产业 | 比重（%） | 第二产业 | 比重（%） | 第三产业 | 比重（%） |
| 2012 | 2765.49 | 2.92 | 0.11 | 1339.81 | 48.45 | 1422.77 | 51.45 |
| 2013 | 3179.51 | 3.26 | 0.10 | 1442.90 | 45.38 | 1733.34 | 54.52 |
| 2014 | 3481.59 | 3.48 | 0.10 | 1568.82 | 45.06 | 1909.29 | 54.84 |
| 2015 | 3654.34 | 4.09 | 0.11 | 1643.88 | 44.98 | 2006.37 | 54.90 |
| 2016 | 3703.64 | 8.53 | 0.23 | 1513.86 | 40.87 | 2181.25 | 58.89 |
| 合计 | 16784.57 | 22.28 | 0.13 | 7509.27 | 44.74 | 9253.02 | 55.13 |

**2. 十大重点税源行业概况。**表 3 数据显示，2012-2016年福建十大重点税源行业[3]增加值占GDP 的比重均在 80%以上，而行业税收占税收总收入的比重均在 90%以上，原因在于十大重点税源行业集中分布在第二、第三产业，第二、三产业是主要的经济税源。

**表 3　福建省十大重点税源行业经济税收情况**

（2012-2016 年）　　单位：亿元

| 年份 | 行业产值 | | 行业税收 | |
|---|---|---|---|---|
| | 增加值 | 占 GDP 的比重（%） | 税收 | 占税收总收入的比重（%） |
| 2012 | 15785.88 | 80.1 | 2556.27 | 92.4 |
| 2013 | 17578.25 | 80.8 | 2955.14 | 92.9 |
| 2014 | 19411.58 | 80.7 | 3229.28 | 92.8 |
| 2015 | 20796.95 | 80.1 | 3419.30 | 93.6 |
| 2016 | | | 3433.56 | 92.7 |
| 合计 | | | 15593.56 | 92.9 |

[3]本文十大重点税源行业，具体排序如下：1 制造业，2 房地产业，3 金融业，4 批发和零售业（简称“批发零售行业”），5 建筑业，6 电力、热力、燃气及水的生产和供应业（简称“电力行业”），7 租赁和商务服务业（简称“租赁商务行业”），8 信息传输、软件和信息技术服务业（简称“信息软件行业”），9 交通运输、仓储和邮政业（简称“交通运输行业”），10 科学研究和技术服务业（简称“科学技术行业”）

从重点税源行业税收来看，2012-2016 年十大重点税源行业，贡献税收收入 15593.56 亿元，年均增长率为 7.7%，略高于税收总收入。若扣除 2016 年因素，2012-2015 年全省十大重点税源行业税收的年均增长率为 10.2%，分别高出同期 GDP、税收总收入年均增长率 0.44 个百分点和 0.5 个百分点。十大重点税源行业税收占税收总收入的比重，2015 年最高为 93.6%，2012 年最低为 92.4%，平均值为 92.9%，总体上变化不大。

**3. 百强企业税收概况。**表 4 数据显示，2012-2016 年全省纳税百强企业贡献税收 5145.78 亿元，占税收总收入的 30.7%，年均增长率为 11.6%，比税收总收入高 4.1 个百分点。若扣除 2016 年因素，2012-2015 年全省百强企业税收的年均增长率为 15.9%，分别比同期 GDP、税收总收入高 6.2 个百分点和 6.3 个百分点。

**表 4　福建百强企业纳税情况**

（2012-2016 年）　　单位：亿元

| 年份 | 税收 | 占总收入的比重（%） | 比上年增长 |
|---|---|---|---|
| 2012 | 788.97 | 28.53 | 13.4 |
| 2013 | 877.91 | 27.61 | 11.3 |
| 2014 | 1024.77 | 29.43 | 16.7 |
| 2015 | 1228.96 | 33.63 | 19.9 |
| 2016 | 1225.17 | 33.08 | -0.3 |

## （二）重点税源行业税收运行特点

**1. 重点税源行业税收贡献分化明显。①制造业税收贡献持续下滑。**图 2 数据显示，经济结构深度调整，制造业税收表现最为明显。由于制造业构成中以高耗能行业为主的传统产业比重较高，传统产业结构升级更新现代化程度偏低，高新技术产业进展相对较慢，虽然 2012-2016 年制造业贡献税收 5417.99 亿元、占税收总收入的比重达到 32.28%，总量和占比均居首位，但整个行业税收却呈现萎缩状态，是税收增长速度低于 GDP 的原因之一。一是制造业税收占税收总收入的比重持续下降，由 2012 年的 35.17%降至 2016 年的 29.42%，直观反映出第二产业占 GDP 的比重下滑；二是年均增长率只有 2.9%，远低于 GDP 和重点行业，说明制造业是影响经济增长速度的重要因素之一；三是 2016 年跳水大跌，比上年下降 9.6%，拉低税收增速。

**图 2　2012-2016 年福建省制造业纳税情况**

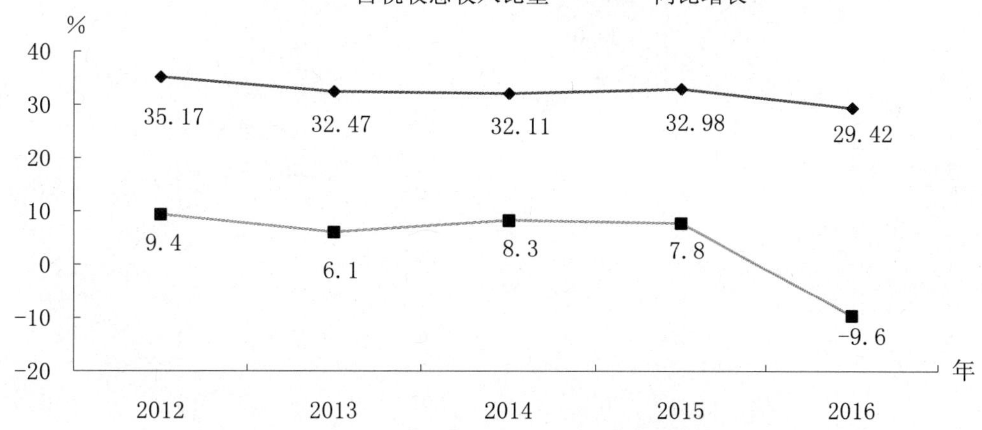

②**房地产业拉动税收增长。**图3数据显示，作为福建第二大重点税源的房地产业，虽然受到房地产市场调控政策影响，仍然占据重要的经济地位和税收份额，拉动税收增长。2012-2016年房地产业贡献税收达3439亿元，占税收总收入的20.49%，年均增长率达到12.19%，远高于GDP和重点行业。但房地产业税收增长存在不可持续问题。受制于房地产市场日趋饱和，加上投机作祟，虽然2013-2016年房地产税收占税收总收入的比重均在20%以上，只有2012年和2015年占比低于平均值，还是掩盖不了房地产业税源呈整体下滑的苗头，2014-2016年的增长速度均低于年均增长率。

**图3 2012-2016年福建省房地产业纳税情况**

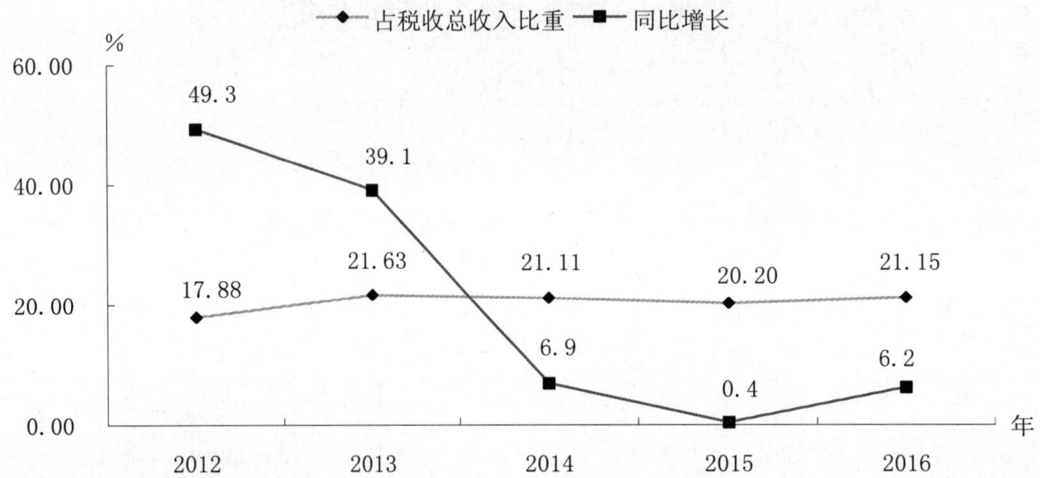


③**金融业税收贡献持续上升。**图4数据显示，火热的楼市推动信贷规模不断扩大，为金融业发展注入活力，使其稳居福建第三大重点税源。2012-2016年金融业贡献税收1996.75亿元、占税收总收入的11.9%。受制于金融领域新业态兴起、传统制造业转型、金融脱实向虚受阻等因素，金融业税收与房地产业一样存在不可持续问题。一是占税收总收入的比重持续上升，从2012年的9.45%升至2016年的13.89%，拉升第三产业占GDP的比重；二是年均增长率高达18.44%，但呈整体下滑趋势，由2012年的35.6%降到2016年的7.0%，说明税收增长后劲乏力。

**图4 2012-2016年福建省金融业纳税情况**

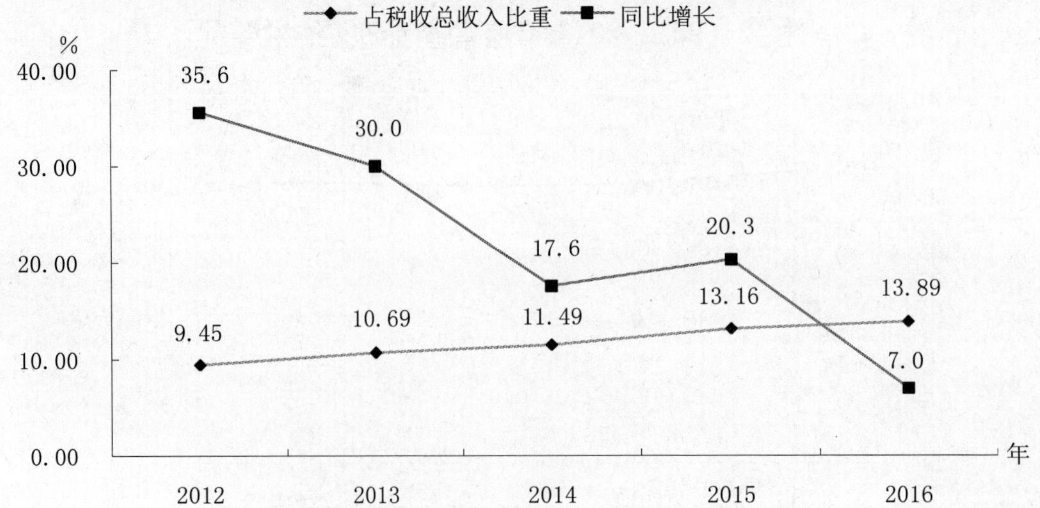

④**批发零售业税收贡献稳步提升。**图 5 数据显示，稳居福建第四大重点税源的批发零售行业，受城乡居民收入稳步提升、刺激消费政策驱动内需等因素影响，发展步入新阶段。2012-2016 年贡献税收 1572.5 亿元，占税收总收入的 9.37%。一是虽然批发零售行业规模不断扩张，但成本压力增大、效益提升难，占税收总收入的比重呈 U 型状态，由 2012 年的最高点 10.41%降至 2014 年的最低点 8.93%，之后又逐步升至 2016 年的 9.22%；二是同比增长速度呈波浪式变化，说明尽管当前宏观经济下行压力加大，社会消费仍然拉动税收增长。

**图 5　2012-2016 年福建省批发零售行业纳税情况**

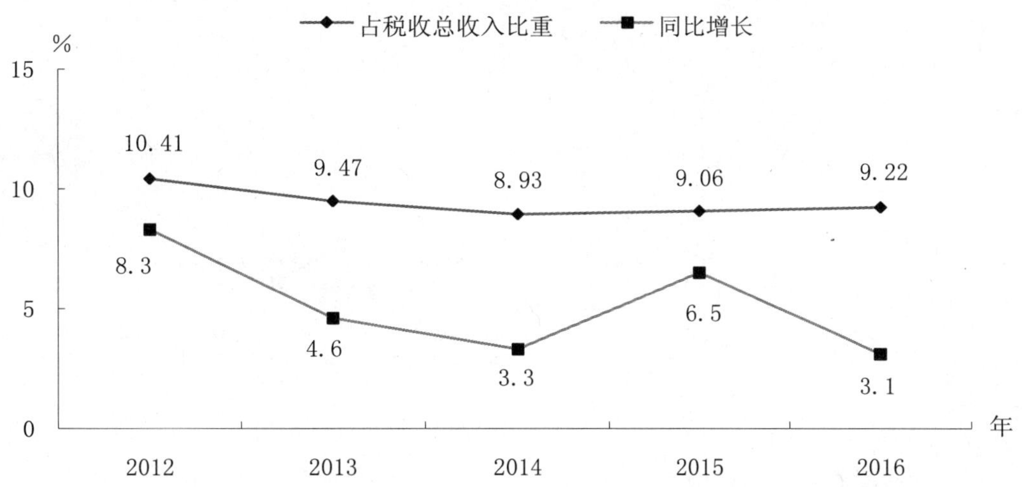


⑤**建筑业税收增长压力较大。**图 6 数据显示，随着城市化进程和新农村建设步伐进一步加快，建筑业不断扩大规模、增加投资，稳居福建第五大重点税源。2012-2016 年贡献税收 1190.35 亿元，占税收总收入的 7.09%。一是虽然总量逐年攀升，但占税收总收入的比重呈 W 型变化；二是同比增长速度呈持续下降趋势，由 2012 年的最高点 21.7%降至 2016 年的 1.7%，2015 年还出现负增长，说明宏观经济下行压力加大，建筑业税收增长压力越来越大，拉低第二产业占 GDP 的比重。

**图 6　2012-2016 年福建省建筑业纳税情况**

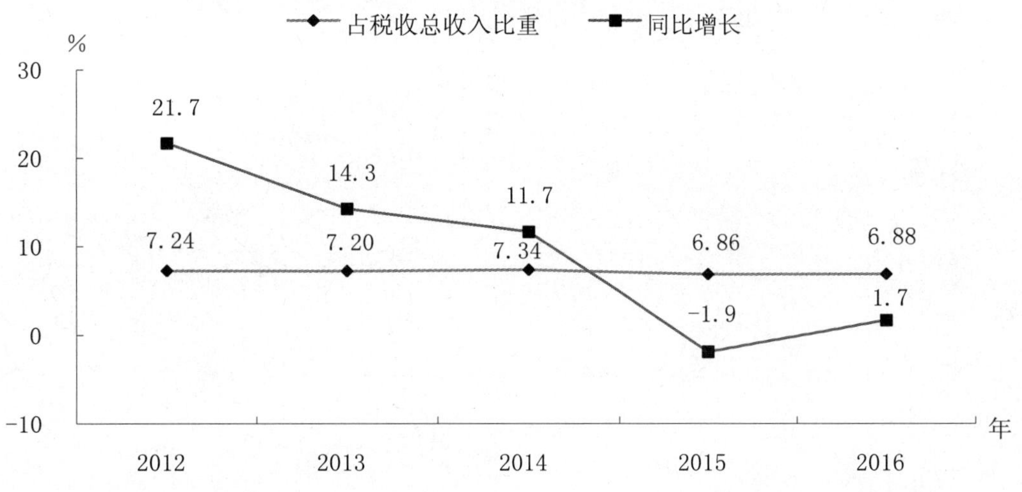

⑥**电力行业税收增长下滑严重。**图7数据显示，作为福建的第六大重点税源，2012-2016年电力行业贡献税收697.23亿元，占税收总收入的4.15%，由2012年的4.03%攀升到2014年的4.36%，之后又下跌至2016年的3.94%，呈弧形状态；同比增长速度呈持续下滑趋势，由2012年的最高点33.0%降至2016年的负增长，说明电力行业税收增长下滑严重，拉低了第二产业占GDP的比重。

**图7 2012-2016年福建省电力行业纳税情况**

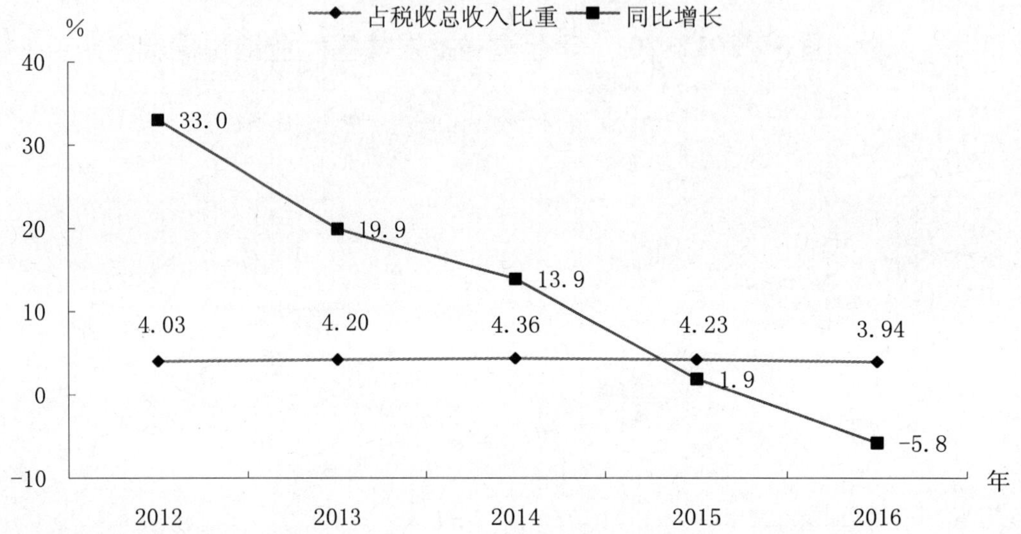


⑦**租赁商务行业税收增长后劲较强。**图8数据显示，2012-2016年租赁商务行业贡献税收427.95亿元、占税收总收入的2.55%。一是税收总量持续增长，占税收总收入的比重稳步上升，从2012年的2.21%升至2016年的3.20%；二是年均增长率高达18.0%，呈U型发展态势，由2012年的最高点32.1%降到2015年的最低点11.7%，之后触底回升，2016年达到28.0%，说明税收增长有后劲。

**图8 2012-2016年福建省租赁商务行业纳税情况**

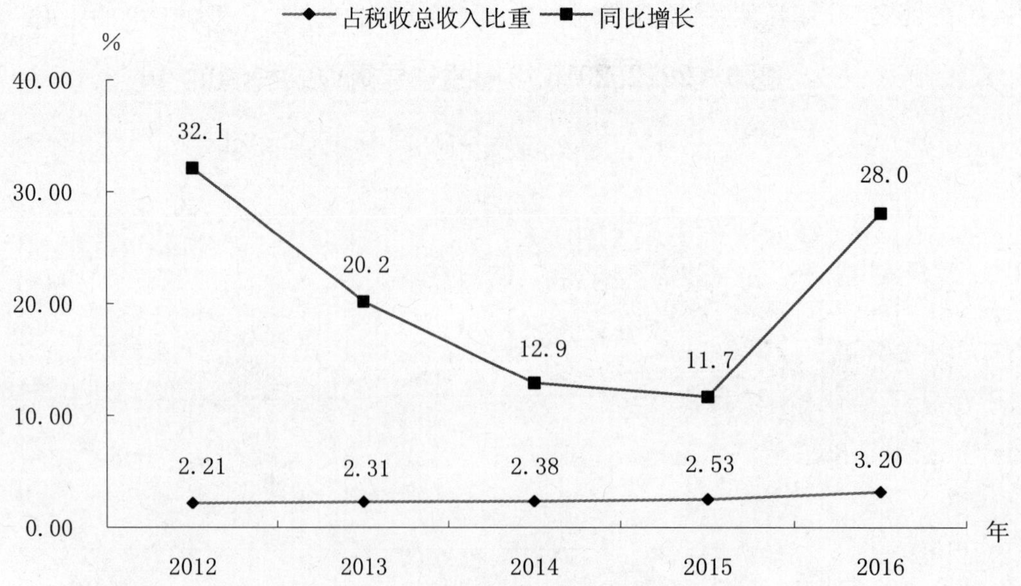

⑧**信息软件行业税收增长波动较大。**图 9 数据显示，作为绿色环保的重点行业，信息软件行业税收增长稳定性偏弱。2012-2016 年信息软件行业贡献税收 317.19 亿元，占税收总收入的 1.89%。一是占税收总收入的比重呈 W 型变化；二是虽然年均增长率达到 9.58%，但同比增长速度不均衡，2014 年增幅高达 25.5%，2015 年却大幅下降为负数，2016 年又升至 14.5%。

**图 9　2012-2016 年福建省信息软件行业纳税情况**

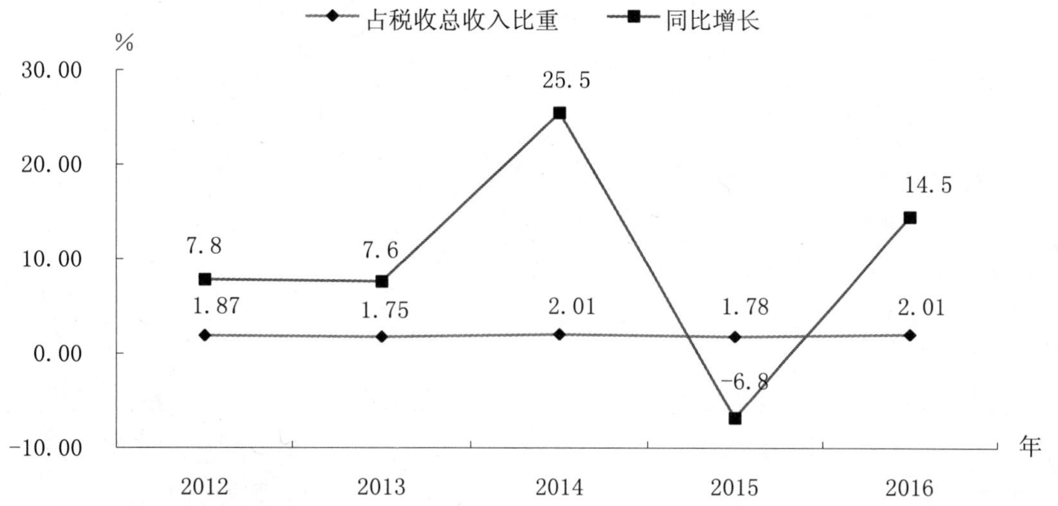


⑨**交通运输行业税收增长后劲不足。**图 10 数据显示，交通运输行业是第三产业的传统服务行业，2012-2016 年贡献税收 315.55 亿元，占税收总收入的 1.88%。一是税收总量、占税收总收入的比重呈持续上升趋势，由 2013 年的 1.71%升至 2016 年的 1.94%；二是同比增长速度极不均衡，年均增长率为 4.7%，2013 年、2014 年分别偏离 6.29 个百分点和 8.9 个百分点，偏离最小的 2016 年也相差 1.8 个百分点。

**图 10　2012-2016 年福建省交通运输行业纳税情况**

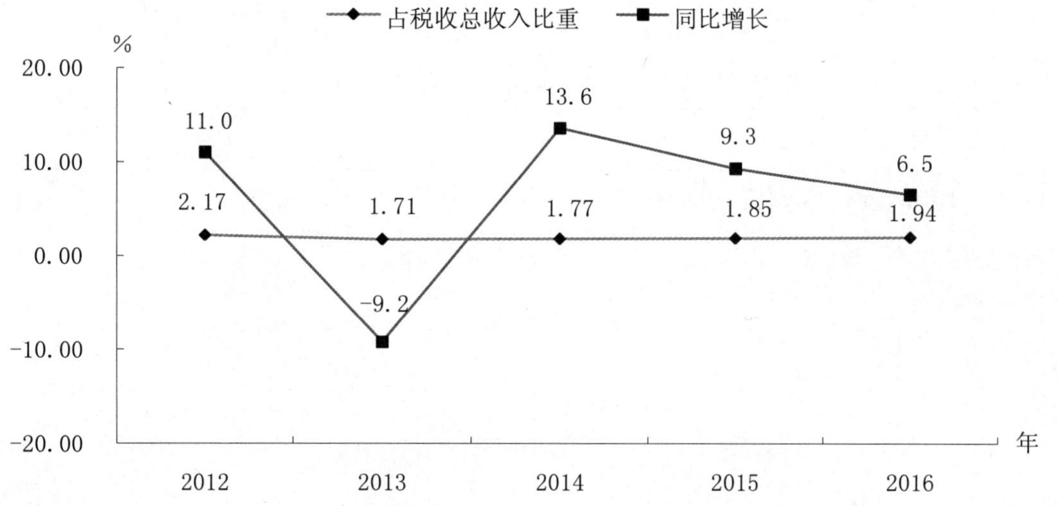


⑩**科学技术行业税收增长潜力最大。**图 11 数据显示，科学技术行业是 2016 年挤进十大重点行

业，属于第三产业最具潜力的绿色环保行业，2012-2016 年贡献税收 134.72 亿元，占税收总收入的 0.8%。一是占税收总收入的比重虽然不大，但增长后劲足，呈持续上升趋势，由 2012 年的 0.68%升至 2016 年的 1.05%；二是增长速度稳定性不高，年均增长率为 19.76%，增速居十大重点行业首位，2016 年增长速度高达 53.0%，但 2015 年出现负增长。

图 11　2012-2016 年福建省科学技术行业纳税情况

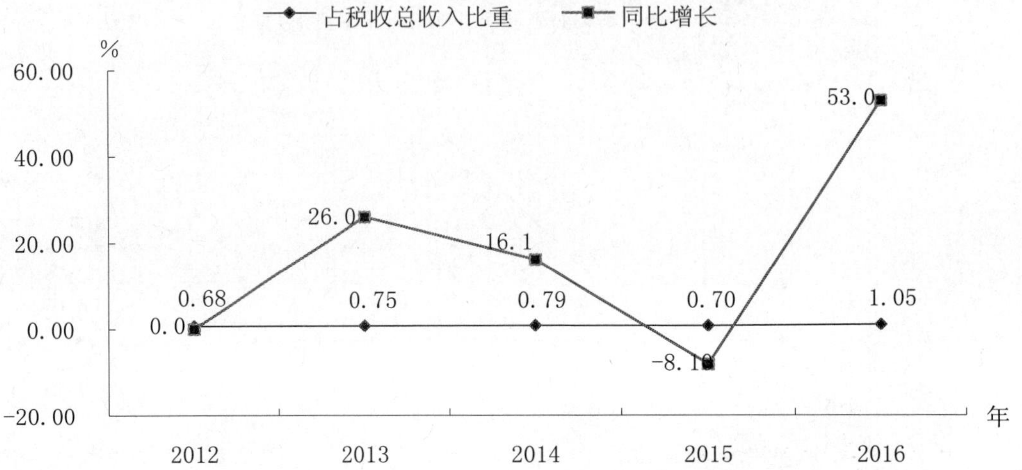


**2. 百强企业拉动作用显著。**表 5 数据显示，在 2012-2016 年的十大重点税源行业中，百强企业纳税最多的是制造业、贡献税收 2182.60 亿元，印证了制造业在国民经济中的基础地位；百强企业纳税最少的是科学技术行业，贡献税收只有 8.77 亿元，说明科学技术行业作为新兴行业，更需要税收政策扶持；百强企业拉动行业税收增长最显著的是金融业，占所在行业税收份额的比重高达 67.84%，印证金融业高度集中；百强企业最不理想的是建筑业，占所在行业税收份额的比重只有 2.11%，说明建筑业以中小企业为主要经营者；百强企业占所在行业税收份额比重在 30%以上的有 5 个行业，主要集中在制造业，金融业、信息软件行业、批发零售行业属于第三产业，电力行业和制造业属于第二产业；百强企业占所在行业税收份额比重在 10%以下的有 3 个行业，分别是第三产业的租赁商务行业、科学技术行业，第二产业的建筑业。

表 5　福建省重点行业百强企业纳税情况

（2012-2016 年）

| 年份 | 制造业 | | 房地产业 | | 金融业 | | 批发零售业 | | 建筑业 | |
|---|---|---|---|---|---|---|---|---|---|---|
| | 税额 | 占比（%） | 税额 | 占比（%） | 税额 | 占比（%） | 税额 | 占比（%） | 税额 | 占比（%） |
| 2012 | 324.68 | 33.38 | 75.36 | 15.24 | 164.93 | 63.08 | 89.84 | 31.22 | 3.29 | 1.64 |
| 2013 | 321.36 | 31.13 | 81.25 | 11.81 | 233.40 | 68.66 | 99.10 | 32.92 | 6.47 | 2.83 |
| 2014 | 361.44 | 32.33 | 99.86 | 13.59 | 298.77 | 74.71 | 102.72 | 33.03 | 4.14 | 1.62 |
| 2015 | 470.16 | 39.01 | 110.81 | 15.01 | 363.06 | 75.49 | 148.89 | 44.95 | 14.67 | 5.85 |
| 2016 | 370.27 | 33.98 | 145.27 | 18.54 | 425.24 | 82.65 | 152.98 | 44.80 | | |
| 合计 | 2182.60 | 34.61 | 512.55 | 13.59 | 1485.40 | 67.84 | 593.52 | 32.29 | 28.56 | 2.11 |

续表 （2012-2016 年）

| 年份 | 电力行业 | | 租赁商务行业 | | 信息软件行业 | | 交通运输行业 | | 科学技术行业 | |
|---|---|---|---|---|---|---|---|---|---|---|
| | 税额 | 占比（%） | 税额 | 占比（%） | 税额 | 占比（%） | 税额 | 占比（%） | 税额 | 占比（%） |
| 2012 | 57.26 | 51.44 | | | 30.95 | 59.80 | 14.93 | 24.93 | | |
| 2013 | 70.54 | 52.87 | | | 34.23 | 61.43 | 7.03 | 12.92 | | |
| 2014 | 90.31 | 59.45 | 5.41 | 6.54 | 40.82 | 58.38 | 7.16 | 11.58 | | |
| 2015 | 51.41 | 33.22 | 7.71 | 8.34 | 38.90 | 59.69 | 10.81 | 16.01 | 8.77 | 34.50 |
| 2016 | 69.00 | 47.32 | 13.69 | 11.56 | 30.89 | 41.40 | 10.69 | 14.87 | | |
| 合计 | 338.52 | 43.35 | 26.81 | 5.66 | 175.79 | 48.14 | 50.61 | 13.70 | 8.77 | 6.51 |

**3. 地区间重点税源发展不平衡。**图 12 数据显示，2012-2016 年十大重点行业税收占全省税收总收入的比重，最高的是福州市，占比高达 25.66%，最低的是南平市，占比只有 2.99%；占比超过 20% 的只有福州市（含平潭综合试验区）、厦门市和泉州市等 3 个地市，其余地市占比均在 10%以下。

**图 12　2012-2016 年福建省十大重点行业分布情况**

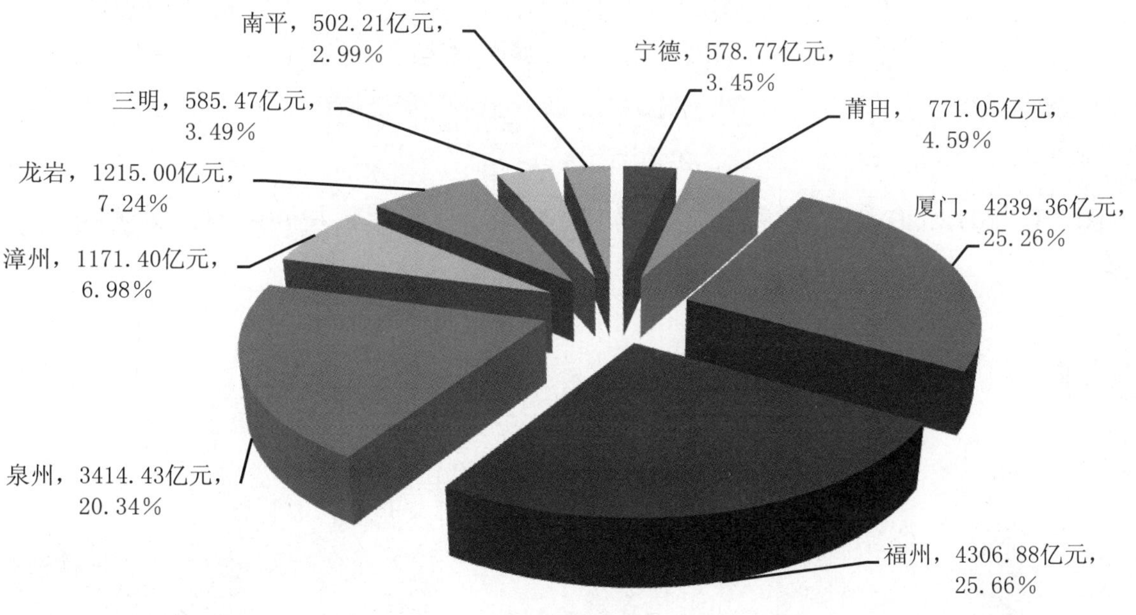


## 三、影响重点税源行业发展的相关因素

### （一）经济因素

**1. 重点税源行业税收弹性。**从表 6 可见，2012-2016 年十大重点税源行业税收的增长速度，明显赶不上 GDP 的增速，而且逐年下滑之势也是大于 GDP，税收弹性系数从 2012 年的 1.76 下滑至 2016 年的 0.04，说明结构性减税效应发挥作用，抑制税收弹性。特别是 2016 年全面推开营改增试点改革，重点税源行业税收弹性系数严重收缩，进一步拉大税收年均增长率低于 GDP 的缺口。

## 表 6　十大重点税源行业税收弹性及边际收入率

（2012-2016 年）

| 年份 | GDP（亿元） | 十大重点税源行业税收收入（亿元） | 弹性系数 | 平均收入率（%） | 边际收入率（%） |
|---|---|---|---|---|---|
| 2012 | 19701.78 | 2556.27 | 1.76 | 12.97 | 16.86 |
| 2013 | 21759.64 | 2955.14 | 1.49 | 13.58 | 19.38 |
| 2014 | 24055.76 | 3229.28 | 0.88 | 13.42 | 11.94 |
| 2015 | 25979.82 | 3419.30 | 0.74 | 13.16 | 9.88 |
| 2016 | 28519.15 | 3433.56 | 0.04 | 12.04 | 0.56 |

计算口径：弹性系数＝重点税源行业税收增长率/GDP 增长

平均收入率＝当年重点税源行业税收/GDP

边际收入率＝重点税源行业税收增量/GDP 增量

**2.重点税源行业税收与 GDP 的相关性。**图 13 数据显示，2012-2016 年，十大重点税源行业税收的增减变动曲线与 GDP 交叉于 2014 年；2014 年之前税收增长速度明显快于经济增速，而 2014 年之后税收增长速度明显慢于经济增速。说明增值税、消费税、营业税等流转税为主体税种的税制结构下，当经济增长快速发展时，税收增长速度明显快于经济增速；当经济增长放缓下滑时，税收增长速度明显慢于经济增速。

### 图 13　2012-2016 年福建省十大重点税源行业税收收入与 GDP 对比趋势图

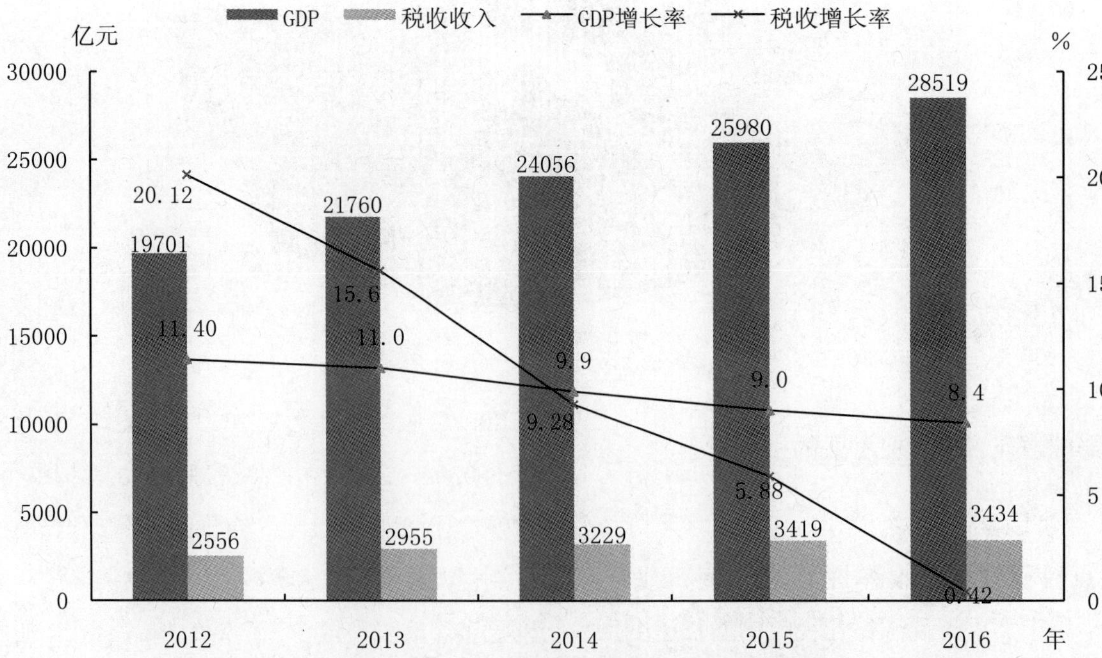


**3.重点税源行业税收边际收入率。**边际收入率是重点税源行业税收增量占 GDP 增量的比率，平均

收入率是当年重点税源行业税收总额与当年GDP的比率。若边际收入率大于平均收入率，则表明重点税源行业税收有增长的趋势，反之则是下降的趋势。表6数据显示，2012-2016年期间，十大重点税源行业税收边际收入率从高于平均收入率，演变为低于平均收入率，表明重点税源行业税收受经济结构调整处于剧烈的增减变动之中，增长乏力，没有跟上GDP的增长水平。

**（二）税收因素**

**1.税制改革影响。**营业税改征增值税影响2012-2016年的营业税收入，直到营业税全面退出我国税收历史舞台。从表7来看，受2012年11月1日营改增试点、2014年6月1日营改增试点扩围、2016年营改增试点全面推开的影响，以营业税为主体税种的房地产业、金融业、建筑业等七大重点税源行业的营业税年度平均增长率，实现从全面增长到全面下降的转变，2016年均为负数，直接反映出七大重点税源行业税收受结构性供给侧改革、营改增试点等税制改革影响，呈现出起伏波动的客观状况。期间，即使金融业、房地产业的年度平均增长率比较突出，分别为12.66%和4.24%，但在营改增试点全面推开的2016年，它们的年度增长率同样大幅回落，下降幅度高达-42.64%和-44.76%。而波动性最大的部分现代服务业，如信息软件行业、交通运输行业、科学技术行业，年度平均增长率分别为-28.69%、-28.19%和-23.56%。

**表7 福建省七大重点税源行业营业税年度增长率**

（2012-2016年）　　单位：%

| 年份 | 房地产业 | 金融业 | 建筑业 | 租赁商务行业 | 信息软件行业 | 交通运输行业 | 科学技术行业 |
|---|---|---|---|---|---|---|---|
| 2012 | 33.69 | 29.68 | 22.29 | 30.25 | 14.89 | 4.91 | - |
| 2013 | 37.76 | 19.42 | 12.94 | -4.07 | -13.67 | -79.18 | -51.02 |
| 2014 | -1.25 | 26.11 | 11.37 | -4.64 | -39.46 | -21.23 | -10.66 |
| 2015 | -4.25 | 30.73 | -2.39 | 8.34 | -87.60 | 5.07 | -13.35 |
| 2016 | -44.76 | -42.64 | -47.89 | -43.15 | -17.61 | -50.50 | -19.19 |
| 平均 | 4.24 | 12.66 | -0.74 | -2.65 | -28.69 | -28.19 | -23.56 |

**2.行业税收政策调整影响。①政策调整对增值税影响。**表8数据显示，受调高增值税起征点、免征蔬菜流通环节增值税、资源综合利用增值税政策调整、营改增试点、安置残疾人就业增值税政策调整、软件等行业增值税超税负返还、增值税试点扩围直至全面推开等因素影响，流转税以增值税为主体税种的制造业、批发零售行业、电力行业等三大行业，2012-2016年期间增值税年度平均增长率均为正数，直接反映出三大重点税源行业税收受增值税政策调整影响，呈现出起伏波动的客观状况。其中，作为第二产业权重税源行业的制造业，年度增值税增长率呈总体下滑趋势，与电力行业的年度平均增长率相差近100个百分点，说明税收政策调整激发经济发展活力，促进产业调整升级和经济发展方式转变，但在一定时期内对税收增长产生了一定的影响。

## 表 8　福建省三大重点税源行业增值税年度增长率

（2012-2016 年）　　单位：%

| 年份 | 制造业 | 批发零售行业 | 电力行业 |
|---|---|---|---|
| 2012 | 16.57 | 5.08 | -7.92 |
| 2013 | 3.33 | 9.73 | 246.79 |
| 2014 | 4.71 | -1.91 | 209.13 |
| 2015 | 2.44 | -3.09 | 56.62 |
| 2016 | -5.22 | 8.46 | 16.42 |
| 平均 | 4.37 | 3.65 | 104.21 |

**②政策调整对消费税影响。**消费税主要集中在制造业、批发零售业两大重点税源行业。表 9 数据显示，受成品油和卷烟批发消费税政策调整影响，2012-2016 年福建省制造业和批发零售行业的消费税年度增长率增减变动较大。其中，2015 年、2016 年制造业的年度增长率增减变动达到 62.60 个百分点，2014 年、2015 年批发零售行业的年度增长率增减变动达到 77.92 个百分点。

## 表 9　福建省两大重点税源行业消费税年度增长率

（2012-2016 年）　　单位：%

| 年份 | 制造业 | 批发零售行业 |
|---|---|---|
| 2012 | 7.78 | 14.85 |
| 2013 | 2.48 | 9.10 |
| 2014 | 27.60 | 5.28 |
| 2015 | 33.25 | 83.20 |
| 2016 | -29.35 | 34.42 |
| 平均值 | 8.35 | 29.37 |

**③政策调整对企业所得税影响。**营改增试点改革在减轻企业税负的同时，相应增强了重点税源行业的营利能力，进而提高企业所得税贡献度。从表 10 来看，2012-2016 年十大重点税源行业企业所得税的年度平均增长率均为正数，房地产业、金融业、电力行业、租赁商务行业、科学技术行业等五大重点税源行业实现两位数增长，批发零售行业和制造业增幅较低。

### 表 10 福建省十大重点税源行业企业所得税年度增长率

（2012-2016 年）

单位：%

| 年份 | 制造业 | 房地产业 | 金融业 | 批发零售行业 | 建筑业 | 电力行业 | 租赁商务行业 | 信息软件行业 | 交通运输行业 | 科学技术行业 |
|---|---|---|---|---|---|---|---|---|---|---|
| 2012 | 2.91 | 13.56 | 43.88 | 18.76 | 20.59 | 33.78 | -7.37 | 3.55 | 31.71 | - |
| 2013 | 1.77 | 37.08 | 39.00 | -11.60 | 11.26 | 35.91 | 36.52 | 5.56 | -18.34 | 18.65 |
| 2014 | 9.50 | 11.06 | 14.54 | 13.66 | 15.92 | 53.09 | 38.35 | 28.50 | 6.18 | 9.59 |
| 2015 | -1.83 | 11.41 | 13.48 | 8.99 | -2.11 | -0.55 | 38.45 | -18.61 | 14.36 | 11.98 |
| 2016 | 4.10 | 22.61 | -17.89 | -14.80 | 1.69 | -22.94 | 57.99 | 18.40 | 1.51 | 52.83 |
| 平均 | 3.29 | 19.14 | 18.60 | 3.00 | 9.47 | 19.86 | 32.79 | 7.48 | 7.08 | 23.26 |

**（三）固定资产投资对重点税源行业影响**

固定资产年度增长率变化直接反映重点税源行业的投资意愿。表 11 数据显示，2012-2016 年十大重点税源行业固定资产投资的年度平均增长率均为两位数。从产业来看，除了靠国家大型基建项目投资拉动的建筑业增幅最大，第二产业的制造业、电力行业年度平均增长率均低于 20%，增长速度赶不上第三产业的金融业、批发零售行业、租赁商务行业、科学技术行业。从行业投资的年度增长率变化来看，房地产业、租赁商务行业、整体向下，电力行业、科学技术行业整体向上，其余行业波动较大。

### 表 11 福建省十大重点税源行业固定资产投资年度增长率

（2012-2016 年）

单位：%

| 年份 | 制造业 | 房地产业 | 金融业 | 批发零售行业 | 建筑业 | 电力行业 | 租赁商务行业 | 信息软件行业 | 交通运输行业 | 科学技术行业 |
|---|---|---|---|---|---|---|---|---|---|---|
| 2012 | 32.48 | 28.78 | 30.97 | 26.44 | 98.03 | 19.05 | 76.78 | 22.19 | 24.08 | -12.03 |
| 2013 | 23.41 | 28.90 | 82.76 | 44.29 | 68.33 | 23.18 | 21.23 | 17.64 | 0.05 | 64.43 |
| 2014 | 9.75 | 20.87 | -15.41 | 32.12 | 155.80 | 20.03 | 29.98 | 1.79 | 18.59 | 42.47 |
| 2015 | 19.69 | 0.14 | 22.56 | 33.86 | 9.14 | -1.03 | 15.81 | 53.45 | 25.89 | 57.46 |
| 2016 | 5.76 | 1.79 | -11.44 | -19.12 | -64.24 | 25.92 | 24.92 | -2.48 | 7.47 | 39.75 |
| 平均 | 18.22 | 16.10 | 21.89 | 23.52 | 53.41 | 17.43 | 33.74 | 18.52 | 15.22 | 38.42 |

## 四、推动重点税源行业持续发展的几点建议

**（一）加大科技投入力度，推动产业结构升级**

2016 年，福建研究与试验发展（R&D）经费内部支出达 440 亿元，虽然比 2015 年同期增长约 12%，但占 GDP 的比重仅为 1.55%，增幅只有 0.04%。建议加大科技创新投入力度，用好用活研发经费税前扣除政策，引导建立健全财税、金融行业协同创新激励机制，发挥高新技术在战略性新兴产业中的动力源作用。

**（二）培育重点税源行业，促进传统行业转型**

加快传统制造业、电力行业转型升级步伐，抢占先进制造业发展和区域竞争制高点，大力培育先进装备制造、新能源、新材料、新能源汽车、节能环保、生物医药、电子信息等战略性新兴产业。在新引进重大项目落地前，建议税务部门就税源项目提前介入，进行前景评估，提供政策辅导和决策参考。

**（三）借助城镇规模开发，壮大建筑行业税源**

聚焦产业和重点税源企业集群效应，通过融投资带动总承包项目，探索推进建筑业与房地产业的强强联盟，积极延伸上下游产业链，扩大重点税源行业增值空间；大力培育建筑行业百强企业税源，鼓励龙头企业凭借资本、技术、信息、装备等优势，参与大型基础建设项目竞争，抢占高端市场份额。

**（四）稳步发展房地产业，积极培育租赁市场**

截至2016年末，全省登记常住人口为3874万人，城镇化率达到63.6%，比2015年末提高约1%。如果按照人均40平方米的居住面积计算，1%的城镇化人口增速，将带来近2000万平方米的城镇住宅市场需求，以及成倍增长的城市综合体市场需求，这为房地产业提供了广阔的市场空间和稳定的税源保证。要鼓励重点税源企业通过合营、兼并、重组等方式做大做强，增强市场竞争力。通过发挥税收调节职能，严格落实“用来住的，不是用来炒的”精神，大力发展房地产租赁市场，让房子回归居住功能。建议停止执行二手房交易环节税收和信贷优惠政策，防止空置房系统外循环，引导开发商、居民盘活闲置房产，为租赁市场提供稳定的房源和税源。

**（五）做大金融行业税源，服务实体经济发展**

加大重点行业、重点项目等实体经济信贷支持，将贷款增量更多地投放到产业结构调整和转型升级；鼓励金融机构创新资金投放渠道，通过单一信托计划、理财直接融资工具为重点税源行业投放资金，做大金融业附加值；出台鼓励金融创新的政策措施，引导创办更多的独立法人实体；稳定实体经济税源，要大力发展现代服务业，发挥租赁商务行业、信息软件行业、交通运输行业、科学技术行业等第三产业重点税源行业引擎作用。

**（六）激活社会消费需求，增强经济内生动力**

针对租赁和商务服务业发展情况，通过在用工、融资等方面分行业出台更加明细的地方税收减免优惠扶持政策，增加进项税抵扣项目，切实减轻企业税负，降低企业运营成本；发挥龙头企业的示范带动作用，通过鼓励投资、规划导向、引进人才、政策扶持等方式，鼓励企业由单一服务向多元化服务转变，培育和扶持新兴经营业态，形成规模化发展，推动供给侧改革和转型升级；培育大型零售企业集团，扶持中小微企业发展，强化对外贸易，大力发展电子商务和批发业，发挥产业集成优势，带动物流、信息、服务、餐饮住宿业等外围税源共同发展，多方位增加税源。

（执笔：陈文裕）

# 福建供给侧结构性改革的现状、问题及建议

推进供给侧结构性改革，是以习近平同志为核心的党中央适应和引领经济发展新常态的重大创新，是我国经济发展进入新常态的必然选择。2016年是“十三五”规划的开局之年，也是供给侧结构性改革元年；2017年是实施“十三五”规划的重要一年，也是供给侧结构性改革的深化之年。如何深入推进供给侧结构性改革是当前乃至今后一段时期经济发展中必须抓紧抓好的大事，而客观总结2016年福建省供给侧结构性改革成效，分析当前供给侧存在的主要问题，对深入推进改革、破解改革难点具有重要的现实意义。

## 一、供给侧问题是当前经济下行的重要原因之一

福建经济增速在2010年上半年达到15.5%后持续不断下滑，2014年1季度破“10”（9.4%），2015年1季度破“9”（8.5%），2016年1季度仅为8.3%。本轮福建经济下行与全国相似，既有国际金融危机冲击引起内外需缩减的原因，也有新旧动能转换接续不济的因素，但重要的原因之一是供给侧的问题。

### （一）供给体系无法较好适应消费加速升级需要

经过改革开放近40年的发展，福建省人均GDP已超过1万美元。根据世界各国的经验，人均GDP处于这个阶段，消费升级趋势将加速。近年来发展迅速的旅游购物、“海淘”等在很大程度上反映出国内供给与人们日益多样化需求之间的矛盾，原因在于国内供给质量不高，供给的档次普遍低于消费需求的档次，供给的结构没有随着消费结构升级的变化而提升。据国家商务部公布的数据显示，2015年我国境外消费总额约为1.50万亿元人民币，其中至少有7000亿-8000亿元是用于境外购物消费，而随着跨境电商、海外代购等新型消费方式的兴起和普及，传统的境外购物也正由一次性消费向经常性消费转变，消费外流的总量和频率都在提高、门槛在降低。

### （二）产能过剩和库存积压拖累经济增速

截至2016年末，福建省规模以上工业企业的产能利用率平均在79%左右，低于国际上公认的产能利用率82%左右的正常水平，2015年钢铁、焦炭、船舶、工程机械等行业产能利用率均低于75.0%。与产能过剩联系在一起的是企业存在大量的超额库存，产品积压主要产生在普钢、水泥、造纸等行业上。“十二五”期间，福建省规模以上工业产成品库存年均增长11.6%，有色金属冶炼和压延加工业、非金属矿物制品业、化学纤维制造业等行业产品库存年均增长率均在15.0%以上。

房地产库存居高不下。2008-2014年，福建省商品房待售面积持续高速增长，增长率分别为24.0%、22.4%、26.2%、24.5%、34.3%、27.3%和31.8%，2015年的总量和增速更是达历史以来最高水平，商品房现房待售面积2010.43万平方米，比上年增加697.75万平方米，增长53.2%。

工业企业产销衔接不畅。企业库存（存货）超过正常水平，面临着“生产越多亏损越多”的惨状，和“不生产等死，生产找死”的尴尬。这一方面阻碍了企业扩大再生产的能力，另一方面则挤占了企业生产的流动资金，使“两金”占比上升，导致有的企业资金链的断裂。在这种情况下，企业既无增加投资的意愿，更没有增加投资的能力，于是出现了越来越多企业处于休眠或是垂死状态。截至2015

年末，福建省规模以上工业停产减产面达 42.5%，创近年来新高；2015 年，全省完成工业增加值仅增长 7.0%，增速比同期 GDP 低了 2.0 个百分点。

**（三）生产要素供给减少影响经济增速**

从资本、土地、人力、技术等生产要素来看，资本投入对经济增长的贡献在提高，人力资源贡献相对稳定，技术进步速度放缓，土地供给趋紧。据有关测算，2011-2014 年资本投入对 GDP 的贡献率为 98.9%，高出“十一五”期间平均水平 4.0 个百分点，经济增长主要依赖于资本要素的投入增长。近年来，福建省劳动力增长较为稳定，“十二五”期间全社会从业人员年均增长 4.3%，略高于“十一五”3.7%的年均增速。自主创新能力不足不强导致技术进步速度放慢，“十二五”福建省授权发明专利年均增长 36.2%，比“十一五”低 2.1 个百分点。此外，土地作为不可再生资源，其供应量近年来在减少。

## 二、供给侧结构性改革的举措和成效

**（一）主要政策**

**1.绘制改革蓝图。**2016 年，福建省加强政策设计，制定了《福建省推进供给侧结构性改革总体方案（2016-2018 年）》，并相继出台了《福建省化解部分行业过剩产能的意见》《福建省人民政府关于降低企业成本减轻企业负担的意见》等政策措施，积极推动形成“1+5+N”的供给侧结构性改革政策体系，为精准促进供给侧结构性改革全面提速提供政策保障。同时，出台了《关于实施创新驱动发展战略建设创新型省份的决定》，用创新解决改革动力问题，用创新引领发展。

**2.聚焦产业体系。**2016 年 7 月，福建省委省政府出台《关于进一步加快产业转型升级的若干意见》，围绕做大做强主导产业、改造提升传统产业、培育发展新兴产业等，提升产业整体实力和经济综合竞争力；出台《福建省实施〈中国制造 2025〉行动计划》，对接国家制造业发展战略，适应全球新一轮科技革命与产业变革的根本要求，推动制造业转方式调结构、提质量增效益，增强竞争的新优势。

**3.培育龙头企业。**龙头企业数量少，是福建省经济发展瓶颈之一。福建省出台的《产业龙头促进计划实施方案》，明确提出在 20 个产业领域中培育壮大一批龙头，培育和壮大一批关联度大、主业突出、创新能力显著、带动力强的行业龙头企业，增加龙头企业群体数量，增强全省产业动力，提升供给体系整体水平，是推进供给侧结构性改革关键一步。

**（二）改革成效初显**

2016 年，供给侧结构性改革有效实施，福建省经济增长速度有所回升，GDP 在 2016 年 1 季度和上半年均为 8.3%，至前三季度逐步回升至 8.4%，全年增长 8.4%。随着改革的深入推进，经济企稳回升迹象更加明显，2017 年 1 季度增长 8.6%，为近三年同期最高增速。

**1.去产能成效明显。**2016 年，福建省实际钢铁去产能 445 万吨，煤炭去产能 297 万吨，超额完成国家下达的钢铁、煤炭去产能目标任务。一方面，淘汰落后产能、去过剩产能工作逐步推进，高耗能行业产品产量整体下降，2016 年福建省规模以上工业产品产量中，粗钢比上年下降 4.4%、水泥熟料下降 0.9%、电解铝下降 8.3%、火力发电量下降 18.0%。另一方面，“去产能”行业留存企业户均产值有所提高。2016 年，福建省规模以上工业中，钢铁行业企业 112 家，户均产值 12.37 亿元，提高 1.81 亿元；煤炭行业企业 112 家，户均产值 0.97 亿元，提高 0.07 亿元；水泥行业企业 427 家，户均产值 2.01 亿元，与上年持平。

**2.去库存稳步推进。**商品住宅待售面积明显减少，截至 2016 年末福建省商品房待售面积 2058.50 万平方米，比上年末增长 2.4%，增幅回落 50.8 个百分点，增幅创 2007 年以来的新低。其中，住宅待售面积 854.43 万平方米，减少 146.88 万平方米，下降 14.7%。截至 2016 年末，商品房去化周期比年初减少 9 个月。住宅销售价格上涨，2016 年福州市、厦门市、泉州市新建商品住宅销售价格比上年分别上涨 16.9%、31.8%和 3.4%，厦门涨幅扩大 30.7 个百分点，福州、泉州由上年的分别下跌 4.6%、7.0%转为上涨。

**3. 去杠杆有所进展。**截至 2016 年末，福建省规模以上工业企业资产负债率为 52.30%，比上年末下降 1.26 个百分点。小微企业去杠杆幅度大，2016 年小型微型企业资产负债率为 48.21%，下降 1.77 个百分点，其中微型企业资产负债率 48.98%，下降约 9.35 个百分点。增加值居前 5 位的行业除皮革、毛皮、羽毛及其制品和制鞋业资产负债率上升 1.91 个百分点，农副食品加工业，计算机、通信和其他电子设备制造业，非金属矿物制品业，纺织业的资产负债率分别下降 4.43 个百分点、2.17 个百分点、1.93 个百分点和 0.53 个百分点。

**4. 降成本初见成效。**2016 年，福建省规模以上工业企业每百元主营业务收入中成本为 85.11 元，比上年减少 0.15 元。38 个工业大类行业，有 20 个行业每百元主营业务收入中成本比上年减少，其中减少数量居前三位的分别是石油加工、炼焦和核燃料加工业（减少 5.36 元），黑色金属冶炼和压延加工业（减少 3.14 元）和化学纤维制造业（减少 1.83 元）。2016 年，福建省共降低实体经济企业成本约 353 亿元。

**5. 补短板卓有成效。**2016 年，福建省基础设施投资比上年增长 22.3%，教育（增长 20.0%）、卫生和社会工作（增长 15.5%）、水利、环境和公共设施（增长 34.4%）等民生领域投资增长较快。公共服务投入增长较快，2016 年福建省民生支出 3147.64 亿元，占全省财政支出比重达 73.4%。其中，教育支出、社会保障和就业支出、医疗卫生支出分别增长 5.1%、2.0%和 8.5%。

**6. 供给体系质提效增。**一方面表现在劳动生产率的加速提高上。2016 年，福建省规模以上工业全员劳动生产率为 16.15 万元 / 人，比上年提高 1.66 万元 / 人，增长 6.8%，增幅提高 4.7 个百分点。另一方面表现在新技术、新产品、新服务的快速成长和企业利润的大幅增长上。2016 年，福建省规模以上工业产品产量中，太阳能电池、城市轨道车辆、智能手机、平板电脑和数控机床等新产品高速增长，分别增长 1.4 倍、46.2%、34.0%、30.8%和 9.1%；高技术制造业实现增加值 1147.27 亿元，增长 11.7%，增幅高出福建省平均水平 4.1 个百分点。其中，航空、航天器及设备制造业增长 17.1%、电子及通信设备制造业增长 14.3%。2016 年，福建省规模以上工业企业实现利润 2889.26 亿元，增长 22.4%，增幅提高 17.7 个百分点。

## 三、目前供给侧存在的主要问题

2016 年，福建省供给侧结构性改革取得了新进展，服务业完成增加值占 GDP 比重比上年提高 1.4 个百分点，投资效果系数（新增 GDP 与固定资产投资之比）比上年提高 0.02 个点。但福建省供给侧整体水平还偏低，特别是对比发达国家和全国平均水平，差距仍然较大。进一步明确福建省供给侧存在的问题，将有助于供给侧结构性改革深入推进。

### （一）产业结构调整相对滞后

虽然近年来服务业增加值占 GDP 比重不断上升，但 2016 年比重仅为 42.9%，而美国、日本、德国已经形成以服务业为主的产业体系，2013 年美国、日本、德国第三产业占 GDP 比重分别为 78.0%、73.0%和 68.0%，福建与发达国家差了 20.0 个百分点以上。从与全国平均水平相比，福建省服务业占比从 2000 年开始低于全国，2016 年这一差距已经拉大到 8.7 个百分点。

### （二）产业层次高端化步伐偏慢

福建省产业发展水平多处于中低端，产业高端化进展缓慢甚至有退化的风险。2016年，福建高技术制造业完成增加值占规模以上工业增加值的比重为10.8%，比2010年高0.4个百分点，年均提高不到0.1个百分点。代表先进制造业的装备制造业完成增加值占规模以上工业的比重从2010年的25.1%下降到2016年的23.5%，下降了1.6个百分点。在出口上，高新技术产品出口占比从2010年的18.4%下降到2016年的12.1%，而全国2016年高新技术产品出口占比为28.8%。

与此同时，福建省部分企业满足于贴牌生产，部分行业以加工组装为主，处于产业价值链的低端，产业结构出现"伪高端化"，这在装备制造业中表现得更为明显，2015年福建装备制造业完成增加值率为23.3%，比全省规模以上工业完成增加值率低0.8个百分点。

**（三）产业发展质量效益不高**

主要体现在投入产出效率，即产业增加值率不高。2015年，福建产业增加值率约为34%，与发达国家相比存在较大差距，美国、日本、德国产业总体增加值率均保持在40%以上，其中美国和日本高达50%以上。分产业看，美国第二产业的增加值率在40%左右，日本在30%-40%之间，而福建只有25%左右；美国第三产业的增加值率已经超过60%，日本在65%以上，而福建不到55%。产业投入产出效益持续下降，福建的投资效果系数从2010年的0.31下滑到2016年的0.11，也就是说，原来投入1.00元钱，就能产生0.31元的收益，而现在同样的投入只能产生0.11元的收益，收益率下降了65%。

**（四）要素投入结构亟待优化**

以资本投入为例。2016年，福建省本外币贷款增加4092.84亿元，比上年多增454.69亿元，其中中长期贷款增加3118.14亿元，多增575.11亿元，而中长期贷款增量主要体现在个人住房贷款等领域，全年个人中长期住房贷款增加1903.23亿元，多增860.78亿元。从公司类贷款投向看，工业贷款减少，新增贷款主要投向商贸、基建等领域。从人力资源角度来看，福建省劳动力虽然保持稳定增长，但中高层次人才缺乏始终是制约全省经济发展的重要因素之一。据企业用工情况调查数据显示，2016年下半年反映缺工企业中最缺乏经营管理人员、科研人员、高级技工的企业占比同比分别提高11.8个百分点、11.9个百分点和20.7个百分点，缺乏普通技工的企业占比只提高0.6个百分点。从技术进步来看，供给侧结构性改革的核心要义在于创新，创新才是实现经济持续发展的不竭动力。近几年，福建省着力实施创新驱动战略，在创新环境、科技投入、服务平台、科技成果等方面取得了较好成就，但横向比较差距还是比较明显的。目前世界上公认的创新型国家研发投入占GDP的比例一般在2%以上，对外技术依存度指标一般在30%以下，福建省现状与这些标准的差距还比较大。即便与全国及其他省份相比也不乐观。2015年，福建R&D经费投入392.90亿元，居全国第14位、东部地区第8位；R&D经费投入强度为1.5%，比全国平均水平低0.6个百分点，远落后于东部地区，也落后于陕西、四川、湖北等中西部省份。科技成果转化率约10%，低于全国20.0%的平均水平。

## 四、推进供给侧结构性改革的几点思考

下一阶段，福建省供给侧结构性改革要继续按照《福建省推进供给侧结构性改革总体方案（2016-2018年）》要求，盯紧"三去一降一补"主要目标，结合年度工作任务，把改善供给结构作为主攻方向，加强统筹协调，切实推进改革走向深入。

**（一）紧密供需关系，提升供给质量和效率**

近年来，以供给侧结构性改革为主线，致力于缓解福建省经济社会发展面临的结构性矛盾和问题，着眼于矫正供需结构错配和要素配置扭曲，拓展供给领域，提升供给品质，丰富供给内容，目的

就在于提高供给结构和需求结构相互之间的适应性。因此，在推进供给侧结构性改革同时，也要加强需求侧管理，聚焦制约发展的短板、瓶颈，为供给侧结构性改革创造良好条件。

**（二）优化要素配置，提高要素效率，推进供给侧结构性改革**

在以工业化为先导的现代化进程中，主要是通过增加生产要素的投入来扩大产出，从而实现高速增长。而随着现代化进程不断推进，经济增长要更多地依赖于各生产要素配置效率的提高，包括不断提高土地节约集约利用，充分发挥“教育红利”的潜在优势，提升资本投入效率、技术进步和自主创新能力，进而提升全要素生产率对经济增长的贡献率，推进供给端效率提升。

**（三）处理好政府与市场的关系，加快实现产业结构升级**

在新常态下，服务业不仅是减缓经济下行压力的“稳定器”，也是促进传统产业改造升级的“助推器”，更是孕育经济新动能成长的“孵化器”。近年来，福建省产业结构中服务业，特别是生产性服务业比重仍然偏低，而从各行业的产能过剩情况看，主要集中在工业部门，第三产业的供需相对平衡，有些地方还存在着供需不足。从一般规律来看，制造业投资以行政主导为主，而服务业的发展主要靠市场经济推动。因此，要按照客观经济规律办事，完善市场制度和市场秩序，真正让市场经济在配置资源上充分发挥决定性作用，实现产业结构升级。

**（四）深化“放管服”改革，激发市场活力和社会创造力**

要大力精简行政审批事项。优化审批流程，加强清单管理制度建设，深化商事制度改革，加快推进互联网+政府服务，有效规范权力运行，优化政府服务，致力于市场主体和群众办事便利化，努力营造推进供给侧结构性改革的良好环境。

（执笔：康梅华）

# 福建工业供给侧结构性改革成效分析

2016年以来，福建省按照中央“供给侧结构性改革”部署，以“三去一降一补”为抓手，扎实推进供给侧结构性改革，全省工业效益实现稳中有进，稳中有质的运行态势，1-9月全省工业实现利润总额1775.11亿元，同比增长17.0%。但工业结构性矛盾仍较突出，转型升级任务仍较艰巨，一些影响提质增效因素依然存在。

## 一、工业供给侧结构性改革初见成效

福建工作生产紧紧围绕“三去一降一补”重点任务，加强工业生产调度，工业结构继续优化，新动能、新动力不断积累，一些先行指标呈现积极变化。

**（一）去产能方面：煤炭、钢铁、水泥等产量下降**

2016年1-10月，原煤产量1148.12万吨，同比下降9.7%；焦炭产量104.43万吨，下降14.3%；粗钢下降5.2%，钢材下降2.7%，水泥熟料下降4.2%。

**（二）去库存方面：产成品存货增幅回落，周转加快**

截至2016年9月末，福建省工业产成品存货1420.42亿元，同比增长0.7%，增幅分别比上年同期和上年末回落0.9个百分点和1.9个百分点；煤炭和钢铁行业去库存成效更为明显，其中煤炭行业下降10.9%；钢铁行业下降10.9%。截至9月末，工业产成品存货平均周转天数为13.4天，分别比上年末、2016年3月末和6月末加快0.9天、0.5天和0.1天。

**（三）去杠杆方面：企业负债率降低，资产增值加快**

截至2016年9月末，福建省规模以上工业企业资产负债率为52.7%，同比降低1.2个百分点；比3月末、6月末分别降低0.8个百分点和0.6个百分点。而企业资产增值进一步走高，工业企业所有者权益为14195.10亿元，增长7.3%，为2016年以来最高增速。

**（四）降成本方面：企业成本费用有所减少，盈利增加**

2016年1-9月，福建省工业每百元主营业务收入中的成本为86.80元，同比减少0.20元，比1-8月减少0.10元；每百元主营业务收入中的期间费用为6.80元，减少0.10元，与1-8月持平。福建省工业实现主营业务收入30522.39亿元，增长6.3%，增速分别比主营业务成本和期间费用高0.3个百分点和1.8个百分点。1-9月，福建省工业实现利润总额为1775.11亿元，增长17.0%，增幅分别比1-6月、1-8月高0.4个百分点和0.3个百分点。

**（五）补短板方面：主导产业、高技术行业增长加快**

2016年1-10月，福建省电子信息、机械设备、石油化工三大主导产业完成工业增加值3061.78亿元，同比增长9.9%，增速高出全省平均水平2.1个百分点；全省844家高技术工业企业完成工业增加值894.08亿元，增长11.7%，增速高出全省平均水平3.9个百分点；全省259家高成长性工业企业完成工业增加值287.05亿元，增长15.3%，增速高出全省平均水平7.5个百分点。

## 二、推进供给侧结构性改革需关注的问题

**（一）去产能需防资源性行业利润大幅下降问题**

2016年1-9月，福建省采矿业实现利润总额14.81亿元，同比下降13.7%；有色金属冶炼和压

延加工业下降45.9%。截至9月末，采矿业亏损面为12.6%，有色金属冶炼和压延加工业亏损面为13.2%，分别比福建省规模以上工业企业亏损面高出4.4个百分点和5.0个百分点。

**（二）去库存需防产销衔接得不到改善问题**

2016年1-9月，福建省工业产销率为96.2%，比1-3月、1-6月分别提高0.2个百分点和0.5个百分点，产品销售率虽稳中有升，但仍然处于较低水平，与上年同期相比，1-3月、1-6月、1-9月分别降低0.5个百分点、0.3个百分点和0.4个百分点，表明了企业产品销售压力仍然较大。

**（三）去杠杆需防应收账款回收期增加问题**

2016年以来，去杠杆取得初步成效，但应收账款平均回收期有所回升，1-3月、1-6月、1-9月应收账款平均回收期分别为34.2天、32.7天和33.2天，分别比上年同期增加0.8天、0.5天和0.3天。

**（四）补短板需防一些新兴行业昙花一现问题**

2016年1-9月，福建省439家智能制造装备制造企业实现主营业务收入489.99亿元，同比增长8.1%，增速比主营业务成本低1.8个百分点；实现利润总额35.73亿元，下降12.7%，而上年同期则增长11.7%。

## 三、建议

在供给侧结构性改革的不断推进的情况下，相关部门要统筹兼顾，突出重点，努力营造有利企业良好发展的外部环境；也需要企业层面，不断“修炼内功”，强化自身实力，加快转型升级，在新一轮市场竞争中赢得主动、抢占先机。

**（一）推进“三去”与调结构、转升级并进**

一是推进去产能提高企业生产能力。一方面加快淘汰落后产能，合理有序对高耗能、高污染、低产出、低效率行业“减量”；另一方面加大研发投入，强化与国内外高校、研究机构合作大力引进高端人才，加快科研成果转化，生产更多具有自主知识产权的高新技术和高端产品，提高产品竞争力。二是推进去库存提高产品输出能力。依托“一带一路”建设和自贸区建设契机，利用“互联网+”创新营销和商业模式，大力发展跨境电商，推动闽企产品在国际、国内市场占有率。三是推动去杠杆提高抗风险能力。一方面，加强资金管理，重视应收账款监控和回收工作，严格执行信用制度，保障资金安全，预防财务风险；另一方面，优化资本结构，提高资产运作质量，拓展企业经营范围、提高企业产品和服务的附加值，降低经营风险。

**（二）推进“一降”与加强管理、精准扶贫并进**

一是落实减负政策。落实好省政府系列政策措施，加大力度，细化措施，精准帮扶重点企业，扶持新开工企业项目，促进传统产业转型升级；深化行政审批制度改革，大幅压减行政审批程序等手段降低企业运行成本；积极稳妥推进企业破产重组，切实减轻重组企业和被重组企业税收负担。二是降低企业融资成本。通过建立完善企业转贷应急机制，帮助生产经营正常、市场前景好但暂时资金周转困难的企业渡过续贷难关。通过创新贷款、还贷模式，进一步提高金融对实体经济的支持力度；积极稳妥促进融资租赁行业发展，对符合条件的企业通过享受技改补助政策的方式，鼓励企业通过融资租赁加快实施技术改造，降低融资成本。

**（三）推进“一补”与积蓄新动能、培育新增长点相结合**

一是积蓄新动能。加大提升改造传统动能的支持力度，增强福建省工业经济增长后劲。二是培育新增长点。一方面，加快福建省战新、高智能、高技术、高端材料和先进装备制造业等新兴行业发展，做强、壮大这些新经济增长点以弥补增长动力不足短板，增强工业发展后劲；另一方面，做好新增企业服务，对计划投产项目进行梳理，逐一对口帮扶，明确时间表，确保按时投产达效，尽快形成新的增长点。

（执笔：林武兴）

# 福建企业参与“一带一路”建设情况调查

近两年，福建积极融入国家“一带一路”开放战略，大力推进“海上丝绸之路”建设，加快构建对外开放新格局，为企业“走出去”带来了难得的发展机遇。本文通过对福州、莆田、泉州、厦门、漳州等地 30 家“走出去”企业开展调查，了解当前福建企业参与“一带一路”建设情况，分析存在的问题与困难，提出对策建议。

## 一、企业参与“一带一路”建设初显成效

### （一）政府加大扶持力度，“走出去”企业得实惠

**1.财政补助，助力发展。**各级政府积极发挥财政资金的引导和杠杆作用，通过加大财政补贴力度，鼓励企业参与“一带一路”建设。据对 30 家“走出去”企业调查显示，有 40.0%的受访企业得到政府财政资金支持。2016 年，福建发放“对外投资合作促进资金”1600 万元，比上年增长 60.0%。如南安市对赴境外建设项目、并购企业或注册成立企业的分别给予 5 万元-50 万元人民币不等的补助；厦门市发挥财政资金杠杆作用，设立政策性股权投资基金——“海丝基金”，专业服务于厦门跨国企业开展海外投资和并购，推动厦门企业“走出去”。

**2.搭建平台，拓展市场。**当前，福建企业“走出去”还处于发展阶段，许多企业还存在“不想走”“不敢走”“不会走”等问题。为此，各级政府每年在国内外都举办各类投资经贸洽谈会，为企业搭建对接平台，使福建优势产能、企业需求与国际市场、特别是“一带一路”沿线国家市场有效对接，鼓励和引导企业更好地参与“一带一路”建设。据对 30 家“走出去”企业调查显示，30.0%的受访企业得到开拓市场支持。一是举办或利用各类展会平台，推动企业走进国际市场。二是利用经贸合作区建设，推进制造业企业境外办厂。据对 20 家“走出去”的制造业企业调查显示，15.0%的受访企业境外工厂设在我国投资建设的经贸合作园区内。

**3.银企协助，优化服务。**福建省商务厅与中国银行福建省分行、国家开发银行福建省分行签订战略合作协议，为福建企业到沿线国家和地区投资大型项目和建立产业合作园区提供更多的资金支持。双方意向项目达到 16 项，意向合作金额 100 亿元。据对 30 家“走出去”企业调查显示，在有贷款需求的“走出去”企业中有 70.0%可以“全部”或者“大部分”贷到款，主要的融资渠道仍以国内银行贷款为主。

### （二）企业“走出去”能力增强，境外发展势头良好

**1.“走出去”企业数增多、投资额提高。**近年来，“走出去”逐渐成为多数企业转型升级和推动福建经济可持续发展的动力之源。截至 2015 年末，福建备案在“一带一路”沿线国家和地区投资的企业 365 家，比上年末增长 16.6%，中方协议投资额 26.0 亿美元，增长 1.1 倍。2016 年 1-7 月，福建对“一带一路”沿线国家直接投资项目 64 个，中方协议投资额 18.7 亿美元，同比增长 2.5%。

**2.境外生产经营状况良好。**随着全球化进程不断推进，我国企业的国际化经营已经不再单纯停留在开展境外加工贸易、寻求境外合作开发项目等初始阶段，正朝着不断提升自身国际化能力，打造世界水平跨国公司的方向转变。据对 30 家“走出去”企业调查资料显示，截至 2015 年末 30 家“走出去”企业实现营业收入 418.44 亿元，其中境外实现营业收入 52.08 亿元，比上年末增长 15.1%；2016 年 1-6

月，实现营业收入 192.97 亿元，其中实现境外营业收入 28.52 亿元，同比增长 34.5%。

**3. 与沿线国家实际新签合同数大幅增加。**据调查，30 家“走出去”企业 2015 年与“一带一路”沿线国家实际新签合同数 375 个，比上年增长 63.7%，新签合同额 4.67 亿元；2016 年 1-6 月，实际新签合同数 331 个，同比增长 80.9%，新签合同额 11.83 亿元，其中中国水利水电第十六工程局有限公司承接项目比上年同期增加了 7.80 亿元，增长 3.1 倍。

**4. 多数企业境外盈利水平高于境内。**企业“走出去”战略目标包括寻求更低的成本、更广阔的市场、更充足的要素资源、更先进的技术等。据对 30 家“走出去”企业调查显示，60%的受访企业反映境外项目的利润率高于国内项目。主要原因是多数沿线国家生产要素成本低于国内。一是生产性用地相对宽松。如 2011 年，福建某轻纺有限公司在柬埔寨投资 800 多万美元自建了 3 万多平方米的生产基地。二是劳务成本较低。据调查，73.3%的受访企业反映 2016 年上半年境外项目的从业人员劳务成本低于本企业国内同项目劳务成本。三是境外项目主要原材料就地取材降成本。调查显示，36.7%的受访企业主要原材料大部分来自项目国境内。

## 二、企业参与“一带一路”建设过程中的主要困难

### （一）国际市场竞争激烈

目前，我国企业“走出去”仍处于初级阶段，不同的企业进行海外投资或并购目标常常趋向一致，相关企业之间往往缺乏沟通与合作，严重影响对外投资整体效益。调查显示，在参与“一带一路”建设过程中，56.7%的受访企业反映“国际市场竞争激烈（尤其是价格竞争）”，居企业反映的问题首位。

### （二）企业国际化能力不足

我国企业国际化总体起步较晚，在大型投资管理、大型投资资本运作等方面都缺乏相关经验。在直接面对国际市场时，往往按本土化的模式进行管理，存在管理上“水土不服”、对市场反应滞后等现象。此外，我国企业对项目国的投资环境、外资政策、文化背景、消费特点等各方面都缺乏细致的了解，容易造成管理上的问题。调查显示，40.0%的受访企业反映“对项目国的营商政策法规不熟”，居企业反映的问题的第 2 位。

### （三）国际化人才缺乏

当前，我国企业“走出去”缺乏明确的国际化人才定位，企业吸引、获取并成功留住优秀国际化人才的能力明显不足，在人才发展和培训机制方面有待加强。据调查，43.3%的受访企业认为“海外项目人才缺乏”。有企业反映，海外项目因缺乏管理人才，需要总公司派专业人才驻扎投资国，尽管通过较高的待遇派遣相关人员，仍无法满足企业的扩张需求。此外，我国企业国际化在品牌、风险、社会责任、企业文化、创新模式等多方面的能力上也存在较大欠缺，这些都是制约我国企业“走出去”的重要因素。

### （四）汇率变化给海外业务带来风险

中资企业在“走出去”初期，通常选择在境外设立窗口公司，主要从事双边贸易，汇率风险体现为人民币与当地货币之间。而现在，中资企业更多的是以并购或落地投资形式，实现当地生产、当地销售，或当地生产、向第三国销售。因此，汇率风险体现在不同外币之间。汇率变化受国际市场或所在国政局变化影响较大，给“走出去”企业海外业务带来风险。

## 三、对策及建议

### （一）加强对企业“走出去”的统筹规划

一是建立和完善政府相关部门组成的“走出去”协调与联动机制，研究制定走出去整体战略规划，加强项目协调和指导，避免企业间恶性竞争，

维护国家整体利益。二是加强对企业“走出去”涉外指导。建立健全涉外领事保护机制和各项规章制度，对企业“走出去”中遇到的困难和问题涉外部门要主动办、及时办、协调办、争取办、跟踪办、创新办，以优质高效的服务为企业“走出去”排忧解难，

**（二）为“走出去”企业健全保障机制**

一是实行“走出去”便利化措施，简化对外投资的行政审批手续。二是加大对“走出去”企业尤其是民营企业的金融支持，在资金支持、信息服务、风险管理、项目评估等方面提供更深入、更全面的服务。三是强化外交服务手段，充分利用高层出访、公共外交等途径为“走出去”企业和重大投资项目创造较好的环境。

**（三）为“走出去”企业搭建服务平台**

一是为消除企业“走出去”的顾虑，规避风险，应尽快建立企业“走出去”覆盖区域信息平台，对企业“走出去”覆盖区域的政策、市场和环境等有关信息进行梳理整合，按照国别、领域为企业提供投资环境、法规政策、项目推介、工程外包、信息咨询等服务，确保企业获得最新、最可靠的信息，减少企业投资风险。二是对“走出去”企业派出人员进行培训，推行“不培训，不派出”制度，使其充分了解项目国的政治、法律和历史文化，提高派出人员的素质和守法经营理念。三是为“走出去”企业储备和提供财务、法律和外语等各方面专业人才，充实“走出去”企业的业务和管理团队，增强企业在境外发展的核心竞争力。

（执笔：黄岚）

# 创新举措　推动福建科技发展

随着福建省深入实施创新驱动发展战略，推进创新引领供给侧结构性改革和产业转型升级，各地创新活力进一步激发，人才队伍不断壮大，创新平台建设持续向好，专利创造实现量质齐升，成果转化通道继续拓宽。2016年福建省区域创新能力居全国第10位，综合科技进步水平居第13位，科技促进经济社会发展指数居第5位，成为全国第6个创新型试点省份。

## 一、政策环境优化

2016年，福建省委九届十六次全会通过了《关于实施创新驱动发展战略建设创新型省份的决定》，对深入实施创新驱动发展战略、加快供给侧结构性改革进行了全面部署；福建省政府制定出台的《实施创新驱动发展战略行动计划》和《福建省“十三五”科技发展和创新驱动专项规划》为科技发展总体布局设计了路径规划；《关于加快高水平科技研发创新平台建设发展的六条措施》和《关于鼓励和支持社会资本建设发展新型研发机构的若干措施》，为鼓励社会资本参与科研创新，支持研发平台和新型研发机构发展提供了具体举措；《关于进一步促进科技成果转移转化的若干规定》等配套政策，为促进科技成果转移转化，激励科技人员创新创业，推进高校科研领域简政放权明确了方向。

## 二、研发活动活跃

2016年，福建省科学技术一般公共财政预算支出82.42亿元，比上年增长7.6%，占一般公共财政预算支出的1.9%；全省研发经费投入预计达442.00亿元，研发经费投入强度为（与GDP之比）1.55%，比上年提高0.04个百分点。截至2016年末，福建省共有高新技术企业2535家，当年新增906家；拥有创新型企业681家，新增255家；拥有国家级企业技术中心37家，新增2家；遴选科技小巨人企业655家，新培育知识产权优势企业100家。围绕建设创新型省份，创新活动更加活跃。

## 三、人才团队壮大

2016年，福建省继续深入实施“海纳百川”高端人才集聚计划，共遴选省“双创人才”96名，新增30人入选国家“万人计划”科技创新领军人才和科技创业领军人才，新增21人和4个团队入选科技部创新人才推进计划。截至2016年末，福建省已有67人、10个团队和1个创新人才培养示范基地入选科技部创新人才推进计划，创新创业领军人才和杰出青年人才队伍不断壮大。

## 四、平台建设推进

2016年，福建省加快高水平研发创新平台建设，推进重点研发机构发展，引进中科院海西研究所、国防科技大学军民融合协同创新研究院、中船重工厦门材料研究院等新一批“国字号”研发机构在闽落地，进一步壮大创新驱动内核。福建省共拥有国家级重点实验室10个、省级重点实验室190个，国家级工程技术研究中心7个、省级工程技术研究中心472个，产业技术重大研发平台26个，产业技术公共服务平台22个，省级产业技术创新战略联盟28个、科技企业孵化器36家、众创空间113家、小微企业创业基地49个。高端研发机构为促进福建省产业转型升级，加快发展方式转变提供有力支撑。

## 五、专利创造量质齐升

2016年，福建省知识产权综合实力居全国第7位。福建省专利申请受理130376件，比上年增长56.8%；其中，发明专利27041件，增长53.1%。福建省专利授权67142件，增长9.0%；其中，发明专利7170件，增长25.1%。截至2016年末，福建省共存有有效发明专利23793件，比上年末增长33.2%；每万人口发明专利拥有6.14件，增加1.49件。其中，有10项发明、实用新型专利获得全国专利优秀奖，3项外观设计专利获得全国外观设计优秀奖。知识产权生态环境的进一步优化，使福建省专利创造保持量增质提的良好势头。

## 六、成果转移转化加快

2016年，福建省陆续启用了国家技术转移海峡中心、国家技术转移人才培养基地、中科院STS福建中心、海丝科技合作中心等科技成果转化平台，开启“政府引导+市场运作”的技术转移新模式。福建省已有22家境内外技术转移机构入驻，海峡技术转移公共服务平台上线试运行；举办13场技术转移专场对接活动，建立12个国家级海峡两岸科技产业合作基地及30个闽台科技合作基地，建设15个国家级国际科技合作基地。福建省技术合同登记5220项，成交额105.73亿元、比上年增长96.3%。成果转移转化机制进一步健全，拓宽了成果转移转化应用通道。

## 七、科技金融合作紧密

2016年，创新券制度通过购买服务、后补助、绩效奖励等方式，为福建省353家符合条件的创新企业提供购买科技创新服务补助2502.50万元。商业银行在福建省8个设区市设立的科技支行和科技金融服务中心，共计发放科技型企业贷款10.80亿元。福建省专利权质押金额24.59亿元，对符合条件的59家中小微企业专利权质押贷款项目予以财政贴息1156.00万元，有效降低企业融资成本。福建省发放科技保险补贴近1200万元，带动200多家高新技术企业投保科技保险6000多万元，提供近300亿元风险保障。建设创新创业企业股权融资与交易市场，促成企业和项目融资5.50亿元。鼓励银行、创投、保险资金和民间资本向有创新潜力企业倾斜，支持了科技成果转化。

## 八、助力精准扶贫

2016年，通过“现代农业规划+科技推广”的顶层设计，福建省针对贫困地区因地制宜制定发展规划和技术策略，推广生态修复技术和特色产业发展，选派360名科技人员到23个省级扶贫开发重点县开展科技服务。发挥农业科技园区统筹科技资源的载体优势和集聚效应，推进土地规模化利用、标准化生产和深加工产业发展，带动农民实现精准脱贫。2016年，20家发展现代农业的众创空间入选国家“星创天地”名单，且纳入国家级科技企业孵化器的管理和服务体系，享受国家规定的相应优惠政策。以众创空间为推动农业农村创新创业的主阵地，完善新型农业社会化科技服务体系建设，推动农村科技创业和精准扶贫。

（执笔：陈昉）

# 发展新产业　激发新动能

## ——福建 VR 产业发展情况调查

国家“十三五”规划纲要提出，提升新兴产业支撑作用，大力推进虚拟现实等新兴前沿领域创新和产业化，形成一批新增长点。“十三五”数字福建规划提出大力发展 VR（虚拟现实）产业，打造全国领先的 VR 产业集聚区和国际 VR 产业外包基地。为了解福建 VR 产业发展情况，2017 年 3 月有关部门对福州、厦门、泉州部分 VR 芯片开发、VR 内容开发应用企业以及有关部门开展调查。调查结果显示，福建 VR 产业发展初具规模，但发展中也存在产业链不完整，专业人才缺等困难与问题，建议加大扶持力度，推动产业做大做强。

### 一、发展主要成效

#### （一）突出集聚效应，打造产业基地

积极出台扶持政策，推动各地打造一批集 VR 产、学、研一体，具有完整 VR 产业生态系统的国际一流产业基地。一是加强政策引导。2016 年初，福建省印发《关于积极推进“互联网+”行动实施方案的通知》，提出积极发展 VR 产业，加快建设 VR 产业基地，搭建发展平台，整合全省 VR 产业资源，发展 VR 全产业链。2016 年 12 月，福建省政府出台《关于进一步加快推进软件和信息技术服务业发展的意见》，提出在工业互联网、移动互联网、动漫游戏、大数据、虚拟现实（VR）等方面产业规模显著提升，对经济社会的支撑作用显著增强的发展重点。2016 年 4 月，福州市出台《关于促进 VR 产业加快发展的十条措施的通知》等政策，促进 VR 产业发展。通过政策引导，形成产业发展浓厚氛围，更好促进产业集聚，增强发展内生动力。二是加快基地建设。福州 2016 年 2 月正式揭牌的“中国•福建 VR 产业基地”，基地规划面积约 2527 亩，其中产业用地为 1182 亩，截至 2017 年 2 月份“中国•福建 VR 产业基地”已建成 7.4 万平方米研发大楼（孵化基地）和 23.0 万平方米人才公寓。泉州 2016 年 5 月正式启动的“中国国际信息技术福建产业园”VR 基地，1 期规划面积 21 万平方米，已建成 6.5 万平方米数据中心、12.3 万平方米外包基地和人才公寓。三是抓好项目落地。产业基地出台各项配套措施吸引企业入驻。“中国•福建 VR 产业基地”对前百家入驻基地符合条件的 VR 企业，三年内为每家企业免费提供 100 平方米的工作场地、100 平方米的人才公寓、100M 以上带宽的网络支持；给予企业数据租用费用 50%的补助；执行大工业用电价格，用电低谷时段电价浮动幅度调整为 50%，并支持与发电企业直接交易，据调查，某网络控股有限公司 2016 年节省用电费用约 800 万元。截至 2017 年 2 月，“中国•福建 VR 产业基地”已注册企业 24 家，合计注册资本 21.37 亿元，业务范围涵盖 VR+影视、VR+教育、VR+地产等多个领域。“中国国际信息技术福建产业园”VR 基地，前两年对入驻 VR 基地的企业免租金，第三年租金减免一半。在公寓租赁方面，对企业实习学生和企业员工每月优惠 300 元，目前基地已入驻 2 家企业。

#### （二）突出创新引领，提升发展水平

多措并举推动企业加大基础研究领域的创新和研发投入，提高技术创新能力，增强核心竞争力。一是加大专项扶持。福州市设立 VR 产业专项扶持资金，集中支持产业核心技术攻关、创新能力提升、产业链关键环节培育等。二是加大科研投入。如厦

门某科技有限公司 2016 年研发投入 265.0 万元，比上年增长 11.7 倍，目前已拥有具有国际领先水准的“基于关节空间位置数据的动态 3D 动作识别算法”专利；厦门某网络科技有限公司在 VR 数据压缩、美化编辑等方面取得多项发明专利和软件著作权。三是加大成果推广。福建省以政府购买服务方式支持 VR 企业创新，启动实施医疗、旅游、海洋、水利、国土、教育等行业 VR 应用试点，建设 23 个 VR 体验馆，加大 VR 产品与服务的采购力度。

### （三）突出融合互动，刺激新兴消费

VR 初创企业将 VR“行业应用”“企业应用”及“公众应用”作为主攻方向，在 VR+工业、VR+房地产、VR+教育、VR+游戏等方面应用推陈出新，加速产品迭代和关键技术成型，不断开拓企业及消费端市场。一是向工业领域渗透。如厦门某科技有限公司采用虚拟仿真技术对工业企业从工厂规划、建设到运行等不同环节进行模拟、分析、评估、验证和优化，指导工厂的规划和改造，具有广泛的应用前景。二是向房地产领域渗透。如 VRoom 是厦门某科技有限公司旗下一款运用于房地产行业的虚拟现实产品，该公司已与国内的绿地、万达等 30 多家地产商达成合作，在 30 多个城市开发近百个高品质交互式虚拟样板房项目。三是向教育领域渗透。如某网络控股有限公司凭借互联网领域多年的技术积累，在教育领域先后推出了 101VR 沉浸教室、101VR 创客教室、牛津英语 VR 课程、VR+语音评测等产品。四是向娱乐领域渗透。某网络控股有限公司抓住消费端市场发展契机，自主研发的一项以 VR 游戏 2016 年实现销售额达 1100 万元。“VR+传统产业”发展新模式的不断培育，刺激了消费需求，扩大了新兴消费。据对福州 113 名 VR 用户开展的调查显示，57.5%的用户体验过“VR+影视”，50.4%的用户体验过“VR+游戏”，20.4%的用户体验过“VR+购物”，20.4%的用户体验过“VR+旅游”。

### （四）突出资源共享，提供公共服务

致力打造支撑平台，提供与收纳大量的 VR 工具、模型，降低 VR 从业者的开发成本与门槛，平台影响力不断扩大。一是开发公共平台。如某网络控股有限公司投入 870 位专业人才，研发“中国•福建 VR 产业基地公共服务平台”，基本形成了 VR 服务平台、开发者中心、分发助手、VR 街机能力平台、学习中心等五大功能模块，囊括了全景图片、全屏视频、VR 游戏、VR 应用等 7133 个 VR 资源。该平台于 2016 年 6 月发布，目前收录全国各类 VR 企业 200 多家，访问次数约 250 万次。又如福建省某信息科技有限公司开发 ARVR 云设计平台于 2017 年 2 月正式面世，兼具 AR 应用和 VR 应用开发功能。目前该平台点击量达 13000 多次，注册会员 400 多名。二是开展创业辅导。“中国•福建 VR 产业基地公共服务平台”提供免费的 VR 编辑器，VR 从业者可通过该编辑器学会编程及 3D 美术技术，驾驭 VR 产品制作。同时，该平台收录的 VR 相关咨询，为 VR 创业者及时提供行业最新动态。三是实现在线教育。“中国•福建 VR 产业基地公共服务平台”学习中心包含课程广场、公开课、测评中心模块，为 VR 从业者提供“一站式”学习与交流服务。

## 二、发展中面临的困难与问题

### （一）产业链不完整

虚拟现实产业链长，主要包括硬件设备、内容制作、分发平台、企业端及消费端应用等。从国际上看，目前以索尼、奥克勒斯、HTC 为主的厂商产品占据了全球硬件设备市场主流，Windows、Android 系统已经能够较好的支持 VR 的软硬件，支撑消费级应用；在内容制作环节，国外以大型影视公司为主，如迪斯尼、索尼等。从国内看，硬件设备已经有乐相科技、暴风魔镜等产品较为成熟的厂商，内容制作商更为活跃，如兰亭数字、追光动画、米粒影业、创幻科技、天舍文化、UtoVR、Nibiru 等。而福建目前仅有一家芯片生产厂商，没有其他

生产 VR 硬件设备的企业，导致了上游生产商缺失。

**（二）研发投入高**

研发投入大是 VR 企业在初创期面临的共性问题。调查企业均反映 VR 产品研发资金投入大，研发周期长，短期内无法收回成本，影响企业资金周转。

**（三）专业人才缺**

VR 的核心技术主要涉足图形图像、输入算法、交互、光学等尖端领域。而目前国内几乎没有高校开设 VR 内容开发专业，企业中 VR 开发人员大多是从游戏、动漫、3D 仿真、模型等行业转型而来，由于行业技术间的差异性，人才很难快速融入 VR 领域。调查企业反映目前 VR 专业复合型人才难招，而且有一定基础的相关领域开发人员进入企业，需经过 3-6 个月系统再培训，才能初步掌握 VR 内容开发基本要领。若想成为相对成熟的开发人员，需经历 1-2 年时间，培养周期较长。

**（四）设备成本高**

虚拟现实系统应用的相关设备价格比较昂贵。目前 Oculus Rift、PlayStation VR、HTC Vive 等 VR 头盔瞄准的都是高端市场，预订价格都在 4000.0 元以上，且对电脑配置的要求很高。据部分网络科技公司反映，采购一套适用于头盔的配套设备，包括显示屏、主机、三维产品定位设备，加上头盔，总成本约 2.5 万元，对于普通消费级市场来说，还是让不少 VR 爱好者望而却步。

**（五）产品质量待提高**

VR 讲究的是沉浸感、交互性和构想性。构想性的关键是内容设计，而沉浸感和交互性的关键是硬件实现，但是目前软硬件方面还有一些关键技术亟待突破。如视觉方面，目前任何一个显示技术都无法原原本本地还原真实世界的色彩，而且要想将视频图像的处理及显示技术完美运行，还需要配合计算能力更加强大的 CPU、效率更高的显卡等各种硬件。目前，已上市的 VR 硬件设备，舒适度欠佳，消费者不能长期佩戴，用户体验不佳。据对 113 名 VR 用户开展的调查结果显示，46.9%的受访者反映体验效果一般或差，60.2%的用户反映 VR 佩戴设备繁重，35.4%的用户反映存在眩晕感，34.5%的用户反映画面不清晰，32.7%的用户反映沉浸感不强，18.6%的用户反映操作难度大。

**（六）行业标准待统一**

由于虚拟现实产业涉及到从基础硬件生产、软件开发、核心部件制造、实体以及网络分发平台、营销与服务等众多领域，而且虚拟现实的一些技术要求超出了原有的一些配套行业的技术要求，导致目前行业标准还难以统一，各类虚拟现实设备之间还无法实现互联互通，制约了虚拟现实产业的发展。

## 三、建议

目前虚拟现实产业发展仍处于起步阶段，但发展前景广阔，市场潜力巨大。根据艾媒咨询估测，2016 年全国 VR 产业的市场规模约为 56.6 亿元，而 2020 年将超过 550.0 亿元。面对新机遇新挑战，福建应加强对 VR 产业发展的规划与引导，加大财政扶持力度，进一步完善产业链，加强人才队伍建设，争取在新一轮发展中抢占先机，争取主动。

**（一）加大扶持力度，引导产业做大做强**

一是加大财政金融支持力度，促进虚拟现实技术产业化。支持面向工业、文化、教育等重点行业的虚拟现实技术应用。如某网络控股有限公司呼吁设立 VR 项目相关的科技贷款、贷款贴息等，加大财政金融支持力度。二是制定行业标准，保障产业健康发展。企业呼吁全国应建立统一的 VR 行业标准，可引入国际知名企业或机构，共同参与 VR 国标制定工作。三是提升行业公共服务能力，提高行业协同发展水平。整合技术、产品、市场资源，充分发挥公共服务平台、行业协会、科研院所作用，跟踪国内外技术路径和产业发展动向，加强行业运行监测分析，为产业发展提供服务支撑。

**（二）完善产业链条，推动产业集群发展**

一是研究设立虚拟现实产业专项基金。鼓励企业开展重大技术攻关和应用集成创新，加快本土虚拟现实硬件设备厂商培育，构筑完整产业链。二是引进先进硬件制造厂商。立足 VR 产业园区，通过对 VR 硬件生产重点企业的定向招商，特别是国际知名企业或具有发展前景的中小 VR 企业入驻产业园，完善产业链条。三是建立以应用为核心的商业模式，引导和加强虚拟现实产业链上下游企业间协作，将虚拟现实产品尽快推向市场。

**（三）支持技术创新，提升产业科研水平**

一是加强产学研合作。积极引导更多的企业与科研单位在核心零件、基础软件等产业链的关键环节强化产学研合作，集中资源，并通过项目资金支持核心器件和开发平台等基础技术研发，产出更多的具有自主知识产权和品牌的产品与先进技术。二是加强自主创新。引导企业加大对技术研发的投入，集中优势资源，在核心技术领域取得突破，建立具有自主知识产权的技术体系。三是支持兼并收购。支持企业收购海外核心技术企业，迅速弥补技术短板，健全产业生态。

**（四）加快人才培养，夯实产业发展基础**

一是加大人才引进力度。在现有人才政策基础上，针对 VR 产业人才推出专项引进政策，通过人才补贴、基金投资等方式强化专业人才的引进力度。如某微电子有限公司建议把 VR 产业人才纳入福建省急需人才引进目录，来闽的 VR 人才可享受购房退税等政策。二是设立科研机构和高等院校专项扶持资金。支持高等院校开设 VR 专业，并给予培训机构设备采购补贴和聘请师资费用补贴支持。三是创新人才培养模式，建立符合 VR 企业需求的订单式培养机制。如某网络控股有限公司建议设立校企合作培训机构，联合国内外知名院校或省内优秀高校、职业技术学院等与企业共建 VR 课程，培养 VR 人才。

（执笔：吴文芳 张琳琅）

# 福建智能制造情况调查

智能制造是加快产业转型升级的重要突破口，也是供给侧结构性改革的重要方向。为了解当前福建智能制造情况，2016年5月有关部门对福州、厦门、泉州、漳州等地116家企业智能化应用情况开展专项调查。调查显示，福建省纺织、服装、电子、机械等传统产业正逐步提高智能化水平，部分企业在产品质量、生产效率、减少用工、降低成本等方面取得了初步成效，但也存在资金不足、人才短缺、技术短板等问题。

## 一、智能制造初显成效

近年来，为提升福建智能制造水平，福建省政府出台了一系列扶持政策。如《关于加快发展智能制造九条措施的通知》，提出：明确智能制造目标和主攻方向、推进试点示范、提升企业智能化水平、发展壮大智能制造产业、支持市场开拓与服务创新、加强融资租赁服务、扩大信贷与直接融资、加大财税支持、强化人才支撑等九条举措。各地积极响应，立足当地产业基础，提出鼓励企业发展智能制造的各项措施。如泉州"数控一代"工程建设围绕优势传统产业，把纺织鞋服、装备制造、建筑建材等产业确定为重点领域，建设了一批智能装备示范项目和应用示范点。"数控一代"示范工程实施以来，泉州市企业采用国产数控技术和伺服系统达1000多套，数控机床达100多套，建材行业200多套，建设石材数控加工自动化生产线10多条，相关应用企业减少用工20%-30%，国产装备替代进口降低成本30%-50%，水暖磨抛、焊接和冲压、纺织断线检测、食品除渣等高温和粉尘弥漫的人工作业工序被机器替代。

从调查企业情况看，有半数企业智能化率达50%以上，受调查的116家制造企业中，有24家智能化率在30%以下，占20.7%；31家智能化率在30%-50%，占26.7%；23家智能化率在50%-70%，占19.8%；38家智能化率在70%以上，占32.8%。分行业看，按行业智能化率从大到小依次为电子69.6%、服装68.7%、纺织66.1%、化工47.0%、食品 44.8%、机械 42.6%。调查显示，加快推进福建智能制造已取得以下主要成效：

**（一）实施"机器换人"，提升产品质量，减少用工，降低成本**

在重复性操作多、劳动强度大的行业领域实施"机器换人"，不仅有利于促进企业提质增效，降低用工成本，同时也有利于缓解用工难。如长汀某针织有限公司投入260台电脑横编机，6条缝盘吊挂生产线后，提高生产效率 30%，减少用工 1000多人，产品质量、精密度等均大幅提高；漳州某光电子科技有限公司，应用LED自动化组装线及机器人，在减少 2000 名员工的同时将 LED 照明产品年产能由 1.2 亿支提高到 3.0 亿支，产品合格率达99.9%，良品率由 95.0%提升至 98.0%；福建某工艺品有限公司之前用人工手工雕刻，用工人数多，人工成本高，同时雕刻出来的产品不够均匀，会有毛刺，产品光滑度不够，客户对产品不满意，退货多，产品销售价格低，公司投资近300万元购进10台雕刻机，减少用工人数30人，降低人工成本约108万元；某建材有限公司采用瑜鼎机械的转盘式机器人自动抛光设备和佳泰数控的数控立式加工中心，实现卫浴车间无噪音无粉尘，生产效率提高20.0%以上，一套抛光机器人可替代10个熟练技工，大大提高抛光精度。

**（二）建设自动化生产线，推进生产过程智能**

化

应用数控技术和智能装备对传统生产设施进行自动化智能化技术改造，建设智能工厂、数字化车间。如福建某电子有限公司共建有 14 条液晶显示屏生产流水线，已实现完全数控化生产，企业建有 2 个智能制造工厂，并配有 ERP 和 MES 系统，企业从 AI、SMT 到人工插件线，再到 MNT 成品组装测试包装线，导入 49 类智能自动化生产项目，包含自动喷码、自动铆钉、自动上板、晶体自动剪脚、自动点胶等，实现了传输、测试、组配、包装的部分自动化，每年为企业节约成本超过 1 亿元；泉州某电子材料有限公司，建有 BMS 同步拉伸超薄电容器薄膜生产线。该生产线目前技术装备水平位于世界领先水平，是电容膜行业世界范围内第一次使用同步拉伸工艺的生产线生产电工薄膜，该生产线实现生产全过程自动化控制，生产过程各项技术参数都在中央控制室的屏幕上给予显示，控制和设定过程一目了然，使输出的技术参数精确可控，生产薄膜厚度的均匀性好，保证了加工性能和产品质量，制造的产品厚度更薄，为同行业国内领先产品制造工艺和最薄产品。

**（三）发展“互联网+”，推动生产制造模式变革**

基于互联网的个性化定制、众包设计生产以及大数据应用、云制造，充分释放从创意设计到生产制造的巨大创造潜能，推动更多企业生产制造模式变革。如泉州某塑胶五金制品有限公司与北京某科技有限公司合作研发智能硬件，搭载华中数控系统，实现车间机器的“工业物联网+”，其可将生产设施设备的实时运行数据通过无线网络上传至云端，通过 PC 端软件或手持智能终端 App 访问数据库，实时监控车间相关设备的生产运行状态及查看数据信息，也可远程处理和操控机器。目前第一阶段目标已经完成：智能硬件与手机端 App 初级版本的开发，并连接到车间五轴机械手系统中，实现了数据的采集和实时监控。又如三明某科技有限公司投入 6 套 3P 到 5P 焓差实验室，通过云计算、大数据等技术，在产品研发阶段自动模拟产品的实际工作环境，以达到仿真的效果给出产品真实研发的数据，满足研发产品的各种要求。

## 二、智能制造存在的主要问题

**（一）智能化水平有待提高**

智能化总体水平较低。在调查企业中，智能化率平均为 50.5%，有两成企业智能化率在 30.0%以下，且部分大企业智能化水平仍较低，人工操作量较大。智能制造深化互联网应用不够。在调查企业中，基于互联网个性化定制的生产占 17.1%，基于互联网众包设计的生产占 10.5%，基于互联网云制造的生产占 4.1%，均较低。

**（二）高端制造装备对外依存度高**

由于国内智能制造起步较晚，国产智能设备与进口设备相比，虽然存在价格优势和地域优势，但技术水平仍存在一定的差距。如国产设备拥有明显的价格优势，但精度、寿命方面仍有所欠缺；高端制造装备的先进的传感器等基础部件，智能控制技术、智能化嵌入式软件等先进技术对外依赖度高。

**（三）资金缺口大**

企业智能化过程中需大量的软件、硬件及信息化投入，资金缺口大是影响智能化进程的主要问题。如个别电子公司反映，由于部分项目投资回收期相对较长，因此，部分先进技术受限于资金压力，不能第一时间引入；另有部分纺织企业反映，受近年来纺织、化学纤维产品价格持续走低的影响，企业流动资金多用于保证日常生产，难以预留足够的资金投入企业智能化改造进程。

**（四）技术人才缺乏**

开展智能化升级的企业中，技术人才特别是高端人才的短缺是制约企业发展的瓶颈。如某电气有限公司反映，该企业智能化达 70%，目前遇到的主要问题是专业技术人员和生产一线的中高级技工严重不足。本地技工不愿意在本地工作，招聘外地技工成本高，加大了企业产品成本的压力。

## 三、推进智能制造，加快传统制造业转型升级

### （一）加大资金支持力度

建立和完善以政府投入为引导，企业投入为主体，社会投入为重要来源的智能制造多元化投融资体系。充分利用财政资金的扛杆作用，加大对试点企业扶持力度，实现财政资金“四两拨千斤”的效果。政府在扶持智能化方面的财政补助时，应充分考虑中、小企业具体情况，不要一刀切。目前财政补贴多数属于按项目的事后补贴，企业反映智能制造投入初期往往是企业资金最紧张的时候，建议政府部门按企业实际投入的设备进行一定比例补助，在企业申报获批后就给予一定比例的补贴，解决企业前期投入时流动资金不足的困难；对备案及验收环节适当放松，给企业调整的余地；对不符合申请要求的企业应做出详细解释，并及时通知企业。

### （二）加快培养紧缺人才

**1. 加大智能设备应用人才的培训力度。**调查企业反映，目前自动控制和机械一体化等智能化相关专业的学生毕业后跟实际生产脱钩，招收毕业生还需要进行长时间的再培训，希望政府有关部门能出台相关政策积极引导大中专及技工院校为企业定向培养所需的具有专业操作技能的技工人才。

**2. 帮助企业吸引、留住人才。**调查企业反映，希望政府有关部门能出台相关政策，对有获得技术操作资格证的中高级技工人才及技术人员在当地购房、子女入学、医保及社保等社会保障方面给予优惠待遇，为企业引得进、留得住人才创造条件。

### （三）构建技术服务平台

建立一个智能化应用的互动和学习服务平台；组织院校、专家、行业协会和各类中介服务机构开展智能工厂（车间）建设咨询和诊断服务，解决智能制造发展瓶颈问题，帮助企业推进智能化改造。

### （四）建立创新奖励机制

据调查企业反映，福建智能设备生产商实力不强、配套不够，非标服务、编程等能力与广东地区仍有较大差距。企业建议政府部门可对智能设备生产商的技术改进设立奖励机制，如申请专利、核心技术突破等，鼓励生产商钻研智能技术，提高技术水平，进一步满足企业智能化需求。

（执笔：胡自明）

# 就业结构调整优化　大众创业激发活力

## ——2016年福建省就业状况简析

2016年，福建就业工作坚持稳中求进的总基调，稳就业、防失业、促创业，着力推动就业结构性改革，加快推进新旧动能转换，在经济增速放缓情况下保持就业形势的总体稳定，同时呈现出一些积极的变化。

### 一、总体情况

#### （一）就业目标任务顺利完成

2016年，福建省城镇新增就业60.73万人，完成目标任务的110.4%；城镇失业人员实现再就业14.56万人，完成目标任务的145.6%；城镇就业困难人员实现再就业4.02万人，完成目标任务的134.0%；截至2016年末，福建省城镇登记失业率3.9%，维持较低水平。

#### （二）援企稳岗政策有效落实

**1.失业保险稳岗补贴政策取得成效。**2016年，福建省失业保险参保人数575.52万人，比上年增长5.4%。福建省失业保险基金用于稳定就业岗位的补贴企业数达2.97万家，相比上年的不足300家，政策扶持力度明显加大。2016年，全省共落实补贴金额4.37亿元，惠及企业职工145.30万人。

**2.失业保险降费率政策不断完善。**继2015年6月实施失业保险降费率政策后，为进一步减轻企业社保负担，降低企业用工成本，2016年5月起福建省再次阶段性调低失业保险费率，企业缴费率由1.5%降为1.0%。2016年，福建省减征失业保险费16.05亿元。

#### （三）“去产能”企业职工安置工作平稳推进

2016年，福建将钢铁、煤炭等列为去产能的重点行业，全省有6家钢铁企业、30家煤炭企业纳入省级化解过剩产能工作计划，涉及职工5732人。截至2016年末，全部职工已分流安置完毕。其中，转岗安置1266人，退养451人，解除终止劳动关系4015人。解除终止劳动关系的职工中，大部分人员已通过灵活就业、单位就业、自主创业、返乡务农等方式实现了再就业，少量失业人员在人社部门进行了失业登记，享受失业保险补贴，分流过程总体平稳。

#### （四）劳动力市场活跃度提高

2016年，福建省人力资源市场上企业岗位需求登记441.39万人次，比上年增长13.3%。岗位需求登记由上年的减少转变为增加，表明人力资源市场的活跃度正逐步恢复，企业用工需求开始回升。2016年，年人力资源市场求人倍率1.19，比上年高出0.06个点，延续企业用工需求大于求职登记的缺工状况，供需缺口略有放大。

#### （五）大学生就业稳步提升

2016年，福建省内高校毕业生和省外高校福建生源毕业生总量26.20万人，比上年减少0.40万人。为促进高校毕业生就业，福建省各地深入实施系列高校毕业生就业促进计划和创业引领计划，推动高校毕业生多渠道就业。截至2016年末，福建省高校毕业生就业率96.3%，比上年末提高5.6个百分点。据劳动力调查数据显示，2016年下半年福建省城镇地区大专及以上学历毕业后未工作的失业人口占失业人口的比重为8.1%，同比下降2.5个百分点。

### 二、积极变化

#### （一）就业结构调整优化，服务业成为吸纳就

业的主要渠道

**1. 从业人员向第三产业转移。**随着经济结构的调整升级，第三产业领跑福建省经济增长的同时，也创造了更多的就业岗位，从业人员从第一产业、第二产业向第三产业转移。全社会从业人业中，第三产业从业人员从 2014 年起超过第二产业，之后每年保持着较快的增速水平。2016 年，福建省新登记的私营企业中属于第三产业的企业数占 82.2%，比上年提高 1.8 个百分点。

**2. 服务业用工景气度高于其他传统行业。**据企业用工景气调查数据显示，2016 年 1-4 季度规模以上服务业企业劳动力需求景气指数分别为 100.7、102.9、103.4、103.4，高于工业、建筑业、房地产业、批发零售业、住宿餐饮业这些传统行业企业用工景气指数，也是唯一全年用工指数均处于 100 以上景气区间的行业。服务业企业用工需求的不断增加，有效地缓解了传统行业经济效益下滑给就业带来的影响，成为新时期吸纳就业的主要渠道。

**（二）大众创业激发活力，带动就业良性发展**

**1. 自主创业群体不断扩大。**福建省各地在积极落实鼓励创业的财税、金融、工商等扶持政策下，大众创业队伍不断壮大。据劳动力调查数据显示，2016 年下半年福建省城乡失业人员中选择自主创业或与家人朋友一起创业的人员占 11.9%，同比提高 1.1 个百分点。选择创业的群体以 20-39 岁为主体。其中，20-29 岁青年创业群体占比呈上升趋势，这部分人中有相当部分是高校毕业生，可以看出高校毕业生投入自主创业的群体在扩大。

**2. 个体私营企业吸纳大量就业。**随着商事制度改革不断深化，新增市场主体活力持续激发。据工商部门公布的数据显，2016 年福建省新登记私营企业 18.32 万户，新登记个体工商户 35.75 万户。截至 2016 年末，福建省个体经济、私营经济主体共吸纳从业人员 1149.29 万人，其中私营企业 713.59 万人，个体工商户 435.70 万人，分别比上年末增长 25.5%、26.4%，个体私营经济成为现阶段扩大社会就业的重要力量。

**（三）转型升级加快推进，用工结构不断改善**

**1. 企业对中高层次人员的需求提高。**在经济结构转型升级的推动下，据企业用工需求逐步从中低层次人员向中高层次人员转变。企业用工情况调查数据显示，2016 年下半年反映缺工的企业中最缺乏经营管理人员、科研人员、高级技工的企业占比分别同比提高 11.8 个百分点、11.9 个百分点和 20.7 个百分点，而最缺乏普通技工的企业占比只提高 0.6 个百分点。

**2. 企业通过机器换工等方式减少用工需求。**据企业用工情况调查数据显示，2016 年下半年制造业调查企业中，约 9%的减员企业表示因技改减少用工。大中型制造业企业的比例更高，在 15%以上。部分大中型制造业企业正通过加大技术投入、加快转型升级实现企业的可持续发展。在泉州市的纺织鞋服等传统劳动密集型行业中，龙头企业的机器换工已经较好地发挥了降低用工成本、提高生产效率的作用。

## 三、需关注的问题

**（一）企业减员面比增员面高**

从企业用工调查情况看，2016 年上半年和下半年调查企业的减员面分别为 35.2%和 36.4%，比增员企业面高 1.4 个百分点和 2.3 个百分点。受订单不足、经营亏损等经济性原因减员的企业在增多。

**（二）用工结构性矛盾依然突出**

一是“就业难”和“招工难”并存。2016 年，企业用工招工发生着一些新变化。企业对普通技工的需求有所减弱，对管理型、创新型和高技能型技术工人的需求增加。招工企业面临着普工好招、技工难求的问题。对求职者来说，更多求职者技能结构难以满足劳动力市场上的岗位需求，劳动力供需结构存在一定程度的结构性矛盾；二是不同企业招工分化明显。大中型企业由于用工比较规范，配套福利设施完善，基本不缺工。而小微企业受限于自身实力、工资待遇和用工环境，加之经济下行背景下经营压力增大，加剧招工困难。

**（三）企业用工预期趋于谨慎**

据 2016 年 4 季度企业景气调查数据显示，在接受调查的 2 万多家企业中，预计 2017 年用工持平和减少的企业占比超过九成（其中预计用工持平的占 81.1%，预计用工减少占 9.8%）。在企业经济效益没有明显提升的前提下，企业用工预期偏向于更加谨慎，将影响 2017 年用工变化。

## 四、若干建议

**（一）发展吸纳就业能力强的产业**

经济增速放缓背景下，要将经济发展方式转变与拓展就业空间结合起来。以全面推进大众创业万众创新为契机，实施就业引领战略，着力扶持和培育吸纳就业能力强的第三产业；加快发展服务业，特别是新兴服务业，充分发挥其吸纳就业的作用；鼓励民营经济，支持发展具有比较优势的劳动密集型中小企业。

**（二）进一步释放创业创新活力**

要继续落实优化创业环境，加强创业政策的宣传和舆论引导，使更多有创业意愿的求职者敢创业、有创业、成功创业；进一步加强创业指导服务，结合地域经济特色、创业特点，提供针对性的创业指导和跟踪服务；继续加大对高校毕业生、农民工返乡创业等政策扶持，提高创业成功率。

**（三）加快培养企业急需的人才**

一方面提高政府公共就业服务质量，为劳动力市场供求双方提供更具针对性的就业服务，缓解就业结构性矛盾；另一方面要建立以市场为导向的培训长效机制，开展求职者技能培训、企业职工岗位技能提升培训、创业培训等，帮助企业稳定职工队伍，为企业转型升级储备人才。

（执笔：郑盈）

# 漳州开放型经济发展的现状及对策

2016 年 5 月，中央决定在漳州、南昌等 12 个地方开展构建开放型经济新体制综合试点试验工作，这是党中央、国务院应对外部环境深刻变化、引领经济新常态、推进供给侧结构性改革和新一轮高水平对外开放的重大战略举措。税务部门如何抓住这一历史机遇，围绕破解制约开放型经济发展的突出问题，充分发挥税收职能作用，推动漳州经济更深地融入全球一体化、发展更高层次的开放型经济，值得深入探索。

## 一、从税收角度看“十二五”漳州开放型经济发展

“十二五”期间，漳州已经形成全方位、宽领域、多层次的对外开放格局。漳州税务部门立足全球视野，充分发挥税收职能作用，积极落实服务“引进来”和“走出去”各项税收政策，推动漳州融入经济全球一体化、贸易投资多元化，多维度地扩大对外开放。

### （一）税收服务“引进来”卓有成效

“引进来”包括货物和服务进口、吸引境外直接投资（FDI）和境外间接投资，不仅体现在扩大引资规模和进口贸易，还在于增加财税收入和劳动就业。

**1. 涉外税收持续稳步增长。**随着涉外税收政策的不断完善，吸引更多外商投资、先进技术和人才流入，促进外商投资企业和外国企业发展加速，进而推动漳州涉外税收呈现持续稳步增长态势。表 1 数据显示，“十二五”期间漳州实现涉外税收 284.19 亿元，由 2011 年的 40.93 亿元增至 2015 年的 64.79 亿元，年均增长 8.8%，年均增速比同期税收总收入的 15.1%低 6.3 个百分点。

表 1　“十二五”期间漳州涉外税收主要指标

单位：万元

| 年份 | 合计 | 货物和劳务税 | 企业所得税 | 个人所得税 | 其他税费 |
|---|---|---|---|---|---|
| 2011 | 409286 | 142287 | 134465 | 12239 | 120295 |
| 2012 | 528343 | 260668 | 125063 | 9842 | 132770 |
| 2013 | 607345 | 342210 | 131729 | 10802 | 122604 |
| 2014 | 649080 | 255267 | 166859 | 12759 | 214195 |
| 2015 | 647887 | 304770 | 166329 | 13791 | 162997 |
| “十二五” | 2841941 | 1305202 | 724445 | 59433 | 752861 |

注：1. 涉外税收含海关代征增值税和消费税、国税涉外收入、地税涉外收入；2. 货物和劳务税含增值税、营业税、消费税；3. 数据来源：《漳州统计年鉴-2016》

“十二五”期间，漳州市涉外税收总量呈现逐年增长态势，是涉外税制改革促进涉外经济快速发

展的成果体现。从税收依存度上看，涉外税收占全市税收总收入和 GDP 的比重，分别由 2011 年的 24.32％和 2.31％演变为 2015 年的 23.74％和 2.34％，整体上呈现波动趋势，表明涉外税制改革在促进涉外经济发展的同时，相应推动了全市经济实力的快速增长。

**2. 外商投资规模不断扩大。**增值税全面转型、营业税改征增值税试点改革全面落地，不仅解决了发展资金占用的问题，还扩大了投资规模，既可增加总需求，又能增加总供给，税收调节功能具有明显的乘数效应。表 2 数据显示，“十二五”期间漳州合同利用外商直接投资总额 62.69 亿美元，年均增长约 5％。同时，吸引外商直接投资的结构不断优化，以初级加工、建筑业等传统制造业为代表的第二产业呈现明显下滑趋势，以农、林、牧、渔业为代表的第一产业出现摆动式下降态势，以交通运输业、仓储及邮电通信业，批发和零售贸易餐饮业，房地产、公用事业和服务业等为代表的第三产业异军突起，呈现快速增长势头。数据显示，虽然外商直接投资增速保持连续正增长态势，但受经济转型和投资结构影响，制造业投资占外商直接投资总额由 2011 年的 80.34％下滑至 2015 年的 49.04％。

**表 2　“十二五”期间漳州合同利用外资情况**

（2011-2015 年）　　单位：万美元

| 年份 | 农业 | 工业 | 建筑业 | 交通运输仓储及邮电通信业 | 批发和零售贸易餐饮业 | 房地产、公用事业和服务业 |
|---|---|---|---|---|---|---|
| 2011 | 3476 | 101265 | 1646 | | 3543 | 16086 |
| 2012 | 13051 | 92095 | | 2039 | 18327 | 13646 |
| 2013 | 2041 | 103660 | 1600 | 773 | 8114 | 14311 |
| 2014 | 2789 | 64849 | | 1470 | 12222 | 677 |
| 2015 | 9219 | 64067 | 1639 | 12753 | 25848 | 6040 |

数据来源：《漳州统计年鉴-2016》

随着经济结构转型升级，原先那种以牺牲环境追求 GDP 的制度安排逐步被修正，加上漳州全面融入全球经济一体化，资本流动既有“走进来”，又有“走出去”，外商直接投资、外商固定资产投资的增减变动趋势，表明外商投资影响力正在下降的同时，也反映出漳州综合实力逐步增强。图 2 显示，“十二五”期间漳州新增固定资产（不含农户）投资呈持续上升走势，总额达到 5501.59 亿元，由 2011 年的 417.04 亿元攀升至 2015 年的 1724.68 亿元，年均增长 47.0％，税收因素主要得益于 2009 年增值税全面转型后，一般纳税人购进固定资产可抵进项税额、递延纳税时间，减轻当期税收负担，增加投资成为各类型经济摆脱国际金融危机影响、拉动全市经济增长的主要动力。同期外商固定资产投资总额为 831.37 亿元，占同期新增固定资产投资总额的 15.1％，年均增长 29.8％，呈波浪型变动趋势，由 2011 年的 71.10 亿元攀升至 2012 年的 168.84 亿元，之后下降至 2013 年的 121.39 亿元，又攀升至 2014 年最高点 296.31 亿元，2015 年为 173.73 亿元。

图1 “十二五”期间漳州新增固定资产投资情况

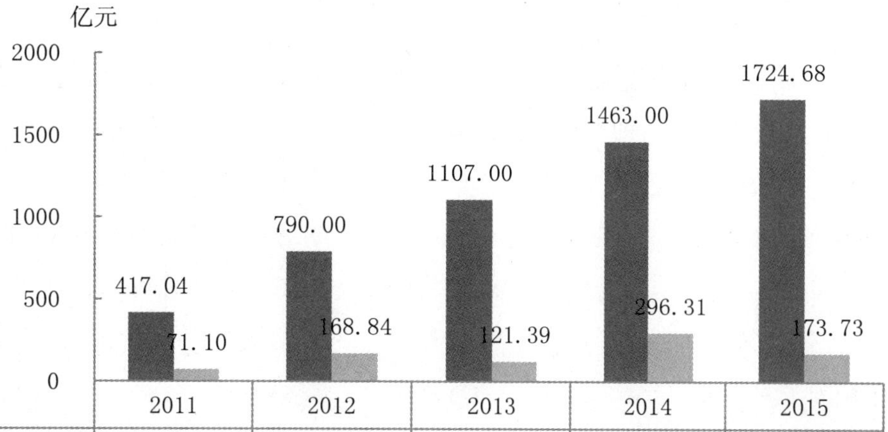


| | 2011 | 2012 | 2013 | 2014 | 2015 |
|---|---|---|---|---|---|
| ■新增固定资产投资 | 417.04 | 790.00 | 1107.00 | 1463.00 | 1724.68 |
| ■外商固定资产投资 | 71.10 | 168.84 | 121.39 | 296.31 | 173.73 |

数据来源：《漳州统计年鉴-2016》

**3. 进口贸易规模不断扩大。**“十二五”期间我国多次调整货物进口贸易关税政策，促进货物进口贸易规模扩大。“十二五”期间漳州货物进口额为160.80亿美元，年均下降4.4%，低于全省、全国年均增长率8.6%和3.8%；进口额呈持续下滑走势，由2011年的32.08亿美元降至2015年的18.70亿美元。

**4. 涉外游客入漳外汇增加。**随着开放型经济的持续发展，吸引大量涉外游客入闽，有效增加国际旅游外汇收入。“十二五”期间，漳州共接待入闽游客182.61万人次，国际旅游外汇收入12.14亿美元，年均分别增长11.4%和15.8%。

**（二）税收助力“走出去”方兴未艾**

“走出去”除了货物和服务出口贸易、对外直接投资和资产并购间接投资，还有对外承包工程和劳务输出，主要成效体现在货物出口增长、对外直接投资加速、对外承包工程和劳务合作不断扩大。

**1. 出口商品贸易持续攀升。**受益于出口退税政策调整、出口退税加速及政府相关部门优化服务举措，漳州出口企业不断扩大国际市场份额，拉动出口商品贸易持续增长。“十二五”期间，漳州货物出口总额为357.93亿美元，年均增长8.1%，比全省年均增长率9.6%低了1个多百分点，但略高全国平均增长率7.6%；出口数额呈持续向上走势，由2011年的64.91亿美元攀升至2014年的81.32亿美元，2015年回落到74.71亿美元。

“十二五”期间漳州国税部门共办理出口退（免）税277.82亿元，年均增长14.2%，比出口商品贸易高6.2个百分点。其中，直接退税189.02亿元，年均增长12.0%。

**2. 对外投资交流合作发展。**“十二五”期间，漳州市“走出去”对外直接投资、对外承包工程和劳务输出合作交流呈加速状态，期间签订对外劳务合作项目1161个，完成合同金额15605万美元，年均增长31.45%。

## 二、“十三五”漳州开放型经济发展机遇与挑战

随着全球经济逐渐探底回暖，“一带一路”沿线国家自我发展能力提升，以及福建21世纪海上丝绸之路核心区定位、自由贸易实验区建设和海峡两岸经济融合发展，漳州开放型经济发展将获得更多的机遇、更广阔的市场，面临更多的竞争与挑战。

**（一）漳州开放型经济发展面临三大机遇**

根据“一带一路”倡议下国家对“海丝”核心区发展新定位、新要求，漳州面临三个最具特色机遇：一是建设“海丝”核心区，第二是深化两岸经济合作，第三是蓝色经济区，即海洋经济区域。

**1.“海丝”核心区的定位。**漳州月港作为古海上丝绸之路的重要起点之一，与东南亚、中亚、中东等国家和地区人文交往密切，经贸往来尤为频繁。2015 年 4 月，国家决定将福建定位为 21 世纪海上丝绸之路核心区，随着配套政策叠加效应不断显现，漳州开放型经济将保持较快的增速，也将为全省、全国经济大局特别是两岸经济共同发展作出更大贡献；随着各种资源要素逐步聚集，未来漳州仍将保持较快速度的增长，成为海峡西岸新的增长极。

“海丝”核心区的定位，一是重塑福建外贸优势，将为漳州外贸开启更广阔市场，通过政策沟通便利化福建对外贸易环境，多元化对外贸易方式，进而提升漳州贸易水平；二是助推漳州产业升级，将促进沿线地区项目、技术、资金、人才等产业资源要素流动，为漳州对接先进地区产业资源要素，构建以先进制造业、现代服务业为引领的多层次、高端、高效、高辐射的现代产业体系带来新机遇，未来漳州将获得更多产业资源的重视；三是为漳州基础设施建设升级带来重大机遇，以交通为主的基础设施以及重点园区载体将获得更多资金和政策的支持，获得从政府到企业的各方关注，再掀一轮投资建设热潮。

**2. 海峡两岸税收协议的落地。**漳州作为对台经济合作前沿，在海峡两岸经贸交流方面发挥重要的作用。2015 年 8 月，海峡两岸关系协会、财团法人海峡交流基金会在福建签署了海峡两岸避免双重课税及加强税务合作协议，弥补了大陆与台湾税收协同机制的漏洞，为促进两岸经贸往来、妥善解决涉税争议发挥极大作用。海峡两岸税收协议的签署，对于深化两岸经贸合作具有重要意义：一是两岸税收协议通过规定合理的协议税率，为两岸企业创造了优惠及具有竞争力的投资环境，同时通过明确税收抵免规定和方法，能够有效地消除重复课税现象，切实降低两岸经贸往来中企业与个人的税收负担；二是两岸税收协议有关“非歧视待遇”的规定有利于避免税收歧视，公平税收待遇，确保两岸投资者与对方当地居民享受无差别的税收待遇；三是两岸税收协议建立起了两岸共同接受的税务争端协商解决程序，有利于解决税务争议，为两岸投资者维护其合法权益提供救济渠道；四是两岸税收协议搭建了税收合作平台，有利于维护良好的税收秩序，消除潜在的税收不公平现象。

**3. 海峡蓝色经济区的建设。**漳州拥有自然海岸线 715 千米，海域面积 1.86 万平方千米，居全省第 3 位。2015 年 4 月，国家决定推进福建海峡蓝色经济试验区建设，对促进沿海地带协同开放发展、区域交流合作具有重要意义：一是有利于漳州科学开发利用海洋资源，提升参与“海丝”核心区综合竞争力，推动陆海统筹、联动发展，提高岸线、海域、海岛等海洋资源的集约利用水平，加快构建现代化海洋产业体系；二是有利于完善漳州沿海地带经济布局，推动与广东海洋经济综合试验区的一体化发展，增强漳州沿海地带协同开发开放总体实力，辐射带动周边地区加快发展和扩大开放；三是有利于深化区域交流合作，充分发挥漳州对台交往的独特优势，推动建立两岸海洋开发深度合作的长效机制，提升海域海洋资源开发利用、海洋生态环境保护、海洋防灾减灾、海上运输通道安全等领域合作水平。

**（二）漳州开放型经济发展存在四大挑战**

福建 21 世纪海上丝绸之路的定位，给沿途各省市的开放型经济发展带来机遇，也将加剧区域之间的竞争。当前漳州开放型经济正处于增长速度换挡期、结构调整阵痛期、前期刺激政策消化期“三期叠加”阶段，迫切要求以开放促进改革，以开放加速发展，激发发展内生动力。

**1. 福建自贸区的虹吸效应。**自贸区作为国内贸易最自由、投资最便利的特殊经济区域，将成为“一带一路”对外开放的重要平台。2015 年 4 月，中国（福建）自由贸易试验区正式挂牌，福建正式跨入自贸区时代。受政策倾斜、人流、物流、信息流以及跨国公司产业配置、国际分工等要素的流动因素影响，自贸区建设的启动，短期内将在一定程度上对自贸区周边产生虹吸效应：一是由于漳州缺少自贸区平台的强力支撑，与“海丝”沿线国家的贸易对接进一步难度加大，削弱漳州经济的开放性；二是重点园区的基础设施建设、信息化、智能化建设水平短期内无法赶超自贸区，增加漳州软硬件设施建设压力，为企业营造便利化、市场化、法制化、国际化的营商环境将与自贸区拉开距离；三是产业资源要素短期内将向自贸区集聚，不利于漳州构筑包括人才、资金、土地等重点载体的比较优势和吸引力；四是自贸区积极培育面向全球的竞争新优势，构建对外对内合作发展的新平台，拓展经济增长的新空间，不利于进一步激发漳州开放型经济发展新活力。

**2. 国际旅游竞争力偏弱。**漳州旅游资源丰富，虽然在吸引境外游客方面一直排在前列，但无论是入境人数还是创汇收入都落后于福州和厦门。表 3 数据显示，“十二五”期间漳州国际旅游外汇收入为 12.14 亿美元，仅占全省国际旅游外汇收入 229.07 亿美元的 5.3%，与漳州拥有的旅游资源和地理位置不相匹配。从收入总量看，虽然漳州的国际旅游外汇收入排名全省第四，但与同处沿海地区的厦门（86.48 亿美元）、福州（58.77 亿美元）和泉州（50.63 亿美元）差距过大，比莆田（9.86 亿美元）略高；从增长幅度看，虽然漳州国际旅游外汇收入年均增长率比全省（13.3%）高 2.5 个百分点，但在沿海地区仍然赶不上厦门（17.0%），远低于宁德（54.7%），落后于内陆地区的龙岩（43.6%）、南平（20.6%）和三明（18.9%）。

**表 3 “十二五”期间福建各设区市国际旅游外汇收入情况**

（2011-2015 年） 单位：万美元

| 地区 | 2011 | 2012 | 2013 | 2014 | 2015 |
|---|---|---|---|---|---|
| **福建省** | **363444** | **422568** | **457336** | **491180** | **556140** |
| 福州市 | 102854 | 110910 | 129002 | 124662 | 120231 |
| 厦门市 | 129901 | 157728 | 160712 | 178450 | 238009 |
| 莆田市 | 15659 | 19242 | 20061 | 19988 | 23611 |
| 三明市 | 3402 | 4095 | 3958 | 4438 | 4839 |
| 泉州市 | 79661 | 90446 | 105483 | 117846 | 112834 |
| 漳州市 | 18781 | 22878 | 21855 | 25741 | 32168 |
| 南平市 | 10464 | 12948 | 11593 | 14078 | 17012 |
| 龙岩市 | 2229 | 3568 | 3684 | 4795 | 6002 |
| 宁德市 | 493 | 753 | 988 | 1182 | 1434 |

数据来源：《福建统计年鉴-2016》

原因在于旅游产业发展层次较低，以现代服务业为标志的第三产业发展相对滞后，交通港口基础设施与旅游经济配套存在短板，表明漳州开放型经济存在对外合作结构不够合理、要素聚集能力与收益能力不相匹配等问题。

**3. 国际贸易竞争力不强。**国际贸易竞争力指标通常反映地区的进口和出口情况。货物进口方面，表 4 数据显示，“十二五”期间漳州货物进口总额为 137.55 亿美元，仅占全省货物进口总额 2917.59 亿美元的 4.7%。从进口总量看，漳州货物进口总额排名全省第四，与同处沿海地区的厦门（1484.06 亿美元）、福州（586.23 亿美元）和泉州（531.22 亿美元）差距过大，比莆田（85.01 亿美元）、宁德（15.51 亿美元）以及龙岩（57.25 亿美元）、三明（11.84 亿美元）和南平（8.90 亿美元）等内陆地区高；从增长幅度看，漳州货物进口年均增长率倒数第一，远低于全省（8.5%）12.9 个百分点，不仅沿海地区赶不上泉州（24.2%）、福州（8.3%）、厦门（6.5%）、宁德（6.5%）和莆田（5.8%），还落后于内陆地区的龙岩（41.7%）、三明（7.1%）和南平（-8.8%）。

### 表 4　“十二五”期间福建各设区市进口商品情况

单位：万美元

| 年份 | 福州市 | 厦门市 | 莆田市 | 三明市 | 泉州市 | 漳州市 | 南平市 | 龙岩市 | 宁德市 |
|---|---|---|---|---|---|---|---|---|---|
| 2011 | 1053105 | 2751225 | 186593 | 22945 | 628107 | 322232 | 28185 | 54968 | 21105 |
| 2012 | 992104 | 2909673 | 147356 | 18133 | 1271251 | 284053 | 22883 | 139033 | 26049 |
| 2013 | 1227006 | 3174092 | 160232 | 29351 | 1265472 | 263124 | 13817 | 109834 | 41803 |
| 2014 | 1355253 | 3032778 | 193013 | 26477 | 1267198 | 319278 | 13062 | 154832 | 33663 |
| 2015 | 1234850 | 2972806 | 162955 | 21513 | 880208 | 186851 | 11025 | 113858 | 32517 |
| “十二五” | 5862318 | 14840574 | 850149 | 118419 | 5312236 | 1375538 | 88972 | 572525 | 155137 |

数据来源：《福建统计年鉴-2016》

商品出口方面，表 5 数据显示，“十二五”期间漳州商品出口总额为 361.86 亿美元，是货物进口总额的两倍多，占全省商品出口总额 5232.77 亿美元的 6.9%。从出口总量看，漳州商品出口总额在全省排名还是第四，与沿海地区的厦门（2470.23 亿美元）、福州（1069.78 亿美元）和泉州（759.95 亿美元）同样差距很大，比莆田（153.74 亿美元）、宁德（140.64 亿美元）以及龙岩（110.60 亿美元）、三明（96.00 亿美元）和南平（69.97 亿美元）等内陆地区高；从增长幅度看，漳州商品出口年均增长率排名第 6 位，虽然是低于全省（9.5%）1.5 个百分点，也超过了沿海地区莆田（7.6%）和福州（5.1%），但还是落后于宁德（32.1%）、泉州（17.1%）和厦门（8.7%），还有内陆地区的龙岩（14.4%）和三明（11.0%）。

## 表 5 “十二五”期间福建各设区市出口商品情况

单位：万美元

| 年份 | 福州市 | 厦门市 | 莆田市 | 三明市 | 泉州市 | 漳州市 | 南平市 | 龙岩市 | 宁德市 |
|---|---|---|---|---|---|---|---|---|---|
| 2011 | 2411420 | 4264534 | 278077 | 154573 | 1078254 | 649076 | 119086 | 185168 | 143590 |
| 2012 | 2112982 | 4539982 | 294791 | 300604 | 1237473 | 699034 | 168601 | 210837 | 218954 |
| 2013 | 1952293 | 5234264 | 316949 | 137464 | 1646988 | 710774 | 153164 | 211724 | 283821 |
| 2014 | 2133264 | 5316103 | 331182 | 177830 | 1817799 | 813160 | 146514 | 241464 | 367913 |
| 2015 | 2087807 | 5347405 | 316449 | 189548 | 1819003 | 746529 | 112320 | 256807 | 392142 |
| “十二五” | 10697766 | 24702288 | 1537448 | 960019 | 7599517 | 3618573 | 699685 | 1106000 | 1406420 |

数据来源：《福建统计年鉴-2016》

根源在于漳州进出口产品结构性矛盾突出，进口商品多为高附加值产品，出口产品结构相对单一，中低档的劳动密集型工业制品比重过高，高新技术产品不多，结构矛盾较为突出，对外贸易增长方式粗放，开放型经济资源未能充分发掘。

**4. 国际投资竞争力短板。**国际投资竞争力综合反映该地区的利用外资能力和对外投资能力。表 6 数据显示，“十二五”期间漳州实际利用外商直接投资总额为 48.20 亿美元，占全省实际利用外商直接投资总额 334.52 亿美元的 14.4%。从投资总额看，漳州实际利用外商直接投资总额排名全省第四，在吸收和利用外资规模上虽然与沿海发达地区厦门（94.37 亿美元）、泉州（73.96 亿美元）和福州（72.72 亿美元）有很大差距，总体上比莆田（15.28 亿美元）、宁德（7.44 亿美元），以及内陆地区龙岩（11.02 亿美元）、三明（6.17 亿美元）和南平（5.36 亿美元）等地高；但从增长幅度看，漳州实际利用外商直接投资年均增长率 9.1%，比全省（5.9%）高 3.2 个百分点，虽然排名也是第 6 位，但明显超过沿海发达地区福州（7.2%）、厦门（4.3%）和泉州（1.1%），却落后于宁德（24.2%）、莆田（10.5%）以及内陆地区南平（16.5%）、三明（12.6%）和龙岩（10.2%）。

## 表 6 “十二五”期间福建各设区市实际利用外商直接投资情况

单位：万美元

| 地区 | 2011 | 2012 | 2013 | 2014 | 2015 | “十二五” |
|---|---|---|---|---|---|---|
| 福州市 | 127745 | 133877 | 143063 | 154651 | 167852 | 727188 |
| 厦门市 | 172583 | 177453 | 187204 | 197101 | 209373 | 943714 |
| 莆田市 | 25264 | 25559 | 30164 | 34092 | 37750 | 152829 |
| 三明市 | 9201 | 10300 | 12500 | 14033 | 15636 | 61670 |

续表

单位：万美元

| 地区 | 2011 | 2012 | 2013 | 2014 | 2015 | “十二五” |
|---|---|---|---|---|---|---|
| 泉州市 | 161511 | 131960 | 139112 | 148950 | 158036 | 739569 |
| 漳州市 | 88739 | 89025 | 94552 | 101207 | 108500 | 482023 |
| 南平市 | 7794 | 8733 | 10501 | 12000 | 14532 | 53560 |
| 龙岩市 | 17762 | 19908 | 21598 | 24082 | 26853 | 110203 |
| 宁德市 | 9512 | 12007 | 14433 | 17463 | 21007 | 74422 |

数据来源：《福建统计年鉴-2016》

理论上说，年末登记注册的外商投资企业指标数值越高，说明该地区相对而言具有更强的吸收和利用外资的能力。表 7 数据显示，“十二五”期末漳州涉外企业法人单位数有 1917 个，占全省涉外企业法人单位总数 15642 个的 12.3%，排名全省第四，与沿海发达地区厦门（4569 个）、泉州（4393 个）和福州（3168 个）差距较大，总体上比莆田（555 个）、宁德（142 个），以及龙岩（359 个）、南平（287 个）和三明（252 个）等内陆地区多。

## 表 7　“十二五”期末福建各设区市企业法人单位数情况

单位：个

| 地区 | 2011 年末 | | | 2015 年末 | | |
|---|---|---|---|---|---|---|
| | 企业法人 | 内资企业 | 涉外企业 | 企业法人 | 内资企业 | 涉外企业 |
| **福建省** | **278403** | **264381** | **14022** | **556225** | **540583** | **15642** |
| 福州市 | 53542 | 50913 | 2629 | 117499 | 114331 | 3168 |
| 厦门市 | 57176 | 53350 | 3826 | 120582 | 116013 | 4569 |
| 莆田市 | 9379 | 8828 | 551 | 24950 | 24395 | 555 |
| 三明市 | 17328 | 17036 | 292 | 26806 | 26554 | 252 |
| 泉州市 | 58948 | 54842 | 4106 | 115826 | 111433 | 4393 |
| 漳州市 | 27461 | 25651 | 1810 | 51990 | 50073 | 1917 |
| 南平市 | 20160 | 19837 | 323 | 35967 | 35680 | 287 |
| 龙岩市 | 14467 | 14110 | 357 | 23564 | 23205 | 359 |
| 宁德市 | 19942 | 19814 | 128 | 39041 | 38899 | 142 |

数据来源：《福建统计年鉴-2016》

问题症结在于外商投资规模较小、层次较低，主要集中在劳动密集型的制造业和资本密集型的房地产业等产业，科技密集型和高科技产业较少，表明漳州吸收消化外资不够充分。

## 三、融入“海丝”核心区开放型经济发展战略

在全面推进“一带一路”发展倡议中，“海丝”核心区将发挥经贸优势、人文优势和历史优势，统筹经贸与人文、官方与民间、“走出去”与“引进来”，提升核心竞争力，漳州需要进一步优化开放经济结构，增强经济辐射能力，扩大对外开放、加强国际经贸合作与文化交流，夯实港澳台，深耕东盟、东亚、扩展中亚、中东，实现互利共赢、共同发展。

### （一）提升开放型经济竞争力

**1. 拓展开放型经济新空间。**大力挖掘港澳台合作开发开放优势，做好重大项目建设的配套服务，推动产业相互融合和错位发展；充分利用自由贸易协定带来的贸易创造和贸易转移效应，扩大货物贸易规模，加大服务业人才、技术和管理理念的引进；既要及时掌握重大项目的进展情况和税收产出，以及发展的新动向、新问题，又要对重大项目进行跟踪分析，能够更好地评价重大项目的质量和效益。

**2. 打造开放型经济好环境。**要着力优化投资环境，进一步强化开放型经济税收政策支持，大力扶持产业关联度高、技术含量高、附加值高、符合可持续发展要求的先进制造业、现代服务业外资大项目发展做强；强化开放型经济环境平台，加强知识产权保护，引导金融机构开展产品和服务创新，进一步完善风险补偿机制，拓宽跨境贸易人民币结算，加强相关产品技术壁垒的预警，推进已批准立项目的资金到位率，加快已签约和在谈重大项目的进度，督导项目尽早签约、履约和资金到位。

**3. 推进开放型税收国际化。**随着涉外税制改革、税收国际化日益向纵深推进，抓住用好税收现代化建设机遇，促进开放型经济稳步快速发展。应重点做好以下几方面功课：

一是由政府牵头，督促相关经济职能部门通力合作，将税收信息化建设纳入社会诚信化体系，形成境外信息、国内信息、典型案例和征管系统互为补充的信息管理机制；通过创新纳税服务渠道，建立税收权责“正面清单”，适应“一带一路”倡议的国际化要求；通过创新大数据比对分析，筛选过滤“走出去”企业涉税风险，构建具有现代纳税服务特征的智能纳税服务渠道；通过取消传统税收优惠备案审批制度，改为税务机关依托数据分析筛选或自动实现或定向向纳税人推送优惠政策提醒，实施网上填报、以报代备、即时享受。

二是税务部门要深入开展“税基侵蚀和利润转移”专题研究，梳理现行涉外税制，查找政策漏洞，完善跨境交易税收管理体系并推动税收征管法、个人所得税法修订，推进专业化反避税模式和预约定价安排，加强非居民税收管理和国际税收征管协作，积极参与国际反避税信息交换，遏制跨境逃避税和不良税收筹划，防止税收流失。要进一步规范居民企业境外所得信息报告制度，维护“走出去”企业和个人的税收权益，减少企业税收风险和防止地方税源的流失。

三是发挥出口退税服务功能，努力实现加工贸易从贴牌加工向自主品牌加工出口的转变，进一步提高加工贸易产品的附加值；大力发展机电和高新技术产品的出口，继续做好相关产业链的“扩容”；支持具有自主知识产权、自主品牌产品和高附加值产品出口，进一步限制高耗能、高污染和资源性产品出口。

### （二）优化开放型经济结构

**1. 加快“引进来”产业经济转型升级。**应强化投资引导，促进工业结构调整优化升级，重点支持产业链关联度高、有效带动未来经济增长的大企业集团、龙头骨干企业和优势品牌企业，掌握高新技术领域核心和关键技术、拥有自主知识产权的企业，生产专、精、特、新产品的中小企业，科技含

量高、资源消耗低、环境污染少的节能降耗企业。同时，要进一步发展以现代服务业为代表的第三产业，从强化政策、健全体制入手，优先发展金融保险、现代物流、商务会展、旅游服务、科技信息等重点行业，鼓励和引导传统制造业企业分离研发、物流、采购、营销及其他专业配套服务环节，促进生产性服务业发展壮大，以提升漳州经济的整体实力和核心竞争力。税收方面应将进口政策与产业结构调整、技术改造紧密结合起来，有秩序的进口当前漳州经济建设急需的资源、原材料以及先进的技术、设备，优先安排有利于漳州产业优化的进口商品结构，适度加大高科技产品和先进技术的进口，确保漳州产业结构的不断优化；税务部门要帮助这些企业用好用足税收政策，促进规模企业产业结构优化调整，解决市场的有效需求不足。

**2. 加大“引进来”技术进步改造投入。**借助“海丝”核心区高新经济发展定位，建立稳定的各级财政科技投入增长机制，综合运用政策、投入、金融、服务等多种方式和手段，鼓励社会技术、资金、人才、管理等各类创新要素流向高新科技产业，切实发挥科技支撑引领作用，打造一批特色产业基地，促进形成高新技术产业集群。同时引导企业用好用足国家现行税制中促进科技进步的税收优惠政策，鼓励企业加大技术开发资金投入，加速产品的升级换代；鼓励企业利用“三废”产品，提高资源使用效率；促进企业加强与科研院所、高等学校的合作，增强企业技术研发能力；加速企业技术成果的转化，促进科技成果的产业化和商品化；推进企业机器设备的更新。

**3. 积极培育“引进来”外资龙头产业。**与厦门、福州、泉州等地相比，漳州外资龙头产业规模偏小、发展不够、辐射效应不足，无论在户数和税收体量上都有一定的差距。要用好税收服务功能导向，大力引进新能源、新材料、新医药、环保、软件和服务外包、新传感网等战略性新兴产业，培育外资龙头产业，鼓励外资投向现代农业、高新技术、先进制造、现代服务业，支持设立跨国公司地区总部和功能性机构，增强企业的核心竞争力，融入“海丝”核心区开放型经济新优势。

**4. 促进“引进来”外商企业转型升级。**要善于抓住外商直接投资传统制造业下滑契机，用好用足研发投入加计扣除、固定资产加速折旧等税收优惠政策，鼓励外资企业技术改造和设备革新，加大研发投入比重，加快为制造业配套的现代金融、现代物流、科技服务、信息服务、商务服务、市场集群等生产性服务业发展，突出抓好软件、文化创意等发展潜力大的新兴服务业，依托厦门经济特区大力发展总部经济，借助平潭综合试验区抓好海峡两岸示范基地建设，通过古雷石化产业园区加强闽南服务外包产业带的整体推进，全力推进现代服务业发展。

### （三）增强开放型经济辐射能力

**1. 加强“走出去”海洋经济合作。**立足海峡蓝色经济试验区，鼓励民间资本和外来资本进入海洋经济领域，采取直接投资、合资、项目融资、支持企业上市等方式投资海洋产业；实施海洋经济产业合作规划，积极推动与东盟建立长期、稳定的渔业合作会谈机制，支持福建企业建设境外渔业综合基地和水产养殖基地；推动财税政策向蓝色海洋经济合作领域倾斜，打造海洋渔业资源市场化配置平台，加快建设中国—东盟海产品产业合作暨交易平台；加快推进海洋经济专业人才培养，加大对东盟国家渔业人力资源培训力度，进一步完善国际海洋科技交流合作机制，加强海洋科技创新、教育培训等领域合作。

**2. 拓宽“走出去”产业合作领域。**重点要加强现代农业、先进制造业、现代服务业等领域合作，进一步拓宽技术研发能力、对外辐射能力、海外销售渠道和境外战略资源交流空间，弥补漳州开放型经济辐射偏窄的短缺；借鉴上海自贸区金融制度创新经验，加强与境外金融机构的双边或多边交流合作，鼓励金融机构大力发展各类贸易融资产品，为

“走出去”企业提供金融支持；以自贸实验区和台商投资区为载体，推动闽港澳台电子信息、机械、石化、海洋生物技术等产业深度对接；深化旅游合作，带动物流、资金流的聚集，借助厦门邮轮母港与东南亚、台港澳等国家和地区间的邮轮航线，发挥漳州物流中转作用；融入闽港澳台电子商务信息平台、物流中心和数据中心，以信息共享、互设海外仓等方式，为漳州中小微企业与港澳台协同合作提供金融、信息、交易物流平台和渠道。

**3. 扩大“走出去”双向投资规模。**积极参与到港澳台、东盟、东亚、中亚、中东等国家和地区宣传推广“海丝”核心区，特别是漳州的建设成就及良好投资环境，扩大双边投资规模；组织招商队伍赴新加坡、马来西亚等国家和地区开展招商活动，引进漳州短缺的科技创新型、生态环保型、资源节约型、服务贸易类投资项目；及时抓住漳州“走出去”条件逐步成熟的有利时机，鼓励引导本土有竞争优势的企业通过境外投资进行海外战略布局，积极寻求企业合资、合作和建立战略联盟，多渠道参与境外资源项目合作开发，拓展境外投资合作领域，提升对外经济技术和劳务合作层次；运用税收杠杆支持漳州企业赴东盟、中东等地区投资建设资源开发、境外生产加工、营销网络等项目，实现在全球范围内配置资源。

**4. 研究“走出去”经贸交流创新。**贸易自由化方面，建立“一次申报、一次查验、一次放行”监管制度和国际贸易“单一窗口”服务平台，以简化贸易手续，提高进出口贸易效率；投资自由化方面，投资服务业、高新产业、生态环保产业、旅游业和海洋产业等与港澳台对接的各类企业，可以不受股权比例和经营范围的限制；金融自由化方面，鼓励金融创新，建立金融离岸中心，设立闽港澳台股权交易所和外汇综合交易市场，组建闽港澳台产业并购基金，为漳州园区内闽港澳台企业提供债券发行、信用担保、融资上市等金融服务；航运自由化方面，允许闽港澳台合资设立航运公司。

（执笔：陈文裕）

# 龙岩市承接沿海产业转移的思考

## ——以纺织、不锈钢加工、军民融合产业为例

产业是经济发展的主要引擎，产业兴则城市兴，产业强则城市强。“十二五”以来，龙岩市紧紧抓住中央支持闽西原中央苏区振兴发展和“新古田会议”的重大机遇，围绕“365”产业发展新格局，主动适应经济发展新常态，大力实施沿海产业转移强市战略，积极寻找产业转型升级的“切入点、生长点”，促进经济增长方式转变和产业结构优化升级。本文通过对龙岩纺织、不锈钢加工、军民融合产业转移发展现状调查，分析产业转移有利、不利因素，提出“十三五”龙岩加快承接产业转移的对策建议。

### 一、龙岩承接沿海产业转移现状与成效

据龙岩市经信委公布的数据显示，“十二五”时期，龙岩市承接沿海产业转移项目 1042 个，实际利用资金 792.58 亿元。其中，福建省外承接以上海、浙江、广东三省（市）为主，并逐步扩展到长三角腹地、京津冀等经济发达地区，共承接项目 251 个、利用资金 188.48 亿元。福建省内主要承接福州、厦门、泉州三市的产业转移，共承接项目 791 个、利用资金 604.10 亿元，分别占 75.9%、76.2%；其中工业产业转移项目 635 个、利用资金 408.97 亿元，分别占 80.3%、67.7%；纺织产业项目 63 个、利用资金 59.16 亿元。不锈钢加工产业项目 31 个、利用资金 77.72 亿元。

#### （一）纺织产业实力增强

“十二五”时期，龙岩市规模以上纺织产业完成工业总产值 430.81 亿元，年均增长 7.8%；完成增加值 128.80 亿元，年均增长 3.2%。截至 2015 年末，规模以上纺织产业全员劳动生产率 14.87 万元 / 人，5 年年均增长 14.1%。2016 年，龙岩市规模以上纺织产业完成工业总产值首次突破百亿元大关，达 109.19 亿元，比上年增长 13.5%。作为龙岩市纺织产业集聚地的长汀县，截至 2016 年末，全县规模以上纺织产业 67 家、完成工业总产值 82.36 亿元，占长汀县规模以上工业总产值的比重达 49.0%，纺织产业占据工业半壁江山。从长汀纺织业主要聚集的长汀产业园区、（晋江）长汀工业园和长汀腾飞工业园看，主要承接厦门、泉州两市纺织产业转移。“十二五”时期龙岩市规模以上纺织企业主要指标见表 1。

**1. 产能利用较高。**2016 年，长汀县规模以上纺织企业实现主营业务收入 70.22 亿元，比上年增长 13.1%。据对长汀县 15 家规上纺织企业调查，13 家企业主营业务收入实现正增长，其中 6 家企业增速超过 10%。15 家企业平均产能利用率达 86.9%，其中 5 家达 95.0%，7 家企业在 80%-95%，仅 3 家低于 80.0%。

**2. 产品销售较好。**2016 年，长汀县规模以上纺织企业完成工业销售产值 70.10 亿元，比上年增长 12.7%。产销率为 99.6%，比长汀县规模以上工业企业平均产销率高 1.8 个百分点。主要得益于长汀县强力打造知名品牌，加强国内外市场营销工作，全年出口保持正增长，纺织企业出口交货值 8.1 亿元，增长 2.8%，提高 3.8 个百分点。

**3. 盈利能力向好。**2016 年，长汀县 15 家规模以上纺织企业实现营业利润 2.57 亿元，比上年增长 10.3%，其中 10 家企业盈利增加。在盈利企业

中，因产品销售增加利润增长的有 2 家；因改进生产工艺、调整产品结构增加利润的有 3 家；1 家出口企业因人民币汇率变动增加利润；1 家企业获出口退税增加利润。

**4. 转型升级加快。**2016 年，长汀县纺织企业积极应对国内经济增长放缓、市场需求低迷、劳动力成本上升等不利因素，通过产品研发、优化技艺流程、淘汰低产能、降原材料工耗等措施促进企业提质增效。如长汀某针织有限公司通过加大研发新产品、新品牌，更新设备改进工艺，提高了效益，2016 年主营业务收入与上年持平，利润增长 1.4 倍。

**表 1　“十二五”时期龙岩市规模以上纺织企业主要指标**

| 年份 | 企业数（个） | 工业总产值（亿元） | 工业增加值（亿元） | 利税总额（亿元） | 从业人数（万人） | 全员劳动生产率（万元 / 人） |
|---|---|---|---|---|---|---|
| 2011 | 114 | 88.63 | 29.51 | 6.81 | 2.87 | 10.28 |
| 2012 | 92 | 76.07 | 24.60 | 8.71 | 2.33 | 10.56 |
| 2013 | 85 | 81.31 | 23.34 | 9.30 | 1.98 | 11.78 |
| 2014 | 80 | 88.41 | 25.62 | 8.80 | 1.80 | 14.23 |
| 2015 | 84 | 96.39 | 25.73 | 9.07 | 1.73 | 14.87 |

数据来源：《龙岩统计年鉴》

### （二）不锈钢产业培育初具规模

龙岩市不锈钢产业主要集中在武平县不锈钢产业园。近年来，武平县立足不锈钢产业技术、人才、市场和营销网络等优势，主动承接珠三角、长三角区域不锈钢产业转移，产业培育初具规模。“十二五”时期，武平县规模以上不锈钢企业完成工业总产值 39.31 亿元，年均增长 52.6%；工业增加值年均增长 56.7%。2016 年，不锈钢产业工业总产值占武平县规模以上工业总产值的比重达 16.0%。截至 2016 年末，武平县不锈钢产业园入驻并投产企业达 11 家，其中规模以上企业 6 家。生产经营主要特点：

**1. 主要指标增长快。**2016 年，武平县规模以上不锈钢产业完成工业总产值 23.58 亿元，比上年增长 15.4%，比全县规模以上工业总产值增速高 7.7 个百分点。完成工业增加值 4.36 亿元，增长 15.2%。实现主营业务收入 22.54 亿元，增长 13.0%，比全县规模以上工业高 9.4 个百分点。实现主营业务税金及附加 769.70 万元，增长 68.8%，比全县规模以上工业高 33.9 个百分点。

**2. 科研创新成效优。**武平县不锈钢产业注重产品联合研发和自主创新投入，加强生产标准名优特品牌建设，着力打造产业上游领军企业。如福建某金属科技有限公司与中科院、厦门大学等多家院校单位达成战略合作，联合研发产品生产标准体系和名牌产品，成为国内不锈钢家居产品领域的引领者。2015 年，该公司实现“新三板”挂牌上市，为企业生产、产品研发提供充裕资金。截至 2016 年末，该公司已拥有国家发明专利 1 项，实用新型专利 11 项。

**3. 产业承载能力强。**近年来，武平县不锈钢产业园以吸引外资共建和“一对一、点对点”服务模式有力承接产业转移，建立了省级不锈钢产品质量监督检验中心，标准化对接福州国创电子商务科技有限公司电子商务交易平台，为不锈钢产业提供方便快捷的网上交易平台。2016 年，实现网上交易额

5085.00万元，比上年增长1.6倍。对接项目25个、总投资56.95亿元，其中固定资产投资36.68亿元。

**（三）军民融合小荷初露**

近两年，龙岩市紧紧抓住“新古田会议”的重大历史机遇，积极推进军民融合产业发展，在产业、产品、技术、资本等领域与军工企业开展全方位对接，重点围绕专用车、机械装备、纺织品、铜产品、镁产品、光电产品、农产品、食品等八大类引导民品参军，持续深化军工产业转移融合。

**1.项目承接推进快。**据龙岩市经信委公布的数据显示，2015年龙岩市签约军工项目43个、总投资123.80亿元，其中实施24个，占签约项目55.8%；2016年，签约军工项目53个，总投资332.70亿元，分别比上年增长23.3%、1.7倍。其中，建设项目35个，11个项目当年签约并开工，开工转化率达31.4%。技术合作项目18个，16个项目实现当年签约转化，技术转化率88.9%。

**2.军地企业对接实。**2016年，龙岩市军地企业对接项目开工14个，技术合作20个，35家企业获得产品直接供应部队和军工企业资格，新增军队物资供应商品库和参军资质企业13家，其中食品1家、纺织服饰3家、专用机械9家。龙岩市完成办理国家军工产品标准质量体系认证3家，办理保密资格认证2家，申请办理资格企业9家。

**3.民品参军起步好。**2015年，龙岩市“民企参军”企业20家，对军工企业产品销售收入5.70亿元。2016年“民企参军”企业增至33家，其中18家规模以上企业完成工业总产值339.92亿元，比上年增长1.2倍；实现主营业务收入340.76亿元，增长1.2倍。其中，对军工企业的产品销售收入10.04亿元，占主营业务收入的2.9%。

## 二、龙岩承接沿海产业转移的优势

**（一）加快发展意识增强**

龙岩市地处福建西部，是闽粤赣边的重要节点城市，是内陆通往沿海的重要通道，也是沿海城市经济发展的“后花园”，区位优势明显。近年来，龙岩市加快发展意识进一步增强，积极统筹推进创新驱动与供给侧结构性改革，努力化解经济发展中的重点、难点和深层次问题。战略上，积极融入“一带一路”经济发展，加快承接福厦泉“高、优、特”产业转移；动能上，用好中央、省级的优惠政策，强化细化服务措施，凝心聚力积极主动服务创新发展；运作上，加快“新古田会议”后续效应推动，深化布局军民产业融合发展。

**（二）多重优惠政策叠加**

**1.各级政策支持。**近年来，中央大力支持福建进一步加快发展、支持闽西原中央苏区振兴发展，陆续出台《支持福建加快建设海峡西岸经济区的若干意见》《赣闽粤原中央苏区振兴发展规划》《福建自由贸易试验区总体方案》《推动共建丝绸之路经济带和21世纪海上丝绸之路的愿景与行动》等一系列特惠性政策。福建省支持龙岩建设国家可持续发展实验区、国家加工贸易梯度转移重点承接地等一系列普惠性政策。中央、福建省各项政策支持，极大拓展龙岩加快经济发展空间。

**2.配套政策惠实。**近年来，各县（市、区）相继出台促进产业发展政策。如2016年，长汀县出台《工业及贸易企业招商引资优惠政策》《促进医疗器械产业发展招商引资优惠政策》等政策措施，从厂房建设补助、设备购置补助、财税奖励、费用减免、融资扶持等多方面服务承接产业转移。武平县出台《关于鼓励和促进不锈钢产业投资与发展的若干规定》《促进工业集中区投资与企业发展政策》《进一步扶持机械制造产业发展用电优惠暂行规定》等优惠政策，大力推进省级高新技术产业园区建设，腾笼换鸟构筑产业发展“蓄水池”。

**3.产业兴市引领。**2016年，龙岩市出台《关于实施“产业兴市”战略的决定》，从主要目标、发展重点、发展举措、保障措施等四个方面，全力打造产业升级，推动龙岩产业向效益型、集约型、生态型发展，促进产业转移转型升级，培育产业增长新动能，引领经济发展。军民融合产业方面，出台《大力推进龙岩军民融合深度发展的决定》《促进军民融合产业发展十一条措施》《龙岩市军民融合深度发展“十三五”规划》等政策措施，为加快军民融合产业发展提供政策支撑。

（三）厚实产业强力支撑

**1.“365”产业初具规模。**经过多年的发展，龙岩市形成了有色金属、机械制造、文化旅游等3个主导产业，建筑与房地产、能源精化、农产品加工、烟草、纺织、建材等6个重点产业，光电与新材料、生物医药、互联网、现代物流、健康养老等5个新兴产业的产业发展新格局。2016年，有色金属、机械制造、能源精化、农产品加工、烟草、纺织、建材7个产业完成工业总产值1857.77亿元，占龙岩市规模以上工业总产值的90.5%。

**2.特有军工产业基础。**龙岩7个县（市、区）均为原中央苏区县，从土地革命时期到改革开放前的相当长一段时期一直保有国内重要的军工产业基础，原龙岩风动厂、八一炸药厂、长汀红旗兵工厂等一批大中型军工企业，为闽西军民融合发展奠定了坚实的红色融合基础。“新古田会议”为军民融合产业发展带来难得的历史机遇。

（四）承接平台多元发展

龙岩市现有1个国家级经济技术开发区和1个国家级高新技术产业开发区（龙岩经济技术开发区），9个省级工业园区，其中新罗龙州工业园区、龙岩经济技术开发区、上杭工业园区、长汀工业园区产值已超百亿元。已建立1个国家空气污染治理产品质检中心、3个省级质检中心（水泥、煤炭、不锈钢），正在建1个省级质检中心（有色金属）。成功创建国家可持续发展实验区、国家可持续发展产业示范基地、国家级加工贸易梯度转移重点承接地。承接平台多元化为实现“365”产业转型升级、提质增效，加快对接沿海优势产业转移提供优良的基础条件和发展环境。

## 三、龙岩承接沿海产业转移的不利因素

（一）产业转移竞争加剧

为应对经济发展“新常态”和持续加大的下行压力，各地抓住有利时机，加快承接沿海地区优势产业转移步伐。如与龙岩市毗邻的广东省粤东西北地区和江西省赣南地区，实施承接产业转移战略和优惠政策，正进一步加大承接沿海产业转移的力度。广东省“十二五”时期率先实施粤东西北地区振兴发展和广东省区域协调发展重要战略部署，出台实施促进珠三角、港澳地区向粤东西北地区梯度产业转移和产业园区一系列优惠政策。江西省赣南地区充分利用国家支持中西部地区承接产业转移、支持赣南等原中央苏区振兴发展的优惠政策，完成对赣南地区承接产业转移示范区长远规划，加强交通基础设施建设，优化区域产业分工，抢占珠三角、厦漳泉等沿海地区的优势产业转移。

（二）基础设施有待完善

就总体而言，龙岩市产业承接平台基础设施建设仍较薄弱。一些产业园区发展规划不够合理，资金投入缺乏，配套设施不完善，物流运送远离城区，光纤网络覆盖不全等制约产业承接转移。

（三）要素保障能力不强

经济发展新常态下，国内市场、成本、环境、资源、人口等生产要素发生深刻变化，原有承接沿海产业转移的要素优势降低。融资难、融资贵影响发展的问题十分突出，一些企业因银行融资难转向担保公司借贷，企业为保生产保市场，减少产品品牌研发、科技投入资金，制约纺织产业向品牌化、高端化、精细化转型发展。

（四）高新技术带动较弱

与福州、厦门、泉州等沿海发达地区比，龙岩高新技术企业数量少、规模小，企业吸引人才能力

不强，科技创业型人才不足。2015年，龙岩市高新技术产业增加值占GDP比重为10.9%，比福建省平均水平低4.3个百分点，只有6.8%的高新技术企业开展科技研发。

## 四、加快承接沿海产业转移的对策建议

### （一）强化产业转移顶层设计

围绕国家战略性新兴产业的重点发展方向、战略布局和主要任务，强化“十三五”龙岩新兴产业转移的顶层设计，实施创新驱动，推进供给侧结构性改革，把握承接产业转移的主动权，走产业特色化、差异化发展路子，加快培育发展新动能。如军民融合产业方面，向信息化、集约化方向推进结构优化，加强顶层设计，加大科技创新，加快“产—军—学—研”融合创新，开展联合技术攻关，围绕特色优势产业策划项目，强化与高端化、信息化军工产业项目对接，依托军工企业集团强大的产业、技术、资金和人才实力，促进全要素、多领域、高效益的产业培育，凝聚产业转移升级和创新发展的强大动力。

### （二）主动融入“一带一路”发展

积极对接21世纪海上丝绸之路建设，主动融入自贸区闽台合作。对内，传统产业主动融入“一带一路”倡议，鼓励和支持有条件企业充分利用好国内外两个市场、两种资源，从产业链分工、国际产经合作维度，开展资源和价值链融合产业转移。对外，围绕新一代信息技术、节能环保、光电新材料、生物医药、智能制造等新兴产业，强力推进与国内、国外世界500强企业在产业、技术、人才、资本、市场的全方位合作，不断提高新兴产业、新技术、新产品、新工艺等产业承接比重，为龙岩加快发展注入新活力。

### （三）加大政策支持推动“产业兴市”

紧盯龙岩“十三五”规划发展目标，全面落实“产业兴市”战略，围绕“365”产业基础、资源优势、生态环境等条件及相关政策，将新兴产业招商的重点瞄准国内外知名企业、国有央属和军工企业，推进产业高位对接发展。紧密沿海地区产业转移合作，深化“建链、补链、强链、延链”招商，加强产业关键性、前瞻性技术引进、消化和吸收，促进原有转移企业强筋健体。深入产业转移全流程“保姆式”服务，精准实施“一业一策、一企一策、一策一效”措施，力促承接产业转移项目策划落地生根，实现“谋划一批、签约一批、增资一批、开工一批、建成一批”良性循环。

### （四）“互联网+”引领带动产业转移

大力推进“互联网+产业转移”的互联网平台建设，从研发、设计、生产、销售、服务等方面提高转移产业数字化、网络化、智能化水平，推动转移产业生产方式向精细化、柔性化、智能化转变，实现网络协同制造、个性化定制、服务型制造，引领产业高端化发展。强化“互联网+”思维，支持企业运用“互联网+”模式带动产业转移。如纺织产业依托利用“互联网+”平台优势，为研究国内外产品发展趋势、市场定位、产经信息等提供快捷服务，加快企业生产方式、经营策略、品牌建设等转变，促进转移产业转型升级。

### （五）加快与沿海同城化区域联盟建设

一是规划方面积极谋划。力争上级支持，制定厦漳泉龙区域发展规划，加快与《厦漳泉大都市区同城化发展规划》对接，从省级层面推动厦漳泉龙大都市区域联盟建设。以厦龙山海协作经济区建设为抓手，高标准、高起点编制规划“五位一体、产城融合”打造沿海产业承接桥头堡，积极探索园区开发PPP模式市场化运作，完善配套设施、城际交通等基础建设。二是产业方面积极运作。进一步加强与厦漳泉沿海发达地区产业、技术、人才、资本、市场等方面合作，实现区域内产业互补、设施共享、生态共建、交通同网、旅游同线、文化多元一体化融合发展。

（六）加强人才要素保障

实施沿海产业转移强市战略，人才是关键。应进一步改进和完善引智环境，营造尊重人才、爱护人才、关心人才、使用人才的浓厚社会氛围，以人才保障优势吸引和留住“高、精、尖”领军型科技人才、高端创新人才。用好用足“人才强市”支撑政策和服务措施，为创新型、科技型人才解决科学研究、日常工作、住房保障、子女入学等方面的后顾之忧。强化人才培养，重点推动“产—学—研”协同创新和科技创业型人才培养，利用龙岩工程研究院、龙岩新能源汽车研究院、龙岩紫荆创新研究院等科创平台，带动培养一批重点产业、重点学科、重要领域方面的领军人物、科技专家和创新团队，更好地服务承接产业转移，加快龙岩经济发展。

（执笔：项腾荣）

# 闽北零售业发展现状及问题研究

南平地处福建省北部，俗称闽北，位于武夷山脉东南侧，闽江上游，是福建省面积最大的设区市，又是福建省往北的咽喉要塞之一。近年来，随着部分行政区划调整，空间布局不断优化，中心城区行政范围和综合实力不断扩大，人口集聚效应逐步显现和居民经济生活水平稳步提高，闽北城市商业规划格局扩大，零售网点数量增长迅速，商业市场呈现欣欣向荣景象，但同时也存在零售网点布局不合理等诸多问题。

本文以零售业发展为研究对象，结合重点调查和统计资料，分析闽北零售业发展的现状、问题与趋势，旨在为闽北商业规划及商贸服务业发展定位提供决策参考。

## 一、闽北零售业发展现状及特点

### （一）行业规模不断扩大，企业效益稳步提升

**1. 零售额总量逐步扩大。**“十二五”期间，南平市社会消费品零售总额逐步扩大，从 2010 年的 262.04 亿元上升至 2015 年的 503.85 亿元，年均增幅 14.0%；南平市社会消费品零售总额占地区生产总值的比重不断提高，2011 年社会消费品零售额占地区生产总值的比重 34.5%，2015 年为 37.6%，2016 年 1-9 月已上升至 40.7%，反映出零售业在闽北经济发展中的作用越来越重要。南平市“十二五”社会消费品零售额及占地区生产总值比重情况见表 1。

表 1　南平市“十二五”社会消费品零售额及占地区生产总值比重情况

| | 社会消费品零售额（亿元） | 地区生产总值（亿元） | 占比（%） |
|---|---|---|---|
| 2011 | 308.90 | 894.31 | 34.5 |
| 2012 | 346.37 | 995.08 | 34.8 |
| 2013 | 400.23 | 1115.43 | 35.9 |
| 2014 | 452.00 | 1232.56 | 36.7 |
| 2015 | 503.85 | 1339.43 | 37.6 |

**2. 大型交易市场发展平稳。**市场经济的全面放开和市场环境的改善催生个体、小型经营主体加速发展，大型商品交易市场应运而生。南平市商品交易市场 130 余家，据对包括邵武南关中心市场、南平天新市场、延平亿发商贸建材城和亿发小商品城等在内的 7 家亿元以上商品交易市场调查数据显示，2015 年实现交易额 18.30 亿元，市场摊位数共 1388 个，各市场均发展平稳。

**3. 限额以上企业成长较快。**2015 年，南平市限额以上零售企业数为 256 家，比上年增加 65 家；实现营业利润 1.72 亿元，增长 48%；营业面积 50.1 万平方米，增长 12%。销售额排名靠前的企业包括南平永辉超市有限公司、福建福明贸易有限公司、厦门夏商百货集团南平有限公司、建阳市胜德家具超市等。南平市限额以上零售企业基本情况见表 2。

表 2 南平市限额以上零售企业基本情况

| 年份 | 法人企业数（个） | 营业利润（万元） | 从业人员期末数（人） | 营业面积（平方米） |
|---|---|---|---|---|
| 2014 | 191 | 11580 | 9806 | 500667 |
| 2015 | 256 | 17185 | 9102 | 560825 |

**（二）零售业态百花齐放，多元化格局基本形成**

**1. 传统零售业稳步发展。**据调查，南平市有2000平方米以上百货、商场、超市200多家。延平区创世纪步行街、武夷山市和平南路毓秀商业街、武夷山市苏闽步行街、浦城县商业步行街和政和县水南中路商业街等五条商业街被评为福建省特色商业街，市、县现代商贸中心区格局基本形成。随着城市建设的日趋完善，夏商、大润发等大型商超纷纷入驻闽北市场，为居民生活带来极大的便利。

**2. 城市综合体不断涌现。**2013年起，南平市把“每个县（市、区）建设1个（或1个以上）规模在3万平方米以上的城市商贸综合体”当作硬任务抓落实。城市综合体是集购物、休闲、餐饮、娱乐、文化、居住等功能于一体的大型购物中心，目前，南平万达广场、建阳建发·悦城、南平正荣·财富中心、邵武红星美凯龙生活广场、浦城梦笔金街等一批商贸综合体正在如火如荼建设中，全新的商业格局，必将大大提升闽北人民的生活品质。

**3. 线上线下融合互促。**随着信息技术和互联网的不断发展，为适应竞争和发展需要，闽北零售业企业不断调整业态，走多业态融合发展之路。截至2016年6月，南平市从事电子商务的企业有960家，网店有5857家，从业人员23000多人；全市实现电子商务交易额130.00亿元，同比增长30%；实现网络零售额43.50亿元，增长50%；入驻正统网的电子商务企业有197家，增加62家。包括浦城铭塔、邵武鑫森、政和天悦、竹家女等在内的一批龙头企业通过“互联网+”转型升级，线上线下共同发展。

**（三）商业空间布局逐步形成**

根据《南平市城市总体规划（2013-2030）》，闽北商业网点布局结合各地产业基础，积极发展中心城区、县域中心城市和中心镇专业市场群，培育农村集贸市场，促进农产品流通和农业产业化经营，形成等级完善、集聚程度高、协同发展、专业特色突出、布局合理的专业市场网络。完善市、县、乡镇、社区（村）四级商业服务体系和网点布局，满足城乡居民不同层次的生活需求。结合新城开发与高铁落户，向更为广阔的外部寻求商业发展资源，积极推动延平新城商业的发展和城市商业氛围的提升，结合中心城区的更新改造项目，逐步改善老城商业环境，适度发展购物中心及高端零售商业，拓展不同新型商业服务业态。同时，重点打造武夷新区核心地段，尽快形成商业氛围，提升中心城区吸引力和区域辐射力。结合各市县经济发展和居民消费水平，适度发展购物中心、百货店等业态，兼顾周边乡镇居民需求，形成面向县域的商业服务中心。

**（四）商圈对外辐射不断推进**

合福高铁通车后，连接了南北各周边地区，大大缩短南平的时空距离。在南平原有商业区域的规划下，高铁的开通，不仅将扩大现有商圈的辐射范围，还催生出更多大体量、新形态的商圈出现，商圈格局正由单中心向多中心发生积极变化。万达、正荣、建发等购物中心作为南平新兴的核心商圈，以高规格、高品质的姿态分享高铁时代带来的红利，未来辐射范围将涵盖沙县、尤溪、顺昌、建瓯、建阳等县市近 50 万人群。随着南平高铁通车后，人们也越来越能感觉到高铁建设给整个南平带来了巨大的财富效应，人群流通、货物流通都为商业发展创造良好的时机。

## 二、闽北零售业发展中存在的问题

近年来，随着经济的发展，闽北无论是人口、国民生产总值还是居民人均收入等方面都有长足的发展，人们对于物质和精神方面的消费需求也在不断的提高。然而比照同等经济水平的其他城市市区，南平的商业布局和业态档次与其经济发展及消费需求形成很大程度的落差。

### （一）商业网点规划布局不够合理

南平商场普遍规模偏小，功能定位较单一，不足以形成综合性的消费场所，难以保证商场稳定的消费人流，同时缺乏合理的功能划分与统一招商，使得商户的档次和素质参差不齐，吸引的客户层面不同，也就难以形成共同兴旺的局面。由于缺乏规划、布局不合理，南平市辖区商业繁华地段连小轿车都无法畅通，沿街停车成了南平商业发展的严重障碍，也是制约城市发展的一大瓶颈。

### （二）零售行业集中度较低

2016 年 1-9 月，南平市实现社会消费品零售总额 376.63 亿元，其中限额以上批发零售住宿餐饮企业（单位）实现零售额 127.63 亿元，占全市零售总额的 33.9%，这说明南平市零售业的产业集中度还比较低。虽然闽北大型零售企业已有了长足的发展，且在不断做大做强，但中小微企业在数量和销售规模上仍占据着大部分市场份额，较小的零售企业很难实现资源的高效整合和规模经济效应。截至 9 月末，仍无世界商业卖场巨头进驻闽北市场，没有出现真正的大规模零售企业，大部分连锁企业和企业集团还处于起步阶段，经营分散，运营成本高，在经营理念、管理水平、信息和物流技术、企业创新能力等方面与国际、国内大型企业相距甚远。

### （三）高铁开通带来消费分流

克里斯泰勒中心地理论指出：消费者到离他们居住地最近的中心地购买他们所需的货物和服务，他们为此付出的实际价格等于货物的销售价格加上来往的交通费用。合福高铁的开通意味着一小时生活圈范围将扩大至 300 公里范围，“朝发夕至”可扩大至 1000 公里范围。依中心地理论可以预测消费者的消费行为虽会考虑增加交通费用的客观因素，但是，由于国际品牌企业通常按照城市级别不同投放不同的商品，一线城市优先投放，同时促销力度也远大于二三线城市，二线城市则次之，对于三线城市而言，诸多中高端品牌将不予考虑，据此可以预测合福高铁的开通虽有利于外来人口的流入，但同时会将沿线三线城市的高消费群体吸引到一二线城市去，尤其能够吸引到当天往返于两个城市的消费人群，作为三线城市的闽北必将流失中高端品牌消费人群。

### （四）电子商务发展相对滞后

电子商务产业作为 21 世纪最具发展潜力的战略性新兴产业，许多地方已经先行一步，而闽北电子商务发展相对滞后。目前，闽北部分电子商务园区建设还在起步阶段，缺乏省级及以上的电子商务示范园区、示范平台和示范企业，产业集聚度低，难以形成规模，整体竞争力较福州、厦门、泉州、莆田等地明显落后。一方面，仓储物流业发展的滞后，制约了闽北电子商务的发展；另一方面，由于南平是经济欠发达地区，在培养、引进特别是留住人才方面难度大，导致闽北电商人才在总量、结构、素质等方面还远不能适应电子商务发展的需要，电商高级人才整体缺口较大。

### （五）居民收入水平偏低抑制消费规模扩大

第三产业是以消费为主的产业，而零售业又是消费的重要行业，居民收入水平在一定程度上决定了零售业的发展状况。2016 年 1-9 月，南平市实现城镇居民人均可支配收入约 22499 元，实现农村居民人均可支配收入约 10079 元，在福建省 9 个地市中排名均居第 9 位。城乡居民收入水平偏低，一定程度上制约了居民的消费需求。同时城乡居民的收入差距，也影响了农村居民的消费积极性，进一步制约了零售业的发展。

## 三、加快闽北零售业发展的对策建议

### （一）强化统一规划管理，优化商业网点布局

商业网点布局要从城市总体发展出发，与人口分布、消费需求、交通体系、环境保护相协调，与相关产业的发展相配合，使资源得到有效合理地配置。从理论上来讲，一个商圈的形成，需要有足够的物资流量和人流量，两个相邻商圈的直线距离不应低于 3 公里，这样才能起到分流人员，聚集人气的功能，如果两个商圈距离太近，会造成人流量的互相干扰，不利于人员的分散，也不利于两个商业圈的发展。因此，闽北商圈的布局需要综合考虑消费体量、位置、目标等诸多因素，形成层次多元化的经营主体，同时，强化现有商圈的优化配置，建立起各商圈的核心商业圈、次级商业圈、边缘商业圈三个层级，使每个层级资源共享，形成成熟稳定的商圈。

### （二）整合资源，增强零售企业核心竞争力

一是要进一步整合各方资源，打造一批有影响力、有知名度的零售企业。要进一步明晰产权，完善法人治理结构，加快建立现代企业制度，加强内部管理，加强基础研究，提升自主创新能力；二是要加大行业整合的力度，有效利用外部资源，这是促进零售业发展的关键因素；三是要扶持一批营运能力突出、核心竞争力强的企业，促进中小零售企业“连小成大”。通过政府的鼓励、引导，积极吸引外来资本和民间资本进入零售业，通过市场调节整合资源，加强创新，发展壮大零售业的市场主体，培育和发展集团化连锁，大力推行品牌化经营。

### （三）提高专业化，实行差异化竞争

三四线城市的商业开发应实行差异化竞争，一是要避开与一二线城市中高端产品及服务的竞争，规避因商业项目的定位失误和体量建设过大而客流不足形成叫好不叫座的局面；二是精准定位，提高专业化经营水平。百货、购物中心、超市等实体商业应主动适应零售业变革新趋势，调整网点布局及业态形式，将经营范围精准化，定位固定群体，提高专业化程度。三是大力发展体验式消费。体验消费是实体店与线上相比最大优势，实体零售业应从单纯销售商品向提供多元化服务转变，开展特色经营及细致周到的体验式消费模式，以提高竞争优势。

### （四）加快电子商务发展，探索“互联网+零售”模式

重点扶持一批电子商务示范企业，重点推进“中国特色武夷馆”“竹商网”“茶城网”等电子商务平台的发展壮大，加强电子商务产业招商，重点跟踪对接亚马逊、阿里巴巴、京东、淘宝、天猫等知名电商及配套企业，吸引国内外知名电商落户南平，抓住武夷新区和延平新城建设的时机，集中建设中心城市大型电子商务产业综合集聚园区，形成有利于电子商务创业发展的产业配套、设施完善的生态专业园区。各实体零售企业要积极探索“O2O”模式，立足线下，嫁接互联网的应用，在线下的空间里实现互联网的运营，让业务流程、客户关系管理、店面效率得到更大提升，通过线下展示，线上销售的运营方式，推广企业产品，扩大企业利润。

### （五）稳步增加城乡居民收入，提高居民的实际消费能力

居民收入水平的提高是消费结构升级和消费规模扩大的直接动因，因此应建立稳定有效的收入增长机制，调整政府、企业与劳动者之间的收入分

配关系，努力提高居民收入尤其是企事业单位一线职工的收入，以提高居民的实际消费能力；对城镇居民，应建立工资监督机制和农民工、企业职工工资正常调整和支付机制，提高企业职工工资和离退休人员基本养老金水平；对于农村居民，应加大对农业的投入力度，坚持从多渠道挖掘农民增收潜力，加快形成工资性收入为主要支柱、经营性收入为新增长点、财产性收入为重要来源、转移性收入为必要补充的多元化农民增收模式，进一步缩小城乡居民收入差距。

（执笔：白瑞萍）

# 从“四上”企业发展看厦门经济增长

“四上”企业是指规模以上工业、有资质的建筑业、限额以上批发零售和住宿餐饮业、规模以上重点服务业和全部房地产业等法人企业的统称，是厦门市经济发展的有力支撑。近年来，厦门“四上”企业总体发展态势良好，数量及规模均稳步提升，2016年厦门市共有“四上”企业6393家，比2013年增加1126家，增长21.4%；拥有总资产23194.80亿元，实现营业收入17312.38亿元，分别比2013年增长48.2%和32.5%；户均资产和实现营业收入分别为3.63亿元和2.71亿元，分别比2013年增长22.1%和9.2%。但随着经济发展进入新常态，厦门市“四上”企业发展中的问题也逐步显现，需要引起重点关注。

## 一、“四上”企业发展特点

### （一）产业分布结构持续向好，第三产业企业比重超六成

厦门“四上”企业在数量加快增长的同时，产业分布结构也持续向好。2016年，厦门市第二产业、第三产业分别拥有“四上”企业2528家和3865家，分别比2013年增长13.2%和27.4%；实现营业收入分别为6404.22亿元和10908.15亿元，分别增长12.1%和48.4%。第三产业企业发展快于第二产业，企业数和营业收入增幅分别比第二产业高14.2个百分点和36.3个百分点。第三产业企业数占“四上”企业的60.5%，比2013年（下同）提高2.9个百分点；实现营业收入比重为63.0%，提高6.7个百分点。

分行业门类来看，2016年厦门“四上”企业数量位居前三的分别是批发和零售业1864家、制造业1707家、建筑业809家；与2013年相比，新增企业数居前五位的行业除建筑业外，其他均为服务业，分别是批发零售业、租赁和商务服务业、交通运输仓储和邮政业、信息传输软件和信息技术服务业，分别增加518家、89家、87家、79家。

图1 厦门市分行业“四上”企业数量情况

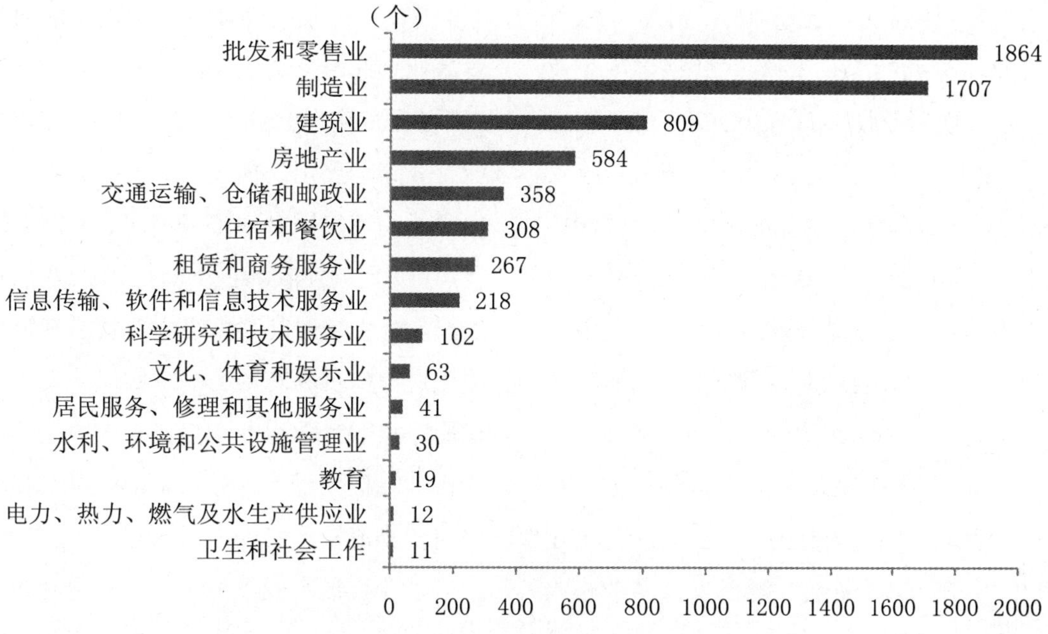

## 表1 厦门市分行业“四上”企业与2013年对比情况

| 行业门类 | 2016年数量（家） | 企业数位次 | 比2013年增长（%） | 增速位次 | 比2013年增加（家） | 企业数增加位次 |
|---|---|---|---|---|---|---|
| 制造业 | 1707 | 2 | 3.1 | 13 | 51 | 6 |
| 电力、热力、燃气及水生产和供应业 | 12 | 14 |  | 14 |  | 14 |
| 建筑业 | 809 | 3 | 43.2 | 6 | 244 | 2 |
| 批发和零售业 | 1864 | 1 | 38.5 | 7 | 518 | 1 |
| 交通运输、仓储和邮政业 | 358 | 5 | 32.1 | 8 | 87 | 4 |
| 住宿和餐饮业 | 308 | 6 | 7.3 | 12 | 21 | 7 |
| 信息传输、软件和信息技术服务业 | 218 | 8 | 56.8 | 3 | 79 | 5 |
| 房地产业 | 584 | 4 | -5.2 | 15 | -32 | 15 |
| 租赁和商务服务业 | 267 | 7 | 50.0 | 4 | 89 | 3 |
| 科学研究和技术服务业 | 102 | 9 | 18.6 | 11 | 16 | 9 |
| 水利、环境和公共设施管理业 | 30 | 12 | 30.4 | 9 | 7 | 12 |
| 居民服务、修理和其他服务业 | 41 | 11 | 57.7 | 2 | 15 | 10 |
| 教育 | 19 | 13 | 18.8 | 10 | 3 | 13 |
| 卫生和社会工作 | 11 | 15 | 266.7 | 1 | 8 | 11 |
| 文化、体育和娱乐业 | 63 | 10 | 46.5 | 5 | 20 | 8 |

### （二）百亿龙头企业以国有、外资企业为主

2016年，厦门市“四上”企业中，共有18家实现营业收入超百亿企业，比2013年增加4家，合计实现营业收入4499.08亿元，占“四上”企业的四分之一；实现营业收入50亿元-100亿元企业共22家，比2013年增加6家，合计实现营业收入1443.47亿元，占“四上”企业的8.3%，与2013年基本持平；实现营业收入10亿元-50亿元企业数量及营业收入比重均明显提升，共有244家企业，比2013年增加73家，合计实现营业收入4995.86亿元，占“四上”企业的28.9%，提高3.0个百分点。

第三产业百亿企业以国有为主，共有百亿企业12家，其中9家为国有企业，合计实现营业收入2990.82亿元，占第三产业百亿企业的89.2%。批零贸易业百亿企业共10家，国有企业就有7家，实现营业收入2625.36亿元，占批零贸易业百亿企业的87.9%，厦门市规模居前两位的均为国有批零贸易业企业，分别是建发股份和厦门国贸集团股份有限公司；实现营业收入在200亿元-300亿元的企业有3家，分别是福建中烟工业有限责任公司、厦门象屿物流集团有限责任公司、厦门信达股份有限公司；实现营业收入在100亿元-200亿元的企业有2家，分别是厦门兴大进出口贸易有限公司和厦门成大进出口贸易有限公司。实现2家营业收入超百亿的重点服务业企业均为国有控股企业，营业收入均在200亿元以下，分别是厦门航空有限公司和厦门速传物流发展股份有限公司。

工业百亿企业以外商及港澳台企业为主。工业百亿企业共6家，其中5家为外商及港澳台投资企

业，分别是戴尔（中国）有限公司、宸鸿科技（厦门）有限公司、友达光电（厦门）有限公司、冠捷显示科技（厦门）有限公司、宸美（厦门）光电有限公司，均为计算机、通信和其他电子设备制造业企业，实现营业收入 1039.45 亿元，占工业百亿企业的 90.7%。

**表 2　厦门市实现营业收入超百亿企业**

（2016 年）

| 排名 | 单位名称 | 行业类别 | 企业控股情况 |
|---|---|---|---|
| 1 | 厦门建发股份有限公司 | 批发与零售业 | 国有控股 |
| 2 | 厦门国贸集团股份有限公司 | 批发与零售业 | 国有控股 |
| 3 | 戴尔（中国）有限公司 | 工业 | 外商控股 |
| 4 | 福建中烟工业有限责任公司 | 批发与零售业 | 国有控股 |
| 5 | 厦门象屿物流集团有限责任公司 | 批发与零售业 | 国有控股 |
| 6 | 厦门信达股份有限公司 | 批发与零售业 | 国有控股 |
| 7 | 厦门航空有限公司 | 服务业 | 国有控股 |
| 8 | 宸鸿科技（厦门）有限公司 | 工业 | 外商控股 |
| 9 | 友达光电（厦门）有限公司 | 工业 | 外商控股 |
| 10 | 冠捷显示科技（厦门）有限公司 | 工业 | 港澳台商控股 |
| 11 | 厦门速传物流发展股份有限公司 | 服务业 | 国有控股 |
| 12 | 宸美（厦门）光电有限公司 | 工业 | 港澳台商控股 |
| 13 | 福建兴大进出口贸易有限公司 | 批发与零售业 | 国有控股 |
| 14 | 华信石油有限公司 | 批发与零售业 | 私人控股 |
| 15 | 福建三安集团有限公司 | 批发与零售业 | 私人控股 |
| 16 | 厦门烟草工业有限责任公司 | 工业 | 国有控股 |
| 17 | 厦门成大进出口贸易有限公司 | 批发与零售业 | 国有控股 |
| 18 | 均和（厦门）控股有限公司 | 批发与零售业 | 私人控股 |

**（三）私营、国有企业贡献突出，外商投资企业支撑减弱**

私营企业对经济增长的贡献明显提升，企业数、新增企业数、营业收入总量均为厦门市首位。2016 年，厦门市共有“四上”私营企业 4041 家，比 2013 年增加 1022 家，实现营业收入 6171.18 亿元，占厦门市的 35.6%，比 2013 年提升 5.9 个百分点。私营批零贸易企业贡献突出，企业数、实现营业收入比 2013 年分别增加 409 家和 1154.53 亿元，分别占私营企业增量的 40.0%和 50.5%；实现营业收入 3412.14 亿元，占厦门市的 40.0%。比 2013 年新增的 3 家百亿私营企业，均为批零贸易业，分别是华信石油有限公司、福建三安集团有限公司、均和（厦门）控股有限公司。

国有企业仍是厦门市经济稳定发展的坚实基础，2016年厦门市共有“四上”国有企业726家，比2013年增加119家，实现营业收入占“四上”企业的32.6%，比2013年提升0.3个百分点。国有批零贸易企业实力较强，实现营业收入3864.34亿元，占全市的45.4%，户均实现营业收入22.08亿元，是全市平均水平的4.8倍。

外商及港澳台投资企业实现营业收入占“四上”企业的25.6%，比2013年下降7.2个百分点，所占比重由2013年的排名居首下滑至第3位，对厦门市经济支撑力有所减弱。外商投资工业企业居厦门市工业主导地位，实现营业收入占厦门市的三分之二，但受部分工业企业产能转移、停产、减产影响，企业数、实现营业收入、实现营业收入占全市比重分别比2013年减少88家、424.35亿元和9.6个百分点。

**表3 厦门市分企业类型“四上”企业营业收入情况**

（2016年）

| 报表类别 | 私营企业 | | 国有企业 | | 外商投资企业 | |
|---|---|---|---|---|---|---|
| | 营业收入（亿元） | 占全市比重（%） | 营业收入（亿元） | 占全市比重（%） | 营业收入（亿元） | 占全市比重（%） |
| 规模以上工业 | 1094.58 | 22.4 | 387.17 | 7.9 | 3258.17 | 66.6 |
| 有资质的建筑业 | 1105.32 | 73.0 | 359.66 | 23.8 | 12.43 | 0.8 |
| 限额以上批发零售业 | 3412.14 | 40.0 | 3864.34 | 45.4 | 695.42 | 8.2 |
| 规模以上服务业 | 359.56 | 25.6 | 645.00 | 45.9 | 316.71 | 22.5 |
| 限额以上住宿餐饮业 | 29.13 | 32.5 | 19.99 | 22.3 | 37.65 | 42.0 |
| 有资质的房地产业 | 170.43 | 19.1 | 366.74 | 41.1 | 112.02 | 12.6 |
| 合计 | 6171.18 | 35.6 | 5642.90 | 32.6 | 4432.41 | 25.6 |

**（四）岛内总量优势明显，岛外发展速度加快**

岛内经济总量比重超五成，2016年岛内实现地区生产总值2034.37亿元，占厦门市地区生产总值的52.4%，其中思明区、湖里区分别占厦门市地区生产总值的30.7%和21.7%；岛内第三产业发展较好，批零贸易业销售额及规模以上重点服务业营业收入八成以上均来自岛内，特别是思明区，占厦门市批零贸易业销售额及规模以上重点服务业营业收入的比重分别为54.5%和39.2%；岛内逐步将工业转向岛外，工业企业数比2013年减少147家，规模以上工业实现营业收入占厦门市营业收入的34.9%，比重与2013年相比基本持平。百亿企业主要集中在岛内，厦门市18家百亿企业中，岛内企业有15家，营业收入占百亿企业营业收入的89.9%。其中，百亿批零贸易业和规模以上重点服务业企业共12家，均在岛内；6家百亿工业企业中，3家在岛内，营业收入占百亿工业企业营业收入的60.5%。

岛外经济发展不断提速。近三年，岛外的翔安区、海沧区、集美区GDP分别年均增长9.4%、9.2%和9.1%，增幅高出厦门市平均水平1.3个百分点、1.1个百分点、1.0个百分点；岛外积极承接岛内工业转移，工业企业数比2013年增加198家，第二产业增长快于岛内，翔安区、集美区、同安区第二产业分别年均增长10.5%、8.3%、7.6%，增幅高出厦门市平均水平3.3个百分点、1.1个百分点、

0.4 个百分点；岛外商贸业发展步伐加快，翔安区、同安区、海沧区批零贸易业实现营业收入分别年均增长 47.9%、28.3%和 25.2%，比厦门市增幅快 33.0 个百分点、13.4 个百分点、10.3 个百分点；岛外重点服务业加快发展，集美区、海沧区、同安区、翔安区规模以上重点服务业营业收入分别年均增长 83.5%、38.0%、27.8%和 14.6%，比厦门市增幅快 69.4 个百分点、24.0 个百分点、13.7 个百分点和 0.6 个百分点。

**图 2　2016 年厦门市岛内、岛外重点行业分布情况**

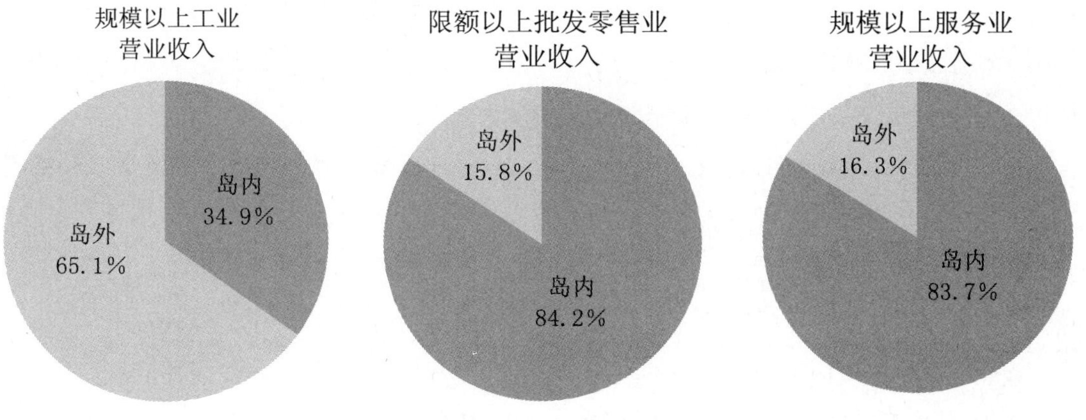


## 二、存在的问题

### （一）第三产业企业结构仍有待优化

厦门“四上”企业中第三产业占六成以上，但批发零售业、房地产业等仍占据主导，企业数分别占第三产业企业数的 48.2%和 15.1%，营业收入分别占第三产业营业收入的 78.1%和 8.7%，均居第三产业前两位。而生产性服务业比重偏低，租赁和商务服务业、信息传输软件和信息技术服务业、科学研究和技术服务业企业数分别仅占第三产业企业数的 6.9%、5.6%和 2.6%，实现营业收入分别占第三产业营业收入的 1.9%、2.7%和 0.4%。

### （二）龙头企业带动力有待加强，规模与其他城市存在一定差距

厦门市百亿企业营业收入虽然占“四上”企业比重超四成，但比重与 2013 年相比基本持平，对厦门市经济带动作用没有明显提升。厦门市 2016 年比 2013 年新增 8 家百亿企业，实现营业收入 1221.29 亿元，比 2013 年增加 955.33 亿元。2013 年 14 家百亿企业中，4 家企业营业收入回落到百亿元以下，实现营业收入比 2013 年减少 412.08 亿元；2016 年厦门市百亿企业中，4 家企业营业收入也有所回落，实现营业收入比 2013 年减少 221.69 亿元。两项因素影响营业收入减量 633.77 亿元，占新增企业增量的三分之二，对新增企业拉动力产生较大影响。厦门大型龙头企业偏少，实现营业收入超千亿企业只有 1 家，存在较大差距，而深圳、广州分别拥有 7 家和 6 家千亿企业，特别是深圳的中国平安保险（集团）有限公司、华润（集团）有限公司实现营业收入分别约 7000 亿元和约 4900 亿元。

### （三）私营经济发展仍有困难

私营企业虽然保持较快发展，但是规模依然偏小，发展环境有待优化。私营企业户均实现营业收入仅为 1.53 亿元，而国有、外资企业户均实现营业收入分别为 7.77 亿元和 3.80 亿元，分别占私营企业户均营业收入的 5.1 倍和 2.5 倍；实现营业收入在 5000 万元以下私营企业共 2209 家，占 5000 万元以下企业数的近七成；骨干私营企业偏少，3

家超百亿私营企业规模均未超过150亿元，与国有、外资百亿企业相比实力偏弱；私营企业融资难问题亟待解决，由于银行信贷投放额度限制，私营企业因为资产较少、缺乏抵押物等原因难以向银行取得贷款。

**（四）岛内外一体化发展仍需加强**

长期以来，岛内对优势资源的虹吸效应大于对周边的辐射效应，导致短时间内岛内发展优势难以发生改变。从经济总量看，2016年岛内思明、湖里完成两区地区生产总值仍占厦门市地区生产总值的比重超五成，仅比2013年减少1.7个百分点；从基础设施建设看，虽然岛外多个教育、医疗项目正稳步推进，但与岛内教育、医疗资源还存在较大差距。岛外重点发展工业，规模以上工业完成工业总产值、实现营业收入均占厦门市全部工业的近七成，但近年来比重没有明显提升，仅比2013年增加2.3个百分点和1.8个百分点，拥有3家百亿工业企业，实现营业收入占百亿工业企业营业收入不到四成，与岛内企业相比带动力仍较弱。岛外第三产业发展还相对滞后，批零贸易业、重点服务业实现营业收入仅分别占厦门市营业收入的19.7%和16.3%，且缺乏大企业支撑，实现营业收入超10亿元的批零贸易业、重点服务业企业中，岛外企业数、实现营业收入所占比重仅分别为21.5%和9.9%，与岛内企业存在明显差距。

## 三、建议

**（一）加快发展生产性服务业**

一是加快建设生产性服务业公共服务平台，以生产需求和转型升级为导向，创新公共平台建设模式，探索建设一批面向先进制造业的服务业公共服务平台。二是加大财政支持力度，培育壮大一批生产性服务业龙头企业。三是落实“营改增”、企业研发费用税前加计扣除等结构性减税政策，加强对生产性服务业重点领域收费项目的清理和监督检查。四是发展多层次资本市场体系，拓宽融资渠道，鼓励生产性服务业企业通过新三板挂牌及进入区域股权交易市场挂牌。

**（二）扶持大型龙头企业发展**

建议有关部门出台扶持大型骨干企业的政策，推动厦门市大企业进一步提高发展效益和水平，打造优势企业，充分发挥大企业示范引领作用，培育发展更多的大型骨干企业，为厦门市经济增长奠定扎实基础，以点带面促进全市重点产业链、产业集群加快发展。

**（三）为私营企业发展营造良好环境**

为私营企业发展营造宽松环境，降低扶持政策门槛，对于发展处于起步期的私营企业，加强政策扶持，鼓励私营企业做大做强；在政务服务方面，尽量简化手续，删繁就简便民利民。重视私营骨干企业培育工作，支持私营龙头企业发展壮大。进一步加强跟踪和服务，出台私营骨干企业扶持政策，确保相关扶持政策落实到位。创新完善企业投融资机制，解决私营企业融资难问题。政府搭台建立担保体系，完善中小型企业信用评估体系，促进银企对接，建立协调多层次的资本市场为中小企业开辟融资渠道。

**（四）加快岛外产业布局**

加快岛内岛外一体化建设，推动岛外产业优化布局。一是加快岛外基础设施建设，推进岛外交通、医疗、教育等配套设施逐步完善，拓展岛外发展空间。二是提升岛外园区建设水平，加快火炬高新区、软件园三期、同翔高技术产业基地等建设，引导相关企业向岛外专业化园区集聚，通过“乘数效应”获得规模效益。三是推进岛外第三产业发展，加快制造业与服务业协同发展，大力发展与制造业紧密相关的生产性服务业，推动服务功能区和服务平台建设，促进岛外产业结构优化升级。

（执笔：翟晨晨）

6

# 企业风采

# 6-1 福建入选中国企业 500 强名单

（2014-2016 年）

| 序号 | 排名 | 企业名称 | 营业收入（亿元） |
|---|---|---|---|
| **2014 年** | | | |
| 1 | 62 | 兴业银行股份有限公司 | 2140.18 |
| 2 | 128 | 厦门建发集团有限公司 | 1046.64 |
| 3 | 161 | 厦门国贸控股有限公司 | 816.35 |
| 4 | 243 | 紫金矿业集团股份有限公司 | 497.72 |
| 5 | 301 | 厦门象屿集团有限公司 | 392.47 |
| 6 | 378 | 福建省三钢（集团）有限责任公司 | 306.82 |
| 7 | 379 | 永辉超市股份有限公司 | 305.43 |
| 8 | 402 | 福建中烟工业有限责任公司 | 285.98 |
| 9 | 481 | 福建省能源集团有限责任公司 | 243.00 |
| **2015 年** | | | |
| 1 | 51 | 兴业银行股份有限公司 | 2501.23 |
| 2 | 116 | 厦门建发集团有限公司 | 1239.36 |
| 3 | 158 | 厦门国贸控股有限公司 | 870.63 |
| 4 | 239 | 厦门象屿集团有限公司 | 521.73 |
| 5 | 340 | 永辉超市股份有限公司 | 367.27 |
| 6 | 405 | 福建省三钢（集团）有限责任公司 | 302.04 |
| 7 | 427 | 福建中烟工业有限责任公司 | 289.55 |
| 8 | 450 | 福建省能源集团有限责任公司 | 274.79 |
| **2016 年** | | | |
| 1 | 41 | 兴业银行股份有限公司 | 2918.88 |
| 2 | 117 | 厦门建发集团有限公司 | 1305.69 |
| 3 | 141 | 厦门国贸控股有限公司 | 1026.16 |
| 4 | 188 | 紫金矿业集团股份有限公司 | 743.04 |
| 5 | 207 | 厦门象屿集团有限公司 | 656.11 |
| 6 | 312 | 永辉超市股份有限公司 | 421.45 |
| 7 | 403 | 福建省能源集团有限责任公司 | 313.85 |
| 8 | 442 | 福建中烟工业有限责任公司 | 286.91 |
| 9 | 475 | 厦门金龙汽车集团股份有限公司 | 268.35 |
| 10 | 499 | 福建省三钢（集团）有限责任公司 | 246.07 |

注：该名单由中国企业联合会发布

# 6-2　福建入选中国民营企业500强名单

（2014-2016年）

| 序号 | 排名 | 企业名称 | 主营业务 |
|---|---|---|---|
| **2014年** | | | |
| 1 | 191 | 融信（福建）投资集团有限公司 | 房地产业 |
| 2 | 214 | 福晟集团有限公司 | 土木工程建筑业 |
| 3 | 228 | 福建恒安集团有限公司 | 综合 |
| 4 | 255 | 大生（福建）农业有限公司 | 批发业 |
| 5 | 370 | 冠壹实业集团有限公司 | 综合 |
| 6 | 385 | 福耀玻璃工业集团股份有限公司 | 非金属矿物制品业 |
| 7 | 445 | 福建建州闽光物资有限公司 | 综合 |
| 8 | 461 | 兴业皮革科技股份有限公司 | 制造业 |
| 9 | 490 | 福建省金纶高纤股份有限公司 | 化学纤维制造业 |
| 10 | 498 | 福建龙峰纺织科技实业有限公司 | 纺织服装、服饰业 |
| **2015年** | | | |
| 1 | 113 | 正荣集团有限公司 | 房地产业 |
| 2 | 117 | 融信（福建）投资集团有限公司 | 房地产业 |
| 3 | 162 | 福晟集团有限公司 | 土木工程建筑业 |
| 4 | 232 | 福建恒安集团有限公司 | 造纸和纸制品业 |
| 5 | 308 | 均和（厦门）控股有限公司 | 批发业 |
| 6 | 358 | 兴业皮革科技股份有限公司 | 制造业 |
| 7 | 359 | 福耀玻璃工业集团股份有限公司 | 非金属矿物制品业 |
| 8 | 388 | 三六一度（中国）有限公司 | 制造业 |
| 9 | 399 | 福建永荣控股有限公司 | 综合 |
| **2016年** | | | |
| 1 | 160 | 福晟集团有限公司 | 土木工程建筑业 |
| 2 | 191 | 均和（厦门）控股有限公司 | 批发业 |
| 3 | 233 | 福建恒安集团有限公司 | 造纸和纸制品业 |
| 4 | 250 | 福建省金纶高纤股份有限公司 | 化学纤维制造业 |
| 5 | 253 | 福建捷联电子有限公司 | 计算机、通信和其他电子设备制造业 |
| 6 | 343 | 福建永荣控股有限公司 | 化学纤维制造业 |
| 7 | 372 | 福耀玻璃工业集团股份有限公司 | 非金属矿物制品业 |
| 8 | 448 | 安踏体育用品集团有限公司 | 纺织服装、服饰业 |
| 9 | 482 | 厦门禹洲集团股份有限公司 | 房地产业 |

注：该名单由中国民营企业联合会发布

# 6-3 福建企业获中国驰名商标名单

（2013-2016 年）

| 企业名称 | 商　标 | 使用商品/服务 | 认定时间 |
|---|---|---|---|
| 福州天使日用品有限公司 | 爹地宝贝及图 | 失禁用尿布、吸收式失禁用尿布裤、卫生紧身内裤 | 2013 |
| 福清市东威水产食品实业有限公司 | 东威及图 | 鱼（非活的）、虾（非活）、鱼制食品 | 2013 |
| 恒亿集团有限公司 | 恒亿 HENG YI | 建筑、商品房建造、室内装潢 | 2013 |
| 漳平市茶叶协会 | 漳平水仙ZhangPingShuiCha及图 | 茶饼 | 2013 |
| 福建国泰沙利食品有限公司 | 国泰沙利 GUO TAI SHA LI 及图 | 糕点；谷类制品；饺子 | 2013 |
| 宁德市金盛水产有限公司 | 三都港 DUGANG 及图 | 鱼（非活的） | 2013 |
| 袁茂财/福建永德利刀剪有限公司 | 永德利 | 剪刀 | 2013 |
| 宁德市夏威食品有限公司 | 夏及图 | 活鱼 | 2013 |
| 福安远东华美电机有限公司 | M JIANMING | 泵（机器）、空气压缩器、柴油机 | 2013 |
| 宁德市海洋技术开发有限公司 | 海名威及图 | 鱼制食品、腌制鱼、蛏干 | 2013 |
| 南日鲍协会 | 南日鲍 NAN RI ABALONE 及图 | 鲍鱼（活） | 2013 |
| 方敏/方家铺子（莆田）绿色食品有限公司 | 方家铺子 | 干蔬菜、鱼制食品、干食用菌 | 2013 |
| 福建山中古典工艺家具有限公司 | 第 6232261 号图形 | 家具；竹木工艺品；漆器工艺品 | 2013 |
| 福建新世纪电子材料有限公司 | Karser | 计算器 | 2013 |
| 福建亿发集团有限公司 | 手心缘 | 纸、纸餐巾、纸巾 | 2013 |
| 雨中鸟（福建）户外用品有限公司 | 雨中鸟 yuzhongniao 及图 | 伞、伞套、女用阳伞 | 2013 |

6-3 续表 1　　　　　　　　（2013-2016 年）

| 企业名称 | 商　标 | 使用商品/服务 | 认定时间 |
|---|---|---|---|
| 泉州益源鞋业有限公司 | 策乐 Cele | 鞋（脚上的穿着物）、鞋垫、皮带（服饰用） | 2013 |
| 福建晋江市祥达陶瓷有限公司 | 祥达及图 | 瓷砖 | 2013 |
| 石狮市华宝明祥食品有限公司 | 明祥 MING-XIANG-PAI | 鱼制食品、紫菜、海带 | 2013 |
| 福建省闽华电源股份有限公司 | MINHUA 及图 | 蓄电池、电池极板 | 2013 |
| 泉州佰源机械有限公司 | BAIYUAN 及图 | 纺织机；编织机；织布机 | 2013 |
| 福建泉州市金穗米业有限公司 | 金润及图 | 米 | 2013 |
| 福建魏氏茶业有限公司 | 中闽魏氏 | 茶、茶叶代用品、茶饮料 | 2013 |
| 泉州格林服装有限公司 | 嗒滴嗒 dadida 及图 | 服装、童装、鞋 | 2013 |
| 福建中天妇幼用品有限公司 | 可爱宝贝 MIGNON BABY | 纸制和纤维制婴儿尿布（一次性） | 2013 |
| 达派（中国）箱包有限公司 | dapai 及图 | 旅行包（箱）、旅行用具（皮件）、旅行袋 | 2013 |
| 福建省清流县闽山化工有限公司 | 闽山及图 | 松油醇 | 2013 |
| 福建绿宝食品集团有限公司 | 绿鲜及图 | 水果罐头、蔬菜罐头、肉罐头 | 2013 |
| 漳州万佳陶瓷工业有限公司 | Bolina Italiana | 浴室装置、卫生器械和设备、坐便器 | 2013 |
| 福建省东山县海魁水产集团有限公司 | 海魁及图 | 鱼片、冻虾、螃蟹肉、水产罐头 | 2013 |
| 青蛙王子（中国）日化有限公司 | 青蛙王子及图 | 洗发液、浴液、化妆品 | 2013 |
| 福建中能电气股份有限公司 | CE 及图 | 电缆接头套 | 2013 |

6-3 续表 2 （2013-2016 年）

| 企业名称 | 商 标 | 使用商品/服务 | 认定时间 |
|---|---|---|---|
| 东南（福建）汽车工业有限公司 | 图形 | 汽车（轻型客车） | 2013 |
| 福建思嘉环保材料科技有限公司 | 思嘉 SIJIA | 半加工塑料物质、非纺织用塑料纤维、橡胶或塑料制（填充或衬垫用）包装材料 | 2013 |
| 福建网龙计算机网络信息技术有限公司 | 图形 | （在计算机网络上）提供在线游戏 | 2013 |
| 福建德诚黄金有限公司 | 德诚 | 贵重金属锭 | 2013 |
| 福建锦江科技有限公司 | 锦江科技及图 | 纱 | 2013 |
| 福建海壹食品饮料有限公司 | 海旺及图 | 加工过的鱼 | 2013 |
| 江铭福 | 江船长 captian jiang 及图 | 水产罐头 | 2013 |
| 福建满堂香茶业股份有限公司 | 满堂香 | 茶 | 2013 |
| 福建奋安不锈钢有限公司 | 奋安及图 | 普通金属合金 | 2013 |
| 福建海源自动化机械股份有限公司 | 海源 HY 及图 | 陶瓷工业用机械器设备（包括建筑用陶瓷机械） | 2013 |
| 来奇偏光科技（中国）股份有限公司 | AP | 液晶屏偏光膜、眼镜、太阳镜 | 2013 |
| 来明工业（厦门）有限公司 | 蓝色沸点 BLUE POINT | 眼镜、太阳眼镜 | 2013 |
| 厦门蒙发利科技（集团）股份有限公司 | 轻松伴侣及图 | 振动按摩器、按摩器械、健美按摩设备 | 2013 |
| 厦门通士达有限公司 | 通士达 TOPSTAR | 照明器械及装置 | 2013 |
| 厦门正新橡胶工业有限公司 | CST | 车辆用轮胎、自行车轮胎、充气外胎（轮胎） | 2013 |
| 厦门华特集团有限公司 | HUATE 及图 | 铺路沥青、沥青 | 2013 |

6-3 续表 3

（2013-2016 年）

| 企业名称 | 商　标 | 使用商品/服务 | 认定时间 |
| --- | --- | --- | --- |
| 厦门东纶股份有限公司 | 东纶 DongLun 及图 | 长丝、弹力丝（纺织用）、纺织用弹性纱和线 | 2013 |
| 厦门向阳坊食品有限公司 | 向阳坊及图 | 蛋糕、面包、月饼 | 2013 |
| 厦门金达威集团股份有限公司 | 第 5159044 号图形 | 医用饲料添加剂、兽医用酶 | 2013 |
| 厦门翔球集团有限公司 | 玉鹭 Yulu 及图 | 家具 | 2013 |
| 厦门中骏集团有限公司 | 图形 | 建设项目的开发 | 2013 |
| 福建省晋江市佶龙机械工业有限公司 | 佶龙 JILONG 及图 | 染色机（印花机） | 2013 |
| 厦门银鹭食品集团有限公司 | 银鹭 | 八宝粥、花生牛奶（软饮料） | 2013 |
| 厦门中药厂有限公司 | 鼎炉 | 中成药 | 2013 |
| 厦门日上车轮集团股份有限公司 | 第 3065413 号图形 | 车轮；车轮毂；车轮圈 | 2013 |
| 厦门金龙联合汽车工业有限公司 | 金龙 | 客车（汽车） | 2013 |
| 漳州水仙药业股份有限公司 | 水仙及图、水仙 | 风油精 | 2013 |
| 金冠（龙海）塑料包装有限公司 | 今冠及图 | 包装用纸袋或塑料袋（信封、小袋） | 2013 |
| 平和县白芽奇兰协会 | 白芽奇兰 | 茶 | 2013 |
| 福建南海食品有限公司 | 南胜 NANSHENG 及图 | 速冻方便菜肴、干蔬菜 | 2013 |
| 福建省丰盛食品有限公司 | 洋乐贝 | 甲壳动物（非活） | 2013 |
| 诏安红星乡青梅技术研究会 | 诏安红星 | 新鲜青梅 | 2013 |

6-3 续表 4 （2013-2016 年）

| 企业名称 | 商　标 | 使用商品/服务 | 认定时间 |
|---|---|---|---|
| 福建省特瓷卫浴实业有限公司 | 特瓷卫浴 TECI | 水龙头、喷水器、压力水箱 | 2013 |
| 宗艺石材发展有限公司 | 宗艺 ZONGYI | 花岗石、大理石、石料 | 2013 |
| 福建森源股份有限公司 | 森源 SENYUAN 及图 | 家具、办公家具、沙发 | 2013 |
| 锦兴（福建）化纤纺织实业有限公司 | 锦兴 Jinxing 及图 | 纺织用弹性纱、弹力丝（纺织用）、长丝、人造丝 | 2013 |
| 谊嘉宝实业有限公司 | 谊嘉寶 | 鞋（棉鞋） | 2013 |
| 福建恒利纸业有限公司 | 好吉利 | 纸巾 | 2013 |
| 福建雨丝梦洋伞实业有限公司 | YUSIMENG 及图 | 伞 | 2013 |
| 泉州海日星工艺美术有限公司 | 海日星 | 树脂工艺品 | 2013 |
| 福建省南安市波辉鞋服有限公司 | 七波辉 7-POOVE 及图 | 运动鞋 | 2013 |
| 福建索力鞋业有限公司 | 索力 ULTRASONIC 及图 | 鞋 | 2013 |
| 福建天线宝宝食品股份有限公司 | 天线宝宝 | 食品用胶 | 2013 |
| 福建省金燕海洋生物科技股份有限公司 | 乘风及图 | 琼脂（食用） | 2013 |
| 泉州盛世三和茶业有限公司 | 三和 | 茶 | 2013 |
| 福建归真堂药业股份有限公司 | 归真堂 GREETOWN 及图 | 熊胆粉 | 2013 |
| 晋江富永雨具有限公司 | FUYONG 及图 | 雨伞或阳伞骨；伞 | 2013 |
| 福建腾飞园林古建筑有限公司 | 腾飞石业；TENGFEI STONE | 石头、混凝土或大理石艺术品 | 2013 |

6-3 续表 5　　　　　　　　　　　　（2013-2016 年）

| 企业名称 | 商　标 | 使用商品/服务 | 认定时间 |
|---|---|---|---|
| 三六一度（福建）体育用品有限公司 | 361° | 服装；童装；运动鞋；帽；袜 | 2013 |
| 福建省好邻居食品工业有限公司 | 好邻居 HAOLINJU 及图 | 糖果 | 2013 |
| 福建众和股份有限公司 | 图形 | 布、棉织品、纺织织物 | 2013 |
| 莆田市集友艺术框业有限公司 | JIYOU1985 及图 | 画框 | 2013 |
| 福建省仙游县贡品轩古典家俱有限公司 | 贡品轩 GONG PIN XUAN 及图 | 家具 | 2013 |
| 莆田市双威体育用品有限公司 | 思威琪 | 鞋 | 2013 |
| 莆田市海帝食品有限公司 | 海帝及图 | 甲壳动物（非活） | 2013 |
| 福建南平太阳电缆股份有限公司 | 太阳 SUN 及图 | 电源材料（电线、电缆）、电缆、光纤电缆 | 2013 |
| 福建顺昌虹润精密仪器有限公司 | 虹润 HR 及图 | 压力指示计、速度计、流量计、温度指示计 | 2013 |
| 福建正山堂茶业有限责任公司 | 元正及图 | 茶；红茶 | 2013 |
| 福建正盛无机材料股份有限公司 | 正字及图 | 水合二氧化硅、水玻璃（可溶玻璃）、水合物 | 2013 |
| 福建好日子食品有限公司 | 土楼及图 | 茶、茶叶代用品 | 2013 |
| 福建省武平县茶叶协会 | 武平绿茶 Wuping Green Tea | 茶 | 2013 |
| 陈俭敏 | 华益及图 | 化油器（摩托车用） | 2013 |
| 福建省福安市华微电机有限公司 | 第 756905 号图形 | 电机、电泵 | 2013 |
| 福安市珍华工艺品有限公司 | 珍华堂 ZHENGHUATANG 及图 | 银饰品、链（珠宝）、项链（宝石） | 2013 |

6-3 续表 6 （2013-2016 年）

| 企业名称 | 商　标 | 使用商品/服务 | 认定时间 |
|---|---|---|---|
| 福建福鼎海鸥水产食品有限公司 | 九洋 JIUYANG 及图 | 鳀鱼、鱼片 | 2013 |
| 宁德市蕉城区茶叶协会 | 天山绿茶 TIANSHAN GREENTEA 及图 | 茶 | 2013 |
| 福建省天湖茶业有限公司 | 绿雪芽及图 | 茶叶 | 2013 |
| 福建惠泽龙酒业有限公司 | 惠泽龙及图 | 黄酒 | 2013 |
| 泉州市泉永机械发展有限公司 | quanyong | 推土机；铲运机；传动装置（机器） | 2014 |
| 霞浦县农副产品产业协会 | 霞浦海带 | 海带 | 2014 |
| 安发（福建）生物科技有限公司 | 甘诺宝力 | 医用营养食物，医用食物营养制剂，医用营养品 | 2014 |
| 冠城大通股份有限公司 | 武夷及图 | 漆包线；电源材料（电线、电缆）；电线 | 2014 |
| 福建省三福古典家具有限公司 | 三福 | 家具；沙发；竹木工艺品 | 2014 |
| 福清朝辉水产食品有限公司 | 第 4892766 号图形 | 贝壳类动物（非活）；虾（非活）；鱼制食品 | 2014 |
| 福建环科化工橡胶集团有限公司 | 环科 HUANKE 及图 | 再生胶 | 2014 |
| 福建茗匠竹艺科技有限公司 | 茗匠及图 | 非贵重金属茶具；非贵重金属餐具；非贵重金属茶托 | 2014 |
| 福建省万华电子科技有限公司 | 万华 | 防盗报警器；网络通讯设备；半导体 | 2014 |
| 奔达金银丝线（中国）有限公司 | BT 及图 | 纺织用纱；丝 | 2014 |
| 福建天清食品有限公司 | 天清食品及图 | 肉；鱼制食品（鱼糜、肉糜制品） | 2014 |
| 厦门信达股份有限公司 | XINDECO 及图 | 进出口代理 | 2014 |

6-3 续表 7　　　　　　　　　　（2013-2016 年）

| 企业名称 | 商　标 | 使用商品/服务 | 认定时间 |
|---|---|---|---|
| 福建龙净环保股份有限公司 | 龙净及图 | 静电工业设备；电子工业设备 | 2014 |
| 闽东宏宇冶金备件有限公司 | 第 1394169 号图形 | 管道金属接头 | 2014 |
| 漳州市恒丽电子有限公司 | MOVEBEST；第 3437587 号图形 | 钟；手表；电子钟表 | 2014 |
| 福建三都澳食品有限公司 | 威尔斯 weiers 及图 | 鱼制食品 | 2014 |
| 旗牌王（中国）纺织服饰有限公司 | 旗牌王 KLPONE 及图 | 服装 | 2014 |
| 福建省建瓯黄华山酿酒有限公司 | 福矛 FUMAO | 酒 | 2014 |
| 莆田市华峰工贸有限公司 | 华峰及图 | 纺织织物；布；鞋和靴用织物 | 2014 |
| 美佳爽（福建）卫生用品有限公司 | 奇酷 CHIKOOL | 卫生纸；纸垫；纸或纤维素制婴儿尿布裤（一次性） | 2014 |
| 莆田标准木业有限公司 | 第 8820953 号图形 | 木材；非金属建筑材料；非金属建筑物 | 2014 |
| 连城县朋口镇兰花协会 | 连城兰花及图 | 兰花 | 2014 |
| 福建省泉州市裕园茶业有限公司 | 裕园 YUYUAN 及图 | 茶；茶叶代用品 | 2014 |
| 力达（中国）机电有限公司 | 罗威 luowei | 空气压缩机；电焊机 | 2014 |
| 福建省天丰源茶产业有限公司 | 六妙 | 茶 | 2014 |
| 福建省尤溪县沈郎食用油有限公司 | 沈郎乡 SHEN LANG XIANG 及图 | 食用菜子油；食用油脂；笋干 | 2014 |
| 红苹果化工（福建）有限公司 | 红苹果及图 | 油漆、水溶性内外墙有关喷塑料、油胶泥（油灰、腻子） | 2014 |
| 福建固美金属有限公司 | 固美及图 | 普通金属合金、金属板条 | 2014 |

6-3 续表 8 （2013-2016 年）

| 企业名称 | 商　标 | 使用商品/服务 | 认定时间 |
| --- | --- | --- | --- |
| 群峰智能机械股份有限公司 | 群峰 | 制砖机 | 2014 |
| 福建神州电子股份有限公司 | SHENZHOU 及图 | 音像接收机 | 2014 |
| 厦门松霖科技有限公司 | Solex | 水龙头、沐浴器 | 2014 |
| 威兰西（中国）服饰有限公司 | 威兰西 weles | 服装 | 2014 |
| 福建达利食品集团有限公司 | 好吃点 | 饼干、糕点、谷类制品 | 2014 |
| 福建巨龙电机集团有限公司 | “GLONG”及图 | 水力发动机和马达、发电机组、泵（机器、发动机或马达部件） | 2015 |
| 福建恒杰塑业新材料有限公司 | 恒杰及图 | 非金属套管，非金属软管 | 2015 |
| 长乐市长源纺织有限公司 | 皓光及图 | 棉线和棉纱，纺织线和纱 | 2015 |
| 长乐聚泉食品有限公司 | 聚泉及图 | 鱼（非活的），鱼制食品、烤鳗鱼（烤制的鳗鱼） | 2015 |
| 福建南安市巨轮机械有限公司 | 巨轮 JL | 采掘机、搅拌机、拉线机、切断机 | 2015 |
| 福建亚亨动力科技集团有限公司 | 亚亨 YA HENG 及图 | 电池、蓄电池、电池瓶 | 2015 |
| 福建闽城光学眼镜有限公司 | “Mincheng”及图 | 眼镜 | 2015 |
| 福建远翔化工有限公司 | 远翔化工 Yuan Xiang Chemical 及图 | 水合物、表面活性化学剂、硅胶 | 2015 |
| 金色年华药业有限公司 | 金色年华 JIN SE NIAN HUA | 化学药物制剂 | 2015 |
| 松溪县茶叶管理总站 | 松溪绿茶 | 茶 | 2015 |
| 福建元力活性炭股份有限公司 | 元力 | 活性炭 | 2015 |

6-3 续表 9 （2013-2016 年）

| 企业名称 | 商　标 | 使用商品/服务 | 认定时间 |
|---|---|---|---|
| 福建新坦洋茶叶（集团）股份有限公司 | 第 7177760 号图形商标 | 茶 | 2015 |
| 福鼎市郑源工艺有限公司 | 郑源 ZHENG YUAN 及图 | 非贵重金属茶叶罐、非贵重金属酒具（托盘）、非贵重金属茶叶 | 2015 |
| 宁德市奇隆翔农业有限公司 | 大翔 DAXIANG 及图 | 茶 | 2015 |
| 方家铺子（莆田）绿色食品有限公司 | 良品堂 | 干食用菌、食用鸟窝、海参（非活） | 2015 |
| 福建亿发集团有限公司 | 5243027 号图形商标 | 纸张加工、印刷、纸张处理 | 2015 |
| 福建省恒星珠宝有限公司 | 7927116 号图形 | 项链（首饰）、翡翠 | 2015 |
| 莆田市清华园电器发展有限公司 | 恋尔 | 电热水器 | 2015 |
| 泉州顺美集团有限责任公司 | 顺美 SHUNMEI 及图 | 陶器、瓷器、瓷、赤陶、玻璃艺术品 | 2015 |
| 晋江明伟鞋服有限公司 | CAMKIDS | 服装、足球鞋、鞋（脚上的穿着物） | 2015 |
| 福建泉州赛特电源科技有限公司 | BAOTE 及图 | 电池、电池充电器 | 2015 |
| 福建华闽纸业有限公司 | 开心一百 | 纸 | 2015 |
| 福建省明信橡塑有限公司 | 信明及图 | 传送带、输送带 | 2015 |
| 三明市丰润化工有限公司 | FENG・RUN 及图 | 白炭黑 | 2015 |
| 福建三和食品集团有限公司 | 栖息园 | 清水笋、速冻笋、蔬菜罐头 | 2015 |
| 福建和其昌竹业有限公司 | 和其昌及图 | 建筑用木材、胶合板、制模用木材 | 2015 |
| 福建东亚水产股份有限公司 | 陵海东亚及图 | 鱼（非活的）、甲壳动物（非活）、贝壳类动物（非活） | 2015 |
| 云霄县水产养殖协会 | 竹塔泥蚶 | 泥蚶（活的） | 2015 |
| 施朗格（漳州）建材科技有限公司 | “施朗格”和“Stonelution”及图 | 树脂复合板、石灰华、石板 | 2015 |
| 厦门雅瑞光学有限公司 | BOLON | 太阳镜 | 2015 |
| 福建共荣石业有限公司 | 共荣 GONGRONG 及图 | 石、混凝土或大理石像；石头、混凝土或大理石半身雕塑像；石头、混石、混凝土或大理石小雕像 | 2015 |

6-3 续表 10　　　　　　　　　　　　（2013-2016 年）

| 企业名称 | 商　标 | 使用商品/服务 | 认定时间 |
|---|---|---|---|
| 福建省邦手氟塑料制品有限公司 | 邦手 BANG-UP 及图 | 密封环；接头用密封物 | 2015 |
| 厦门固克涂料集团有限公司 | 固克 KUCK | 涂层（建筑材料）、非金属建筑涂面材料 | 2015 |
| 福建省神蜂科技开发有限公司 | SHEN FENG 及图 | 蜂蜜；蜂胶（非医用营养）；蜂王浆（非医用）；非医用营养胶囊 | 2015 |
| 福建福贞金属包装有限公司 | 第 989145 号图形 | 马口铁罐 | 2015 |
| 厦门圆兴商贸有限公司 | XYC | 钻头（机器零件）、切削工具（包括机械刀片）、刀具（机械零件） | 2015 |
| 厦门瑞忆科技有限公司 | 征服者 CONQUEROR 及图 | 导航仪器、卫星导航仪器、车辆测速器 | 2015 |
| 厦门康乐佳运动器材有限公司 | “K-powerSPORT” | 锻炼身体器械 | 2015 |
| 厦门安妮股份有限公司 | 王者 | 热敏纸 | 2015 |
| 福建省梦娇兰日用化学品有限公司 | 小浣熊 | 化妆品、洗发液、牙膏、浴液、花露水 | 2015 |
| 福建泉州大华蓄电池有限公司 | DAHUA 及图 | 蓄电池、电池极板 | 2015 |
| 福建傲威电子有限公司 | 傲威 OWAYS 及图 | 健美按摩设备 | 2015 |
| 翁国锋 | 荟萃楼 | 宝石（珠宝）、戒指（珠宝）、手镯（珠宝） | 2015 |
| 福建富源茶业有限公司 | 詹氏富源 ZHANSHIFUYU | 茶 | 2015 |
| 厦门美图网科技有限公司 | 美图秀秀 | 已录制的计算机程序（程序）、电脑软件（录制好的）、计算机程序（可下载软件） | 2016 |
| 高时（厦门）石业有限公司 | 高时石材 | 石料 | 2016 |
| 欣贺股份有限公司 | JORYA | 裤子、裙子、风衣 | 2016 |
| 刘南官 | 福民王 | 茶 | 2016 |
| 融侨集团股份有限公司 | 融侨 RONGQIAO 及图 | 建筑服务 | 2016 |
| 福建仙芝楼生物科技有限公司 | 仙芝楼 XIANZHILOU 及图 | 医用营养品 | 2016 |
| 福建坤兴海洋生物有限公司 | 坤兴 KUNXING | 鱼制食品 | 2016 |

6-3 续表 11　　（2013-2016 年）

| 企业名称 | 商　标 | 使用商品/服务 | 认定时间 |
|---|---|---|---|
| 厦门正新橡胶工业有限公司 | CST 及图 | 车辆轮胎；自行车、三轮车内胎；汽车内胎 | 2016 |
| 福建福鼎京科化油器有限公司 | JINGKE 及图 | 化油器 | 2016 |
| 石狮市青灿兴五金工艺品有限公司 | QING CAN 青灿 | 鞋扣；服装扣眼；扣子（服装配件） | 2016 |
| 万隆石业（福建）有限公司 | 万隆 WANLONG 及图 | 大理石；花岗岩 | 2016 |
| 福建名艺名居古典家具有限公司 | 名艺名居及图 | 床；家具；沙发 | 2016 |
| 宁德市渔业协会 | 宁德大黄鱼及图 | 大黄鱼（非活） | 2016 |
| 福建华威股份有限公司 | 华威集团 HUA WEI GROUP 及图 | 运输、汽车运输、车辆租赁 | 2016 |
| 福建盈盛号金银饰品有限公司 | 盈盛号 YING SHENG HAO 及图 | 未加工、未打造的银，银饰品，银制工艺品 | 2016 |
| 福建省宁德市俊杰瓷业有限公司 | 俊杰 JunGie 及图 | 陶瓷支撑球、耐酸耐碱陶瓷器 | 2016 |
| 福建钦龙食品有限公司 | KLF 及图 | 鱼（非活的），海参（非活），牡蛎（非活） | 2016 |
| 福建好彩头食品股份有限公司 | 好彩头 HAOCAITOU 及图 | 巧克力饮料 | 2016 |
| 福建省华闽古典艺术家具有限公司 | 华名华居及图 | 家具，床，桌子 | 2016 |
| 福建新福水产集团有限公司 | DS.XF 及图 | 加工过的鱼 | 2016 |
| 中闽魏氏茶业股份公司 | 魏氏红 WEISHIHONG | 茶 | 2016 |
| 福建金苑服饰有限公司 | 金苑 Jinyuan | 服装 | 2016 |
| 泉州天地星电子有限公司 | 天地星 TDX 及图 | 机顶盒 | 2016 |
| 泉州市永高体育用品有限公司 | 永高人 YGGOREN 及图 | 鞋、童鞋 | 2016 |

注：2013-2016 年驰名商标名单来源于福建省商标协会，不包含司法认定的驰名商标

# 6-4 福建省已注册和初步审定地理标志名单

（截至 2016 年末）

| 序号 | 注册人 | 注册商标 | 商　品 | 注册号 |
|---|---|---|---|---|
| 1 | 永泰县生产力促进中心 | 永泰芙蓉李 | 李子（鲜水果） | 3899569 |
| 2 | 福州市园艺学会 | 福州茉莉花茶 | 茶 | 4939090 |
| 3 | 永泰县生产力促进中心 | 永泰柿饼 | 柿饼 | 6160169 |
| 4 | 福州市橄榄行业协会 | 福州橄榄 | 橄榄蜜饯；冰橄榄 | 4880151 |
| 5 | 闽侯县橄榄行业协会 | 闽侯橄榄 | 鲜橄榄 | 6644323 |
| 6 | 福清市山羊协会 | 高山山羊 | 山羊 | 8509769 |
| 7 | 福建省闽清县粉干协会 | 闽清粉干 | 粉干 | 8794404 |
| 8 | 连江县晓澳镇百胜海水养殖协会 | 百胜缢蛏 | 缢蛏（活的） | 9112727 |
| 9 | 长乐市漳港海蚌场 | 漳港海蚌 | 海蚌（活） | 8851809 |
| 10 | 罗源县茶叶协会 | 七境茶 | 茶 | 10226541 |
| 11 | 永泰县生产力促进中心 | 永泰李干 | 李干（蜜饯） | 8715207 |
| 12 | 福清市一都镇经济发展服务中心 | 一都枇杷 | 枇杷（鲜水果） | 10865125 |
| 13 | 平潭水仙花协会 | 平潭水仙花 | 水仙花球茎；水仙花 | 10694024 |
| 14 | 福清市渔溪镇经济发展服务中心 | 渔溪龙眼 | 龙眼（鲜水果） | 10461152 |
| 15 | 福州市琅岐经济区蟳养殖协会 | 琅岐红蟳 | 活青蟹 | 13631771 |
| 16 | 连江县鲍鱼行业协会 | 连江鲍鱼 | 鲍鱼（活的） | 13600377 |
| 17 | 连江县鲍鱼行业协会 | 连江鲍鱼 | 鲍鱼（非活） | 13600378 |
| 18 | 长乐市古槐镇青山村龙眼行业协会 | 青山龙眼 | 新鲜龙眼 | 13857686 |
| 19 | 闽清县橄榄行业协会 | 闽清橄榄 | 新鲜橄榄 | 13814881 |
| 20 | 连江县海带行业协会 | 连江海带 | 海带（非活） | 14628241 |
| 21 | 福州市晋安区寿山石开发保护管理中心 | 寿山石雕 | 石雕刻艺术品 | 14665138 |
| 22 | 厦门市同安区农村经纪人协会 | 同安凤梨穗 | 龙眼 | 10852974 |
| 23 | 厦门市翔安区新圩镇经济发展服务中心 | 古宅大蒜 | 大蒜（新鲜蔬菜） | 12877116 |
| 24 | 厦门市同安区农村经纪人协会 | 同安凤梨穗 | 干桂元 | 10852973 |
| 25 | 厦门市同安区花卉盆景协会 | 同安红 | 三角梅（植物） | 13466165 |
| 26 | 漳州市果业发展中心 | 漳州香蕉 | 新鲜香蕉 | 2024522 |

6-4 续表 1　　（截至 2016 年末）

| 序号 | 注册人 | 注册商标 | 商　品 | 注册号 |
|---|---|---|---|---|
| 27 | 漳州市花卉协会 | 漳州水仙花 | 水仙花 | 2016477 |
| 28 | 南靖县兰花协会 | 南靖兰花 | 兰花 | 5819164 |
| 29 | 南靖茶商会 | 南靖丹桂 | 茶 | 5819161 |
| 30 | 南靖茶商会 | 南靖铁观音 | 茶 | 5819162 |
| 31 | 南靖县和溪镇中药材协会 | 南靖和溪巴戟天 | 巴戟天（中药药材） | 9665597 |
| 32 | 南靖县龙山镇农产品协会 | 南靖麻笋 | 麻笋（新鲜） | 9649494 |
| 33 | 南靖县养蜂协会 | 南靖正冬蜜 | 蜂蜜 | 10202339 |
| 34 | 福建省平和琯溪蜜柚发展中心 | 平和琯溪蜜柚 | 蜜柚 | 1388988 |
| 35 | 福建省平和琯溪蜜柚发展中心 | 平和红柚 | 柚子 | 8938890 |
| 36 | 平和县白芽奇兰茶协会 | 平和白芽奇兰 | 茶 | 9813932 |
| 37 | 平和县特产协会 | 平和青花瓷 | 瓷器等 | 9871924 |
| 38 | 平和县特产协会 | 平和芦溪晒烟 | 烟草；烟丝；烟末 | 9975573 |
| 39 | 平和县特产协会 | 平和芦溪咸菜 | 咸菜（腌制芥菜） | 10003960 |
| 40 | 平和县特产协会 | 平和坂仔香蕉 | 香蕉 | 10003961 |
| 41 | 平和县特产协会 | 平和大溪豆干 | 豆腐干 | 10003962 |
| 42 | 平和县特产协会 | 平和小溪枕头饼 | 枕头饼（糕点） | 10064381 |
| 43 | 诏安县红星乡青梅技术研究会 | 诏安红星 | 新鲜青梅 | 2016463 |
| 44 | 诏安县水产技术推广站 | 林头珠蚶 | 珠蚶〔贝壳类动物（活的）〕 | 10221082 |
| 45 | 诏安县四都镇后港青壳荔枝协会 | 后港青壳荔枝 | 荔枝（鲜水果） | 10221116 |
| 46 | 华安县茶叶协会 | 华安铁观音 | 茶 | 7401817 |
| 47 | 华安县经济作物站 | 华安坪山柚 | 柚子 | 9527545 |
| 48 | 漳浦县杜浔酥糖协会 | 杜浔酥糖 | 酥糖 | 8090682 |
| 49 | 漳浦县深土镇农产品产业协会 | 深土紫菜 | 紫菜 | 8371641 |
| 50 | 漳浦县旧镇镇农产品产业协会 | 旧镇白鳗 | 白鳗 | 9300873 |
| 51 | 漳浦县沙西榕树协会 | 沙西榕树 | 榕树 | 9413347 |
| 52 | 漳浦县盘陀镇茶叶协会 | 盘陀金萱茶 | 茶 | 9642018 |

6-4 续表 2 （截至 2016 年末）

| 序号 | 注册人 | 注册商标 | 商　品 | 注册号 |
|---|---|---|---|---|
| 53 | 云霄县枇杷协会 | 云霄枇杷 | 枇杷 | 3418548 |
| 54 | 云霄县水产养殖协会 | 竹塔泥蚶 | 泥蚶（活的） | 8518148 |
| 55 | 云霄县农作物科学研究所 | 东厦锯缘青蟹 | 锯缘青蟹（活） | 9552702 |
| 56 | 云霄县农作物科学研究所 | 下河杨桃 | 杨桃 | 9552703 |
| 57 | 云霄县农作物科学研究所 | 列屿巴非蛤 | 巴非蛤（活） | 9552743 |
| 58 | 云霄县农作物科学研究所 | 马铺淮山 | 淮山（新鲜蔬菜） | 9552744 |
| 59 | 云霄县农作物科学研究所 | 东厦文蛤 | 文蛤（活） | 9954948 |
| 60 | 云霄县农作物科学研究所 | 下河金枣 | 金枣（新鲜水果） | 9954949 |
| 61 | 龙海市浮宫镇杨梅协会 | 浮宫杨梅 | 杨梅 | 8681587 |
| 62 | 龙海市程溪镇菠萝协会 | 程溪菠萝 | 菠萝 | 9552249 |
| 63 | 福建省长泰县柑桔协会 | 长泰芦柑 | 芦柑（水果） | 7718009 |
| 64 | 漳州市芗城区天宝香蕉协会 | 天宝香蕉 | 香蕉 | 8771238 |
| 65 | 福建省东山县芦笋协会 | 东山芦笋 | 芦笋 | 8699182 |
| 66 | 长泰县农产品流通协会 | 长泰吴田蜜薯 | 番薯 | 9921549 |
| 67 | 长泰县农产品流通协会 | 长泰状元蜜桔 | 桔 | 9921550 |
| 68 | 漳州市果业发展中心 | 漳州芦柑 | 柑橘 | 10032250 |
| 69 | 漳州市果业发展中心 | 漳州芦柑及图形 | 柑橘 | 10032251 |
| 70 | 漳州市果业发展中心 | 漳州芦柑及图形 | 柑橘 | 10032252 |
| 71 | 平和县特产协会 | 平和南胜咸水鸭 | 咸水鸭 | 10208093 |
| 72 | 平和县特产协会 | 山格查某囡仔肉 | 生仁饼（糕点） | 9975572 |
| 73 | 诏安县白洋灰鹅协会 | 诏安灰鹅 | 鹅（活家禽） | 10126597 |
| 74 | 诏安县红星乡青梅技术研究会 | 诏安红星青梅 | 加工过的青梅 | 10462581 |
| 75 | 诏安县茶叶协会 | 诏安八仙茶 | 茶 | 9466590 |
| 76 | 漳浦县深土镇农产品产业协会 | 深土花菜 | 花菜（新鲜蔬菜） | 10221005 |
| 77 | 漳浦县旧镇镇农产品产业协会 | 旧镇大蚝 | 牡蛎（活的） | 10181305 |
| 78 | 漳浦县大南坂农产品协会 | 大南坂菠萝 | 菠萝 | 9814817 |

6-4 续表 3　　　　　　　　　　　　（截至 2016 年末）

| 序号 | 注册人 | 注册商标 | 商　品 | 注册号 |
|---|---|---|---|---|
| 79 | 漳浦县蔬菜出口协会 | 漳浦大葱 | 新鲜大葱 | 11192112 |
| 80 | 漳浦县官浔镇淡水生态虾养殖协会 | 官浔淡水虾 | 淡水虾（活的） | 10103610 |
| 81 | 云霄县农作物科学研究所 | 东厦缢蛏 | 缢蛏（活） | 10737564 |
| 82 | 龙海市白水糖果协会 | 白水贡糖 | 糖果 | 9871237 |
| 83 | 龙海市养鸭协会 | 金定鸭 | 鸭（活家禽） | 11476392 |
| 84 | 龙海市九湖镇荔枝协会 | 九湖兰竹荔枝 | 荔枝 | 11014904 |
| 85 | 南靖县名优农产品协会 | 南靖金线莲 | 金线莲（中药药材） | 12853757 |
| 86 | 南靖县名优农产品协会 | 南靖香蕉 | 香蕉 | 12122166 |
| 87 | 平和县特产协会 | 平和窑瓷器 | 瓷器 | 13215417 |
| 88 | 诏安县秀篆镇苦丁茶协会 | 诏安苦丁茶 | 茶 | 11599107 |
| 89 | 诏安县桥东镇水产养殖协会 | 甲洲鸡母埭大虾 | 虾（活的） | 11708370 |
| 90 | 诏安县桥东镇水产养殖协会 | 仙塘红蟳 | 红蟳（活的） | 11708371 |
| 91 | 漳浦县旧镇镇农产品产业协会 | 乌石荔枝 | 荔枝 | 11435975 |
| 92 | 漳浦闽台花卉协会 | 漳浦蝴蝶兰 | 蝴蝶兰（自然花） | 10779426 |
| 93 | 龙海市榜山镇江东鲈鱼养殖协会 | 江东鲈鱼 | 鲈鱼（非活） | 11994880 |
| 94 | 龙海市榜山镇江东鲈鱼养殖协会 | 江东鲈鱼 | 鲈鱼（活的） | 11994881 |
| 95 | 龙海市程溪镇金蝉协会 | 程溪金蝉 | 蝉花（中药材）；蝉脱（中药材） | 13098212 |
| 96 | 平和县特产协会 | 平和粗鳞鱼 | 粗鳞鱼（非活） | 11448151 |
| 97 | 平和县特产协会 | 平和棕包梨 | 梨 | 11448152 |
| 98 | 平和县特产协会 | 平和大溪荔枝 | 荔枝 | 11448153 |
| 99 | 平和县特产协会 | 平和夫人李 | 李子 | 11448155 |
| 100 | 平和县特产协会 | 平和大溪米粉 | 米粉 | 11448156 |
| 101 | 平和县特产协会 | 灵通七叶胆 | 药茶；药用草药茶 | 11448157 |
| 102 | 诏安县四都镇大梧村水产养殖协会 | 大梧蚝 | 蚝〔牡蛎（活的）〕 | 13148116 |
| 103 | 诏安县太平镇水果营销协会 | 诏安柿饼 | 柿饼 | 13858673 |
| 104 | 华安县华安玉同业公会 | 华安玉雕 | 玉雕 | 11937842 |

6-4 续表 4　　（截至 2016 年末）

| 序号 | 注册人 | 注册商标 | 商　品 | 注册号 |
|---|---|---|---|---|
| 105 | 漳浦县深土镇农产品产业协会 | 深土三角文蛤 | 文蛤（活的） | 13597610 |
| 106 | 漳浦县深土镇农产品产业协会 | 深土皱纹盘鲍鱼 | 鲍鱼（活的） | 13597611 |
| 107 | 漳浦县沙西海产品协会 | 沙西红蟳 | 蟳（活的） | 11571857 |
| 108 | 漳浦县沙西海产品协会 | 沙西血鳗 | 血鳗（活的） | 11571858 |
| 109 | 漳浦县沙西海产品协会 | 沙西泥蚶 | 蚶（活的） | 11571859 |
| 110 | 漳浦县前亭镇农产品产业协会 | 前亭珠蚶 | 蚶（活的） | 11632810 |
| 111 | 漳浦县前亭镇农产品产业协会 | 前亭沙虾 | 虾（活的） | 11632811 |
| 112 | 漳浦县大南坂农产品协会 | 大南坂红肉橙 | 新鲜橙 | 12170641 |
| 113 | 福建省云霄县水产开发中心 | 漳江口大蚝 | 大蚝（活的牡蛎） | 12980693 |
| 114 | 东山县水产技术推广站 | 东山鲍鱼 | 鲍鱼（活） | 13890624 |
| 115 | 长泰县农产品流通协会 | 长泰砂仁 | 砂仁（中药药材） | 13571587 |
| 116 | 长泰县农产品流通协会 | 长泰天竺岩茶 | 茶 | 13571586 |
| 117 | 南靖县名优农产品协会 | 南靖郑店菜脯汁 | 菜脯汁（调味酱汁） | 13304988 |
| 118 | 南靖县陶瓷协会 | 南靖漳窑瓷器 | 瓷器 | 15669132 |
| 119 | 诏安县梅岭镇水产养殖协会 | 悬钟埭乌鱼 | 乌鱼（活鱼） | 13442814 |
| 120 | 漳浦县长桥镇园艺协会 | 漳浦长桥八卦柑 | 八卦柑（新鲜水果） | 14657511 |
| 121 | 漳浦县六鳌镇农产品协会 | 六鳌紫菜 | 紫菜 | 12354393 |
| 122 | 安溪县山格淮山产业技术研究会 | 山格淮山 | 山药（蔬菜） | 10447781 |
| 123 | 南安市官桥镇曙光甘薯产业协会 | 曙光甘薯 | 鲜地瓜 | 10374727 |
| 124 | 泉州市洛江区河市镇槟榔芋协会 | 河市槟榔芋 | 芋 | 11180200 |
| 125 | 南安市石亭绿茶研究会 | 石亭绿茶 | 茶 | 8757651 |
| 126 | 安溪县茶业总公司 | 安溪铁观音 | 茶叶 | 1388991 |
| 127 | 安溪县茶业总公司 | 安溪黄金桂 | 茶叶 | 1388992 |
| 128 | 永春县柑桔同业公会 | 永春芦柑 | 柑桔 | 6655467 |
| 129 | 永春县茶叶同业公会 | 永春佛手 | 茶 | 6655468 |
| 130 | 德化县陶瓷同业公会 | 德化陶瓷 | 瓷器；陶器等 | 4523004 |

6-4 续表 5 （截至 2016 年末）

| 序号 | 注册人 | 注册商标 | 商　品 | 注册号 |
|---|---|---|---|---|
| 131 | 德化县陶瓷同业公会 | 德化瓷雕 | 瓷器；陶器等 | 4523005 |
| 132 | 德化县养殖技术推广中心 | 德化戴云黑鸡 | 鸡（活的） | 3636696 |
| 133 | 永春县茶叶同业公会 | 永春闽南水仙 | 茶 | 6655469 |
| 134 | 惠安县石雕石材同业公会 | 惠安石雕 | 石雕 | 8605351 |
| 135 | 石狮市古浮紫菜协会 | 古浮紫菜 | 紫菜 | 8770533 |
| 136 | 泉州市洛江区虹山乡果蔬行业协会 | 虹山红心地瓜 | 地瓜 | 8820222 |
| 137 | 晋江市深沪镇渔业协会 | 深沪鱼丸 | 鱼丸 | 9625935 |
| 138 | 惠安县崇武镇食品加工行业协会 | 崇武鱼卷 | 鱼卷 | 14230888 |
| 139 | 泉港涂岭龙眼行业协会 | 涂岭龙眼 | 龙眼 | 13392586 |
| 140 | 泉州台商投资区洛阳镇农产品促进协会 | 洛阳桥牡蛎 | 牡蛎（活的） | 13677296 |
| 141 | 建宁县黄埠乡农业服务中心 | 桂阳萝卜 | 新鲜萝卜 | 13111566 |
| 142 | 明溪县红豆杉行业协会 | 明溪红豆杉 | 红豆杉 | 12821614 |
| 143 | 明溪县金线莲协会 | 明溪金线莲 | 金线莲（药草） | 13732502 |
| 144 | 永安市槐南镇新农村建设服务中心 | 安贞旌鼓 | 鼓（乐器） | 13776367 |
| 145 | 沙县夏茂茶叶协会 | 沙县红边茶 | 茶 | 13908849 |
| 146 | 尤溪县果树技术推广站 | 尤溪金柑 | 金柑（新鲜水果） | 12988689 |
| 147 | 明溪县淮山行业协会 | 明溪淮山 | 山药（新鲜蔬菜） | 10191790 |
| 148 | 清流县嵩溪豆腐皮营销协会 | 清流豆腐皮 | 豆腐皮 | 10600558 |
| 149 | 建宁县建莲产业协会 | 建宁通心白莲 | 莲子 | 1607998 |
| 150 | 尤溪县竹业协会 | 尤溪绿笋 | 绿笋（新鲜） | 3984436 |
| 151 | 福安市葡萄协会 | 福安葡萄 | 新鲜葡萄 | 11273163 |
| 152 | 福安市葡萄协会 | 福安葡萄 | 新鲜葡萄 | 11273164 |
| 153 | 尤溪县茶叶协会 | 尤溪绿茶 | 茶 | 7741538 |
| 154 | 尤溪县油茶协会 | 尤溪茶籽油 | 茶籽油（食用油） | 9854263 |
| 155 | 明溪县肉脯干行业协会 | 明溪肉脯干 | 肉脯干 | 5713312 |
| 156 | 永安市农学会 | 永安黄椒 | 辣椒（新鲜蔬菜） | 6862869 |

6-4 续表 6　　　　　　　　　　　　　（截至 2016 年末）

| 序号 | 注册人 | 注册商标 | 商　品 | 注册号 |
|---|---|---|---|---|
| 157 | 永安市蔬菜产销协会 | 永安莴苣 | 莴苣 | 8972825 |
| 158 | 宁化县河龙贡米协会 | 河龙贡米 | 米 | 7953105 |
| 159 | 福建省将乐县食用菌协会 | 将乐大球盖菇 | 鲜食用菌 | 8279341 |
| 160 | 福鼎市鲈鱼养殖协会 | 桐江鲈鱼 | 鲈鱼（活的） | 12721807 |
| 161 | 福鼎市鲈鱼养殖协会 | 桐江鲈鱼 | 鲈鱼（非活） | 12721808 |
| 162 | 永安市贡川镇新农村建设服务中心 | 永安贡川草席 | 草席 | 15097039 |
| 163 | 永安市西洋镇水果产销协会 | 永安内炉芙蓉李 | 李（新鲜水果） | 15402597 |
| 164 | 沙县郑湖水柿协会 | 郑湖水柿 | 柿子 | 13305586 |
| 165 | 泰宁县个体私营企业协会 | 泰宁金湖乌凤鸡 | 鸡（活的） | 13565015 |
| 166 | 仙游县度尾镇文旦柚协会 | 度尾 | 文旦柚 | 1388985 |
| 167 | 莆田市枇杷协会 | 莆田枇杷 | 枇杷 | 3984456 |
| 168 | 莆田市兴化桂圆协会 | 莆田兴化桂元 | 干桂元 | 3895434 |
| 169 | 南日鲍协会 | 南日鲍 | 鲍鱼（活） | 6595645 |
| 170 | 仙游县金沙薏米产业发展技术协会 | 金沙薏米 | 薏米（脱壳后的） | 11178479 |
| 171 | 松溪县茶业协会 | 松溪红茶 | 茶 | 10034709 |
| 172 | 武夷山市岚谷乡“三农”服务中心 | 岚谷熏鹅 | 熏鹅（加工过的） | 13245793 |
| 173 | 延平区林木种苗站 | 延平百合 | 百合花（自然花） | 12877266 |
| 174 | 邵武市笋制品行业协会 | 邵武笋干 | 笋干 | 10236834 |
| 175 | 建阳市经济作物技术推广站 | 建阳桔柚 | 桔柚 | 10231607 |
| 176 | 建阳市小湖镇三农服务中心 | 小湖杨梅 | 杨梅 | 11083255 |
| 177 | 光泽县水产研究所 | 光泽溪鱼 | 活鱼 | 11132352 |
| 178 | 武夷山茶叶科学研究所 | 武夷山大红袍 | 茶 | 1687896 |
| 179 | 政和县茶叶技术推广总站 | 政和工夫 | 茶 | 6495869 |
| 180 | 政和县茶叶技术推广总站 | 政和白茶 | 茶 | 6228806 |
| 181 | 松溪县茶叶管理总站 | 松溪绿茶 | 茶 | 6534378 |
| 182 | 武夷山市茶叶科学研究所 | 正山小种 | 茶 | 7430842 |

6-4 续表 7　　　　（截至 2016 年末）

| 序号 | 注册人 | 注册商标 | 商　品 | 注册号 |
|---|---|---|---|---|
| 183 | 邵武市进士茶树良种推广专业合作社 | 邵武碎铜茶 | 茶 | 6914478 |
| 184 | 政和县茶叶技术推广总站 | 政和工夫 | 茶 | 7667931 |
| 185 | 政和县茶叶技术推广总站 | 政和白茶 | 茶 | 7667932 |
| 186 | 建瓯市锥栗协会 | 建瓯锥栗 | 锥栗 | 7569724 |
| 187 | 建瓯市东峰镇科技特派员工作站 | 东峰矮脚乌龙 | 乌龙茶（茶） | 9785311 |
| 188 | 浦城薏米产业协会 | 浦城薏米 | 薏米（米） | 8965756 |
| 189 | 建阳市茶业协会 | 建阳白茶 | 茶 | 10033173 |
| 190 | 建瓯市建泽泻协会 | 建泽泻 | 药材（泽泻） | 12609480 |
| 191 | 浦城县桂花协会 | 浦城桂花 | 鲜桂花；桂花树苗木 | 13814882 |
| 192 | 浦城县桂花协会 | 浦城丹桂 | 桂花 | 13814883 |
| 193 | 福建省光泽县林业科学技术推广中心 | 光泽厚朴 | 新鲜厚朴 | 14504754 |
| 194 | 顺昌县柑桔行业协会 | 顺昌芦柑 | 芦柑（鲜水果） | 11708379 |
| 195 | 建瓯市锥栗协会 | 建瓯锥栗 | 锥栗（加工过的） | 9927813 |
| 196 | 建瓯市笋业公会 | 建瓯笋干 | 笋干 | 14275186 |
| 197 | 建阳市建窑建盏协会 | 建阳建盏 | 瓷器、日用瓷器 | 14610818 |
| 198 | 长汀县河田鸡产业协会 | 长汀河田鸡 | 鸡肉 | 12080346 |
| 199 | 武平县猪胆肝协会 | 武平猪胆肝 | 猪胆肝（猪肉食品） | 11186858 |
| 200 | 永定县巴戟天协会 | 永定巴戟天 | 巴戟天（中药药材） | 11251004 |
| 201 | 连城红心地瓜干协会 | 连城红心地瓜干 | 地瓜干（熟） | 3571139 |
| 202 | 连城县朋口镇兰花协会 | 连城兰花 | 兰花 | 5393515 |
| 203 | 漳平市茶叶协会 | 漳平水仙茶 | 茶饼 | 5011405 |
| 204 | 龙岩市新罗区花生产业协会 | 龙岩咸酥花生 | 加工过的花生 | 5130282 |
| 205 | 福建省武平县茶叶协会 | 武平绿茶 | 茶 | 6524922 |
| 206 | 连城县白鸭研究所 | 连城白鸭 | 鸭（活的） | 6965123 |
| 207 | 连城县白鸭研究所 | 连城白鸭 | 鸭（非活） | 7023724 |
| 208 | 福建省武平县梁野山中草药协会 | 武平金线莲 | 金线莲（中草药） | 7304623 |

6-4 续表 8　　（截至 2016 年末）

| 序号 | 注册人 | 注册商标 | 商　品 | 注册号 |
| --- | --- | --- | --- | --- |
| 209 | 长汀县河田鸡产业协会 | 长汀河田鸡 | 活家禽（鸡） | 7891271 |
| 210 | 武平县梁野花卉协会 | 武平富贵籽 | 富贵籽（自然花） | 7622475 |
| 211 | 上杭县槐猪产业协会 | 上杭槐猪 | 活猪 | 8605841 |
| 212 | 上杭县园艺产业协会 | 上杭乌梅 | 乌梅 | 10003749 |
| 213 | 永定县菜干协会 | 永定菜干 | 菜干 | 8196341 |
| 214 | 连城县文亨镇红衣花生协会 | 连城红衣花生 | 新鲜花生 | 13341781 |
| 215 | 连城县文亨镇红衣花生协会 | 连城红衣花生 | 加工过的花生 | 13341782 |
| 216 | 上杭县园艺产业协会 | 上杭萝卜干 | 萝卜干 | 13588144 |
| 217 | 永定县美蕉协会 | 永定美蕉 | 香蕉 | 14239433 |
| 218 | 永定县红柿专业技术协会 | 永定红柿 | 柿子（新鲜水果） | 12584748 |
| 219 | 武平县养禽协会 | 武平象洞鸡 | 活鸡 | 14281103 |
| 220 | 武平县养禽协会 | 武平象洞鸡 | 鸡（非活） | 15179752 |
| 221 | 柘荣县太子参协会 | 柘荣太子参 | 太子参 | 1608000 |
| 222 | 古田县食用菌办公室 | 古田银耳 | 银耳 | 1607999 |
| 223 | 古田县经济作物站 | 古田油柰 | 油柰（水果） | 2016457 |
| 224 | 古田县黄田镇企业管理站 | 黄田马蹄笋 | 新鲜马蹄笋 | 4914014 |
| 225 | 古田县黄田镇企业管理站 | 黄田马蹄笋 | 马蹄笋干等 | 4914013 |
| 226 | 宁德市蕉城区茶业协会 | 天山绿茶 | 茶 | 10643530 |
| 227 | 宁德市蕉城区茶业协会 | 天山红 | 茶 | 11836552 |
| 228 | 福鼎市福鼎芋协会 | 福鼎槟榔芋 | 芋 | 3453951 |
| 229 | 福鼎市茶业协会 | 福鼎大白茶 | 茶 | 4350700 |
| 230 | 福鼎市茶业协会 | 福鼎白毫银针 | 茶 | 4350696 |
| 231 | 福鼎市茶业协会 | 福鼎白琳工夫 | 茶 | 4350701 |
| 232 | 福鼎市茶业协会 | 福鼎白茶 | 茶 | 6595730 |
| 233 | 福安市茶业协会 | 坦洋工夫 | 茶 | 5379787 |
| 234 | 福安市茶业协会 | 坦洋工夫 | 茶 | 6190797 |

6-4 续表 9　　（截至 2016 年末）

| 序号 | 注册人 | 注册商标 | 商　品 | 注册号 |
|---|---|---|---|---|
| 235 | 福安市穆阳镇线面协会 | 穆阳线面 | 线面 | 8972826 |
| 236 | 福安市竹业协会 | 福安绿竹笋 | 绿竹笋 | 9113703 |
| 237 | 霞浦县农副产品产业协会 | 霞浦海带 | 海带 | 7127315 |
| 238 | 霞浦县农副产品产业协会 | 霞浦紫菜 | 紫菜 | 7127316 |
| 239 | 宁德市蕉城区晚熟龙眼产业协会 | 蕉城晚熟龙眼 | 龙眼 | 4957601 |
| 240 | 宁德市蕉城区茶业协会 | 天山绿茶 | 茶 | 6888311 |
| 241 | 宁德市蕉城区三都澳晚熟荔枝产业协会 | 三都澳晚熟荔枝 | 荔枝 | 7170017 |
| 242 | 宁德市渔业协会 | 宁德大黄鱼 | 大黄鱼（非活） | 9654729 |
| 243 | 宁德市渔业协会 | 宁德大黄鱼 | 大黄鱼（活） | 9654730 |
| 244 | 周宁县茶叶协会 | 官司云雾茶 | 茶 | 8644027 |
| 245 | 屏南县米烧兔行业协会 | 屏南米烧兔 | 米烧兔 | 9015569 |
| 246 | 寿宁县茶业协会 | 寿宁高山乌龙茶 | 乌龙茶（茶） | 9883861 |
| 247 | 古田县红曲行业协会 | 古田红曲 | 曲种 | 10786824 |
| 248 | 福安市茶业协会 | 坦洋工夫 | 茶 | 11499122 |
| 249 | 福安市茶业协会 | 坦洋工夫 | 茶 | 11499123 |
| 250 | 福安市茶业协会 | 坦洋工夫 | 茶 | 11499124 |
| 251 | 福安市穆云畲乡刺葡萄协会 | 溪塔刺葡萄 | 鲜葡萄 | 10180903 |
| 252 | 福安市油茶协会 | 福安油茶油 | 食用油 | 11345819 |
| 253 | 霞浦县茶业协会 | 霞浦元宵茶 | 茶 | 10430782 |
| 254 | 霞浦县茶业协会 | 霞浦元宵茶 | 茶 | 10430783 |
| 255 | 宁德市蕉城区缢蛏协会 | 宁德缢蛏 | 蛏（活的） | 10729939 |
| 256 | 宁德市蕉城区缢蛏协会 | 宁德缢蛏 | 蛏干 | 10729940 |
| 257 | 柘荣县太子参协会 | 柘荣太子参 | 太子参（中药药材） | 11870936 |
| 258 | 福鼎市福鼎黄栀子协会 | 福鼎黄栀子 | 黄栀子（原料药） | 11794318 |
| 259 | 福鼎市福鼎黄栀子协会 | 福鼎黄栀子 | 黄栀子（植物） | 12038423 |
| 260 | 福鼎市福鼎黄栀子协会 | 福鼎黄栀子 | 黄栀子（植物） | 12038424 |

6-4 续表 10　　　　（截至 2016 年末）

| 序号 | 注册人 | 注册商标 | 商　品 | 注册号 |
| --- | --- | --- | --- | --- |
| 261 | 福鼎市福鼎黄栀子协会 | 福鼎黄栀子 | 黄栀子（果皮、果肉） | 12038425 |
| 262 | 福鼎市福鼎黄栀子协会 | 福鼎黄栀子 | 黄栀子（果皮、果肉） | 12038426 |
| 263 | 福鼎市福鼎黄栀子协会 | 福鼎黄栀子 | 黄栀子（原料药） | 12038427 |
| 264 | 武平县无公害瓜果蔬菜协会 | 武平青皮冬瓜 | 青皮冬瓜 | 16933215 |
| 265 | 武平县无公害瓜果蔬菜协会 | 武平盘菜 | 盘菜（新鲜蔬菜） | 16933216 |
| 266 | 宁德市蕉城区黄家蒸笼行业协会 | 虎贝黄家蒸笼 | 蒸笼 | 10779425 |
| 267 | 屏南县黄酒酿造技艺协会 | 屏南老酒 | 黄酒 | 11898122 |
| 268 | 宁德市蕉城区茶业协会 | 天山绿茶 | 茶 | 10643491 |
| 269 | 罗源县碧里乡畜牧兽医站 | 罗源下廪羊 | 羊（活动物） | 15843369 |
| 270 | 福州市渔业行业协会 | 福州鱼丸 | 鱼制食品 | 16072844 |
| 271 | 诏安县梅岭镇水果营销协会 | 寮仔黄瓤西瓜 | 西瓜 | 15358274 |
| 272 | 诏安县梅岭镇水产养殖协会 | 梅岭牡蛎 | 牡蛎（非活） | 15118639 |
| 273 | 诏安县梅岭镇水产养殖协会 | 下傅紫菜 | 紫菜 | 15118640 |
| 274 | 漳浦县赤土乡农产品产业协会 | 赤土小叶榄仁 | 小叶榄仁（树木） | 14982371 |
| 275 | 漳浦县赤土乡农产品产业协会 | 赤土土鸡 | 土鸡（活家禽） | 14982370 |
| 276 | 云霄县火田镇农村经济服务中心 | 火田青枣 | 鲜枣 | 15262178 |
| 277 | 云霄县火田镇农村经济服务中心 | 火田大茂山茶 | 茶 | 15262179 |
| 278 | 云霄县火田镇农村经济服务中心 | 火田菠萝 | 菠萝 | 15262180 |
| 279 | 石狮市永宁镇太平洋牡蛎协会 | 永宁太平洋牡蛎 | 牡蛎（活的） | 13055996 |
| 280 | 晋江市深沪小吃同业公会 | 深沪紫菜 | 紫菜 | 16781958 |
| 281 | 晋江市深沪小吃同业公会 | 深沪巴浪脯 | 鱼肉干 | 16781955 |
| 282 | 晋江市深沪小吃同业公会 | 深沪鱿鱼干 | 鱿鱼 | 16781953 |
| 283 | 晋江市深沪小吃同业公会 | 深沪糖芋 | 芋头 | 16781956 |
| 284 | 晋江市深沪小吃同业公会 | 深沪花生 | 加工过的花生 | 16781954 |
| 285 | 晋江市深沪小吃同业公会 | 深沪虾仁干 | 虾（非活） | 16781957 |
| 286 | 建宁县种子协会 | 建宁水稻种子 | 谷种 | 16179803 |

6-4 续表 11　　　　（截至 2016 年末）

| 序号 | 注册人 | 注册商标 | 商　品 | 注册号 |
|---|---|---|---|---|
| 287 | 尤溪县茶叶协会 | 尤溪红 | 茶 | 15234145 |
| 288 | 永安市人民政府燕西街道办事处经济服务中心 | 永安吉山老酒 | 黄酒 | 15865282 |
| 289 | 大田县武陵乡农业服务中心 | 大田雪山萝卜 | 萝卜 | 15134934 |
| 290 | 莆田市秀屿区南日鲍协会 | 南日鲍 | 鲍鱼（活的） | 18020105 |
| 291 | 仙游县茶叶产业协会 | 仙游郑宅茶 | 茶 | 15587625 |
| 292 | 莆田市荔城区米粉行业协会 | 莆田兴化米粉 | 米粉 | 17224230 |
| 293 | 莆田红毛菜 | 莆田红毛菜 | 红毛菜 | 15835224 |
| 294 | 邵武市卫闽镇农技站 | 邵武蜜桔 | 蜜桔（新鲜桔） | 15458767 |
| 295 | 邵武市晒口街道办事处农业技术推广站 | 邵武红米 | 谷类制品、人食用的去壳谷物；米 | 16349001 |
| 296 | 建阳市漳墩镇三农服务中心 | 建阳漳墩锥栗 | 新鲜粟子 | 14610819 |
| 297 | 顺昌县食用菌竹笋开发办公室 | 顺昌海鲜菇 | 海鲜菇（新鲜食用菌） | 17399206 |
| 298 | 武夷山市五夫农产品协会 | 五夫白莲 | 莲子 | 15629710 |
| 299 | 龙岩市新罗区果树协会 | 苏坂蜜柚 | 柚子 | 13296517 |
| 300 | 武平县仙草产业协会 | 武平仙草 | 仙草（中草药） | 16227655 |
| 301 | 长汀县槟榔芋产业协会 | 长汀槟榔芋 | 芋头 | 15260446 |
| 302 | 古田县黑番鸭协会 | 古田黑番鸭 | 黑番鸭（活家禽） | 15736124 |
| 303 | 周宁县高山马铃薯协会 | 周宁高山马铃薯 | 马铃薯（新鲜的） | 13035632 |
| 304 | 福安市水蜜桃协会 | 福安水蜜桃 | 新鲜水蜜蜂桃 | 15429628 |
| 305 | 福安市水蜜桃协会 | 福安水蜜桃 | 新鲜水蜜蜂桃 | 15429629 |
| 306 | 福安市水蜜桃协会 | 穆阳水蜜桃 | 新鲜水蜜蜂桃 | 15429630 |
| 307 | 福安市水蜜桃协会 | 穆阳水蜜桃 | 新鲜水蜜蜂桃 | 15429631 |
| 308 | 霞浦县农副产品产业协会 | 霞浦海参 | 海参（活的） | 15725925 |
| 309 | 霞浦县农副产品产业协会 | 霞浦海参 | 海参（活的） | 15725926 |
| 310 | 霞浦县农副产品产业协会 | 霞浦海参 | 海参（活的） | 15725927 |
| 311 | 霞浦县农副产品产业协会 | 霞浦海参 | 海参（活的） | 15725928 |

注：数据来源于福建省商标协会

# 6-5 福建省纳税百强企业名单

（2015 年）

| 位次 | 企业集团名称 | 位次 | 企业集团名称 |
|---|---|---|---|
| 1 | 兴业银行股份有限公司 | 26 | 福州闽江世纪城置业有限公司 |
| 2 | 福建联合石油化工有限公司 | 27 | 中国电信股份有限公司福建分公司 |
| 3 | 龙岩烟草工业有限责任公司 | 28 | 安踏体育用品集团有限公司 |
| 4 | 中化泉州石化有限公司 | 29 | 建明（厦门）房地产有限公司 |
| 5 | 中国烟草总公司福建省公司（含所辖单位） | 30 | 厦门银行股份有限公司 |
| 6 | 厦门烟草工业有限责任公司 | 31 | 中海福建天然气有限责任公司 |
| 7 | 福建省农村信用社联合社 | 32 | 名城地产（福建）有限公司 |
| 8 | 国网福建省电力有限公司 | 33 | 福建华电可门发电有限公司 |
| 9 | 中国移动通信集团福建有限公司 | 34 | 新华都实业集团股份有限公司 |
| 10 | 中国建设银行股份有限公司福建省分行 | 35 | 厦门兆裕房地产开发有限公司 |
| 11 | 厦门海投房地产有限公司 | 36 | 国家开发银行股份有限公司福建省分行 |
| 12 | 兴业证券股份有限公司 | 37 | 漳州市海滨城置业有限公司 |
| 13 | 融侨集团股份有限公司 | 38 | 厦门国贸天地房地产有限公司 |
| 14 | 中国工商银行股份有限公司福建省分行 | 39 | 厦门银鹭食品集团有限公司 |
| 15 | 厦门航空有限公司 | 40 | 兴业国际信托有限公司 |
| 16 | 厦门国际银行股份有限公司 | 41 | 中国人民财产保险股份有限公司福建省分公司 |
| 17 | 中国银行股份有限公司福建省分行 | 42 | 福建海峡银行股份有限公司 |
| 18 | 华阳电业有限公司 | 43 | 厦门禹洲海景城房地产有限公司 |
| 19 | 中国农业银行股份有限公司福建省分行 | 44 | 福建龙岩工程机械（集团）有限公司 |
| 20 | 戴尔（中国）有限公司 | 45 | 厦门市特房筼筜开发有限公司 |
| 21 | 百威英博雪津啤酒有限公司 | 46 | 华福证券有限责任公司 |
| 22 | 福建省中马建设工程有限公司 | 47 | 中石化森美（福建）石油有限公司 |
| 23 | 紫金矿业集团股份有限公司 | 48 | 国电泉州热电有限公司 |
| 24 | 福建三安集团有限公司 | 49 | 中信银行股份有限公司福州分行 |
| 25 | 福建新华都综合百货有限公司 | 50 | 厦门 ABB 低压电器设备有限公司 |

6-5 续表　　（2015年）

| 位次 | 企业集团名称 | 位次 | 企业集团名称 |
| --- | --- | --- | --- |
| 51 | 中国工商银行股份有限公司厦门市分行 | 76 | 中国农业银行股份有限公司厦门市分行 |
| 52 | 招商银行股份有限公司福州分行 | 77 | 捷太格特转向系统（厦门）有限公司 |
| 53 | 中国建设银行股份有限公司厦门市分行 | 78 | 利郎（中国）有限公司 |
| 54 | 漳州万达广场有限公司 | 79 | 欣贺股份有限公司 |
| 55 | 福建中烟工业有限责任公司 | 80 | 福建世茂置业有限公司 |
| 56 | 福建宁德核电有限公司 | 81 | 福建达利食品集团有限公司 |
| 57 | 厦门万特福房地产开发有限公司 | 82 | 信和（厦门）房地产发展有限公司 |
| 58 | 福州东福实业发展有限公司 | 83 | 东南（福建）汽车工业有限公司 |
| 59 | 福建省鸿山热电有限责任公司 | 84 | 福建南平南孚电池有限公司 |
| 60 | 泉州银行股份有限公司 | 85 | 融侨（福州）置业有限公司 |
| 61 | 福建水口发电集团有限公司 | 86 | 中国平安财产保险股份有限公司福建分公司 |
| 62 | 中国民生银行股份有限公司福州分行 | 87 | 泉州东海开发有限公司 |
| 63 | 福建大唐国际宁德发电有限责任公司 | 88 | 上海浦东发展银行股份有限公司福州分行 |
| 64 | 福建福清核电有限公司 | 89 | 中国人民财产保险股份有限公司厦门市分公司 |
| 65 | 华能国际电力股份有限公司福州电厂 | 90 | 中国邮政储蓄银行股份有限公司福建省分行 |
| 66 | 福建龙净环保股份有限公司 | 91 | 厦门富铭杏博置业有限公司 |
| 67 | 中国人寿保险股份有限公司福建省分公司 | 92 | 联发集团有限公司 |
| 68 | 乔丹体育股份有限公司 | 93 | 福建奔驰汽车工业有限公司 |
| 69 | 宁德时代新能源科技股份有限公司 | 94 | 泉州浦西万达广场投资有限公司 |
| 70 | 厦门禹洲鸿图地产开发有限公司 | 95 | 厦门建发股份有限公司 |
| 71 | 福建省龙岩市新罗煤炭工业有限公司 | 96 | 国电福州发电有限公司 |
| 72 | 福州中鼎投资有限公司 | 97 | 福清万达广场有限公司 |
| 73 | 厦门正新橡胶工业有限公司 | 98 | 世纪宝姿（厦门）实业有限公司 |
| 74 | 招商银行股份有限公司厦门分行 | 99 | 国网福建晋江市供电有限公司 |
| 75 | 厦门ABB开关有限公司 | 100 | 福建太平洋电力有限公司 |

# 6-6 福建省主营业务收入前300家工业企业

（2016年）

| 位次 | 企业名称 | 位次 | 企业名称 |
| --- | --- | --- | --- |
| 1 | 福建省电力有限公司 | 31 | 福建奋安铝业有限公司 |
| 2 | 福建联合石油化工有限公司 | 32 | 中海福建天然气有限责任公司 |
| 3 | 戴尔（中国）有限公司 | 33 | 福建宁德核电有限公司 |
| 4 | 中化泉州石化有限公司 | 34 | 福建锦江科技有限公司 |
| 5 | 福建青拓镍业有限公司 | 35 | 泉州明恒纺织有限公司 |
| 6 | 紫金铜业有限公司 | 36 | 捷星显示科技（福建）有限公司 |
| 7 | 正兴车轮集团有限公司 | 37 | 福建中锦新材料有限公司 |
| 8 | 宸鸿科技（厦门）有限公司 | 38 | 国网福建晋江市供电有限公司 |
| 9 | 福建捷联电子有限公司 | 39 | 福建元成豆业有限公司 |
| 10 | 友达光电（厦门）有限公司 | 40 | 厦门金龙联合汽车工业有限公司 |
| 11 | 冠捷显示科技（厦门）有限公司 | 41 | 厦门银鹭食品集团有限公司 |
| 12 | 宸美（厦门）光电有限公司 | 42 | 厦门金龙旅行车有限公司 |
| 13 | 特步（中国）有限公司 | 43 | 宝钢德盛不锈钢有限公司 |
| 14 | 福建鼎信科技有限公司 | 44 | 戴尔（厦门）有限公司 |
| 15 | 宁德时代新能源科技有限公司 | 45 | 厦门天马微电子有限公司 |
| 16 | 福建华映显示科技有限公司 | 46 | 福建龙净环保股份有限公司 |
| 17 | 福建省三钢（集团）有限责任公司 | 47 | 福建吴航不锈钢制品有限公司 |
| 18 | 福建三宝特钢有限公司 | 48 | 厦门太古飞机工程有限公司 |
| 19 | 福建省金纶高纤股份有限公司 | 49 | 福建三宝钢铁有限公司 |
| 20 | 龙岩烟草工业有限责任公司 | 50 | 南靖万利达科技有限公司 |
| 21 | 长乐恒申合纤科技有限公司 | 51 | 达运精密工业（厦门）有限公司 |
| 22 | 连江清禄鞋业有限公司 | 52 | 联盛纸业（龙海）有限公司 |
| 23 | 华映光电股份有限公司 | 53 | 长乐力恒锦纶科技有限公司 |
| 24 | 紫金矿业集团黄金冶炼有限公司 | 54 | 福建三安钢铁有限公司 |
| 25 | 宁德新能源科技有限公司 | 55 | 福建百宏聚纤科技实业有限公司 |
| 26 | 东南（福建）汽车工业有限公司 | 56 | 福建星网锐捷通讯股份有限公司 |
| 27 | 厦门烟草工业有限责任公司 | 57 | 福建通达集团有限公司 |
| 28 | 福建鼎信实业有限公司 | 58 | 福建福清核电有限公司 |
| 29 | 祥兴（福建）箱包集团有限公司 | 59 | 福建宏旺实业有限公司 |
| 30 | 福建明辉电力系统有限公司 | 60 | 福建奔驰汽车工业有限公司 |

6-6 续表 1　　（2016 年）

| 位次 | 企业名称 | 位次 | 企业名称 |
|---|---|---|---|
| 61 | 安踏体育用品集团有限公司 | 91 | 莆田市鑫龙鞋业有限公司 |
| 62 | 福建省闽发铝业股份有限公司 | 92 | 福建省长乐市第二棉纺织厂 |
| 63 | 闽东赛岐经济开发区福华轧钢有限公司 | 93 | 达利食品集团有限公司 |
| 64 | 福建省晋江福源食品有限公司 | 94 | 联想移动通信科技有限公司 |
| 65 | 福建圣农发展股份有限公司 | 95 | 九牧厨卫股份有限公司 |
| 66 | 捷太格特转向系统（厦门）有限公司 | 96 | 福建傲农生物科技集团有限公司 |
| 67 | 福建铂阳精工设备有限公司 | 97 | 福建罗源闽光钢铁有限责任公司 |
| 68 | 福建省长乐市长源纺织有限公司 | 98 | 路达（厦门）工业有限公司 |
| 69 | 福建省长汀金龙稀土有限公司 | 99 | 如意情集团股份有限公司 |
| 70 | 中宇建材集团有限公司 | 100 | 鸿一粮油资源股份有限公司 |
| 71 | 福建省长乐市山力化纤有限公司 | 101 | 赛得利（福建）纤维有限公司 |
| 72 | 国网福建长乐市供电有限公司 | 102 | 福耀玻璃工业集团股份有限公司 |
| 73 | 飞毛腿（福建）电子有限公司 | 103 | 明达实业（厦门）有限公司 |
| 74 | 厦门钨业股份有限公司 | 104 | 国网福建南安市供电有限公司 |
| 75 | 福建福欣特殊钢有限公司 | 105 | 中铝瑞闽股份有限公司 |
| 76 | 福建福日电子股份有限公司 | 106 | 漳州立达信光电子科技有限公司 |
| 77 | 福建省辉源金属制品有限公司 | 107 | 福建泉州宝辉珠宝首饰有限公司 |
| 78 | 泉州福海粮油工业有限公司 | 108 | 百威英博雪津啤酒有限公司 |
| 79 | 福建省长乐市金源纺织有限公司 | 109 | 紫金矿业集团股份有限公司 |
| 80 | 石狮市佳龙石化纺纤有限公司 | 110 | 福建龙和食品实业有限公司 |
| 81 | 厦门正新橡胶工业有限公司 | 111 | 福建华峰新材料有限公司 |
| 82 | 柯林（福建）服饰有限公司 | 112 | 福建中景石化有限公司 |
| 83 | 福建甬金金属科技有限公司 | 113 | 福建美明达鞋业发展有限公司 |
| 84 | 纬恒（福建）轻纺有限公司 | 114 | 华阳电业有限公司 |
| 85 | 厦门太古发动机服务有限公司 | 115 | 福建冠盖金属包装有限公司 |
| 86 | 中国重汽集团福建海西汽车有限公司 | 116 | 广福鑫（福建）有色金属工业有限公司 |
| 87 | 福建东山县海之星水产食品有限公司 | 117 | 福建新世纪电子材料有限公司 |
| 88 | 福建凯邦锦纶科技有限公司 | 118 | 福建公元食品有限公司 |
| 89 | 厦门市三安半导体科技有限公司 | 119 | 福建省鑫东华实业有限公司 |
| 90 | 福建省长乐市锦源纺织有限公司 | 120 | 国网福建福安市供电有限公司 |

6-6 续表 2　　（2016 年）

| 位次 | 企业名称 | 位次 | 企业名称 |
|---|---|---|---|
| 121 | 漳州华荣纸业有限公司 | 151 | 福州大通机电有限公司 |
| 122 | 福建欧美龙体育用品有限公司 | 152 | 福建三钢小蕉实业发展有限公司罗源分公司 |
| 123 | 福州翔隆纺织有限公司 | 153 | 荣兴（福建）特种钢业有限公司 |
| 124 | 万利（中国）有限公司 | 154 | 福建龙麟集团有限公司 |
| 125 | 福建省东鑫石油化工有限公司 | 155 | 安踏（中国）有限公司 |
| 126 | 欧浦登（顺昌）光学有限公司 | 156 | 宁德祥全工贸有限公司 |
| 127 | 厦门中盛粮油集团有限公司 | 157 | 厦门 ABB 开关有限公司 |
| 128 | 厦门厦顺铝箔有限公司 | 158 | 福建经纬新纤科技实业有限公司 |
| 129 | 福建佳通轮胎有限公司 | 159 | 福建金牛水泥有限公司 |
| 130 | 福建龙峰纺织科技实业有限公司 | 160 | 福建翔升纺织有限公司 |
| 131 | 三六一度（中国）有限公司 | 161 | 福州德通容器有限公司 |
| 132 | 金莱克（中国）体育用品有限公司 | 162 | 福建省长乐市新华源纺织有限公司 |
| 133 | 林德（中国）叉车有限公司 | 163 | 福建省轻工机械设备有限公司 |
| 134 | 漳州蒙发利实业有限公司 | 164 | 福建上润精密仪器有限公司 |
| 135 | 厦门 ABB 低压电器设备有限公司 | 165 | 福建亿鑫钢铁有限公司 |
| 136 | 福建南平太阳电缆股份有限公司 | 166 | 福建永春县图图服饰有限公司 |
| 137 | 福建天辰耀隆新材料有限公司 | 167 | 长乐市聚泉食品有限公司 |
| 138 | 漳州旗滨玻璃有限公司 | 168 | 泉州市燃气有限公司 |
| 139 | 福建省鸿山热电有限责任公司 | 169 | 福建省闽太消防水暖有限公司 |
| 140 | 乔丹体育股份有限公司 | 170 | 福建万华实业有限公司 |
| 141 | 福州开发区钜联鞋业有限公司 | 171 | 珠穆朗玛（中国）有限公司 |
| 142 | 泉州瑞光珠宝有限公司 | 172 | 厦门正新海燕轮胎有限公司 |
| 143 | 福建省长乐市泰源纺织实业有限公司 | 173 | 厦门松下电子信息有限公司 |
| 144 | 福州吴航钢铁制品有限公司 | 174 | 泉州市天纶纺织科技有限公司 |
| 145 | 莆田市永丰鞋业有限公司 | 175 | 石狮市大帝集团有限公司 |
| 146 | 福建省南平铝业有限公司 | 176 | 蜡笔小新（福建）食品工业有限公司 |
| 147 | 福建恒利集团有限公司 | 177 | 福建三嘉钢铁有限公司 |
| 148 | 福建省福清供电有限公司 | 178 | 莆田市力天红木艺雕有限公司 |
| 149 | 厦门三安光电有限公司 | 179 | 稻兴电子科技（厦门）有限公司 |
| 150 | 福建省源威涤锦科技有限公司 | 180 | 福建圣农发展（浦城）有限公司 |

6-6 续表 3　　　　（2016 年）

| 位次 | 企业名称 | 位次 | 企业名称 |
|---|---|---|---|
| 181 | 兴业皮革科技股份有限公司 | 211 | 厦门翔鹭化纤股份有限公司 |
| 182 | 厦门长塑实业有限公司 | 212 | 福建华电可门发电有限公司 |
| 183 | 福建省永安万年水泥有限公司 | 213 | 华昌珠宝有限公司 |
| 184 | 福建省晋江市陈埭安盛鞋服有限公司 | 214 | 福建省国联混凝土有限责任公司 |
| 185 | 厦门宏发电声股份有限公司 | 215 | 福建莆田南华电路板有限公司 |
| 186 | 厦门中禾实业有限公司 | 216 | 福建省联盛纸业有限责任公司 |
| 187 | 福建正麒高纤科技股份有限公司 | 217 | 厦门船舶重工股份有限公司 |
| 188 | 厦门银祥油脂有限公司 | 218 | 正大（中国）服饰有限公司 |
| 189 | 泉州闽华电器有限公司 | 219 | 通达（厦门）科技有限公司 |
| 190 | 福建上杭太阳铜业有限公司 | 220 | 福建东南造船有限公司 |
| 191 | 福建谊辉光电科技有限公司 | 221 | 福建大唐国际宁德发电有限责任公司 |
| 192 | 福建思嘉环保材料科技有限公司 | 222 | 国网福建石狮市供电有限公司 |
| 193 | 福建省晋江市浩沙制衣有限公司 | 223 | 漳州泉丰食品开发有限公司 |
| 194 | 国电泉州热电有限公司 | 224 | 三六一度（福建）体育用品有限公司 |
| 195 | 福建省马尾造船股份有限公司 | 225 | 晋江市慷慨橡塑制品有限公司 |
| 196 | 厦门 TDK 有限公司 | 226 | 星泉（福建）鞋塑有限公司 |
| 197 | 福建省长乐市金磊纺织有限公司 | 227 | 晋江新奥燃气有限公司 |
| 198 | 中海福建燃气发电有限公司 | 228 | 福建乐隆隆食品科技有限公司 |
| 199 | 福建省长乐市华源纺织有限公司 | 229 | 神华福能发电有限责任公司 |
| 200 | 福建省长乐市正隆纺织有限公司 | 230 | 福建省闽中有机食品有限公司 |
| 201 | 福建晋江天然气发电有限公司 | 231 | 莆田市涵江区章圣鞋业有限公司 |
| 202 | 福建省南安市鑫源鞋业有限公司 | 232 | 联港金属制品（福建）有限公司 |
| 203 | 华能国际电力股份有限公司福州电厂 | 233 | 漳州一帆重工有限公司 |
| 204 | 福建南平南孚电池有限公司 | 234 | 福建联迪商用设备有限公司 |
| 205 | 申鹭达股份有限公司 | 235 | 福州祥龙鞋业有限公司 |
| 206 | 福建省海安橡胶有限公司 | 236 | 锐珂（厦门）医疗器材有限公司 |
| 207 | 福建亚通新材料科技股份有限公司 | 237 | 福建鑫华股份有限公司 |
| 208 | 晋江毅恒鞋材有限公司 | 238 | 厦门阳光恩耐照明有限公司 |
| 209 | 漳州大北农农牧科技有限公司 | 239 | 福建水口发电集团有限公司 |
| 210 | 周宁县和兴工贸有限公司 | 240 | 福建浔兴拉链科技股份有限公司 |

6-6 续表 4　　（2016 年）

| 位次 | 企业名称 | 位次 | 企业名称 |
|---|---|---|---|
| 241 | 漳州百佳实业有限公司 | 271 | 福建省台福食品有限公司 |
| 242 | 漳州新格有色金属有限公司 | 272 | 福建景丰科技有限公司 |
| 243 | 福建柒牌集团有限公司 | 273 | 福建宝德集团有限公司 |
| 244 | 贵人鸟股份有限公司 | 274 | 福建申达钢铁有限公司 |
| 245 | 金强（福建）建材科技股份有限公司 | 275 | 厦门建松电器有限公司 |
| 246 | 福建力道鞋服有限公司 | 276 | 国网福建龙海市供电有限公司 |
| 247 | 德通（连江）金属容器有限公司 | 277 | 泉州市全福珠宝首饰有限公司 |
| 248 | 厦门华特集团有限公司 | 278 | 九牧王股份有限公司 |
| 249 | 福建省名乐体育用品有限公司 | 279 | 厦门建霖工业有限公司 |
| 250 | 福建飞越鞋服有限公司 | 280 | 福州龙福食品有限公司 |
| 251 | 福建省金燕海洋生物科技股份有限公司 | 281 | 福建省万达汽车玻璃工业有限公司 |
| 252 | 福建亚伦电子电器科技有限公司 | 282 | 福建日丰布业有限公司 |
| 253 | 福建省长乐市金鑫纺织有限公司 | 283 | 福建建华管桩有限公司 |
| 254 | 福建龙马环卫装备股份有限公司 | 284 | 福建福马食品集团有限公司 |
| 255 | 福建晶安光电有限公司 | 285 | 漳州灿坤实业有限公司 |
| 256 | 三棵树涂料股份有限公司 | 286 | 福建省长乐市宝顺羽绒服装有限公司 |
| 257 | 福建省德化县佳美工艺品有限责任公司 | 287 | 莆田市华港制油有限公司 |
| 258 | 盈丰食品股份有限公司 | 288 | 福建省长乐市华亚纺织有限公司 |
| 259 | 辉煌水暖集团有限公司 | 289 | 福建省晋江优兰发纸业有限公司 |
| 260 | 福建省蓝建集团公司 | 290 | 腾龙特种树脂（厦门）有限公司 |
| 261 | 漳州天福茶业有限公司 | 291 | 福建统一马口铁有限公司 |
| 262 | 福建森源家具有限公司 | 292 | 厦门厦工机械股份有限公司 |
| 263 | 福建康宏股份有限公司 | 293 | 福建安井食品股份有限公司 |
| 264 | 福州瑞华印制线路板有限公司 | 294 | 漳州万利达生活电器有限公司 |
| 265 | 福建海壹食品饮料有限公司 | 295 | 泉州来亚丝卫生用品有限公司 |
| 266 | 福建省永安林业（集团）股份有限公司 | 296 | 福建华阳超纤有限公司 |
| 267 | 莆田标准木业有限公司 | 297 | 南安市华益塑胶制造有限公司 |
| 268 | 金保利（泉州）科技实业有限公司 | 298 | 福州港发机电工业有限公司 |
| 269 | 厦门金鹭特种合金有限公司 | 299 | 漳州联盛纸业有限公司 |
| 270 | 福建福贞金属包装有限公司 | 300 | 福建经纬集团有限公司 |

# 6-7 福建省建筑业总产值前300家建筑企业

（2016年）

| 位次 | 企业名称 | 位次 | 企业名称 |
|---|---|---|---|
| 1 | 中建海峡建设发展有限公司 | 31 | 中建海峡（厦门）建设发展有限公司 |
| 2 | 福建省泷澄建设集团有限公司 | 32 | 福建省恒基建设股份有限公司 |
| 3 | 福建六建集团有限公司 | 33 | 福建路港（集团）有限公司 |
| 4 | 福建省闽南建筑工程有限公司 | 34 | 厦门中联建设工程有限公司 |
| 5 | 福建九鼎建设集团有限公司 | 35 | 福建一建集团有限公司 |
| 6 | 中交一公局厦门工程有限公司 | 36 | 福州市一建建设股份有限公司 |
| 7 | 福建建工集团总公司 | 37 | 福建省透堡建筑工程有限公司 |
| 8 | 福建省九龙建设集团有限公司 | 38 | 福建省泉州市东海建筑有限公司 |
| 9 | 福建省惠五建设工程有限公司 | 39 | 福建路桥建设有限公司 |
| 10 | 福建宏盛建设集团有限公司 | 40 | 福建省东霖建设工程有限公司 |
| 11 | 鑫泰建设集团有限公司 | 41 | 福建省长乐市新纪建筑工程有限责任公司 |
| 12 | 宏峰集团（福建）有限公司 | 42 | 福建联泰建设工程有限公司 |
| 13 | 恒晟集团有限公司 | 43 | 福建登凯成龙建设集团有限公司 |
| 14 | 福建省中马建设工程有限公司 | 44 | 福建华鸿建设工程有限公司 |
| 15 | 福建省永富建设集团有限公司 | 45 | 中建三局（厦门）建设有限公司 |
| 16 | 福建省惠东建筑工程有限公司 | 46 | 福州建工（集团）总公司 |
| 17 | 福建省第五建筑工程公司 | 47 | 中建协和建设有限公司 |
| 18 | 福建省永泰建筑工程公司 | 48 | 福建省隆盛建设工程有限公司 |
| 19 | 福建省来宝建设工程有限公司 | 49 | 福建省百盛建设发展有限公司 |
| 20 | 福建省杭辉建设工程有限公司 | 50 | 中铁十七局集团第六工程有限公司 |
| 21 | 福建二建建设集团公司 | 51 | 福建成森建设集团有限公司 |
| 22 | 福建卓越建设工程开发有限公司 | 52 | 泉发建设股份有限公司 |
| 23 | 中交三航（厦门）工程有限公司 | 53 | 福建荣建集团有限公司 |
| 24 | 福建省八方建筑工程有限公司 | 54 | 福建磊鑫（集团）有限公司 |
| 25 | 福建巨岸建设工程有限公司 | 55 | 宏基置业（集团）有限责任公司 |
| 26 | 福建璟榕工程建设发展有限公司 | 56 | 中城建设有限责任公司 |
| 27 | 福建省华荣建设集团有限公司 | 57 | 福建博业建设集团有限公司 |
| 28 | 中建鑫宏鼎环境集团有限公司 | 58 | 福建省桃城建设工程有限公司 |
| 29 | 福建省安泰建筑工程有限公司 | 59 | 中铁二十四局集团福建铁路建设有限公司 |
| 30 | 福建省中木建设集团有限公司 | 60 | 中国水利水电第十六工程局有限公司 |

6-7 续表 1　　（2016 年）

| 位次 | 企业名称 | 位次 | 企业名称 |
| --- | --- | --- | --- |
| 61 | 福建省凯源市政园林有限公司 | 91 | 福建华建工程建设有限公司 |
| 62 | 福建省涵城建设工程有限公司 | 92 | 厦门源昌城建集团有限公司 |
| 63 | 中铁一局集团厦门建设工程有限公司 | 93 | 福能联信建设集团有限公司 |
| 64 | 海峡金岸集团有限公司 | 94 | 福建省工业设备安装有限公司 |
| 65 | 福建省同源建设工程有限公司 | 95 | 大成工程建设有限公司 |
| 66 | 中铁二十二局集团第三工程有限公司 | 96 | 中建远南集团有限公司 |
| 67 | 福建省晓沃建设工程有限公司 | 97 | 福建省雄盛建筑工程有限公司 |
| 68 | 方圆建设集团有限公司 | 98 | 福建省第一公路工程公司 |
| 69 | 福建省高华建设工程有限公司 | 99 | 永太建设集团有限公司 |
| 70 | 福建省荔隆建设工程有限公司 | 100 | 福州市第三建筑工程公司 |
| 71 | 福建省隧道工程有限公司 | 101 | 宏晖建设工程有限公司 |
| 72 | 中标建设集团股份有限公司 | 102 | 星华昌源集团有限公司 |
| 73 | 福建省南安市第一建设有限公司 | 103 | 福建省莆田市老区建设工程有限公司 |
| 74 | 福建发展集团有限公司 | 104 | 福建省兴创建设集团有限公司 |
| 75 | 福建恒盛建筑集团有限公司 | 105 | 福建凌志建设工程有限公司 |
| 76 | 福建省亿方建筑工程有限公司 | 106 | 福建章诚隆建设工程有限公司 |
| 77 | 福建中宏建设投资有限公司 | 107 | 中建（福建）建设有限公司 |
| 78 | 中建富林集团有限公司 | 108 | 福建金鼎建筑发展有限公司 |
| 79 | 福建省中嘉建设工程有限公司 | 109 | 福建省惠三建设发展有限公司 |
| 80 | 福建省海天建设工程有限公司 | 110 | 福建联美建设集团有限公司 |
| 81 | 飞阳建设工程有限公司 | 111 | 厦门安能建设有限公司 |
| 82 | 福建省融旗建设工程有限公司 | 112 | 名筑建工集团有限公司 |
| 83 | 厦门特房建设工程集团有限公司 | 113 | 福建新华夏建工有限公司 |
| 84 | 福建省兴岩建设集团有限公司 | 114 | 福建省巨龙建设工程有限公司 |
| 85 | 福建联谊建筑工程有限公司 | 115 | 福建省吴航建筑工程有限公司 |
| 86 | 福建省榕源建设工程有限公司 | 116 | 福建省国泰建设有限公司 |
| 87 | 福建华通路桥建设有限公司 | 117 | 福建地矿建设集团公司 |
| 88 | 福州三桥建筑工程有限公司 | 118 | 福建省送变电工程有限公司 |
| 89 | 福建省水利水电工程局有限公司 | 119 | 厦门海投工程建设有限公司 |
| 90 | 福建闽清一建建设发展有限公司 | 120 | 福建三建工程有限公司 |

6-7 续表 2　　（2016 年）

| 位次 | 企业名称 | 位次 | 企业名称 |
| --- | --- | --- | --- |
| 121 | 福建宏禹市政园林有限公司 | 151 | 福建恒声建设发展有限公司 |
| 122 | 福建省惠建发建设工程有限公司 | 152 | 福建省第一电力建设公司 |
| 123 | 中闽建设有限公司 | 153 | 泉州市亿民建设发展有限公司 |
| 124 | 福建环宇建筑集团有限公司 | 154 | 福州亿力电力工程有限公司 |
| 125 | 莆田市秀湄建筑工程有限公司 | 155 | 福建省永泰县第三建筑工程公司 |
| 126 | 福建省长鸿建筑工程有限公司 | 156 | 福建惠丰建筑工程有限公司 |
| 127 | 神州建设集团有限公司 | 157 | 福建省五洲建设发展有限公司 |
| 128 | 福建省华航建设工程有限公司 | 158 | 中建大闽台建设发展有限公司 |
| 129 | 中汇建筑集团有限公司 | 159 | 福建漳龙建投集团有限公司 |
| 130 | 厦门思总建设有限公司 | 160 | 厦门集三建设集团有限公司 |
| 131 | 福建省海坛隧道建设工程有限公司 | 161 | 福建省交建集团工程有限公司 |
| 132 | 福建蓝海市政园林建筑有限公司 | 162 | 福建省中晟建设投资有限公司 |
| 133 | 福建才溪建设集团有限公司 | 163 | 福建闽盛建设工程有限公司 |
| 134 | 福建普尔泰集团有限公司 | 164 | 福建省埕坤建设集团有限公司 |
| 135 | 福建闽东建工投资有限公司 | 165 | 亿晟建设有限公司 |
| 136 | 福建省利恒建设工程有限公司 | 166 | 亚投（厦门）工程建设有限公司 |
| 137 | 福建弘祥建设工程有限公司 | 167 | 福建恒泰建设工程有限责任公司 |
| 138 | 福建永东南建设集团有限公司 | 168 | 中建力天集团有限公司 |
| 139 | 福建京源建设工程有限公司 | 169 | 福建七建集团有限公司 |
| 140 | 厦门电力工程集团有限公司 | 170 | 中环建筑工程有限公司 |
| 141 | 福建省正泰建设工程有限公司 | 171 | 福建省东风建筑工程有限公司 |
| 142 | 福建省莆田市联发建筑工程有限公司 | 172 | 福建省惠房建设工程有限公司 |
| 143 | 福建亨立建设集团有限公司 | 173 | 福州东辉建筑工程有限公司 |
| 144 | 恒富建设集团有限公司 | 174 | 福建省亿鑫建设有限公司 |
| 145 | 厦门中宸集团有限公司 | 175 | 福建省金通建设集团有限公司 |
| 146 | 福建省中大工程建设有限公司 | 176 | 福建省龙津建筑工程有限公司 |
| 147 | 福建兴万祥建设集团有限公司 | 177 | 福建省土木建设实业有限公司 |
| 148 | 中交四航局第五工程有限公司 | 178 | 福建省中禹水利水电工程有限公司 |
| 149 | 福建省上杭县宏庄建筑工程有限公司 | 179 | 厦门市政工程公司 |
| 150 | 福建祥荣建设投资集团有限公司 | 180 | 福建径坊建造工程有限公司 |

6-7 续表 3　　　　　　　　　　　　（2016 年）

| 位次 | 企业名称 | 位次 | 企业名称 |
|---|---|---|---|
| 181 | 福建中联建设工程有限公司 | 211 | 福建龙舜建设工程有限公司 |
| 182 | 福建森磊建设有限公司 | 212 | 福建省恒杰建筑工程有限公司 |
| 183 | 福建省正鹏建设工程有限公司 | 213 | 福建冠鼎建设有限公司 |
| 184 | 福建博成建筑工程有限公司 | 214 | 福建省正辉建设工程有限公司 |
| 185 | 福建省惠一建设工程有限公司 | 215 | 福建省福圣建设发展有限公司 |
| 186 | 恒亿集团有限公司 | 216 | 福建省顺安建筑工程有限公司 |
| 187 | 福建省隆恩建设集团有限公司 | 217 | 福建省闽楚建设工程有限公司 |
| 188 | 福建大华鑫建设工程有限公司 | 218 | 福建省双源路港园林有限公司 |
| 189 | 华盛置业集团建设工程有限公司 | 219 | 福建省浦口建筑工程有限公司 |
| 190 | 漳州市建筑工程有限公司 | 220 | 福建省天闽建筑装饰有限公司 |
| 191 | 三明客家源建设工程有限公司 | 221 | 福建省九建建筑工程有限公司 |
| 192 | 福建兴港建工有限公司 | 222 | 中国武夷实业股份有限公司 |
| 193 | 龙岩市西安建筑工程有限公司 | 223 | 福建建隆建筑工程有限公司 |
| 194 | 福建省华辉建设发展有限公司 | 224 | 向洋建设实业有限公司 |
| 195 | 福建省明丰建设有限公司 | 225 | 福建省金正建设工程有限公司 |
| 196 | 福建勘察基础工程公司 | 226 | 福建省长龙建筑工程有限公司 |
| 197 | 福建福环建设发展集团有限公司 | 227 | 福建省兴盛建设工程有限公司 |
| 198 | 厦门树鑫建设集团有限公司 | 228 | 福建省昊立建设工程有限公司 |
| 199 | 福建名城建工有限公司 | 229 | 福建省筑信工程建设有限公司 |
| 200 | 福建嘉宜建筑工程有限公司 | 230 | 福建省兴泰建筑工程有限公司 |
| 201 | 福建省日晟建设工程有限公司 | 231 | 福建省溪石建筑工程有限公司 |
| 202 | 厦门地山建设发展集团有限公司 | 232 | 福建屹立建设工程有限公司 |
| 203 | 中星联丰幕墙装饰工程有限公司 | 233 | 福建省城乡建设工程有限公司 |
| 204 | 福建大舟建设集团有限公司 | 234 | 福建省长汀县第一建筑工程有限公司 |
| 205 | 中铁海峡建设集团有限公司 | 235 | 紫金矿业建设有限公司 |
| 206 | 厦门市吉兴集团建设有限公司 | 236 | 福建创邦建筑工程有限公司 |
| 207 | 福建省邮电工程有限公司 | 237 | 中泛建设集团有限公司 |
| 208 | 中交上航（福建）交通建设工程有限公司 | 238 | 中环宏岸建设发展有限公司 |
| 209 | 福建福阳建筑工程有限公司 | 239 | 福建省麒麟建设工程集团有限公司 |
| 210 | 福建百益建设集团有限公司 | 240 | 福建凤凰山装饰工程有限公司 |

6-7 续表 4 （2016 年）

| 位次 | 企业名称 | 位次 | 企业名称 |
|---|---|---|---|
| 241 | 福建根茂建筑有限公司 | 271 | 福建省富茂建筑工程有限公司 |
| 242 | 福建省汀江水电工程有限公司 | 272 | 宏都建设集团有限公司 |
| 243 | 漳州新源电力工程有限公司 | 273 | 福建省龙江建设有限公司 |
| 244 | 福建省东昇建设工程有限公司 | 274 | 福建省崇禹水利水电建设工程有限公司 |
| 245 | 福建省新华都工程有限责任公司 | 275 | 福建求实建设工程有限公司 |
| 246 | 福建上河建筑工程有限公司 | 276 | 福建省凯信建设工程有限公司 |
| 247 | 福建新纪建设集团有限公司 | 277 | 福建省华高建设工程有限公司 |
| 248 | 厦门市建安集团有限公司 | 278 | 福州铁建建筑有限公司 |
| 249 | 福建省燕城建设工程有限公司 | 279 | 宏建建工集团有限公司 |
| 250 | 福建省上杭县广厦建筑工程有限公司 | 280 | 福建纵横建筑工程有限公司 |
| 251 | 中耀建设（福建）有限公司 | 281 | 福建永旺建设集团有限公司 |
| 252 | 福州第七建筑工程有限公司 | 282 | 福建省安溪县砖文建筑工程有限公司 |
| 253 | 福建省华昊市政工程有限公司 | 283 | 福建省汤头建筑工程有限公司 |
| 254 | 福建五岳建设工程有限公司 | 284 | 福建兴艺建设集团有限公司 |
| 255 | 福建铭泰集团有限公司 | 285 | 福建省富森建设工程有限公司 |
| 256 | 福建景翔建设工程有限公司 | 286 | 厦门纵横集团建设开发有限公司 |
| 257 | 福建省榕圣市政工程股份有限公司 | 287 | 福建省奋发建设工程有限公司 |
| 258 | 福建省八闽建设工程有限公司 | 288 | 福建省惠裕建设工程有限公司 |
| 259 | 福建省南铝铝材工程有限公司 | 289 | 福建祥瑞建设发展有限公司 |
| 260 | 福建省南安市第三建设有限公司 | 290 | 福建省樟榕建设工程有限公司 |
| 261 | 中建富泉股份有限公司 | 291 | 福建亿麟建设工程有限公司 |
| 262 | 亿创电力建设集团有限公司 | 292 | 福建省实盛建设工程有限公司 |
| 263 | 福建省大源建设工程有限公司 | 293 | 福建建鼎建设工程有限公司 |
| 264 | 福建省华厦建设发展有限公司 | 294 | 中建远大建设有限公司 |
| 265 | 福建隆晟集团有限公司 | 295 | 福建省骏业市政工程有限公司 |
| 266 | 福建省豪城建设工程有限公司 | 296 | 中建名城集团有限公司 |
| 267 | 福建省永辉霞建设工程有限公司 | 297 | 永安市宏盛工程有限公司 |
| 268 | 福建益新建筑工程有限公司 | 298 | 福建省鸿达电子技术开发有限公司 |
| 269 | 福建省泉州市第一建设有限公司 | 299 | 中建远泰幕墙装饰工程有限公司 |
| 270 | 中铁（厦门）投资有限公司 | 300 | 福建省坤亿建设集团有限公司 |

# 6-8 福建省主营业务收入前300家贸易企业

（2016年）

| 位次 | 企业名称 | 位次 | 企业名称 |
|---|---|---|---|
| 1 | 厦门建发股份有限公司 | 31 | 福建省福能电力燃料有限公司 |
| 2 | 厦门国贸集团股份有限公司 | 32 | 福建省烟草公司漳州市公司 |
| 3 | 中石化森美（福建）石油有限公司 | 33 | 福建省传祺能源科技有限公司 |
| 4 | 厦门象屿物流集团有限责任公司 | 34 | 福建海峡农博汇商业管理有限公司 |
| 5 | 厦门信达股份有限公司 | 35 | 中化石油福建有限公司 |
| 6 | 福建中烟工业有限责任公司 | 36 | 盛屯金属有限公司 |
| 7 | 福建省福化工贸股份有限公司 | 37 | 厦门市嘉晟对外贸易有限公司 |
| 8 | 福建兴大进出口贸易有限公司 | 38 | 厦门市信达安贸易有限公司 |
| 9 | 华信石油有限公司 | 39 | 厦门宝拓资源有限公司 |
| 10 | 福建炼油化工有限公司 | 40 | 福建省烟草公司厦门烟草分公司 |
| 11 | 福建三安集团有限公司 | 41 | 福建匹克能源有限公司 |
| 12 | 中国石油天然气股份有限公司福建销售分公司 | 42 | 中国航油集团福建石油有限公司 |
| 13 | 厦门成大进出口贸易有限公司 | 43 | 福建创世化工有限公司 |
| 14 | 均和（厦门）控股有限公司 | 44 | 福建省烟草公司三明市公司 |
| 15 | 福建闽海石化有限公司 | 45 | 福建省烟草公司南平市公司 |
| 16 | 中石化化工销售（福建）有限公司 | 46 | 福建阳光集团有限公司 |
| 17 | 福建省烟草公司泉州市公司 | 47 | 鑫东森集团有限公司 |
| 18 | 永辉超市股份有限公司 | 48 | 福建省龙岩烟草分公司 |
| 19 | 福建国能化工有限公司 | 49 | 厦门特步投资有限公司 |
| 20 | 厦门三安信达供应链管理有限责任公司 | 50 | 漳州路桥物资发展有限公司 |
| 21 | 中储北方（厦门）油品国际贸易有限公司 | 51 | 厦门港务贸易有限公司 |
| 22 | 中石化炼油销售（福建）有限公司 | 52 | 厦门安踏有限公司 |
| 23 | 福建石油化工集团华南联合营销有限公司 | 53 | 大生（福建）农业有限公司 |
| 24 | 福建省烟草公司福州市公司 | 54 | 晋江市进出口有限公司 |
| 25 | 中化石油成品油销售有限公司 | 55 | 福建三钢国贸有限公司 |
| 26 | 福建信通贸易有限公司 | 56 | 福建闽侯永辉商业有限公司 |
| 27 | 均和（厦门）石化有限公司 | 57 | 厦门夏商农产品集团有限公司 |
| 28 | 中国石化销售有限公司福建石油分公司 | 58 | 福建裕华石油化工有限公司 |
| 29 | 集岭（厦门）石化有限公司 | 59 | 福州喜盈门实业有限公司 |
| 30 | 中拓（福建）实业有限公司 | 60 | 福建大生控股有限公司 |

6-8 续表 1 （2016 年）

| 位次 | 企业名称 | 位次 | 企业名称 |
| --- | --- | --- | --- |
| 61 | 厦门市明穗粮油贸易有限公司 | 91 | 厦门轨道物资有限公司 |
| 62 | 厦门信和达电子有限公司 | 92 | 尧山国际控股股份有限公司 |
| 63 | 荣鑫盛（厦门）商贸有限公司 | 93 | 龙工（中国）机械销售有限公司 |
| 64 | 厦门嘉联恒进出口有限公司 | 94 | 福建省润通汽车销售服务有限责任公司 |
| 65 | 福建省烟草公司莆田市公司 | 95 | 国投京闽（福建）工贸有限公司 |
| 66 | 厦门万翔网络商务有限公司 | 96 | 华东（福建）石油有限公司 |
| 67 | 福建省三明钢联有限责任公司 | 97 | 福建漳龙三宝进出口有限公司 |
| 68 | 福建南方建材发展有限公司 | 98 | 厦门市鑫浩联合能源有限公司 |
| 69 | 泉州中国水暖城有限公司 | 99 | 福建同春药业股份有限公司 |
| 70 | 福建柯普森物流发展有限公司 | 100 | 晋江辉豪化工有限公司 |
| 71 | 信达点矿（厦门）矿业有限公司 | 101 | 福建新中冠信息科技集团有限公司 |
| 72 | 厦门佰年能源有限公司 | 102 | 厦门嘉晟供应链股份有限公司 |
| 73 | 福建山福国际能源有限责任公司 | 103 | 晋江锦兴贸易有限公司 |
| 74 | 中国厦门国际经济技术合作公司 | 104 | 福建省榕江进出口公司 |
| 75 | 鹭燕医药股份有限公司 | 105 | 福州麦多万嘉超市有限公司 |
| 76 | 福建大生进出口有限公司 | 106 | 厦门大正贸易有限公司 |
| 77 | 福建省烟草公司宁德市公司 | 107 | 福州中宝销售服务有限公司 |
| 78 | 中油海峡（厦门）有限公司 | 108 | 均达升（厦门）控股有限公司 |
| 79 | 厦门展志投资有限公司 | 109 | 福建苏闽石油有限公司 |
| 80 | 晋江市恒丰进出口贸易有限公司 | 110 | 福州民天实业有限公司 |
| 81 | 厦门宙航船舶燃料有限公司 | 111 | 厦门恒兴集团有限公司 |
| 82 | 冠捷（福州保税区）贸易有限公司 | 112 | 富华（福建）能源有限公司 |
| 83 | 中海石油气电集团有限责任公司福建贸易分公司 | 113 | 中海石油福建新能源有限公司 |
| 84 | 厦门象屿化工有限公司 | 114 | 福建漳龙集团有限公司 |
| 85 | 福建新华发行（集团）有限责任公司 | 115 | 达芙妮投资（集团）有限公司 |
| 86 | 福建山野物流有限公司 | 116 | 全骏达实业有限公司 |
| 87 | 晋江市大长江钢管贸易有限公司 | 117 | 福建苏宁云商商贸有限公司 |
| 88 | 厦门育哲进出口有限公司 | 118 | 紫金矿业集团（厦门）金属材料有限公司 |
| 89 | 厦门宝达纺织有限公司 | 119 | 厦门鑫通贸易有限公司 |
| 90 | 福建盛世欣兴格力贸易有限公司 | 120 | 国药控股福建有限公司 |

6-8 续表 2 （2016 年）

| 位次 | 企业名称 | 位次 | 企业名称 |
|---|---|---|---|
| 121 | 中国工艺福建实业有限公司 | 151 | 厦门路桥工程物资有限公司 |
| 122 | 福建省南安市闽南建材第一市场有限公司 | 152 | 福建省晋江市长城石化有限公司 |
| 123 | 厦门古龙进出口有限公司 | 153 | 泉州新华都购物广场有限公司 |
| 124 | 厦门同歆贸易有限公司 | 154 | 厦门百城商贸有限公司 |
| 125 | 福建闽台农产品市场有限公司 | 155 | 福建省福农农资集团有限公司 |
| 126 | 厦门新五菱汽车销售有限公司 | 156 | 中国石油天然气股份有限公司泉州销售分公司 |
| 127 | 福建三木建设发展有限公司 | 157 | 厦门象屿农林资源有限责任公司 |
| 128 | 福州开发区新电燃料有限公司 | 158 | 福州速传保税供应链管理有限公司 |
| 129 | 泉州福宝汽车销售服务有限公司 | 159 | 常升（厦门）石化有限公司 |
| 130 | 莆田启峰木业有限公司 | 160 | 厦门海沧保税港区供应链有限公司 |
| 131 | 国药控股福州有限公司 | 161 | 中国石油天然气股份有限公司福建福州销售分公司 |
| 132 | 厦门东华兴工贸有限公司 | 162 | 福州臻盛贸易有限公司 |
| 133 | 新华都购物广场股份有限公司 | 163 | 泉州港丰能源有限公司 |
| 134 | 福清江阴港银河国际汽车进出口贸易有限公司 | 164 | 厦门大亮贸易有限公司 |
| 135 | 均和（厦门）融资租赁有限公司 | 165 | 厦门夏商国际贸易有限公司 |
| 136 | 丰昱（厦门）石化有限公司 | 166 | 泉州亲亲商贸有限公司 |
| 137 | 厦门合兴包装印刷股份有限公司 | 167 | 福州联合闽津茶业有限公司 |
| 138 | 福建省龙润凯达石化有限公司 | 168 | 元泰昌（厦门）石化有限公司 |
| 139 | 厦门维多利商贸有限公司 | 169 | 福建紫金贸易有限公司 |
| 140 | 厦门启润实业有限公司 | 170 | 隆鑫集团（福建）有限公司 |
| 141 | 厦门路桥国际贸易有限公司 | 171 | 福建福日实业发展有限公司 |
| 142 | 福建国海燃料有限公司 | 172 | 三和进出口贸易（三明）有限公司 |
| 143 | 福州展纳贸易有限公司 | 173 | 福建华闽进出口有限公司 |
| 144 | 福建省福润水泥销售有限公司 | 174 | 福州朝畅贸易有限公司 |
| 145 | 厦门航空开发股份有限公司 | 175 | 福建九州通医药有限公司 |
| 146 | 福建中天药业有限公司 | 176 | 斐乐服饰有限公司 |
| 147 | 裕华能源（厦门）有限公司 | 177 | 福建汇丰物流有限公司 |
| 148 | 泉州象屿石化有限公司 | 178 | 福建省储备粮管理有限公司 |
| 149 | 厦门海投经济贸易有限公司 | 179 | 厦门安踏电子商务有限公司 |
| 150 | 厦门象屿铭晟有限公司 | 180 | 厦门安踏贸易有限公司 |

6-8 续表 3　　　　　　　　　　　　（2016 年）

| 位次 | 企业名称 | 位次 | 企业名称 |
|---|---|---|---|
| 181 | 中国石油天然气股份有限公司华南化工销售厦门分公司 | 211 | 福建新华都综合百货有限公司 |
| 182 | 厦门融银贸易有限公司 | 212 | 福建省盛屯贸易有限公司 |
| 183 | 泉州市丰泽区新亚贸易有限公司 | 213 | 福州迪光商贸有限公司 |
| 184 | 厦门益电能源股份有限公司 | 214 | 道普（厦门）石化有限公司 |
| 185 | 神华（福建）能源有限责任公司 | 215 | 厦门乔丹发展有限公司 |
| 186 | 福建省医药有限责任公司 | 216 | 晋江昌博贸易有限公司 |
| 187 | 厦门金圆产业发展有限公司 | 217 | 福建省莆田富力进出口有限公司 |
| 188 | 福建省晋江市电商发展有限公司 | 218 | 福建浩永贸易有限公司 |
| 189 | 福建省超盛化工工贸有限公司 | 219 | 华信（福建）石油有限公司 |
| 190 | 福州港燃油供应有限公司 | 220 | 晋江特步贸易有限公司 |
| 191 | 福建省华龙集团饲料有限公司 | 221 | 福建美京服饰发展有限公司 |
| 192 | 福州威石艺术品贸易有限公司 | 222 | 福州国美电器有限公司 |
| 193 | 沃尔玛深国投百货有限公司福州山姆会员商店 | 223 | 福建璟旭宏发有限公司 |
| 194 | 福州中维实业有限公司 | 224 | 长乐国际机场航空油料有限责任公司 |
| 195 | 福建聚丰珠宝有限公司 | 225 | 新储（厦门）农业有限公司 |
| 196 | 福建福泰钢铁有限公司 | 226 | 漳州商贸集团有限公司 |
| 197 | 厦门海峡供应链发展有限公司 | 227 | 福建科宝金属制品有限公司 |
| 198 | 福建省南平市立远贸易有限公司 | 228 | 厦门中兵贸易有限公司 |
| 199 | 福州永力通汽车贸易有限公司 | 229 | 福建益源废物利用股份有限公司 |
| 200 | 斐乐体育有限公司 | 230 | 厦门煜鸿鑫国际贸易有限公司 |
| 201 | 厦门青岛啤酒东南营销有限公司 | 231 | 福建泉州市嘉晟供应链有限公司 |
| 202 | 盛世达（厦门）石油化工有限公司 | 232 | 北新集团厦门国际贸易有限公司 |
| 203 | 中国石油天然气股份有限公司福建厦门销售分公司 | 233 | 福建裕华能源有限公司 |
| 204 | 漳州兴路贸易有限公司 | 234 | 厦门市东之星汽车销售有限公司 |
| 205 | 华鹭（厦门）石油有限公司 | 235 | 金潞（厦门）能源有限公司 |
| 206 | 福建七匹狼实业股份有限公司 | 236 | 厦门空港航星汽车维修服务有限公司 |
| 207 | 福清市众汇汽车进出口贸易有限公司 | 237 | 晋江市深沪海上供油有限公司 |
| 208 | 福州高泽贸易有限公司 | 238 | 福清市驰辰汽车进出口贸易有限公司 |
| 209 | 福建星之宝汽车销售服务有限公司 | 239 | 厦门市旺紫洲工贸有限公司 |
| 210 | 中国卷烟销售公司厦门卷烟调拨站 | 240 | 东琦（厦门）石化有限公司 |

6-8 续表 4　　（2016 年）

| 位次 | 企业名称 | 位次 | 企业名称 |
|---|---|---|---|
| 241 | 福州福百祥壹玖伍捌文化创意园有限公司 | 271 | 恒瑞（中国）进出口贸易有限公司 |
| 242 | 厦门市海澳石油有限公司 | 272 | 福州东星汽车维修服务有限公司 |
| 243 | 福建斯兰供应链服务有限公司 | 273 | 厦门启铭贸易有限公司 |
| 244 | 福建省新世纪经贸发展有限公司 | 274 | 泉州日声商贸有限公司 |
| 245 | 厦门西海控股有限公司 | 275 | 中化（泉州）石油销售有限公司 |
| 246 | 厦门良和国际贸易有限公司 | 276 | 福州天赐建材有限公司 |
| 247 | 厦门中艺抽纱进出口有限公司 | 277 | 厦门市天虹商场有限公司 |
| 248 | 厦门市嘉琳对外贸易有限公司 | 278 | 厦门夏商集团有限公司 |
| 249 | 盛屯矿业集团股份有限公司 | 279 | 福建省闽粮购销有限公司 |
| 250 | 品尚电子商务有限公司 | 280 | 厦门坤健工贸有限公司 |
| 251 | 厦门联信诚有限公司 | 281 | 达齐（厦门）石油化工有限公司 |
| 252 | 厦门锦厦科技有限公司 | 282 | 均达升（厦门）能源有限公司 |
| 253 | 福州龙泽投资有限公司 | 283 | 厦门信和达科技有限公司 |
| 254 | 厦门中鲁石油有限公司 | 284 | 福建中庚国际贸易有限公司 |
| 255 | 中海油销售福建有限公司 | 285 | 厦门庆通新材料科技有限公司 |
| 256 | 厦门中宝汽车有限公司 | 286 | 厦门昊凯进出口有限公司 |
| 257 | 福建省漳州市对外贸易有限责任公司 | 287 | 福建盈和实业有限公司 |
| 258 | 厦门新纸源电子商务有限公司 | 288 | 厦门福慧达果蔬股份有限公司 |
| 259 | 石狮市卡宾服饰发展有限公司 | 289 | 宁德万达广场商业物业管理有限公司 |
| 260 | 福建省闽光现代物流有限公司 | 290 | 福州建发汽车销售服务有限公司 |
| 261 | 厦门国贸实业有限公司 | 291 | 福建波士骏达汽车销售服务有限公司 |
| 262 | 厦门市鹭欣嘉贸易有限公司 | 292 | 福建广捷经贸有限公司 |
| 263 | 厦门市华东海石油仓储有限公司 | 293 | 福建鹰思进出口贸易有限公司 |
| 264 | 厦门宾捷汽车有限公司 | 294 | 泉州市江滨商贸发展有限公司 |
| 265 | 三明市振洋贸易有限公司 | 295 | 晋江宝华钢材有限公司 |
| 266 | 福州轻工进出口有限公司 | 296 | 厦门国贸化纤有限公司 |
| 267 | 晋江裕福集团有限公司 | 297 | 厦门厦工国际贸易有限公司 |
| 268 | 泉州展志钢材有限公司 | 298 | 厦门苏宁云商销售有限公司 |
| 269 | 中海油销售厦门有限公司 | 299 | 福建青企实业有限公司 |
| 270 | 福建省物资（集团）有限责任公司 | 300 | 厦门永乐思文家电有限公司 |

# 6-9 福建名牌产品名单

（2016 年度）

| 序号 | 商标及产品名称 | 企业名称 |
|---|---|---|
| 1 | 春伦+图形牌茶叶（花茶、绿茶、乌龙茶） | 福建春伦茶业集团有限公司 |
| 2 | 图形牌单一饲料（乌贼膏） | 福州海汇生物科技实业有限公司 |
| 3 | 金日恒丰+图形牌大米 | 福州恒丰米业有限公司 |
| 4 | 了不得牌速冻食品（鱼饺） | 福州旭煌食品有限公司 |
| 5 | MF+图形牌速冻刺鲳鱼 | 长乐闽发食品水产有限公司 |
| 6 | 茶口牌茶口粉干 | 福建省闽清茶口粉干有限公司 |
| 7 | 闽津+MINJIN 牌茶叶（乌龙茶、花茶） | 福州联合闽津茶业有限公司 |
| 8 | 麒麟山+QILINSHAN+图形牌乌龙茶 | 福建省麒麟山茶业发展有限公司 |
| 9 | 天竹美尔奇牌粘胶纤维本色纱线 | 福建省永泰县美尔奇科技纺织有限公司 |
| 10 | 天和纺织、图形牌涤纶本色纱线 | 福建省天和纺织实业有限公司 |
| 11 | 恒申 HSC 牌锦纶 6 切片 | 长乐恒申合纤科技有限公司 |
| 12 | 力拓+图形牌锦纶 6 弹力丝 | 福建省长乐市力拓锦纶有限公司 |
| 13 | 万鸿+图形牌锦纶 6 高取向丝（HOY） | 福建万鸿纺织有限公司 |
| 14 | Donggangtex+图形牌针织布 | 长乐东港纺织有限公司 |
| 15 | 航港+HangGang+图形牌花边面料 | 福建省长乐市航港针织品有限公司 |
| 16 | 恒鑫、图形牌花边面料 | 福州恒鑫实业有限公司 |
| 17 | 衣韵+yiyun+图形牌花边 | 福建兴隆针纺有限公司 |
| 18 | 益興堂+Yee Sing Hall+图形牌护翼卫生巾 | 福清市益兴堂卫生制品有限公司 |
| 19 | 绿帆+图形牌 XPP / XPA 系列吸塑膜 | 福州绿帆包装材料有限公司 |
| 20 | 和盛、图形牌氯化聚氯乙烯塑料电缆导管 | 福建和盛塑业有限公司 |
| 21 | 和盛、图形牌埋地式电力电缆用改性聚丙烯平壁增强波纹管 | 福建和盛塑业有限公司 |
| 22 | 图形牌双壁波纹管 | 福建恒通塑胶管业科技有限公司 |
| 23 | 阿石创、ACETRON 牌镀膜玻璃用靶材 | 福建阿石创新材料股份有限公司 |
| 24 | 祥鑫牌便携式铝合金梯 | 福建省祥鑫五金科技有限公司 |
| 25 | FSES、图形牌 85M 海底支持维护船 | 福建东南造船有限公司 |
| 26 | 图形牌 75 米平台供应 / 溢油回收船 | 福建省马尾造船股份有限公司 |

6-9 续表 1　　（2016 年度）

| 序号 | 商标及产品名称 | 企业名称 |
|---|---|---|
| 27 | ASBS 牌汽车用制动器衬片 | 福州新信制动系统有限公司 |
| 28 | 真兰牌大口径工业水表 | 福州真兰水表有限公司 |
| 29 | 上善星+SHANGSHANXING+图形牌固定布线用无护套电缆（一般用途单芯硬导体无护套电缆） | 福建世纪电缆有限公司 |
| 30 | 闽森源、SYNPOWER 牌高低压开关柜 | 福建森源电力设备有限公司 |
| 31 | ePOS 牌 Cpay 云支付终端 | 福建升腾资讯有限公司 |
| 32 | 升腾资讯+图形牌 E 动终端 | 福建升腾资讯有限公司 |
| 33 | 图形牌车载智能终端 | 福建星海通信科技有限公司 |
| 34 | 泉景兴+图形牌尖椒 | 福建泉景兴农业科技有限公司 |
| 35 | 养心园+图形牌土鸡 | 福州养心生态农业开发有限公司 |
| 36 | 大明谷+图形牌鸭蛋 | 闽清金水湾生态农业有限公司 |
| 37 | 浪涛+图形牌干海带 | 福建省连江天源水产有限公司 |
| 38 | 亿榕信息+YIRONG info+图形牌企业级非结构化数据管理平台软件 | 福建亿榕信息技术有限公司 |
| 39 | 榕基+图形牌质检企业端软件 | 福建榕基软件股份有限公司 |
| 40 | LANDI 牌物流订单系统应用软件 | 福建联迪商用设备有限公司 |
| 41 | 图形牌星云动力锂电池组能量回馈充放电测试系统 | 福建星云电子股份有限公司 |
| 42 | 金钱猫牌低频 EOC 系列产品（嵌入式软件） | 金钱猫科技股份有限公司 |
| 43 | ePOS 牌 Cpay 智能云平台 | 福建升腾资讯有限公司 |
| 44 | 神畫时代牌动画制作软件 | 福建神画时代数码动画有限公司 |
| 45 | 图形牌网络安全态势感知系统 | 福建六壬网安股份有限公司 |
| 46 | CA 牌 FJSM2-01 数字证书 | 福建省数字安全证书管理有限公司 |
| 47 | 特力惠+TELEWARE+图形牌国土资源一张图管理系统 | 福建特力惠信息科技股份有限公司 |
| 48 | Autowin 牌能源监测管理系统 | 福建华拓自动化技术有限公司 |
| 49 | 大娱号+图形牌微课程制作系统 | 福建大娱号信息科技股份有限公司 |
| 50 | 特宝+AMOYTOP+图形牌蛋白质药物 | 厦门特宝生物工程股份有限公司 |
| 51 | 三维丝、龙泰斯、图形牌聚苯硫醚水刺毡滤料 | 厦门三维丝环保股份有限公司 |
| 52 | yodo+图形牌户外运动鞋服 | 厦门悠度休闲用品股份有限公司 |

6-9 续表 2　　　　　　　　　　（2016 年度）

| 序号 | 商标及产品名称 | 企业名称 |
|---|---|---|
| 53 | DELMEI+Delmei sanitary ware 牌花洒 | 厦门市得尔美卫浴有限公司 |
| 54 | 奥斯福、AOSIF+图形牌发电机组 | 厦门奥斯福电力系统有限公司 |
| 55 | LU HAI、H+图形牌轮胎气门嘴 | 厦门厦晖橡胶金属工业有限公司 |
| 56 | 图形牌汽车配件 | 厦门市逸超实业有限公司 |
| 57 | H+图形牌金属螺母 | 厦门厦晖橡胶金属工业有限公司 |
| 58 | DACOL、图形牌 LED 贴片光源 | 厦门多彩光电子科技有限公司 |
| 59 | 图形牌薄膜电容器 | 厦门法拉电子股份有限公司 |
| 60 | BOLON 牌眼镜 | 厦门雅瑞光学有限公司 |
| 61 | FUTiS+图形、蓝色沸點+BLUE POINT 牌眼镜 | 来明工业（厦门）有限公司 |
| 62 | PRO-CUSHION、凯欣达、图形牌跑步机 | 厦门凯欣达体育用品有限公司 |
| 63 | 图形、如意情牌梅子 | 如意情集团股份有限公司 |
| 64 | 图形、如意情牌金针菇 | 如意情集团股份有限公司 |
| 65 | 草之典牌金线莲 | 福建金草生物集团股份有限公司 |
| 66 | 图形、如意情牌蔬菜嫁接苗 | 如意情集团股份有限公司 |
| 67 | 图形牌医疗自助服务平台（银医通） | 易联众信息技术股份有限公司 |
| 68 | 图形牌民生公共服务平台 | 易联众信息技术股份有限公司 |
| 69 | KEYTOP 牌全视频智慧停车系统 | 厦门科拓通讯技术股份有限公司 |
| 70 | 南方科宇牌“四品一械”电子监管平台 | 厦门市南方科宇科技有限公司 |
| 71 | 图形牌会计专业实训软件 | 厦门网中网软件有限公司 |
| 72 | 图形、Four-Faith+图形牌工业物联网终端嵌入式软件 | 厦门四信通信科技有限公司 |
| 73 | 柏事特+图形牌安全网关系统 | 厦门柏事特信息科技有限公司 |
| 74 | 中资源+图形牌企业邮箱 | 厦门市中资源网络服务有限公司 |
| 75 | GSD SciTech+图形+高士达科技牌企业业务流程管理系统 | 厦门高士达科技股份有限公司 |
| 76 | 雁书牌网络营销系统 | 厦门南讯软件科技有限公司 |
| 77 | DBN+图形牌水产饲料 | 福建大北农水产科技有限公司 |
| 78 | 隆盛达+图形牌冻煮鲍鱼 | 东山县永隆水产食品有限公司 |

6-9 续表 3 （2016 年度）

| 序号 | 商标及产品名称 | 企业名称 |
|---|---|---|
| 79 | 澳角海源+AOJIAOHAIYUAN+图形牌冻蟹肉 | 福建东山海源水产有限公司 |
| 80 | 烨煌东盛+图形牌冻蟹肉 | 东山县东盛食品有限公司 |
| 81 | 東群+DONCHING+图形牌冻蟹肉 | 东山县茂源水产有限公司 |
| 82 | Q51、紫山+ZISHAN+图形牌果蔬罐头 | 福建紫山集团股份有限公司 |
| 83 | 紫山+ZISHAN+图形牌鱼类罐头 | 漳州市紫山食品工业有限公司 |
| 84 | 海之山+图形牌蘑菇罐头 | 福建海山食品有限公司 |
| 85 | 白玉兰+BAIYULAN+图形牌白砂糖 | 福建糖业股份有限公司 |
| 86 | 合口味+图形牌速冻面米食品 | 福建合口味食品工业有限公司 |
| 87 | 合缘茶道+图形、稻草人牌茶叶（乌龙茶、红茶） | 福建合茶道生态农业有限公司 |
| 88 | 金閩南+JINMINNAN+图形牌琼脂 | 福建省绿麒食品胶体有限公司 |
| 89 | Shenglong+升隆+图形牌速冻丸子 | 福建升隆食品有限公司 |
| 90 | 益安宁+YI AN NING+图形牌益安宁 | 同溢堂药业有限公司 |
| 91 | WEIYI+图形牌包覆纱 | 漳州伟伊化纤有限公司 |
| 92 | 皇后+图形牌润肤膏霜 | 福建片仔癀化妆品有限公司 |
| 93 | 天星+图形、天琴、中闽+ZHongMin+图形牌瓷砖 | 漳州市天星陶瓷股份有限公司 |
| 94 | 鑫美达、XMD 牌汽车用线束 | 漳州鑫美达汽车零部件有限公司 |
| 95 | 进丰牌新鲜蔬菜（青葱） | 漳浦县进丰冷冻食品有限公司 |
| 96 | 南太武+图形牌结球甘蓝 | 龙海市闽隆农产品专业合作社 |
| 97 | 万辰菇业+VANCHEN MUSHROOMS+图形牌食用菌 | 福建万辰生物科技股份有限公司 |
| 98 | 南盛+图形牌杏鲍菇 | 漳州市新南盛生物科技有限公司 |
| 99 | 中延+图形牌杏鲍菇 | 福建省中延菌菇业有限公司 |
| 100 | bgtx+图形牌冻章鱼块 | 东山博广天兴食品股份有限公司 |
| 101 | 格林氏+GREENS+图形牌冻鱿鱼 | 龙海市格林水产食品有限公司 |
| 102 | 乐兴+图形牌冻竹叶鱼 | 东山县乐兴水产有限公司 |
| 103 | 顺渔福+图形牌速冻对虾 | 漳州顺益食品有限公司 |
| 104 | 亨立+图形牌冻章鱼 | 东山县亨立水产食品有限公司 |

| 序号 | 商标及产品名称 | 企业名称 |
|---|---|---|
| 105 | 野渡+YEDU+图形牌冻梭子蟹 | 龙海奥瑞水产食品有限公司 |
| 106 | 铭海+图形牌冻水产品（冻海鲇鱼、冻剥皮鱼） | 福建铭兴食品冷冻有限公司 |
| 107 | 科山牌+科山+图形牌三藻胶 | 泉州市泉港科山海藻有限公司 |
| 108 | 多见面牌面粉 | 福建顺成面业发展股份有限公司 |
| 109 | 小样牌酸 Q 糖 | 福建好彩头食品股份有限公司 |
| 110 | 好来屋+图形牌糖果 | 福建好来屋食品工业有限公司 |
| 111 | 欧骑士牌啤酒 | 福建省燕京惠泉啤酒股份有限公司 |
| 112 | 乐虎牌氨基酸维生素功能饮料 | 达利食品集团有限公司 |
| 113 | 绿芳+图形牌永春佛手 | 福建省永春县华锋茶叶有限公司 |
| 114 | 万品春+图形牌茶叶（乌龙茶）——永春佛手 | 福建永春县万品春茶业有限公司 |
| 115 | 图形牌铁观音 | 福建省誉丰国心茶业有限公司 |
| 116 | 全特+QUANTE 牌永春佛手 | 福建省永春万特实业有限公司 |
| 117 | 酸梅牌+图形牌食醋（酿造食醋）——永春老醋 | 永春县岵山津源酱醋厂有限公司 |
| 118 | 第三主粮+图形牌麦片 | 金维他（福建）食品有限公司 |
| 119 | 纬恒牌混纺纱 | 纬恒（福建）轻纺有限公司 |
| 120 | 丝婷+图形牌卫生巾 | 中天（中国）工业有限公司 |
| 121 | 好舒爽+Hao SHu SHuang、舒爽+SHU SHUANG 牌卫生巾（含卫生护垫） | 福建恒利实业有限公司 |
| 122 | 爽儿宝+SHuang Er Bao 牌婴儿纸尿裤 | 福建恒利生活用品有限公司 |
| 123 | 图形牌纸袋 | 福建南王环保科技股份有限公司 |
| 124 | 贝舒乐+besuper+图形牌婴儿纸尿裤 | 百润（中国）有限公司 |
| 125 | 金百利+图形牌纸箱 | 泉州金百利包装用品有限公司 |
| 126 | 婴舒宝+图形牌纸尿裤（片、垫） | 婴舒宝（中国）有限公司 |
| 127 | 图形牌电容器用聚丙烯薄膜 | 泉州嘉德利电子材料有限公司 |
| 128 | 快乐玛丽牌休闲鞋 | 泉州集友鞋业有限公司 |
| 129 | 金刚煲+VAJRAPOT+图形牌日用陶瓷金刚煲 | 福建华夏金刚科技股份有限公司 |
| 130 | 聚缘牌永春篾香 | 福建省永春县聚缘艺品有限公司 |

6-9 续表 5　　　　（2016 年度）

| 序号 | 商标及产品名称 | 企业名称 |
|---|---|---|
| 131 | 沃尔康牌立体织物保洁垫 | 福建福联精编有限公司 |
| 132 | DoubL Pandas+图形牌箱包 | 泉州锦林环保高新材料有限公司 |
| 133 | 901 牌汽车制动液 | 福建莱克石化有限公司 |
| 134 | 纳川牌钢骨架聚乙烯（PE）塑料复合管 | 福建纳川管材科技股份有限公司 |
| 135 | RZH+图形牌配电柜 | 蓉中电气设备有限公司 |
| 136 | 天地星+图形牌机顶盒（接收机） | 泉州天地星电子有限公司 |
| 137 | 先创电子+图形牌数字专网集群系统 | 福建先创电子有限公司 |
| 138 | winchance+图形、winchance 文创+图形牌太阳能草坪灯 | 文创科技股份有限公司 |
| 139 | J.CAI+图形牌 LED 显示屏 | 福建晶彩光电科技股份有限公司 |
| 140 | 图形牌山格淮山 | 安溪县山格淮山专业合作社 |
| 141 | 家鳳+JIAFENG+图形牌鸡蛋 | 福建省晋江市绿色保健蛋品有限公司 |
| 142 | 山纳源水+图形牌香水柠檬 | 福建第五季农业科技开发有限公司 |
| 143 | 鸿湖+HONG HU+图形牌花生 | 晋江鸿盛果蔬综合特色农产品有限公司 |
| 144 | 宏祥智能+图形牌智慧教育管理系统 | 福建宏祥智能科技股份有限公司 |
| 145 | 双秋+图形牌茶叶（乌龙茶、红茶） | 福建省双秋农业有限公司 |
| 146 | 一笔峰+图形牌乌龙茶、红茶 | 福建一笔峰茶业有限公司 |
| 147 | 图形牌粘胶本色纱 | 福建祥源纺织有限公司 |
| 148 | 利尔+GELIER+图形牌机织革基布 | 福建格利尔印染有限公司 |
| 149 | 图形牌浆粕 | 福建省青山纸业股份有限公司 |
| 150 | 建新+图形牌全钢子午线轮胎 | 建新轮胎（福建）有限公司 |
| 151 | 回力城+图形牌摩托车内胎 | 福建和兴橡胶有限公司 |
| 152 | 皓辉+图形牌预应力混凝土用钢棒 | 福建省明光新型材料有限公司 |
| 153 | 图形牌铸钢件 | 三明市金圣特种钢有限公司 |
| 154 | 宏态+HON TIA+图形牌白鹜鸭 | 福建省宏硕生态农业发展有限公司 |
| 155 | 天湖神山牌海鲜菇 | 福建丰茂生物科技有限公司 |
| 156 | 恒珍源+图形牌鲜食用菌（金针菇） | 福建建宁日鑫菌业科技有限公司 |

6-9 续表 6　　（2016 年度）

| 序号 | 商标及产品名称 | 企业名称 |
|---|---|---|
| 157 | 闽晖牌鲜切花（非洲菊、玫瑰及百合） | 清流县闽晖农业发展有限公司 |
| 158 | 实得+图形牌杂交水稻种子 | 福建旺穗种业有限公司 |
| 159 | 有福之人牌古典工艺家具 | 福建省莆田市艺都古典家具有限公司 |
| 160 | 度尾一品家园牌古典工艺家具 | 福建省一品家园明式家具有限公司 |
| 161 | 艺中福牌古典工艺家具 | 福建中福艺术家具有限公司 |
| 162 | 皇嘉楠苑牌古典工艺家具 | 福建皇嘉楠苑古典家具有限公司 |
| 163 | 富家行+图形牌古典工艺家具 | 仙游县富家行古典家具有限公司 |
| 164 | 御厨长+图形牌水产制品 | 莆田市汇丰食品工业有限公司 |
| 165 | 宴厨+图形、捞得星牌鲍鱼罐头 | 莆田市汇龙海产有限公司 |
| 166 | 鸿立牌一次性纸杯 | 莆田市鸿立印刷包装有限公司 |
| 167 | 吉福康牌餐巾纸 | 福建东南艺术纸品股份有限公司 |
| 168 | Clorts+图形牌旅游鞋 | 福建洛弛制鞋技术发展有限公司 |
| 169 | ONEMIX+图形牌旅游鞋 | 莆田市青春之家体育用品有限公司 |
| 170 | 闽光+图形牌松紧带 | 福建省莆田市闽光织造有限公司 |
| 171 | RUNWAY 牌轮胎 | 福建佳通轮胎有限公司 |
| 172 | WEINO+威诺数控+图形牌数控机床 | 福建省威诺数控有限公司 |
| 173 | QUINKO、全冠牌吹瓶机 | 全冠（福建）机械工业有限公司 |
| 174 | 银锋银饰+图形牌银饰品 | 莆田市银锋珠宝首饰有限公司 |
| 175 | 银好银饰+图形牌银饰品 | 福建银好珠宝首饰有限公司 |
| 176 | 图形、溢通+YI TONG 牌车用尿素溶液 | 溢通环保科技（莆田）有限公司 |
| 177 | 天兰+TIANLAN+图形牌西芹 | 福建天兰农业综合开发有限公司 |
| 178 | 银江+YINJIANG+图形牌菲律宾蛤仔 | 莆田市银江农业开发有限公司 |
| 179 | 武夷绿洲+图形牌竹筷 | 武夷山市绿美竹木制品有限公司 |
| 180 | 双羿+图形牌竹菜板 | 福建双羿竹木发展有限公司 |
| 181 | Qbabo+图形牌竹菜板 | 福建龙泰竹业股份有限公司 |
| 182 | 瑞祥九竹+图形牌竹菜板 | 福建省瑞祥竹木有限公司 |

6-9 续表 7　　　　　　　　　　　　（2016 年度）

| 序号 | 商标及产品名称 | 企业名称 |
|---|---|---|
| 183 | XSC+图形牌草甘膦活性炭催化剂 | 福建省鑫森炭业股份有限公司 |
| 184 | 竹家女+Bamboo Lady+图形牌汽车座垫 | 福建竹家女工贸有限公司 |
| 185 | 三叶+图形牌浦城薏米 | 福建浦城县三叶食品有限公司 |
| 186 | 通仙+图形牌茶叶（乌龙茶） | 武夷山市通仙茶业有限责任公司 |
| 187 | 一世清茗+Yishiqingming+esteem+图形牌政和白茶 | 政和县东平宏达茶厂 |
| 188 | 长庚星牌针刺无纺车饰毯 | 福建长庚新材料股份有限公司 |
| 189 | 亿田牌硅粉 | 福建亿田硅业有限公司 |
| 190 | 图形牌混凝土用热轧钢筋 | 福建三山（集团）南平市钢铁有限公司 |
| 191 | 永动+图形牌起垄机 | 福建永顺机械有限公司 |
| 192 | 三红+SANHONG+图形牌额定电压 450V / 750V 及以下聚氯乙烯绝缘电线电缆 | 福建省南平市三红电缆有限公司 |
| 193 | 朝日+图形牌额定电压 450 / 750V 及以下聚氯乙烯绝缘电缆 | 南平市朝日电缆有限公司 |
| 194 | 大和 DAHE 牌低压成套开关设备 | 福建大和电气有限公司 |
| 195 | 贵稀堂牌建盏 | 南平市建阳区贵稀堂陶瓷有限公司 |
| 196 | 森官+sen guan 牌芦柑 | 顺昌县新庄稼人果蔬农民专业合作社 |
| 197 | 良麟+图形牌鲜葡萄 | 建瓯市富民农业发展有限公司 |
| 198 | 兆丰精灵+图形牌真姬菇 | 福建顺昌兆丰生物科技有限公司 |
| 199 | 闽雄+图形牌猪配合饲料 | 福建龙岩闽雄生物科技股份有限公司 |
| 200 | 盼盼+图形牌法式小面包 | 福建省长汀盼盼食品有限公司 |
| 201 | 盼盼+图形牌蛋糕 | 福建省长汀盼盼食品有限公司 |
| 202 | 艾比利牌薯片 | 福建省长汀盼盼食品有限公司 |
| 203 | 鑫荣耀+图形牌普梳涤与棉混纺本色纱 | 福建荣耀纺织有限公司 |
| 204 | TS+图形牌 pu 人造革 | 天守（福建）超纤科技股份有限公司 |
| 205 | 喜鹊+图形牌毛巾 | 福建龙岩喜鹊纺织有限公司 |
| 206 | ZiJin+图形牌阴极铜 | 紫金铜业有限公司 |
| 207 | 金鹭+图形牌氧化镥 | 福建省长汀金龙稀土有限公司 |
| 208 | 金鹭+图形牌三基色红粉 | 福建省长汀金龙稀土有限公司 |

6-9 续表 8 （2016 年度）

| 序号 | 商标及产品名称 | 企业名称 |
|---|---|---|
| 209 | 图形牌银锭 | 紫金铜业有限公司 |
| 210 | 亿丰+图形牌粉碎机 | 龙岩市亿丰粉碎机械有限公司 |
| 211 | 畅丰、图形牌车桥 | 龙岩盛丰机械制造有限公司 |
| 212 | 威而特+HAP+图形牌旋压汽车皮带轮 | 福建威而特旋压科技股份有限公司 |
| 213 | 图形牌液压油缸 | 龙岩市山力工程液压有限公司 |
| 214 | 福欣牧+FUXINMU+图形牌肉鸡 | 龙岩市福欣牧业发展有限公司 |
| 215 | 通贤+图形牌通贤乌兔 | 龙岩市通贤兔业发展有限公司 |
| 216 | 才溪+CAI XI 牌纽荷尔脐橙 | 上杭县鑫成农业发展有限公司 |
| 217 | YF+图形牌食用菌（鲜香菇） | 福建省越丰农产品有限公司 |
| 218 | KLF 牌黄鱼鲞 | 福建钦龙食品有限公司 |
| 219 | 皇家百合+图形牌福鼎白茶 | 福建省广福茶业有限责任公司 |
| 220 | 老傅+LAOFU+图形牌茶叶（红茶、绿茶） | 福建省宁德市赤溪茶叶有限公司 |
| 221 | 新未+图形牌坦洋工夫红茶 | 福建新味食品有限公司 |
| 222 | 御茶园+图形牌高山红（金闽红）茶 | 福建省天禧御茶园茶业有限公司 |
| 223 | 一旗九龙峰、图形牌红茶 | 宁德市九龙峰农业综合开发有限公司 |
| 224 | 东顶云雾+图形牌坦洋工夫红茶 | 福建省天荣茶业有限公司 |
| 225 | 双芽+图形牌茶叶（绿茶） | 闽东张一元茶叶有限公司 |
| 226 | 三嘉+图形牌钢筋混凝土用热轧钢筋 | 福建三嘉钢铁有限公司 |
| 227 | 图形牌 59 米多功能海上供应 / 操锚船 | 福建省白马船厂 |
| 228 | 立新+图形牌渔业船舶 | 福建省立新船舶工程有限公司 |
| 229 | 閩東電機+图形牌 JET 系列射流式自吸电泵 | 福建闽东电机股份有限公司 |
| 230 | 綠瓏純+图形牌生猪 | 福建省闽绿立体农业综合开发有限公司 |
| 231 | 正茸+图形牌有机瓶栽杏鲍菇 | 福建正茸农业发展有限公司 |
| 232 | KLF 牌冻水产品 | 福建钦龙食品有限公司 |
| 233 | 图形牌干紫菜 | 福建申石蓝食品有限公司 |
| 234 | 恒绿+HENG LU+图形牌海带 | 霞浦县永兴水产工贸有限公司 |
| 235 | 溪田牌冰鲜大黄鱼 | 宁德市齐民农工商有限公司 |

# 6-10 福建省优秀企业家名单

（第十六届）

| 姓名<br>（排名不分先后） | 企业名称 | 职务 |
|---|---|---|
| 元　萍 | 福建古甜食品科技股份有限公司 | 董事长 |
| 卞志航 | 福建福日电子集团有限公司 | 董事长 |
| 尤维德 | 福建三都澳食品有限公司 | 董事长 |
| 王　军 | 福建大唐国际宁德发电有限责任公司 | 总经理 |
| 王　慧 | 福州泓欣环境清洁服务有限公司 | 董事长 |
| 王良星 | 利郎（中国）有限公司 | 总裁 |
| 王星荣 | 福建省三星电气股份有限公司 | 董事长 |
| 王基财 | 福清福星塑胶制品有限公司 | 董事长 |
| 叶远航 | 中国人民财产保险股份有限公司福州市分公司 | 总经理 |
| 左允文 | 宁德新能源科技有限公司 | 副董事长 |
| 刘文闻 | 福建省闽中有机食品有限公司 | 总经理 |
| 刘玉林 | 福建顺邦防护科技有限公司 | 总经理 |
| 刘学军 | 厦门航空工业有限公司 | 董事长、总经理 |
| 刘金树 | 莆田市鑫龙鞋业有限公司 | 董事长 |
| 孙雄鹏 | 兴业银行福州分行 | 行长 |
| 曲燮遵 | 青岛啤酒（福州）有限公司 | 总经理 |
| 朱　晖 | 福建省海安橡胶有限公司 | 董事长 |
| 朱勇进 | 厦门新立基股份有限公司 | 董事长 |
| 江元勋 | 福建武夷山国家级自然保护区正山茶业有限公司 | 董事长 |
| 许阳阳 | 达利食品集团 | 副总裁 |
| 许海谋 | 中国联合网络通信有限公司福州分公司 | 总经理 |
| 何礼标 | 福清市东威水产食品实业有限公司 | 董事长 |
| 吴仕华 | 福建省华洋农牧发展有限公司 | 董事长 |
| 吴永文 | 优科能源（漳州）有限公司 | 董事长 |
| 吴哲彦 | 福建省漳平木村林产有限公司 | 董事长兼总经理 |

6-10 续表 1　　（第十六届）

| 姓名（排名不分先后） | 企业名称 | 职务 |
| --- | --- | --- |
| 吴海明 | 明鸿集团投资有限公司 | 董事长 |
| 张水利 | 厦门象屿集团有限公司 | 总裁 |
| 张进瑞 | 福建海峡工程机械设备有限公司 | 董事长 |
| 张陈松 | 福建省霞浦东吾洋绿色食品有限公司 | 总经理 |
| 张桂潮 | 福建龙马环卫装备股份有限公司 | 总经理 |
| 李　丹 | 厦门海沧投资集团有限公司 | 董事长 |
| 李　红 | 福建塔牌水泥有限公司 | 总经理 |
| 李一农 | 福建宁德核电有限公司 | 董事长 |
| 李永珑 | 中铁十七局集团第六工程有限公司 | 总经理 |
| 李立新 | 中国华电集团公司福建分公司 | 总经理 |
| 李江淮 | 立达信绿色照明股份有限公司 | 董事长兼总经理 |
| 李鹏飞 | 莆田新飞天鞋业有限公司 | 董事长 |
| 杨华辉 | 兴业国际信托有限公司 | 董事长 |
| 苏良磁 | 晋江市中德顺机械有限公司 | 总经理 |
| 苏素华 | 福建海峡银行股份有限公司 | 董事长 |
| 苏清春 | 福建省泉州美岭水泥有限公司 | 副总经理 |
| 邱宝华 | 中国移动福建有限公司莆田分公司 | 总经理 |
| 陈　勋 | 中国人寿保险股份有限公司莆田分公司 | 总经理 |
| 陈文豹 | 福建巨岸建设工程有限公司 | 董事长 |
| 陈长征 | 福建纬璇织造有限公司 | 董事长 |
| 陈民和 | 绿田（福建）食品有限公司 | 董事长 |
| 陈丽春 | 福建省祥业农业科技有限公司 | 董事长 |
| 陈其龙 | 泉州市泉港兴通船务有限公司 | 总经理 |
| 陈尚霖 | 福建源鑫投资集团有限公司 | 总经理 |
| 陈建全 | 中国邮政集团公司福建省晋江市分公司 | 总经理 |

6-10 续表 2　　（第十六届）

| 姓名（排名不分先后） | 企业名称 | 职务 |
|---|---|---|
| 陈明伟 | 福建省泷澄建设集团有限公司 | 董事长 |
| 陈剑钟 | 福州港务集团有限公司 | 总经理 |
| 陈炳琪 | 福建宝利特科技股份有限公司 | 董事长 |
| 陈重廷 | 福建西岸生物科技有限公司 | 总经理 |
| 陈晋辉 | 福建龙溪轴承（集团）股份有限公司 | 总经理 |
| 周宗佑 | 福建盈浩工艺制品有限公司 | 董事长 |
| 林　斌 | 爹地宝贝股份有限公司 | 董事长 |
| 林小雄 | 厦门路桥建设集团有限公司 | 董事长 |
| 林永强 | 福建冠业投资发展有限公司 | 董事长 |
| 林位举 | 福建省信通投资集团股份有限公司 | 董事长 |
| 林秀强 | 福建同春药业股份有限公司 | 董事长 |
| 林肖芳 | 安记食品股份有限公司 | 董事长兼总经理 |
| 林荣洲 | 福建石狮市福盛鞋业有限公司 | 董事长 |
| 林善平 | 福建顺昌虹润精密仪器有限公司 | 董事长 |
| 林敦华 | 华盛置业集团建设工程有限公司 | 总裁 |
| 郑永光 | 福建省长乐市长源纺织有限公司 | 董事长 |
| 郑泽洽 | 福建泉州顺美集团有限责任公司 | 董事长 |
| 俞　明 | 福建江阴港银河国际汽车园有限公司 | 董事长 |
| 俞金树 | 福建省鸿山热电有限责任公司 | 总经理 |
| 施锦珊 | 鑫桥联合（福建）融资租赁有限公司 | 董事长 |
| 柯希平 | 厦门恒兴集团有限公司 | 董事长 |
| 洪水河 | 福建紫山集团股份有限分公司 | 总裁 |
| 饶春荣 | 福建连城兰花股份有限公司 | 董事长 |
| 倪时龙 | 福建亿榕信息技术有限公司 | 总经理 |
| 夏　鹏 | 三祥新材股份有限公司 | 董事长兼总经理 |

6-10 续表 3　　（第十六届）

| 姓名<br>（排名不分先后） | 企业名称 | 职务 |
| --- | --- | --- |
| 徐福生 | 中国电信股份有限公司南平分公司 | 总经理 |
| 翁海辉 | 永辉投资有限公司 | 总经理 |
| 郭泽森 | 泉州嘉泰鞋业有限公司 | 董事长 |
| 钱进群 | 厦门翔业集团有限公司 | 总经理 |
| 高　炜 | 安发（福建）生物科技有限公司 | 总裁 |
| 高美建 | 福建明海鑫企业股份有限公司 | 董事长 |
| 黄建国 | 福建省闽华电源股份有限公司 | 总经理 |
| 黄金平 | 福建省永安煤业有限责任公司 | 总经理 |
| 黄荔峰 | 福建省医药集团有限责任公司 | 总经理 |
| 黄铁明 | 福建省祥鑫股份有限公司 | 董事长兼总经理 |
| 黄福华 | 福建省三福古典家具有限公司 | 董事长 |
| 傅子能 | 泉州银行股份有限公司 | 董事长 |
| 游玉琮 | 福建省武夷山市永生茶业有限公司 | 总经理 |
| 程　亮 | 厦门新景地投资有限公司 | 总裁 |
| 童立新 | 福建省鸿达电子技术开发有限公司 | 董事长 |
| 谢思瑜 | 厦门金龙汽车集团股份有限公司 | 总裁 |
| 韩鲁闽 | 厦门公交集团有限公司 | 董事长 |
| 赖世贤 | 安踏（长汀）体育有限公司 | 总经理 |
| 缪品章 | 富春通信股份有限公司 | 董事长 |
| 蔡永潮 | 中国电信股份有限公司晋江分公司 | 总经理 |
| 戴国良 | 福建先创电子有限公司 | 董事长 |
| 戴景水 | 福建南安市顺昌鞋业有限公司 | 董事长 |
| 魏立平 | 福建东百集团股份有限公司 | 总裁 |

资料来源：福建省企业与企业家联合会

# 6-11　福建省企业高级经营管理人才名单

（第二批）

| 序号 | 姓名<br>（排名不分先后） | 企业名称 |
|---|---|---|
| 1 | 丁曦明 | 福建南平南孚电池有限公司 |
| 2 | 刘　仁 | 开发晶照明（厦门）有限公司 |
| 3 | 修海明 | 福建龙净环保股份有限公司 |
| 4 | 李国栋 | 福建广生堂药业股份有限公司 |
| 5 | 刘忠东 | 福建星网锐捷网络有限公司 |
| 6 | 傅天龙 | 福建春伦茶业集团有限公司 |
| 7 | 洪炳文 | 福建柒牌集团有限公司 |
| 8 | 倪时龙 | 福建亿榕信息技术有限公司 |
| 9 | 池松炎 | 明一国际营养品集团有限公司 |
| 10 | 赖世贤 | 安踏（中国）有限公司 |
| 11 | 张桂潮 | 福建龙马环卫装备股份有限公司 |
| 12 | 陈少波 | 厦工（三明）重型机器有限公司 |
| 13 | 陈晋辉 | 福建龙溪轴承（集团）股份有限公司 |
| 14 | 庄建珍 | 漳州片仔癀药业股份有限公司 |
| 15 | 许水深 | 福建恒安集团有限公司 |
| 16 | 李　翔 | 福建省南平铝业有限公司 |
| 17 | 林　芳 | 福建南平太阳电缆股份有限公司 |
| 18 | 黎立璋 | 福建省三钢（集团）有限责任公司 |
| 19 | 刘世英 | 福建联迪商用设备有限公司 |
| 20 | 张　伟 | 厦门美图网科技有限公司 |

7

# 附 录

# 财政部　国家税务总局　发展改革委　工业和信息化部关于软件和集成电路产业企业所得税优惠政策有关问题的通知

财税〔2016〕49号

各省、自治区、直辖市、计划单列市财政厅（局）、国家税务局、地方税务局、发展改革委、工业和信息化主管部门：

按照《国务院关于取消和调整一批行政审批项目等事项的决定》（国发〔2015〕11号）和《国务院关于取消非行政许可审批事项的决定》（国发〔2015〕27号）规定，集成电路生产企业、集成电路设计企业、软件企业、国家规划布局内的重点软件企业和集成电路设计企业（以下统称软件、集成电路企业）的税收优惠资格认定等非行政许可审批已经取消。为做好《财政部　国家税务总局关于进一步鼓励软件产业和集成电路产业发展企业所得税政策的通知》（财税〔2012〕27号）规定的企业所得税优惠政策落实工作，现将有关问题通知如下：

一、享受财税〔2012〕27号文件规定的税收优惠政策的软件、集成电路企业，每年汇算清缴时应按照《国家税务总局关于发布〈企业所得税优惠政策事项办理办法〉的公告》（国家税务总局公告2015年第76号）规定向税务机关备案，同时提交《享受企业所得税优惠政策的软件和集成电路企业备案资料明细表》（见附件）规定的备案资料。

为切实加强优惠资格认定取消后的管理工作，在软件、集成电路企业享受优惠政策后，税务部门转请发展改革、工业和信息化部门进行核查。对经核查不符合软件、集成电路企业条件的，由税务部门追缴其已经享受的企业所得税优惠，并按照税收征管法的规定进行处理。

二、财税〔2012〕27号文件所称集成电路生产企业，是指以单片集成电路、多芯片集成电路、混合集成电路制造为主营业务并同时符合下列条件的企业：

（一）在中国境内（不包括港、澳、台地区）依法注册并在发展改革、工业和信息化部门备案的居民企业；

（二）汇算清缴年度具有劳动合同关系且具有大学专科以上学历职工人数占企业月平均职工总人数的比例不低于40%，其中研究开发人员占企业月平均职工总数的比例不低于20%；

（三）拥有核心关键技术，并以此为基础开展经营活动，且汇算清缴年度研究开发费用总额占企业销售（营业）收入（主营业务收入与其他业务收入之和，下同）总额的比例不低于5%；其中，企业在中国境内发生的研究开发费用金额占研究开发费用总额的比例不低于60%；

（四）汇算清缴年度集成电路制造销售（营业）收入占企业收入总额的比例不低于60%；

（五）具有保证产品生产的手段和能力，并获得有关资质认证（包括ISO质量体系认证）；

（六）汇算清缴年度未发生重大安全、重大质量事故或严重环境违法行为。

三、财税〔2012〕27 号文件所称集成电路设计企业是指以集成电路设计为主营业务并同时符合下列条件的企业：

（一）在中国境内（不包括港、澳、台地区）依法注册的居民企业；

（二）汇算清缴年度具有劳动合同关系且具有大学专科以上学历的职工人数占企业月平均职工总人数的比例不低 40%，其中研究开发人员占企业月平均职工总数的比例不低于 20%；

（三）拥有核心关键技术，并以此为基础开展经营活动，且汇算清缴年度研究开发费用总额占企业销售（营业）收入总额的比例不低于 6%；其中，企业在中国境内发生的研究开发费用金额占研究开发费用总额的比例不低于 60%。

（四）汇算清缴年度集成电路设计销售（营业）收入占企业收入总额的比例不低于 60%，其中集成电路自主设计销售（营业）收入占企业收入总额的比例不低于 50%；

（五）主营业务拥有自主知识产权；

（六）具有与集成电路设计相适应的软硬件设施等开发环境（如 EDA 工具、服务器或工作站等）；

（七）汇算清缴年度未发生重大安全、重大质量事故或严重环境违法行为。

四、财税〔2012〕27 号文件所称软件企业是指以软件产品开发销售（营业）为主营业务并同时符合下列条件的企业：

（一）在中国境内（不包括港、澳、台地区）依法注册的居民企业；

（二）汇算清缴年度具有劳动合同关系且具有大学专科以上学历的职工人数占企业月平均职工总人数的比例不低于 40%，其中研究开发人员占企业月平均职工总数的比例不低于 20%；

（三）拥有核心关键技术，并以此为基础开展经营活动，且汇算清缴年度研究开发费用总额占企业销售（营业）收入总额的比例不低于 6%；其中，企业在中国境内发生的研究开发费用金额占研究开发费用总额的比例不低于 60%；

（四）汇算清缴年度软件产品开发销售（营业）收入占企业收入总额的比例不低于 50%（嵌入式软件产品和信息系统集成产品开发销售（营业）收入占企业收入总额的比例不低于 40%），其中软件产品自主开发销售（营业）收入占企业收入总额的比例不低于 40%〔嵌入式软件产品和信息系统集成产品开发销售（营业）收入占企业收入总额的比例不低于 30%〕；

（五）主营业务拥有自主知识产权；

（六）具有与软件开发相适应软硬件设施等开发环境（如合法的开发工具等）；

（七）汇算清缴年度未发生重大安全、重大质量事故或严重环境违法行为。

五、财税〔2012〕27 号文件所称国家规划布局内重点集成电路设计企业除符合本通知第三条规定，还应至少符合下列条件中的一项：

（一）汇算清缴年度集成电路设计销售（营业）收入不低于 2 亿元，年应纳税所得额不低于 1000 万元，研究开发人员占月平均职工总数的比例不低于 25%；

（二）在国家规定的重点集成电路设计领域内，汇算清缴年度集成电路设计销售（营业）收入不低于 2000 万元，应纳税所得额不低于 250 万元，研究开发人员占月平均职工总数的比例不低于 35%，企业在中国境内发生的研发开发费用金额占研究开发费用总额的比例不低于70%。

六、财税〔2012〕27号文件所称国家规划布局内重点软件企业是除符合本通知第四条规定，还应至少符合下列条件中的一项：

（一）汇算清缴年度软件产品开发销售（营业）收入不低于2亿元，应纳税所得额不低于1000万元，研究开发人员占企业月平均职工总数的比例不低于25%；

（二）在国家规定的重点软件领域内，汇算清缴年度软件产品开发销售（营业）收入不低于5000万元，应纳税所得额不低于250万元，研究开发人员占企业月平均职工总数的比例不低于25%，企业在中国境内发生的研究开发费用金额占研究开发费用总额的比例不低于70%；

（三）汇算清缴年度软件出口收入总额不低于800万美元，软件出口收入总额占本企业年度收入总额比例不低于50%，研究开发人员占企业月平均职工总数的比例不低于25%。

七、国家规定的重点软件领域及重点集成电路设计领域，由国家发展改革委、工业和信息化部会同财政部、税务总局根据国家产业规划和布局确定，并实行动态调整。

八、软件、集成电路企业规定条件中所称研究开发费用政策口径，2015年度仍按《国家税务总局关于印发〈企业研究开发费用税前扣除管理办法（试行）〉的通知》（国税发〔2008〕116号）和《财政部　国家税务总局关于研究开发费用税前加计扣除有关政策的通知》（财税〔2013〕70号）的规定执行，2016年及以后年度按照《财政部　国家税务总局　科技部关于完善研究开发费用税前加计扣除政策的通知》（财税〔2015〕119号）的规定执行。

九、软件、集成电路企业应从企业的获利年度起计算定期减免税优惠期。

如获利年度不符合优惠条件的，应自首次符合软件、集成电路企业条件的年度起，在其优惠期的剩余年限内享受相应的减免税优惠。

十、省级（自治区、直辖市、计划单列市，下同）财政、税务、发展改革和工业和信息化部门应密切配合，通过建立核查机制并有效运用核查结果，切实加强对软件、集成电路企业的后续管理工作。

（一）省级税务部门应在每年3月20日前和6月20日前分两批将汇算清缴年度已申报享受软件、集成电路企业税收优惠政策的企业名单及其备案资料提交省级发展改革、工业和信息化部门。其中，享受软件企业、集成电路设计企业税收优惠政策的名单及备案资料提交给省级工业和信息化部门，省级工业和信息化部门组织专家或者委托第三方机构对名单内企业是否符合条件进行核查；享受其他优惠政策的名单及备案资料提交给省级发展改革部门，省级发展改革部门会同工业和信息化部门共同组织专家或者委托第三方机构对名单内企业是否符合条件进行核查。

2015年度享受优惠政策的企业名单和备案资料，省级税务部门可在2016年6月20日前一次性提交给省级发展改革、工业和信息化部门。

（二）省级发展改革、工业和信息化部门应在收到享受优惠政策的企业名单和备案资料两个月内将复核结果反馈省级税务部门（第一批名单复核结果应在汇算清缴期结束前反馈）。

（三）每年10月底前，省级财政、税务、发展改革、工业和信息化部门应将核查结果及税收优惠落实情况联合汇总上报财政部、税务总局、国家发展改革委、工业和信息化部。

如遇特殊情况汇算清缴延期的，上述期限可相应顺延

（四）省级财政、税务、发展改革、工业和信息化部门可以根据本通知规定，结合当地实际，制定具体操作管理办法，并报财政部、税务总局、发展改革委、工业和信息化部备案。

十一、国家税务总局公告2015年第76号所附《企业所得税优惠事项备案管理目录（2015年版）》第38、41、42、43、46项软件、集成电路企业优惠政策不再作为“定期减免税优惠备案管理事项”管理，本通知执行前已经履行备案等相关手续的，在享受税收优惠的年度仍应按照本通知的规定办理备案手续。

十二、本通知自2015年1月1日起执行

《财政部　国家税务总局关于进一步鼓励软件产业和集成电路产业发展企业所得税政策的通知》（财税〔2012〕27号）第九条、第十条、第十一条、第十三条、第十七条、第十八条、第十九条和第二十条停止执行。国家税务总局公告2015年第76号所附《企业所得税优惠事项备案管理目录（2015年版）》第38项至43项及第46至48项软件、集成电路企业优惠政策的“备案资料”“主要留存备查资料”规定停止执行。

附件：享受企业所得税优惠政策的软件和集成电路企业备案资料明细表（略）

财政部

国家税务总局

国家发展和改革委员会

工业和信息化部

2016年5月4日

# 工业和信息化部关于完善制造业创新体系推进制造业创新中心建设的指导意见

工信部科〔2016〕273号

各省、自治区、直辖市及计划单列市工业和信息化主管部门：

为深入实施《中国制造 2025》，加快完善制造业创新体系，根据工业和信息化部、发展改革委、科技部、财政部联合印发的《制造业创新中心建设工程实施指南（2016-2020 年）》（以下简称《指南》），现就推进制造业创新中心建设提出以下意见：

## 一、重要意义

创新是制造业发展的源动力和主引擎。当前，我国产业创新能力不强，关键核心技术受制于人、产业共性技术供给不足、创新成果产业化不畅的问题依然存在，现有的制造业创新体系已难以适应经济社会发展需要，亟需在发挥已有各类创新载体作用的基础上，围绕产业链部署创新链，围绕创新链完善资金链，瞄准制造业发展薄弱环节，打造高水平有特色的国家制造业创新平台和网络，形成以制造业创新中心为核心节点的制造业创新体系，推动我国制造业向价值链中高端跃升，为制造强国建设提供有力支撑。

## 二、总体思路和主要目标

### （一）总体思路

坚持把创新摆在制造业发展全局的核心位置，按照《中国制造 2025》战略部署，围绕制造业创新发展的核心任务，有效发挥市场主导作用和政府引导作用，按照“一案一例一策”方式，统筹推进国家制造业创新中心和省级制造业创新中心建设，汇聚创新资源，建立共享机制，发挥溢出效应，打通技术开发到转移扩散到首次商业化应用的创新链条，进一步完善以企业为主体、市场为导向、产学研相结合的制造业创新体系，形成制造业创新驱动、大中小企业协同发展的新格局，切实提高制造业创新能力，推动我国制造业由大变强。

### （二）主要目标

国家制造业创新平台包括国家制造业创新中心和省级制造业创新中心。按照《中国制造 2025》和《指南》总体部署和要求，围绕重点行业转型升级和新一代信息技术、智能制造、增材制造、新材料、生物医药等领域创新发展的重大共性需求，建设一批制造业创新中心。到 2020 年，形成 15 家左右国家制造业创新中心；到 2025 年，形成 40 家左右国家制造业创新中心。在有条件、综合实力较强的地方，建成一批省级 / 区域制造业创新中心，作为国家制造业创新中心的支撑和补充。

通过突破重点领域共性关键技术，加速科技成果商业化和产业化，优化制造业创新生态环境，形成以国家制造业创新中心和省级制造业创新中心为核心节点的多层次、网络化制造业创新体系，显著提升国家制造业创新能力。

## 三、基本原则

### （一）政府引导，统筹布局

加强顶层设计和总体布局，发挥政府的引导作用。充分调动中央和地方积极性，统筹协调国家制造业创新中心和省级制造业创新中心建设。

### （二）市场导向，共同建设

充分发挥市场在资源配置中的决定性作用，由具有行业领先地位的企业、高校、科研院所等自愿组合，自主决策，实现可持续发展。

**（三）因地制宜，差异发展**

探索有效建设模式，针对各地产业发展状况、创新环境和创新资源特点，实现差异化发展，切忌一哄而上，避免重复建设。

**（四）试点先行，有序推进**

以“中国制造2025试点示范城市”、国家新型工业化产业示范基地、国家高新技术产业开发区等创新资源集聚区域为依托开展试点，有序推进制造业创新中心建设。

## 四、总体部署

围绕《中国制造2025》重点领域，每个领域布局一家国家制造业创新中心，形成支撑国家制造业创新体系的核心节点。国家制造业创新中心应汇聚该领域国内主要创新资源，主要解决面向行业的共性技术，以企业为主体，产学研用相结合，采用企业法人等形式组建，探索并完善运行机制，形成内生发展动力。

按照《中国制造2025分省市指南》布局要求，重点产业集聚的省市可选择优势领域建设省级制造业创新中心，打造区域制造业创新平台。省级制造业创新中心应汇聚区域创新资源，探索多种产学研协同组建模式，其牵头组建单位一般应是具有业界影响力的企业，以资本为纽带，联合具有较强研发能力的高校、具有行业领先地位的科研院所或能够整合区域服务的产业园区平台共同组建。省级制造业创新中心应围绕区域性重大技术需求，探索实现多元化投资、多样化模式和市场化运作，打造新型研发机构。

对于聚焦事关制造业发展全局的重点领域的省级制造业创新中心，符合《指南》要求、能够整合国内本领域创新资源、运行稳定并可持续发展、在本领域形成较强影响力时，经制造业创新中心建设工程专家组审核通过后，可升级为国家制造业创新中心。

## 五、主要任务

**（一）开展产业前沿及共性关键技术研发**

面向战略必争的重点领域，开展前沿技术研发及转化扩散，突破产业链关键技术屏障，支撑产业发展。面向优势产业发展需求，开展共性关键技术和跨行业融合性技术研发，突破产业发展的共性技术供给瓶颈，带动产业转型升级。

**（二）建立产学研协同创新机制**

整合各类创新资源，依托现有或新组建的产业技术创新联盟，发挥行业骨干企业主导作用、中小企业协同配套作用、高校科研院所技术支撑基础作用、行业中介组织的保障服务作用，形成联合开发、优势互补、成果共享、风险共担的产学研协同创新机制。

**（三）加强知识产权保护运用**

建立完善的知识产权管理制度，在制造业创新中心成员间形成知识产权协同创造、联合运营和收益共享。加强关键核心技术和基础共性技术知识产权战略储备，形成战略前瞻布局。加强知识保护，支撑和保障制造业创新发展。

**（四）促进科技成果商业化应用**

建立以市场化机制为核心的成果转移扩散机制，通过孵化企业、种子项目融资等方式，推动科技成果首次商业化应用和产业化。探索采取股权、期权激励和奖励等多种方式，鼓励科技人员积极转化科技成果。

**（五）强化标准引领和保障作用**

围绕重点领域组建标准推进联盟，研制对提升产业竞争力具有重要影响的关键技术标准，通过标准固化创新成果、推动创新成果应用、增强市场信心，促进标准与技术和产业发展的紧密结合。积极参加各类国际标准化活动，主导和参与国际标准制定，增加国际标准话语权，提升我国相关产业的国际竞争力。

**（六）服务大众创业万众创新**

建立众创空间、新型孵化器等各种形式的平台载体，利用“互联网+”，为企业提供信息服务，加速创意孵化和技术成果产业化。推动互联网企业构建制造业“双创”服务体系，培育“互联网+”制造新模式。加强与各类投资基金合作，拓展创新创业投融资渠道，为企业“双创”提供持续支持。

**（七）打造多层次人才队伍**

集聚培养高水平领军人才与创新团队，开展人才引进、人才培养、人才培训、人才交流。建立和完善人才培训服务体系，加强专业技术人才和高技能人才队伍建设，把创新精神与企业家精神、工匠精神有机结合起来，为我国制造业发展提供多层次创新人才。

**（八）鼓励开展国际合作**

加强国际科技创新信息的跟踪、收集、分析，通过人才引进、技术引进、参股并购、专利交叉许可等形式，促进行业共性技术水平提升和产业发展。与全球创新要素深度融合，通过建立联合研发中心或实验基地等，开展联合研发。

## 六、保障措施

**（一）完善部门协同机制**

在国家制造强国建设领导小组领导下，强化各部委工作组织协调，形成工作合力，推进制造业创新中心建设工程的实施。组建制造业创新中心建设工程专家组，完善专家组的调研机制、反馈机制和跟踪机制，提高决策的科学性和可行性。充分发挥行业协会的宣传组织和沟通桥梁作用。

**（二）加强地方组织实施**

加强部省资源统筹协调和交流互动，形成中央和地方上下联动的协同工作机制，共同推进制造业创新中心建设。鼓励地方加强规划布局，因地制宜制定各类优惠政策，探索地方财政的有效支持方式，支持制造业创新中心建设。加强省级制造业创新中心与国家新型工业化产业示范基地、两化融合示范区建设等相关工作的结合，鼓励相关试点示范地区建立有利于制造业创新中心建设的服务体系和政策环境。

**（三）加大资金支持力度**

对于列入重点培育对象的省级制造业创新中心，争取地方财政资金支持，积极探索中央财政资金的支持方式。《中国制造 2025》中有关工程和国家科技计划项目对国家制造业创新中心和省级制造业创新中心申报项目予以倾斜。

**（四）用好税收金融政策**

落实制造业与互联网融合发展的增值税优惠政策，加快落实研发费用加计扣除等支持创新的所得税优惠政策。充分发挥各类产业基金的引导作用，鼓励探索打造多元化的融资渠道，调动和增强社会各方力量参与的主动性、积极性，引导社会资本支持制造业创新中心建设。鼓励银行探索支持制造业创新中心建设的金融产品。

**（五）强化考核评估和指导落实**

完善考核评估机制，对国家制造业创新中心开展阶段性考核评估，对重点培育的省级制造业创新中心，根据阶段发展目标开展考核评估。鼓励地方加大对省级制造业创新中心建设的跟踪、分析和指导。根据产业发展和评估情况，择优支持省级制造业创新中心参与国家制造业创新中心建设。

工业和信息化部

2016 年 8 月 19 日

# 财政部　国家税务总局关于银行业金融机构存款保险保费企业所得税税前扣除有关政策问题的通知

财税〔2016〕106号

各省、自治区、直辖市、计划单列市财政厅（局）、国家税务局、地方税务局，新疆生产兵团财务局：

根据《中华人民共和国企业所得税法》及《中华人民共和国企业所得税法实施条例》的有关规定，现就银行业金融机构存款保险保费企业所得税税前扣除政策问题明确如下：

一、银行业金融机构依据《存款保险条例》的有关规定、按照不超过万分之一点六的存款保险费率，计算交纳的存款保险保费，准予在企业所得税税前扣除。

二、准予在企业所得税税前扣除的存款保险保费计算公式如下：

准予在企业所得税税前扣除的存款保险保费=保费基数×存款保险费率

保费基数以中国人民银行核定的数额为准。

三、准予在企业所得税税前扣除的存款保险保费，不包括存款保险保费滞纳金。

四、银行业金融机构是指《存款保险条例》规定在我国境内设立的商业银行、农村合作银行、农村信用合作社等吸收存款的银行业金融机构。

五、本通知自2015年5月1日起执行。

财政部

国家税务总局

2016年10月8日

# 工业和信息化部　国家发展和改革委员会　财政部　国土资源部 国家税务总局关于推动小型微型企业创业创新基地发展的指导意见

工信部联企业〔2016〕394 号

各省、自治区、直辖市及计划单列市、新疆生产建设兵团中小企业主管部门、发展改革委、财政厅（局）、国土资源主管部门、国家税务局、地方税务局：

为深入贯彻落实党中央、国务院关于大力推进大众创业万众创新和构建“双创”支撑平台的战略部署，进一步优化小型微型企业创业创新环境，促进小型微型企业创业创新基地规范发展，推动中小企业转型升级，制定本意见。

## 一、充分认识小型微型企业创业创新基地的重要意义

小型微型企业创业创新基地（以下简称“小微企业双创基地”）是指各类为小型微型企业提供创业创新场所和服务的组织、机构的统称，包括各类创业基地、创业园、众创空间、孵化器和经济技术开发区、工业园区、高新技术园区、大学科技园区中面向小微企业的“园中园”，以及龙头骨干企业围绕主营业务方向设立的面向小微企业、创业团队、创客的创业创新基地（平台）等。

近年来，各地认真贯彻落实国务院支持小型微型企业健康发展的政策措施，实施创办小企业计划，全国共培育和支持创业基地 4000 余个，认定省级示范基地 2200 余个，基地入驻企业超过 19 万个，提供就业岗位超过 500 万个。为小微企业创业创新提供了有力支撑，在培育经济增长新动能中发挥了重要作用。

推动小微企业双创基地发展是贯彻落实党中央、国务院“双创”战略的重要举措，是推动中小企业健康发展的重要抓手。在分享经济快速发展的形势下，加强小微企业双创基地建设有利于集聚各类创业创新要素，集成创业创新资源，优化创业创新环境，降低创业创新成本；有利于规范服务标准，提升服务水平，提高创业创新成功率；有利于形成创业创新氛围，激发创业创新精神，催生企业主体，发挥创业带动就业的倍增效应。各地相关部门要把解决当前小微企业双创基地规模偏小、服务能力偏弱、运营模式有待创新等问题与培育经济发展新动能结合起来，进一步优化小微企业创业创新环境，解决创业创新企业场地难、融资难、服务难等问题。

## 二、总体要求

### （一）指导思想

深入贯彻党的十八大及十八届三中、四中、五中、六中全会精神，树立创新、协调、绿色、开放、共享的发展理念，以促进企业孵化、成果转化、小微企业创新发展为目标，以构建创新与创业相结合、线上与线下相结合、孵化与产业化相结合的“双创”生态系统为重点，扶持培育和示范带动并举，推动小微企业双创基地向智慧化、平台化、生态化方向发展，为小微企业创业创新构建良好的发展环境，培育经济发展新动能。

### （二）发展目标

截至“十三五”末，公告 300 个国家小型微型企业创业创新示范基地，推动地方培育和建设 3000 个省级小型微型企业创业创新基地，形成一批特色鲜明、成果显著的小微企业双创基地，探索一套从孵化培育到产业化发展的有效机制。通过示范基地

的辐射带动作用，提升小微企业双创基地建设和运营水平，不断提高创业创新服务能力，为各类创业创新主体健康发展提供有效支撑。

**（三）基本原则**

政府引导，科学布局。充分发挥政府部门在政策扶持、土地供应、财政支持、行政服务、公共宣传、优化环境等方面的职能作用，加强对小微企业双创基地的引导，结合现有工作基础和资源，制定小微企业双创基地发展规划，构建创业创新生态体系。

因地制宜，特色鲜明。充分发挥各地资源、人文、地理环境等方面的特长和优势，综合利用闲置厂房、城市楼宇、园区设施等场所条件，坚持建设和改造提升相结合，按照区域经济发展特点和产业结构调整要求，推动小微企业双创基地建设，形成地方特色。

市场主导，主体多元。充分发挥市场在资源配置中的决定性作用，树立开放、创新、发展的小微企业双创基地建设和运营新理念，调动各类园区、企业、科研院所、创业投资机构等主体的积极性和主动性，实现投资和运营主体多元化。

整合资源，融合创新。充分发挥各类服务资源的作用，以开放共享、合作共赢的理念，整合资源，补短板、强服务，完善功能。加强与开源社区、资源共享平台、创业沙龙等互联网创业创新平台对接合作，创新模式，提升孵化和产业化能力。

## 三、主要任务

**（一）完善公共基础设施，实现服务信息化**

推动小微企业双创基地完善信息网络基础设施，提高云计算、大数据、物联网等信息技术的应用能力，利用工业互联网、云计算平台、大数据中心等公共服务设施，为企业提供便捷、稳定、广覆盖、低成本的信息网络基础设施和研发、设计、制造、经营管理、营销、融资等全方位应用服务。

**（二）集成内外部服务资源，实现服务平台化**

推动小微企业双创基地以平台化的方式集聚优质创业创新资源。鼓励小微企业双创基地完善服务制度、提升服务水平、提高服务效率；鼓励各类服务机构入驻小微企业双创基地，提供专业化服务；鼓励发展众创、众包、众筹、众扶新模式，提高创业创新服务的能力和水平；鼓励建立并完善小微企业创业创新数据库，为入驻企业提供一站式、个性化服务。

**（三）构建服务质量管理体系，实现服务规范化**

引导小微企业双创基地建立规范的创业服务质量管理和评估体系，明确服务标准，规范服务流程，依据企业对服务效果满意度的评价意见对服务机构进行动态管理，推动小微企业双创基地服务质量不断提升。

**（四）推动产业有机联动，实现小微企业双创基地生态化发展**

引导小微企业双创基地构建各类创业创新主体紧密协作的网络，围绕产业链、打造创新链、优化供应链、完善资金链，形成产业资源集聚、企业多元互补、服务功能完备的创业生态环境。建设技术交易、信息技术服务、科技咨询、创业培训等公共服务平台，促进创新成果转化，加强知识产权保护和应用。构建入驻企业资源共享、原料互供机制，加强专业化协作。推动骨干企业与入驻企业合作共享，打造生产协同、创新协同、战略协同的创新产业圈。引导银行、投资机构、中小企业信用担保机构与入驻小微企业对接。引导和鼓励有条件的小微企业双创基地直接设立或引入专业股权投资基金，构建与创业创新相协调的资金链。

**（五）打造环境友好型基地，引导小微企业双创基地绿色化发展**

推动小微企业双创基地全面推行绿色发展理念。鼓励利用闲置厂房、楼宇等场所改建小微企业双创基地，完善“三废”集中处理等公共基础设施；鼓励小微企业双创基地为入驻企业开展能耗在线监测与预警服务，帮助入驻企业降能耗、降成本，开展清洁生产技术改造，提升能源资源利用效率。推动新能源的使用和节能减排，实现小微企业双创基地绿色发展。

**（六）提升信息技术应用能力，推动小微企业双创基地智慧化发展**

加强小微企业双创基地与“互联网+”融合。通过不断完善和提高汇集分析物业、企业、项目、技术、人才等信息的能力，加强智慧物流、智慧仓储、智能监控、智慧能源等平台建设，推动项目智能评估、健康体检、实时监控等精细化管理系统的应用，逐步提高小微企业双创基地智慧化水平。

**（七）发挥各类主体优势，推动小微企业双创基地特色化发展**

结合各种建设运营主体的特点和小微企业双创基地运营发展需求，有重点、有特色的打造小微企业双创基地核心竞争力，提高小微企业双创基地孵化和产业化能力。对于依托经济技术开发区、工业园区、产业集群（园区）等为基础建设运营的小微企业双创基地，要重点发挥产业资源集聚功能，构建从孵化到产业化的全链条企业培育能力。对于依托高校和科研院所建设运营的小微企业双创基地，要重点发挥科技创新的引领作用，提高科研成果转化率，打造科技含量高、影响力大、创新能力强、孵化效果好的小微企业双创基地。对于行业骨干企业设立运营的小微企业双创基地，要发挥骨干企业的带动作用，以及在研发资源、市场资源、信息资源等方面的优势，加强专业化协作和配套，支持入驻企业专精特新发展。

## 四、政策扶持

**（一）推动用地政策落实**

各级中小企业主管部门要积极协调有关部门，认真落实国务院关于促进小型微型企业发展和推动双创平台建设的政策措施，统筹规划建设小微企业双创基地，在用地计划指标上予以优先安排。

对利用闲置土地、厂房、楼宇建设创业创新基地有贷款需求的项目，各地中小企业主管部门应积极协调，组织金融机构进行对接并给予支持。

**（二）加强财政支持力度**

将小微企业双创基地建设和发展与现行支持政策做好衔接，统筹现有资金渠道，探索 PPP、政府购买服务等模式支持小微企业双创基地基础设施改造、信息化建设、服务能力提升，以及对厂房场地租金予以补助，对优秀小微企业双创基地予以奖励。

**（三）完善金融保障力度**

创新金融工具，引导金融机构加大对示范基地建设和重点项目的支持力度。推动小微企业双创基地与银行、创业投资机构、股权投资机构对接，联合设立或引进创业投资基金、股权投资基金并优先投资于小微企业双创基地内企业和项目。鼓励小微企业双创基地与中小企业信用担保机构对接，为小微企业双创基地内中小企业提供增信和融资担保，支持保险机构在小微企业双创基地内积极发展产品和服务。

**（四）落实税收优惠政策**

切实落实创业孵化器税收优惠政策。小微企业双创基地符合科技企业孵化器、大学科技园税收政策条件的，可享受有关税收优惠。

## 五、组织实施

**（一）研究制定实施计划**

各地中小企业主管部门主动作为，加强引导，大胆探索，相互借鉴，有机衔接各地方、各部门已有工作基础，制定适合当地产业和经济发展的小微企业双创基地发展实施计划。科学组织，合理定位，设立计划推进工作组，建立计划推进时间表，完善配套支持政策。

**（二）加强宣传，营造氛围**

依托各地主要媒体和新媒体，加大对小微企业双创基地的宣传和推介，总结宣传示范基地运营的新模式、新思路，推广建设运营的成功经验，发挥示范基地的引领带动作用。组织各种类型的创业创新大赛、创业训练营、资本对接会等活动，营造创业创新氛围。

**（三）加强与相关部门的协调沟通**

各级中小企业主管部门要结合实际情况，建立与相关部门的联系协调机制，切实推动小微企业双创基地相关政策的贯彻落实，实现上下联动、统筹推进、务实高效的政策合力。

工业和信息化部

国家发展和改革委员会

财政部

国土资源部

国家税务总局

2016 年 12 月 5 日

# 交通运输部　财政部　国家铁路局　中国民用航空局　国家邮政局　中国铁路总公司关于鼓励支持运输企业创新发展的指导意见

交运发〔2016〕227号

各省、自治区、直辖市交通运输厅（委）、财政厅（局）、邮政管理局，新疆生产建设兵团交通局、财务局，各地区铁路监管局，民航各地区管理局，各铁路局：

企业是创新发展的主体。鼓励支持运输企业创新发展，是适应经济发展新常态、推进运输服务供给侧结构性改革、促进运输行业转型升级的重要举措，对于增强运输行业发展内生动力，打造发展新引擎、培育发展新动能、形成发展新优势具有重要意义。为深入贯彻落实《国家创新驱动发展战略纲要》和《国务院关于大力推进大众创业万众创新若干政策措施的意见》（国发〔2015〕32号），推进运输企业创新发展，现提出以下指导意见。

## 一、总体要求

### （一）指导思想

以党的十八大和十八届二中、三中、四中、五中、六中全会精神为指导，牢固树立和贯彻落实“创新、协调、绿色、开放、共享”的发展理念，大力实施创新驱动发展战略，以提质降本增效为中心，以促进运输行业转型升级为主线，以深化供给侧结构性改革为动力，加快推进运输企业协同创新、组织创新、技术创新、服务创新和制度创新，努力营造创新活力竞相进发、创新源泉充分涌流的政策环境，有效激发运输企业创新内生动力，不断提升运输企业核心竞争力，为全面建成小康社会提供更好更优的运输服务保障。

### （二）基本原则

企业主体、政府引导。强化企业在创新中的主体地位，充分发挥市场在资源配置中的决定性作用，更好发挥政府在鼓励支持运输企业创新发展中的引导作用，形成企业与政府共同发力、协同互动的良好格局。

创新驱动、激发活力。把创新作为企业发展的第一动力，加快推进原始创新、集成创新和引进消化吸收再创新，不断增强企业创新活力和核心竞争力，为运输企业发展打造新引擎、培育新动能。

深化改革、营造环境。深化简政放权、放管结合、优化服务改革，大力消除影响公平竞争、妨碍创新的制度束缚，打破市场分割壁垒，突破利益固化藩篱，营造统一开放、竞争有序的运输市场环境。

协同协作、统筹推进。加强政策协同和统筹协调，促进中央与地方、政府与企业的有效联动，形成齐抓共管的整体合力，确保政策措施能落地、见实效，推动运输行业创新发展。

### （三）总体目标

到2020年，形成以企业为主体、市场为导向、政产学研用相结合的协同创新格局，运输企业创新活力不断增强；培育一批具有国际竞争力的创新型运输企业，服务国家“三大战略”实施和经济社会发展。

## 二、主要任务

### （四）鼓励支持运输企业协同创新

促进产业联动发展。鼓励运输企业打破单一产业界限，促进运输产业与上下游产业联动发展，推动运输产业与第一、第二、第三产业的跨界融合。引导运输企业与现代农业、现代物流、邮政快递、商贸流通企业无缝衔接，优化仓储、加工、运输、配送等一体化物流服务流程，打造全链条、立体式交通物流体系，推进物流业降本增效。鼓励运输企业与先进制造企业建立供应链战略合作关系，促进物流业与制造业流程再造，不断提高供应链效率。推进运输企业与文化旅游业深度融合，开发旅游直通车、景区小交通、站场旅游集散、邮轮等运游结合产品，拓展新型旅游公共服务。引导航运企业大力发展航运金融、保险、航运交易等现代金融，拓宽投融资渠道，促进航运服务业发展。

促进企业联盟发展。鼓励运输企业以市场为导向组建企业联盟，促进产业链、供应链和服务链的一体化整合、网络化发展、系统化集成。推进冷链物流联盟发展，促进冷链运输与冷链产业协调联动，推动冷链产业上下游一体化发展。推进危险货物运输联盟发展，整合共享危险货物运输企业优势资源，推动道路危险货物运输网络化、规范化运营，提升危险货物运输组织化程度和安全运营水平。推进接驳运输联盟发展，整合接驳运输资源，提高运输组织效率，促进道路客运网络化经营和集约化发展。推进多式联运联盟发展，构建多式联运企业联盟合作平台，推动市场资源整合、装备标准协调、组织模式创新和业务运营合作，促进多式联运竞合协作与共享发展。

促进旅客联程运输发展。推动跨运输方式的客运联程系统建设，统筹运输方式间运力、班次对接，引导运输企业开展空铁、公铁、公水等旅客联程运输服务。加快省域道路客运联网售票系统建设，提高联网售票二级以上客运站覆盖率。推广普及道路客运电子客票、网络购票、实名制购票，鼓励第三方综合客运联网售票平台发展，引导联程运输票务一体化发展。推进重点水域客运联网售票平台建设。推行跨方式异地候机候车、行李直挂等服务，推进跨方式出行信息互联互通、及时发布、实时更新和便捷查询，提升公众出行效率。

**（五）鼓励支持运输企业组织创新**

推进运输企业“双创”。充分发挥企业的创新主体作用，鼓励支持运输企业推进大众创业、万众创新，构建众创、众包、众扶、众筹等支撑平台，形成创业与创新、线上与线下、政府与市场相结合的创新格局。推进运输企业众创，支持创客空间等新型众创空间发展，构建企业开放式创业创新平台，激发全行业创业创新热情。推进运输企业众包，支持交通出行、无车承运、快件投递等领域服务众包，运用互联网技术高效对接供需信息，促进分享经济运输服务模式发展。推进运输企业众扶，鼓励大中型运输企业、行业协会和企业联盟，通过生产协作、搭建桥梁、共享资源等方式，为中小企业提供货源、车源、信息、技术等扶持。推进运输企业众筹，通过实物众筹、股权众筹等方式，更加灵活地满足产品开发、企业成长和个人创业的融资需求，拓宽运输企业创业创新投融资渠道。

推进客运组织方式创新。推动形成高速、普速合理匹配的多层次铁路客运组织体系，提升铁路客运有效供给能力。积极推进长途客运接驳运输发展，探索长途客运班线节点运输模式。鼓励道路客运企业发展定制班车、定制包车、商务专线、校园专线、小型包车等多样化客运服务模式，引导城市公交企业发展定制公交、夜间公交、社区公交、接驳公交、通勤班车等多层次公交服务模式。促进公路客运班车运输小件货物有序发展。扩大邮轮、游艇等水上高端客运服务供给，延伸邮轮产业链条和服务功能，推动水上客运向旅游化、高速化、舒适化发展。

推进货运组织方式创新。引导铁路运输企业积极拓展全品类物流、全流程服务，开发小运转、快速循环、城际间等多频次多样化的集装箱班列服务产品，打造铁路运输快件示范线。支持货运企业重点发展跨区域甩挂、企业联盟甩挂、网络型甩挂等主题性甩挂运输模式，大力发展统一配送、集中配送、共同配送等集约化城市配送模式，推动甩挂运输与城市配送协同发展。支持轻资产平台型物流企业发展，推动其向无车承运人、无船承运人、多式联运经营人等经营主体转型。支持交通运输与农村商贸、供销、邮政快递等服务设施综合利用，推广“多站合一”的农村物流节点发展模式。引导运输企业拓展农村物流服务，构建互通省际、下达市县、覆盖乡村的农村物流网络。推进港口与产业园区、物流园区、保税区、内陆港联动发展，提升港口在物流链中的集聚效应和枢纽功能。推动港口物流联盟发展，促进区域港口一体化。引导航运企业加快构建全球海运网络，优化航线布局，加强船舶调度，实现吨位共享、舱位互租、航线联营。引导邮政、快递企业发展跨境寄递业务。支持组建国际化、规模化的混合所有制航空物流公司。

**（六）鼓励支持运输企业技术创新**

加大企业技术创新投入。完善激励政策，促进企业成为技术创新的投入主体。引导企业加大技术创新投入力度，运输企业平均研发投入占营业收入比例力争达到 2.5%。鼓励支持企业建立技术研发平台和协同创新平台，构建企业协同创新体系。加强节能环保技术在运输行业的研发、推广和应用。

促进新装备新技术应用。加快铁路、公路运输装备技术升级，促进具有自主知识产权的高速动车组、快速客运机车、快捷货车、新型轨道结构、列控系统、高铁地震预警、高铁安防预警等新装备新技术在铁路的推广应用，推进标准化、集装化、厢式化运载单元、标准化托盘等装载单元和起重尾板等装卸辅助设备的推广应用。加快推进货运车型标准化，促进厢式化、模块化、轻量化等先进车型的推广应用。加快新能源汽车配套基础设施建设，促进新能源汽车的推广应用。持续推进内河船型标准化，大力发展节能环保、经济高效的船舶装备。

**（七）鼓励支持运输企业服务创新**

大力推行精益服务。引导运输企业创新服务模式，不断优化运输服务流程，持续改进提升运输服务，实现服务效率更高、服务质量更优、服务效益更佳。把精益服务理念贯穿运输服务全过程，鼓励开展个性化定制、柔性化生产、无痕化服务，精确细分目标客户市场，按需求分层次提供运输服务产品，满足公众差异化、多样化运输服务需求，提升公众服务体验。

大力发展“互联网+”运输服务。大力发展“互联网+”便捷交通，鼓励运输企业依托或打造跨地域、跨方式的互联网综合出行平台，为公众出行提供交通导航、网上购票、网络约租、智能停车、电子支付等智慧出行服务；应用车联网、船联网等物联网技术，建设更加完善的交通运输感知体系，全面支撑便捷交互、故障预警、运行维护、动态监控和智能调度，提高公众出行智能化水平。大力发展“互联网+”高效物流，支持运输企业建设跨行业、跨区域的综合物流信息服务平台，提高物流信息对接效率；完善智能物流配送体系，推进货运车联网与物流园区、仓储设施、配送网点等信息互联，促进人员、货源、车源等信息高效匹配，提高物流配送效率。大力发展“互联网+”汽车维修，鼓励O2O模式的汽车维修服务发展，引导汽车维修配件供应电商平台化发展，为公众提供维修技术信息公开、电子健康档案、故障诊断、维修保养、汽车救援、配件追溯等服务，满足公众个性化、高品质维修服务需求。

**（八）鼓励支持运输企业制度创新**

完善现代企业制度。引导运输企业完善现代企业制度，健全现代企业治理结构，增加促进企业创业创新的制度供给，增强运输企业活力、竞争力和抗风险能力。创新企业安全生产管理制度，落实企业安全生产主体责任，鼓励企业建立第三方安全评估制度，促进企业本质安全。

加强企业软实力建设。鼓励运输企业实施品牌经营战略，充分发挥行业协会的方向引导和品牌培树作用，着力培育一批市场知名度高、核心竞争力强、辐射带动面广的运输服务品牌。鼓励运输企业加强创新文化建设，营造放手让一切劳动、知识、技术、管理、资本的活力竞相迸发，让一切创新创造的源泉充分涌流的发展环境，形成鼓励创新、宽容失败的良好氛围。

**三、保障措施**

**（九）提升基础设施保障能力**

统筹布局、统一规划、协同建设综合运输大通道和物流大通道，优化完善铁路、公路、水路基础设施网络结构，提高基础设施衔接水平。大力推进铁路进港、无水港、公路货运场站专用通道设施建设，重点加强沿海沿江主要港口集疏港铁路与高等级公路、铁路枢纽场站外联公路等重点项目的规划建设，加快完善枢纽节点的多方式集疏运体系。支持铁路、公路运输主动相互对接运输两端业务，强化对铁路最先和最后一公里的接驳和集散服务，构建铁路干线运输和公路末端配送紧密衔接的全程运输链条。按照客运“零距离换乘”、货运“无缝化衔接”要求，建设功能完备、换乘高效、出行便捷的综合客运枢纽和布局合理、能力匹配、衔接顺畅的货运集疏运体系，提高旅客转运和货物集散效率。依托铁路、港口、民航物流基地，配套建设公路集散分拨中心、邮（快）件分拨处理中心，打造具有铁、公、水、航、邮联运功能的综合货运枢纽（物流园区）。

**（十）推动财税金融政策创新**

积极协调税务部门，推动道路、水路客运电子客票纳入电子税务范畴。切实落实个体运输业户异地代开增值税专用发票。通过全面推开营改增试点，进一步消除重复征税，增加交通运输行业进项税抵扣，合理降低企业税收负担，增强企业活力。推动落实大型运输企业实行企业所得税总分机构统一申报缴纳。继续落实针对国际标准集装箱车辆、甩挂运输推荐车型车辆的通行费优惠政策。对国内定期定线运行的客运班线车辆通行费可推行月票或年票制，实行大客户优惠。鼓励金融机构为运输企业提供多样化金融服务和融资支持，拓宽运输企业直接融资渠道。

**（十一）推进运输行业管理创新**

继续深化简政放权、放管结合、优化服务改革，健全完善权力清单、责任清单制度，推进运输行业管理创新。清理精简阻碍运输企业创新发展的行政审批事项、职业资格认定和经营许可资质认定，不断激发运输市场活力。持续深化商事登记制度改革，全面实行“五证合一”“一照一码”，不断降低创业创新制度性成本。创新行业监管方式，全面推行“双随机、一公开”监管制度，重点加强行政审批事项、职业资格许可取消和下放地方管理后的事中事后监管，不断提升运输市场监管效能。大力发展“互联网+”交通运输政务服务，加快建成互通共享的网上服务平台，凡与企业生产经营密切相关的服务事项，推进实现网上办理。

**（十二）完善法规标准体系**

全面清理和修改阻碍运输企业创新发展的有关法律法规，修订和废止设置行政壁垒、妨碍公平竞争的各种制度规定。完善运输行业法律法规体系，推进《快递条例》出台，推动《铁路法》《港口法》《民用航空法》《道路运输条例》《国际海运条例》修订，加快《综合交通运输促进法》《道路运输法》《多式联运法》立法前期研究。落实国家深化标准化工作改革方案，统筹推进国家标准、行业标准、地方标准、团体标准及企业标准的协调发展，发挥标准对运输企业创新发展的技术支撑作用。

**（十三）加大创新人才培养力度**

引导运输企业建立现代人才培养制度，加快培养一批具有世界眼光、善于经营管理的新型企业家和职业经理人。推进实施交通运输从业人员素质提升工程，完善现代交通运输职业教育体系，建立产教融合、校企合作的技术技能人才培养模式。建立完善运输企业创新人才激励机制，培养造就一支国际化、专业化的创新型人才队伍，引领带动大众创业、万众创新。

各地要充分认识鼓励支持运输企业创新发展的重要意义，将其作为推进运输行业供给侧结构性改革、促进行业转型升级的重要抓手，列入重要议事日程。坚持创新发展的目标导向和问题导向，会同有关部门和单位，加强统筹协调，完善政策措施，建立推进机制，创造性地开展工作，确保各项工作落到实处。

交通运输部<br>财政部<br>国家铁路局<br>中国民用航空局<br>国家邮政局<br>中国铁路总公司<br>2016 年 12 月 21 日

# 中国银监会关于规范银行业服务企业走出去加强风险防控的指导意见

银监发〔2017〕1号

各银监局，各政策性银行、大型银行、股份制银行，邮储银行，外资银行，银行业协会：

为深入贯彻落实党中央、国务院关于共建"一带一路"、推进国际产能合作的决策部署，规范银行业金融机构境外经营行为，提升支持企业走出去服务能力，建立服务"一带一路"建设长期、稳定、可持续、风险可控的金融保障体系，现提出以下意见：

## 一、总体要求

### （一）明确战略定位

银行业金融机构应综合分析客户需求、外部环境以及自身优势，确立差异化、特色化的战略定位，统筹境内外机构布局和业务发展，制定并实施统一的境内外发展战略规划。

### （二）加强重点领域服务

银行业金融机构应积极贯彻落实"一带一路"战略，为企业走出去和国际产能合作提供优质金融服务。在风险可控、商业可持续的前提下，结合自身服务企业走出去的战略定位，主动对接重点领域重大境外项目建设，支持基础设施互联互通、国际产能合作和经贸产业合作区建设。

### （三）丰富金融服务方式

银行业金融机构应围绕走出去企业的有效需求，加强有利于提高服务质量和效率、与自身风险管控能力相匹配的金融创新，拓展国际化融资模式，积极开展出口信贷、项目融资、银团贷款、贸易金融、投资银行、跨境人民币业务、金融市场、全球现金管理、资产管理、电子银行、金融租赁等相关金融服务。

### （四）加强公司治理

银行业金融机构应建立健全涵盖境外机构与业务的公司治理原则和框架，明确相应授权和责任，建立科学合理的决策、执行、监督、激励、问责等治理运行机制，提高内部控制的有效性，确保境外机构和业务发展符合自身整体战略。

### （五）强化风险管理

银行业金融机构应持续提升全面风险管理能力，加强与境外机构和业务有关的战略风险、信用风险、市场风险、合规风险、国别风险、环境与社会风险、流动性风险以及操作风险的管理。高度重视综合经营带来的跨境跨业风险，健全覆盖所有境外机构与业务的并表管理框架。

### （六）鼓励良性竞争

银行业金融机构应严格遵守相关法律法规和境外项目管理规定，加强与商务部、发展改革委等部门以及我驻外使领馆的信息沟通，对未按照规定取得相关备案或核准文件的境外项目，不得提供融资。银行业金融机构应恪守商业伦理，坚决反对商业贿赂、侵犯商业秘密等不正当竞争行为。

### （七）健全责任追究制度

银行业金融机构应针对境外业务中各类违反法律法规和内部管理制度的行为，细化完善责任追究制度。属失职、失察导致风险事件发生的，应根据事件调查结果并视情节轻重，追究相关人员责任。对重大风险事件，应严格落实"双线问责、上追两级"要求。

### （八）加强保障能力建设

银行业金融机构应加快完善内部经营组织架构，严格内部政策和程序，加强总分行管理及条线管理，建立健全全球客户管理体系，提升境内外协同效应。完善境外信息系统建设规划，提升基础数据质量，提高网络安全防护水平，全面加强信息系统对国际化运营的支持能力，满足境内外监管当局对机构报告、系统安全、数据安全、反洗钱、客户信息保护等方面的要求，建立突发事件应急预案。加快培养既精通金融业务，又熟悉境外法律、税务及监管制度的复合型国际化管理人才队伍。

## 二、加强信用风险管理

### （九）完善授权授信政策

银行业金融机构应加强境外授权管理，定期评估境外机构风险管理能力、业务需求和当地监管要求，重检或调整授权政策。加强境内外统一授信管理，将同一法人（集团）客户开展的境内外各类授信业务纳入客户综合授信额度。完善涵盖境内外风险敞口的集中度风险管理框架。

### （十）强化尽职调查

银行业金融机构应遵循独立、全面、深入、审慎的原则，加强境外业务尽职调查和风险评估。深入分析项目所在地经济、法律、政治和社会环境，审慎评估项目盈利能力和相关风险，独立研判项目可行性。

对产能合作项目，应综合分析其销售渠道、目标市场容量和竞争优势，审慎评估未来还款能力；对境外项目所涉及的工程承包商等第三方机构，应调查其是否符合当地监管、法律、环保等要求。

### （十一）坚持自主审贷

银行业金融机构服务企业走出去，应依据“自主经营，自担风险，自负盈亏，自我约束”的商业化原则自主审贷，严格把关，注重风险管控和成本约束，审慎判断项目收益，科学评估项目自身现金流的覆盖能力，科学设定合同条款，落实还款来源。

### （十二）加强贷后管理

银行业金融机构应加强对境外信贷资产质量的监测分析，根据境外项目的授信规模和风险，实施差异化贷后管理。对于风险较高的境外贷款业务，应加强现场检查与监督，密切关注工程进度等情况，强化资金监管，防范信贷资金挪用和逃废债等行为。当客户出现重大风险情况时，应及时采取有效措施，缓释风险。对当地无分支机构或代理行进行有效贷后管理的非出口信贷类业务，应审慎介入。

### （十三）加强担保管理和风险分担

银行业金融机构应严格遵守境外业务所在地担保相关法律法规，审慎评估保证和抵质押品的合规性、充分性及可执行性，跟踪监测抵质押品价值变动、抵质押比率和保证人的担保能力。

银行业金融机构应加强与相关保险公司、境内外同业及保理商等机构的合作，通过贸易保险、项目保险、组建银团、国际保理等方式，合理分担风险。对中国出口信用保险公司的政策性承保业务，应按照相关监管规定计算贷款风险权重，进行贷款分类。对于采取上述风险分担机制的业务，银行业金融机构仍应注重全流程风险管理，加强贸易背景真实性审查，切实履行本机构在风险分担机制中的义务。

### （十四）防范重点领域风险

银行业金融机构开展跨境并购贷款业务，应综合考虑并购方的资信状况、经营管理能力、财务稳健性、自筹资本金充足情况，并购标的的市场前景、未来盈利、国别风险、并购协同效应等因素，充分考虑并购过程中的交易操作风险和业务整合风险，审慎介入周期性行业及跨行业的境外并购项目。

银行业金融机构开展内保外贷等跨境担保业务，应加强融资第一还款来源分析，审慎评估借款及担保主体的风险承受能力，并严格遵守跨境人民币业务和外汇管理的有关规定。

## 三、加强国别风险管理

**（十五）健全国别风险管理体系**

银行业金融机构应建立与本机构战略目标、风险敞口规模和复杂程度相适应的国别风险管理体系，并将国别风险管理纳入全面风险管理框架，国别风险管理的政策和程序应经董事会批准。董事会应充分履行对高级管理层的监督职责，确保国别风险管理政策和程序得到有效实施。

**（十六）完善国别风险评估评级程序**

银行业金融机构应完善国别风险评估和内部评级程序，对已经开展和计划开展业务的国家和地区逐一进行风险评估和评级。在制定业务发展战略、设定国别风险限额、评估借款人还款能力和审批授信时，充分考虑国别风险评估和评级结果。

**（十七）提升国别风险限额管理能力**

银行业金融机构应完善国别风险限额管理信息系统，夯实业务数据基础，在综合考虑跨境业务发展战略、国别风险评级和自身风险偏好等因素的基础上，合理设定并细化覆盖表内外项目的国别风险限额，定期进行评估和调整。当特定国家或地区风险状况发生显著变化时，应提高评估和调整频率。

**（十八）健全应急处置机制**

银行业金融机构应加强国别风险的监测、研判，开展国别风险压力测试，分析风险传染渠道，制定国别风险应急预案。明确在不同情况下应采取的风险缓释措施，通过交易结构安排和法律安排等，缓释特定国家风险。

**（十九）严格计提国别风险准备金**

银行业金融机构应严格按照《银行业金融机构国别风险管理指引》要求，充足计提国别风险准备金，并根据国别风险的变化予以动态调整。

## 四、加强合规风险管理

**（二十）加强合规体系建设**

银行业金融机构应健全境内外合规风险管理体系，加强合规文化建设，明确合规政策和程序，强化独立的合规职能，确保合规要求覆盖所有机构、业务、条线、操作环节及人员。董事会应对经营活动的合规性负最终责任，高级管理层应切实履行合规管理职责，监事会应加强对董事会和高级管理层合规管理职责履行情况的监督。

**（二十一）加强日常合规管理**

银行业金融机构应做好境外机构和业务相关监管规则的跟踪分析和合规培训，对合规情况进行检查、评估和报告，完善合规风险应对预案。新型跨境业务以及新开发的境外业务的立项、研发、开办等应纳入合规风险管理体系，实现合规风险的全流程管控和全面覆盖。

**（二十二）加强合规资源配置**

银行业金融机构应根据境内外法律法规、监管要求、境外业务复杂程度等因素，合理设置总行（公司）和境外机构合规岗位，配齐合规人员。境外机构合规工作主要负责人应具备丰富的合规工作经验，熟悉相关国际监管规则和当地法律及监管要求。

**（二十三）做好客户准入把关**

银行业金融机构应遵循“了解你的客户”原则，全面了解客户的业务经营和财务状况，以及当地经营环境，必要时还应了解“客户的客户”等情况。特别是深入调查客户是否存在洗钱、恐怖融资、偷税漏税、违反劳工法、侵害知识产权、制假售假、违反海关管理规定等违法违规或不良行为记录。

**（二十四）加强反洗钱和反恐融资管理**

银行业金融机构应严格执行联合国安理会有关决议，严格遵守境内外反洗钱和反恐融资等相关法律法规和监管要求。及时录入、更新制裁名单，对借款人、汇款人、借款及收款单位的主要股东、高级管理人员受制裁的情况进行动态审查。加强反洗钱系统的开发和维护，满足反洗钱工作数据采集、筛选、分析和报告的电子化需求，加强可疑交易的识别和报告。根据境内外监管要求，履行资金冻结、向监管部门报告等义务，防止任何组织或个人利用本机构从事支持恐怖主义、洗钱或其他非法活动。银行业金融机构应在相关法律法规和监管框架下，正确使用客户信息，按照有关国家和地区的监管要求，加强客户隐私保护，积极维护客户合法权益。

**（二十五）加强监管沟通**

银行业金融机构境外机构高级管理人员应加强与境外机构和业务所在地监管部门的沟通，积极配合相关监管工作。银行业金融机构应及时将境外机构与当地监管当局沟通的重大事项向我国监管部门报告。

## 五、加强环境和社会风险管理

**（二十六）重视境外业务环境和社会风险管理**

银行业金融机构应积极借鉴赤道原则及其他国际良好做法，高度重视客户及其重要关联方在建设、生产、经营活动中面临的环境和社会风险，督促其建立健全环境和社会风险控制体系，制定并落实相关行动计划，严格遵守当地环保、产业等领域的法律法规。对能源资源、农林牧渔、重大基础设施及工程承包领域的环境和社会风险，在提供项目融资及贸易融资时应给予特别关注，必要时可征求相关行业主管部门意见，或向合格、独立的第三方进行咨询。

**（二十七）实施环境和社会风险全流程管理**

银行业金融机构应充分评估走出去项目的环境和社会风险，将评估结果作为项目准入、评级和管理的重要依据，并在贷款“三查”、贷款定价和经济资本分配等方面实施差别化管理。银行业金融机构应加强境外项目的环境和社会风险监测，对存在重大风险的项目，应加大跟踪力度，及时采取风险缓释措施。

**（二十八）维护当地民众权益**

银行业金融机构应督促客户维护职工合法权益，在项目建设、公司运营过程中努力增加当地民众的就业、教育等发展机遇，尊重当地文化、宗教和社会习俗等。

**（二十九）增进与利益相关者的交流互动**

银行业金融机构应督促涉及重大环境和社会风险的客户建立申诉——回应机制，及时受理并回应项目建设或公司运营所在地民众、非政府组织和其他利益相关者的合理诉求。

**（三十）加强信息披露**

银行业金融机构应指定专门部门和人员负责境外机构和业务相关的信息披露，做好公关交流，防范声誉风险。对存在潜在重大环境和社会风险的境外项目，应与客户事先约定，以适当方式及时披露项目名称、主要投资者和承包商名称、授信金额、环境影响评价情况等关键信息，主动加强与利益相关者沟通，接受公众监督。

## 六、完善境外机构布局

**（三十一）完善境外重点国家和地区机构布局**

银行业金融机构应做好境外机构布设的中长期规划，加强前期评估工作，综合考虑自身战略、客户业务需求、自身风险管控能力以及目标国家的政治、经济、法律、社会和竞争环境，重点在走出去企业相对集中、对中资银行业金融机构服务需求或潜在需求较大的区域完善布局。

**（三十二）合理选择境外机构形式**

银行业金融机构应审慎评估自身境外经营实力和风险管控能力，合理选择代表处、分行、子行或子公司等形式设立境外机构，遵循市场化原则进入目标国家和地区。银行业金融机构可通过发展代理行和战略合作伙伴、加强与当地同业合作等方式，扩大服务半径。

**（三十三）防范跨境并购风险**

银行业金融机构开展跨境并购，应客观评估自身跨境管理能力和资源调配能力，全面、深入了解目标市场环境，确保跨境并购符合本机构战略规划、业务整合产生协同效应，审慎分析并购可行性和交易可操作性，合理确定并购价格及风险缓释条款。

**（三十四）加强境外机构管理**

银行业金融机构应制定全面、清晰的境外机构管理制度，明确总行（公司）与境外机构之间的权责边界、报告路线等，加强内审、合规、风险、信息技术等条线管理，强化检查与问责，确保境外机构经营活动得到总行（公司）的有效管控。

## 七、加强监督管理

**（三十五）加强境外机构布局准入监管**

监管部门应建立健全银行业金融机构走出去的统筹协调机制，加强规划指导，做好机构准入监管工作。

**（三十六）加强境外业务非现场监管**

监管部门应完善非现场统计制度，加强国别风险数据采集，定期开展对境外业务发展与风险情况的监测分析。监管部门应将境外业务作为非现场监管会谈及外部审计会谈的重要内容。

**（三十七）强化境外业务现场检查**

监管部门应重点检查境外机构的合规、风控、信贷管理体系建设以及境内外业务关联情况，促进银行业金融机构提升国际化经营管理水平和抗风险能力，对存在问题的境外机构及时采取监管措施，并对违规机构依法依规进行处罚。

**（三十八）加强跨境监管协调**

监管部门应搭建跨境监管交流平台，充分发挥谈判、磋商、对话以及监管联席会议的作用，加强与境外监管当局的信息共享与合作，并就各方关切的重要问题加强交流与协商。

**（三十九）充分发挥自律组织作用**

中国银行业协会应做好行业自律管理，建立信息平台和合作机制，促进银行业金融机构在境外经营过程中的沟通、交流、协调和合作，避免恶性竞争，维护银行业声誉。加强开展对“一带一路”沿线和国际产能合作重要国家的研究，定期发布国别风险研究报告，组织开展银行业金融机构服务“一带一路”、国际产能合作和企业走出去培训工作。

**（四十）建立企业境外投资合作黑名单制度**

中国银行业协会应加强与银行业金融机构、相关行业协会及主管部门的沟通联系，根据企业违法违规及不良行为等情况，建立境外投资合作企业黑名单制度。明确列入黑名单的企业标准，定期更新黑名单并向银行业金融机构发布。银行业金融机构应及时将符合黑名单标准的企业信息报送银行业协会。

金融资产管理公司、金融租赁公司等非银行金融机构开展境外业务、设立境外机构参照本指导意见执行。

中国银行业监督管理会

2017年1月9日

# 财政部　国家税务总局关于简并增值税税率有关政策的通知

财税〔2017〕37 号

各省、自治区、直辖市、计划单列市财政厅（局）、国家税务局、地方税务局，新疆生产建设兵团财务局：

自 2017 年 7 月 1 日起，简并增值税税率结构，取消 13%的增值税税率。现将有关政策通知如下：

一、纳税人销售或者进口下列货物，税率为 11%：

农产品（含粮食）、自来水、暖气、石油液化气、天然气、食用植物油、冷气、热水、煤气、居民用煤炭制品、食用盐、农机、饲料、农药、农膜、化肥、沼气、二甲醚、图书、报纸、杂志、音像制品、电子出版物。

上述货物的具体范围见本通知附件 1。

二、纳税人购进农产品，按下列规定抵扣进项税额：

（一）除本条第（二）项规定外，纳税人购进农产品，取得一般纳税人开具的增值税专用发票或海关进口增值税专用缴款书的，以增值税专用发票或海关进口增值税专用缴款书上注明的增值税额为进项税额；从按照简易计税方法依照 3%征收率计算缴纳增值税的小规模纳税人取得增值税专用发票的，以增值税专用发票上注明的金额和 11%的扣除率计算进项税额；取得（开具）农产品销售发票或收购发票的，以农产品销售发票或收购发票上注明的农产品买价和 11%的扣除率计算进项税额。

（二）营业税改征增值税试点期间，纳税人购进用于生产销售或委托受托加工 17%税率货物的农产品维持原扣除力度不变。

（三）继续推进农产品增值税进项税额核定扣除试点，纳税人购进农产品进项税额已实行核定扣除的，仍按照《财政部　国家税务总局关于在部分行业试行农产品增值税进项税额核定扣除办法的通知》（财税〔2012〕38 号）、《财政部　国家税务总局关于扩大农产品增值税进项税额核定扣除试点行业范围的通知》（财税〔2013〕57 号）执行。其中，《农产品增值税进项税额核定扣除试点实施办法》（财税〔2012〕38 号印发）第四条第（二）项规定的扣除率调整为 11%；第（三）项规定的扣除率调整为按本条第（一）项、第（二）项规定执行。

（四）纳税人从批发、零售环节购进适用免征增值税政策的蔬菜、部分鲜活肉蛋而取得的普通发票，不得作为计算抵扣进项税额的凭证。

（五）纳税人购进农产品既用于生产销售或委托受托加工 17%税率货物又用于生产销售其他货物服务的，应当分别核算用于生产销售或委托受托加工 17%税率货物和其他货物服务的农产品进项税额。未分别核算的，统一以增值税专用发票或海关进口增值税专用缴款书上注明的增值税额为进项税额，或以农产品收购发票或销售发票上注明的农产品买价和 11%的扣除率计算进项税额。

（六）《中华人民共和国增值税暂行条例》第八条第二款第（三）项和本通知所称销售发票，是指农业生产者销售自产农产品适用免征增值税政策而开具的普通发票。

三、本通知附件 2 所列货物的出口退税率调整为 11%。出口货物适用的出口退税率，以出口货物报关单上注明的出口日期界定。

外贸企业 2017 年 8 月 31 日前出口本通知附件 2 所列货物，购进时已按 13%税率征收增值税的，执行 13%出口退税率；购进时已按 11%税率征收增值税的，执行 11%出口退税率。生产企业 2017

年8月31日前出口本通知附件2所列货物，执行13%出口退税率。出口货物的时间，按照出口货物报关单上注明的出口日期执行。

四、本通知自2017年7月1日起执行。此前有关规定与本通知规定的增值税税率、扣除率、相关货物具体范围不一致的，以本通知为准。《财政部　国家税务总局关于免征部分鲜活肉蛋产品流通环节增值税政策的通知》（财税〔2012〕75号）第三条同时废止。

五、各地要高度重视简并增值税税率工作，切实加强组织领导，周密安排，明确责任。做好实施前的各项准备以及实施过程中的监测分析、宣传解释等工作，确保简并增值税税率平稳、有序推进。遇到问题请及时向财政部和税务总局反映。

附件：1.适用11%增值税税率货物范围注释（略）

2.出口退税率调整产品清单（略）

财政部

国家税务总局

2017年4月28日

# 财政部　税务总局　科技部关于提高科技型中小企业研究开发费用税前加计扣除比例的通知

财税〔2017〕34号

各省、自治区、直辖市、计划单列市财政厅（局）、国家税务局、地方税务局、科技厅（局），新疆生产建设兵团财务局、科技局：

为进一步激励中小企业加大研发投入，支持科技创新，现就提高科技型中小企业研究开发费用（以下简称研发费用）税前加计扣除比例有关问题通知如下：

一、科技型中小企业开展研发活动中实际发生的研发费用，未形成无形资产计入当期损益的，在按规定据实扣除的基础上，在2017年1月1日至2019年12月31日期间，再按照实际发生额的75%在税前加计扣除；形成无形资产的，在上述期间按照无形资产成本的175%在税前摊销。

二、科技型中小企业享受研发费用税前加计扣除政策的其他政策口径按照《财政部 国家税务总局　科技部关于完善研究开发费用税前加计扣除政策的通知》（财税〔2015〕119号）规定执行。

三、科技型中小企业条件和管理办法由科技部、财政部和国家税务总局另行发布。科技、财政和税务部门应建立信息共享机制，及时共享科技型中小企业的相关信息，加强协调配合，保障优惠政策落实到位。

财政部

国家税务总局

科学技术部

2017年5月2日

# 国家工商行政管理总局关于深入推进“放管服”多措并举助力小型微型企业发展的意见

工商个字〔2017〕70号

各省、自治区、直辖市及计划单列市、副省级市工商行政管理局、市场监督管理部门：

小型微型企业（以下简称“小微企业”）是我国经济社会发展的重要力量。商事制度改革以来，小微企业数量大幅增长，占各类市场主体比重稳步提高，在增加就业、促进经济增长、科技创新与社会和谐稳定等方面发挥了不可替代的作用。为了进一步落实《国务院关于扶持小型微型企业健康发展的意见》（国发（2014）52号）和党中央、国务院关于扶持小微企业发展的一系列决策部署，充分发挥工商、市场监管部门与小微企业联系紧密的职能优势，切实履行好“放管服”职能转变，增强小微企业获得感，做小微企业热情服务者，提出如下意见。

## 一、总体要求

### （一）指导思想

按照党中央、国务院决策部署，全面推进“大众创业、万众创新”，促进小微企业增量提质。简政放权，降低准入门槛，为小微企业快速增长营造高效便利的准入环境。转变监管理念，创新监管方式，为小微企业参与竞争创造公平有序的市场环境。优化服务，提高效能，激发创业创新活力，为小微企业做大做强打造宽松和谐的成长环境。

### （二）基本思路

整合职能、协同创新。充分发挥工商职能整合优势，分类施策，为小微企业提供全方位、多层次的指导和服务，构建有利于小微企业健康发展的体制机制。

上下联动、务实推进。加强对基层的业务指导，调动各地促进小微企业健康发展的积极性、创造性，凝聚合力，务求实效。

主动对接、热情服务。优化政务服务，找准小微企业生存发展中的需求和难点，主动对接小微企业，为小微企业提供精准服务。

## 二、重点工作

### （一）落实商事制度改革的要求，营造小微企业便利化准入环境

积极推进“多证合一”改革，优化市场主体准入、管理和退出机制。在深入推进企业“五证合一”、个体工商户“两证整合”的基础上，进一步加大改革力度，开展“多证合一”改革，切实降低创业营商的制度性成本。深入推进简易注销改革，畅通退出渠道，对名存实亡的小微企业加速市场出清，提升“全流程便利化”服务水平。

推进全程电子化登记。在保留原有纸质登记的基础上，实现网上登记注册。有条件的地区可以探索“网上申请、网上受理、网上审核、网上公示、网上发照”一整套电子化登记和营业执照快递送达服务，实现登记“零见面”。在全国范围内推行电子营业执照，推进电子营业执照在电子政务和电子商务环境的应用。

推进名称登记制度改革。全面开放名称库、建立完善名称查询比对系统，对查询申请的名称进行自动筛查服务。简化申请审核流程，申请人可以通过比对系统以“即查即得”的方式直接提交申请，探索建立快速处理机制，为申请名称和加强名称保护提供最大便利。

深入推进“先照后证”改革。积极配合有关部门做好削减工商登记前置、后置审批事项工作，理

顺“证”、“照”关系，严格落实“双告知、一承诺”制度，推动市场主体登记信息在工商、市场监管部门与审批部门、行业主管部门间的互联互通、共享应用。

**（二）强化小微企业名录功能，提升小微企业扶持政策落地的精准性**

进一步提高小微企业名录的社会知晓度，在各级登记窗口发放小微企业名录宣传页，张贴小微企业名录公众号二维码，做到应知尽知，充分运用报刊、网络等各类媒体扩大宣传效果，提高名录系统的访问量。

主动开展横向合作，健全小微企业信息互联共享机制。鼓励充分利用小微企业名录数据资源，与金融、人社、教育、科技等部门合作，为落实各项小微企业扶持政策提供可靠的数据基础，将小微企业名录打造为扶持小微企业的主要数据平台和服务平台。

充分利用小微企业名录，参与开展小微企业创业创新基地城市评估工作，加强对小微企业创业创新基地的示范宣传。

深入开展对本地小微企业发展情况的调查研究，进一步拓展小微企业名录的分析和服务功能，形成小微企业相对统一完善的统计体系和相对准确的数据系统，及时了解小微企业生存状态，为推进大数据监测服务奠定基础。

**（三）加强事中事后监管，营造小微企业健康发展的市场环境**

健全市场监管规则，清除市场障碍，推动市场开放共享，加快形成统一开放、竞争有序的市场环境。全面推行“双随机、一公开”抽查制度，按照综合监管、简约监管原则，规范政府部门对小微企业的监管，为小微企业发展提供公平法治的环境。

加强竞争执法和竞争倡导，大力查处垄断协议和滥用市场支配地位的垄断案件，依法制止滥用行政权力排除、限制竞争行为，破除地方保护和行业垄断，充分发挥我国统一大市场的优势和潜力，为小微企业公平参与竞争创造条件。

加强广告监管，加大广告法律法规的宣传力度，教育引导小微企业发布诚信合法的广告，加大对虚假违法广告查处力度，净化广告市场环境。

加强消费维权，鼓励支持小微企业维护商誉、诚信经营，畅通维权渠道，为诚信小微企业的发展腾出市场空间。

**（四）鼓励小微企业运用商标提升品牌价值，增强企业竞争力**

立足职能引导小微企业增强商标品牌意识，发挥企业品牌建设的主体作用。培育小微企业自主商标、战略性新兴产业商标品牌，鼓励小微企业通过商标提升品牌形象，提高服务质量和商业信誉，提高自主创新能力。

推进商标注册便利化改革，拓展商标申请渠道，优化商标注册申请和质权登记受理窗口服务，加快推进商标注册全程电子化进程，为小微企业申请商标提供便利。

提高小微企业的商标注册、运用、管理与保护能力。依法打击侵犯小微企业知识产权和企业合法权益的行为，切实保护注册商标专用权，引导小微企业实施商标品牌战略。

指导小微企业利用注册商标质押融资，拓宽小微企业融资渠道，降低融资成本。

支持小微企业较为集中区域的行业商（协）会或其他社会组织牵头打造区域品牌、申请注册集体商标和证明商标，加强集体商标和证明商标的运用和保护，促进小微企业发展。

**（五）构建共治格局，把服务小微企业做“优”、做“实”、做“细”**

鼓励各地在当地党委政府领导下，立足职能、开拓创新，探索开展“最多跑一次”“银企对接”等改革举措，形成具有地方特色的小微企业政务服务。

积极争取地方党委政府支持，协调各级职能部门协同开展小微企业帮扶工作，开展促进小微企业产业结构和治理结构升级工作。做好小微企业创业创新基地城市示范有关工作。运用市场化手段，扶持培育小微企业创业创新孵化器，帮助小微企业提质发展。

指导各级个私协会和社会中介机构发挥作用，大力培育发展社会中介服务机构，推动建立主要面向小微企业的公共服务平台，培育多元化服务主体，为小微企业提供创业辅导、教育培训、管理咨询、市场营销、技术开发和法律支援等全方位服务，完善小微企业生命全周期服务链。

**（六）加强培训工作，营造小微企业发展的良好氛围**

加大培训力度，推动将服务小微企业发展相关课程纳入工商、和市场监管系统干部培训和选学内容。

指导各地增强小微企业培训的针对性和实用性，帮助小微企业提升经营管理能力，优化发展理念，促进其持续健康发展。

加强服务小微企业的交流与合作，学习借鉴系统外，尤其是发达国家的先进经验，为制定完善政策促进小微企业健康发展提供参考。

**（七）加强小微企业党组织建设，激发小微企业发展新活力**

适应小微企业特点，采取多种方式灵活设置党组织，加强流动党员管理，扩大党的组织和党的工作在小微企业的覆盖面，增强党组织的凝聚力和影响力。

指导小微企业党组织建设，加强教育，创新载体，引导企业党员围绕生产经营积极创先争优，推动企业科技创新和转型升级，促进企业健康发展。

## 三、组织保障

**（一）加强组织领导**

各地工商、市场监管部门要把扶持小微企业发展作为一项重点工作，研究制定具体实施方案。建立由主要领导亲自抓、分管领导具体抓、各业务条线统筹推进的工作机制。在地方党委政府的统一领导下，加强部门间综合协调，形成扶持小微企业发展的合力。

**（二）加强舆论宣传引导**

各地工商、市场监管部门要重视舆论宣传，加大新闻宣传和舆论引导力度，通过政策宣讲、专题课程培训等方式，使小微企业全面了解各项政策和服务。组织主要新闻媒体开展系列相关报道、专题报道和典型报道，增强全社会的认知度和参与度，形成上下齐抓共管、各方主动参与、积极配合的良好局面。

**（三）强化监督检查**

各地工商、市场监管部门要建立健全相应的工作推进机制，强化监督检查，确保各项任务落到实处。建立工作实施目标责任考核体系，分解目标任务，压实责任，推动将扶持小微企业发展纳入各级政府的工作督查内容。强化对小微企业发展情况的跟踪和绩效评价。总局适时对各地工作落实情况开展第三方评估，并将评估结果纳入各地“放管服”改革成效的评价体系。

国家工商行政管理总局

2017 年 5 月 8 日

# 国家税务总局关于推广实施商业健康保险个人所得税政策有关征管问题的公告

国家税务总局公告 2017 年第 17 号

为贯彻落实《财政部　税务总局　保监会关于将商业健康保险个人所得税试点政策推广到全国范围实施的通知》（财税〔2017〕39 号，以下简称《通知》），现就有关征管问题公告如下：

一、取得工资薪金所得、连续性劳务报酬所得的个人，以及取得个体工商户的生产经营所得、对企事业单位的承包承租经营所得的个体工商户业主、个人独资企业投资者、合伙企业个人合伙人和承包承租经营者，对其购买符合规定的商业健康保险产品支出，可按照《通知》规定标准在个人所得税前扣除。

二、《通知》所称取得连续性劳务报酬所得，是指个人连续 3 个月以上（含 3 个月）为同一单位提供劳务而取得的所得。

三、有扣缴义务人的个人自行购买、单位统一组织为员工购买或者单位和个人共同负担购买符合规定的商业健康保险产品，扣缴义务人在填报《扣缴个人所得税报告表》或《特定行业个人所得税年度申报表》时，应将当期扣除的个人购买商业健康保险支出金额填至申报表“税前扣除项目”的“其他”列中（需注明商业健康保险扣除金额），并同时填报《商业健康保险税前扣除情况明细表》（见附件）。

其中，个人自行购买符合规定的商业健康保险产品的，应及时向扣缴义务人提供保单凭证，扣缴义务人应当依法为其税前扣除，不得拒绝。个人从中国境内两处或者两处以上取得工资薪金所得，且自行购买商业健康保险的，只能选择在其中一处扣除。

个人未续保或退保的，应于未续保或退保当月告知扣缴义务人终止商业健康保险税前扣除。

四、个体工商户业主、个人独资企业投资者、合伙企业个人合伙人和企事业单位承包承租经营者购买符合规定的商业健康保险产品支出，在年度申报填报《个人所得税生产经营所得纳税申报表（B表）》、享受商业健康保险税前扣除政策时，应将商业健康保险税前扣除金额填至“允许扣除的其他费用”行（需注明商业健康保险扣除金额），并同时填报《商业健康保险税前扣除情况明细表》。

实行核定征收的纳税人，应向主管税务机关报送《商业健康保险税前扣除情况明细表》，主管税务机关按程序相应调减其应纳税所得额或应纳税额。纳税人未续保或退保的，应当及时告知主管税务机关，终止商业健康保险税前扣除。

五、保险公司销售符合规定的商业健康保险产品，及时为购买保险的个人开具发票和保单凭证，并在保单凭证上注明税优识别码。

个人购买商业健康保险未获得税优识别码的，其支出金额不得税前扣除。

六、本公告所称税优识别码，是指为确保税收优惠商业健康保险保单的唯一性、真实性和有效性，由商业健康保险信息平台按照“一人一单一码”的原则对投保人进行校验后，下发给保险公司，并在保单凭证上打印的数字识别码。

七、本公告自 2017 年 7 月 1 日起施行。《国家税务总局关于实施商业健康保险个人所得税政策试点有关征管问题的公告》（国家税务总局公告 2015 年第 93 号）同时废止。

特此公告。

附件：商业健康保险税前扣除情况明细表（略）

国家税务总局

2017 年 5 月 19 日

# 财政部　税务总局关于扩大小型微利企业所得税优惠政策范围的通知

财税〔2017〕43号

各省、自治区、直辖市、计划单列市财政厅（局）、国家税务局、地方税务局，新疆生产建设兵团财务局：

为进一步支持小型微利企业发展，现就小型微利企业所得税政策通知如下：

一、自2017年1月1日至2019年12月31日，将小型微利企业的年应纳税所得额上限由30万元提高至50万元，对年应纳税所得额低于50万元（含50万元）的小型微利企业，其所得减按50%计入应纳税所得额，按20%的税率缴纳企业所得税

前款所称小型微利企业，是指从事国家非限制和禁止行业，并符合下列条件的企业：

（一）工业企业，年度应纳税所得额不超过50万元，从业人数不超过100人，资产总额不超过3000万元；

（二）其他企业，年度应纳税所得额不超过50万元，从业人数不超过80人，资产总额不超过1000万元。

二、本通知第一条所称从业人数，包括与企业建立劳动关系的职工人数和企业接受的劳务派遣用工人数

所称从业人数和资产总额指标，应按企业全年的季度平均值确定。具体计算公式如下：

季度平均值＝（季初值＋季末值）÷2

全年季度平均值＝全年各季度平均值之和÷4

年度中间开业或者终止经营活动的，以其实际经营期作为一个纳税年度确定上述相关指标。

三、《财政部　国家税务总局关于小型微利企业所得税优惠政策的通知》（财税〔2015〕34号）和《财政部　国家税务总局关于进一步扩大小型微利企业所得税优惠政策范围的通知》（财税〔2015〕99号）自2017年1月1日起废止

四、各级财政、税务部门要严格按照本通知的规定，积极做好小型微利企业所得税优惠政策的宣传辅导工作，确保优惠政策落实到位

财政部

国家税务总局

2017年6月6日

# 关于暂免征银行业监管费和保险业监管费的通知

财税〔2017〕52号

银监会、保监会：

为进一步减轻企业负担，促进实体经济发展，经国务院同意，现就暂免征银行业监管费和保险业监管费有关事项通知如下：

一、免征银行业监管费（包括机构监管费和业务监管费）和保险业监管费（包括机构监管费和业务监管费）。

二、免征上述行政事业性收费后，银监会和保监会依法履行管理职能所需相关经费，仍由中央预算安排资金予以保障。

三、银监会和保监会应当于2017年8月31日前，完成以前年度银行业监管费和保险业监管费的汇算清缴工作。两项行政事业性收费的清欠收入，应当足额征收，并按照财政部规定的渠道全额上缴中央国库。

四、本通知自2017年7月1日起执行，有效期截至2020年12月31日。

财政部

国家发展和改革委员会

2017年6月19日

# 国家税务总局关于实施高新技术企业所得税优惠政策有关问题的公告

国京税务总局公告 2017 年第 24 号

为贯彻落实高新技术企业所得税优惠政策，根据《科技部　财政部　国家税务总局关于修订印发〈高新技术企业认定管理办法〉的通知》（国科发火〔2016〕32 号，以下简称《认定办法》）及《科技部　财政部　国家税务总局关于修订印发〈高新技术企业认定管理工作指引〉的通知》（国科发火〔2016〕195 号，以下简称《工作指引》）以及相关税收规定，现就实施高新技术企业所得税优惠政策有关问题公告如下：

一、企业获得高新技术企业资格后，自高新技术企业证书注明的发证时间所在年度起申报享受税收优惠，并按规定向主管税务机关办理备案手续。

企业的高新技术企业资格期满当年，在通过重新认定前，其企业所得税暂按 15%的税率预缴，在年底前仍未取得高新技术企业资格的，应按规定补缴相应期间的税款。

二、对取得高新技术企业资格且享受税收优惠的高新技术企业，税务部门如在日常管理过程中发现其在高新技术企业认定过程中或享受优惠期间不符合《认定办法》第十一条规定的认定条件的，应提请认定机构复核。复核后确认不符合认定条件的，由认定机构取消其高新技术企业资格，并通知税务机关追缴其证书有效期内自不符合认定条件年度起已享受的税收优惠。

三、享受税收优惠的高新技术企业，每年汇算清缴时应按照《国家税务总局关于发布〈企业所得税优惠政策事项办理办法〉的公告》（国家税务总局公告 2015 年第 76 号）规定向税务机关提交企业所得税优惠事项备案表、高新技术企业资格证书履行备案手续，同时妥善保管以下资料留存备查：

1. 高新技术企业资格证书；

2. 高新技术企业认定资料；

3. 知识产权相关材料；

4. 年度主要产品（服务）发挥核心支持作用的技术属于《国家重点支持的高新技术领域》规定范围的说明，高新技术产品（服务）及对应收入资料；

5. 年度职工和科技人员情况证明材料；

6. 当年和前两个会计年度研发费用总额及占同期销售收入比例、研发费用管理资料以及研发费用辅助账，研发费用结构明细表；

7. 省税务机关规定的其他资料。

四、本公告适用于 2017 年度及以后年度企业所得税汇算清缴。2016 年 1 月 1 日以后按《认定办法》认定的高新技术企业按本公告规定执行。2016 年 1 月 1 日前按《科技部　财政部　国家税务总局关于印发〈高新技术企业认定管理办法〉的通知》（国科发火〔2008〕172 号）认定的高新技术企业，仍按《国家税务总局关于实施高新技术企业所得税优惠有关问题的通知》（国税函〔2009〕203 号）和国家税务总局公告 2015 年第 76 号的规定执行。

《国家税务总局关于高新技术企业资格复审期间企业所得税预缴问题的公告》（国家税务总局公告 2011 年第 4 号）同时废止。

特此公告。

国家税务总局

2017 年 6 月 19 日

# 福建省人民政府关于建立健全政策性融资担保体系的若干意见

闽政〔2016〕35号

各市、县（区）人民政府，平潭综合实验区管委会，省人民政府各部门、各直属机构，各大企业，各高等院校，各有关金融单位：

为深入贯彻落实《国务院关于促进融资担保行业加快发展的意见》（国发〔2015〕43号）等文件精神，健全我省政策性融资担保体系建设，努力缓解中小微企业和“三农”融资难融资贵等问题，促进创业创新，加快建设机制活、产业优、百姓富、生态美的新福建，提出如下意见：

## 一、加快政策性融资担保机构建设

坚持政策扶持与市场主导相结合，推进融资担保机构“减量增质”、做精做强，培育一批政府出资为主、主业突出、经营规范、实力较强、影响较大的政策性融资担保机构，作为服务中小微企业和“三农”发展的主力军，支撑行业发展。加快构建数量适中、结构合理、竞争有序、运行稳健、服务有效的省市县三级联动互补的政策性融资担保机构体系，2016年底前，每个设区市（含平潭综合实验区，下同）至少有1家资本金5亿元以上的政策性融资担保机构；GDP总量达到或超过300亿元的县（市、区）至少有1家资本金2亿元以上的政策性融资担保机构；经济总量相对较小、暂时设立有困难的县（市、区）政府可以多渠道筹集资金参股所在设区市级政策性融资担保机构或福建省中小企业信用再担保有限责任公司（以下简称省再担保公司），再通过设立子公司或分公司方式承接当地的融资担保业务。到2018年底，全省政策性融资担保机构或分支机构实现县域全覆盖。

责任单位：各市、县（区）人民政府，平潭综合实验区管委会，省经信委、财政厅、国资委、金融办，省再担保公司。

## 二、坚持政策性功能定位

政策性融资担保机构要坚持政策性、普惠性和可持续发展的定位，主要以服务中小微企业和“三农”为对象，年化担保费率最高不超过2%，且不收或少收客户保证金，为单个被担保人及其关联方提供的融资担保责任余额一般不超过500万元。力争到2020年，全省政策性融资担保体系成员的担保放大倍数不低于3倍，市级政策性融资担保机构服务中小微企业和“三农”的在保户数比重不低于60%，县（市、区）级不低于80%。由政策性融资担保机构提供担保的贷款，银行一般不应再要求被担保人附加其他形式担保。银行业金融机构应完善担保贷款项目利率风险定价机制和保证金存缴机制，对运作规范、信用良好和风险控制能力较强的政策性融资担保机构，优先向其承保项目提供信贷支持，给予利率优惠，并给予降低（或取消）担保机构保证金缴存比例、适当放大担保倍数、延长代偿宽限期等优惠政策。

责任单位：各市、县（区）人民政府，平潭综合实验区管委会，省经信委、金融办、福建银监局、人民银行福州中心支行，省再担保公司。

## 三、强化省再担保公司增信能力

发挥省再担保公司作为我省融资担保行业的龙头作用，争取国家融资担保基金和专项建设基金支持，不断壮大资本实力。省再担保公司要坚持政策性、专业性、差异性原则，强化再担保功能，不断提高再担保覆盖率，有效分散融资担保机构风险，发挥再担保“稳定器”作用。省再担保公司要与市、县（区）政策性融资担保机构形成以业务合作为主、股权合作为辅的合作模式，加快完善我省政策性融资担保体系和再担保体系。对管理健全、运作规范、放大倍数较高的市、县（区）政策性融资担保机构，省再担保公司可适当予以参股。推动省再担保公司为市、县（区）政策性融资担保机构及符合条件的其他国有融资担保机构提供多种形式的比例分险再担保业务，支持市、县（区）政策性融资担保机构开展业务。充分发挥省再担保公司在资本市场上的资信等级优势，为我省企业发债提供增信服务。

责任单位：省经信委、国资委、发改委、财政厅、金融办，省再担保公司，各市、县（区）人民政府，平潭综合实验区管委会。

## 四、积极为专项建设基金项目提供增信支持

省再担保公司和各地政策性融资担保机构应积极为国家专项建设基金项目，特别是为民营专项建设基金项目提供增信支持。按照“共同参与、共担风险、市场运作”的原则，设计担保模式、筛选担保项目，缓解民营项目增信不足问题，推动国家专项建设基金项目落地实施。国土、工商等登记部门应支持政策性担保机构办理专项建设基金项目反担保抵（质）押等登记手续。

责任单位：省经信委、发改委、金融办、国土厅、工商局，省再担保公司，各市、县（区）人民政府，平潭综合实验区管委会

## 五、完善政银担风险分担机制

建立合理的政银担风险分担机制，银行业金融机构承担责任的比例一般不低于贷款风险的20%。对于单户及其关联方担保余额500万元以内（含500万元，下同）的小微企业及“三农”担保发生代偿时，地方政策性融资担保机构、省再担保公司和银行分别按照 40%：40%：20%的比例承担风险责任，具体风险责任分担比例及代偿率设置可由省再担保公司根据政策性融资担保机构情况设定。项目代偿后由政策性融资担保公司或银行牵头追偿，追偿所得扣除相应的追偿费用后，按责任比例予以返还。各市、县（区）政策性融资担保机构（含农业担保公司）由省再担保公司提供的比例分险代偿补偿的，该补偿部分一般不重复享受其他代偿补偿。

2018 年前省财政每年安排 5000 万元，与国家专项资金共同组成规模为 5 亿元的小微企业信用担保代偿补偿资金。省再担保公司承担的风险责任包括小微企业信用担保代偿补偿资金对合作融资担保机构的出资补偿部分，具体代偿方式、比例按国家和我省有关规定执行。对省再担保公司开展 500 万元以内的小微企业及“三农”融资担保项目比例分险再担保业务，达到一定条件的，省财政按年度再担保额的 9‰另行给予省再担保公司风险补偿。各地可根据本地区实际情况相应建立对政策性融资担保机构的风险补偿制度。

责任单位：省经信委、财政厅、发改委、金融办、国资委，人民银行福州中心支行、福建银监局，省再担保公司，各银行业金融机构，各市、县（区）人民政府，平潭综合实验区管委会。

## 六、完善考核评价机制

各市、县（区）政府要完善对本地区政策性融资担保机构的考核机制，取消盈利要求，重点考核中小微企业和“三农”融资担保业务规模、覆盖面、服务情况和担保放大倍数等内容，适当提高代偿和损失容忍度，完善尽职免责制度，考核评价结果与融资性担保机构负责人薪酬挂钩。省再担保公司不以盈利为目的，在可持续经营前提下，着力降低融资担保和再担保业务收费标准。省再担保公司的考核暂不纳入省国资委对省投资集团的经营业绩考核范围。由省投资集团会同有关部门对省再担保公司进行独立考核，重点对全省再担保体系建设、再

担保业务覆盖面、放大倍数、服务中小微企业和“三农”、注资参股机构的管理和风险防控等指标进行考核，考核评价结果作为省再担保公司享受政策支持、资金补助、薪酬待遇的基本依据。

责任单位：省国资委、经信委、财政厅、金融办，省投资集团、省再担保公司，各市、县（区）人民政府，平潭综合实验区管委会。

## 七、加快建立信用信息数据库

依托国家企业信用信息公示系统（福建）等平台加快整合相关部门及行业自律组织的信息资源，结合金融信用信息基础数据库信息，探索与省再担保公司开展信息对接，实现信息资源共享。凡有不良记录的企业，政策性融资担保体系一般不予担保。探索建立中小微企业外部信用评级发布制度和信息通报发布制度，建立健全金融领域守信激励和失信惩戒机制。建立“黑名单”制度，将未按时偿还银行贷款并造成政策性融资担保机构和银行损失的企业及相关个人列入“黑名单”，在其偿还银行贷款并弥补相关损失前，不得继续从我省政策性融资担保公司获得贷款担保。

责任单位：省经信委、工商局、发改委、人民银行福州中心支行、省金融办，省再担保公司，各市、县（区）人民政府，平潭综合实验区管委会。

## 八、加强协作配合

行业主管部门负责对政策性融资担保机构的审批和监管。金融办负责加强指导协调，推进培训交流，完善监督考核机制。财政部门负责落实资金保障，加强财务监管。财政、税务部门负责做好营改增后符合条件的融资担保机构免征增值税有关工作。政策性融资担保机构准备金及代偿支出税前扣除，按财政部、国家税务总局有关规定执行。审计部门负责对政策性融资性担保机构补偿资金使用情况开展年度专项审计，确保资金严格按照有关规定使用。各地要切实加强政策性融资担保机构和人才队伍建设，根据政策性融资担保机构纳税、担保放大倍数、支持中小微企业和“三农”户数、覆盖率、代偿率等情况，给予适当激励奖补，提高政策性融资担保机构的可持续发展能力。各级工商、国土等部门要为政策性融资担保机构办理抵（质）押手续等提供便利。对政策性融资性担保机构开展的政策性融资担保业务及因代偿接收、维权保全和处置抵债资产的，给予办理相关抵（质）押登记的有关手续。市、县（区）政府要建立相应的工作协调机制，落实部门职责，制定和完善本辖区内的政策性融资担保机构建设方案、考核机制、代偿补偿办法等。

责任单位：省经信委、财政厅、审计厅、国土厅、地税局、工商局、金融办、国税局，省再担保公司，各市、县（区）人民政府，平潭综合实验区管委会。

## 九、加强金融风险防范

各市、县（区）应按“属地原则”落实日常监管和风险处置第一责任人目标责任制，加强对辖区内政策性融资担保机构的监督管理和风险防范处置。依法加强融资担保债权保护，严厉打击恶意逃废债务等违法犯罪行为，为政策性融资担保机构创造良好的发展环境。支持司法部门加快办理涉及政策性融资担保机构的诉讼案件，慎重处置涉及政策性融资担保机构保证金账户冻结、资产保全等问题。政策性融资担保机构要加强内控制度建设，健全风险管理体系，加强风险管理，守住不发生系统性区域性金融风险的底线。

责任单位：各市、县（区）人民政府，平潭综合实验区管委会，省经信委、公安厅、金融办，省再担保公司。

福建省人民政府<br>2016 年 8 月 23 日

# 福建省人民政府关于印发《福建省企业研发经费投入分段补助实施办法（试行）》的通知

闽政〔2017〕8号

各市、县（区）人民政府，平潭综合实验区管委会，省人民政府各部门、各直属机构，各大企业，各高等院校：

经研究，现将《福建省企业研发经费投入分段补助实施办法（试行）》印发给你们，请认真组织实施。

福建省人民政府

2017年2月24日

## 福建省企业研发经费投入分段补助实施办法（试行）

为实施创新驱动发展战略，推进供给侧结构性改革，进一步引导企业加大研发投入，力争“十三五”期间全省研发经费内部支出年均增长 20%以上，促进产业转型升级，加快建设创新型省份，特制定本实施办法。

### 一、补助范围

在我省行政区域内设立、登记、注册并具有独立法人资格的规模以上企业、高新技术企业，以及经省科技部门评估命名的新型研发机构和牵头认定的科技小巨人领军企业（以下统称创新机构）。

### 二、补助标准

创新机构年度研发经费投入补助，根据企业研发投入情况，采取后补助方式。

**（一）规模以上企业和规模以下高新技术企业**

**1.基础补助。**年度研发经费支出额不足 1000 万元的，按研发经费支出额的 5%计算补助经费。年度研发经费支出额高于 1000 万元（含）、不足 2000万元的，对其中 1000 万元给予 50 万元补助，超出 1000 万元的部分，按超出部分的 4%计算补助经费。年度研发经费支出额高于 2000 万元（含）以上的，对其中 2000 万元给予 90 万元补助，超出 2000万元的部分，按超出部分的 2%计算补助经费。

**2.增长额补助。**按照企业年度研发经费支出较上一年度增加额的 6%计算。

**（二）新型研发机构**

省和设区市财政对初创期新型研发机构每年度按非财政资金购入科研仪器、设备和软件购置经费25%的比例，给予最高不超过 500 万元的后补助。初创期一般为五年。对初创期过后发展效益较好的研发机构按近 5 年非财政资金购入科研仪器、设备和软件购置经费 25%的比例，一次性给予最高不超过 1000 万元的后补助。

**（三）科技小巨人领军企业**

在享受企业研发费用税前加计扣除政策的同时，财政对企业享受加计扣除政策实际减免的所得税额，给予同量资金奖励。奖励资金以该企业相应年度应缴纳企业所得税额的地方财政分成部分为上限。

补助经费在提交补助申请的当年内一次性安排。创新机构在申报补助时不得重复申请。

## 三、补助依据

### （一）规模以上企业

国家统计部门核定的规模以上企业上一统计年度研发经费支出额（非政府投入部分），及较前一年度研发经费的增长额（非政府投入部分）。

### （二）规模以下高新技术企业

申报材料中专项审计报告出具的研发经费支出年平均额作为有效期内高新技术企业的补助依据。

### （三）科技小巨人领军企业

主管税务部门核实的上一统计年度研发经费加计扣除减免税额。

### （四）新型研发机构

科技部门审定的年度非财政资金购入科研仪器、设备和软件购置经费总额。

## 四、补助程序

### （一）规模以上企业

1. 规模以上企业按要求填报《福建省研发经费投入补助申请表》，并附上报国家统计部门的《企业研发活动及相关情况表》，经各设区市科技部门会同财政部门审核后上报省科技部门。

2. 省科技部门会同省财政部门、统计部门对各地审核上报的补助申请进行审查，确定补助名单和额度，下达补助经费。

### （二）新型研发机构和科技小巨人领军企业

新型研发机构按照《福建省人民政府办公厅关于鼓励社会资本建设和发展新型研发机构若干措施的通知》（闽政办〔2016〕145 号），科技小巨人领军企业按照《福建省人民政府办公厅关于印发培育科技小巨人领军企业行动计划（2016-2020 年）的通知》（闽政办〔2016〕18 号）执行。

### （三）规模以下高新技术企业

1. 规模以下高新技术企业按要求填报《福建省研发经费投入补助申请表》，并附上申报高新技术企业时的研发经费专项审计报告，经各设区市科技部门会同财政部门审核后上报省科技部门。

2. 省科技部门联合省财政部门分别对各地审核上报的补助申请进行审查，确定补助名单和额度，下达补助经费。

## 五、补助经费来源与管理

### （一）补助经费来源

1. 规模以上企业和规模以下高新技术企业的补助经费，由省、设区市、县（市、区）按 3∶3∶4 比例分摊，其中 23 个省级扶贫开发重点县补助经费按 4∶4∶2 比例分摊。上述省级资金由省发改委、经信委、科技厅、财政厅共同承担。

2. 科技小巨人领军企业、新型研发机构补助资金分别按闽政办〔2016〕145 号、闽政办〔2016〕18 号文件执行。

### （二）补助经费的使用与管理

1. 企业每年 7 月底之前，按省科技部门和财政部门的要求，汇总上半年的研发经费投入，按自愿原则，可向本地科技部门提出预拨研发经费补助申请。本地科技部门会同财政部门审核后报设区市科技部门。设区市科技部门会同财政部门汇总审核后报省科技部门。省科技部门会同财政部门、统计部门对上报的补助申请进行审查，确定预补助企业名单，并按本办法规定的基础补助的 80% 左右确定预补助经费额度，由省市县三级按分摊比例各自下达预补助经费。

2. 对于高研发投入企业（是指上一年度研发经费投入在 1.5 亿元以上），在本年度出现的单项研发经费投入 1000 万元以上，可采用“一事一议”方式，随时申请预补助经费。申请的程序、预补助经费额度的确定与拨付按上一点的要求执行。

3. 企业获得预补助经费在当年获准的应补助经费中予以扣除。

4. 补助经费主要用于创新机构的后续研发项目、平台建设项目和研发团队奖励项目等，实行专项管理。

5. 获补助的创新机构要加大研发投入力度，做好研发经费支出的归集统计工作，如实填报研发经费支出报表。

6. 创新机构有弄虚作假行为的，一经发现，收回补助经费。视情节轻重，采取警告、记入不良记录等处理措施，并将信用记录作为今后审核的依据。

**（三）补助经费保障**

省、市、县（区）人民政府应当将本实施办法中要求的研发经费投入补助列入本级年度财政预算，并根据全省企业研发经费内部支出的年度增长情况，调整增加年度预算额。

## 六、其他

（一）本办法有效期 3 年，每年由省科技部门、财政部门、统计部门联合印发企业研发经费投入补助申报通知。

（二）有关政策法律依据发生变化或本实施办法有效期满，根据实施情况依法评估修订本实施办法。厦门市可参照本办法制定具体规定，在厦门市设立、登记、注册的企业按厦门市有关政策执行。

（三）省科技部门联合财政部门根据本办法制定实施细则。

（四）本办法自发布之日起实施。

# 福建省人民政府办公厅关于加快推进主辅分离积极发展服务型制造的若干意见

闽政办〔2017〕29号

各市、县（区）人民政府，平潭综合实验区管委会，省人民政府各部门、各直属机构，各大企业，各高等院校：

为促进我省制造业与服务业融合发展，推动产业转型升级，经省政府同意，现就加快推进主辅分离，积极发展服务型制造，提出如下意见。

## 一、总体要求

### （一）发展目标

到2020年，推进50家以上大中型制造业企业实施主辅分离，剥离非核心但具有相当比较优势的服务环节设立独立的生产性服务业企业，向社会提供第三方专业化社会服务。实现一批制造业企业将不具有比较优势的薄弱服务环节，通过签订中长期服务合同的形式，实行业务分离外包，由外部专业化的服务业务提供企业承接其分离的业务，向社会释放服务需求。

培育100家以上服务能力强、行业影响大的服务型制造示范企业；建设30个以上功能完备、运转高效的省级服务型制造公共服务平台；支持一批服务水平高、带动作用好的示范项目；新认定30家以上省级工业设计中心；服务型制造示范企业服务收入占主营业务收入的比重达到25%以上；全省规模以上工业企业服务型制造水平明显提升，基本实现制造与服务全方位、宽领域、深层次融合，对企业提质增效和转型升级的促进作用进一步增强。

### （二）支持重点

**1. 支持制造业主辅分离，“裂变”专业优势。**支持大中型制造业企业将生产流程中的非核心但具有比较优势的科技研发、物流运输、工业设计等环节从原企业分离出来，设立独立企业，为行业提供专业化、社会化生产性服务。

**2. 支持制造业企业发展服务外包，向社会释放服务需要。**支持制造业企业将不具有比较优势的科技研发、物流运输、工业设计等服务环节进行外包，降低生产成本，集中精力发展主业，促进第三方生产性服务市场发展。

**3. 支持发展服务型制造新模式新业态。**支持制造业企业创新商业模式，延伸服务链条，实现以产品制造为核心向产品加服务、提供整体解决方案转变。重点发展总集成总承包、个性化定制、在线支持与诊断服务、全生命周期管理、专业化社会化服务、融资租赁及其他重点领域。

## 二、推进制造业主辅分离

### （一）鼓励主辅分离

**1. 分离发展科技研发业务。**鼓励有条件的制造业企业将技术中心、研发机构或设计院所组建成专业化的具有科技研发、技术推广等功能的服务业企业。鼓励分离后新设立的服务业企业进行高新技术企业认定并享受相关优惠政策。对制造业企业分离后新设立的实行查账征收的科技服务业企业，为开发新技术、新产品、新工艺发生的研究开发费用，未形成无形资产计入当期损益的，在按照规定据实扣除的基础上，按照研究开发费用的50%加计扣除；形成无形资产的，按照无形资产成本的150%摊销。

责任单位：省经信委、科技厅、发改委、地税局，省国税局，各设区市人民政府、平潭综合实验区管委会

**2. 分离发展物流运输业务。**引导鼓励基础条件好、具有较强仓储、运输、包装、配送等物流能力的制造业企业剥离物流业务，形成一批管理科学的现代物流企业。推动物流企业为生产企业提供采购物流、入厂物流、交付物流、回收物流、包装物流等精细物流服务，建立面向企业用户的一体化智慧供应链管理服务体系。

责任单位：省经信委、财政厅、交通运输厅，各设区市人民政府、平潭综合实验区管委会

**3. 分离发展工业设计业务。**鼓励制造业企业设立工业设计部门，创建省级工业设计中心和国家级工业设计中心。对经认定的国家级、省级工业设计中心分别给予一次性奖励。对认定为省级以上工业设计中心的工业设计企业分离设立网络设计平台、工业设计供应链平台、3D 打印及定制化设计平台等生产性服务新模式新业态的，给予启动资金补助。

责任单位：省经信委、财政厅，各设区市人民政府、平潭综合实验区管委会

**（二）培育重点企业**

培育一批制造业主辅分离重点企业，对制造业企业剥离服务环节，设立服务企业的资产总额超过 500 万元的，给予启动资金补助。对制造业企业剥离设立的服务企业年主营业务收入首次达到 300 万元且至少服务 5 家制造业企业的给予一次性奖励。

责任单位：省经信委、发改委、财政厅，各设区市人民政府、平潭综合实验区管委会

**（三）鼓励分离服务外包**

鼓励生产制造企业将业务流程中的科技研发、物流运输、工业设计等服务环节从原企业中分离出来，通过签订中长期服务合同的形式，实行业务分离外包，由外部专业化的服务业务提供企业承接其分离的业务。对新增的外包科技研发、工业设计、物流运输业务，按合同实际发生额对制造业企业给予补助。

责任单位：省经信委、发改委、科技厅、财政厅，各设区市人民政府、平潭综合实验区管委会

**三、大力发展服务型制造新业态**

**（一）培育示范企业**

开展服务型制造示范企业典型案例总结和经验推广，发挥示范引领作用，增强产业支撑能力和辐射带动能力。对列为省级服务型制造示范企业的给予一次性奖励。对年服务营业收入首次超过 1000 万元、3000 万元、5000 万元且占主营业务收入比例首次超过 15% 的服务型制造企业，由企业所在地财政分别给予奖励。优先推荐省级服务型制造示范企业申报国家级服务型制造示范企业和示范项目，对认定为国家级服务型制造示范企业的给予一次性奖励。

责任单位：省经信委，各设区市人民政府、平潭综合实验区管委会

**（二）推进重点项目建设**

推动制造企业在研发设计、营销推广、供应链管理、系统集成等方面加大投资力度，制造业企业采购智能软硬件及相关设备对生产线进行改造，实施在线监测、个性化定制、整体方案解决等服务型制造项目的，按投资额给予补助；加强信息化建设，鼓励有条件的制造业企业增设信息化部门，促进信息与企业研发平台、企业管理、商业模式等结合。对服务型制造示范企业和省级服务型制造公共服务平台新增投资 150 万元以上的信息化建设项目，按项目投资额给予补助。

责任单位：省经信委、发改委、财政厅，各设区市人民政府、平潭综合实验区管委会

**（三）建设公共服务平台**

针对重点行业生产性服务需求，加快建设服务型制造公共服务平台，在特色产业集聚区、重点工业园区建设一批区域性综合服务平台，有效提升重点行业、重点区域的公共服务水平。对列为省级服务型制造公共服务平台的给予一次性奖励。优先推

荐省级服务型制造公共服务平台申报国家级服务型制造示范平台，对认定为国家级服务型制造示范平台的给予一次性奖励。支持省级服务型制造公共服务平台通过互联网与产业链上下游紧密协作，推进生产制造、检验检测、数据管理、技术标准、工程服务的开放共享，向关联企业“溢出”技术优势、管理优势和资源优势。对省级服务型制造公共服务平台向行业开放共享仪器设备、服务设施等资源，受益企业数量超过10家以上的给予补助。

责任单位：省经信委、发改委、教育厅，各设区市人民政府、平潭综合实验区管委会

## 四、加大财税扶持力度

省级服务业发展引导资金2017年至2018年每年切出2000万元专项用于制造业主辅分离企业进行扶持和奖励；省工业和信息化发展资金2017年至2018年每年安排4000万元专项用于发展服务型制造的扶持和奖励。具体资金安排由省经信委会同省发改委、财政厅制定实施细则。各地各部门对分离后新设立的服务业企业，在市场准入、登记注册、资产变动、资质认证等方面，开辟绿色通道，简化办事手续。对制造业企业分离设立的服务业企业，或制造业企业整体转型为服务业企业，各地可根据财力情况和企业对当地的税收贡献给予奖补。对制造业企业分离设立的服务业企业，在水、电、气方面实行与工业同价政策。对企业的奖励金额不超过企业缴纳的地方级税收收入。

责任单位：省财政厅、经信委、发改委、物价局、地税局，省国税局，各设区市人民政府、平潭综合实验区管委会

## 五、强化用地保障

对符合土地利用总体规划、城乡规划、国家产业政策和用地节约集约的服务型制造项目，由所在设区市优先安排年度新增建设用地计划指标，列为省重点项目的年度用地计划指标实行省级统筹保障。制造业企业利用原有存量房产和土地剥离兴办生产性服务企业的，可暂不办理土地用途变更手续；制造业企业对厂房进行加层改造或开发地下空间提高容积率用于生产性服务业的，不再增收土地出让金，鼓励通过对城镇低效用地的改造发展生产性服务业。

责任单位：省国土厅，各设区市人民政府、平潭综合实验区管委会

## 六、加强组织实施

各地各有关部门要结合当地产业发展实际，积极推进主辅分离和服务型制造。积极发挥行业组织在建设公共服务平台、协调跨领域合作等方面的作用，广泛开展宣传培训活动，提高全社会对推进主辅分离、发展服务型制造的认识，调动社会各方面参与的主动性、积极性，创造良好社会环境和舆论氛围。省经信委、发改委要牵头做好指导推进，建立报表制度，实行动态跟踪并制定相关配套政策认真组织实施。

责任单位：省经信委、发改委，各设区市人民政府、平潭综合实验区管委会

福建省人民政府办公厅

2017年3月17日

# 福建省人民政府关于促进2017年全省工业稳增长调结构若干措施的通知

闽政〔2017〕13号

各市、县（区）人民政府，平潭综合实验区管委会，省人民政府各部门、各直属机构，各大企业，各高等院校：

为促进2017年全省工业稳增长调结构，实现工业增长目标，现提出如下措施：

## 一、鼓励企业扩大生产

### （一）继续实施调峰生产用电奖励

对直供区省级制造业龙头企业、高成长企业2017年1月1日至6月30日每日7：00-8：00和21：00-23：00的用电量给予0.2元/千瓦时奖励；对趸售县省级制造业龙头企业、高成长企业和符合条件的工业增长点项目企业2017年1月1日至6月30日延长用电谷时段3小时，为每日21：00至次日8：00，相应缩短用电平时段。上述期限内用电奖励单家企业最高不超过500万元，集团内企业合计不超过1500万元。建立电力辅助服务调峰市场新机制，鼓励用户参与调峰交易，发挥移峰填谷作用，降低用电成本。

责任单位：省经信委、财政厅、物价局，福建能源监管办，省电力公司

### （二）扩大电力直接交易规模

电力直接交易总量扩大至380亿千瓦时左右。放宽大用户电力直接交易准入条件，符合产业和环保政策、年用电量2000万千瓦时以上的带动性强、成长性好、行业领先、技术含量高的工业企业直接与发电企业开展交易，部分用电结构与全省平均差异较大地区可适当放宽至1000万千瓦时。扩大交易电源种类，推动符合条件的火电、核电、水电机组参与直接交易。培育售电主体参与，除大用户直接交易外，积极培育售电主体参与电力市场，代理中小用户开展直接交易。电力直接交易与调峰生产用电奖励不叠加执行。

责任单位：省经信委、物价局，福建能源监管办，省电力公司

### （三）支持规下企业上规模

各级经信部门要积极培育规模以下工业企业转型升级为规模以上企业，引导符合条件的新投产企业做好纳入统计申报工作，可给予一次性奖励。各级统计部门要做好新投产企业纳统申报资料的审核，将符合条件的新投产企业纳入规模以上工业统计范围。

责任单位：省经信委、财政厅、统计局，各市、县（区）人民政府，平潭综合实验区管委会

### （四）推动高成长企业发展

继续贯彻落实省政府办公厅《关于培育高成长企业六条措施的通知》（闽政办〔2015〕49号），企业要素保障实行“直通车”服务。高成长企业建设投资项目参照省重点项目管理，享受相关政策。对高成长企业在投资项目核准（备案）、生产许可、用地、环保、外贸、资质资格认定、海关监管、检验检疫等方面涉及的行政审批事项全部纳入网上审批、限时办结。重大项目用地、用林、用海、能耗等指标由各地给予优先统筹解决，加快形成新的经济增长点。建立健全省、市、县问题会办、分级协调、跟踪服务机制，保障企业稳定生产。

责任单位：省发改委、经信委、财政厅、国土厅、住建厅、环保厅、林业厅、海洋渔业厅、商务厅、质监局，福州海关、厦门海关、福建检验检疫局、厦门检验检疫局，各市、县（区）人民政府，

平潭综合实验区管委会

二、帮助企业开拓市场

**（一）促进产品销售**

支持各级各有关部门、行业协会举办或组织企业参加产品推介、互采互购、上下游协作配套、项目供需对接、抱团营销等各种“手拉手”活动。支持各地组建以龙头骨干企业为核心的营销联盟、产业联盟，实现市场信息共享、营销渠道共享、互惠互利。继续对符合条件的省外公开招标项目中标的企业给予奖励。对企业参加列入计划的省内外工业产品展览展销活动，各地各部门给予适当补助。

**（二）强化服务协调**

建设全省工业品网上博览会和全省工业品大数据，采取线上线下相结合的方式，进一步宣传展示闽货名品，扩大我省工业品影响力，帮助企业扩大产品销售。建立省直部门联动、省市县三级互动等工作机制，积极支持企业对接各行业、各区域的大宗采购项目，鼓励工程建设项目优先使用省内工业品。完善各地工业品推荐目录制度，加强供需对接，加大服务协调工作力度，促进闽货闽用。支持发展首台（套）重大技术设备综合保险，为企业自主创新、技术改造和装备升级提供风险保障，推动首台套、首批次产品市场应用。

**（三）推进服务型制造**

贯彻落实省政府办公厅《关于加快推进主辅分离积极发展服务型制造的若干意见》（闽政办〔2017〕29号），加快大中型制造业企业主辅分离。开展服务型制造试点示范，培育一批服务型制造示范企业，在重点行业、重点区域培育建设一批服务型制造公共服务平台，推动制造业与服务业深度融合，促进我省制造业提质增效和创新发展。对省级服务型制造示范企业和省级服务型制造公共服务平台给予一次性奖励。

责任单位：省经信委、财政厅、商务厅、发改委、住建厅、交通运输厅，各市、县（区）人民政府，平潭综合实验区管委会

三、加大企业融资服务

**（一）推进产融合作**

发挥省、市、县三级产融合作工作协调机制作用，按照分类施策、分业指导、有保有压的原则，引导企业提升管理水平、银行业金融机构创新金融服务，强化金融服务实体经济的能力，实现产业与金融协调发展、互利共赢。支持市、县属有关单位组织开展各种形式产融合作政银企对接，切实协调解决重点企业、重点项目融资需求，各级政府对有关单位实施的产融合作政银企对接给予奖励。

**（二）保障资金需求**

各银行业金融机构对有市场、有订单但暂时出现资金困难的企业，切实做到不抽贷、不压贷，用好无还本续贷、循环贷款等政策，降低企业融资成本，支持企业渡过暂时难关转型发展。各级政府要结合当地实际，充分发挥企业应急资金的作用，帮助工业企业转续贷。

**（三）鼓励企业融资租赁**

贯彻落实省政府办公厅《关于促进融资租赁业发展的意见》（闽政办〔2016〕77号），支持发展融资租赁公司，推广融资租赁服务模式。对融资租赁公司为我省中小微企业提供融资租赁服务的，按不超过当年新增融资租赁合同额的5‰比例予以风险补偿，单家企业最高不超过500万元。支持企业设备更新等技术改造项目建设，按项目设备（含技术、软件）投资额的5%给予补助，租赁合同明确合同到期后固定资产产权归属企业的融资租赁方式可视同采购设备享受技改补助政策，单个企业最高不超过500万元。

**（四）发挥小额贷款公司作用**

允许小额贷款公司对所属设区市企业进行总额不超过小额贷款公司注册资本金20%的股权投

资、债转股和票据贴现，小额贷款公司贷款余额的70%用于单户贷款余额200万元以下的贷款。符合条件的小额贷款公司可通过发行债券、开展资产转让、资产证券化、上市（挂牌）等方式融资，扩大服务小微企业融资规模。

**（五）进一步发挥省企业技术改造基金的引导作用**

推动技改基金资金到位，扩大基金尽调项目范围，提高技改基金的投放覆盖面，创新基金投资审核机制，实行差别化的风险管控，改进审批流程、缩短审批时限，加快基金投放速度，尽快促进项目落实。

责任单位：省经信委、财政厅、金融办，人行福州中心支行、福建银监局，各市、县（区）人民政府，平潭综合实验区管委会

**四、支持企业技术创新和技术改造**

**（一）对技术改造项目完工的企业进行奖励**

从2017年1月1日起，对符合国家产业政策要求，在福建省内注册实行独立核算，并完成技术改造投资项目备案（审批或核准），且在2017年1月1日至2019年12月31日技改项目完工投产的规模以上工业企业，省、设区市、县（市、区）财政通过调整支出结构，统筹预算安排，以企业技改项目完工投产前一年对财政贡献地方留成部分为基数，从完工投产当年起连续三年，按企业对财政贡献地方留成增量部分的40%实行奖励，其中，省、设区市、县（市、区）分别承担30%、30%、40%。厦门市参照执行，奖励资金由厦门市承担。

责任单位：省经信委、财政厅、地税局、统计局，省国税局，各市、县（区）人民政府，平潭综合实验区管委会

**（二）组织实施技术创新重点项目**

重点在高端装备、新能源新材料、新一代信息技术、生物医药、传统产业转型升级等领域，组织实施产业创新重大专项、产学研用合作、行业共性关键技术开发、省级创新平台（省级企业技术中心、行业技术开发基地）研发设备投资、技术创新公共服务平台建设、购买关键重大智能装备、技术提升诊断和质量品牌等技术创新重点项目，提升产业核心竞争力。各级各部门联手，整合要素、市场与资源优势，吸引创新技术成果在我省率先落地转化。突出以创新实现进口替代，支持企业瞄准国际先进质量标准开展产品“对标创新”“补短板”创新。组织开展关键共性技术开发和推广应用，建立成果转化机制，发挥技术溢出效应，显著提升创新成果转化率、经济效益和社会效益。

责任单位：省经信委、财政厅、科技厅、质监局，各市、县（区）人民政府，平潭综合实验区管委会

**（三）加快培育制造业单项冠军企业**

鼓励我省制造企业专注创新和产品质量提升，在细分产品市场深耕细作，走“专精特优”的发展道路，在全省范围内组织推荐、公布一批省级制造业单项冠军企业名录，引领行业向产业高端迈进。组织我省有条件的企业申报国家级制造业单项冠军企业。对评为工信部制造业单项冠军示范（培育）企业、省级制造业单项冠军示范企业的，给予一次性奖励。

责任单位：省经信委、财政厅，各市、县（区）人民政府，平潭综合实验区管委会

**（四）对企业研发进行补助**

贯彻落实好省政府《关于印发〈福建省企业研发经费投入分段补助实施办法（试行）〉的通知》（闽政〔2017〕8号），对规模以上企业、规模以下高新技术企业采取研发投入分段补助，补助经费由省、设区市、县（市、区）按比例分摊。对科技小巨人领军企业享受研发费用加计扣除政策实际减免的所得税额，省级财政给予同量资金奖励，奖励资金以该企业相应年度应缴纳企业所得税额的

地方财政分成部分为上限。对新型研发机构非财政资金购入科研仪器、设备和软件购置经费，省、设区市财政按一定比例给予补助。

责任单位：省科技厅、财政厅、地税局，省国税局，各市、县（区）人民政府，平潭综合实验区管委会

## 五、促进管理提升

### （一）推进企业创新管理提质增效

支持开展企业管理典型经验示范推广、重点行业企业对标诊断等活动，以及企业经营管理人才培育工作。开展省级“专精特新”中小企业培育认定工作，引导中小企业专业化、精细化、特色化、新颖化发展，做专做精核心产品、持续强化创新，培育独具特色的企业品牌，对经认定的省级“专精特新”中小企业给予适当奖励。

### （二）加强平台载体建设

引导福建省中小企业公共服务平台网络各窗口平台按照公益性服务和市场化运作相结合的原则，创新平台运营模式，提升服务能力和水平，强化对中小微企业发展的服务支撑。提高国家级、省级小型微型企业创业创新示范基地奖励标准，支持各类创业基地、工业园区等载体完善服务功能、提升服务水平，建设标准、规范的小型微型创业创新基地，为入驻小微企业创业创新提供服务支撑。

### （三）支持机构提供服务

支持企业服务机构通过福建省中小企业公共服务平台网络面向中小企业开展政策信息、投资融资、创业辅导、人才培训、管理提升、技术创新、市场开拓、法律咨询等线上线下服务，对符合条件的服务机构和单位给予奖励。研究完善产业分析推进工作机制，围绕传统产业改造提升、主导产业和新兴产业发展，建立行业专家咨询组和产业研究机构，完善产业智库和专家库建设，借力借智，助力产业发展。

### （四）深化质量品牌建设

以工业“三品”专项行动为重点，营造良好市场环境，提升企业质量品牌建设能力。树立一批省级质量标杆，开展工业企业品牌培育试点示范工作，提高企业品牌培育的科学化水平。

责任单位：省经信委、财政厅、发改委、质监局，各市、县（区）人民政府，平潭综合实验区管委会

## 六、进一步降低实体经济企业成本

贯彻落实国务院《降低实体经济企业成本工作方案》（国发〔2016〕48号），在实施省政府《关于降低企业成本减轻企业负担的意见》（闽政〔2016〕21号）等政策的基础上，进一步有效降低我省实体经济企业成本。进一步精简行政审批、减少审批环节、优化审批流程。清理规范涉企经营服务性收费，公布收费清单。

责任单位：省经信委、审改办、财政厅、物价局、地税局，省国税局，省直有关部门，各市、县（区）人民政府，平潭综合实验区管委会

## 七、突出抓项目和运行分析协调服务

### （一）完善抓工业项目机制

各地要根据工业项目数据库，排出项目清单，动态实时跟踪，及时掌握项目从谋划、签约、开工、建设、投产、达产全过程进展情况，盯住签约、开工和竣工主要环节，尽快释放项目增长动能。坚持“聚焦项目、聚焦服务”，主动加强对接，协调推进项目建设，培育产业新增长点，促进产业迈向中高端，提升全省制造业竞争力。

### （二）建立完善技改和民企产业项目对接工作激励机制

对各地技改工作实行“月通报、季督查、年考核”，突出技改投资的规模、速度、结构和质量、效益等激励导向，全面考核各地技改投资指标完

成、结构优化、项目建设、政策落实、资金使用、工作推进等情况。加强民企产业项目对接力度，实施全省民企产业项目对接行动计划，突出民企项目真实性、投资规模、结构优化和落地开工建设等情况，对各地对接的民企项目实行“月报告、季审核、年考核”。

（三）强化监测分析

完善“周监测、月分析、季调度”工作机制，突出重点地区、主要行业、龙头企业、新增长点项目分析协调服务，分解落实全年工业目标任务，增强调控预警的主动性和时效性，精准提出对策措施，提高运行分析和调控水平。

（四）提升服务水平

全面提升服务企业的能力和水平，进一步完善工业运行调度和推动产业转型升级协调机制，对工业企业反映需省里协调解决的困难问题，各地经信部门要及时收集上报，省经信委要迅速分解有关部门、单位办理，并做好协调、反馈、督促工作。

（五）加强政策落实

要继续贯彻落实好国家及省里出台的促进工业稳增长、转型升级系列政策措施。各地、各有关部门要结合实际，按照职责分工，认真组织实施，加强指导督促，优化服务，确保各项措施落实到位，并制定配套措施，形成政策合力。

责任单位：省经信委、财政厅，省直有关部门，各市、县（区）人民政府，平潭综合实验区管委会

八、提高财政资金绩效

（一）加大专项转移支付力度

加快预算执行进度，切实发挥财政资金的积极效用。各级各部门要进一步加大对工业稳增长的财政资金投入。省级专项转移支付安排下达的相关资金，各设区市及平潭综合实验区在执行专项资金管理规定，确保完成有关目标任务且不改变资金类级科目用途的基础上，可根据当地实际和资金规模，加大整合力度，对资金使用方向、申报条件、补助奖励标准等作适当调整，统筹使用。省级有关部门要加强对各地财政资金使用情况监督检查和绩效评价。

（二）强化绩效导向

将各地技改投资、民企项目招商对接、技术创新、支持企业上规模、“6·18”产学研对接项目等工作情况，列入绩效目标考核指标。省经信委工业技改专项和县域产业发展专项切块资金中预留30%资金，根据各地绩效目标完成情况，按“以奖代补”的方式分配下达奖励资金。

责任单位：省经信委、财政厅，各市、县（区）人民政府，平潭综合实验区管委会

各责任单位要认真制定执行计划并推进落实，可结合实际对上述措施进行细化和合理调整，各市、县（区）应结合本地区实际情况，制定相应配套政策，更好地发挥政策叠加效应。省经信委、省财政厅等要做好组织协调、指导推进、督促检查，有关实施情况应定期汇总报告。

福建省人民政府

2017年4月13日

# 关于印发《福建省工业企业技术改造奖励实施办法》的通知

闽经信投资〔2017〕93号

各设区市经信委（经信局）、财政局、国家税务局、地方税务局、统计局，平潭综合实验区经发局、财政金融局、国家税务局、地方税务局：

为贯彻落实《福建省人民政府关于促进 2017 年全省工业稳增长调结构若干措施的通知》（闽政〔2017〕13 号），经省政府同意，现将《福建省工业企业技术改造奖励实施办法》印发给你们，请遵照执行。执行过程中遇到的问题，请迳向省经信委、财政厅、国家税务局、地方税务局、统计局等部门反映。

福建省经济和信息化委员会

福建省财政厅

福建省国家税务局

福建省地方税务局

福建省统计局

2017 年 4 月 15 日

## 福建省工业企业技术改造奖励实施办法

### 第一章　总则

**第一条**　为贯彻落实规模以上工业企业技术改造项目完工投产后奖励政策，经省政府同意，特制定本办法。

**第二条**　本办法所称福建省工业企业技术改造项目奖励资金（以下简称“技改奖励资金”）是指由设区市政府（含平潭综合实验区管委会，下同）相关项目主管部门依据企业技术改造效果和对财政贡献情况等因素审核后给予企业的奖励资金（含省市县三级奖励）。

**第三条**　设区市经信会同财政等部门进一步制订完善本地区实施办法，同时报送省经信、财政等部门。

### 第二章　部门职责

**第四条**　各级经信、财政、税务、统计部门按照职责分工和本办法的规定，共同组织和实施技改奖励资金的申请、审核、拨付、清算和监督管理工作。

**第五条**　省经信部门负责指导各级经信部门落实技改奖励政策；组织申报、评审发布、跟踪监测当年的省重点技术改造项目，建立省重点技术改造项目库；监督各级经信部门技改奖励资金的落实到位。

设区市经信部门负责辖区内技改奖励政策的落实。组织申报、评审发布、跟踪监测当年的市重点技术改造项目，建立市重点技术改造项目库；会同同级财政、税务部门审核技改奖励资金，制定并下达技改奖励资金安排计划，并将资金安排情况报送省经信、财政部门；对技改奖励项目开展监督检查。

县（市、区）经信部门负责辖区内技术改造项目的备案（审批或核准）和技改项目库建立、完工投产评价申请受理、技改奖励申请受理；会同同级财政、税务部门核算企业技改奖励资金等工作并上报核算情况；会同同级财政部门按规定将技改奖励资金拨付至企业，并对技改奖励项目进行现场检查监督等。

各级经信部门同时要做好技改奖励资金管理、监督和绩效评价工作。

**第六条**　各级财政部门负责技改奖励资金的管理，根据技改奖励资金计划安排奖励资金，并按财政国库管理制度有关规定下达拨付资金；并做好奖励资金管理、监督和绩效评价工作等。

**第七条**　各级税务部门根据经信部门提供的企业名单审核和确认企业相应年份的财政贡献地方留成部分及增量额度。

**第八条**　各级统计部门负责核实企业基本信息，确认是否为规模以上工业企业、技改项目是否入统、是否报送投资数据。

## 第三章　技改项目完工投产评价

**第九条**　以政府购买服务方式委托第三方机构开展技术改造项目完工投产评价，购买费用由省级财政承担，具体管理办法另行制定。

（一）第三方机构现场核查企业技术改造项目的真实情况和完工投产情况，检查企业申报材料的完整性、真实性。

（二）第三方机构出具报告（包含企业技改项目完工投产评价、技改投资情况等）。

（三）技改项目完工投产评价以备案（审批或核准）内容为依据。

（四）企业对第三方机构的评价有疑义的，可向主管部门申诉，主管部门应及时受理。

## 第四章　奖励标准和核算方法

**第十条**　奖励对象：在福建省内注册，具有独立法人资格，实行独立核算，诚信经营、依法纳税，实施的技改项目在 2017 年 1 月 1 日至 2019 年 12 月 31 日完工投产且有新增财政贡献地方留成部分的规模以上工业企业。

**第十一条**　奖励条件

（一）技改项目符合国家产业政策，已完成项目备案（审批或核准）；

（二）完成技改项目完工投产评价。

**第十二条**　奖励标准

（一）省、设区市、县（市、区）财政通过调整部门支出结构，统筹预算安排，以企业技改项目完工投产前一年对财政贡献地方留成部分为基数，从完工投产当年起连续三年，按企业对财政贡献地方留成增量部分的 40%实行奖励，其中，省、设区市、县（市、区）分别承担 30%、30%、40%。厦门市参照执行，奖励资金由厦门市承担。

（二）企业对财政贡献以企业缴纳的全年增值税和企业所得税实际入库税收额计算。

（三）基数为企业技改项目完工投产前一年的财政贡献地方留成部分，对财政贡献地方留成增量部分为提出申请奖励的上一年财政贡献地方留成相对于基数的增加部分。

（四）单个企业的技改项目已享受的各级各类财政扶持资金（含技改基金补差）和技改完工投产后奖励资金累计不超过该技改项目的固定资产投资总额。

**第十三条**　奖励年限：企业从技改项目完工投产后连续三年均可申请技改奖励资金。

## 第五章　办理程序

**第十四条**　按照投资项目管理办法有关规定，企业必须完成项目备案（审批或核准），取得备案表或审批、核准文件。

**第十五条**　技改项目完工投产后，开展完工投产评价。

**第十六条**　奖励申请

（一）每年一季度，各设区市经信、财政部门印发上年度技改项目奖励资金申报通知。

（二）企业提交以下纸质申请材料（需加盖企业公章）及电子版：

1.《福建省工业企业技术改造奖励资金申请表》（原件）；

2.项目备案表或审批、核准文件（复印件）；

3.第三方机构出具的报告（包含完工投产评价、技改投资情况等）（原件）；

4.技改项目已享受的各级各类财政扶持资金

证明材料（复印件）；

5. 各设区市根据实际情况增加的其它企业申请资料。

（三）逾期申请奖励资金的，视为企业自动放弃。

**第十七条** 资金安排

（一）县（市、区）经信部门会同同级财政部门负责现场查核企业技术改造及完工投产情况；会同同级统计部门负责核实企业是否为规模以上工业企业和技改项目是否入统、是否报送投资数据；县（市、区）财政部门会同同级税务部门负责审核确认企业全年缴纳增值税、企业所得税实际入库税收额以及地方留成部分的情况并出具确认文件。

（二）县（市、区）经信部门会同同级财政部门共同编制技改项目奖励资金安排计划，上报设区市经信、财政部门审核。

（三）各设区市经信部门会同同级财政、税务部门审核辖区内技改奖励资金安排计划，并在辖区内进行公示，公示无异议后，下达技改奖励资金安排计划，同时将技改奖励资金安排情况（分列出省、设区市、县（市、区）各自承担的奖励金额）上报省经信部门、财政部门，并提交以下资料：

1. 技改奖励资金安排情况；

2. 技改奖励资金安排计划项目汇总表。

**第十八条** 资金拨付

（一）奖励资金涉及省级负担部分由省经信委、财政厅年初预拨各设区市，年终与各地清算奖励资金。

（二）各设区市、县（市、区）经信、财政部门于每年6月底前按规定将技改奖励资金拨付至企业。

## 第六章 监督检查

**第十九条** 各级经信部门会同财政部门按规定公开如下信息：

（一）技改奖励实施办法。

（二）技改奖励资金申报通知。

（三）技改奖励资金安排情况。

（四）接受、处理投诉情况。

（五）其他按规定应公开的内容。

**第二十条** 技改奖励资金按“谁安排、谁审核、谁负责”原则，建立专项资金管理责任制。

**第二十一条** 省经信、财政、税务、统计部门在各自职责范围内加强对政策实施、信息统计上报等情况进行跟踪检查和监督管理，并根据实际情况对各地落实技改奖励政策情况进行检查。

**第二十二条** 各设区市、县（市、区）经信、财政、税务、统计部门做好企业技改奖励资金申报资料存档和信息统计工作。

**第二十三条** 各级经信部门、财政部门不定期对获得技改奖励资金的企业进行检查，防止虚报骗取技改奖励资金等违纪违法行为的发生，及时发现问题并予以纠正和处理。

**第二十四条** 第三方机构承接技改项目完工投产评价工作必须做到合法合规，一经发现违法违规现象，取消其评价资格，并向社会公开通报违规违法情况；涉嫌犯罪的，移送司法机关处理。

**第二十五条** 申请技改奖励资金的企业要依法诚信经营，对申报奖励材料的真实性负责，不得弄虚作假骗取资金，违者依法严肃处理。

**第二十六条** 各级经信、财政、税务、统计等部门及其工作人员在专项资金分配、项目资金审核等工作中，存在违反规定分配或使用专项资金以及其他滥用职权、玩忽职守、徇私舞弊等违法违纪行为的，按照国家有关规定追究相应责任；涉嫌犯罪的，移送司法机关处理。

## 第七章 附则

**第二十七条** 本办法由省经信委、省财政厅负责解释。

**第二十八条** 本办法自发布之日起施行，执行至2022年12月31日止。

# 福建省人力资源和社会保障厅　福建省财政厅　福建省地方税务局关于阶段性调低福建省失业保险费率有关问题的通知

闽人社发〔2017〕2号

各设区市人力资源和社会保障局、财政局、地税局，平潭综合实验区社会事业局、财政金融局、地税局：

为贯彻落实人力资源社会保障部、财政部《关于阶段性降低失业保险费率有关问题的通知》（人社部发〔2017〕14号）精神，进一步完善我省失业保险费率动态调整机制，减轻企业负担，促进就业稳定，经省政府同意，决定适当降低全省失业保险费率。现将有关事项通知如下：

一、从2017年1月1日起全省失业保险总率由1.5%降至1%，单位缴费部分再降0.5%，即用人单位和个人缴费的具体比例为：用人单位按照与之建立劳动合同关系职工的月工资总额的0.5%缴纳失业保险费，职工按照其月工资总额的0.5%缴纳失业保险费。执行期限为2017年1月1日到2018年4月30日。

二、按照《福建省人民政府办公厅关于贯彻〈福建省失业保险条例〉有关问题的通知》（闽政办〔2006〕233号）有关规定，因降低费率造成统筹地区当年失业保险基金收不抵支时，先由统筹地区失业保险基金历年结余支付，仍有不足部分由省级失业保险调剂金补助，再由当地财政补贴。

三、本通知自2017年1月1日起执行。缴费单位已按原费率缴纳的失业保险费，可在以后月份缴纳失业保险费时自行抵扣，以抵扣后的金额向地税机关申报缴纳。

四、各地执行中遇到问题，要及时向省人力资源和社会保障厅、省财政厅和省地税局报告。

福建省人力资源和社会保障厅

福建省财政厅

福建省地方税务局

2017年4月24日

# 福建省经济和信息化委员会　福建省财政厅关于印发《福建省小型微型企业创业创新示范基地建设管理办法》的通知

闽经信中小〔2017〕112号

各设区市经信委（经信局）、财政局，平潭综合实验区经发局、财政金融局，省属有关单位：

为贯彻落实国家和我省扶持中小企业发展政策，进一步营造支持小微企业创业创新发展的良好环境，引导和支持小型微型企业创业创新基地提升服务水平，省经信委、财政厅根据《国家小型微型企业创业创新示范基地建设管理办法》，对原有《福建省省级小微企业创业基地管理办法》进行修订，制定了《福建省小型微型企业创业创新示范基地建设管理办法》，现印发给你们，请遵照执行。

福建省经济和信息化委员会

福建省财政厅

2017年5月5日

## 福建省小型微型企业创业创新示范基地建设管理办法

### 第一章　总则

**第一条**　为贯彻落实国家和我省扶持中小企业发展政策，进一步营造支持小微企业创业创新发展的良好环境，引导和支持小型微型企业创业创新基地提升服务水平，切实培育一批基础设施完备、综合服务规范、示范带动作用强的省级小型微型企业创业创新示范基地，助力大众创业、万众创新，根据《国家小型微型企业创业创新示范基地建设管理办法》，制定本办法。

**第二条**　本办法所指福建省小型微型企业创业创新示范基地（以下简称示范基地）是经省经信委、省财政厅联合认定的小型微型企业创业创新示范基地，是由法人单位运营，聚集各类创业创新服务资源，为小微企业提供有效服务支撑的载体和场所。

**第三条**　省经信委、省财政厅负责示范基地的认定和管理。各设区市、平潭综合实验区经信、财政部门协助做好辖区内示范基地的推荐申报和跟踪管理工作。

### 第二章　申报对象及条件

**第四条**　示范基地遵从自愿申报的原则，对象可为：

（一）服务小微企业创业创新的创业基地、创业园、孵化器；

（二）产业集群、经济技术开发区、高新技术产业开发区、新型工业化产业示范基地等产业集聚区中面向小微企业的园中园；

（三）依托高校和科研院所设立的大学创业（科技）园；

（四）行业龙头骨干企业设立的面向小微企业、创业团队、创客的创业创新基地；

（五）其他为小微企业提供创业创新服务的载体。

**第五条**　示范基地申报须同时满足以下条件：

（一）运营单位（申报主体，下同）具有独立法人资格并成立2年以上；

（二）运营单位从事基地运营与服务的工作人员不少于 10 人，其中大专及以上学历人员和中级及以上技术职称专业人员合计数的比例不低于总人数的80%；

（三）与运营单位签订战略合作协议并实际入驻基地的专业服务机构不少于5家；

（四）运营单位上年度缴纳税收总额不低于100万元；

（五）基地占地面积不少于20亩或建筑面积应在15000平方米以上；

（六）实际入驻基地办公、经营的小微企业60家以上，从业人员1000人以上；

（七）基地年度为小微企业提供的公益性服务或低收费服务不少于总服务量的20%；

（八）具备不少于以下四种服务功能并达到相应的服务能力：

**1. 信息服务。**具有便于入驻企业查询的、开放的信息服务系统；具有在线服务、线上线下联动功能。

**2. 创业辅导。**具有创业辅导师团队，为创业人员或入驻小微企业提供创业咨询、开业指导、创业辅导和培训等服务，每年为入驻企业提供50家次以上创业辅导服务。

**3. 创新支持。**具有知识产权转化或组织技术服务资源的能力，能够组织研发项目、科研成果和资本等多方对接，每年组织技术洽谈会或技术对接会5次以上。

**4. 人员培训。**具有培训创业人员、企业经营者、专业技术人员和员工能力，每年组织各类培训200人次以上。

**5. 市场营销。**具有组织入驻企业参加各类展览展销、贸易洽谈、产品推介、市场拓展等能力，每年组织企业参加或举办相关活动2次以上。

**6. 投融资服务。**具有组织融资需求、融资产品信息共享，提供投融资推介和对接等服务能力，每年服务入驻企业融资20家次以上，组织产融合作银企对接会2次以上。

**7. 管理咨询。**具有发展战略、财务管理、人力资源、市场营销等咨询服务能力，每年服务入驻企业20家次以上。

**8. 专业服务。**具有法律咨询及援助、代理会计、专利申请、审计、评估等服务能力，年服务入驻企业20家次以上。

## 第三章　申报认定程序

**第六条**　省经信委、省财政厅每年组织开展一次示范基地申报、审核工作，具体时间及要求以当年申报工作通知为准。

**第七条**　符合条件的运营单位可向所属设区市（或平潭综合实验区，下同）经信部门、财政部门申报并提交下列材料：

（一）福建省小型微型企业创业创新示范基地认定申报书（见附件）；

（二）运营单位的法人营业执照副本（复印件）；

（三）基地土地、房屋的不动产权证书（或租赁合同）复印件；

（四）开展服务活动的相关证明材料（如活动通知、图片等）。

**第八条**　各设区市经信部门收到所属运营单位的申报材料后，按照本办法和年度申报工作通知进行初审，提出拟推荐名单并会同同级财政部门正式行文推荐上报省经信委、省财政厅。

**第九条**　省经信委会同省财政厅按规定程序对各设区市推荐上报的基地进行审核，提出拟认定示范基地名单并进行公示。公示无异议后由省经信委、省财政厅联合公布名单。

**第十条**　对经公布的“福建省小型微型企业创业创新示范基地”，由省经信委、省财政厅颁发牌匾，并择优推荐申报国家小型微型企业创业创新示范基地。

## 第四章　示范基地管理

**第十一条**　省经信委、省财政厅对示范基地实行动态管理，每三年复核一次。对复核不通过的，取消其“福建省小型微型企业创业创新示范基地”资格。

**第十二条**　示范基地要不断完善创业创新基础设施环境，增强服务能力，提高入驻企业创业成功率和创新能力，提升示范基地品牌影响力，发挥示范带动作用。

**第十三条**　示范基地应于每年 1 月 10 日前将上一年度运营情况总结报送所属设区市经信部门，并自觉接受相关部门监督检查。

**第十四条**　设区市经信部门应于每年 1 月 20 日前将所属各示范基地上一年度总体运营情况总结报送省经信委。省经信委将结合示范基地运营情况，对示范基地运营管理、服务满意度等情况进行测评。

## 第五章　附则

**第十五条**　本办法由省经信委、省财政厅负责解释。

**第十六条**　本办法自印发之日起施行，2015 年 5 月省经信委、省财政厅印发的《福建省省级小微企业创业基地管理办法》（闽经信中小〔2015〕262 号文）同时废止。

附件：福建省小型微型企业创新示范基地认定申报书（略）

# 关于印发《福建省“专精特新”中小企业认定管理暂行办法》的通知

闽经信中小〔2017〕113号

各设区市经信委（经信局）、财政局，平潭综合实验区经发局、财政金融局，省属有关单位：

为引导推进我省中小企业“专精特新”发展，省经信委、财政厅研究制定了《福建省“专精特新”中小企业认定管理暂行办法》。现印发给你们，请遵照执行。

福建省经济和信息化委员会

福建省财政厅

2017年5月5日

# 福建省“专精特新”中小企业认定管理暂行办法

## 第一章　总则

**第一条**　为贯彻落实工业和信息化部印发的《促进中小企业发展规划（2016-2020年）》，结合省经信委牵头制定实施的《福建省中小企业成长计划（2016-2018年）》，引导推进我省中小企业“专精特新”发展，根据《工业和信息化部关于促进中小企业“专精特新”发展的指导意见》（工信部企业〔2013〕264号），制定本办法。

**第二条**　认定福建省“专精特新”中小企业，旨在引导我省中小企业围绕《中国制造2025》重点领域，利用“互联网+”战略机遇，走“专精特新”发展之路，提升自主创新能力、加快转型升级，培育一批主营业务突出、竞争力强以及具有良好发展前景的“专精特新”中小企业，持续为我省经济发展注入新的活力。

**第三条**　“专精特新”企业具有以下特征：

**（一）专业化**

专注核心业务，具有专业化生产、服务和协作配套的能力，为大企业、大项目和产业链提供零部件、元器件、配套产品和配套服务。

**（二）精细化**

具备精细化生产、精细化管理、精细化服务，以美誉度高、性价比好、品质精良的产品和服务在细分市场中占据优势。

**（三）特色化**

采用独特的工艺、技术、配方或特殊原料进行研制生产，产品或服务具有独特性、独有性、独家性特点，掌握自主知识产权。

**（四）新颖化**

开展技术创新、管理创新和商业模式创新，通过行业的交叉融合提供新的产品或服务，具有“新技术、新产业、新业态、新模式”等四新经济发展特征。

**第四条**　省经信委、省财政厅按照科学公开、公平公正、自愿申报的原则，开展福建省“专精特新”中小企业认定和管理工作。各设区市及平潭综合实验区经信、财政部门协助做好辖区内福建省“专精特新”中小企业的推荐申报和跟踪管理工作。

## 第二章　认定条件

**第五条**　申报福建省“专精特新”中小企业应符合以下两项基本条件和任何一项专项条件。

**（一）基本条件**

1. 在我省登记注册两年以上，具有独立法人资格，符合《中小企业划型标准规定》（工信部联企业〔2011〕300 号）界定的工业、信息传输业、软件和信息技术服务业中小企业。企业主导产品或服务符合《中国制造 2025》和《福建省实施<中国制造 2025>行动计划》重点方向，具有良好发展前景和较好的经济、社会效益，信用良好。

2. 企业上年度营业收入 2000 万元以上，上年度营业收入增速不低于 15%或近两年平均增速不低于 10%。

**（二）专项条件**

**1. 专业化：**企业专注核心业务，具有较高专业化生产、服务和协作配套能力，能为大企业、大项目和龙头企业提供关键零部件、关键元器件、配套产品和配套服务，主导产品和服务在国内或省内细分市场处于领先地位，主导产品和服务营业收入占本企业销售收入的 60%以上。

**2. 精细化：**企业建立精细高效的管理制度和流程，取得质量管理体系认证，开展精细化生产、精细化管理、精细化服务，装备居国内同行业领先水平，企业管理效益突出、降本增效显著，属所在设区市品牌企业。企业产品和服务美誉度高、性价比好、品质精良，在细分市场具有一定的比较优势。

**3. 特色化：**企业利用特色资源，弘扬传统技艺和地域文化，采用独特工艺、技术、配方或原料，研制生产具有地方或企业特色的产品。企业拥有发明专利、软件著作权或专有技术 3 项以上，主导产品和服务具有自主知识产权，并在生产中应用。企业研发投入占营业收入比重达 2%以上。

**4. 新颖化：**开展技术创新、管理创新和商业模式创新，适应或创造消费新需求，拥有符合“新技术、新产业、新业态、新模式”等四新经济发展特征的产品或服务，形成新的经济增长点，具有新的竞争优势。具有较高的信息化应用水平，通过行业的交叉融合提供新的产品或服务，拥有近 2 年内新授权的发明专利或独特、独有的工艺、配方等专有技术。

## 第三章　认定程序

**第六条**　省经信委、省财政厅每年组织开展一次福建省“专精特新”中小企业申报和认定工作，具体时间及要求以当年申报工作通知为准。

**第七条**　符合条件的企业可向所属设区市（或平潭综合实验区，下同）经信部门、财政部门申报并提供以下材料：

（一）福建省“专精特新”中小企业认定申报书（见附件）；

（二）企业法人营业执照复印件；

（三）以下证明符合申报条件的有关资料和证书复印件：

**1. 专业化：**与大企业、大项目和龙头企业签订的关键零部件、关键元器件、配套产品或配套服务协议，主导产品和服务在国内或省内细分市场地位说明材料。

**2. 精细化：**企业质量管理体系认证证书，企业精细化管理、装备水平、管理效益、产品品牌和市场比较优势说明材料。

**3. 特色化：**企业发明专利、软件著作权、专有技术等证明材料或证书复印件，企业弘扬传统技艺文化、生产具有特色产品说明材料。

**4. 新颖化：**2 年内新授权的发明专利或独特、独有的工艺、配方等专有技术证明材料或证书复印件，企业有关发展“新技术、新产业、新业态、新模式”等四新经济、信息化应用水平说明材料。

（四）属特殊行业的企业须提供特殊行业许可证或相关准入证明。

**第八条**　设区市经信部门收到所属企业的申报材料后，根据本办法和年度申报工作通知进行初审，提出拟推荐名单并会同同级财政部门正式行文推荐上报省经信委、省财政厅。

**第九条**　省经信委会同省财政厅按规定程序

对各设区市推荐上报的企业进行审核，提出拟认定企业名单并进行公示。

**第十条** 经公示无异议的，由省经信委、省财政厅联合公布名单，并授予福建省“专精特新”中小企业称号。

## 第四章 跟踪管理

**第十一条** 省经信委、省财政厅对福建省“专精特新”中小企业实行动态管理，每三年复核一次。对复核不合格的企业，取消福建省“专精特新”中小企业称号。

**第十二条** 申报企业须如实填报、提供申报要求材料，真实反应企业实际情况；如存在弄虚作假、虚报伪造申报材料行为，经调查属实的，由省经信委、省财政厅取消其申报和认定资格。

**第十三条** 福建省“专精特新”中小企业发生重大违法违规事件，且被有关行政主管部门处理的，省经信委、省财政厅将取消其福建省“专精特新”中小企业称号和下一年度申报资格。

**第十四条** 福建省“专精特新”中小企业发生更名、重组等重大调整事项后，企业应在一个月内向所属设区市经信部门报告，并向省经信委、省财政厅申请办理更名等手续，逾期不报的，视为自动放弃福建省“专精特新”中小企业称号。

**第十五条** 福建省“专精特新”中小企业列入全省中小企业运行监测体系，须按要求定期报送企业相关信息。

## 第五章 附则

**第十六条** 本办法由省经信委、省财政厅负责解释。

**第十七条** 本办法自发布之日起施行。

附件：福建省“专精特新”中小企业认定申报书（略）

# 关于实施当前工业稳定增长正向激励的通知

闽经信计财〔2017〕150号

各设区市、平潭综合实验区经信委（经信局、经发局）、财政局（不含厦门）：

为进一步促进全省工业稳定增长，确保完成全年目标任务。根据省委办公厅、省政府办公厅《关于建立正向激励机制促进有效投资的八条措施（试行）》（闽委办发〔2017〕4号）通知精神，决定从今年6月份开始到年底，对全省工业主要目标完成情况实施正向激励。现将有关事项通知如下：

## 一、工业主要指标完成情况奖励

### （一）工业增加值完成情况奖励

**1. 奖励对象。**对累计完成工业增加值序时进度，且月度规模以上工业增加值较去年同期可比增速前三位的设区市，以省统计局核算的数据为准。其中，1-6月序时进度要求为45%、1-7月51%、1-8月60%、1-9月70%、1-10月78%、1-11月88%、1-12月100%。

**2. 奖励标准。**月度增加值增速第1位的奖励300万元，第2位的奖励200万元、第3位的奖励150万元，若遇月度增速相同的按其累计增加值增速高低排序。

**3. 资金使用。**奖励资金安排给当月对本地工业增长贡献大、拉动作用强、产值增速前列的规上制造业企业，列入省级工业龙头、高成长、新增长点项目的企业同等条件下优先安排。具体增速要求、奖励标准、企业名单等由被奖励设区市结合实际研究确定。

### （二）技改投资完成情况奖励

**1. 奖励对象。**对累计完成技改投资序时进度，且当月技改投资增速+累计技改投资增速总和排名前三位的设区市。其中，1-6月序时进度要求为45%、1-7月53%、1-8月62%、1-9月71%、1-10月80%、1-11月90%、1-12月100%。

**2. 奖励标准。**对排名第1位的奖励100万元，第2位的奖励80万元，第3位的奖励60万元，若遇增速总和相同的按其当月技改新增投资额大小排序。

**3. 资金使用。**奖励资金由设区市经信部门会同财政部门统筹用于技改专项补助资金使用。

### （三）工业用电完成情况奖励

**1. 奖励对象。**月度工业用电同比增长前三位的设区市，以省电力公司统计的数据为准。

**2. 奖励标准。**月度工业用电增速第1位的奖励300万元，第2位奖励200万元、第3位奖励150万元，若遇月度增速相同的按当月新增工业用电量大小排序。

**3. 资金使用。**奖励资金安排给当月对本地工业用电增长贡献大、拉动作用强的规上制造业企业，列入省级工业龙头、高成长、新增长点项目的企业同等条件下优先安排。具体增速要求、奖励标准、企业名单和单家企业最高限额等由被奖励设区市结合实际研究确定，当年新投产企业原则上不列入奖励范围。

## 二、工作要求

1. 各设区市应结合实际制定本地区正向激励办法，于6月20日前报送省经信委、省财政厅。对央属、省属企业的奖励按属地原则由各地负责安排。

2. 省级奖励资金根据各地指标完成情况按月下达，各设区市要在省级奖励资金到位后的15个工作日内拨付到奖励对象（其中技改投资奖励资金由设区市按季度拨付到奖励对象）。

3. 各设区市要积极促进规下企业上规模，对新纳统的规模企业，按照《省经信委省财政厅关于印发福建省工业和信息化发展专项转移支付资金管理指南的通知》（闽经信计财〔2017〕146号）要求及时给予奖励。

4. 各设区市要切实加强运行协调调度，鼓励有市场、有效益的企业充分发挥产能，积极配合统计部门指导辖区内规上企业做好联网直报工作，实现应统尽统。

5. 各设区市应加强奖励资金的使用和监管，做到专款专用，并应于每月10日前将上个月奖励资金的安排使用情况报省经信委、省财政厅。

6. 省经信委、省财政厅将根据各地工业主要指标完成情况和奖励资金兑现情况适时作出调整。

7. 各设区市要切实强化政策落实，确保完成年度各项目标任务。全年工业主要指标完成情况将作为安排下一年度工业和信息化专项转移支付资金的重要依据。

福建省经济和信息化委员会

福建省财政厅

2017年6月11日

# 福建省人民政府办公厅关于积极稳妥降低企业杠杆率的实施意见

闽政办〔2017〕60号

各市、县（区）人民政府，平潭综合实验区管委会，省人民政府各部门、各直属机构，各大企业，各高等院校：

为贯彻落实《国务院关于积极稳妥降低企业杠杆率的意见》（国发〔2016〕54号），推进供给侧结构性改革，做好“三去一降一补”工作，经省政府同意，结合我省实际，提出如下实施意见。

## 一、推进市场化债转股

### （一）鼓励债转股实施机构多元化

支持银行充分利用现有符合条件的所属机构，及地方法人银行申请设立符合规定的新机构开展市场化债转股。鼓励银行向非本行所属实施机构转让债权，支持银行间通过所属实施机构交叉开展市场化债转股。鼓励金融资产管理公司、保险资产管理公司、国有资本投资运营公司等多种实施机构，参与开展市场化债转股。支持组建由国有资本引导，金融资本、产业资本和其他各类社会资本参与的债转股专项基金。引导多种社会资本投资债转股实施机构发行的债转股专项金融债券、资产支持票据、非公开定向票据等金融产品。

责任单位：省经信委、财政厅、发改委、金融办，福建银监局、人行福州中心支行

### （二）实施差别化债转股政策

按照市场化、法治化原则，建立债转股项目库，对有市场、有前景的符合国家和我省产业政策导向的守信企业，鼓励进入债转股对象清单，有序实施债转股。积极培育债转股企业通过IPO、定向增发等方式提升资产价值。对企业符合税法规定条件的债权损失，可按规定在计算企业所得税应纳税所得额时扣除。

责任单位：省经信委、金融办，福建银监局、人行福州中心支行，省地税局，省国税局

### （三）建立债转股股权市场化退出机制

实施机构可与企业协商约定所持股权的退出方式。债转股企业为上市公司的，债转股股权可以依法依规转让退出。非上市公司的债转股股权，鼓励利用回购、并购、全国中小企业股份转让系统挂牌、区域性股权市场交易、证券交易所上市等渠道转让退出。

责任单位：福建证监局，省金融办，人行福州中心支行

### （四）强化监管约束机制

禁止将扭亏无望的“僵尸企业”、有恶意逃废债行为的企业等作为债转股对象。强化债转股企业的财务杠杆约束，在债转股协议中，相关主体应对企业未来债务融资行为进行规范，共同制定合理的债务安排和融资规划，对资产负债率做出明确约定。严格规范债转股企业股东特别是大股东的资产处置行为，严禁掏空企业资产、占用和挪用企业财产等侵害其他股东权益的行为。严厉打击借债转股逃废银行债务的行为，引导企业、银行、实施机构等参与主体建立损失和风险防控机制。

责任单位：省经信委、金融办，福建银监局、人行福州中心支行，各设区市人民政府、平潭综合实验区管委会

## 二、大力发展股权融资

### （一）推动企业上市挂牌融资

完善企业上市培育、储备和激励机制，筛选一批符合我省产业发展方向、盈利能力强、成长性好、有上市意向的企业作为省重点上市后备企业。推动

企业在上交所、深交所、港交所、新三板、海峡股权交易中心等境内外多层次资本市场上市、挂牌融资、增资扩股。筛选储备一批生物与新医药、新材料、新能源、节能环保、智能装备、电子信息等科技含量高的企业，作为传统行业国有上市公司的并购标的，尽快进入资本市场。

责任单位：省发改委，福建证监局，省国资委、经信委、金融办

**（二）创新股权融资机制**

鼓励资产管理公司、股权投资基金、产业投资基金等创新股权融资工具，探索运用股债结合、投贷联动等方式为企业降杠杆提供直接融资。根据产业发展方向，积极设立转型升级并购基金。充分利用银行业金融机构的综合业务优势，引导设立各类专业基金或与地方政府合作设立各类股权投资基金。鼓励保险资金、职业年金等依法依规进行股权投资。在依法合规、风险可控的情况下，稳妥开展股票期权、收益凭证、场外衍生品等业务。优化省产业股权投资基金子基金功能，加快储备基金投资项目，促进基金加快投放。

责任单位：福建证监局、福建银监局、福建保监局，省发改委、经信委、财政厅、金融办

**（三）完善区域性金融要素市场**

建立海峡股权交易中心与工商部门的信息共享和工作协调机制，鼓励全省非上市股份有限公司在海峡股权交易中心完成合法确权手续后，办理股权集中登记托管，创新股权质押融资服务。充分发挥海峡股权交易中心“中小微企业融资增信资金池”作用，在原增信业务基础上，加大对中小微企业股权融资增信支持力度。推动海峡股权交易中心建立服务台企的全国性股权交易板块，引导各类台资企业开展股权融资。

责任单位：省金融办、经信委、工商局，福建证监局，各设区市人民政府、平潭综合实验区管委会

## 三、推进企业兼并重组

**（一）鼓励龙头企业兼并重组**

行业主管部门要建立兼并重组项目备选库，支持行业龙头企业、骨干企业整合产业链上下游资源，开展并购重组。发挥优势企业比较优势，聚集上下游企业开展兼并重组，形成优强企业主导、大中小企业协调发展的产业格局。鼓励大型企业通过兼并重组拓展业务领域，多元化、集团化发展。鼓励上市公司通过增发、配股等再融资方式，推进并购重组和上下游产业链整合。

责任单位：省经信委、国资委，各设区市人民政府、平潭综合实验区管委会

**（二）加大重点行业兼并重组力度**

加大钢铁、船舶等产能过剩行业企业兼并重组、破产清算力度，鼓励有条件的钢铁、船舶企业实施跨行业、跨地区兼并重组。引导行业内优势企业加强资源整合，发展规模经济，重塑产业和产品结构，提高综合竞争力。理顺省属企业管理体制，将政府相关部门脱钩剥离出来的优质经营性资产资源注入省属企业，实现整合重组，发挥资本效益。建立企业兼并重组供需服务平台，加强信息沟通。

责任单位：省经信委、国资委，各设区市人民政府、平潭综合实验区管委会

**（三）多方筹集兼并重组资金**

鼓励各类龙头企业、国有企业通过发行股票、并购票据等融资工具实施兼并重组。鼓励各地针对兼并重组股权“过桥”设立实施机构，为企业兼并重组提供桥梁和缓冲地带。鼓励各类投资者通过设立股权投资基金、创业投资基金、产业投资基金、并购重组基金等多种形式参与兼并重组。支持海峡股权交易中心、省产权交易中心等平台为企业兼并重组中涉及的产权、股权转让和融资提供有效服务。鼓励各银行业金融机构积极稳妥开展并购贷款业务。在省工业和信息化发展资金中安排资金，支

持企业兼并重组，对重大企业兼并重组项目发生的评估、审计、法律顾问等前期费用及并购贷款利息予以补助。

责任单位：各设区市人民政府、平潭综合实验区管委会，人行福州中心支行、福建证监局、福建银监局，省财政厅、金融办、经信委、国资委

**（四）有序推进混合所有制改革**

鼓励民营企业参与我省国有企业产权多元化改革，通过出资入股、股权收购、定向增发、认购可转换债券、股权置换、合资合作等途径依法参与重点行业国有企业改制重组，逐步调整我省国有企业股权比例。积极引入各类投资者，形成股权结构多元、股东行为规范、内部约束有效、运行高效灵活的经营机制。推进垄断行业改革，鼓励社会资本平等进入。积极开展国际产能合作，引进国外战略投资者进行混合所有制改造。

责任单位：省经信委、国资委、金融办，各设区市人民政府、平潭综合实验区管委会

## 四、依法实施企业破产重整

**（一）引导企业破产重整**

坚持多兼并重组、少破产关停，多破产重整、少破产清算。对于扭亏无望、已失去生存发展前景的“僵尸企业”，要破除障碍，依司法程序进行破产清算，全面清查破产企业财产，清偿破产企业债务并注销破产企业法人资格，及时释放生产要素，实现市场出清。对符合破产条件但仍有发展前景的企业，要以市场化为导向，有效利用各种资源，依托海峡股权交易中心股权登记托管与交易平台等，推动债转股使企业恢复生机。积极开展破产与和解重整，支持债权人和企业按照法院破产重整程序或自主协商，对企业进行债务重组。鼓励企业与债权人依据破产和解程序达成和解协议，实施和解。

责任单位：省经信委、国资委、金融办，各设区市人民政府、平潭综合实验区管委会

**（二）健全依法破产体制机制**

支持完善破产清算司法政策，细化工作流程规则。加快建立常态化府院企业破产工作统一协调机制，支持各中级人民法院设立破产审判庭，集中立案受理。支持拓宽破产案件受理渠道，探索设立涉“僵尸企业”案件“简易审”流程等绿色通道，采用执行程序转破产程序等创新措施，依法快审快结。积极支持加大破产审判法官和司法辅助人员培训力度，为破产审判岗位配备优秀人才。

责任单位：省经信委、金融办，各设区市人民政府、平潭综合实验区管委会

**（三）完善企业破产配套制度**

制定相关破产制度，支持加快破产案件审执，为企业破产、清算、银行打包核销创造条件。健全破产管理人的履职保障制度，规范和引导会计师事务所、律师事务所等中介机构依法履职，增强破产清算服务能力。支持各地政府设立企业破产援助资金，帮助无产可破企业加快破产退出；指导破产企业与职工充分协商制定职工安置方案，解决职工工资、社会保险等问题，维护职工合法权益，妥善做好破产重组企业的职工分流安置工作。

责任单位：各设区市人民政府、平潭综合实验区管委会，省工商局、人社厅、国资委、经信委

## 五、优化企业债务结构

**（一）有效盘活企业资产**

支持企业按照市场化原则，处置闲置的生产设备、土地房产、在建工程、债权、知识产权等资产，鼓励融资租赁企业采取租赁、回租等方式盘活闲置资产。盘活存量和低效利用的土地，允许存量土地使用权人依法依规对土地进行再开发，地方政府依法收回的低效利用土地，根据评估结果按规定给予补偿。规范清理盈利能力差、与主业关联度较低的土地房产、设备、股权投资等低效无效资产，采用市场化方式依法剥离，减轻企业经营负担。开展企

业应收账款融资专项行动，发展应收账款保理、质押贷款业务。对账龄较长且回收存在困难的应收账款可采用折扣转让、打包出售等市场化方式尽快变现，增加现金流，实现资产形态转变。

责任单位：省经信委、国资委，人行福州中心支行、福建银监局，各设区市人民政府、平潭综合实验区管委会

**（二）有序开展企业资产证券化**

积极开展以企业应收账款、租赁债权等财产权利和基础设施、商业物业等不动产财产或财产权益为基础资产的资产证券化业务，大力推动传统基础设施领域PPP项目资产证券化。支持铁路、公路、水利工程等流动性不强但可产生预期稳定现金流的资产通过证券化手段回收现金。扩大资产支持票据发行规模，支持符合条件的地方金融机构参与不良资产证券化和收益权转让试点。推进房地产企业通过发展房地产信托投资基金向轻资产经营模式转型。

责任单位：各设区市人民政府、平潭综合实验区管委会，福建银监局、福建证监局、人行福州中心支行

**（三）加快各类拖欠资金清理**

按照属地管理、分级负责的原则，加快清理以政府、大企业为源头的资金拖欠。各级政府要按政府（含国有企事业单位）和工商企业账款拖欠、银行信贷拖欠、其他资金拖欠等问题类型，依托现有的清理政府欠款专项整治、企业破产和信贷风险处置、规范工程建设领域保证金等工作机制，加强部门分工协作，引导债权债务人通过资产变现、流动性支持、资产证券化、贷款模式创新、债券发行、不良贷款核销、债务重组、债权转股权、企业联合重组等方式，协商形成处置资金拖欠的措施方案，有效解决辖区内的资金拖欠问题。

责任单位：省财政厅、经信委、国资委、住建厅、金融办，人行福州中心支行、福建银监局，各设区市人民政府、平潭综合实验区管委会

**（四）降低企业融资环节费用**

加强银行业收费监督检查，清理和规范金融机构资金“通道”和“过桥”等环节收费，取消直接与贷款挂钩、没有实质性服务内容的收费项目。规范与贷款挂钩的评估、登记、审计、公证、保险等收费行为。引导金融机构利用人民银行再贷款、再贴现等各类低成本资金，降低企业融资成本。推广工业园区企业资产按揭贷款、市场化中小微企业转续贷服务、供应链金融服务等融资服务模式。引导符合条件的企业设立财务公司，实行资金集中管理、加强内部资金融通，提高资金使用效率。

责任单位：福建银监局、人行福州中心支行，省物价局、经信委

## 六、营造良好的市场与政策环境

**（一）落实和完善财税支持政策**

全面执行降杠杆财政、税收等优惠政策。贯彻落实财政部、国家税务总局《关于落实降低企业杠杆率税收支持政策的通知》（财税〔2016〕125号），对开展降低杠杆率或降低杠杆率取得实际成效且符合条件的企业，予以涉及项目建设、技术改造、产业引导、应急转贷、贷款风险补偿等各类财政性奖补资金倾斜支持。加强财税政策与金融政策协同联动，综合运用风险补偿、贷款贴息、保费补贴、奖励补助等多种手段，引导金融机构加大信贷投入。创新开展“银税互动”，大力推进“税融通”业务。

责任单位：省财政厅、经信委、地税局、金融办，省国税局

**（二）实施差别信贷支持政策**

引导银行业金融机构按照区别对待、有扶有控的原则，实施差别化信贷政策。对生产经营较为正常，有技术、有订单、有技术改造或扩建在建项目，但由于阶段性原因拖欠关联企业款项的资金拖欠

源头企业，要通过开展联合授信、银团贷款、重新评估贷款期限、增加有效抵押物等方式，继续提供信贷资金支持。对过度授信、资产负债率过高但具备一定清偿能力的企业严格信贷准入，在帮助企业维持基本经营的情况下，逐步降低企业杠杆率水平，实现信贷平稳退出。推动银行业金融机构创新信贷品种，有效开展应收账款融资业务，支持企业加快资金周转。

责任单位：人行福州中心支行、福建银监局，省金融办

**（三）强化风险防范**

加强政策协调、信息沟通与研判预警，提高防范风险的预见性、有效性，严密监控和有效防范降杠杆可能导致的金融市场风险。发挥好债权人委员会重要作用，避免过度授信，防范企业杠杆率超过合理水平。落实属地管理责任和部门监管责任，加强日常监管，扎实开展互联网金融风险专项整治，确保所有行业领域金融风险和非法集资风险监管防范不留真空，坚决守住不发生区域性系统性金融风险底线。

责任单位：省金融办，福建银监局、福建证监局、福建保监局、人行福州中心支行，省经信委、商务厅，各设区市人民政府、平潭综合实验区管委会

**（四）加强市场主体信用约束**

完善福建省公共信用信息平台和国家企业信用信息公示系统（福建），实现与国家信用信息平台、国家企业信用信息公示系统互联互通，逐步消除“信息孤岛”。培育发展信用服务市场，加强债转股企业及其法定代表人、高级管理人员的信用约束，构建政府、社会共同参与的跨地区、跨部门、跨领域的守信联合激励和失信联合惩戒机制，对严重失信行为及时在政府门户网站、“信用福建”网站等媒体上公开披露、并在国家企业信用信息公示系统（福建）上予以公示。依法依规追究恶意逃废债和国有资产流失等违法违规单位及相关人员责任，促进市场主体依法诚信经营。

责任单位：省发改委、工商局，人行福州中心支行

**七、加强工作保障**

**（一）加强组织领导**

各级政府要依法依规，遵循市场化原则，进一步完善政策，强化监督，统筹协调，做好职工合法权益保护等社会保障兜底工作，切实维护公平竞争的市场秩序，确保降杠杆在市场化、法治化轨道上平稳有序推进。

**（二）健全工作机制**

省经信委和省金融办牵头建立降低企业杠杆率厅际联席会议制度，组织协调实施降杠杆相关政策和监管措施，全面推广优化企业负债结构、降低不良贷款率的有效做法，推动我省降低企业杠杆率相关工作；联席会议办公室设在省经信委，日常工作由省经信委承担。各级各有关部门要加强舆论引导、政策宣传解读和跟踪落实督办，及时研究解决降杠杆过程中出现的新问题，确保各项任务有序推进，适时委托第三方机构对降杠杆政策效果进行评估。

本实施意见与国发〔2016〕54 号文、省政府《关于有序降低杠杆率水平防范化解金融风险的意见》（闽政〔2016〕32 号）一并实施，各设区市政府、平潭综合实验区管委会及各有关部门要认真抓好贯彻落实，并于每季度结束后的 5 个工作日内将降杠杆及市场化债转股工作进展情况报送省经信委（厅际联席会议办公室），以便汇总上报部际联席会议办公室（国家发展改革委）。

福建省人民政府办公厅

2017 年 6 月 14 日

# 福建省人民政府关于进一步降低实体经济企业成本的若干意见

闽政〔2017〕24号

各市、县（区）人民政府，平潭综合实验区管委会，省人民政府各部门、各直属机构，各大企业，各高等院校：

为贯彻落实国务院《降低实体经济企业成本工作方案》（国发〔2016〕48号），在实施《福建省人民政府关于降低企业成本减轻企业负担的意见》（闽政〔2016〕21号）等政策的基础上，进一步有效降低我省实体经济企业成本，提升发展竞争力，结合我省实际，现提出如下意见。

## 一、降低制度性交易成本

### （一）深化行政审批改革

持续深化“放管服”改革，推动政府职能转变，切实做到审批更简、监督更强、服务更优。进一步精简行政审批、减少审批环节、优化审批流程，推进行政审批规范化、标准化。对接国家新确定取消和下放的工业产品生产许可，继续精简工业生产、工程建设领域行政审批，精简评估事项，探索实行“多评合一”“多图联审”“区域评估”“联合验收”等新模式，将各种审批后置事项“串改并”，各种审查与验收“单改综”，各种检验、检测、认定、认证事项“多变少”，不断提高办事效率。进一步减证和推进“证照分离”，放宽市场准入。全面清理调整各种行业准入证、生产许可证、经营许可证和职业资格证，进一步清理精简证照年检和证明办理事项，推进“多证合一”，切实解决企业“准入不准营”问题。加快国际贸易“单一窗口”V3.0版建设，推动口岸信息互换、企业备案信息共享，深化协作共管。

责任单位：省审改办、发改委、人社厅、住建厅、工商局、商务厅

## 二、降低企业生产要素成本

### （二）扩大电力直接交易范围和规模

出台进一步优化全省清洁能源运行调度实施方案，降低企业用电成本，促进清洁能源的消纳和工业经济平稳运行。建立售电市场主体准入退出管理机制，逐步扩大参与市场主体范围；进一步扩大直接交易电量规模，2017年扩大到380亿千瓦时以上；鼓励符合条件的工业用户参与直接交易，推动符合条件的火电、核电、水电机组参与直接交易；积极推动售电公司代理中小用户开展电力直接交易。

责任单位：省经信委、发改委、物价局，福建能源监管办

### （三）降低企业用电费用

简化增容、减容、暂停、变更用电等办理手续，缩短办理时限，放宽变更周期，暂缓用电申请次数限制，允许用户每季选择按变压器容量或最大需量计收基本电费。免收规模以上工业企业新增电力用户临时接电费用，从发文之日起执行至2019年12月31日。

责任单位：省物价局，福建能源监管办，省电力公司

### （四）降低企业用气费用

推动双气源供气，支持下游用户自由选择上游气源。推进各级天然气公司对用气大户实行优惠气价。有序推进天然气管网设施向第三方公平开放，加快推进天然气大用户直供。建立门站价格联动机制，降低中间环节费用。加强燃气输配价格监管，从严从紧制定城市燃气输配价格，降低企业用气成本。

责任单位：省物价局，福建能源监管办，省经

信委、住建厅，各市、县（区）人民政府，平潭综合实验区管委会

**（五）降低企业用地成本**

对符合国家产业政策、属于我省鼓励发展、列入产业调整振兴规划的重大项目和省重点建设项目，在确定土地使用权出让底价时，可按不低于所在地土地等别相对应《全国工业用地出让最低价标准》的70%执行，但优惠的出让底价不得低于该项目实际土地取得成本、土地前期开发成本和按规定应收取的相关费用之和。支持企业以租赁方式使用土地，减轻企业一次性支付土地费用成本的负担。鼓励工业企业集约节约利用土地，各地应建立企业用地税收挂钩制度，出台相应的鼓励措施和地价优惠政策。

责任单位：省国土厅、地税局，各市、县（区）人民政府，平潭综合实验区管委会

## 三、降低企业税负

**（六）重点落实企业关注的税收优惠政策**

加大涉企税收优惠政策的宣传和辅导。对符合产业政策但缴纳土地使用税、房产税确有困难的纳税人，可按有关规定申请减免土地使用税和房产税。符合研发费用加计扣除条件，在2016年1月1日以后未及时享受该项税收优惠的，可以追溯享受企业研发费用税前加计扣除政策，并履行备案手续，追溯期限最长为3年。对企业利用工业生产过程中产生余热、余压发电且符合税法规定条件的，可享受增值税100%即征即退政策。对企业工业生产过程中余热、余压发电取得的收入且符合税法规定的，可按规定减按90%计入收入总额计算缴纳企业所得税。企业在资产重组过程中，涉及的货物、不动产、土地使用权转让且符合税法相关规定条件的，不征收增值税。企业改制重组符合契税相关优惠政策的，免征契税；符合土地增值税有关优惠政策的，暂不征收土地增值税。兼并重组过程中产生的地方税收部分奖励给企业，用于企业安置职工、偿还债务和搬迁改造、扩大生产。

责任单位：省国税局，省地税局、财政厅、经信委、科技厅、国土厅、国资委，各市、县（区）人民政府，平潭综合实验区管委会

## 四、降低涉企收费

**（七）清理规范政府收费**

用好中央授权地方自主减免部分政府性基金政策。自2017年5月1日起对工业企业停征江海堤防工程维护管理费2年。自2018年1月1日起停征水库移民扶持基金中的小型水库移民扶助基金2年。进一步清理省定涉企行政事业性收费项目，取消温泉开采费、劳动能力鉴定费、车辆运营证工本费和机动车驾驶员培训许可证工本费，对工业企业实现管理类、证照类、登记类省定涉企行政事业性收费“零收费”。向社会公布《福建省涉及企业行政事业性收费和政府性基金清单》等各项收费目录清单，建立目录清单动态调整机制，及时更新目录清单内容。

责任单位：省财政厅、物价局

**（八）进一步降低涉企经营服务性收费**

认真执行国家发展改革委等四部门《关于清理规范涉企经营服务性收费的通知》（发改价格〔2017〕790号）文件，清理规范涉企经营服务性收费，公布收费清单。全省各级纳入财政预算管理的公共资源交易平台交易服务费按50%收取，未纳入财政预算管理的交易平台单位可根据实际情况降低服务收费。全面清理各类电子政务平台收费，严禁依托电子政务平台捆绑服务收费。从2017年7月1日起，免收工业企业法人数字证书（电子政务）服务收费，通过政府购买服务方式实施。在建项目审批过程中委托开展的专业服务收费由审批部门承担并纳入部门预算。规范行业协会商会收费行为，严禁行业协会商会利用影响强制企业入会，严

禁违规收费，降低不合理收费标准。将货物港务费整合并入港口建设费，按政府性基金管理。

责任单位：省物价局、发改委（数字办）、经信委、国资委、财政厅、住建厅、交通运输厅、民政厅、商务厅，各市、县（区）人民政府，平潭综合实验区管委会

**（九）减轻企业专利收费**

全面落实财政部等部门《专利收费减缴办法》，鼓励和支持专利申请人或专利权人享受国家优惠政策，降低专利申请成本。自 2017 年起至“十三五”期末，对有效期 6 年以上的发明专利，第 7-9 年每年补助所缴年费的 30%；有效期 9 年以上的发明专利，第 10-15 年每年补助所缴年费的 50%，所需资金从省知识产权部门专项经费中统筹安排。

责任单位：省知识产权局、财政厅

## 五、降低企业融资成本

**（十）完善企业融资担保**

各设区市至少设立 1 家资本金 5 亿元以上的政策性融资担保机构（含平潭综合实验区设立 1 家资本金 1 亿元以上的政策性融资担保机构），GDP 总量达到或超过 300 亿元的县（市、区）至少设立 1 家资本金 2 亿元以上的政策性融资担保机构，到 2018 年底，全省政策性融资担保机构或分支机构实现县域全覆盖。推动银行业金融机构与政策性融资担保机构开展比例风险分担担保（再担保）业务，对政策性担保机构担保的小微企业贷款，年化担保费率最高不超过 2%。银行业金融机构对政策性担保机构承保的小微企业贷款给予利率优惠，降低担保机构保证金缴存比例或取消担保机构保证金，放大担保倍数，延长代偿宽限期。

责任单位：省经信委、金融办，福建银监局，各市、县（区）人民政府，平潭综合实验区管委会

**（十一）加快各类拖欠资金清理**

按照属地管理、分级负责的原则，加快清理以政府、大企业为源头的资金拖欠。各级政府要按政府（含国有企事业单位）拖欠账款问题、工商企业账款拖欠问题、银行信贷拖欠问题、其他资金拖欠问题等类型，依托现有的清理政府欠款专项整治、企业破产和信贷风险处置、规范工程建设领域保证金等工作机制，加强部门分工协作，协商形成处置资金拖欠的措施方案，有效解决辖区内的资金拖欠问题。

责任单位：省经信委、国资委、住建厅、财政厅、金融办，各市、县（区）人民政府，平潭综合实验区管委会

## 六、降低企业物流成本

**（十二）降低公路运输物流成本**

根据《福建省人民政府办公厅关于调整高速公路通行费支持物流业发展的意见》（闽政办〔2017〕41 号）文件，对承运我省沿海港口装（卸）船的外省货物的国际标准集装箱车辆统一降低为 2 类车标准征收车辆通行费，承运我省沿海港口装（卸）船的其他货物的国际标准集装箱车辆统一按车型分类标准征收车辆通行费。对行驶南平、三明、龙岩、宁德等地市部分高速公路路段的大型货运车辆实行“递远递减”阶梯计费。对年度缴纳省内高速公路通行费 800 万元以上的本省物流企业，下一年度使用闽通卡支付的通行费一律给予减征 5%，其中，每年增量通行费部分给予减征 10%。加快建设我省“营改增”通行费发票过渡系统，提供经营性路段的增值税普通发票，2017 年 7 月 1 日前投入使用。

责任单位：省交通运输厅、财政厅、物价局，各市、县（区）人民政府，平潭综合实验区管委会

**（十三）降低铁路运输物流成本**

落实铁路局运价调整自主权政策，直通运输价格按市场化定价原则，由承运方与托运方协调确定，逐步推行按货物实际重量计费。铁路企业可接受用户使用银行承兑汇票支付铁路运费。开展清理

规范涉及铁路货物运输有关收费工作。

责任单位：南昌铁路局、省物价局

**（十四）优化产业布局**

加强产业规划和布局，提高产业集中度，降低企业采购、物流等方面的生产成本。着力开展产业链项目招商，利用重点产业梳理成果，推动各地和相关园区填平补齐产业链缺失环节，完善上下游产业配套，提高产业发展的协作、集约化水平。

责任单位：省发改委、经信委，各市、县（区）人民政府，平潭综合实验区管委会

福建省人民政府

2017 年 6 月 21 日

# 福建省人民政府办公厅关于进一步促进养老机构健康发展十条措施的通知

闽政办〔2017〕68号

各市、县（区）人民政府，平潭综合实验区管委会，省人民政府各部门、各直属机构，各大企业，各高等院校：

为进一步加强养老机构规范管理，促进养老机构健康发展，鼓励、引导和支持社会力量参与，满足多层次多样化的养老服务需求，经省政府研究同意，现提出如下措施，请认真贯彻执行。

## 一、限时完成已建养老机构安全达标和设立许可

### （一）全面排查、分类处置

由各市、县（区）政府组织民政、住建、规划、国土、公安消防等部门，对辖区内尚未取得设立许可的已建养老机构，开展一次全面排查，重点检查房屋建筑安全、场所消防安全等情况，经鉴定后实施分类处置。排查鉴定工作在本通知下发之日起3个月内完成。排查鉴定工作完成后，按照“属地管理、业主负责、分类处置、限期完成”的要求，许可一批、整改一批、搬迁一批。

许可一批。通过排查鉴定，对房屋建筑安全、场所消防安全的养老机构，按照优化简化的流程在10个工作日内办理设立许可。

整改一批。通过排查鉴定，对能够通过整改实现安全达标的养老机构，所在地政府要组织并支持其立即整改。整改工作在本通知下发之日起6个月内完成并办理设立许可。整改期间，要妥善安置已入住老年人。

搬迁一批。无法通过整改达标的养老机构，要尽快寻找符合条件的场所搬迁，所在地政府要按照属地原则确定搬迁场所，并督促养老机构按时搬迁。在本通知下发之日起3个月内完成鉴定，鉴定后9个月内完成搬迁并办理设立许可。搬迁期间，要确保已入住老年人的安全。

通过这一轮排查、鉴定、处置后，未经许可和登记的机构不得接收老年人入住。

责任单位：各市、县（区）人民政府，平潭综合实验区管委会，省民政厅、住建厅、公安厅、国土厅

### （二）优化简化设立许可手续

在确保房屋建筑安全、场所消防安全的前提下，当地政府组织相关部门按照“两优化、一简化、一提速”的要求，进一步简化前置审批、优化审批流程、缩短审批时限，为已建养老机构申办设立许可提供便利和支持。

“两优化”。一是无法提交建设单位竣工合格验收证明的养老机构，须委托有资质的检测机构对房屋建筑的可靠性出具鉴定报告，并由住建部门审核确认。确认合格的鉴定报告，作为申请设立养老机构的凭证。二是无法提交消防审验合格意见或备案凭证的养老机构，须委托有资质的消防技术服务机构出具消防安全评估报告，并由公安消防部门进行确认。评估报告和公安消防部门的确认意见，作为申请设立养老机构的凭证。

“一简化”。取消场所的自有产权证明或房屋租赁合同，资金来源证明文件、验资证明和资产评估报告，竣工环保验收报告或审查意见三类审批手续。

“一提速”。收到养老机构申请后，民政部门在10个工作日内办结设立许可。

对利用闲置资源改建设立养老机构的，参照已建养老机构办理设立许可。

责任单位：各市、县（区）人民政府，平潭综

合实验区管委会，省民政厅、住建厅、公安厅、国土厅、环保厅等

## 二、促进新建养老机构健康发展

### （三）强化规划设计

各市、县政府要组织民政、规划、发改、住建、国土等部门，依据当地经济社会发展规划、城乡规划和土地利用总体规划，开展养老服务设施建设现状和需求的摸底调查，编制养老服务设施布局专项规划，纳入控制性详细规划实施。新建养老机构原则上要选址在交通便利、临近医疗机构、处于或靠近居住区的区域。

由省民政厅会同省住建厅、省国土厅制定监管办法，明确经济型养老项目的规划设计要求，合理控制容积率、绿地率、房间面积、配套设施等指标，杜绝养老机构变相开发房地产等。

责任单位：各市、县（区）人民政府，平潭综合实验区管委会，省民政厅、住建厅、发改委、国土厅

### （四）保障养老用地

经济型养老机构用地土地用途应确定为医卫慈善用地。经民政部门认定的非营利性养老机构，可采取划拨方式供地。属于民间资本举办的非营利性养老机构与政府举办的养老机构，可以依法使用农民集体建设用地。营利性养老机构用地应当采取租赁、出让等有偿方式供应。土地出让（租赁）计划公布后，同一宗养老机构用地有两个或两个以上意向用地者的，应当以招标、拍卖或挂牌方式供地。经济型养老项目用地出让底价可参照工业用地基准地价确定。养老机构取得土地使用权后，应整体自持，不得擅自改变用途，不得分割出租、转让、抵押。

责任单位：各市、县（区）人民政府，平潭综合实验区管委会，省国土厅、民政厅

### （五）规范审批手续

对新建养老机构，要整合审批流程，明确牵头部门，进一步规范审批报建手续。

在工商部门登记的营利性养老机构，可设立多个不具备法人资格的分支机构。在民政部门登记的非营利性养老机构，可依法在其登记管理机关管辖范围内设立多个不具备法人资格的服务网点。分支机构、服务网点纳入养老机构统一管理和享受相应扶持政策。

将投资建设养老服务设施工程项目审批流程整合为项目审批（或项目核准、备案）、用地审批、规划报建、施工许可 4 个阶段。发展改革部门负责牵头项目审批（或项目核准、备案）阶段工作。国土资源部门负责牵头用地审批阶段工作。城乡规划部门负责牵头规划报建阶段工作。住房城乡建设部门负责牵头施工许可阶段工作，公安消防部门负责建设工程消防设计审核（含备案抽查）。打破部门界限，压减和理顺审批事项的前置条件，每个审批阶段由牵头部门统一受理申请材料、统一组织其他审批部门开展并联审批、督促协调审批进度、在流程限定的时间内完成审批并统一告知项目建设单位审批结果。凡是符合已经批复的控制性详细规划的区域，不再对区域内具体养老投资项目进行交通影响、水影响、地震安全性等方面的评估审查。

养老机构的服务价格严格执行现行政策，必须向社会公开收费项目和标准。

责任单位：各市、县（区）人民政府，平潭综合实验区管委会，省民政厅、发改委、住建厅、公安厅、国土厅、环保厅、工商局、物价局等

## 三、盘活用好乡镇敬老院

### （六）推动运营主体多元化

引导和支持社会力量承接运营政府投资建设的乡镇敬老院，鼓励国有企业、民营企业或社会组织规模化承接、连锁化运营。采取公建民营方式的，应向运营单位无偿提供乡镇敬老院的服务场所及附属设施，可以跨区域捆绑打包，并且可以按政策规定的最高年限与运营单位签订协议。运营单位应

当优先保障生活不能自理特困人员的入住需求。

责任单位：各市、县（区）人民政府，平潭综合实验区管委会，省民政厅、国资委

**（七）完善奖补激励机制**

公建民营的乡镇敬老院享受民办非营利性养老机构床位运营补贴政策。对 2017 年底前，乡镇敬老院床位达到一定规模且使用率达到 50%以上的县（市、区），省级财政按每所 30 万元分档给予一次性奖补；对 2018 年底前达到 50%以上的，按每所 20 万元分档给予一次性奖补。经第三方评估达标后，奖补资金次年起分两年拨付。奖补资金由县（市、区）统筹用于当地敬老院建设改造和运营补助。

责任单位：各市、县（区）人民政府，平潭综合实验区管委会，省民政厅、财政厅

## 四、完善扶持政策

**（八）加大资金投入**

从 2018 年起，对上一年度投入运营的护理型床位补贴按以下标准执行。非营利性养老机构服务失能老年人的护理型床位运营补贴标准调整为每床 2400 元/年；营利性养老机构护理型床位达到 30%以上的，以实际入住的失能老年人床位数按上述标准给予床位运营补贴。有条件的地方，可适当提高标准。

从 2017 年起，对入住养老机构的低保对象、计划生育特殊家庭中的完全失能老年人，按照每人每月不低于 200 元的标准予以补贴，以老年人服务券（卡）的方式发放。所需资金非县级基本财力保障补助县由当地财政承担，县级基本财力保障补助县按省、市、县 3∶3∶4 比例承担。

责任单位：各市、县（区）人民政府，平潭综合实验区管委会，省民政厅、财政厅

**（九）推进医养结合**

养老机构内设医疗机构，符合条件的，按规定纳入医保定点范围，可实行单独序列审核管理。参保人员在医保定点养老机构发生的符合基本医疗保险规定的医疗费用，可使用社会保障卡结算。

入住医保定点养老机构的参保人员，属于 70 岁以上患慢性病行动不便、重度残疾患者发生的床位费，可使用医保个人账户按照基本医疗保险和价格管理政策规定的同档次普通病房床位费标准结算。

养老机构内设医疗机构不符合基本医疗保险定点条件的，就近的医保定点医疗机构要主动与养老机构签订合作协议，开展延伸医疗服务，纳入医保定点范围，就近的医保定点医疗机构由当地医保部门负责确定。符合医保规定的老年参保患者康复医疗费用，可按规定纳入医保报销范围。这项工作当地政府要作出安排，并督促限期尽快落实到位。

责任单位：各市、县（区）人民政府，平潭综合实验区管委会，省医保办、卫计委、民政厅

**（十）加强养老服务人才队伍建设**

加大对本科高校养老服务相关的学位授权点及本科专业建设的支持力度，在本科高校办学目标考核评价中给予绩效经费奖补，建设一批省级应用型学科。加强职业院校养老服务相关专业建设。将老年服务与管理、家政服务等养老服务相关专业列入普通高考高职院校降分录取专业范围。支持医药卫生类职业院校以健康管理、社区康复等特色优势专业为核心，打造一批养老服务特色专业。推动职业院校与养老机构联合开展现代学徒制试点。建立养老服务实训基地。鼓励养老服务从业人员参加技能培训，对符合条件的给予职业培训补贴。加强养老服务志愿者队伍建设。各地可结合实际探索建立养老从业人员激励机制。

责任单位：各市、县（区）人民政府，平潭综合实验区管委会，省民政厅、教育厅、人社厅、财政厅

福建省人民政府办公厅

2017 年 6 月 27 日